# VICTOR HUGO ILLUSTRÉ

## EN VOYAGE

# LE RHIN

*Dessins de Victor Hugo*

EUGÈNE HUGUES, ÉDITEUR
Rue Thérèse, 13 — Paris

# LE RHIN

DESSINS DE VICTOR HUGO

IL A ÉTÉ TIRÉ DE CET OUVRAGE :

20 exemplaires sur papier du Japon, numérotés de  1 à  20
60     —      sur papier de Chine,    —   de 21 à  80
80     —      sur papier vélin teinté, —   de 81 à 160

———

EXEMPLAIRE N° 87

# VICTOR HUGO

# LE RHIN

DESSINS DE VICTOR HUGO

Il y a quelques années, un écrivain, celui qui trace ces lignes, voyageait sans autre but que de voir des arbres et le ciel, deux choses qu'on ne voit pas à Paris.

C'était là son objet unique, comme le reconnaîtront ceux de ses lecteurs qui voudront bien feuilleter les premières pages de ce premier volume.

Tout en allant ainsi devant lui presque au hasard, il arriva sur les bords du Rhin.

La rencontre de ce grand fleuve produisit en lui ce qu'aucun incident de son voyage ne lui avait inspiré jusqu'à ce moment, une volonté de voir et d'observer dans un but déterminé, fixa la marche errante de ses idées, imprima une signification presque précise à son excursion d'abord capricieuse, donna un centre à ses études, en un mot le fit passer de la rêverie à la pensée.

Le Rhin est un fleuve dont tout le monde parle et que personne n'étudie, que tout le monde visite et que personne ne connaît, qu'on voit en passant et qu'on oublie en courant, que tout regard effleure et qu'aucun esprit n'approfondit. Pourtant ses ruines occupent les imaginations élevées, sa destinée occupe les intelligences sérieuses; et cet admirable fleuve laisse entrevoir à l'œil du poëte comme à l'œil du publiciste, sous la transparence de ses flots, le passé et l'avenir de l'Europe.

L'écrivain ne put résister à la tentation d'examiner le Rhin sous ce double aspect. La contemplation du passé dans les monuments qui meurent, le calcul de l'avenir dans les résultantes probables des faits vivants, plaisaient à son instinct d'antiquaire et à son instinct de songeur. Et puis, infailliblement, un jour, bientôt peut-être, le Rhin sera la question flagrante du continent. Pourquoi ne pas tourner un peu d'avance sa méditation de ce côté? Fût-on en apparence plus assidûment livré à d'autres études, non moins hautes, non moins fécondes, mais plus libres dans le temps et l'espace, il faut accepter, lorsqu'elles se présentent, certaines tâches austères de la pensée. Pour peu qu'il vive à l'une des époques décisives de la civilisation, l'âme de ce qu'on appelle le poëte est nécessairement mêlée à tout, au naturalisme, à l'histoire, à la philosophie, aux hommes et aux événements, et doit toujours être prête à aborder les questions pratiques comme les autres. Il faut qu'il sache au besoin rendre un service direct et mettre la main à la manœuvre. Il y a des jours où tout habitant doit se faire soldat, où tout passager doit se faire matelot. Dans l'illustre et grand siècle où nous sommes, n'avoir pas reculé dès le premier jour devant la laborieuse mission de l'écrivain, c'est s'être imposé la loi de ne reculer jamais. Gouverner les nations, c'est assumer une responsabilité; parler aux esprits, c'est en assumer une autre; et l'homme de cœur, si chétif qu'il soit, dès qu'il s'est donné une fonction, la prend au sérieux. Recueillir les faits, voir les choses par soi-même, apprécier les difficultés, coopérer, s'il le peut, aux solutions, c'est la condition même de sa mission, sincèrement comprise. Il ne s'épargne pas, il tente, il essaye, il s'efforce de comprendre; et, quand il a compris, il s'efforce d'expliquer. Il sait que la persévérance est une force. Cette force, on peut toujours l'ajouter à sa faiblesse. La goutte d'eau qui tombe du rocher perce la montagne; pourquoi la goutte d'eau qui tombe d'un esprit ne percerait-elle pas les problèmes historiques?

L'écrivain qui parle ici se donna donc en toute conscience

et en tout dévouement au grave travail qui surgissait devant lui; et, après trois mois d'études, à la vérité fort mêlées, il lui sembla que de ce voyage d'archéologue et de curieux, au milieu de sa moisson de poésie et de souvenirs, il rapportait peut-être une pensée immédiatement utile à son pays.

Études fort mêlées, c'est le mot exact; mais il ne l'emploie pas ici pour qu'on le prenne en mauvaise part. Tout en cherchant à sonder la question d'avenir qu'offre le Rhin, il ne se dissimule point, et l'on s'en apercevra d'ailleurs, que la recherche du passé l'occupait, non plus profondément, mais plus habituellement. Cela se comprend d'ailleurs. Le passé est là en ruine; l'avenir n'y est qu'en germe. On n'a qu'à ouvrir sa fenêtre sur le Rhin, on voit le passé; pour voir l'avenir, il faut, qu'on nous passe cette expression, ouvrir une fenêtre en soi.

Quant à ce qui est du présent, le voyageur put dès lors constater deux choses; la première c'est que le Rhin est beaucoup plus français que ne le pensent les allemands; la seconde, c'est que les allemands sont beaucoup moins hostiles à la France que ne le croient les français.

Cette double conviction, absolument acquise et invariablement fixée en lui, devint un de ses points de départ dans l'examen de la question.

Cependant les choses diverses que, durant cette excursion, il avait senties ou observées, apprises ou devinées, cherchées ou trouvées, vues ou entrevues, il les avait déposées, chemin faisant, dans des lettres dont la formation toute naturelle et toute naïve doit être expliquée aux lecteurs. C'est chez lui une ancienne habitude qui remonte à douze années. Chaque fois qu'il quitte Paris, il y laisse un ami profond et cher, fixé à la grande ville par des devoirs de tous les instants qui lui permettent à peine la maison de campagne à quatre lieues des barrières. Cet ami, qui, depuis leur jeunesse à tous les deux, veut bien s'associer de cœur à tout ce qu'il fait, à tout ce qu'il entreprend et à tout ce qu'il rêve, réclame de longues lettres de son ami absent, et ces lettres, l'ami absent les écrit. Ce qu'elles contiennent, on le voit d'ici; c'est l'épanchement quotidien; c'est le temps qu'il a fait aujourd'hui, la manière dont le soleil s'est couché hier, la belle soirée ou le matin pluvieux; c'est la voiture où le voyageur est monté, chaise de poste ou carriole; c'est l'enseigne de l'hôtellerie, l'aspect des villes, la forme qu'avait tel arbre du chemin, la causerie de la berline ou de l'impériale, c'est un grand tombeau visité, un grand souvenir rencontré, un grand édifice exploré, cathédrale ou église de village, car l'église de village n'est pas moins grande que la cathédrale; dans l'une et dans l'autre il y a Dieu; ce sont tous les bruits qui passent, recueillis par l'oreille et commentés par la rêverie, sonneries du clocher, carillon de l'enclume, claquement du fouet du cocher, cri entendu au seuil d'une prison, chanson de la jeune fille, juron du soldat; c'est la peinture de tous les pays coupée à chaque instant par les échappées sur ce *doux pays de fantaisie* dont parle Montaigne, et où s'attardent si volontiers les songeurs; c'est cette foule d'aventures qui arrivent, non pas au voyageur, mais à son esprit; en un mot, c'est tout et ce n'est rien, c'est le journal d'une pensée plus encore que d'un voyage.

Pendant que le corps se déplace, grâce au chemin de fer, à la diligence ou au bateau à vapeur, l'imagination se déplace aussi. Le caprice de la pensée franchit les mers sans navire, les fleuves sans pont et les montagnes sans route. L'esprit de tout rêveur chausse les bottes de sept lieues. Ces deux voyages mêlés l'un à l'autre, voilà ce que contiennent ces lettres.

Le voyageur a marché toute la journée, ramassant, recevant un récoltant des idées, des chimères, des incidents, des sensations, des visions, des fables, des raisonnements, des réalités, des souvenirs. Le soir venu, il entre dans une auberge, et, pendant que le souper s'apprête, il demande une plume, de l'encre et du papier, il s'accoude à l'angle d'une table, et il écrit. Chacune de ses lettres est le sac où il vide la recette que son esprit a faite dans la journée, et dans ce sac, il n'en disconvient pas, il y a souvent plus de gros sous que de louis d'or.

De retour à Paris, il revoit son ami et ne songe plus à son journal.

Depuis douze ans, il a écrit ainsi force lettres sur la France, la Belgique, la Suisse, l'Océan et la Méditerranée, et il les a oubliées. Il avait oublié de même celles qu'il avait écrites sur le Rhin quand, l'an passé, elles lui sont forcément revenues en mémoire par un petit enchaînement de faits nécessaires à déduire ici.

On se rappelle qu'il y a six ou huit mois environ la question du Rhin s'est agitée tout à coup. Des esprits, excellents et nobles d'ailleurs, l'ont controversée en France assez vivement à cette époque, et ont pris tout d'abord, comme il arrive presque toujours, deux partis opposés, deux partis extrêmes. Les uns ont considéré les traités de 1815 comme un fait accompli, et, partant de là, ont abandonné la rive gauche du Rhin à l'Allemagne, ne lui demandant que son amitié; les autres, protestant plus que jamais et avec justice, selon nous, contre 1815, ont réclamé violemment la rive gauche du Rhin et repoussé l'amitié de l'Allemagne. Les premiers sacrifiaient le Rhin à la paix; les autres sacrifiaient la paix au Rhin. A notre sens, les uns et les autres avaient à la fois tort et raison. Entre ces deux opinions exclusives et diamétralement contraires, il nous a semblé qu'il y avait place pour une opinion conciliatrice. Maintenir le droit de la France sans blesser la nationalité de l'Allemagne, c'était là le beau problème dont celui qui écrit ces lignes avait, dans sa rêverie sur le Rhin, cru entrevoir la solution. Une fois que cette idée lui apparut, elle lui apparut, non comme une idée, mais comme un devoir. A son avis, tout devoir veut être rempli. Lorsqu'une question qui intéresse l'Europe, c'est-à-dire l'humanité entière, est obscure, si peu de lumière qu'on ait on doit l'apporter. La raison humaine, d'accord en cela avec la loi spartiate, oblige, dans certain cas, à dire l'avis qu'on a. Il écrivit donc alors, en quelque sorte sans préoccupation littéraire, mais avec le simple et sévère sentiment du devoir accompli, les deux cents pages qui terminent le second volume de cette publication, et il se disposa à les mettre au jour.

Au moment de les faire paraître, un scrupule lui vint. Que signifieraient ces deux cents pages ainsi isolées de tout travail qui s'était fait dans l'esprit de l'auteur pendant son exploration du Rhin? N'y aurait-il pas quelque chose de brusque et d'étrange dans l'apparition de cette brochure spéciale inattendue? Ne faudrait-il pas commencer par dire qu'il avait visité le Rhin, et alors ne s'étonnerait-on pas à bon droit que lui, poète par aspiration, archéologue par sympathie, n'eût vu dans le Rhin qu'une question politique internationale? Éclairer par un rapprochement historique une question contemporaine, sans doute cela peut être utile; mais le Rhin, ce fleuve admirable au monde, ne vaut-il pas la peine d'être vu un peu pour lui-même et en lui-même? Ne serait-il pas vraiment inexplicable qu'il eût passé, lui, devant ces cathédrales sans y entrer, devant ces forteresses sans y monter, devant ces ruines sans les regarder, devant ce passé sans le sonder, devant cette rêverie sans s'y plonger? N'est-ce pas un devoir pour l'écrivain, quel qu'il soit, d'être toujours adhérent avec lui-même, *et sibi constet*, et de ne pas se produire autrement qu'on ne le connaît, et de ne pas arriver autrement qu'il n'est attendu? Agir différemment, ne serait-ce pas dérouter le public, livrer la réalité même du voyage aux doutes et aux conjectures, et par conséquent diminuer la confiance?

Ceci sembla grave à l'auteur. Diminuer la confiance à l'heure même où on la réclame plus que jamais; faire douter de soi, surtout quand il faudrait y faire croire; ne pas rallier toute la foi de son auditoire quand on prend la parole pour ce qu'on s'imagine être un devoir, c'était manquer le but.

Les lettres qu'il avait écrites durant son voyage se présentèrent alors à son esprit. Il les relut, et il reconnut que, par leur réalité même, elles étaient le point d'appui incontestable et naturel de ses conclusions dans la question rhénane; que la familiarité de certains détails, que la minutie de certaines peintures, que la personnalité de certaines impressions, étaient une évidence de plus; que toutes ces choses vraies s'ajouteraient comme des contreforts à la chose utile; que, sous un certain rapport, le voyage du rêveur, empreint de caprice, et peut-être, pour quelques esprits chagrins, entaché de poésie, pourrait nuire à l'autorité du penseur; mais que, d'un autre côté, en étant plus sévère, on risquait d'être moins efficace; que l'objet de cette publication, malheureusement trop insuffisante, était de résoudre amicalement une question de haine; et que, dans tous les cas, du moment où la pensée de l'écrivain, même la plus intime et la plus voilée, serait loyalement livrée aux lecteurs, quel que fût le résultat, lors même qu'ils n'adhéreraient pas aux conclusions du livre, à coup sûr ils croiraient aux convictions de l'auteur. — Ceci déjà serait un grand pas; l'avenir se chargerait peut-être du reste.

Tels sont les motifs impérieux, à ce qu'il lui semble, qui ont déterminé l'auteur à mettre au jour ces lettres et à donner au public deux volumes sur le Rhin au lieu de deux cents pages.

Si l'auteur avait publié cette correspondance de voyageur dans un but purement personnel, il lui eût probablement fait subir de notables altérations; il eût supprimé beaucoup de détails; il eût effacé partout l'intimité et le sourire; il eût estirpé et sarclé avec soin le *moi*, cette mauvaise herbe qui repousse toujours sous la plume de l'écrivain livré aux épanchements familiers; il eût peut-être renoncé absolument, par le sentiment même de son infériorité, à la forme épistolaire, que les très grands esprits ont seuls, à son avis, le droit d'employer vis-à-vis du public. Mais, au point de vue qu'on vient d'expliquer, ces altérations eussent été des falsifications; ces lettres, quoique en apparence à peu près étrangères à la *Conclusion*, deviennent pourtant en quelque sorte des pièces justificatives; chacune d'elles est un certificat de voyage, de passage et de présence; le *moi*, ici, est une affirmation. Les modifier, c'était remplacer la vérité par la façon littéraire. C'était encore diminuer la confiance, et par conséquent manquer le but.

Il ne faut pas oublier que ces lettres, qui pourtant n'auront

peut-être pas deux lecteurs, sont là pour appuyer une parole conciliante offerte à deux peuples. Devant un si grand objet, qu'importent les petites coquetteries d'arrangeur et les raffinements de toilette littéraire! Leur vérité est leur parure*.

Il s'est donc déterminé à les publier telles à peu près qu'elles ont été écrites.

Il dit « à peu près », car il ne veut point cacher qu'il a néanmoins fait quelques suppressions et quelques changements; mais ces changements n'ont aucune importance pour le public. Ils n'ont d'autre objet la plupart du temps que d'éviter les redites, ou d'épargner à des tiers, à des indifférents, à des inconnus rencontrés, tantôt un blâme, tantôt une indiscrétion, tantôt l'ennui de se reconnaître. Il importe peu au public, par exemple, que toutes les fins de lettres, consacrées à des détails de famille, aient été supprimées; il importe peu que le lieu où s'est produit un accident quelconque, une roue cassée, un incendie d'auberge, etc., ait été changé ou non. L'essentiel, pour que l'auteur puisse dire, lui aussi: *Ceci est un livre de bonne foi*, c'est que la forme et le fond des lettres soient restés ce qu'ils étaient. On pourrait au besoin montrer aux curieux, s'il y en avait pour de si petites choses, toutes les pièces de ce journal d'un voyageur authentiquement timbrées et datées par la poste.

De la part des grands écrivains, et il est inutile de citer ici d'illustres exemples qui sont dans toutes les mémoires, ces sortes de confidences ont un charme extrême; le beau style donne lieu à tout; de la part d'un simple passant, elles n'ont, nous le répétons, de valeur que leur sincérité. A ce titre, et à ce titre seulement, elles peuvent être quelquefois précieuses. Elles se classent, avec le moine de Saint-Gall, avec le bourgeois de Paris sous Philippe-Auguste, avec Jean de Troyes, parmi les matériaux utiles à consulter; et, comme document honnête et sérieux, ont parfois plus tard l'honneur d'aider la philosophie et l'histoire à caractériser l'esprit d'une époque et d'une nation à un moment donné. S'il était possible d'avoir une prétention pour ces deux volumes, l'auteur n'en aurait pas d'autre que celle-là.

Qu'on n'y cherche pas non plus les aventures dramatiques et les incidents pittoresques. Comme l'auteur l'explique dès les premières pages de ce livre, il voyage sans autre objet que de rêver beaucoup et de penser un peu. Dans ses excursions silencieuses, il emporte deux vieux livres, ou, si on lui permet de citer sa propre expression, il emmène deux vieux amis, Virgile et Tacite; Virgile, c'est-à-dire toute la poésie qui sort de la nature; Tacite, c'est-à-dire toute la pensée qui sort de l'histoire.

Et puis, il reste, comme il convient, toujours et partout retranché dans le silence et le demi-jour, qui favorisent l'observation. Ici, quelques mots d'explication sont indispensables. On

---

* L'auteur, à cet égard, a poussé fort loin le scrupule. Ces lettres ont été écrites au hasard de la plume, sans livres, et les faits historiques ou les textes littéraires qu'elles contiennent çà et là sont cités de mémoire; or, la mémoire fait défaut quelquefois. Ainsi, par exemple, dans la *Lettre neuvième*, l'auteur dit que Barberousse voulut se croiser pour la seconde ou la troisième fois, et dans la *Lettre dix-septième* il parle des nombreuses croisades de Frédéric Barberousse. L'auteur oublie dans cette double occasion que Frédéric Ier ne s'est croisé que deux fois, la première n'étant encore que duc de Souabe, en 1147, en compagnie de son oncle Conrad III; la seconde étant empereur, en 1189. Dans la *Lettre quatorzième* l'auteur a écrit *l'hérésiarque Doucet* où il eût fallu écrire *l'hérésiarque Doncin*. Rien n'était plus facile à corriger que ces erreurs; il a semblé à l'auteur que, puisqu'elles étaient dans ces lettres, elles devaient y rester comme le cachet même de leur réalité. Puisqu'il en est à rectifier

des erreurs, qu'on lui permette de passer des siennes à celles de son imprimeur. Un errata raisonné est parfois utile. Dans la *Lettre première*, au lieu de: *la maison est pleine de voix qui ordonnent*, il faut lire: *la maison est pleine de voix qui jordonnent*. Dans la *Légende du beau Pécopin* (paragraphe XII, dernières lignes) au lieu de: *une porte de métal*, il faut lire: *une porte de métail*. Les deux mots *jordonner* et *métail* manquent au Dictionnaire de l'Académie, et, selon nous, le Dictionnaire a tort. *Jordonner* est un excellent mot de la langue familière qui n'a pas de synonyme possible et qui exprime une nuance précise et délicate, le commandement exercé avec sottise et vanité, à tout propos et hors de tout propos. Quant au mot *métail*, il n'est pas moins précieux. Le *métal* est la substance métallique pure; l'argent est un métal. Le *métail* est la substance métallique composée; le bronze est un métail.

(*Note de la première édition.*)

le sait, la prodigieuse sonorité de la presse française, si puissante, si féconde et si utile d'ailleurs, donne aux moindres noms littéraires de Paris un retentissement qui ne permet pas à l'écrivain, même le plus humble et le plus insignifiant, de croire hors de France à sa complète obscurité. Dans cette situation, l'observateur, quel qu'il soit, pour peu qu'il se soit livré quelquefois à la publicité, doit, s'il veut conserver entière son indépendance de pensée et d'action, garder l'incognito comme s'il était quelqu'un. Ces précautions, qui assurent au voyageur le bénéfice de l'ombre, l'auteur les a prises durant son excursion aux bords du Rhin, bien qu'elles fussent à coup sûr surabondantes pour lui et qu'il lui parût presque ridicule de le prendre. De cette façon, il a pu recueillir ses notes à son aise et en toute liberté, sans que rien gênât sa curiosité ou sa méditation dans cette promenade de fantaisie, qui, nous croyons l'avoir suffisamment indiqué, admet pleinement le hasard des auberges et des tables d'hôte, et s'accommode aussi volontiers de la patache que de la chaise de poste, de la banquette des diligences que de la tente des bateaux à vapeur.

Quant à l'Allemagne, qui est à ses yeux la collaboratrice naturelle de la France, il croit, dans les considérations qui terminent le second de ces deux volumes, l'avoir appréciée justement et l'avoir vue telle qu'elle est. Qu'aucun lecteur ne s'arrête à deux ou trois mots semés çà et là dans ces lettres, et maintenus par scrupule de sincérité ; l'auteur proteste énergiquement contre toute intention d'ironie. L'Allemagne, il ne le cache pas, est une des terres qu'il aime et une des nations qu'il admire. Il a presque un sentiment filial pour cette noble et sainte patrie de tous les penseurs. S'il n'était pas français, il voudrait être allemand.

L'auteur ne croit pas devoir achever cette note préliminaire sans entretenir les lecteurs d'un dernier scrupule qui lui est survenu. Au moment où l'impression de ce livre se terminait, il s'est aperçu que des événements tout récents et qui, à l'instant même où nous sommes, occupent encore Paris, semblaient donner la valeur d'une application directe à deux lignes du paragraphe XV de la *Conclusion*. Or, l'auteur ayant toujours eu plutôt pour but de calmer que d'irriter, il se demanda s'il n'effacerait pas ces deux lignes. Après réflexion, il s'est décidé à les maintenir. Il suffit d'examiner la date où ces lignes ont été écrites pour reconnaître que, s'il y avait à cette époque-là quelque chose dans l'esprit de l'auteur, c'était peut-être une prévision, ce n'était pas, à coup sûr, et ce ne pouvait être une application. Si l'on se reporte aux faits généraux de notre temps, on verra que cette prévision a pu en résulter, même dans la forme précise que le hasard lui a donnée. En admettant que ces deux lignes aient un sens, ce ne sont pas elles qui sont venues se surperposer aux événements, ce sont les événements qui sont venus se ranger sous elles. Il n'est pas d'écrivain un peu réfléchi auquel cela soit arrivé. Quelquefois, à force d'étudier le présent, on rencontre quelque chose qui ressemble à l'avenir. Il a donc laissé ces deux lignes à leur place, de même qu'il s'était déjà déterminé à laisser dans le recueil intitulé *les Feuilles d'automne* les vers intitulés *Rêverie d'un passant à propos d'un roi*, petit poème écrit en juin 1830 qui annonce la révolution de juillet.

Pour ce qui est de ces deux volumes en eux-mêmes, l'auteur n'a plus rien à en dire. S'ils ne se dérobaient par leur peu de valeur à l'honneur des assimilations et des comparaisons, l'auteur ne pourrait s'empêcher de faire remarquer que cet ouvrage, qui a un fleuve pour sujet, s'est, par une coïncidence bizarre, produit lui-même tout spontanément et tout naturellement à l'image d'un fleuve. Il commence comme un ruisseau ; traverse un ravin près d'un groupe de chaumières, sous un petit pont d'une arche ; côtoie l'auberge dans le village, le troupeau dans le pré, la poule dans le buisson, le paysan dans le sentier ; puis il s'éloigne ; il touche un champ de bataille, une plaine illustre, une grande ville ; il se développe, il s'enfonce dans les brumes de l'horizon, reflète des cathédrales, visite des capitales, franchit des frontières, et, après avoir réfléchi les arbres, les champs, les étoiles, les églises, les ruines, les habitations, les barques et les voiles, les hommes et les idées, les ponts qui joignent deux villages et les ponts qui joignent deux nations, il rencontre enfin, comme le but de sa course et le terme de son élargissement, le double et profond océan du présent et du passé, la politique et l'histoire.

Paris, janvier 1842.

# LE RHIN

## 1838

### LETTRE I

#### DE PARIS A LA FERTÉ-SOUS-JOUARRE

La Ferté-sous-Jouarre, juillet 1838.

C'est avant-hier matin, vers onze heures, comme je vous l'ai écrit, mon ami, que j'ai quitté Paris. Je suis sorti par la route de Meaux, et j'ai laissé à ma gauche Saint-Denis, Montmorency, et tout à l'extrémité des collines le coteau de S.-P. Je vous ai donné dans ce moment-là une bonne et tendre pensée à tous; et j'ai tenu mes regards fixés sur cette petite ampoule obscure au fond de la plaine, jusqu'à l'instant où un tournant du chemin me l'a brusquement cachée.

Vous connaissez mon goût pour les grands voyages à petites journées, sans fatigue, sans bagage, en cabriolet, seul avec mes vieux amis d'enfance, Virgile et Tacite. Vous voyez donc d'ici mon équipage.

J'ai pris le chemin de Châlons, car je connais la route de Soissons pour l'avoir suivie il y a quelques années; et, grâce aux démolisseurs, elle n'a aujourd'hui qu'un médiocre intérêt. Nanteuil-le-Haudouin a perdu son château bâti sous François I$^{er}$. Villers-Cotterets a converti en dépôt de mendicité le magnifique manoir du duc de Valois, et là, comme presque partout, sculptures et peintures, tout l'esprit de la Renaissance, toute la grâce du seizième siècle a honteusement disparu sous la racloire et le badigeon. Dammartin a rasé son énorme tour du haut de laquelle on voyait Montmartre distinctement, à neuf lieues de distance, et dont la grande lézarde verticale avait fait naître ce proverbe que je n'ai jamais bien compris : *Il est comme le château de Dammartin, qui crève de rire*. Aujourd'hui, veuf de sa vieille bastille dans laquelle l'évêque de Meaux, quand il était en querelle avec le comte de Champagne, avait le droit de se réfugier avec sept personnes de sa suite, Dammartin n'engendre plus de proverbes et ne donne plus lieu qu'à des notes littéraires du genre de celle-ci, que j'ai copiée textuellement, à l'époque où j'y passai, dans je ne sais plus quel petit livre local étalé sur la table de l'auberge :

« DAMMARTIN (Seine-et-Marne), petite ville sur une colline. On y fabrique de la dentelle. Hôtel : *Sainte-Anne*. Curiosités : l'église paroissiale, la halle, 1,600 habitants. »

Le peu de temps accordé pour dîner par ce tyran des diligences appelé le « conducteur » ne me permit pas alors de vérifier jusqu'à quel point il était vrai que les seize cents habitants de Dammartin fussent tous des curiosités. J'ai donc pris par Meaux.

Entre Claye et Meaux, par le plus beau temps et le plus beau chemin du monde, la roue de mon cabriolet a cassé. Vous savez que je suis un de ces hommes qui *continuent leur route*; le cabriolet renonçait à moi, j'ai renoncé au cabriolet. Justement une petite diligence passait, la diligence Touchard. Elle n'avait plus qu'une place vacante, je l'ai prise ; et, dix minutes après l'accident, « je continuais ma route », juché sur l'impériale entre un bossu et un gendarme.

Me voici en ce moment à la Ferté-sous-Jouarre, jolie petite ville que je revois pour la quatrième fois bien volontiers avec ses trois ponts, ses charmantes îles, son vieux moulin au milieu de la rivière qui se rattache à la terre par cinq arches, et son beau pavillon du temps de Louis XIII, qui a appartenu, dit-on, au duc de Saint-Simon, et qui aujourd'hui se déforme entre les mains d'un épicier.

Si en effet M. de Saint-Simon a possédé ce vieux logis, je doute que son manoir natal de la Ferté-Vidame eût une mine plus seigneuriale et plus fière, et fût mieux fait pour encadrer sa hautaine figure de duc et pair, que le charmant et sévère châtelet de la Ferté-sous-Jouarre.

Le moment est parfait pour voyager. Les campagnes sont pleines de travailleurs. On achève la moisson. On bâtit çà et là de grandes meules qui ressemblent, quand elles sont à moitié faites, à ces pyramides éventrées qu'on rencontre en Syrie. Les blés coupés sont rangés à terre sur le flanc des collines de façon à imiter le dos des zèbres.

Vous le savez, mon ami, ce ne sont pas les événements que je cherche en voyage, ce sont les idées et les sensations ; et pour cela, la nouveauté des objets suffit. D'ailleurs je me contente de peu. Pourvu que j'aie des arbres, de l'herbe, de l'air, de la route devant moi et de la roue derrière moi, tout me va. Si le pays est plat, j'aime les larges horizons. Si le pays est montueux j'aime les paysages inattendus, et au haut de chaque côte il y en a un. Tout à l'heure je voyais une charmante vallée. A droite et à gauche de beaux caprices de terrain, de grandes collines coupées par les cultures, et une multitude de carrés amusants à voir ; çà et là, des groupes de chaumières basses dont les toits semblaient toucher le sol ; au fond de la vallée, un cours d'eau marqué à l'œil par une longue ligne de verdure et traversé par un vieux petit pont de pierre rouillée et vermoulue où viennent se rattacher les deux bouts du grand chemin. — Au moment où j'étais là,

un roulier passait le pont, un énorme roulier d'Allemagne, gonflé, sanglé et ficelé, qui avait l'air du ventre de Gargantua traîné sur quatre roues par huit chevaux. Devant moi, suivant l'ondulation de la colline opposée, remontait la route éclatante de soleil, sur laquelle l'ombre des rangées d'arbres dessinait en noir la figure d'un grand peigne auquel il manquerait plusieurs dents.

Eh bien, ces arbres, ce peigne d'ombre dont vous rirez peut-être, ce roulier, cette route blanche, ce vieux pont, ces chaumes bas, tout cela m'égaye et me rit. Une vallée comme celle-là me contente, avec le ciel par-dessus. J'étais seul dans cette voiture à la regarder et à en jouir. Les voyageurs bâillaient horriblement.

Quand on relaye, tout m'amuse. On s'arrête à la porte de l'auberge. Les chevaux arrivent avec un bruit de ferraille. Il y a une poule blanche sur la grande route, une poule noire dans les broussailles, une herse ou une vieille roue cassée dans un coin, des enfants barbouillés qui jouent sur un tas de sable ; au-dessus de ma tête, Charles-Quint, Joseph II ou Napoléon pendus à une vieille potence en fer et faisant enseigne, grands empereurs qui ne sont plus bons qu'à achalander une auberge. La maison est pleine de voix qui jordonnent ; sur le pas de la porte, les garçons d'écurie et les filles de cuisine font des idylles, le fumier cajole l'eau de vaisselle ; et moi, je profite de ma haute position, — sur l'impériale, — pour écouter causer le bossu et le gendarme, ou pour admirer les jolies petites colonies de coquelicots nains qui font des oasis sur un vieux toit.

Du reste, mon gendarme et mon bossu étaient des philosophes, « pas fiers du tout », et causant humainement l'un avec l'autre, le gendarme sans dédaigner le bossu, le bossu sans mépriser le gendarme. Le bossu paye six cents francs de contributions à Jouarre, l'ancienne *Jovis ara*, comme il avait la bonté de l'expliquer au gendarme. Il possède, en outre, qui paye neuf cents livres à Paris, et il s'indigne contre le gouvernement chaque fois qu'il acquitte le sou de passage au pont sur la Marne entre Meaux et la Ferté. Le gendarme ne paye aucune contribution, mais il raconte naïvement son histoire. En 1814, à Montmirail, il se battit comme un lion ; il était conscrit. En 1830, aux journées de Juillet, il eut peur et ne se sauva pas ; il était gendarme. Cela l'étonne, et cela ne m'étonne pas. Conscrit, il n'avait rien que ses vingt ans, il était brave. Gendarme, il avait femme et enfants, et, ajoutait-il, son cheval à lui ; il était lâche. Le même homme, du reste, mais non la même vie. La vie est un mets qui n'agrée que par la sauce. Rien n'est plus intrépide qu'un forçat. Dans ce monde, ce n'est pas à sa peau que l'on tient, c'est à son habit. Celui qui est tout nu ne tient à rien.

Convenons aussi que les deux époques étaient bien différentes. Ce qui est dans l'air agit sur le soldat comme sur tout homme. L'idée qui souffle le glace ou le réchauffe, lui aussi. En 1830, une révolution soufflait. Il se sentait courbé et terrassé par cette force des idées qui est comme l'âme de la force des choses. Et puis, quoi de plus triste et de plus énervant! se battre pour des ordonnances étranges, pour des ombres qui ont passé dans un cerveau troublé, pour un rêve, une folie, frères contre frères, fantassins contre ouvriers, français contre parisiens! En 1814, au contraire, le conscrit luttait contre l'étranger, contre l'ennemi, pour des choses claires et simples, pour lui-même, pour tous, pour son père, sa mère et ses sœurs, pour la charrue qu'il venait de quitter, pour le toit de chaume qui fumait là-bas, pour la terre qu'il avait sous les clous de ses souliers, pour la patrie saignante et vivante. En 1830, le soldat ne savait pas pourquoi il se battait. En 1814, il faisait plus que le savoir, il le comprenait; il faisait plus que le comprendre, il le sentait; il faisait plus que le sentir, il le voyait.

Trois choses m'ont intéressé à Meaux; un délicieux petit portail de la renaissance accolé à une vieille église démantelée, à droite en entrant dans la ville; puis la cathédrale; puis, derrière la cathédrale, un bon vieux logis de pierre de taille, à demi fortifié, flanqué de grandes tourelles engagées. Il y avait une cour. Je suis entré bravement dans la cour, quoique j'y eusse avisé une vieille femme qui tricotait. Mais la bonne dame m'a laissé faire. J'y voulais étudier un fort bel escalier extérieur, dallé de pierre et charpenté de bois, qui monte à la vieille maison, appuyé sur deux arches surbaissées et couvert d'un toit-auvent à arcades en anse de panier. Le temps m'a manqué pour le dessiner. Je le regrette; c'est le premier escalier de ce genre que j'aie vu. Il m'a paru être du quinzième siècle.

La cathédrale est une noble église commencée au quatorzième siècle et continuée au quinzième. On vient de la restaurer d'une odieuse façon. Elle n'est d'ailleurs pas finie. De ses deux tours projetées par l'architecte, une seulement est bâtie. L'autre, qui a été ébauchée, cache son moignon sous un appareil d'ardoise. La porte du milieu et celle de droite sont du quatorzième siècle; celle de gauche est du quinzième. Toutes trois sont fort belles, quoique d'une pierre que la lune et la pluie ont rongée.

J'en ai voulu déchiffrer les bas-reliefs. Le tympan de la porte de gauche représente l'histoire de saint Jean-Baptiste; mais le soleil, qui tombait à plomb sur la façade, n'a pas permis à mes yeux d'aller plus loin. L'intérieur de l'église est d'une composition superbe. Il y a sur le chœur de grandes ogives trilobées à jour du plus bel effet. A l'abside, il ne reste plus qu'une verrière magnifique et qui fait regretter les autres. On repose en ce moment, à l'entrée du chœur, deux autels en ravissante menuiserie du quinzième siècle; mais on barbouille cela de peinture à l'huile, couleur bois. C'est le goût des naturels du pays. A gauche du chœur, près d'une charmante porte surbaissée avec imposte, j'ai vu une belle statue de marbre à genoux d'un homme de guerre du seizième siècle, sans armoiries ni inscription d'ailleurs. Je n'ai pas su deviner le nom de cette statue. Vous qui savez tout, vous l'auriez fait. De l'autre côté est une autre statue; celle-là porte son inscription, et bien lui en prend, car vous-même vous ne devineriez pas dans ce marbre fade et dur la figure sévère de Bénigne Bossuet. Quant à Bossuet, j'ai grand'peur que la destruction des vitraux ne soit de son fait. J'ai vu son trône épiscopal, d'une assez belle boiserie en style Louis XIV avec baldaquin figuré. Le temps m'a manqué pour aller visiter son fameux cabinet à l'évêché.

Un fait étrange, c'est que Meaux a eu un théâtre avant Paris, une vraie salle de spectacle, construite dès 1547, — dit un manuscrit de la bibliothèque locale, — tenant du cirque antique en ce qu'*elle était couverte d'un velarium*, et du théâtre actuel en ce qu'*il y avait tout autour des loges fermant à clef, lesquelles étaient louées à des habitants de Meaux*. On représentait là des mystères. Un nommé Pascalus jouait le Diable et en garda le surnom. En 1562 il livra la ville aux huguenots, et l'année d'après les catholiques le pendirent, un peu parce qu'il avait livré la ville, beaucoup parce qu'il s'appelait *le Diable*. — Aujourd'hui Paris a vingt théâtres, la ville champenoise n'en a plus un seul. On prétend qu'elle s'en vante; c'est comme si Meaux se vantait de n'être pas Paris.

Du reste, ce pays est plein du siècle de Louis XIV. Ici, le duc de Saint-Simon; à Meaux, Bossuet; à la Ferté-Milon, Racine; à Château-Thierry, la Fontaine. Le tout en un rayon de douze lieues. Le grand seigneur avoisine le grand évêque. La tragédie coudoie la fable.

En sortant de la cathédrale, j'ai trouvé le soleil voilé et j'ai pu examiner la façade. Le grand tympan du portail central est des plus curieux. Le compartiment inférieur représente Jeanne, femme de Philippe le Bel, des deniers de laquelle l'église fut construite après sa mort. La reine de France, sa cathédrale à la main, se présente aux portes du paradis. Saint Pierre les lui ouvre à deux battants. Derrière la reine se tient le beau roi Philippe avec je ne sais quel air de pauvre honteux. La reine, fort spirituellement sculptée et atournée, désigne le pauvre diable de roi d'un regard de côté et d'un geste d'épaule, et semble dire à saint Pierre: *Bah! laissez-le entrer par-dessus le marché!*

# LETTRE II

## MONTMIRAIL. — MONTMORT. — ÉPERNAY

*Épernay, 21 juillet.*

A la Ferté-sous-Jouarre, j'ai loué la première cariole venue, en ne m'informant guère que d'une chose : a-t-elle la voie, et les roues sont-elles bonnes ? et je m'en suis allé à Montmirail. Rien dans cette petite ville qu'un assez frais paysage à l'entrée de deux belles allées d'arbres. Le reste, le château excepté, est un fouillis de masures.

Lundi, vers cinq heures du soir, je quittai Montmirail en me dirigeant vers la route de Sézanne à Épernay. Une heure après, j'étais à Vaux-Champs, et je traversais le fameux champ de bataille. Un moment avant d'y arriver, j'avais rencontré sur la route une charrette bizarrement chargée. Pour attelage, un âne et un cheval. Sur la voiture des casseroles, des chaudrons, des coffres, des chaises de paille, un tas de meubles ; à l'avant, dans une espèce de panier, trois petits enfants presque nus ; à l'arrière, dans un autre panier, des poules. Pour conducteur, un homme en blouse, à pied, portant un enfant sur son dos. A quelques pas, une femme marchant aussi et portant aussi un enfant, mais dans son ventre. Tout ce déménagement se hâtait vers Montmirail, comme si la grande bataille de 1814 allait recommencer. — Oui, me disais-je, on devait rencontrer ici de ces charrettes-là il y a vingt-cinq ans. — Je me suis informé ; ce n'était pas un déménagement, c'était une expatriation. Cela n'allait pas à Montmirail, cela allait en Amérique. Cela ne fuyait pas une bataille, cela fuyait la misère. En deux mots, cher ami, c'était une famille de pauvres paysans alsaciens émigrants, à qui l'on promet des terres dans l'Ohio et qui s'en vont de leur pays sans se douter que Virgile a fait sur eux les plus beaux vers du monde il y a deux mille ans.

Du reste, ces braves gens s'en allaient avec une parfaite insouciance. L'homme refaisait une mèche à son fouet. La femme chantonnait, les enfants jouaient. Les meubles seuls avaient je ne sais quoi de malheureux et de désorienté qui faisait peine. Les poules aussi m'ont paru avoir le sentiment de leur malheur.

Cette indifférence m'a étonné. Je croyais vraiment la patrie plus profondément gravée dans les hommes. Cela leur est donc égal, à ces gens, de ne plus voir les mêmes arbres ?

Je les ai suivis quelque temps des yeux. Où allait ce petit groupe cahoté et trébuchant ? Où vais-je moi-même ? La route tourna, ils disparurent. J'entendis encore quelque temps le fouet de l'homme et la chanson de la femme, puis tout s'évanouit.

Quelques minutes après, j'étais dans les glorieuses plaines qui ont vu l'empereur. Le soleil se couchait. Les arbres faisaient de grandes ombres. Les sillons, déjà retracés çà et là, avaient une couleur blonde. Une brume bleue montait du fond des ravins. La campagne était déserte. On n'y voyait au loin que deux ou trois charrues oubliées, qui avaient l'air de grandes sauterelles. A ma gauche, il y avait une carrière de pierres meulières. De grosses meules toutes faites et bien rondes, les unes blanches et neuves, les autres vieilles et noires, gisaient pêle-mêle sur le sol, debout, couchées, en piles, comme les pièces d'un énorme damier bouleversé. En effet, des géants avaient joué là une grande partie.

Je tenais à voir le château de Montmort ; ce qui fait qu'à quatre lieues de Montmirail, à Formentières ou Armentières, j'ai tourné brusquement à gauche, et j'ai pris la route d'Épernay. Il y a là seize grands ormes les plus amusants du monde, qui penchent sur la route leurs profils rechignés et leurs perruques ébouriffées. Les ormes sont une de mes joies en voyage. Chaque orme vaut la peine d'être regardé à part. Tous les autres arbres sont bêtes et se ressemblent ; les ormes seuls ont de la fantaisie et se moquent de leur voisin, se renversant lorsqu'il se penche, maigres lorsqu'il est touffu, et faisant toutes sortes de grimaces le soir aux passants. Les jeunes ormes ont un feuillage qui jaillit dans tous les sens, comme une pièce d'artifice qui éclate. Depuis la Ferté jusqu'à l'endroit où l'on trouve ces seize ormes, la route n'est bordée que de peupliers, de trembles ou de noyers çà et là, ce qui me donnait quelque humeur.

Le pays est plat, la plaine fuit à perte de vue. Tout à coup, en sortant d'un bouquet d'arbres, on aperçoit à droite, comme à moitié enfoui dans un pli de terrain, un ravissant tohu-bohu de tourelles, de girouettes, de pignons, de lucarnes et de cheminées. C'est le château de Montmort.

Mon cabriolet a tourné bride, et j'ai mis pied à terre devant la porte du château. C'est une exquise forteresse du seizième siècle, bâtie en briques, avec toits d'ardoise et girouettes ouvragées, avec sa double enceinte, son double fossé, son pont de trois arches qui aboutit au pont-levis, son village à ses pieds, et tout autour un admirable paysage, sept lieues d'horizon. Aux baies près, qui ont presque toutes été refaites, l'édifice est bien conservé. La tour d'entrée contient, roulés l'un sur l'autre, un escalier à vis pour les hommes et une rampe pour les chevaux. Au bas il y a encore une vieille porte de fer, et, en montant, dans les embrasures de la tour, j'ai compté quatre petits engins du quinzième siècle. La garnison de la forteresse se composait pour le moment d'une vieille servante, M<sup>lle</sup> Jeannette, qui m'a fort gracieusement accueilli. Il ne reste des anciens appartements de l'intérieur que la cuisine, fort belle salle voûtée à grande cheminée, le vieux salon, dont on a fait un billard, et un charmant petit cabinet à boiseries dorées, dont le plafond a pour rosace un chiffre fort ingénieusement entortillé. Le vieux salon est une magnifique pièce. Le plafond à poutres peintes, dorées et sculptées, est encore intact. La cheminée, surmontée de deux fort nobles statues, est du plus beau style de Henri III. Les murs étaient jadis couverts de vastes panneaux de tapisserie qui étaient des portraits de famille. A la révolution, des gens d'esprit du village voisin ont arraché ces panneaux et les ont brûlés, ce qui a porté un coup mortel à la féodalité. Le propriétaire actuel a remplacé ces panneaux par de vieilles gravures représentant des vues de Rome et des batailles du grand Condé, collées à cru sur le mur. Ce que voyant, j'ai donné trente sous à M<sup>lle</sup> Jeannette, qui m'a paru éblouie de ma magnificence.

Et puis j'ai regardé les canards et les poules dans les fossés du château, et je m'en suis allé.

En sortant de Montmort, — où l'on arrive par la plus horrible route du monde, soit dit en passant, — j'ai rencontré la malle qui a dû vous porter ma précédente lettre. Je l'ai chargée, ami, de toutes sortes de bonnes pensées pour vous.

La route s'est enfoncée dans un bois au moment où la nuit tombait, et je n'ai plus rien vu jusqu'à Épernay que des cabanes de charbonniers qui fumaient à travers les branches. La gueule rouge d'une forge éloignée m'apparaissait par moments, le vent agitait au bord de la route la vive silhouette des arbres; et sur ma tête, dans le ciel, le splendide Chariot faisait son voyage au milieu des étoiles pendant que ma pauvre patache faisait le sien à travers les cailloux.

Épernay, c'est la ville du vin de Champagne. Rien de plus, rien de moins.

Trois églises se sont succédé à Épernay. La première, une église romane, bâtie en 1037 par Thibaut I<sup>er</sup>, comte de Champagne, fils d'Eudes II. La seconde, une église de la renaissance, bâtie en 1540 par Pierre Strozzi, maréchal de France, seigneur d'Épernay, tué au siège de Thionville en 1558. La troisième, l'église actuelle, me fait l'effet d'avoir été bâtie sur les dessins de M. Poterlet-Galichet, un brave marchand dont la boutique et le nom coudoient l'église. Les trois églises me paraissent admirablement dépeintes et résumées par ces trois noms : Thibaut I<sup>er</sup>, comte de Champagne; Pierre Strozzi, maréchal de France; Poterlet-Galichet, épicier.

C'est vous dire assez que la dernière, l'église actuelle, est une hideuse bâtisse en plâtre, bête, blanche et lourde, avec triglyphes supportant les retombées des archivoltes. Il ne reste rien de la première église. Il ne reste de la deuxième que de beaux vitraux et un portail exquis. L'une des verrières raconte toute l'histoire de Noé de la façon la plus naïve. Vitraux et portail sont, bien entendu, enclavés et englués dans l'affreux plâtre de l'église neuve. Il m'a semblé voir Odry avec son pantalon blanc trop court, ses bas bleus et son grand col de chemise, portant le casque et la cuirasse de François I<sup>er</sup>.

On a voulu me mener voir ici la curiosité du pays, une grande cave qui contient quinze cent mille bouteilles. Chemin faisant, j'ai rencontré un champ de navette en fleur avec des coquelicots et des papillons et un beau rayon de soleil. J'y suis resté. La grande cave se passera de ma visite.

La pommade pour faire pousser les cheveux, qui s'appelle à la Ferté Pilogène, s'appelle à Épernay Phyothrix, *importation grecque*.

A propos, à Montmirail, l'hôtel de la Poste m'a fait payer quatre œufs frais quarante sous; cela m'a paru un peu vif.

J'oubliais de vous dire que Thibaut I<sup>er</sup> a été enterré dans son église et Strozzi dans la sienne. Je réclame dans l'église actuelle une tombe pour M. Poterlet-Galichet.

C'était un brave que ce Strozzi. Brisquet, fou de Henri II, s'amusa un jour à lui larder avec du lard, par derrière, en pleine cour, un fort beau manteau neuf que le maréchal essayait ce jour-là. Il paraît que cela fit beaucoup rire, car Strozzi s'en vengea cruellement. Pour moi, je n'aurais pas ri et je ne me serais pas vengé. Larder un manteau de velours avec du lard! Je n'ai jamais été ébloui de cette plaisanterie de la renaissance.

# LETTRE III

## CHALONS. — SAINTE-MENEHOULD. — VARENNES

*Varennes, 25 juillet.*

Hier, à la chute du jour, mon cabriolet cheminait au delà de Sainte-Menehould ; je venais de relire ces admirables et éternels vers :

> Mugitusque boum mollesque sub arbore somni.
> . . . . . . . . . . . . . . . . . . . .
> Speluncæ vivique lacus.

J'étais resté appuyé sur le vieux livre entr'ouvert, dont les pages se chiffonnaient sous mon coude. J'avais l'âme pleine de toutes ces idées vagues, douces et tristes, qui se mêlent ordinairement dans mon esprit aux rayons du soleil couchant, quand un bruit de pavé sous les roues m'a réveillé. Nous entrions dans une ville. — Qu'est cette ville ? — Mon cocher m'a répondu : — C'est Varennes. — Puis la voiture s'est engagée dans une rue qui descend, entre deux rangs de maisons qui ont je ne sais quoi de grave et de pensif. Portes et volets fermés ; de l'herbe dans les cours. Tout à coup, après avoir passé une vieille porte cochère du temps de Louis XIII, en pierres noires, accostée d'un grand puits revêtu d'un appareil de madriers, la voiture a débouché dans une petite place triangulaire entourée de maisons d'un seul étage blanchies à la chaux, avec deux arbres rabougris gardant une porte dans un coin. Le grand côté de ce carrefour trigonal est orné d'un méchant beffroi écaillé d'ardoises. C'est dans cette place que Louis XVI fut arrêté comme il s'enfuyait, le 21 juin 1791. Il fut arrêté par Drouet, le maître de poste de Sainte-Menehould (il n'y avait pas alors de poste à Varennes), devant une maison jaune qui fait le coin de la place après avoir passé le beffroi. La voiture du roi suivait l'hypoténuse du triangle que dessine la place. La nôtre a parcouru le même chemin. Je suis descendu de cabriolet et j'ai regardé longtemps cette petite place. Comme elle s'est élargie rapidement ! en quelques mois elle est devenue monstrueuse, elle est devenue la place de la Révolution.

Voici ce qu'on raconte dans le pays. Le roi se défendit vivement d'être le roi (ce que n'aurait pas fait Charles Ier, soit dit en passant). On allait le relâcher faute de le reconnaître décidément, lorsque survint un M. d'Éthé qui avait je ne sais quel sujet de haine contre la cour. Ce M. d'Éthé (je ne sais si c'est bien là l'orthographe du nom, mais on écrit toujours suffisamment le nom d'un traître), cet homme donc aborda le roi à la façon de Judas, en disant : Bonjour, sire. Cela suffit. On retint le roi. Il y avait cinq personnes royales dans la voiture ; le misérable avec un mot les frappa toutes les cinq. Ce *Bonjour, sire*, ce fut pour Louis XVI, pour Marie-Antoinette et pour Madame Élisabeth, la guillotine ; pour le dauphin, l'agonie du Temple ; pour Madame Royale, l'extinction de sa race et l'exil.

Pour qui ne songe pas à l'événement, la petite place de Varennes a un aspect morose ; pour qui y pense, elle a un aspect sinistre.

Je crois vous l'avoir fait remarquer déjà en plus d'une occasion, la nature matérielle offre quelquefois des symbolismes singuliers. Louis XVI descendait dans ce moment-là une pente fort rapide et même dangereuse, où le maître-cheval de ma carriole a failli s'abattre. Il y a cinq jours, je trouvais une sorte de damier gigantesque sur le champ de bataille de Montmirail. Aujourd'hui je traverse la fatale petite place triangulaire de Varennes, qui a la forme du couteau de la guillotine.

L'homme qui assistait Drouet et qui saisit là Louis XVI s'appelait Billaud. — Pourquoi pas Billot ?

Varennes est à quinze lieues de Reims. Il est vrai que la place du 21 janvier est à deux pas des Tuileries. Comme ces rapprochements ont dû torturer le pauvre roi ! Entre Reims et Varennes, entre le sacre et le détrônement, il n'y a que quinze lieues pour mon cocher : pour l'esprit, il y a un abîme : la révolution.

J'ai demandé gîte à une très ancienne auberge qui a pour enseigne : *Au Grand Monarque*, avec le portrait de Louis-Philippe. Probablement a vu la tour à tour depuis cent ans Louis XV, Bonaparte et Charles X. Il y a quarante-huit ans, le jour où cette ville barra le passage à la voiture royale, ce qui pendait sur cette porte, à la vieille branche de fer contournée encore scellée au mur aujourd'hui, c'était sans doute le portrait de Louis XVI.

Louis XVI s'est peut-être arrêté au *Grand Monarque*, et s'est vu là peint en enseigne, roi en peinture lui-même. — Pauvre « Grand Monarque » !

Ce matin je me suis promené dans la ville, qui est du reste très gracieusement située sur les deux bords d'une jolie rivière. Les vieilles maisons de la ville haute font un amphithéâtre fort pittoresque sur la rive droite. L'église, qui est dans la ville basse, est insignifiante.

Elle est vis-à-vis de mon auberge. Je la vois de la table où j'écris. Le clocher porte cette date : 1776. Il avait deux ans de plus que Madame Royale.

Cette sombre aventure a laissé quelque trace ici, chose rare en France. Le peuple en parle encore. L'aubergiste m'a dit qu'*un monsieur de la ville en avait rédigé une comédie*. — Cela m'a rappelé que la nuit de l'évasion on avait habillé le petit dauphin en fille, si bien qu'il demandait à Madame Royale *si c'était pour une comédie*. C'est cette comédie-là qu'a *rédigée* le « monsieur de la ville ».

Je dois réparation à l'église, je viens de la revoir. Elle a au côté droit un charmant petit portail trilobé.

Si toutes mes architectures ne vous ennuient pas, je vous dirai que Châlons n'a pas tout à fait répondu à l'idée que je m'en faisais; la cathédrale, du moins. Chemin faisant, et pour n'y plus revenir, j'ajoute que la route d'Épernay à Châlons n'est pas non plus ce que j'attendais. On ne fait qu'entrevoir la Marne, au bord de laquelle j'ai remarqué d'ailleurs, dans les villages, deux ou trois églises romanes à clocher peu aigu, comme le clocher de Fécamp. Tout le pays n'est que plaines; mais toujours des plaines, c'est trop beau. Il y a du reste dans le paysage beaucoup de moutons et beaucoup de champenois.

Le vaisseau de la cathédrale est noble et d'une belle coupe; il reste quelques riches vitraux, une rosace entre autres; j'ai vu dans l'église une charmante chapelle de la renaissance avec l'F et la salamandre. Hors de l'église, il y a une tour romane très sévère et très pure et un précieux portail du quatorzième siècle. Mais tout cela est hideusement délabré; mais l'église est sale; mais les sculptures de François I$^{er}$ sont emmargouillées de badigeon jaune; mais toutes les nervures des voûtes sont peinturlurées; mais la façade est une mauvaise copie de notre façade de Saint-Gervais; mais les flèches!... — On m'avait promis des flèches à jour. Je comptais sur les flèches. Et je trouve deux espèces de bonnets pointus, à jour en effet, et d'un aspect, à tout prendre, assez original, mais d'une pierre lourdement fouillée et avec des volutes mêlées aux ogives ! Je m'en suis allé fort mécontent.

En revanche, si je n'ai pas trouvé ce que j'attendais, j'ai trouvé ce que je n'attendais pas, c'est-à-dire une fort belle Notre-Dame à Châlons. A quoi pensent les antiquaires? Ils parlent de Saint-Étienne, la cathédrale, et ils ne soufflent mot de Notre-Dame! La Notre-Dame de Châlons est une église romane à voûtes trapues et à robustes pleins cintres, fort auguste et fort complète, avec une superbe aiguille de charpente revêtue de plomb, laquelle date du quatorzième siècle. Cette aiguille, sur laquelle les feuilles de plomb dessinent des losanges et des écailles, comme sur une peau de serpent, est égayée à son milieu par une charmante lanterne couronnée de petits pignons de plomb, dans laquelle je suis monté. La ville, la Marne et les collines sont belles à voir de là.

Le voyageur peut admirer aussi de beaux vitraux dans Notre-Dame et un riche portail du treizième siècle. Mais, en 93, les gens du pays ont crevé les verrières et exterminé les statues du portail. Ils ont ratissé les opulentes voussures comme on ratisse une carotte. Ils ont traité de même le portail latéral de la cathédrale et toutes les sculptures qu'ils ont rencontrées dans la ville. Notre-Dame avait quatre aiguilles, deux hautes et deux basses; ils en ont démoli trois. C'est une rage de stupidité qui n'est nulle part empreinte comme ici. La révolution française a été terrible; la révolution champenoise a été bête.

Dans la lanterne où je suis monté, j'ai trouvé cette inscription gravée dans le plomb à la main et en écriture du seizième siècle : *Le 28 août 1580 la paix a été publiée à Chât...*.

Cette inscription, à moitié effacée, perdue dans l'ombre, que personne ne cherche, que personne ne lit, voilà tout ce qui reste aujourd'hui de ce grand acte politique, de ce grand événement, de cette grande chose, la paix conclue entre Henri III et les huguenots par l'entremise du duc d'Anjou, précédemment duc d'Alençon. Le duc d'Anjou, qui était le frère du roi, avait des vues sur les Pays-Bas et des prétentions à la main d'Élisabeth d'Angleterre. La guerre intérieure avec ceux de la religion le gênait dans ses plans. De là cette paix, cette fameuse affaire *publiée à Châlons le 28 août 1580*, et oubliée dans le monde entier le 22 juillet 1839.

L'homme qui m'a aidé à grimper d'échelle en échelle dans cette lanterne est le guetteur de la ville, le *guettier*, comme il s'appelle. Cet homme passe sa vie dans la guette, petite cage qui a quatre lucarnes aux quatre vents. Cette cage et son échelle, c'est l'univers pour lui. Ce n'est plus un homme, c'est l'œil de la ville, toujours ouvert, toujours éveillé. Pour s'assurer qu'il ne dort pas, on l'oblige à répéter l'heure, chaque fois qu'elle sonne, en laissant un intervalle entre l'avant-dernier coup et le dernier. Cette insomnie perpétuelle serait impossible; sa femme l'aide. Tous les jours à minuit, elle monte, et il va se coucher; puis il remonte à midi, et elle redescend. Ce sont deux existences qui accomplissent leur rotation l'une à côté de l'autre sans se toucher autrement qu'une minute à midi et une minute à minuit. Un petit gnome à figure bizarre, qu'ils appellent leur enfant, est résulté de la tangente.

Châlons a trois autres églises, Saint-Alpin, Saint-Jean et Saint-Loup. Saint-Alpin a de beaux vitraux. Quant à l'hôtel de ville, il n'a de remarquable que quatre énormes toutous en pierre accroupis formidablement devant la façade. J'ai été ravi de voir des lions champenois.

A deux lieues de Châlons, sur la route de Sainte-Menehould, dans un endroit où il n'y a que des plaines, des chaumes à perte de vue et les arbres poudreux de la route, une chose magnifique vous apparaît tout à coup. C'est l'abbaye de Notre-Dame de l'Épine. Il y a là une vraie flèche du quinzième siècle, ouvrée comme une dentelle et admirable, quoique accostée d'un télégraphe, qu'elle regarde, il est vrai, fort dédaigneusement, en grande dame qu'elle est. C'est une surprise étrange de voir s'épanouir superbement dans ces champs, qui nourrissent à peine quelques coquelicots étiolés, cette splendide fleur de l'architecture gothique. J'ai passé deux heures dans cette église; j'ai rôdé tout autour par un vent terrible qui faisait distinctement vaciller les clochetons. Je tenais mon chapeau à deux mains, et j'admirais avec des tourbillons de poussière dans les yeux. De temps en temps une pierre se détachait de la flèche et venait tomber dans le cimetière à côté de moi. Il y aurait eu là mille détails à dessiner. Les gargouilles sont particulièrement compliquées et curieuses. Elles se composent en général de deux monstres dont l'un porte l'autre sur ses épaules. Celles de l'abside m'ont paru représenter les sept péchés capitaux. La luxure, jolie paysanne beaucoup trop retroussée, a dû bien faire rêver les pauvres moines.

Il y a tout au plus là trois ou quatre masures, et l'on aurait peine à s'expliquer cette cathédrale sans ville, sans village, sans hameau, pour ainsi dire, si l'on ne trouvait dans une chapelle fermée au loquet un petit puits fort profond, qui est un puits miraculeux, du reste fort humble, très simple et tout à fait pareil à un puits de village, comme il sied à un puits miraculeux. Le merveilleux édifice a poussé dessus. Ce puits a produit cette église comme un oignon produit une tulipe.

J'ai continué ma route. Une lieue plus loin, nous traversions un village dont c'était la fête et qui célébrait cette fête avec une musique des plus acides. En sortant du village, j'ai avisé au haut d'une colline une chétive masure blanche, sur le toit de laquelle gesticulait une façon de grand insecte noir. C'était un télégraphe qui causait amicalement avec Notre-Dame de l'Épine.

Le soir approchait, le soleil déclinait, le ciel était magnifique. Je regardais les collines du bout de la plaine, qu'une immense bruyère vio*ette recouvrait à moitié comme un camail d'évêque. Tout à coup je vis un cantonnier redresser sa claie couchée à terre et la disposer comme pour s'abriter dessous. Puis la voiture passa près d'un troupeau d'oies qui bavardaient joyeusement.

— Nous allons avoir de l'eau, dit le cocher. En effet, je tournai la tête; la moitié du ciel derrière nous était envahie par un gros nuage noir, le vent était violent, les ciguës en fleur se courbaient jusqu'à terre, les arbres semblaient se parler avec terreur, de petits chardons desséchés couraient sur la route plus vite que la voiture, au-dessus de nous volaient de grandes nuées. Un moment après éclata un des plus beaux orages que j'aie vus. La pluie tombait à verse, mais le nuage n'emplissait pas tout le ciel. Une immense arche de lumière restait visible au couchant. De grands rayons noirs qui tombaient du nuage se croisaient avec les rayons d'or qui venaient du soleil. Il n'y avait plus un être vivant dans le paysage, ni un homme sur la route, ni un oiseau dans le ciel; il tonnait affreusement, et de larges éclairs s'abattaient par moments sur la campagne. Les feuillages se tordaient de cent façons. Cette tourmente dura un quart d'heure, puis un coup de vent emporta la trombe, la nuée alla tomber en brume diffuse sur les coteaux de l'orient, et le ciel redevint pur et calme. Seulement, dans l'intervalle, le crépuscule était survenu. Le soleil semblait s'être dissous vers l'occident en trois ou quatre grandes barres de fer rouge que la nuit éteignait lentement à l'horizon.

Les étoiles brillaient quand j'arrivai à Sainte-Menehould.

Sainte-Menehould est une assez pittoresque petite ville, répandue à plaisir sur la pente d'une colline fort verte, surmontée de grands arbres. J'ai vu à Sainte-Menehould une belle chose, c'est la cuisine de l'*hôtel de Metz*.

C'est là une vraie cuisine. Une salle immense. Un des murs occupé par les cuivres, l'autre par les faïences. Au milieu, en face des fenêtres, la cheminée, énorme caverne qu'emplit un feu splendide. Au plafond, un noir réseau de poutres magnifiquement enfumées, auxquelles pendent toutes sortes de choses joyeuses, des paniers, des lampes, un garde-manger, et au centre une large nasse à claire-voie où s'étalent de vastes trapèzes de lard. Sous la cheminée, outre le tourne-broche, la crémaillère et la chaudière, reluit et pétille un trousseau éblouissant d'une douzaine de pelles et de pincettes de toutes formes et de toutes grandeurs. L'âtre flamboyant envoie des rayons dans tous les coins, découpe de grandes ombres sur le plafond, jette une fraîche teinte rose sur les faïences bleues et fait resplendir l'édifice fantastique des casseroles comme une muraille de braise. Si j'étais Homère ou Rabelais, je dirais : Cette cuisine est un monde dont cette cheminée est le soleil.

C'est un monde en effet. Un monde où se meut toute une république d'hommes, de femmes et d'animaux. Des garçons, des servantes, des marmitons, des rouliers attablés, des poêles sur des réchauds, des marmites qui gloussent, des fritures qui glapissent, des pipes, des cartes, des enfants qui jouent, et des chats, et des chiens, et le maître qui surveille. *Mens agitat molem.*

Dans un angle, une grande horloge à gaine et à poids dit gravement l'heure à tous ces gens occupés.

Parmi les choses innombrables qui pendent au plafond, j'ai admiré une surtout, le soir de mon arrivée. C'est une petite cage où dormait un petit oiseau. Cet oiseau m'a paru le plus admirable emblème de la confiance. Cet antre, cette forge à indigestion, cette cuisine effrayante, est jour et nuit pleine de vacarme; l'oiseau dort. On a beau faire rage autour de lui, les hommes jurent, les femmes querellent, les enfants crient, les chiens aboient, les chats miaulent, l'horloge sonne, le couperet cogne, la lèchefrite piaille, le tournebroche grince, la fontaine pleure, les bouteilles sanglotent, les vitres frissonnent, les diligences passent sous la voûte comme le tonnerre; la petite boule de plume ne bouge pas. — Dieu est adorable. Il donne la foi aux petits oiseaux.

Et à ce propos, je déclare que l'on dit généralement trop de mal des auberges, et moi-même tout le premier j'en ai quelquefois trop durement parlé. Une auberge, à tout prendre, est une bonne chose et qu'on est très heureux de trouver. Et puis j'ai remarqué qu'il y a dans presque toutes les auberges une femme admirable. C'est l'hôtesse. J'abandonne l'hôte aux voyageurs de mauvaise humeur, mais qu'ils m'accordent l'hôtesse. L'hôte est un être assez maussade. L'hôtesse est aimable. Pauvre femme! quelquefois vieille, quelquefois malade, souvent grosse, elle va, vient, ébauche tout, achemine tout, complète tout, talonne les servantes, mouche les enfants, chasse les chiens, complimente les voyageurs, stimule le chef, sourit à l'un, gronde l'autre, surveille un fourneau, porte un sac de nuit, accueille celui-ci, embarque celui-là, et rayonne dans tous les sens comme l'âme. Elle est l'âme, en effet, de ce grand corps qu'on appelle l'auberge. L'hôte n'est bon qu'à boire avec des rouliers dans un coin.

En somme, grâce à l'hôtesse, l'hospitalité des auberges perd quelque chose de sa laideur d'hospitalité payée. L'hôtesse a de ces fines attentions de femme qui voilent la vénalité de l'accueil. Cela est un peu banal, mais cela agrée.

L'hôtesse de la *Ville de Metz* à Sainte-Menehould est une jeune fille de quinze à seize ans qui est partout et qui mène merveilleusement cette grosse maison. tout en touchant par moment du piano. L'hôte, son père, — est-ce une exception? — est un fort brave homme. Somme toute, c'est une auberge excellente.

Hier donc, comme je vous l'écrivais au commencement de ma lettre, j'ai quitté Sainte-Menehould. De Sainte-Menehould à Clermont, la route est ravissante. Un verger continuel. Des deux côtés de la route un chaos d'arbres fruitiers dont le beau vert fait fête au soleil, et qui répandent sur le chemin leur ombre découpée en chicorées. Les villages ont quelque chose de suisse et d'allemand. Maisons de pierre blanche, à demi revêtues de planches, avec de grands toits de tuiles creuses qui débordent le mur de deux ou trois pieds, presque des chalets. On sent le voisinage des montagnes. Les Ardennes, en effet, sont là.

Avant d'arriver au gros bourg de Clermont, on parcourt une admirable vallée où se rencontrent les frontières de la Marne et de la Meuse. La descente dans cette vallée est magique. La route plonge entre deux collines, et l'on ne voit d'abord au-dessous de soi qu'un gouffre de feuillages. Puis le chemin tourne, et toute la vallée apparaît. Un vaste cirque de collines, au milieu un beau village presque italien, tant les toits sont plats, à droite et à gauche plusieurs autres villages sur des croupes boisées, des clochers dans la brume qui révèlent d'autres hameaux cachés dans les plis de la vallée comme dans une robe de velours vert, d'immenses prairies où paissent de grands troupeaux de bœufs; et, à travers tout cela, une jolie rivière vive qui passe joyeusement. J'ai mis une heure à traverser cette vallée. Pendant ce temps-là, un télégraphe qui est au bout a figuré les trois signes que voici:

$$\sqcap \searrow \triangle$$

Tandis que cette machine faisait cela, les arbres bruissaient, l'eau courait, les troupeaux mugissaient et bêlaient, le soleil rayonnait à plein ciel, et moi je comparais l'homme à Dieu.

Clermont est un beau village qui est situé au-dessus d'une mer de verdure avec son église sur sa tête, comme le Tréport au-dessus d'une mer de vagues.

Au milieu de Clermont on tourne à gauche, et, à travers un joli paysage de plaines, de coteaux et d'eaux courantes, en deux heures, on arrive à Varennes. Louis XVI a suivi cette gracieuse route.

Mon ami, en relisant cette lettre, je m'aperçois que j'y ai deux ou trois fois employé le mot *champenois* tel qu'il me venait involontairement à la pensée, nuancé ironiquement par je ne sais quelle acception proverbiale. Ne vous méprenez pourtant pas, très cher, sur le vrai sens que j'y attache. Le proverbe, familier peut-être plus qu'il ne convient, parle de la Champagne comme M^me de la Sablière parlait de La Fontaine, lequel était un homme de génie bête, ainsi qu'il sied à un homme de génie qui est champenois. Cela n'empêche pas que La Fontaine ne soit, entre Molière et Régnier, un admirable poëte, et que la Champagne ne soit, entre le Rhin et la Seine, un noble et illustre pays. Virgile pourrait dire de la Champagne comme de l'Italie :

> Alma parens frugum,
> Alma virum.

La Champagne a produit Amyot, cet autre *bonhomme* qui a répandu son air sur Plutarque comme La Fontaine a répandu le sien sur Ésope; Thibaut IV, poëte presque roi qui n'eût pas mieux demandé que d'être le père de saint Louis ; Robert de Sorbon, qui fut fondateur de la Sorbonne ; Charlier de Gerson, qui fut chancelier de l'université de Paris ; le commandeur de Villegagnon, qui faillit donner Alger à la France dès le seizième siècle ; Amadis Jamyn, Colbert, Diderot ; deux peintres, Lantara et le Valentin ; deux sculpteurs, Girardon et Bouchardon ; deux historiens, Flodoard et Mabillon ; deux cardinaux pleins de génie, Henri de Lorraine et Paul de Gondi ; deux papes pleins de vertu,

Martin IV et Urbain IV; un roi plein de gloire, Philippe-Auguste.

Les gens qui tiennent aux proverbes et qui traduisent Sézanne par *sexdecim asini*, comme d'autres, il y a trente ans, traduisaient Fontanes par *faciunt asinos*, ces gens-là triomphent de ce que la Champagne a engendré Richelet, l'auteur du *Dictionnaire des Rimes*, et Poinsinet, l'homme le plus mystifié du siècle où Voltaire mystifia le monde. Eh bien, vous qui aimez les harmonies, qui voulez que le caractère, l'œuvre et l'esprit d'un homme soient le produit naturel de son pays, et qui trouvez admirable que Bonaparte soit corse, Mazarin italien et Henri IV gascon, écoutez ceci : Mirabeau est presque champenois, Danton l'est tout à fait. Tirez vous de là.

Eh mon Dieu, pourquoi Danton ne serait il pas champenois? Vaugelas est bien savoyard !

Il était presque aussi champenois, ce grand Fabert, ce maréchal de France, fils d'un libraire, qui ne voulut jamais monter trop haut ni descendre trop bas ; pur et grave esprit, qui se tint toujours en dehors des extrémités de sa propre fortune, et qui, successivement éprouvé par la des inée d'abord dans sa noblesse, puis dans sa modestie, toujours le même devant les bassesses comme devant les vanités qu'on lui proposait, ne repoussant pas les bassesses par orgueil et les vanités par humilité, mais répudiant les unes et les autres par chasteté, refusa à Mazarin d'être espion et à Louis XIV d'être cordon bleu. — Il dit à Louis XIV : *Je suis un soldat, je ne suis pas un gentilhomme*. Il dit à Mazarin : *Je suis un bras et non un œil*.

C'est une puissante et robuste province que la Champagne. Le comte de Champagne était le seigneur du vicomte de Brie, laquelle Brie n'est elle-même, à proprement parler, qu'une petite Champagne, comme la Belgique est une petite France. Le comte de Champagne était pair de France et portait au sacre la bannière fleurdelysée. Il faisait lui-même royalement tenir ses états par sept comtes qualifiés *pairs de Champagne*, qui étaient les comtes de Joigny, de Rethel, de Braine, de Roucy, de Brienne, de Grand-Pré et de Bar sur-Seine.

Il n'est pas de ville ou de bourgade en Champagne qui n'ait son originalité. Les grandes communes se mêlent à notre histoire; les petites racontent toutes quelque aventure. Reims, qui a la cathédrale des cathédrales, Reims a baptisé Clovis après Tolbiac. Troyes a été sauvé d'Attila par saint Loup, et a vu en 878 ce que Paris n'a vu qu'en 1804, un pape sacrant en France un empereur, Jean VIII couronnant Louis le Bègue; c'est à Attigny que Pépin, maire du palais, tenait sa cour plénière d'où il faisait trembler Gaifre, duc d'Aquitaine; c'est à Andelot qu'eut lieu l'entrevue de Gontran, roi de Bourgogne, et de Childebert, roi d'Austrasie, en présence des leudes; Hincmar s'est réfugié à Épernay; Abeilard, à Provins; Héloïse, au Paraclet; il a été tenu un concile à Fismes; Langres a vu dans le bas-empire triompher les deux Gordiens, et, dans le moyen âge, ses bourgeois détruire autour d'eux les sept formidables châteaux de Changey, de Saint-Broing, de Neuilly-Coton, de Cohons, de Bourg, de Humes et de Pailly; Joinville a conclu la ligue en 1584; Châlons a défendu Henri IV en 1591; Saint-Dizier a tué le prince d'Orange; Doulevant a abrité le comte de Moret; Bourmont est l'ancienne ville forte des lingons; Sézanne est l'ancienne place d'armes des ducs de Bourgogne; Ligny-l'Abbaye a été fondée par saint Bernard, dans les domaines du seigneur de Châtillon, auquel le saint promit, par acte authentique, *autant d'arpents dans le ciel que le sire lui en donnait sur la terre;* Mouzon est le fief de l'abbé de Saint-Hubert, qui envoyait tous les ans au roi de France « six chiens de chasse courants et six oiseaux de proie pour le vol »; Chaumont est le pays naïf où l'on espère *être diable à la Saint-Jean pour payer ses dettes;* Château-Porcien est la ville donnée par le connétable de Châtillon au duc d'Orléans, Bar-sur-Aube est la ville *que le roi ne pouvait ni vendre ni aliéner;* Clairvaux avait sa tonne comme Heidelberg; Villenauxe avait la statue de la reine pédauque; Arconville a encore le tas de pierres du Huguenot, que chaque paysan grossit d'un caillou en passant; les signaux de Mont-Aigu répondaient à vingt lieues de distance à ceux de Mont-Aimé; Vassy a été brûlée deux fois, par les romains en 211 et en 1544 par les impériaux. comme Langres par les huns en 354 et par les vandales en 407, et comme Vitry par Louis VII au douzième siècle et par Charles-Quint au seizième; Sainte Menehould est cette noble capitale de l'Argonne, qui, vendue par un traître au duc de Lorraine, Charles II, ne s'est pas livrée; Carignan est l'ancienne Ivoi; Attila a élevé un autel à Pont-le-Roi; Voltaire a eu un tombeau à Romilly.

Vous le voyez, l'histoire locale de toutes ces villes champenoises, c'est l'histoire de France ; en petits morceaux, il est vrai, mais pourtant grande encore.

La Champagne garde l'empreinte de nos vieux rois. C'est à Reims qu'on les couronnait. C'est à Attigny que Charles le Simple érigea en *sirerie* la terre de Bourbon Saint Louis et Louis XIV, le saint roi et le grand roi de la race, ont fait tous les deux leurs premières armes en Champagne; le premier, en 1228, à Troyes, dont il fit lever le siège; le second, en 1652, à Sainte-Menehould, où il entra par la brèche. Coïncidence remarquable, l'un et l'autre avaient quatorze ans.

La Champagne garde la trace de Napoléon. Il a écrit avec les noms champenois les dernières pages de son prodigieux poème, Arcis-sur-Aube, Châlons, Reims, Champaubert, Sézanne, Vertus, Méry, la Fère, Montmirail. Autant de combats, autant de triomphes. Fismes, Vitry et Doulevant ont chacune eu l'honneur d'être une fois son quartier général, Piney-Luxembourg l'a été deux fois, Troyes l'a été trois fois. Nogent-sur-

Seine a vu en cinq jours cinq victoires de l'empereur, manœuvrant sur la Marne avec sa poignée de héros. Saint-Dizier en avait déjà vu deux en deux jours. A Brienne, où il avait été élevé par un bénédictin, il faillit être tué par un cosaque.

Les antiques annales de cette Gaule belgique qui est devenue la Champagne ne sont pas moins poétiques que les modernes. Tous ces champs sont pleins de souvenirs; Mérovée et les francs, Aétius et les romains, Théodoric et les visigoths; le Mont-Jules, le tombeau de Jovinus; le camp d'Attila près de la Cheppe; les voies militaires de Châlons, de Gruyères et de Warcq; Voromarus, Caracalla; Éponine et Sabinus; l'arc des deux Gordiens à Langres, la porte de Mars à Reims; toute cette antiquité couverte d'ombre parle, vit et palpite encore, et crie du fond des ténèbres à chaque passant : *Sta, viator!* L'antiquité celtique bégaye elle-même son murmure inintelligible dans la nuit la plus sombre de cette histoire. Osiris a été adoré à Troyes; l'idole Borvo Tomona a laissé son nom à Bourbonne-les-Bains; et, près de Vassy, sur les effrayants branchages de cette forêt de Der où la Haute-Borne est encore debout comme le spectre d'un druide, dans les mystérieuses ruines de la Noviomagus Vadicassium, la Champagne a sa Palenquè.

Depuis les romains jusqu'à nous, investies tour à tour par les alains, les suèves, les vandales, les bourguignons et les allemands, les villes champenoises bâties dans les plaines se sont laissé brûler plutôt que de se rendre à l'ennemi. Les villes champenoises construites sur des rochers ont pris pour devise : *Dance moveantur.* C'est le sang de toute la vieille *Gallia comata*, le sang des cattes, des lingons, des tricasses, des catalauniens, par qui fut vaincu le vandale, des nerviens, par qui fut battu Syagrius, qui coule aujourd'hui dans les veines héroïques du paysan champenois. C'était un champenois que ce soldat Bertèche, qui, à Jemmapes, tua de sa main sept dragons autrichiens. En 451, les plaines de la Champagne ont dévoré les huns; si Dieu avait voulu, en 1814, elles auraient dévoré les russes.

Ne parlons donc jamais qu'avec respect de cette admirable province, qui, lors de l'invasion, a sacrifié la moitié de ses enfants à la France. La population du seul département de la Marne, en 1813, était de 311,000 habitants; en 1830, elle n'était encore que de 309,000. Quinze ans de paix n'avaient pas suffi à la réparer.

Donc, pour en revenir à l'explication que j'avais besoin de vous donner, quand on l'applique à la Champagne, le mot *bête* change de sens. Il signifie alors seulement naïf, simple, rude, primitif, au besoin redoutable. La bête peut fort bien être aigle ou lion. C'est ce que la Champagne a été en 1814.

## LETTRE IV

### DE VILLERS-COTTERETS A LA FRONTIÈRE

Givet, 29 juillet.

Cette fois j'ai fait du chemin. Cher ami, je vous écris aujourd'hui de Givet, vieille petite ville qui a eu l'honneur de fournir à Louis XVIII son dernier mot d'ordre et son dernier calembour (*Saint-Denis, Givet*), et où je viens d'arriver à quatre heures du matin, moulu par les cahots d'un affreux chariot qu'ils appellent ici la diligence. J'ai dormi deux heures tout habillé sur un lit, le jour est venu, et je vous écris. J'ai ouvert ma fenêtre pour jouir du site qu'on aperçoit de ma chambre et qui se compose de l'angle d'un toit blanchi à la chaux, d'une antique gouttière de bois pleine de mousse et d'une roue de cabriolet appuyée contre un mur. Quant à ma chambre en elle-même, c'est une grande halle meublée de quatre vastes lits, avec une immense cheminée en menuiserie, ornée à l'extérieur d'un tout petit miroir et à l'intérieur d'un tout petit fagot. Sur le fagot est posé délicatement à côté d'un balai un tire-bottes énorme et antédiluvien, taillé à la serpe par quelque menuisier en fureur. La baie fantastique pratiquée dans ce tire-bottes imite les sinuosités de la Meuse; et il est presque impossible d'en arracher son pied, si l'on a l'imprudence de l'y engager. On court risque de se promener, comme je viens de le faire, dans toute l'auberge, le tire-bottes au pied, réclamant à grands cris du secours. Pour être juste, je dois au site une petite rectification. Tout à l'heure j'ai entendu caqueter des poules. Je me suis penché vers la cour, et j'ai vu sous ma fenêtre une charmante petite mauve de jardin tout en fleur qui prend des airs de rose trémière sur une planche portée par deux vieilles marmites.

Depuis ma dernière lettre un incident, qui ne vaut pas la peine de vous être conté, m'a fait brusquement rétrograder de Varennes à Villers-Cotterets, et avant-hier, après avoir congédié ma carriole de la Ferté-sous-Jouarre, j'ai pris, afin de regagner le temps perdu, la diligence pour Soissons; elle était parfaitement vide, ce qui, entre nous, ne m'a pas déplu. J'ai pu déployer à mon aise mes feuilles de Cassini sur la banquette du coupé.

Comme j'approchais de Soissons, le soir tombait. La nuit ouvrait déjà sa main pleine de fumée dans cette ravissante vallée où la route s'enfonce après le hameau de la Folie, et promenait lentement son immense estompe sur la tour de la cathédrale et la double flèche de Saint-Jean-des-Vignes. Cependant, à travers les vapeurs qui rampaient pesamment dans la campagne, on distinguait encore ce groupe de murailles, de toits et d'édifices, qui est Soissons, à demi engagé dans le croissant d'acier de l'Aisne, comme une gerbe que la faucille va couper. Je me suis arrêté un instant au haut de la descente pour jouir de ce beau spectacle. — Un grillon chantait dans un champ voisin, les arbres du chemin jasaient tout bas et tressaillaient au dernier vent du soir avant de s'assoupir; moi, je regardais attentivement avec les yeux de l'esprit une grande et profonde paix sortir de cette sombre plaine qui a vu César vaincre, Clovis régner et Napoléon chanceler. C'est que les hommes, même César, même Clovis, même Napoléon, ne sont que des ombres qui passent; c'est que la guerre n'est qu'une ombre comme eux qui passe avec eux, tandis que Dieu, et la nature qui sort de Dieu, et la paix qui sort de la nature, sont des choses éternelles.

Comptant prendre la malle de Sedan, qui n'arrive à Soissons qu'à minuit, j'avais du temps devant moi et j'avais laissé partir la diligence. Le trajet qui me séparait de Soissons n'était plus qu'une charmante promenade, que j'ai faite à pied. A quelque distance de la ville, je me suis assis près d'une jolie petite maison, qu'éclairait mollement la forge d'un maréchal ferrant allumée de l'autre côté de la route. Là, j'ai religieusement regardé le ciel, qui était d'une sérénité superbe. Les trois seules planètes visibles à cette heure rayonnaient toutes les trois au sud-est, dans un espace assez restreint et comme dans le coin du ciel; Jupiter, — notre beau Jupiter, vous savez, mon ami? — qui exécute depuis trois mois un nœud fort compliqué, faisait avec les deux étoiles entre lesquelles il est en ce moment placé une ligne droite parfaitement géométrique. Plus à l'est, Mars, rouge comme le feu et le sang, imitait la scintillation stellaire par une sorte de flamboiement farouche; et, un peu au-dessus, brillait doucement, avec son apparence de blanche et paisible étoile, cette planète-monstre, ce monde effrayant et mystérieux que nous nommons Saturne. De l'autre côté, tout au fond du paysage, un magnifique phare à feu tournant, bleu, écarlate et blanc, rayait de sa rutilation éblouissante les sombres coteaux qui séparent Noyon du Soissonnais. Au moment où je me demandais ce que pouvait faire ce phare en pleine terre, dans ces immenses plaines, je le vis quitter le bord des collines, franchir les brumes violettes de l'horizon et monter vers le zénith. Ce phare, c'était Aldebaran, le soleil tricolore, l'énorme étoile de pourpre, d'argent et de turquoise, qui se levait majestueusement dans la vague et sinistre blancheur du crépuscule.

O mon ami, quel secret y a-t-il donc dans ces astres, que tous les poëtes, depuis qu'il y a des poëtes, tous les penseurs, depuis qu'il y a des penseurs, tous les songeurs, depuis qu'il y a des songeurs, ont tour à tour contemplés, étudiés, adorés, les uns, comme Zoroastre, avec un confiant éblouissement, les autres, comme Pythagore, avec une inexprimable épouvante! Seth a nommé les étoiles comme Adam avait nommé les animaux. Les chaldéens et les généthliaques, Esdras et Zorobabel, Orphée, Homère et Hésiode, Cadmus, Phérécyde, Xénophon, Hécataeus, Hérodote et Thucydide, tous ces yeux de la terre, depuis si longtemps éteints et fermés, se sont attachés de siècle en siècle avec angoisse à ces yeux du ciel toujours ouverts, toujours allumés, toujours vivants. Ces mêmes planètes, ces mêmes astres que nous regardons aujourd'hui, ont été regardés par tous ces hommes. Job parle d'Orion et des Hyades; Platon écoutait et entendait distinctement la vague musique des sphères; Pline croyait le soleil dieu et imputait les taches de la lune aux fumées de la terre. Les poëtes tartares nomment le pôle *senesticol*, ce qui veut dire *clou de fer*. Quelques rêveurs, pris d'une sorte de vertige, ont osé railler les constellations. Le Lion, dit Rocoles, *pourrait tout aussi aisément être appelé un singe*. Pacuvius, fort peu rassuré pourtant, tâche de s'étourdir et de ne point croire aux astrologues, sous prétexte qu'ils seraient égaux à Jupiter:

*Nam si qui, quae eventura sunt, provideant,*
*Æquiparent Jovi.*

Favorinus se fait cette question redoutable: Si les causes de tout ne sont pas dans les étoiles? *Si vitae mortisque hominum rerumque humanarum omnium et ratio et causa in cœlo et apud stellas foret?* Il croit que l'influence sidérale descend jusqu'aux mouches et aux vermisseaux, *muscis aut vermiculis*, et, ajoute-t-il, jusqu'aux hérissons, *aut echinis*. Aulu-Gelle, faisant voile d'Égine au Pirée, naviguant par une *mer clémente* s'asseyait la nuit sur la poupe et considérait les astres. *Nox fuit et clemens mare, et anni aestas, cœlumque liquide; serenum sedebamus ergo in puppi simul universi, et lucentia sidera considerabamus.* Horace lui-même, ce philosophe pratique, ce Voltaire du siècle d'Auguste, plus grand poëte, il est vrai, que le Voltaire du siècle de Louis XV, Horace frissonnait en regardant les étoiles, une étrange anxiété lui remplissait le cœur, et il écrivait ces vers presque terribles:

*Hunc solem, et stellas, et decedentia certis*
*Tempora momentis, sunt qui formidine nulla*
*Imbuti spectant!*

Quant à moi, je ne crains pas les astres, je les aime. Pourtant je n'ai jamais réfléchi sans un certain serrement de cœur que l'état normal du ciel, c'est la nuit. Ce que nous appelons le jour n'existe pour nous que parce que nous sommes près d'une étoile.

On ne peut toujours regarder l'immensité; l'infini écrase; l'extase est aussi religieuse que la prière, mais la prière soulage et l'extase fatigue. Des constellations mes yeux retombèrent sur le pauvre mur de paysan auquel j'étais adossé. Là encore il y avait des sujets de méditation et de pensée. Dans ce mur, le paysan qui l'avait bâti avait scellé une pierre, une vénérable pierre, sur laquelle la réverbération de la forge me permettait de reconnaître les traces presque entièrement effacées d'une inscription antique; je ne distinguais plus que deux lettres intactes, I. C.; le reste était fruste. Maintenant qu'était cette inscription? romaine ou romane? Elle parlait de Rome sans aucun doute, mais de quelle Rome? de la Rome païenne ou de la Rome chrétienne? de la ville de la force ou de la ville de la foi? Je restai longtemps l'œil fixé sur cette pierre, l'esprit abîmé dans des hypothèses sans fond. Je ne sais si la contemplation des astres m'avait prédisposé à cette rêverie, mais j'en vins à ce point de voir en quelque sorte se ranimer et resplendir sous mon regard ces deux lettres mystérieuses — J. C. — qui, la première fois qu'elles apparurent aux hommes, ont gouverné le monde, et la seconde fois, l'ont transformé. Jules César et Jésus-Christ!

C'est sans doute sous l'inspiration d'une idée pareille à celle qui m'absorbait en ce moment que Dante a mis ensemble dans la basse-fosse de l'enfer et fait dévorer à la fois par la gueule sanieuse de Satan le grand traître et le grand meurtrier, Judas et Brutus.

Trois villes se sont succédé à Soissons, la *Noviodunum* des gaulois, l'*Augusta Suessonium* des romains, et le vieux Soissons de Clovis, de Charles le Simple et du duc de Mayenne. Il ne reste rien de cette *Noviodunum* qu'épouvanta la rapidité de César. *Suessones*, disent les Commentaires, *celeritate romanorum permoti, legatos ad Cæsarem de deditione mittunt*. Il ne reste de *Suessonium* que quelques débris défigurés, entre autres le temple antique dont le moyen âge a fait la chapelle de Saint-Pierre. Le vieux Soissons est plus riche. Il a Saint-Jean-des-Vignes, son ancien château, et sa cathédrale, où fut couronné Pépin en 752. Je n'ai pu vérifier ce qui restait des fortifications du duc de Mayenne, et si ce sont ces fortifications qui firent dire en 1814 à l'empereur, remarquant dans la muraille je ne sais quel coquillage fossile, gryphée ou bélemnite, que *les murs de Soissons étaient bâtis de la même pierre que les murs de Saint-Jean-d'Acre*. Observation bien curieuse quand on songe comment elle est faite, par quel homme, et dans quel moment.

La nuit était trop noire quand j'entrai dans Soissons pour que je pusse y chercher Noviodunum ou Suessonium. Je me suis contenté de souper en attendant la malle et d'errer autour de la gigantesque silhouette de Saint-Jean-des-Vignes, hardiment posée sur le ciel comme une décoration de théâtre. Pendant que je marchais, je voyais les étoiles paraître et disparaître aux crevasses du sombre édifice, comme s'il était plein de gens effarés, montant, descendant, courant partout avec des lumières.

Comme je revenais à l'auberge, minuit sonnait. Toute la ville était noire comme un four. Tout à coup un bruit d'ouragan se fit entendre à l'extrémité d'une rue étroite, jusqu'à ce moment parfaitement paisible et en apparence incapable d'aucun tapage nocturne. C'était la malle-poste qui arrivait. Elle s'arrêta à quelques pas de mon auberge. Il y avait précisément une place vide. tout était pour le mieux. Ce sont vraiment de fort élégantes et fort commodes voitures que ces nouvelles malles; on y est assis comme dans son fauteuil, les jambes à l'aise, avec des oreillons à droite et à gauche si l'on ferme les yeux, et une large vitre devant soi si on les ouvre. Au moment où j'allais m'y installer très voluptueusement, un vacarme tellement étrange. mêlé de cris, de bruit de roues et de piétinements de chevaux, éclata dans une autre petite rue noire, que, malgré le courrier, qui ne me donnait pas cinq minutes, j'y courus en toute hâte. En entrant dans la petite rue, voilà ce que j'y vis. — Au pied d'une grosse muraille, qui avait cet aspect odieux et glacial particulier aux murs des prisons, une porte basse, cintrée, armée d'énormes verrous, était ouverte. A quelques pas de cette porte stationnait, entre deux gendarmes à cheval, une espèce de carriole lugubre à demi entrevue dans l'obscurité. Entre la carriole et le guichet se débattait un groupe de quatre à cinq hommes entraînant vers la voiture une femme qui poussait des cris effrayants. Une lanterne sourde, portée par un homme qui disparaissait dans l'ombre qu'elle projetait, éclairait funèbrement cette scène. La femme, une robuste campagnarde d'une trentaine d'années, résistait éperdument aux cinq hommes, hurlait, frappait, égratignait, mordait, et par moments un rayon de la lanterne tombait sur sa tête échevelée et sinistre comme la figure même du Désespoir. Elle avait saisi un des barreaux de fer du guichet et s'y tenait cramponnée. Comme j'approchais, les hommes firent un effort violent, l'arrachèrent du guichet et la portèrent d'un bond jusqu'à la voiture. Cette voiture, que la lanterne éclaira alors vivement, n'avait d'autre ouverture que de petits trous ronds grillés aux deux faces latérales et une porte pratiquée à l'arrière et fermée en dehors par de gros verrous. L'homme au falot tira les verrous, la portière s'ouvrit, et l'intérieur de la carriole apparut brusquement. C'était une espèce de boîte, sans jour et presque sans air, divisée en deux compartiments oblongs par une épaisse cloison qui la coupait transversalement. La portière unique était disposée de manière qu'une fois verrouillée elle revenait toucher la cloison du haut en bas et fermait à la fois les deux compartiments. Aucune communication n'était possible entre les deux cellules, garnies, pour tout siège, d'une planche percée d'un trou. La case de gauche était vide; mais celle de droite était occupée. Il y avait là, dans l'angle, à demi accroupi comme une bête fauve, posé en travers sur le banc faute d'espace pour ses genoux, un homme, — si cela peut s'appeler encore un homme, — une espèce de spectre au visage carré, au crâne plat, aux tempes larges, aux cheveux grisonnants, aux membres courts, poilus et trapus vêtus d'un vieux pantalon de toile trouée et d'un bâillon qui avait été un sarrau. Le misérable avait les deux jambes étroitement liées par des nœuds redoublés qui montaient presque jusqu'aux jarrets. Son pied droit disparaissait dans un sabot ; son pied gauche déchaussé était enveloppé de langes ensanglantés qui laissaient voir d'horribles doigts meurtris et malades. Cet être hideux mangeait paisiblement un morceau de pain noir. Il ne paraissait faire aucune attention à ce qui se passait autour de lui. Il ne s'interrompit même pas pour voir la malheureuse compagne qu'on lui amenait. Elle cependant, la tête renversée en arrière, résistant toujours aux argousins qui s'efforçaient de la pousser dans le compartiment vide, continuait de crier : — Je ne veux pas ! jamais ! jamais ! Tuez-moi plutôt ! — Elle n'avait pas encore vu l'autre. Tout à coup, dans une de ses convulsions, ses yeux tombèrent dans la voiture et aperçurent dans l'ombre l'affreux prisonnier. Alors ses cris cessèrent subitement, ses genoux ployèrent, elle se détourna en tremblant de tous ses membres, et à peine eut-elle la force de dire avec une voix éteinte, mais avec une expression d'angoisse que je n'oublierai de ma vie : — Oh ! cet homme !

En ce moment-là l'homme la regarda d'un air farouche et stupide, comme un tigre et un paysan qu'il était. J'avoue qu'ici je n'y pus résister. Il était clair que c'était une voleuse, peut-être même quelque chose de p's, que la gendarmerie transférait d'un lieu à l'autre dans un de ces odieux véhicules que les gamins de Paris appellent métaphoriquement *paniers à salade* ; mais enfin c'était une femme. Je crus devoir intervenir. et j'interpellai les argousins. Ils ne se détournèrent même pas ; seulement, un digne gendarme. qui eût certainement demandé ses papiers à don Quichotte, profita de l'occasion pour me sommer d'exhiber mon pa se-port. Justement, je venais de remettre ce chiffon au courrier de la malle. Pendant que je m'expliquais avec le gendarme, les guichetiers firent un dernier effort, plongèrent la femme à demi morte dans la carriole, fermèrent la portière, poussèrent les verrous ; et, à l'instant où je me tournais vers eux, il n'y avait plus dans la rue que le retentissement des roues de la voiture et du galop de l'escorte qui s'enfonçaient ensemble à grand bruit dans les ténèbres.

Un instant après, je galopais moi-même sur la route de Reims, traîné dans une excellente voiture par quatre excellents chevaux. Je songeais à cette malheureuse femme, et je comparais avec un serrement de cœur mon voyage au sien.

C'est au milieu de ces idées-là que je me suis assoupi.

Quand je me suis éveillé, l'aube commençait à faire revivre les arbres, les prairies, les collines, les buissons de la route, toutes ces choses paisibles dont nos diligences et nos malles-postes traversent si brutalement le sommeil. Nous étions dans une charmante vallée, probablement la vallée de Braine-sur-Vesle. Un vague souffle parfumé flottait sur les coteaux encore noirs. Vers l'orient, à l'extrémité nord de la lueur crépusculaire, tout près de l'horizon, dans un milieu limpide, bleu, sombre, éblouissant, mélange ineffable de perle, de saphir et d'ombre, Vénus resplendissait, et son rayonnement magnifique versait sur les champs et les bois confusément entrevus une sérénité, une grâce et une mélancolie inexprimables. C'était comme un œil céleste amoureusement ouvert sur ce beau paysage endormi.

La malle-poste traverse Reims au galop, sans aucun respect pour la cathédrale. A peine, en passant, aperçoit-on, par-dessus les pignons d'une route étroite, deux ou trois lancettes du chevet, l'écusson de Charles VII et la belle flèche des Suppliciés debout sur l'abside.

De Reims à Rethel, rien. — La Champagne pouilleuse, à laquelle juillet vient de couper ses cheveux d'or; de grandes plaines jaunes et nues, immenses et molles vagues de terre au sommet desquelles frissonnent, comme une écume végétale, quelques broussailles misérables; de temps en temps, au fond du paysage, un moulin qui tourne lentement et comme accablé par le soleil de midi; ou, au bord de la route, un potier qui fait sécher sur des planches, au seuil de sa chaumière, quelques douzaines de pots à fleurs ébauchés.

Rethel se répand gracieusement du haut d'une colline jusque sur l'Aisne, dont les bras coupent la ville en deux ou trois endroits. Du reste, il n'y a plus rien là qui annonce l'ancienne résidence princière d'un des sept comtes-pairs de la Champagne. Les rues sont des rues de gros bourg plutôt que des rues de ville. L'église est d'un profil médiocre.

De Rethel à Mézières, la route gravit ces vastes gradins par lesquels le plateau de l'Argonne se rattache au plan supérieur de Rocroy. Les grands toits d'ardoise, les façades blanchies à la chaux, les parements de bois qui défendent contre les pluies le côté nord des maisons, donnent au village un aspect particulier. De temps en temps les premières croupes des monts Faucilles, qui apparaissent au sud-est, relèvent la ligne de l'horizon. Du reste, peu ou point de forêts. A peine voit-on çà et là dans le lointain quelques collines chevelues. Le déboisement, ce fils bâtard de la civilisation, a fort tristement dévasté la vieille bauge du Sanglier des Ardennes.

Je cherchais des yeux en arrivant à Mézières quelques anciennes tours à demi ruinées du château saxon de Hellebarde; je n'y ai trouvé que les zigzags froids et durs d'une citadelle de Vauban. En revanche, en regardant dans les fossés, j'ai aperçu, à différents endroits, des restes assez beaux, quoique démantelés, de la muraille attaquée par Charles-Quint et défendue par Bayard. L'église de Mézières a une réputation de vitraux. J'ai profité, pour la visiter, de la demi-heure que la malle-poste accorde aux voyageurs pour déjeuner. Les verrières ont dû être belles en effet; il en reste à l'abside quelques fragments tristement noyés dans de larges fenêtres de vitres blanches. Mais ce qui est remarquable, c'est l'église elle-même, qui est du quinzième siècle, et d'une jolie masse, avec des baies à meneaux flamboyants et un charmant porche adossé au portail méridional. On a scellé sur deux piliers, à droite et à gauche du chœur, deux bas-reliefs du temps de Charles VIII, malheureusement barbouillés de chaux et mutilés. Toute l'église est badigeonnée en jaune avec nervures et clefs de voûte de couleurs variées. C'est fort bête et fort laid. En me promenant dans le bas côté nord de l'abside, j'ai aperçu sur le mur une inscription qui rappelle que Mézières fut cruellement assaillie et bombardée par les prussiens en 1815. Au-dessous de l'inscription on a ajouté ces deux lignes en latin quelconque : *Lector, leva oculos ad fornicem et vide quasi quoddam divinæ manus indicium.* J'ai levé les yeux *ad fornicem*, et j'ai vu une large déchirure à la voûte au-dessus de ma tête. Dans cette déchirure, une grosse bombe se tient suspendue à des saillies de la pierre par ses oreillons, que je distinguai parfaitement. C'est une bombe prussienne, qui, après avoir percé le toit de l'église, les charpentes et les massifs de maçonnerie, s'est arrêtée ainsi comme par miracle au moment de tomber sur le pavé. Depuis vingt-cinq ans, elle est restée là comme Dieu l'y a accrochée. Autour de la bombe, on voit pêle-mêle des briques brisées, des moellons, des plâtras, les entrailles de la voûte. Cette bombe et cette plaie béante au-dessus de la tête des passants font un étrange effet. L'effet est plus singulier encore, par tous les rapprochements qui viennent à l'esprit, quand on songe que ce fut précisément sur Mézières que furent jetées en 1521 les premières bombes dont la guerre se soit servie. De l'autre côté de l'église, une autre inscription constate que les noces de Charles IX avec Élisabeth d'Autriche furent « heureusement célébrées » *feliciter celebratæ fuere*, dans l'église de Mézières, le 17 novembre 1570, — deux ans avant la Saint-Barthélemy.

Le grand portail est justement de cette même époque, et par conséquent d'un beau et noble goût. Par malheur, c'est une de ces façades tardives du seizième siècle qui n'ont achevé leur croissance que dans le dix-septième. Le clocher n'a poussé qu'en 1626. Il est impossible de rien voir qui soit plus gauche et plus lourd, si ce n'est les clochers qu'on bâtit en ce moment aux diverses églises de Paris.

Du reste, Mézières a de grands arbres sur ses remparts, des rues propres et tristes que les dimanches et fêtes doivent avoir grand'peine à égayer, et rien ne rappelle dans la ville ni Hellebarde et Garinus, qui l'ont fondée ; ni le comte Balthazar, qui l'a saccagée ; ni le comte Hugo qui l'a anoblie ; ni les archevêques Foulques et Adalberon, qui l'ont assiégée. Le dieu Macer, qui a donné son nom à Mézières, est devenu *saint Masert* dans les chapelles de l'église.

Aucun monument, aucun édifice architectural dans Sedan, où j'arrivai vers midi. De jolies femmes, de beaux carabiniers, des arbres et des prairies le long de la Meuse, des canons, des ponts-levis et des bastions, voilà Sedan. C'est un de ces endroits où l'air sévère des villes-citadelles se mêle bizarrement à l'air joyeux des villes-garnisons. J'aurais voulu trouver à Sedan des vestiges de M. de Turenne; il n'y en a plus. Le pavillon où il est né a été démoli et remplacé par une pierre noire avec cette inscription en lettres dorées :

ICI NAQUIT TURENNE
LE 11 SEPTEMBRE 1611.

Cette date, qui étincelait sur cette pierre sombre, m'a frappé. J'ai recueilli dans ma pensée tout ce qu'elle me rappelait. En 1611, Sully se retirait. Henri IV avait été assassiné l'année précédente. Louis XIII, qui devait mourir un 14 mai, comme son père, avait dix ans. Anne d'Autriche, sa femme, avait le même âge, avec cinq jours de moins que lui. Richelieu était dans sa vingt-sixième année. Quelques bons bourgeois de Rouen appelaient le *petit Pierre* celui que l'univers a nommé plus tard le *grand Corneille*; il avait cinq ans. Shakespeare et Cervantes vivaient encore. Brantôme et Pierre Mathieu vivaient aussi. Élisabeth d'Angleterre était morte depuis huit ans; et depuis sept ans Clément VIII, *ape pacifique et bon français*, comme dit l'Étoile. En 1611 mouraient Papirien Masson et Jean Busée ; l'empereur Rodolphe déclinait ; Gustave-Adolphe succédait à Charles IX de Suède, le roi visionnaire; Philippe III chassait les maures d'Espagne malgré l'avis du duc d'Ossuna, et l'astronome hollandais Jean Fabricius découvrait les taches du soleil. — Voilà ce qui se passait dans le monde pendant que Turenne naissait !

Du reste, Sedan n'a pas été une pieuse gardienne de cette noble mémoire. Le pavillon natal de M. de Turenne a été jeté bas comme je viens de vous le dire, son château a été rasé.

Je n'ai pas eu le courage d'aller voir à Bazeilles si quelque paysan propriétaire n'a pas fait arracher l'allée d'arbres qu'il y avait plantée. Au lieu de tout cela, la grande place de Sedan donne au visiteur une assez médiocre statue en bronze de Turenne, laquelle ne m'a pas consolé du tout. Cette statue, ce n'est que de la gloire. La chambre où il est né, le château où il a vécu, les arbres qu'il a plantés, c'étaient des souvenirs.

Point de souvenirs non plus, et à plus forte raison, de Guillaume de la Marck, cet effrayant prédécesseur de Turenne dans les annales de Sedan. Chose remarquable et qu'il faut dire en passant : dans un temps donné, par le seul progrès naturel des choses et des idées, la ville du Sanglier des Ardennes se modifie à tel point qu'elle produit Turenne.

Après avoir fort bien déjeuné dans un excellent lieu qu'on appelle l'*hôtel de la Croix d'or*, rien ne me retenait plus à Sedan ; je me suis décidé à regagner Mézières pour y prendre la voiture de Givet. Il y a cinq lieues, mais cinq lieues très pittoresques. Je les ai faites à pied, suivi d'un jeune gaillard basané et pieds nus qui portait allégrement mon sac de nuit. La route suit presque toujours à mi-côte la vallée de la Meuse. On rencontre, à une lieue de Sedan, Donchery avec son vieux pont de bois et ses beaux arbres ; puis ce sont des villages riants, de jolis châtelets à poivrières enfouis dans les massifs de verdure, de grandes prairies où des troupeaux de bœufs paissent au soleil, la Meuse qu'on perd et qu'on retrouve. Il faisait le plus beau temps du monde, c'était charmant. A mi-chemin, j'avais très chaud et grand'soif ; je cherchais de tous côtés une maison pour y demander à boire. Enfin j'en aperçois une. J'y cours, espérant un cabaret, et je lis au-dessus de la porte cette enseigne : BERNIER-HANNAS, *marchand d'avoine et charcutier*. Sur un banc, à côté de la porte, il y avait un goîtreux. Les goîtres abondent dans le pays. Je n'en suis pas moins entré bravement chez le charcutier marchand d'avoine, et j'ai bu avec beaucoup de plaisir un verre de l'eau qui avait fait ce goîtreux.

A six heures du soir j'arrivais à Mézières ; à sept heures je partais pour Givet, fort maussadement emboîté dans un coupé bas, étroit et sombre, entre un gros monsieur et une grosse dame, le mari et la femme, qui se parlaient tendrement par-dessus moi. La dame appelait son mari *mon pauvre chiot*. Je ne sais pas si son intention était de l'appeler *mon pauvre chien*, ou *mon pauvre chat*. En traversant Charleville, qui n'est qu'à une portée de canon de Mézières, j'ai remarqué la place centrale, qui a été bâtie, en 1605, dans un fort grand style, par Charles de Gonzague, duc de Nevers et de Mantoue, et qui est la vraie sœur de notre place Royale de Paris. Ce sont les mêmes maisons à arcades, à façades de briques et à grands toits. Puis, comme la nuit venait, n'ayant rien de mieux à faire, j'ai dormi, mais d'un sommeil violent, d'un sommeil secoué et horrible, entre les ronflements du gros homme et les geignements de la grosse femme. J'étais réveillé de temps en temps quand on changeait de chevaux par de brusques lanternes appliquées à la vitre et par des dialogues comme celui-ci : — Dis-donc, hé ! — Dis donc, hé ! — Qu'est-ce que c'est que cette rosse-là ? Je n'en veux pas. C'est le gigoteur. — Et M. Simon ? où est M. Simon ? — M. Simon ! bah ! il travaille. Il travaille toujours. Il travaille *pire qu'un malsenaire*. — Une autre fois, la voiture était arrêtée, on relayait. J'ai ouvert les yeux, il faisait un grand vent, le ciel était sombre, un immense moulin tournait sinistrement au-dessus de nos têtes et semblait nous regarder avec ses deux lucarnes allumées comme avec des yeux de braise. Une autre fois encore, des soldats entouraient la diligence, un gendarme demandait les passe-ports, on entendait le bruit des chaînes d'un pont-levis, un réverbère éclairait des tas de boulets au pied d'un gros mur noir, la gueule d'un canon touchait la voiture; nous étions à Rocroy. Ce nom m'a tout à fait réveillé. Quoique cela ne puisse pas s'appeler *voir Rocroy*, j'ai eu un certain plaisir à songer que je venais de traverser, dans la même journée et à si peu d'heures de distance, ces deux lieux héroïques, Rocroy et Sedan. Turenne est né à Sedan; on pourrait dire que Condé est né à Rocroy.

Cependant les deux gros êtres mes voisins causaient entre eux et se racontaient l'un à l'autre, comme dans les expositions des pièces mal faites, des choses qu'ils savaient fort bien tous les deux : — *Qu'ils n'avaient point passé à Rocroy depuis 1818. Vingt-deux ans! — que M. Crochard, le secrétaire de la sous-préfecture, était leur ami intime; — que, comme il était minuit, il devait être couché, ce bon M. Crochard*, etc. La dame assaisonnait ces intéressantes révélations de locutions bizarres qui lui étaient familières; ainsi elle disait : *Égoïste comme un vieux lièvre : la fortune du pauvre*, au lieu de *la fortune du pot*. Le monstrueux bonhomme, son mari, faisait de son côté des calembours comme celui-ci : *On dit que c'est un lieu commun (comme un), moi, je dis que c'est un lieu comme trois,* ou des proverbes travestis comme celui-là : *Vends-ta-femme-et-n'aie-point-d'oreilles*. Puis il riait avec bonté.

La voiture était repartie, mes deux voisins causaient encore. — Je faisais beaucoup d'efforts pour ne pas entendre leur conversation, et je tâchais d'écouter les grelots des chevaux, le bruit des roues sur le pavé et des moyeux sur les essieux, le grincement des écrous et des vis, le frémissement sonore des vitres, lorsque tout à coup un ravissant carillon est venu à mon secours, un carillon fin, léger, cristallin, fantastique, aérien, qui a éclaté brusquement dans cette nuit noire, nous annonçant la Belgique, cette terre des étincelantes sonneries, et prodiguant sans fin son badinage moqueur, ironique et spirituel, comme s'il reprochait à mes deux lourds voisins leur stupide bavardage.

Ce carillon, qui m'eût réveillé, les a endormis. Je présume que nous devions être à Fumay, mais la nuit était trop obscure pour rien distinguer. Il m'a fallu donc passer, sans rien voir, près des magnifiques ruines du château d'Hierches et de ces beaux rochers à pic qu'on appelle les *Dames de Meuse*. De temps en temps, au fond d'un précipice plein de vapeur, j'apercevais, comme par un trou dans une fumée, quelque chose de blanchâtre; c'était la Meuse.

Enfin, comme les premières lueurs de l'aube paraissaient, un pont-levis s'est abaissé, une porte s'est ouverte, la diligence s'est engagée au grand trot dans une espèce de long défilé formé à gauche par un noir rocher à pic, et à droite par un édifice long, bas, interminable, étrange, en apparence inhabité, percé de part en part d'une multitude de portes et de fenêtres qui m'ont semblé toutes ouvertes, sans battants, sans volets, sans châssis et sans vitres, me laissant voir à travers cette sombre et fantastique maison le crépuscule qui étamait déjà le bord du ciel de l'autre côté de la Meuse. A l'extrémité de ce logis singulier, il y avait une seule fenêtre fermée et faiblement éclairée. Puis la voiture a passé rapidement devant une grosse tour d'un fort beau profil, s'est enfoncée dans une rue étroite, a tourné dans une cour; des servantes d'auberge sont accourues avec des chandelles, et des garçons d'écurie avec des lanternes; j'étais à Givet.

# LETTRE V

## GIVET

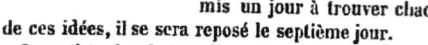
Dans une auberge sur la route, 1ᵉʳ août.

C'est une jolie ville que Givet, propre, gracieuse, hospitalière, située sur les deux rives de la Meuse, qui la divise en grand et petit Givet, au pied d'une haute et belle muraille de rochers dont les lignes géométriques du fort de Charlemont gâtent un peu le sommet. L'auberge, qu'on appelle l'hôtel du Mont-d'Or, y est fort bonne, quoiqu'elle soit unique et qu'elle puisse par conséquent loger les passants n'importe comment, et leur faire manger n'importe quoi.

Le clocher du petit Givet est une simple aiguille d'ardoises. Quant au clocher du grand Givet, il est d'une architecture plus compliquée et plus savante. Voici évidemment comment l'inventeur l'a composé. Le brave architecte a pris un bonnet carré de prêtre ou d'avocat. Sur ce bonnet carré il a échafaudé un saladier renversé; sur le fond de ce saladier devenu plateforme il a posé un sucrier; sur le sucrier, une bouteille; sur la bouteille, un soleil emmanché dans le goulot par le rayon inférieur vertical; et, enfin, sur le soleil, un coq embroché dans le rayon vertical supérieur. En supposant qu'il ait mis un jour à trouver chacune de ces idées, il se sera reposé le septième jour.

Cet artiste devait être flamand.

Depuis environ deux siècles, les architectes flamands se sont imaginé que rien n'était plus beau que des pièces de vaisselle et des ustensiles de cuisine élevés à des proportions gigantesques et titaniques. Aussi, quand on leur a donné des clochers à bâtir, ils ont vaillamment saisi l'occasion et se sont mis à coiffer leurs villes d'une foule de cruches colossales.

La vue de Givet n'en est pas moins charmante, surtout quand on s'arrête vers le soir, comme j'ai fait, au milieu du pont, et qu'on regarde au midi. La nuit, qui est le plus grand des cache-sottises, commençait à voiler le contour absurde du clocher. Des fumées suintaient de tous les toits. A ma gauche, j'entendais frémir avec une douceur infinie de grands ormes au-dessus desquels la clarté vespérale faisait vivement saillir une grosse tour du onzième siècle qui domine à mi-côte le petit Givet. A ma droite une autre vieille tour, à faîtage conique, mi-partie de pierre et de brique, se reflétait tout entière dans la Meuse, miroir éclatant et métallique qui traversait tout ce sombre paysage. Plus loin, au pied de la redoutable roche de Charlemont, je distinguais, comme une ligne blanchâtre, ce long édifice que j'avais vu la veille en entrant et qui est tout simplement une caserne inhabitée. Au-dessus de la ville, au-dessus des tours, au-dessus du clocher, surgissait à pic une immense paroi de rochers qui se prolongeait à perte de vue jusqu'aux montagnes de l'horizon et enfermait le regard comme dans un cirque. Tout au fond, dans un ciel d'un vert clair, le croissant descendait lentement vers la terre, si fin, si pur et si délié, qu'on eût dit que Dieu nous laissait entrevoir la moitié de son anneau d'or.

Dans la journée, j'avais voulu visiter cette vénérable tour qui tenait jadis en respect le petit Givet. Le sentier est âpre et occupe autant les mains que les pieds: il faut un peu escalader le rocher, lequel est de granit fort beau et fort dur.

Arrivé, non sans quelque peine, au pied de la tour, qui tombe en ruine et dont les baies romanes ont été défoncées, je l'ai trouvée barricadée par une porte ornée d'un gros cadenas. J'ai appelé, j'ai frappé, personne n'a répondu. Il m'a fallu redescendre comme j'étais monté. Cependant mon ascension n'a pas été tout à fait perdue. En tournant autour de la vieille masure, dont le parement est presque complètement écorcé, j'ai remarqué, parmi les décombres qui s'écroulent chaque jour en poussière dans la ravine, une assez grosse pierre où l'on pouvait distinguer encore des vestiges d'inscription. J'ai regardé attentivement: il ne restait plus de l'inscription que quelques lettres indéchiffrables.

Voici dans quel ordre elles étaient disposées :

```
LO QVE      SA  L OMBRE
PARA S      MO DI S L
ACAV  I°    S OTROS.
```

Ces lettres, profondément creusées dans la pierre, semblaient avoir été tracées avec un clou ; et, un peu au-dessous, le même clou avait gravé cette signature restée intacte : — JOSE GVTIEREZ, 1643. J'ai toujours eu le goût des inscriptions. J'avoue que celle-ci m'a beaucoup occupé. Que signifiait-elle ? En quelle langue était-elle ? Au premier abord, en faisant quelques concessions à l'orthographe, on pouvait la croire écrite en français et y lire ces choses absurdes : *Loque sale.* — *Ombre Parasol.* — *Modis* (maudits) *la cave.* — *Sot. Rosse.* Mais on ne pouvait former ces mots qu'en ne tenant aucun compte des lettres effacées, et d'ailleurs il me semblait que la grave signature castillane, *Jose Gutierez*, était là comme une protestation contre ces pauvretés. En rapprochant cette signature du mot *para* et du mot *otros*, qui sont espagnols, j'en ai conclu que cette inscription devait être écrite en castillan, et, à force d'y réfléchir, voici comment j'ai cru pouvoir la restituer :

```
LO QUE EMPESA EL HOMBRE
PARA SIMISMO DIOS LE
ACAVA PARA LOS OTROS.
```

— Ce que l'homme commence pour lui, Dieu l'achève pour les autres.

Ce qui me semble vraiment une fort belle sentence, très catholique, très triste et très castillane. Maintenant qu'était-ce Gutierez ? La pierre était évidemment arrachée de l'intérieur de la tour. 1643, c'est la date de la bataille de Rocroy. Jose Gutierez était-il un des vaincus de cette bataille ? Y avait-il été pris ? L'avait-on enfermé là ? Lui avait-on laissé le loisir d'écrire dans son cachot ce mélancolique résumé de sa vie et de toute vie humaine ? Ces suppositions sont d'autant plus probables qu'il a fallu, pour graver une aussi longue phrase dans le granit avec un clou, toute cette patience des prisonniers qui se compose de tant d'ennui. Et puis, qui avait mutilé cette inscription de la sorte ? — Est-ce tout simplement le temps et le hasard ? — Est-ce un mauvais plaisant ? — Je penche pour cette dernière hypothèse. Quelque goujat, de méchant perruquier devenu mauvais soldat, aura été enfermé disciplinairement dans cette tour et aura cru faire montre d'esprit en tirant un sens ridicule de la grave lamentation de l'hidalgo. D'un visage il a fait une grimace. — Aujourd'hui le goujat et le gentilhomme, le gémissement et la facétie, la tragédie et la parodie, roulent ensemble pêle-mêle sous le pied du même passant, dans la même broussaille, dans le même ravin, dans le même oubli !

Le lendemain, à cinq heures du matin, cette fois, fort bien placé tout seul sur la banquette de la diligence Van Gend, je sortais de France par la route de Namur et je gravissais la première croupe de la seule chaîne de hautes collines qu'il y ait en Belgique ; car la Meuse, en s'obstinant à couler en sens inverse de l'abaissement du plateau des Ardennes, a réussi à creuser une vallée profonde dans cette immense plaine qu'on appelle les Flandres ; plaine où l'homme a multiplié les forteresses, la nature lui ayant refusé les montagnes.

Après une ascension d'un quart d'heure, les chevaux déjà essoufflés et le conducteur belge déjà altéré se sont arrêtés d'un commun accord et avec une unanimité touchante devant un cabaret, dans un pauvre village pittoresque répandu des deux côtés d'un large ravin qui déchire la montagne. Ce ravin, qui est tout à la fois le lit d'un torrent et la grande rue du village, est naturellement pavé du granit du mont mis à nu. Au moment où nous y passions, six chevaux attelés de chaînes montaient ou plutôt grimpaient le long de cette rue étrange et affreusement escarpée, traînant après eux un grand chariot vide à quatre roues. Si le chariot eût été chargé, il eût fallu vingt chevaux ou plutôt vingt mules. Je ne vois pas trop à quoi peut servir ce chariot dans un ravin, si ce n'est à faire faire des esquisses improbables aux pauvres jeunes peintres hollandais qu'on rencontre çà et là sur cette route, le sac sur le dos et le bâton à la main.

Que faire sur la banquette d'une diligence à moins qu'on ne regarde ? — J'étais admirablement situé pour cela. J'avais sous les yeux un grand morceau de la vallée de la Meuse ; au sud, les deux Givet gracieusement liés par leur pont ; à l'ouest, la grosse tour ruinée d'Agimont, se composant avec sa colline et jetant derrière elle une immense ombre pyramidale ; au nord, la sombre tranchée dans laquelle s'enfonce la Meuse et d'où montait une lumineuse vapeur bleue. Au premier plan, à deux enjambées de ma banquette, dans la mansarde du cabaret, une jolie paysanne assise en chemise sur son lit s'habillait près de sa fenêtre toute grande ouverte, laquelle laissait entrer à la fois les rayons du soleil levant et les regards des voyageurs quelconques juchés sur les impériales des diligences. Au-dessus de cette mansarde et de cette paysanne, dans le lointain, comme couronnement aux frontières de France, se développaient comme une ligne immense les formidables batteries de Charlemont.

Pendant que je contemplais ce paysage, la paysanne leva les yeux, m'aperçut, sourit, me fit un gracieux signe de tête, ne ferma pas sa fenêtre, et continua lentement sa toilette.

# LETTRE VI

### LES BORDS DE LA MEUSE. — DINANT. — NAMUR

*Liège, 3 août.*

Je viens d'arriver à Liége par une délicieuse route qui suit tout le cours de la Meuse depuis Givet. Les bords de la Meuse sont beaux et jolis. Il est étrange qu'on en parle si peu. Les voici en raccourci.

Après le village, le cabaret et la paysanne qui s'habille au soleil levant, on rencontre une montée qui m'a rappelé le Val-Suzon près de Dijon, et où la route, repliée à chaque instant sur elle-même, se tord pendant trois quarts d'heure au milieu d'une forêt sur de profonds ravins creusés par des torrents. Puis on aborde un plateau où l'on court rapidement avec de grandes campagnes plates à perte de vue autour de soi; on pourrait se croire en pleine Beauce, quand tout à coup le sol se crevasse affreusement à quelques pas à gauche. De la route, l'œil plonge au bas d'une effrayante roche verticale le long de laquelle la végétation seule peut grimper. C'est un brusque et horrible précipice de deux ou trois cents pieds de profondeur. Au fond de ce précipice, dans l'ombre, à travers les broussailles du bord, on aperçoit la Meuse avec quelque galiote qui voyage, paisiblement remorquée par des chevaux, et au bord de la rivière un joli châtelet rococo qui a l'air d'une pâtisserie maniérée ou d'une pendule du temps de Louis XV, avec son bassin lilliputien et son jardinet Pompadour, dont on embrasse toutes les volutes, toutes les fantaisies et toutes les grimaces d'un coup d'œil. Rien de plus singulier que cette petite chinoiserie dans cette grande nature. On dirait une protestation criarde du mauvais goût de l'homme contre la poésie sublime de Dieu.

Puis on s'écarte du gouffre, et la plaine recommence, car le ravin de la Meuse coupe ce plateau à vif et à pic, comme une ornière coupe un champ.

Un quart de lieue plus loin on enraye; la route va rejoindre la rivière par une pente escarpée. Cette fois l'abîme est charmant. C'est un tohu-bohu de fleurs et de beaux arbres éclairés par le ciel rayonnant du matin. Des vergers entourés de haies vives montent et descendent pêle-mêle des deux côtés du chemin. La Meuse, étroite et verte, coule à gauche profondément encaissée dans un double escarpement. Un pont se présente; une autre rivière, plus petite et plus ravissante encore, vient se jeter dans la Meuse, c'est la Lesse; et à trois lieues, dans cette gorge qui s'ouvre à droite, est la fameuse grotte de Han-sur-Lesse. La voiture passe outre et s'éloigne. Le bruit des moulins à eau de la Lesse se perd dans la montagne. La rive gauche de la Meuse s'abaisse, gracieusement ourlée d'un cordon non interrompu de métairies et de villages; la rive droite grandit et s'élève; le mur de rochers envahit et rétrécit la route; les ronces du bord frissonnent dans le vent et dans le soleil, à deux cents pieds au-dessus de nos têtes. Tout à coup un rocher pyramidal, aiguisé et hardi comme une flèche de cathédrale, apparaît à un tournant du chemin. C'est la *Roche à Bayard*, me dit le conducteur. La route passe entre la montagne et cette borne colossale, puis elle tourne encore, et, au pied d'un énorme bloc de granit couronné d'une citadelle, l'œil plonge dans une longue rue de vieilles maisons, rattachée à la rive gauche par un beau pont et dominée à son extrémité par les faîtages aigus et les larges fenêtres flamboyants d'une église du quinzième siècle. C'est Dinant.

On s'arrête à Dinant un quart d'heure, juste assez de temps pour remarquer dans la cour des diligences un petit jardin qui seul suffirait pour vous avertir que vous êtes en Flandre. Les fleurs en sont fort belles, et au milieu de ces fleurs il y a trois statues peintes, en terre cuite. L'une de ces statues est une femme. C'est plutôt un mannequin qu'une statue, car elle est vêtue d'une robe d'indienne et coiffée d'un vieux chapeau de soie. Au bout de quelques instants, à un petit bruit qu'on entend et à un rejaillissement singulier qu'on aperçoit sous ses jupes, on s'aperçoit que cette femme est une fontaine.

Le clocher de l'église de Dinant est un immense pot à l'eau. Cependant, vue du pont, la façade de l'église a un grand caractère, et toute la ville se compose à merveille.

A Dinant on quitte la rive droite de la Meuse. Le faubourg de la rive gauche, qu'on traverse, se pelotonne admirablement autour d'une vieille douve croulante de l'ancienne enceinte. Au pied de cette tour, dans un pâté de maisons, j'ai entrevu en passant un exquis châtelet du quinzième siècle avec sa façade à volutes, ses croisées de pierre, sa tourelle de briques et ses girouettes extravagantes.

Après Dinant la vallée s'ouvre, la Meuse s'élargit; on distingue sur deux croupes lointaines de la rive droite deux châteaux en ruine; puis la vallée s'évase encore, les rochers n'apparaissent plus que çà et là sous de riches caparaçons de verdure; une housse de velours vert, brodée de fleurs, couvre tout le paysage. De toutes parts débordent les houblonnières, les vergers, les arbres qui ont plus de fruits que de feuilles, les pruniers violets, les pommiers rouges, et à chaque instant apparaissent par touffes énormes les grappes écarlates du sorbier des oiseaux, ce corail végétal. Les canards et les poules jasent sur le chemin; on entend des chants de bateliers sur la rivière; de fraîches jeunes filles, les bras nus jusqu'à l'épaule, passent avec des paniers chargés d'herbe sur leurs têtes, et de temps en temps un cimetière de village vient coudoyer mélancoliquement cette route pleine de joie, de lumière et de vie.

Dans l'un de ces cimetières, dont l'herbe haute et le mur tombant se penchent sur le chemin, j'ai lu cette inscription :

O PIE, DEFUNCTIS MISERIS SUCCURRE, VIATOR !

Aucun *memento* n'est, à mon sens, d'un effet aussi profond. Ordinairement les morts avertissent, ici ils supplient.

Plus loin, lorsqu'on a passé une colline où les rochers de la rive droite, travaillés et sculptés par les pluies, imitent les pierres ondées et vermoulues de notre vieille fontaine du Luxembourg (si déplorablement remise à neuf en ce moment, par parenthèse), on sent qu'on approche de Namur. Les maisons de plaisance commencent à se mêler aux logis de paysans, les villas aux villages, les statues aux rochers, les parcs anglais aux houblonnières, et sans trop de trouble et de désaccord, il faut le dire.

La diligence a relayé dans un de ces villages composites. J'avais d'un côté un magnifique jardin entremêlé de colonnades et de temples ioniques, de l'autre un cabaret orné à gauche d'un groupe de buveurs et à droite d'une splendide touffe de roses trémières. Derrière la grille dorée de la villa, sur un piédestal de marbre blanc veiné de noir par l'ombre des branches, la Vénus de Médicis se cachait à demi dans les feuilles, comme honteuse et indignée d'être vue toute nue par des paysans flamands attablés autour d'un pot de bière. A quelques pas plus loin, deux ou trois grandes belles filles ravageaient un prunier de haute taille, et l'une d'elles était perchée sur le gros bras de l'arbre dans une attitude où les passants étaient si parfaitement oubliés, qu'elle donnait aux voyageurs de l'impériale je ne sais quelles vagues envies de mettre pied à terre.

Une heure après j'étais à Namur. Les deux vallées de la Sambre et de la Meuse se rencontrent et se confondent à Namur, qui est assise sur le confluent des deux rivières. Les femmes de Namur m'ont paru jolies et avenantes; les hommes ont une bonne, grave et hospitalière physionomie. Quant à la ville en elle même, excepté les deux échappées de vue du pont de Meuse et du pont de Sambre, elle n'a rien de remarquable. C'est une cité qui n'a déjà plus son passé écrit dans sa configuration. Sans architecture, sans monuments, sans édifices, sans vieilles maisons, meublée de quatre ou cinq méchantes églises rococo et de quelques fontaines Louis XV d'un mauvais goût plat et triste, Namur n'a jamais inspiré que deux poèmes, l'ode de Boileau et la chanson d'un poète inconnu où il est question d'une vieille femme et du prince d'Orange; et, en vérité Namur ne mérite pas d'autre poésie.

La citadelle couronne froidement et tristement la ville. Pourtant je vous dirai que je n'ai pas considéré sans un certain respect ces sévères fortifications qui ont eu un beau jour l'honneur d'être assiégées par Vauban et défendues par Cohorn.

Où il n'y a pas d'église, je regarde les enseignes. Pour qui sait visiter une ville, les enseignes des boutiques ont un grand sens. Indépendamment des professions dominantes et des industries locales qui s'y révèlent tout d'abord, les locutions spéciales y abondent, et les noms de la bourgeoisie, presque aussi importants à étudier que les noms de la noblesse, y apparaissent dans leur forme la plus naïve et sous leur aspect le mieux éclairé.

Voici trois noms pris à peu près au hasard sur les devantures de boutiques à Namur; tous trois ont une signification. — *L'épouse Debarsy, négociante*. — On sent, en lisant ceci, qu'on est dans un pays français hier, étranger aujourd'hui, français demain, où la langue s'altère et se dénature insensiblement, s'écroule par les bords et reprend, sous des expressions françaises, de gauches tournures allemandes. Ces trois mots sont encore français, la phrase ne l'est déjà plus. — *Crucifix-Piret, mercier*. — Ceci est bien de la catholique Flandre. Nom, prénom ou surnom, *Crucifix* serait introuvable dans toute la France voltairienne. — *Menendez-Wodon, horloger*. Un nom castillan et un nom flamand soudés par un trait d'union. N'est-ce pas là toute la domination de l'Espagne sur les Pays-Bas, écrite, attestée et racontée dans un nom propre? — Ainsi voilà trois noms dont chacun exprime et résume un des grands aspects du pays; l'un dit la langue, l'autre la religion, l'autre l'histoire.

Observons encore tout de suite que sur les enseignes de Dinant, de Namur et de Liège, le mot *Demeuse* est très fréquemment répété. Aux environs de Paris et de Rouen, c'est *Desenne* et *Deseine*.

Pour finir par une observation de pure fantaisie, j'ai encore remarqué dans un faubourg de Namur un certain *Janus, boulanger*, qui m'a rappelé que j'avais noté à Paris, à l'entrée du faubourg Saint-Denis, *Néron, confiseur*, et à Arles, sur le fronton même d'un temple romain en ruines, *Marius, coiffeur*.

# LETTRE VII

LES BORDS DE LA MEUSE. — HUY. — LIÉGE

Liége, 4 août.

Le chemin de Liége s'éloigne de Namur par une allée de magnifiques arbres. Les immenses feuillages font de leur mieux pour cacher au voyageur les maussades clochers de la ville, lesquels apparaissent de loin comme un gigantesque jeu de quilles diapré de quelques bilboquets. Au moment où l'on sort de l'ombre de ces beaux arbres, le vent frais de la Meuse vous arrive au visage, et la route se remet à côtoyer joyeusement la rivière. La Meuse, grossie désormais par la Sambre, a élargi sa vallée ; mais la double muraille de rochers reparait, figurant à chaque instant des forteresses de cyclopes, de grands donjons en ruines, des groupes de tours titaniques. Ces roches de la Meuse contiennent beaucoup de fer ; mêlées au paysage, elles sont d'une admirable couleur ; la pluie, l'air et le soleil les rouillent splendidement ; mais, arrachées de la terre, exploitées et taillées, elles se métamorphosent en cet odieux granit gris bleu dont toute la Belgique est infestée. Ce qui donnait de magnifiques montagnes ne produit plus que d'affreuses maisons.

Dieu a fait le rocher, l'homme a fait le moellon.

On traverse rapidement Sanson, village au-dessus duquel achèvent de s'écrouler dans les ronces quelques tronçons d'un château fort bâti, dit-on, sous Clodion. Le rocher figure là un visage humain, barbu et sévère, que le conducteur ne manque pas de faire regarder aux voyageurs. Puis on gagne Andennes, où j'ai remarqué, rareté inappréciable pour les antiquaires, une petite église rustique du dixième siècle encore intacte. Dans un autre village, à Selayen, je crois, on lit cette inscription en grosses lettres au-dessus de la principale porte de l'église : *Les chiens hors de la maison de Dieu*. Si j'étais le digne curé de Selayen, je penserais qu'il est plus urgent de dire aux hommes d'entrer qu'aux chiens de sortir.

Après Andennes, les montagnes s'écartent, la vallée devient plaine, la Meuse s'en va loin de la route à travers les prairies. Le paysage est encore beau, mais on y voit apparaître un peu trop souvent la cheminée de l'usine, ce triste obélisque de notre civilisation industrielle.

Puis les collines se rapprochent, la rivière et la

route se rejoignent; on aperçoit de vastes bastions accrochés comme un nid d'aigle au front d'un rocher, une belle église du quatorzième siècle accostée d'une haute tour carrée, une porte de ville flanquée d'une douve ruinée. Force charmantes maisons inventées pour la récréation des yeux par le génie si riche, si fantasque et si spirituel de la renaissance flamande, se mirent dans la Meuse avec leurs terrasses en fleurs des deux côtés d'un vieux pont. On est à Huy.

Huy et Dinant sont les deux plus jolies villes qu'il y ait sur la Meuse. Huy est à moitié chemin entre Namur et Liége, de même que Dinant entre Namur et Givet. Huy, qui est encore une redoutable citadelle, a été autrefois une belliqueuse commune et a soutenu des siéges contre ceux de Liége, comme Dinant contre ceux de Namur, dans ce temps héroïque où les villes se déclaraient la guerre comme font aujourd'hui les royaumes, et où Froissard dit:

La grand'ville de Bar-sur-Saigne
A fait trembler Troye en Champaigne.

Après Huy, recommence ce ravissant contraste qui est tout le paysage de la Meuse. Rien de plus sévère que ces rochers, rien de plus riant que ces prairies. Il y a là quelques collines hérissées de ceps et d'échalas qui donnent un vin quelconque.

C'est, je crois, le seul vignoble de la Belgique.

De temps en temps on rencontre tout au bord du fleuve, dans quelque ravin au-dessus duquel passe la route, une fabrique de zinc dont l'aspect délabré et les toits crevassés, d'où la fumée s'échappe de toutes les tuiles, simulent une incendie qui commence ou qui s'éteint; ou c'est une alunière avec ses vastes monceaux de terre rougeâtre; ou bien encore, derrière une houblonnière, à côté d'un champ de grosses fèves, au milieu des parfums d'un petit jardin qui regorge de fleurs et qu'entoure une haie rapiécée çà et là avec un treillis vermoulu, parmi les caquets assourdissants d'une populace de poules, d'oies et de canards, on aperçoit une maison en briques à tourelles d'ardoises, à croisées de pierre, à vitrages maillés de plomb, grave, propre, douce, égayée d'une vigne grimpante, avec des colombes sur son toit, des cages d'oiseaux à ses fenêtres, un petit enfant et un rayon de soleil sur son seuil, on rêve à Teniers et à Mieris.

Cependant le soir vient, le vent tombe, les prés, les buissons et les arbres se taisent, on n'entend plus que le bruit de l'eau. L'intérieur des maisons s'éclaire vaguement; les objets s'effacent comme dans une fumée; les voyageurs bâillent à qui mieux mieux dans la voiture en disant: Nous serons à Liége dans une heure. C'est dans ce moment-là que le paysage prend tout à coup un aspect extraordinaire. Là-bas, dans les futaies, au pied des collines brunes et velues de l'occident, deux rondes prunelles de feu éclatent et resplendissent comme des yeux de tigre. Ici, au bord de la route, voici un effrayant chandelier de quatrevingts pieds de haut, qui flambe dans le paysage et qui jette sur les rochers, les forêts et les ravins, des réverbérations sinistres. Plus loin, à l'entrée de cette vallée enfouie dans l'ombre, il y a une gueule pleine de braise qui s'ouvre et se ferme brusquement et d'où sort par instants avec d'affreux hoquets une langue de flamme.

Ce sont les usines qui s'allument.

Quand on a passé le lieu appelé la Petite-Flemalle, la chose devient inexprimable et vraiment magnifique. Toute la vallée semble trouée de cratères en éruption. Quelques-uns dégorgent, derrière les taillis, des tourbillons de vapeur écarlate étoilée d'étincelles; d'autres dessinent lugubrement sur un fond rouge la noire silhouette des villages; ailleurs les flammes apparaissent à travers les crevasses d'un groupe d'édifices. On croirait qu'une armée ennemie vient de traverser le pays, et que vingt bourgs mis à sac vous offrent à la fois dans cette nuit ténébreuse tous les aspects et toutes les phases de l'incendie, ceux-là embrasés, ceux-ci fumants, les autres flamboyants.

Ce spectacle de guerre est donné par la paix; cette copie effroyable de la dévastation est faite par l'industrie. Vous avez tout simplement là sous les yeux les hauts fourneaux de M. Cockerill.

Un bruit farouche et violent sort de ce chaos de travailleurs. J'ai eu la curiosité de mettre pied à terre et de m'approcher d'un de ces antres. Là, j'ai admiré véritablement l'industrie. C'est un beau et prodigieux spectacle, qui, la nuit, semble emprunter à la tristesse solennelle de l'heure quelque chose de surnaturel. Les roues, les scies, les chaudières, les laminoirs, les cylindres, les balanciers, tous ces monstres de cuivre, de tôle et d'airain que nous nommons des machines et que la vapeur fait vivre d'une vie effrayante et terrible, mugissent, sifflent, grincent, râlent, reniflent, aboient, glapissent, déchirent le bronze, tordent le fer, mâchent le granit, et, par moments, au milieu des ouvriers noirs et enfumés qui les harcèlent, hurlent avec douleur dans l'atmosphère ardente de l'usine, comme des hydres et des dragons tourmentés par des démons dans un enfer.

---

Liége est une de ces vieilles villes qui sont en train de devenir villes neuves, — transformation déplorable, mais fatale! — une de ces villes où partout les antiques devantures peintes et ciselées s'écaillent et tombent et laissent voir en leur lieu des façades blanches enrichies de statues de plâtre; où les bons vieux grands toits d'ardoise chargés de lucarnes, de carillons, de clochetons et de girouettes, s'effondrent tristement, regardés avec horreur par quelque bourgeois hébété qui lit le *Constitutionnel* sur une terrasse plate pavée en zinc; où l'octroi, temple grec orné d'un douanier, succède à la porte-donjon flanquée de tours et hérissée de pertuisanes; où le long tuyau rouge des hauts fourneaux remplace la flèche sonore des églises. Les anciennes villes jetaient du bruit, les villes modernes jettent de la fumée.

Liége n'a plus l'énorme cathédrale des princes-évêques bâtie en l'an 1000, et démolie en 1795 par on ne sait qui; mais elle a l'usine de M. Cockerill.

Liége n'a plus son couvent de dominicains, sombre cloître d'une si haute renommée, noble édifice d'une si fière architecture; mais elle a, précisément sur le même emplacement, un théâtre embelli de colonnes à chapiteaux de fonte où l'on jouera l'opéra-comique, et dont M<sup>lle</sup> Mars a posé la première pierre.

Liége est encore, au dix-neuvième siècle comme au seizième, la ville des armuriers. Elle lutte avec la France pour les armes de guerre, et avec Versailles en particulier pour les armes de luxe. Mais la vieille cité de saint Hubert, jadis église et forteresse, commune ecclésiastique et militaire, ne prie plus et ne se bat plus, elle vend et achète. C'est aujourd'hui une grosse ruche industrielle. Liége s'est transformée en un riche centre commercial. La vallée de la Meuse lui met un bras en France et l'autre en Hollande, et, grâce à ces deux grands bras, sans cesse elle prend de l'une et reçoit de l'autre.

Tout s'efface dans cette ville, jusqu'à son étymologie. L'antique ruisseau Legi s'appelle maintenant le Ri-de-Coq-Fontaine.

Du reste, il faut pourtant le dire, Liége, gracieusement éparse sur la croupe verte de la montagne de Sainte-Walburge, divisée par la Meuse en haute et basse ville, coupée par treize ponts dont quelques-uns ont une figure architecturale, entourée à perte de vue d'arbres, de collines et de prairies, a encore assez de tourelles, assez de façades à pignons voûtés ou taillés, assez de clochers romans, assez de portes-donjons comme celles de Saint-Martin et d'Amercœur, pour émerveiller le poète et l'antiquaire même le plus hérissé devant les manufactures, les mécaniques et les usines.

Comme il pleuvait à verse, je n'ai pu visiter que quatre églises : — Saint-Paul, la cathédrale actuelle, noble nef du quinzième siècle, accostée d'un cloître gothique et d'un charmant portail de la renaissance, sottement badigeonnés, et surmontée d'un clocher qui a dû être fort beau, mais dont quelque inepte architecte contemporain a abâtardi tous les angles, honteuse opération que subissent en ce moment sous nos yeux les vieux toits de notre hôtel de ville de Paris. — Saint-Jean, grave façade du dixième siècle, composée d'une grosse tour carrée à flèche d'ardoise, des deux côtés de laquelle se pressent deux autres bas clochers également carrés. A cette façade s'adosse insolemment le dôme ou plutôt la bosse d'une abominable église rococo dont une porte s'ouvre sur un cloître ogival défiguré, raclé, blanchi, triste et plein de hautes herbes. — Saint-Hubert, dont l'abside romane ourlée de basses galeries à plein cintre est d'un ordre magnifique. — Saint-Denis, curieuse église du dixième siècle dont la grosse tour est du neuvième. Cette tour porte à sa partie inférieure des traces évidentes de dévastation et d'incendie. Elle a été probablement brûlée lors de la grande irruption des normands, en 882, je crois. Les architectes romans ont naïvement raccommodé et continué la tour en briques, la prenant telle que l'incendie l'avait faite et asseyant le nouveau mur sur la vieille pierre rongée, de sorte que le profil découpé de la ruine se dessine parfaitement conservé sur le clocher tel qu'il est aujourd'hui. Cette grande pièce rouge qui enveloppe le clocher, frangée par le bas comme un haillon, est d'un effet singulier.

Comme j'allais de Saint-Denis à Saint-Hubert par un labyrinthe d'anciennes rues basses et étroites, ornées çà et là de madones au-dessus desquelles s'arrondissent comme des cerceaux concentriques de grands rubans de fer-blanc chargés d'inscriptions dévotes, j'ai coudoyé tout à coup une vaste et sombre muraille de pierre percée de larges baies en anse de panier et enrichie de ce luxe de nervures qui annonce l'arrière-façade d'un palais du moyen âge. Une porte obscure s'est présentée, j'y suis entré, et, au bout de quelques pas, j'étais dans une vaste cour. Cette cour, dont personne ne parle et qui devrait être célèbre, est la cour intérieure du palais des princes ecclésiastiques de Liége. Je n'ai vu nulle part un ensemble architectural plus étrange, plus morose et plus superbe. Quatre hautes façades de granit, surmontées de quatre prodigieux toits d'ardoise, portées par quatre galeries basses d'arcades-ogives qui semblent s'affaisser et s'élargir sous le poids, enferment de tous côtés le regard. Deux de ces façades, parfaitement entières, offrent le bel ajustement d'ogives et de cintres surbaissés qui caractérisent la fin du quinzième siècle et le commencement du seizième. Les fenêtres de ce palais clérical ont des meneaux comme des fenêtres d'église. Malheureusement les deux autres façades, détruites par le grand incendie de 1734, ont été rebâties dans le chétif style de cette époque et gâtent un peu l'effet général. Cependant leur sécheresse n'a rien qui contrarie absolument l'austérité du vieux palais. L'évêque qui régnait il y a cent cinq ans se refusa sagement aux rocailles et aux chicorées, et on lui fit deux façades mornes et pauvres; car telle est la loi de cette architecture du dix-huitième siècle, il n'y a pas de milieu : des oripeaux ou de la nudité; clinquant ou misère.

La quadruple galerie qui enferme la cour est admirablement conservée. J'en ai fait le tour. Rien de plus curieux à étudier que les piliers sur lesquels s'appuient les retombées de ces larges ogives surbaissées. Ces piliers sont en granit gris comme tout le palais. — Selon qu'on examine l'une ou l'autre des quatre rangées, le fût du pilier disparaît jusqu'à moitié de sa longueur, tantôt par le haut, tantôt par le bas, sous un renflement enrichi d'arabesques. Pour toute une rangée de piliers, la rangée occidentale, le renflement est double et le fût disparaît entièrement. Il n'y a là qu'un caprice flamand du seizième siècle. Mais ce qui rend l'archéologue perplexe, c'est que les arabesques ciselées sur ces renflements, c'est que les chapiteaux de ces piliers, naïvement et grossièrement sculptés, chargés, aux tailloirs près, de figures chimériques, de feuillages impossibles, d'animaux apocalyptiques, de dragons ailés presque égyptiens et hiéroglyphiques, semblent appartenir à l'art du onzième siècle ; et, pour ne pas rendre ces piliers courts, trapus et gibbeux à l'architecture byzantine, il faut se souvenir que le palais princier-épiscopal de Liége ne fut commencé qu'en 1508 par le prince Érard de la Mark, qui régna trente-deux ans.

Ce grave édifice est aujourd'hui le palais de justice. Des boutiques de libraires et de bimbelotiers se sont installées sous toutes les arcades. Un marché aux légumes se tient dans la cour. On voit les robes noires des praticiens affairés passer au milieu des grands paniers pleins de choux rouges et violets. Des groupes de marchandes flamandes réjouies et hargneuses jasent et se querellent devant chaque pilier ; des plaidoiries irritées sortent de toutes les fenêtres ; et dans cette sombre cour, recueillie et silencieuse autrefois comme un cloître dont elle a la forme, se croise et se mêle perpétuellement aujourd'hui la double et intarissable parole de l'avocat et de la commère, le bavardage et le babil.

Au-dessus des grands toits du palais apparaît une haute et massive tour carrée en briques. Cette tour qui était jadis le beffroi du prince-évêque, est maintenant la prison des femmes publiques ; triste et froide antithèse que le bourgeois voltairien d'il y a trente ans eût faite *spirituellement*, que le bourgeois utilitaire et positif d'à présent fait bêtement.

En sortant du palais par la grande porte, j'en ai pu contempler la façade actuelle, œuvre glaciale et déclamatoire du désastreux architecte de 1748. On croirait voir une tragédie de Lagrange-Chancel en marbre et en pierre. Il y avait sur la place devant cette façade un brave homme qui voulait absolument me la faire admirer. Je lui ai tourné le dos sans pitié, quoiqu'il m'ait appris que Liége s'appelle en hollandais *Luik*, en allemand *Luttich*, et en latin *Leodium*.

La chambre où je logeais à Liége était ornée de rideaux de mousseline sur lesquels étaient brodés, non des bouquets, mais des melons. J'y ai admiré aussi des gravures triomphantes figurant, à l'honneur des alliés, nos désastres de 1814, et nous humiliant cruellement dans notre langue. — Voici textuellement la *légende* imprimée au bas d'une de ces images : « BATAILLE D'ARCIS-SUR-AUBE, le 21 mars 1814. La plus part de la garnison de cette place, composée de la garde ancienne (probablement la *vieille garde*) fit fait prisonniers, et les alliés entrèrent vainqueureuss à Paris le 2 avril. »

# LETTRE VIII

## LES BORDS DE LA VESDRE. — VERVIERS

*Aix-la-Chapelle, 4 août.*

Hier, à neuf heures du matin, comme la diligence de Liége à Aix-la-Chapelle allait partir, un brave bourgeois wallon ameutait les passants, se refusant à monter sur l'impériale, et me rappelant par l'énergie de sa résistance ce paysan auvergnat *qui avait payé pour être dans la boîte et non sur l'opéra*. J'ai offert de prendre la place de ce digne voyageur, je suis monté sur l'opéra, tout s'est apaisé, et la diligence est partie.

Bien m'en a pris. La route est gaie et charmante. Ce n'est plus la Meuse, mais c'est la Vesdre. La Meuse s'en va par Maëstricht et Ruremonde à Rotterdam et à la mer.

La Vesdre est une rivière-torrent qui descend de Saint-Cornelis-Munster, entre Aix-la-Chapelle et Duren, à travers Verviers et Chauffontaines, jusqu'à Liége, par la plus ravissante vallée qu'il y ait au monde. Dans cette saison, par un beau jour, avec un ciel bleu, c'est quelquefois un ravin, souvent un jardin, toujours un paradis. — La route ne quitte pas un moment la rivière. Tantôt elles traversent ensemble un heureux village entassé sous les arbres avec un pont rustique devant chaque porte; tantôt, dans un pli solitaire du vallon, elles côtoient un vieux château d'échevin avec ses tours carrées, ses hauts toits pointus et sa grande façade percée de quelques rares fenêtres, fier et modeste à la fois comme il convient à un édifice qui tient le milieu entre la chaumière du paysan et le donjon du seigneur. Puis le paysage prend tout à coup une voix bruyante et joyeuse; et, au tournant d'une colline, l'œil entrevoit, sous une touffe de tilleuls et d'aulnes qui laissent passer le soleil, cette maison basse et cette grosse roue noire inondée de pierreries qu'on appelle un moulin à eau.

Entre Chauffontaines et Verviers la vallée m'apparaissait avec une douceur virgilienne. Il faisait un temps admirable, de charmants marmots jouaient sur le seuil des jardins, le vent des trembles et des peupliers se répandait sur la route, de belles génisses, groupées par trois ou quatre, se reposaient à l'ombre, gracieusement couchées dans les prés verts. Ailleurs, loin de toute maison, seule au milieu d'une grande prairie enclose de haies vives, paissait majestueusement une admirable vache digne d'être gardée par Argus. J'entendais une flûte dans la montagne.

*Mercurius septem mulcet arundinibus.*

De temps en temps la cheminée d'une usine ou une longue pièce de drap séchant au soleil près de la route venait interrompre ces églogues.

Le chemin de fer qui traverse toute la Belgique d'Anvers à Liége et qui veut aller jusqu'à Verviers va trouer ces collines et couper ces vallées.

Ce chemin, colossale entreprise, percera la montagne douze ou quinze fois. A chaque pas on rencontre des terrassements, des remblais, des ébauches de ponts et de viaducs; ou bien on voit au bas d'une immense paroi de roche vive une petite fourmilière noire occupée à creuser un petit trou. Ces fourmis font une œuvre de géants.

Par instants, dans les endroits où ces trous sont déjà larges et profonds, une haleine épaisse et un bruit rauque en sortent tout à coup. On dirait que la montagne violée crie par cette bouche ouverte. C'est la mine qui joue dans la galerie. Puis la diligence s'arrête brusquement, les ouvriers qui piochaient sur un terrassement voisin s'enfuient dans toutes les directions, un tonnerre éclate, répété par l'écho grossissant de la colline, des quartiers de roche jaillissent d'un coin du paysage et vont éclabousser la plaine de toutes parts. C'est la mine qui joue à ciel ouvert. Pendant cette station, les voyageurs se racontent qu'hier un homme a été tué et un arbre coupé en deux par un de ces blocs, qui pesait vingt mille, et qu'avant-hier une femme d'ouvrier qui portait le *café* (non la soupe) à son mari a été foudroyée de la même façon. — Cela aussi dérange un peu l'idylle.

Verviers, ville insignifiante d'ailleurs, se divise en trois quartiers qui s'appellent la *Chick-Chack*, la *Basse-Crotte* et la *Dardanelle*. J'y ai remarqué un petit garçon de six ans qui fumait magistralement sa pipe, assis sur le seuil de sa maison.

En me voyant passer, ce marmot fumeur a éclaté de rire. J'en ai conclu que je lui semblais fort ridicule.

Après Verviers, la route côtoie encore la Vesdre jusqu'à Limbourg. Limbourg, cette ville comtale, dont Louis XVI *trouvait la croûte si dure*, n'est plus aujourd'hui qu'une forteresse démantelée, pittoresque couronnement d'une colline.

Un moment après, le terrain s'aplatit, la plaine se déclare, une grande porte s'ouvre à deux battants, c'est la douane; une guérite chevronnée de noir et de blanc du haut en bas apparaît; on est chez le roi de Prusse.

# LETTRE IX

### AIX-LA-CHAPELLE. — LE TOMBEAU DE CHARLEMAGNE

Aix-la-Chapelle, 6 août.

Aix-la-Chapelle, pour le malade, c'est une fontaine minérale, chaude, froide, ferrugineuse, sulfureuse; pour le touriste, c'est un pays de redoutes et de concerts; pour le pèlerin, c'est la châsse des grandes reliques qu'on ne voit que tous les sept ans, robe de la Vierge, sang de l'enfant Jésus, nappe sur laquelle fut décapité saint Jean-Baptiste; pour l'antiquaire-chroniqueur, c'est une abbaye de nobles filles à abbesse immédiate héritière du couvent d'hommes bâti par saint Grégoire, fils de Nicéphore, empereur d'orient; pour l'amateur de chasses, c'est l'ancienne vallée des Sangliers, *Porcetum*, dont on a fait *Borcette* ; pour le manufacturier, c'est une source d'eau lessiveuse propre au lavage des laines; pour le marchand, c'est une fabrique de draps et de casimirs, d'aiguilles et d'épingles; pour celui qui n'est ni marchand, ni manufacturier, ni chasseur, ni antiquaire, ni pèlerin, ni touriste, ni malade, c'est la ville de Charlemagne.

Charlemagne, en effet, est né à Aix-la-Chapelle, et il y est mort. Il est né dans le vieux palais demi romain des rois francs, dont il ne reste que la tour de Granus, enclavée aujourd'hui dans l'hôtel de ville. Il y est enterré dans l'église qu'il avait fondée deux ans après la mort de sa femme Fastrada, en 796, que le pape Léon III bénit en 804, et pour la dédicace de laquelle, dit la tradition, deux évêques de Tongres, morts et ensevelis à Maëstricht, sortirent de leurs sépulcres afin de compléter dans cette cérémonie les trois cent soixante-cinq archevêques et évêques représentant les jours de l'année.

Cette historique et fabuleuse église, qui a donné son nom à la ville, a subi, depuis mille ans, bien des transformations.

A peine arrivé à Aix, je suis allé à la Chapelle.

Si l'on aborde l'église par la façade, voici comment elle se présente :

Un portail du temps de Louis XV en granit gris bleu avec des portes de bronze du huitième siècle; adossé à une muraille carlovingienne que surmonte un étage de pleins cintres romans. Au-dessus de ces archivoltes un bel étage gothique richement ciselé, où l'on reconnaît l'ogive sévère du quatorzième siècle ; et pour couronnement une ignoble maçonnerie en brique à toit d'ardoise qui date d'une vingtaine d'années. A la droite du portail une grosse pomme de pin, en bronze romain, est posée sur un pilier de granit, et de l'autre côté, sur un autre pilier, il y a une louve d'airain, également antique et romaine, qui se tourne à demi vers les passants, la gueule entr'ouverte et les dents serrées.

Pardon, mon ami, mais permettez-moi d'ouvrir ici une parenthèse. Cette pomme de pin a un sens, et cette louve aussi, ou ce loup, car je n'ai pu reconnaître bien clairement le sexe de cette bête de bronze. Voici à ce sujet ce que racontent encore les vieilles fileuses du pays :

Il y a longtemps, bien longtemps, ceux d'Aix-la-Chapelle voulurent bâtir une église. Ils se cotisèrent et l'on commença. On creusa les fondements, on éleva les murailles, on ébaucha la charpente, et pendant six mois ce fut un tapage assourdissant de scies, de marteaux et de cognées. Au bout de six mois l'argent manque. On fit appel aux pèlerins, on mit un bassin d'étain à la porte de l'église; mais à peine s'il y tomba quelques larges et quelques liards à la croix. Que faire ? Le sénat s'assembla, chercha, parla, avisa, consulta. Les ouvriers refusaient le travail, et l'herbe et la ronce, et le lierre et toutes les insolentes plantes des ruines, s'emparaient déjà des pierres neuves de l'édifice abandonné. Fallait-il laisser là l'église? Le magnifique sénat des bourgmestres était consterné.

Comme il délibérait, entre un quidam, un étranger, un inconnu, de haute taille et de belle mine.

— Bonjour, bourgeois. De quoi est-il question ? Vous êtes tout effarés. Votre église vous tient au cœur? Vous ne savez comment la finir ? On dit que c'est l'argent qui vous manque?

— Passant, dit le sénat, allez-vous-en au diable. Il nous faudrait un million d'or.

— Le voici, dit le gentilhomme. Et, ouvrant une fenêtre, il montre aux bourgmestres un grand chariot arrêté sur la place à la porte de la maison de ville. Ce chariot était attelé de dix jougs de bœufs et gardé par vingt nègres d'Afrique armés jusqu'aux dents.

Un des bourgmestres descend avec le gentilhomme, prend au hasard un des sacs dont le chariot était chargé, puis tous deux remontent, l'étranger et le bourgeois. On vide la sacoche devant le sénat; elle était en effet pleine d'or.

Le sénat ouvre de grands yeux bêtes et dit à l'étranger :

— Qui êtes-vous, monseigneur?

— Mes chers manants, je suis celui qui a de l'argent. Que voulez-vous de plus? J'habite dans la forêt Noire, près du lac de Wildsée, non loin des ruines de Heidenstadt, la ville des païens. Je possède des mines d'or et d'argent, et, la nuit, je remue avec mes mains des fouillis d'escarboucles. Mais j'ai des goûts simples, je m'ennuie, je suis un être mélancolique, je passe mes journées à voir jouer sous la transparence du lac le tourniquet et le triton d'eau, et à regarder pousser parmi les roches le polygonum amphibium. Sur ce, trêve aux questions et aux billevesées. J'ai débouclé ma ceinture, profitez-en. Voilà votre million d'or. En voulez-vous?

— Pardieu oui, dit le sénat. Nous finirons notre église.

— Eh bien, prenez ; mais à une condition.

— Laquelle, monseigneur?

— Finissez votre église, bourgeois; prenez toute cette mitraille ; mais promettez-moi en échange la première âme quelconque qui entrera dans votre église et qui en franchira la porte le jour où les cloches et les carillons en sonneront la dédicace.

— Vous êtes le diable ! s'écria le sénat.

— Vous êtes des imbéciles ! répondit Urian.

Les bourgmestres commencèrent par des soubresauts, des frayeurs et des signes de croix. Mais, comme Urian était bon diable, et riait à se tordre les côtes en faisant sonner son or tout neuf, ils se rassurèrent et l'on négocia. Le diable a de l'esprit. C'est à cause de cela qu'il est le diable.

— Après tout, disait-il, c'est moi qui perds au marché. Vous aurez votre million et votre église. Moi, je n'aurai qu'une âme. Et quelle âme, s'il vous plaît? La première venue. Une âme de hasard. Quelque mauvais drôle d'hypocrite qui jouera la dévotion et qui voudra, par faux zèle, entrer le premier. Bourgeois, mes amis, votre église s'annonce bien. L'épure me plaît. L'édifice sera beau, je crois. Je vois avec plaisir que votre architecte préfère à la trompe-sous-le-coin la trompe de Montpellier. Je ne hais pas cette voûte en pendentif, à plan berlong et à coupes rondes; mais j'aurais préféré pourtant une voûte d'arête, biaise et également berlongue. J'approuve qu'il ait fait là une porte en tour ronde, mais je ne sais s'il a bien ménagé l'épaisseur du parpaing. — Comment se nomme votre architecte, manants? — Dites-lui de ma part que, pour bien faire la tête d'une porte en tour creuse, il est nécessaire qu'il y ait quatre panneaux, deux de lit, et un de doyle par-dessus; le quatrième se met sur l'extrados. C'est égal! voilà une descente de cave à trompe en canonnière qui est d'un fort bon style et parfaitement ajustée. Ce serait dommage d'en rester là. — Il faut mettre à fin cette église. Allons, mes compères, le million pour vous, l'âme pour moi. Est-ce dit?

Ainsi parlait le gentilhomme Urian. — Après tout, pensèrent les bourgeois, nous sommes bien heureux qu'il se contente d'une âme. Il pourrait bien, s'il regardait d'un peu près, les prendre toutes dans cette ville.

Le marché fut conclu, le million encaissé, Urian disparut dans une trappe d'où sortit une petite flamme bleue, comme il convient, et, deux ans après, l'église était bâtie.

Il va sans dire que tous les sénateurs avaient juré de ne conter la chose à personne, et il va sans dire, que chacun d'eux, le soir même, avait conté la chose à sa femme. Ceci est une loi. Une loi que les sénateurs n'ont pas faite, mais qu'ils observent. Si bien que, lorsque l'église fut terminée, comme toute la ville, grâce aux femmes des sénateurs, savait le secret du sénat, personne ne voulut entrer dans l'église.

Nouvel embarras, non moins grand que le premier. L'église est bâtie, mais nul n'y veut mettre le pied; l'église est achevée, mais elle est vide. Or à quoi bon une église vide? — Le sénat s'assemble, il n'invente rien. — On appelle l'évêque de Tongres. Il ne trouve rien. — On appelle les chanoines du chapitre. Ils n'imaginent rien. — On appelle les moines du couvent.

— Pardieu, dit un moine, il faut convenir, messeigneurs, que vous vous empêchez de peu de chose. Vous devez à Urian la première âme qui passera par la porte de l'église. Mais il n'a pas stipulé de quelle espèce serait cette âme. Urian n'est qu'un sot, je vous le dis. Messeigneurs, après une longue battue, on a pris vivant ce matin dans la vallée de Borcette un loup. Faites entrer ce loup dans l'église. Il faudra bien qu'Urian s'en contente. Ce n'est qu'une âme de loup, mais c'est une *âme quelconque*.

— Bravo! dit le sénat. Voilà un moine d'esprit.

Le lendemain, dès l'aube, les cloches sonnèrent.
— Quoi! dirent les bourgeois, c'est aujourd'hui la dédicace de l'église! mais qui donc osera y entrer le premier? Ce ne sera pas moi.
— Ni moi.
— Ni moi.
— Ni moi.

Ils accoururent en foule. Le sénat et le chapitre étaient devant le portail. Tout à coup on amène le loup dans une cage, et à un signal donné on ouvre à la fois les portes de la cage et les portes de l'église. Le loup, effrayé par la foule, voit l'église déserte et s'y enfonce. Urian attendait, la gueule ouverte et les yeux voluptueusement fermés. Jugez de sa rage quand il sentit qu'il avalait un loup. Il poussa un rugissement effrayant et vola quelque temps sous les hautes arches de l'église avec le bruit d'une tempête. Puis il sortit enfin, éperdu de colère, et en sortant il donna dans la grande porte d'airain un si furieux coup de pied, qu'elle se fendit du haut en bas. — On montre encore cette fente aujourd'hui.

— C'est pour cela, ajoutent les bonnes vieilles, qu'à gauche de la porte de l'église on a placé la statue du loup en bronze, et à droite une pomme de pin, qui figure sa pauvre âme si stupidement mâchée par Urian.

Je quitte la légende et je reviens à l'église. Je dois pourtant vous dire que j'ai cherché sur la porte la fameuse crevasse faite par le talon du diable, et que je ne l'ai pas trouvée. Maintenant je ferme la parenthèse.)

Ainsi, quand on aborde la Chapelle par le grand portail, le romain, le roman, le gothique, le rococo et le moderne se mêlent et se superposent sur cette façade, mais sans affinité, sans nécessité, sans ordre, et, par conséquent, sans grandeur.

Si l'on arrive à la Chapelle par le chevet, l'effet est tout autre. La haute abside du quatorzième siècle vous apparaît dans toute son audace et dans toute sa beauté avec l'angle savant de son toit, le riche travail de ses balustrades, la variété de ses gargouilles, la sombre couleur de sa pierre et la transparence vitreuse de ses immenses lancettes, au pied desquelles semblent imperceptibles des maisons à deux étages réfugiées entre les contreforts.

Cependant de là encore l'aspect de l'église, si imposant qu'il soit, est hybride et discordant. Entre l'abside et le portail, dans une espèce de trou où toutes les lignes de l'édifice s'écroulent, se cache, à peine relié à la façade par un joli pont sculpté du quatorzième siècle, le dôme byzantin à frontons triangulaires qu'Othon III fit bâtir au dixième siècle au-dessus du tombeau même de Charlemagne.

Cette façade plaquée, ce dôme enfoui, cette abside rompue, voilà la Chapelle d'Aix. L'architecte de 1353 voulait absorber dans sa prodigieuse Chapelle l'église de Charlemagne, dévastée en 882 par les normands, et le dôme d'Othon III, incendié en 1236. Un système de chapelles basses, rattachées à la base de la grande chapelle centrale, devait, au portail près, envelopper tout l'édifice dans ses articulations. Déjà deux de ces chapelles, qui subsistent encore et qui sont admirables, étaient bâties, quand survint l'incendie de 1366. Cette puissante végétation architecturale s'est arrêtée là. Chose étrange, le quinzième et le seizième siècle n'ont rien fait pour cette église. Le dix-huitième et le dix-neuvième l'ont gâtée.

Cependant, il faut le dire, prise dans l'ensemble et telle qu'elle est, la Chapelle d'Aix a de la masse et de la grandeur. Après quelques instants de contemplation, une majesté singulière se dégage de cet édifice extraordinaire, resté inachevé comme l'œuvre de Charlemagne lui-même, et composé d'architectures qui parlent tous les styles, comme son empire était composé de nations qui parlaient toutes les langues.

A tout prendre, pour le penseur qui la considère du dehors, il y a une harmonie étrange et profonde entre ce grand homme et cette grande tombe.

J'étais impatient d'entrer.

Après avoir franchi la voûte du portique et laissé derrière moi les antiques portes de bronze ornées à leur milieu d'une tête de lion et coupées carrément pour s'adapter à des architraves, ce qui a d'abord frappé mon regard, c'est une rotonde blanche à deux étages, éclairée par le haut, dans laquelle s'épanouissent de tous côtés toutes les fantaisies coquettes de l'architecture rocaille et chicorée. Puis, en abaissant mes yeux vers la terre, j'ai aperçu au milieu du pavé de cette rotonde, sous le jour blafard que laissent tomber les vitres blanches, une grande lame de marbre noir, usée par les pieds des passants avec cette inscription en lettres de cuivre :

CAROLO MAGNO.

Rien de plus choquant et de plus effronté que cette chapelle rococo, étalant ses grâces de courtisane autour de ce grand nom carlovingien. Des anges qui ressemblent à des amours, des palmes qui ressemblent à des panaches, des guirlandes de fleurs et des nœuds de rubans, voilà ce que le goût Pompadour a mis sous le dôme d'Othon III et sur la tombe de Charlemagne.

La seule chose qui soit digne de l'homme et du lieu dans cette indécente chapelle, c'est une lampe circulaire à quarante-huit becs, d'environ douze pieds de diamètre, donnée au douzième siècle par Barberousse à Charlemagne. Cette lampe, qui est en cuivre et en argent doré, a la forme d'une couronne impériale ; elle est suspendue à la voûte, au-dessus de la lampe de marbre noir, par une grosse chaîne de fer de quatre-vingt-dix pieds de long.

La lame noire a environ neuf pieds de longueur sur sept de largeur.

Il est évident du reste que Charlemagne avait à cette même place un autre monument. Rien n'annonce que la dalle noire, encadrée d'un maigre filet de cuivre et entourée d'une bordure de marbre blanc, soit ancienne. Quant aux lettres CAROLO MAGNO, elles n'ont pas plus de cent ans.

Charlemagne n'est plus sous cette pierre. En 1166, Frédéric Barberousse, dont cette lampe-couronne, si magnifique qu'elle soit, ne rachète pas le sacrilége, fit déterrer le grand empereur. L'église a pris le squelette impérial et l'a dépecé comme saint, pour faire de chaque ossement une relique. Dans la sacristie voisine, un vicaire montre aux passants, et j'ai vu pour trois francs soixante-quinze centimes, prix fixe, le bras de Charlemagne, ce bras qui a tenu la boule du monde, vénérable ossement qui porte sur ses téguments desséchés cette inscription écrite pour quelques liards par un scribe du douzième siècle : *Brachium sancti Caroli magni*. Après le bras, j'ai vu le crâne, ce crâne qui a été le moule de toute une Europe nouvelle, et sur lequel un bedeau frappe avec l'ongle.

Ces choses sont dans une armoire.

Une armoire de bois peinte en gris avec filets d'or, ornée à son sommet de quelques-uns de ces *anges pareils à des amours* dont je parlais tout à l'heure, voilà aujourd'hui le tombeau de ce Charles qui rayonne jusqu'à nous à travers dix siècles, et qui n'est sorti de ce monde qu'après avoir enveloppé son nom, pour une double immortalité, de ces deux mots, *sanctus, magnus*, saint et grand, les deux plus augustes épithètes dont le ciel et la terre puissent couronner une tête humaine.

Une chose qui étonne, c'est la grandeur matérielle de ce crâne et de ce bras ; *grandia ossa*. Charlemagne en effet, était un de ces très rares grands hommes qui sont aussi des hommes grands. Le fils de Pépin le Bref était colosse par le corps comme par l'intelligence. Il avait en hauteur sept fois la longueur de son pied, lequel est devenu mesure. C'est ce pied de roi, ce pied de Charlemagne, que nous venons de remplacer platement par le *mètre*, sacrifiant ainsi d'un seul coup l'histoire, la poésie et la langue à je ne sais quelle invention dont le genre humain s'était passé six mille ans et qu'on appelle le *système décimal*.

L'ouverture de cette armoire cause du reste une sorte d'éblouissement, tant elle est resplendissante d'orfèvreries. Les battants en sont couverts à l'intérieur de peintures sur fond d'or, parmi lesquelles j'ai remarqué huit admirables panneaux qui sont évidemment d'Albert Durer. Outre le crâne et le bras, l'armoire contient : le cor de Charlemagne, énorme dent d'éléphant évidée et sculptée curieusement vers le gros bout ; la croix de Charlemagne, bijou où est enchâssé un morceau de la vraie croix et que l'empereur avait à son cou dans son tombeau ; un charmant ostensoir de la renaissance donné par Charles-Quint, et gâté au siècle dernier par un surcroît d'ornements sans goût ; les quatorze plaques d'or couvertes de sculptures byzantines qui ornaient le fauteuil de marbre du grand empereur ; un ostensoir donné par Philippe II, qui reproduit le profil du dôme de Milan ; la corde dont fut lié Jésus-Christ

pendant la flagellation ; un morceau de l'éponge imbibée de fiel dont on l'abreuva sur la croix ; enfin, la ceinture de la sainte vierge, en tricot, et la ceinture de Jésus-Christ, en cuir. Cette petite lanière, tordue et roulée sur elle-même comme un fouet d'écolier, a occupé trois empereurs ; de Constantin, lequel apposa dessus son *sigillum*, qui y est encore et que j'y ai vu, elle est tombée à Haroun-al-Raschid, qui l'a donnée à Charlemagne.

Tous ces objets vénérables sont enfermés dans d'étincelants reliquaires gothiques et byzantins, qui sont autant de chapelles, de flèches et de cathédrales microscopiques en or massif, auxquelles les saphirs, les émeraudes et les diamants tiennent lieu de vitraux.

Au milieu de ces innombrables joyaux entassés sur les deux étages de l'armoire s'élèvent, comme deux montagnes d'or et de pierreries, deux grosses châsses d'une valeur immense et d'une beauté miraculeuse. La première, la plus ancienne, qui est byzantine, entourée de niches où sont assis, la couronne en tête, seize empereurs, contient le reste des os de Charlemagne et ne s'ouvre jamais. La seconde, qui est du douzième siècle, et que Frédéric Barberousse a donnée à l'église, renferme les fameuses grandes reliques dont je vous ai parlé au commencement de cette lettre, et ne s'ouvre que tous les sept ans. Une seule ouverture de cette châsse, en 1496, attira cent quarante-deux mille pèlerins, et rapporta en quinze jours quatorze mille florins d'or.

Cette châsse n'a qu'une clef. Cette clef est cassée en deux morceaux dont l'un est gardé par le chapitre, l'autre par le magistrat de la ville. On l'ouvre quelquefois par extraordinaire, mais seulement pour les têtes couronnées. Le roi actuel de Prusse, n'étant encore que prince royal, en demanda l'ouverture. Elle lui fut refusée.

Dans une petite armoire voisine de la grande, j'ai vu la copie exacte en argent doré de la couronne germanique de Charlemagne. La couronne germanique carlovingienne, surmontée d'une croix, chargée de pierreries et de camées, est formée seulement d'un cercle

fleuronné qui entoure la tête, et d'un demi-cercle soudé du front à la nuque avec une légère inflexion qui imite le profil de la corne ducale de Venise. Aujourd'hui, des trois couronnes qu'a portées Charlemagne, il y a dix siècles, comme empereur d'Allemagne, comme roi de France et comme roi des lombards, la première, la couronne impériale, est à Venise ; la seconde, la couronne de France, est à Reims ; la troisième, la couronne de fer, est à Milan [*].

Au sortir de la sacristie, le bedeau m'a confié au suisse, qui s'est mis à parcourir l'église devant moi, m'ouvrant de temps en temps de mornes armoires derrière lesquelles éclataient tout à coup des magnificences.

Ainsi la chaire, qui a tout l'aspect d'une chaire de village, se débarrasse de sa hideuse chrysalide de bois

[*] A Monza, près Milan.

roussâtre et vous apparaît subitement comme une splendide tour de vermeil. C'est une chaire, prodige de la ciselure et de l'orfévrerie du onzième siècle, donnée par l'empereur Henri II à la Chapelle. Des ivoires byzantins profondément fouillés, une coupe de cristal de roche avec sa soucoupe, un onyx monstrueux de neuf pouces de long, sont incrustés dans cette cuirasse d'or qui entoure le prêtre parlant au nom de Dieu, et dont la lame antérieure représente Charlemagne portant la Chapelle d'Aix sur son bras.

Cette chaire est placée à l'angle du chœur, lequel occupe la merveilleuse abside de 1353. Toutes les verrières de couleur ont disparu. Les lancettes sont blanches du haut en bas. La riche tombe d'Othon III, fondateur du dôme, détruite en 1794, est remplacée par une pierre plate qui en marque l'emplacement à l'entrée du chœur. Un orgue donné par l'impératrice Joséphine affiche près de l'admirable voûte du quatorzième siècle le mauvais style de 1804. Voûte, piliers, chapiteaux, colonnettes, statues, tout le chœur est badigeonné.

Au milieu de cette abside déshonorée, le bec ouvert, l'œil irrité, les ailes à demi déployées, s'effare et frissonne l'aigle de bronze d'Othon III, transformé en lutrin, et tout indigné de porter le livre du plain-chant, lui qui a le globe du monde sous ses pieds.

On aurait dû pourtant respecter cet aigle. Quand Napoléon visita la Chapelle, au monde que portait dans ses serres l'aigle d'Othon on ajouta la foudre que j'ai vue encore aujourd'hui fixée aux deux côtés du globe impérial.

Le suisse dévisse ce tonnerre à la demande des curieux.

Sur le dos de cet aigle, comme par un triste et ironique pressentiment, le sculpteur du dixième siècle avait étendu une chauve-souris d'airain à face humaine, qui est là comme clouée et sur laquelle s'appuie maintenant le livre du lutrin.

A droite de l'autel est scellé le cœur de M. Antoine Berdolet, premier et dernier évêque d'Aix-la-Chapelle. Car cette église n'a jamais eu qu'un seul évêque, celui que Bonaparte avait nommé, et que son épitaphe qualifie *primus Aquisgranensis episcopus*. A présent, comme jadis, la Chapelle est administrée par un chapitre que préside un doyen avec le titre de prévôt.

Dans une salle sombre de la Chapelle, le suisse m'a encore ouvert une armoire. Là est le sarcophage de Charlemagne. C'est un magnifique cercueil romain en marbre blanc, sur la face antérieure duquel est sculpté du ciseau le plus magistral l'enlèvement de Proserpine. J'ai longtemps contemplé ce bas-relief, qui a deux mille ans. A l'extrémité de la composition, quatre chevaux frénétiques, à la fois infernaux et divins, conduits par Mercure, entraînent vers un gouffre entr'ouvert dans la plinthe un char sur lequel crie, lutte et se tord avec désespoir Proserpine saisie par Pluton. La main du dieu presse la gorge demi-nue de la jeune fille,
qui se renverse en arrière et dont la tête échevelée rencontre la figure droite et impassible de Minerve casquée. Pluton emporte Proserpine, à laquelle Minerve, la conseillère, parle bas à l'oreille. L'Amour souriant est assis sur le char entre les jambes colossales de Pluton. Derrière Proserpine se débat selon les lignes les plus fières et les plus sculpturales le groupe des nymphes et des furies. Les compagnes de Proserpine s'efforcent d'arrêter un char attelé de deux dragons ailés et ignivomes qui est là comme une voiture de suite. Une des jeunes déesses qui a saisi hardiment un dragon par les ailes lui fait pousser des cris de douleur. Ce bas-relief est un poème. C'est de la sculpture violente, vigoureuse, exorbitante, superbe, un peu emphatique, comme en faisait la Rome païenne, comme en eût fait Rubens.

Ce cercueil, avant d'être le sarcophage de Charlemagne, avait été, dit-on, le sarcophage d'Auguste.

Enfin, par un autre escalier étroit et sombre qu'ont monté depuis six siècles bien des rois, bien des empereurs, bien des passants illustres, mon guide m'a conduit jusqu'à la galerie qui forme le premier étage de la rotonde et qu'on appelle le Hochmunster.

Là, sous une armure de bois qu'il a enlevée à demi et qui ne tombe jamais entièrement que pour les visiteurs couronnés, j'ai vu le fauteuil de pierre de Charlemagne. — Ce fauteuil, bas, large, à dossier arrondi formé de quatre lames de marbre blanc nues et sans sculptures, assemblées par des chevrons de fer, ayant pour siège une planche de chêne recouverte d'un coussin de velours rouge, est exhaussé sur six degrés, dont deux sont de granit et quatre de marbre blanc.

Sur ce fauteuil, revêtu des quatorze plaques byzantines dont je vous parlais tout à l'heure, au haut d'une estrade de pierre à laquelle conduisaient ces quatre marches de marbre blanc, la couronne en tête, le globe dans une main et le sceptre dans l'autre, l'épée germanique au côté, le manteau de l'empire sur les épaules, la croix de Jésus-Christ au cou, les pieds plongeant au sarcophage d'Auguste, l'empereur Charlemagne était assis dans son tombeau. Il est resté dans cette ombre, sur ce trône et dans cette attitude, pendant trois cent cinquante-deux ans, de 814 à 1166.

Ce fut donc en 1166 que Frédéric Barberousse, voulant avoir un fauteuil pour son couronnement, entra dans ce tombeau, dont aucune tradition n'a conservé la forme monumentale, et auquel appartenaient les deux saintes portes de bronze adaptées aujourd'hui au portail. Barberousse était lui-même un prince illustre et un vaillant chevalier. Ce dut être un moment étrange et redoutable que celui où cet homme couronné se trouva face à face avec ce cadavre également couronné; l'un, dans toute la majesté de l'empire; l'autre, dans toute la majesté de la mort. Le soldat vainquit l'ombre, le vivant déposséda le trépassé. La chapelle garda le squelette, Barberousse prit le fauteuil de marbre; et de cette chaise où avait siégé le néant de Charlemagne il fit le trône où est venue s'asseoir pendant quatre siècles la grandeur des empereurs.

Trente-six empereurs, en effet, y compris Barberousse, ont été sacrés et couronnés sur ce fauteuil dans le Hochmunster d'Aix-la-Chapelle. Ferdinand Ier fut le dernier; Charles-Quint, l'avant-dernier. — Depuis, le couronnement des empereurs d'Allemagne s'est fait à Francfort.

Je ne pouvais m'arracher d'auprès de ce fauteuil si simple et si grand. Je considérais les quatre marches de marbre blanc rayées par le talon de ces trente-six césars qui avaient vu s'allumer là leur illustre rayonnement et qui s'étaient éteints à leur tour. Des idées et des souvenirs sans nombre me venaient à l'esprit. Je me rappelais que le violateur de ce sépulcre, Frédéric Barberousse, devenu vieux, voulut se croiser pour la seconde ou la troisième fois, et alla en orient. Là, un jour, il rencontra un beau fleuve. Ce fleuve était le Cydnus. Il avait chaud, et il eut la fantaisie de s'y baigner. L'homme qui avait profané Charlemagne pouvait oublier Alexandre. Il entra dans le fleuve, dont l'eau glaciale le saisit. Alexandre, jeune homme, avait failli y mourir; Barberousse, vieillard, y mourut[*].

Un jour, je n'en doute pas, une pensée pieuse et sainte viendra à quelque roi ou à quelque empereur. On ôtera Charlemagne de l'armoire où des sacristains l'ont mis, et on le replacera dans sa tombe. On réunira religieusement tout ce qui reste de ce grand squelette. On lui rendra son caveau byzantin, ses portes de bronze, son sarcophage romain, son fauteuil de marbre exhaussé sur l'estrade de pierre et orné des quatorze plaques d'or. On reposera le diadème carlovingien sur le crâne, la boule de l'empire sur le bras, le manteau de drap d'or sur ces ossements. L'aigle d'airain reprendra fièrement sa place aux pieds de ce maître du monde. On disposera autour de l'estrade toutes les châsses d'orfévrerie et de diamants comme les meubles et les coffres de cette dernière chambre royale; et alors, — puisque l'église veut qu'on puisse contempler ses saints sous la forme que leur a donnée la mort, — par quelque lucarne étroite taillée dans l'épaisseur du mur et croisée de barreaux de fer, à la lueur d'une lampe suspendue à la voûte du sépulcre, le passant agenouillé pourra voir au haut de ces quatre marches blanches qu'aucun pied humain ne touchera plus, sur un fauteuil de marbre écaillé d'or, la couronne au front, le globe à la main, resplendir vaguement dans les ténèbres ce fantôme impérial qui aura été Charlemagne.

Ce sera une grande apparition pour quiconque osera hasarder son regard dans ce caveau, et chacun emportera de cette tombe une grande pensée. On y viendra des extrémités de la terre, et toutes les espèces de penseurs y viendront. Charles, fils de Pépin, est en effet un de ces êtres complets qui regardent l'humanité par quatre faces. Pour l'histoire, c'est un grand homme comme Auguste et Sésostris; pour la fable, c'est un paladin comme Roland, un magicien comme Merlin; pour l'église, c'est un saint comme Jérôme et Pierre; pour la philosophie, c'est la civilisation même qui se personnifie, qui se fait géant tous les mille ans pour traverser quelque profond abîme, les guerres civiles, la barbarie, les révolutions, et qui s'appelle alors tantôt César, tantôt Charlemagne, tantôt Napoléon.

En 1804, au moment où Bonaparte devenait Napoléon, il visita Aix-la-Chapelle. Joséphine, qui l'accompagnait, eut le caprice de s'asseoir sur le fauteuil de marbre. L'empereur, qui par respect avait revêtu son grand uniforme, laissa faire cette créole. Lui resta immobile, debout, silencieux et découvert devant la chaise de Charlemagne.

Chose remarquable, et qui me vient ici en passant, en 814, Charlemagne mourut. Mille ans après, en quelque sorte heure pour heure, en 1814, Napoléon tomba.

Dans cette même année fatale, 1814, les souverains alliés firent leur visite à l'ombre du grand Charles. Alexandre de Russie, comme Napoléon, avait revêtu son grand uniforme; Frédéric-Guillaume de Prusse portait la capote et la casquette de petite tenue; François d'Autriche était en redingote et en chapeau rond. Le roi de Prusse monta deux des marches de marbre et se fit expliquer par le prévôt du chapitre les détails du couronnement des empereurs d'Allemagne. Les deux empereurs gardèrent le silence.

Aujourd'hui, Napoléon, Joséphine, Alexandre, Frédéric-Guillaume et François sont morts.

Mon guide, qui me donnait tous ces détails, est un ancien soldat français d'Austerlitz et d'Iéna, fixé depuis à Aix-la-Chapelle et devenu prussien par la grâce du congrès de 1815. Maintenant il porte le baudrier et la hallebarde devant le chapitre dans les cérémonies. J'admirais la providence qui éclate dans les plus petites choses. Cet homme qui parle aux passants de Charlemagne est plein de Napoléon. De là, à son insu même je ne sais quelle grandeur dans ses paroles. Il lui venait des larmes aux yeux quand il me racontait ses anciennes batailles, ses anciens camarades, son ancien colonel. C'est avec cet accent qu'il m'a entretenu du maréchal Soult, du colonel Graindorge, et, sans savoir combien ce nom m'intéressait, du général Hugo. Il avait reconnu en moi un français, et je n'oublierai jamais avec quelle solennité simple et profonde il me

---

[*] La chose est diversement racontée par les historiens. Selon d'autres chroniqueurs, c'est en voulant traverser le Cydnus ou le Cyrocadnus de vive force que l'illustre empereur Frédéric II, atteint d'une flèche sarrasine au milieu du fleuve, s'y noya. Selon les légendes, il ne s'y noya pas, il y disparut, fut sauvé par des pâtres, au dire des uns, par des génies, au dire des autres, et fut miraculeusement transporté de Syrie en Allemagne, où il fit pénitence dans la fameuse grotte de Kaiserslautern, si l'on en croit les contes des bords du Rhin, ou dans la caverne de Kiffhæuser, si l'on en croit les traditions du Wurtemberg.

dit en me quittant : — Vous pourrez dire, monsieur, que vous avez vu à Aix-la-Chapelle un sapeur du trente-sixième régiment, suisse de la cathédrale.

Dans autre moment, il m'avait dit : — Tel que vous me voyez, monsieur, j'appartiens à trois nations ; je suis prussien de hasard, suisse de métier, français de cœur. Du reste, je dois convenir que son ignorance militaire des choses ecclésiastiques m'avait fait sourire plus d'une fois pendant le cours de cette visite, notamment dans le chœur, lorsqu'il me montrait les stalles en me disant avec gravité : — Voici les places des chanoines. — Ne pensez-vous pas que cela doive s'écrire chatsmoines?

En quittant la Chapelle, j'étais tellement absorbé par une pensée unique, que c'est à peine si j'ai regardé à quelques pas de l'église une façade, pourtant fort belle, du quatorzième siècle, ornée de sept fières statues, d'empereurs, qui donne passage aujourd'hui dans je ne sais quel cloaque. Et puis en ce moment-là il m'est survenu une distraction. Deux visiteurs comme moi sortaient de la Chapelle où mon vieux soldat venait probablement de les piloter pendant quelques minutes. Comme ils riaient aux éclats, je me suis retourné. J'ai reconnu deux voyageurs dont le plus âgé avait écrit le matin même devant moi son nom sur le registre de l'*Hôtel de l'empereur*, M. le comte d'A. — un des plus vieux et des plus nobles noms de l'Artois. Ils parlaient haut.

— Voilà des noms! disaient-ils. Il a fallu la révolution pour produire ces noms-là. Le capitaine Lasoupe! le colonel Graindorge! Mais d'où cela sort-il ? — C'étaient les noms du capitaine et du colonel de mon pauvre suisse, qui leur en avait apparemment parlé comme à moi. Je n'ai pu m'empêcher de leur répondre : — D'où cela sort? je vais vous le dire, messieurs. Le colonel Graindorge était arrière-petit-cousin du maréchal de Lorge, beau-père du duc de Saint-Simon ; et, quant au capitaine Lasoupe, je lui suppose quelque parenté avec le duc de Bouillon, oncle de l'électeur palatin.

Quelques instants après j'étais sur la place de l'Hôtel-de-Ville, où j'avais hâte d'arriver.

L'hôtel de ville d'Aix est, comme la Chapelle, un édifice fait de cinq ou six autres édifices. Des deux côtés d'une sombre façade à fenêtres longues, étroites et rapprochées, qui date de Charles-Quint, s'élèvent deux beffrois, l'un bas, rond, large et écrasé ; l'autre haut, svelte et quadrangulaire. Le second beffroi est une belle construction du quatorzième siècle. Le premier est tout simplement la fameuse tour de Granus, qu'on a peine à reconnaître sous l'étrange clocher contourné dont elle est coiffée. Ce clocher, qui se répète plus petit sur l'autre tour, semble une pyramide de turbans gigantesques de toutes les formes et de toutes les dimensions, mis les uns sur les autres et décroissant selon un angle assez aigu. Au bas de la façade se développe un vaste escalier composé comme l'escalier de la cour du Cheval-Blanc à Fontainebleau. Vis-à-vis, au centre de la place, une fontaine de marbre de la renaissance, quelque peu retouchée et refaite par le dix-huitième siècle, supporte au-dessus d'une large coupe d'airain la statue de Charlemagne armé et couronné. A droite et à gauche, deux autres fontaines plus petites portent à leur sommet deux aigles noirs effarouchés et terribles, à demi tournés vers le grave et tranquille empereur.

C'est là, sur cet emplacement, dans cette tour romaine peut-être, qu'est né Charlemagne.

Cette fontaine, cette façade, ces beffrois, tout cet ensemble est royal, mélancolique et sévère. Charlemagne est encore là tout entier. Il résume dans sa puissante unité les disparates de cet édifice. La tour de Granus rappelle Rome sa devancière ; la façade et les fontaines rappellent Charles-Quint, le plus grand de ses successeurs. Il n'y a pas jusqu'à la figure orientale du beffroi qui ne vous fasse vaguement songer à ce magnifique calife Haroun-al-Raschid, son ami.

Le soir approchait, j'avais passé toute ma journée en présence de ces grands et austères souvenirs, il me semblait que j'avais sur moi la poussière de dix siècles : j'éprouvais le besoin de sortir de la ville, de respirer, de voir les champs, les arbres, les oiseaux. Cela m'a conduit hors d'Aix-la-Chapelle, dans de fraîches allées vertes où je suis resté jusqu'à la nuit, errant le long des vieilles murailles. Aix-la-Chapelle a encore sa ceinture de tours. Vauban a point passé par là. Seulement, les souterrains qui allaient des chambres basses de l'hôtel de ville et des caveaux de la Chapelle jusqu'à l'abbaye de Borcette et même jusqu'à Limbourg, sont aujourd'hui comblés et perdus.

Comme la nuit tombait, je me suis assis sur une pente de gazon. Aix-la-Chapelle s'étalait tout entière devant moi, posée dans sa vallée comme dans une vasque gracieuse. Peu à peu la brume du soir, gagnant les toits dentelés des vieilles rues, a effacé le contour des deux beffrois, qui, mêlés, par la perspective aux clochers de la ville, rappellent confusément le profil moscovite et asiatique du Kremlin. Il ne s'est plus détaché de toute cette cité que deux masses distinctes, l'hôtel de ville et la Chapelle. Alors toutes mes émotions, toutes mes pensées, toutes mes visions de la journée, me sont revenues en foule. La ville elle-même, cette illustre et symbolique ville, s'est comme transfigurée dans mon esprit et sous mon regard. La première des deux masses noires que je distinguais encore et que je distinguais seules, n'a plus été pour moi que la crèche d'un enfant ; la seconde, que l'enveloppe d'un mort ; et, par moments, dans la contemplation profonde où j'étais comme enseveli, il me semblait voir l'ombre de ce géant que nous nommons Charlemagne se lever lentement sur ce pâle horizon de nuit, entre ce grand berceau et ce grand tombeau.

## LETTRE X

### COLOGNE

Bords du Rhin, Andernach, 11 août.

Cher ami, je suis indigné contre moi-même. J'ai traversé Cologne comme un barbare. A peine y ai-je passé quarante-huit heures. Je comptais y rester quinze jours; mais, après une semaine presque entière de brume et de pluie, un si beau rayon de soleil est venu luire sur le Rhin, que j'ai voulu en profiter pour voir le paysage du fleuve dans toute sa richesse et dans toute sa joie. J'ai donc quitté ce matin Cologne par le bateau à vapeur *le Cockerill*. J'ai laissé la ville d'Agrippa derrière moi, et je n'ai vu ni les vieux tableaux de Sainte-Marie au Capitole; ni la crypte pavée de mosaïques de Saint-Géréon; ni la *Crucifixion de saint Pierre*, peinte par Rubens pour la vieille église demi-romaine de Saint-Pierre où il fut baptisé; ni les ossements des onze mille vierges dans le cloître des ursulines; ni le cadavre imputréfiable du martyr Albinus; ni le sarcophage d'argent de saint Cunibert; ni le tombeau de Duns Scotus dans l'église des minorites; ni le sépulcre de l'impératrice Théophanie, femme d'Othon II, dans l'église de Saint-Pantaléon; ni le Maternus-Gruft dans l'église de Lisolphe; ni les deux chambres d'or du couvent de Sainte-Ursule et du Dôme; ni la salle des diètes de l'empire, aujourd'hui entrepôt de commerce ; ni le vieux arsenal, aujourd'hui magasin de blé. Je n'ai rien vu de tout cela. C'est absurde, mais c'est ainsi.

Qu'ai-je donc visité à Cologne? La cathédrale et l'hôtel de ville; rien de plus. Il faut être dans une admirable ville comme Cologne pour que ce soit peu de chose. Car ce sont deux rares et merveilleux édifices.

Je suis arrivé à Cologne après le soleil couché. Je me suis dirigé sur-le-champ vers la cathédrale, après avoir chargé de mon sac de nuit un de ces dignes commissionnaires en uniforme bleu avec collet orange, qui travaillent dans ce pays pour le roi de Prusse (excellent et lucratif travail, je vous assure: le voyageur est rudement taxé, et le commissionnaire partage avec le roi). Ici, un détail utile: avant de quitter ce brave homme (le commissionnaire), je lui ai donné l'ordre, à sa grande surprise, de porter mon bagage, non dans un hôtel de Cologne, mais dans un hôtel de Deuz, qui est une petite ville de l'autre côté du Rhin jointe à Cologne par un pont de bateaux. Voici ma raison: je choisis autant que possible l'horizon et le paysage que j'aurai dans ma croisée quand je dois garder plusieurs jours la même auberge. Or les fenêtres de Cologne regardent Deuz, et les fenêtres de Deuz regardent Cologne; ce qui m'a fait prendre auberge à Deuz, car je me suis posé à moi-même ce principe incontestable: Mieux vaut habiter Deuz et voir Cologne qu'habiter Cologne et voir Deuz.

Une fois seul, je me suis mis à marcher devant moi, cherchant le Dôme et l'attendant à chaque coin de rue. Mais je ne connaissais pas cette ville inextricable; l'ombre du soir s'était épaissie dans ces rues étroites; je n'aime pas à demander ma route, et j'ai erré assez longtemps au hasard.

Enfin, après m'être aventuré sous une espèce de porte cochère dans une espèce de cour terminée vers la gauche par une espèce de corridor, j'ai débouché tout à coup sur une assez grande place parfaitement obscure et déserte.

Là, j'ai eu un magnifique spectacle. Devant moi, sous la lueur fantastique d'un ciel crépusculaire, s'élevait et s'élargissait, au milieu d'une foule de maisons basses à pignons capricieux, une énorme masse noire, chargée d'aiguilles et de clochetons; un peu plus loin, à une portée d'arbalète, se dressait isolée une autre masse noire, moins large et plus haute, une espèce de grosse forteresse carrée, flanquée à ses quatre angles de quatre longues tours engagées, au sommet de laquelle se profilait je ne sais quelle charpente étrangement inclinée qui avait la figure d'une plume gigantesque posée comme sur un casque au front du vieux donjon. Cette croupe, c'était une abside; ce donjon, c'était un commencement de clocher ; cette abside et ce commencement de clocher, c'était la cathédrale de Cologne.

Ce qui me semblait une plume noire penchée sur le cimier du sombre monument, c'était l'immense grue symbolique que j'ai revue le lendemain bardée et cuirassée de lames de plomb et qui, du haut de sa tour, dit à quiconque passe que cette basilique inachevée sera continuée, que ce tronçon de clocher et ce tronçon d'église, séparés à cette heure par un si vaste espace, se rejoindront un jour et vivront d'une vie commune; que le rêve d'Engelbert de Berg, devenu édifice sous Conrad de Hochstetten, sera dans un siècle ou deux la plus grande cathédrale du monde; et que cette Iliade incomplète espère encore des Homères.

L'église était fermée. Je me suis approché du clocher; les dimensions en sont énormes. Ce que j'avais pris pour des tours aux quatre angles, c'était tout simplement le renflement des contre-forts. Il n'y a encore d'édifié que le rez-de-chaussée et le premier étage, composé d'une colossale ogive, et déjà la masse bâtie atteint presque à la hauteur des tours de Notre-Dame de Paris.

Si jamais la flèche projetée se dresse sur ce monstrueux billot de pierre, Strasbourg ne sera rien à côté. Je doute que le clocher de Malines lui-même, inachevé aussi, soit assis sur le sol avec cette carrure et cette ampleur.

Je l'ai dit ailleurs, rien ne ressemble à une ruine comme une ébauche. Déjà les ronces, les saxifrages et les pariétaires, toutes les herbes qui aiment à ronger le ciment et à enfoncer leurs ongles dans les jointures des pierres, ont escaladé le vénérable portail. L'homme n'a pas fini de construire que la nature détruit déjà.

La place était toujours silencieuse. Personne n'y passait. Je m'étais approché du portail aussi près que me le permettait une riche grille de fer du quinzième siècle qui le protège, et j'entendais murmurer paisiblement au vent de nuit ces innombrables petites forêts qui s'installent et prospèrent sur toutes les saillies des vieilles masures. Une lumière qui a paru à une fenêtre voisine a éclairé un moment sous les voussures une foule d'exquises statuettes assises, anges et saints qui lisent dans un grand livre ouvert sur leurs genoux, ou qui parlent et prêchent, le doigt levé. Ainsi les uns étudient, les autres enseignent. Admirable prologue pour une église, qui n'est autre chose que le Verbe fait marbre, bronze et pierre. La douce maçonnerie des nids d'hirondelles se mêle de toutes parts comme un correctif charmant à cette sévère architecture.

Puis la lumière s'est éteinte, et je n'ai plus rien vu que la vaste ogive de quatrevingts pieds toute grande ouverte, sans châssis et sans abat-vent, éventrant la tour du haut en bas et laissant pénétrer mon regard dans les ténébreuses entrailles du clocher. Dans cette fenêtre s'inscrivait, amoindrie par la perspective, la fenêtre opposée, toute grande ouverte également, et dont la rosace et les meneaux, comme tracés à l'encre, se découpaient avec une pureté inexprimable sur le ciel clair et métallique du crépuscule. Rien de plus mélancolique et de plus singulier que cette élégante petite ogive blanche dans cette grande ogive noire.

Voilà quelle a été ma première visite à la cathédrale de Cologne.

Je ne vous ai rien dit de la route d'Aix-la-Chapelle à Cologne. Il n'y a pas grand'chose à en dire. C'est un pur et simple paysage picard ou tourangeau, une plaine verte ou blonde avec un orme tortu de temps en temps et quelque pâle rideau de peupliers au fond. Je ne hais pas ce genre paisible, mais j'en jouis sans cris d'enthousiasme. Dans les villages, les vieilles paysannes passent comme des spectres, enveloppées dans de longues mantes d'indienne grise ou rose tendre dont le capuchon se rabat sur les yeux; les jeunes, en jupons courts, coiffées d'un petit serre-tête couvert de paillons et de verroteries qui cache à peine leurs magnifiques cheveux rattachés au-dessus de la nuque par une large flèche d'argent, lavent allégrement le devant des maisons, et, en se baissant, montrent leurs jarrets aux passants comme dans les vieux maîtres hollandais. Pour ce qui est des hommes, ils sont ornés d'un sarrau bleu et d'un chapeau trombon, comme s'ils étaient les paysans d'un pays constitutionnel.

Quant à la route, il avait plu, elle était fort détrempée. Je n'y ai rencontré personne, si ce n'est, par instant, quelque jeune musicien blond, maigre et pâle, allant aux redoutes d'Aix-la-Chapelle ou de Spa, son havre-sac sur le flanc, sa contre-basse couverte d'une loque verte sur le dos, son bâton d'une main, son cornet à piston de l'autre; vêtu d'un habit bleu, d'un gilet fleuri, d'une cravate blanche et d'un pantalon demi-collant retroussé au-dessus des bottes à cause de la boue; pauvre diable arrangé par le haut pour le bal et par le bas pour le voyage. J'ai vu aussi, dans un champ voisin du chemin, un chasseur local ainsi costumé : un chapeau rond vert-pomme avec grosse cocarde lilas en satin fané, blouse grise, grand nez, fusil.

Dans une jolie petite ville carrée, flanquée de murailles de briques et de tours en ruine, qui est à moitié chemin et dont j'ignore le nom, j'ai fort admiré quatre magnifiques voyageurs assis, croisées ouvertes, au rez-de-chaussée d'une auberge, devant une table pantagruélique encombrée de viandes, de poissons, de vins, de pâtés et de fruits; buvant, coupant, mordant, tordant, dépeçant, dévorant; l'un rouge, l'autre cramoisi, le troisième pourpre, le quatrième violet, comme quatre personnifications vivantes de la voracité et de la gourmandise. Il m'a semblé voir le dieu Goulu, le dieu Glouton, le dieu Goinfre et le dieu Gouliaf attablés autour d'une montagne de mangeaille.

Du reste, les auberges sont excellentes dans ce pays, en exceptant toutefois celle où je logeais à Aix-la-Chapelle, laquelle n'est que passable (*l'hôtel de l'empereur*),

et où j'avais dans ma chambre, pour me tenir les pieds chauds, un superbe tapis peint sur le plancher, magnificence qui motive probablement l'exorbitante cherté dudit gasthof.

Pour en finir avec Aix-la-Chapelle, je vous dirai que la contrefaçon y fleurit comme en Belgique. Dans une grande rue qui aboutit à la place de l'Hôtel-de-Ville, je me suis vu exposé aux vitres d'une boutique côte à côte avec Lamartine, illustre et chère compagnie. Le portrait *contrefait* de cette réimpression prussienne était un peu moins laid que toutes ces horribles caricatures que les marchands d'images et les libraires, y compris mes éditeurs de Paris, vendent au public crédule et épouvanté comme étant ma ressemblance exacte; abominable calomnie, contre laquelle je proteste ici solennellement. *Cœlum hoc et conscia sidera testor*.

Je vis d'ailleurs comme un parfait allemand. Je dîne avec des serviettes grandes comme des mouchoirs, je couche dans des draps grands comme des serviettes. Je mange du gigot aux cerises et du lièvre aux pruneaux, et je bois d'excellent vin du Rhin et d'excellent vin de Moselle, qu'un français ingénieux, dînant hier à quelques pas de moi, appelait du *vin de demoiselle*. Ce même français, après avoir dégusté sa carafe, formulait cet axiome : *L'eau du Rhin ne vaut pas le vin du Rhin*.

Dans les auberges, hôte, hôtesse, valets et servantes, ne parlent qu'allemand; mais il y a toujours un garçon qui parle français; français, à la vérité, quelque peu coloré par le milieu tudesque dans lequel il est prolongé; mais cette variété n'est pas sans charme. Hier, j'entendais ce même voyageur, mon compagnon, demander au garçon, en lui montrant le plat qu'on venait de lui servir : Qu'est-ce que cela? Le garçon a répondu avec dignité : *C'est des bichons*. C'étaient des pigeons.

Du reste, un français qui, comme moi, ne sait pas l'allemand, perd sa peine s'il adresse à « ce premier garçon », comme on l'appelle ici, des questions autres que les questions prévues et imprimées dans le Guide des Voyageurs. Ce garçon est tout simplement verni de français; pour peu qu'on veuille creuser, on trouve l'allemand, l'allemand pur, l'allemand sourd.

J'arrive maintenant à ma seconde visite au dôme de Cologne.

J'y suis retourné dès le matin. — On aborde cette église-chef-d'œuvre par une cour de masure. Là, les pauvresses vous assiègent. Tout en leur distribuant quelque monnaie locale, je me rappelais qu'avant l'occupation française il y avait à Cologne douze mille mendiants, lesquels avaient le privilège de transmettre à leurs enfants les places fixes et spéciales où chacun d'eux se tenait. Cette institution a disparu. Les aristocraties s'écroulent. Notre siècle n'a pas plus respecté la gueuserie héréditaire que la pairie héréditaire. Maintenant les va-nu-pieds ne savent plus que léguer à leur famille.

Les pauvresses franchies, on pénètre dans l'église. Une forêt de piliers, de colonnes et de colonnettes embarrassées à leur base de palissades en planches et se perdant à leur sommet dans un enchevêtrement de voûtes surbaissées, faites en voliges, et de courbes différentes et de hauteurs inégales; peu de jour dans l'église; toutes ces voûtes basses et ne laissant pas monter le regard au delà d'une quarantaine de pieds; à gauche quatre ou cinq verrières éclatantes descendant du plafond de bois au pavé de pierre comme de larges nappes de topazes, d'émeraudes et de rubis; à droite un fouillis d'échelles, de poulies, de cordages, de bigues, de treuils et de palans; au fond le plainchant, la voix grave des chantres et des prébendiers, le beau latin des psaumes traversant la voûte par lambeaux mêlé à des bouffées d'encens, un orgue admirable pleurant avec une ineffable suavité; au premier plan le grincement des scies, le gémissement des chèvres et des grues, le tapage assourdissant des marteaux sur les planches; voilà comment m'est apparu l'intérieur du dôme de Cologne.

Cette cathédrale gothique mariée à un atelier de charpentier, cette noble chanoinesse brutalement épousée par un maçon, cette grande dame obligée d'associer patiemment ses habitudes tranquilles, sa vie auguste et discrète, ses chants, sa prière, son recueillement, à ces outils, à ce vacarme, à ces dialogues grossiers, à ce travail de mauvaise compagnie, toute cette *mésalliance* produit d'abord une impression bizarre, qui tient à ce que nous ne voyons plus bâtir d'églises gothiques, et qui se dissipe au bout d'un instant quand on songe qu'après tout rien n'est plus simple. La grue du clocher a un sens. On a repris l'œuvre interrompue en 1499. Tout ce tumulte de charpentiers et de tailleurs de pierre est nécessaire. On continue la cathédrale de Cologne, et, s'il plait à Dieu, on l'achèvera. Rien de mieux, si l'on sait l'achever.

Ces piliers portant ces voûtes de bois, c'est la nef ébauchée qui réunira un jour l'abside au clocher.

J'ai examiné les verrières, qui sont du temps de Maximilien et peintes avec la robuste et magnifique exagération de la renaissance allemande. Là abondent ces rois et ces chevaliers aux visages sévères, aux tournures superbes, aux panaches monstrueux, aux lambrequins farouches, aux morions exorbitants, aux épées énormes, armés comme des bourreaux, cambrés comme des archers, coiffés comme des chevaux de bataille. Ils ont près d'eux leurs femmes ou, pour mieux dire, leurs femelles formidables, agenouillées dans les coins des vitraux avec des profils de lionnes et de louves. Le soleil passe à travers ces figures, leur met de la flamme dans les prunelles et les fait vivre.

Une de ces verrières reproduit ce beau motif que j'ai déjà rencontré tant de fois, la généalogie de la Vierge. Au bas du tableau, le géant Adam, en costume d'empereur, est couché sur le dos. De son ventre sort un grand arbre qui remplit le vitrail entier et sur les branches duquel apparaissent tous les ancêtres couronnés de Marie, David jouant de la harpe, Salomon pensif au aut de l'arbre, dans un compartiment gros bleu, la dernière fleur s'entr'ouvre et laisse voir la Vierge portant l'enfant.

Quelques pas plus loin, j'ai lu sur un gros pilier cette épitaphe triste et résignée :

INCLITVS ANTE FVI. COMES EMVNDVS
VOCITATVS. HIC NECE PROSTATVS, SVB
TEGOR VT VOLVI. FRISHEIM, SANCTE,
MEVM FERO, PETRE, TIBI COMITATVM,
ET MIHI REDDE STATVM, TE PRECOR,
ÆTHEREVM. HEC LAPIDVM MASSA
COMITIS COMPLECTITVR OSSA

Je transcris cette épitaphe, ainsi qu'elle est disposée sur une table verticale de pierre, comme de la prose, sans indication des hexamètres et des pentamètres un peu barbares qui forment les distiques. Le vers à césure rimante qui clôt l'inscription renferme une faute de quantité, *massa*, qui m'a étonné, car le moyen âge savait faire des vers latins.

Le bras gauche du transept n'est encore qu'indiqué et se termine par un grand oratoire, froid, laid, ennuyeux et mal meublé, à quelques confessionnaux près. Je me suis hâté de rentrer dans l'église, et, en sortant de l'oratoire, trois choses m'ont frappé presque à la fois : à ma gauche, une charmante petite chaire du seizième siècle très spirituellement inventée et très délicatement coupée dans le chêne noir; un peu plus loin, la grille du chœur, modèle rare et complet de l'exquise serrurerie du quinzième siècle; vis-à-vis de moi, une fort belle tribune à pilastres trapus et à arcades basses, dans le style de notre arrière-renaissance, que je suppose avoir été pratiquée là pour la triste reine réfugiée Marie de Médicis.

A l'entrée du chœur, dans une élégante armoire rococo, étincelle et reluit une vraie madone italienne chargée de paillettes et de clinquants, ainsi que de son bambino. Au-dessous de cette opulente madone aux bracelets et aux colliers de perles on a mis, comme antithèse apparemment, un massif tronc pour les pauvres, façonné au douzième siècle, enguirlandé de chaînes et de cadenas de fer et à demi enfoncé dans un bloc de granit grossièrement sculpté. On dirait un billot scellé dans un pavé.

Comme je levais les yeux, j'ai vu pendre à l'ogive au-dessus de ma tête des bâtons dorés attachés par un bout à cette tringle transversale. A côté de ces bâtons il y a une inscription : — *Quot pendere vides baculos, tot episcopus annos huic Agrippinæ præfuit ecclesiæ.* — J'aime cette façon sévère de compter les années, et de rendre perpétuellement visible aux yeux de l'archevêque le temps qu'il a déjà employé ou perdu. Trois bâtons pendent à la voûte en ce moment.

Le chœur, c'est l'intérieur de cette abside célèbre qui est encore à cette heure, pour ainsi dire, toute la cathédrale de Cologne, puisque la flèche manque au clocher, la nef et le transept à l'église.

Dans ce chœur les richesses abondent. Ce sont des sacristies pleines de boiseries délicates, des chapelles pleines de sculptures sévères; des tableaux de toutes les époques, des tombeaux de toutes les formes; des évêques de granit couchés dans une forteresse, des évêques de pierre de touche couchés sur un lit porté par une procession de figurines éplorées, des évêques de marbre, couchés sous un treillis de fer, des évêques de bronze couchés à terre, des évêques de bois agenouillés devant des autels; des lieutenants généraux du temps de Louis XVI accoudés sur leurs sépulcres; des chevaliers du temps des croisades gisant avec leur chien qui se frotte amoureusement contre leurs pieds d'acier; des statues d'apôtres vêtues de robes d'or; des confessionnaux de chêne à colonnes torses; de nobles stalles canoniales; des fonts baptismaux gothiques qui ont la forme d'un cercueil; des retables d'autel chargés de statuettes; de beaux fragments de vitraux; des annonciations du quinzième siècle sur un fond d'or avec les riches ailes, multicolores en dessus, blanches en dessous, de leur ange qui regarde et convoite presque la Vierge; des tapisseries peintes sur des dessins de Rubens; des grilles de fer qu'on croirait de Metzis-Quentin, des armoires à volets peintes et dorées, qu'on croirait de Franc-Floris.

Tout cela, il faut le dire, est honteusement délabré. Si quelqu'un construit la cathédrale de Cologne au dehors, je ne sais qui la démolit à l'intérieur. Pas un tombeau dont les figurines ne soient arrachées ou tronquées; pas une grille qui ne soit rouillée où elle a été dorée. La poussière, la cendre et l'ordure sont partout. Les mouches déshonorent la face vénérable de l'archevêque Philippe de Heinsberg. L'homme d'airain qui est couché sur la dalle, qui s'appelle Conrad de Hochstetten et qui a pu bâtir cette cathédrale, ne peut aujourd'hui écraser les araignées qui le tiennent lié à terre comme Gulliver sous leurs innombrables fils. Hélas! les bras de bronze ne valent pas les bras de chair.

Je crois bien qu'une statue barbue de vieillard couché que j'ai aperçue dans un coin obscur, brisée et mutilée, est de Michel-Ange. Ceci me rappelle que j'ai vu à Aix-la-Chapelle, gisantes dans un angle du vieux cloître-cimetière, comme des troncs d'arbres qui attendent l'équarrisseur, ces fameuses colonnes de marbre antique prises par Napoléon et reprises par Blücher. Napoléon les avait prises pour le Louvre, Blücher les a reprises pour le charnier.

Une des choses que je dis le plus souvent dans ce monde, c'est : A quoi bon?

Je n'ai vu dans toute cette dégradation que deux tombes un peu respectées et parfois épousetées, les cénotaphes des comtes de Schauenbourg. Les deux comtes de Schauenbourg sont un de ces couples qui semblent avoir été prévus par Virgile. Tous deux ont été frères, tous deux ont été archevêques de Cologne, tous deux ont été enterrés dans le même chœur, tous deux ont de fort belles tombes du dix-septième siècle dressées vis-à-vis l'un de l'autre. Adolphe regarde Antoine.

J'ai omis jusqu'ici à dessein, pour vous en parler avec quelque détail, la construction la plus vénérée que contienne la cathédrale de Cologne, le fameux tombeau des trois mages. C'est une assez grosse chambre de marbre de toutes couleurs, fermée d'épais grillages de cuivre; architecture hybride et bizarre où les deux styles de Louis XIII et de Louis XV confondent leur coquetterie et leur lourdeur. Cela est situé derrière le maître-autel dans la chapelle culminante de l'abside. Trois turbans mêlés au dessin du grillage principal frappent d'abord le regard. On lève les yeux, et l'on voit un bas-relief représentant l'adoration des mages; on les abaisse, et on lit ce médiocre distique :

Corpora sanctorum recubant hic terna magorum.
Ex his sublatum nihil est alibive locatum.

Ici une idée à la fois riante et grave s'éveille dans l'esprit. C'est donc là que gisent ces trois poétiques rois de l'orient qui vinrent, conduits par l'étoile, *ab oriente venerunt*, et qui adorèrent un enfant dans une étable, *et procidentes adoraverunt*. J'ai adoré à mon tour. J'avoue que rien au monde ne me charme plus que cette légende des Mille et une Nuits enchâssée dans l'évangile. Je me suis approché de ce tombeau, et à travers le grillage jalousement serré, derrière une vitre obscure, j'ai aperçu dans l'ombre un grand et merveilleux reliquaire byzantin en or massif, étincelant d'arabesques, de perles et de diamants, absolument comme on entrevoit, à travers les ténèbres de vingt siècles, derrière le sombre et austère réseau des traditions de l'église, l'orientale et éblouissante histoire des trois rois.

Des deux côtés du grillage vénéré, deux mains de cuivre doré sortent du marbre et entr'ouvrent chacune une aumônière au-dessous de laquelle le chapitre a fait graver cette provocation indirecte : — *Et apertis thesauris suis obtulerunt ei munera.*

Vis-à-vis du tombeau brûlent trois lampes de cuivre dont l'une porte ce nom : *Gaspar*, l'autre *Melchior*, la troisième *Balthazar*. C'est une idée ingénieuse d'avoir en quelque sorte allumé, devant ce sépulcre, les trois noms des trois mages.

Comme j'allais me retirer, je ne sais quelle pointe a percé la semelle de ma botte; j'ai baissé les yeux : c'était la tête d'un clou de cuivre enfoncé dans une large dalle en marbre noir sur laquelle je marchais. Je me suis souvenu, en examinant cette pierre, que Marie de Médicis avait voulu que son cœur fût déposé sous le pavé de la cathédrale de Cologne devant la chapelle des trois rois. Cette dalle que je foulais aux pieds recouvre sans doute ce cœur. Il y avait autrefois sur cette dalle, où l'on en distingue encore l'empreinte, une lame de cuivre ou de bronze doré portant, selon la mode allemande, le blason et l'épitaphe de la morte et au scellement de laquelle servait le clou qui a déchiré ma botte. Quand les Français ont occupé Cologne, les idées révolutionnaires, et probablement aussi quelque chaudronnier spéculateur, ont déraciné cette lame fleurdelysée, comme d'autres d'ailleurs qui l'entouraient, car une foule de clous de cuivre sortant des dalles voisines attestent et dénoncent beaucoup d'arrachements du même genre. Ainsi, pauvre reine! elle s'est vue effacée du cœur de Louis XIII, son fils, puis du souvenir de Richelieu, sa créature; la voilà maintenant effacée de la terre!

Et que la destinée a d'étranges fantaisies! Cette reine Marie de Médicis, cette veuve de Henri IV, exilée, abandonnée, indigente comme l'a été, quelques années plus tard, sa fille Henriette, veuve de Charles I<sup>er</sup>, est venue mourir à Cologne en 1642, dans le logis d'Ibach, Sterngasse, n° 10, dans la maison même où soixante-cinq ans auparavant, en 1577, Rubens, son peintre, était né.

Le dôme de Cologne, revu au grand jour, dépouillé de ce grossissement fantastique que le soir prête aux objets et que j'appelle la *grandeur crépusculaire*, m'a paru, je dois le dire, perdre un peu de sa sublimité. La ligne en est toujours belle, mais elle se profile avec quelque sécheresse. Cela tient peut-être à l'acharnement avec lequel l'architecte actuel rebouche et mastique cette vénérable abside. Il ne faut pas trop remettre à neuf les vieilles églises. Dans cette opération, qui amoindrit les lignes en voulant les fixer, le vague mystérieux du contour s'évanouit. A l'heure qu'il est, comme masse, j'aime mieux le clocher ébauché que l'abside parfaite. Dans tous les cas, n'en déplaise à quelques raffinés qui voudraient faire du dôme de Cologne le Parthénon de l'architecture chrétienne, je ne vois, pour ma part, aucune raison de préférer ce chevet de cathédrale à nos vieilles Notre-Dame complètes d'Amiens, de Reims, de Chartres et de Paris. J'avoue même que la cathédrale de Beauvais, demeurée, elle aussi, à l'état d'abside, à peine connue, fort peu vantée, ne me paraît inférieure, ni pour la masse, ni pour les détails, à la cathédrale de Cologne.

L'hôtel de ville de Cologne, situé assez près du dôme, est un de ces ravissants édifices-arlequins faits de pièces de tous les temps et de morceaux de tous les styles qu'on rencontre dans les anciennes communes qui se sont elles-mêmes construites, lois, mœurs et coutumes, de la même manière. Le mode de formation de ces édifices et de ces communes est curieux à étudier. Il y a eu agglomération plutôt que construction, croissance successive, agrandissement capricieux, empiétement sur les voisinages; rien n'a été fait d'après un plan régulier et tracé d'avance; tout s'est produit au fur et à mesure, selon les besoins surgissants.

Ainsi l'hôtel de ville de Cologne, qui a probablement quelque cave romaine dans ses fondations, n'était vers 1250 qu'un grave et sévère logis à ogives comme notre Maison-aux-Piliers; puis on a compris qu'il fallait un beffroi pour les tocsins, pour les prises d'armes, pour les veilleurs de nuit, et le quatorzième siècle a édifié une belle tour, bourgeoise et féodale tout à la fois; puis, sous Maximilien, le souffle joyeux de la renaissance commençant à agiter les sombres feuillages de pierre des cathédrales, un goût d'élégance et d'ornement se répandant partout, les échevins de Cologne ont senti le besoin de faire la toilette de leur maison de ville; ils ont appelé d'Italie quelque architecte élève du vieux Michel-Ange, ou de France quelque sculpteur ami du jeune Jean Goujon, et ils ont ajusté sur leur noire façade du treizième siècle un porche triomphant et magnifique. Quelques années plus tard, il leur a fallu un promenoir à côté de leur greffe, et ils se sont bâti une charmante arrière-cour à galeries sous arcades, somptueusement égayée de blasons et de bas-reliefs, que j'ai vue, et que dans deux ou trois ans personne ne verra, car on la laisse tomber en ruine. Enfin, sous Charles-Quint, ils ont reconnu qu'une grande salle leur était nécessaire pour les encans, pour les criées, pour les assemblées de bourgeois, et ils ont érigé vis-à-vis de leur beffroi et de leur porche un riche corps de logis en brique et en pierre du plus beau goût et de la plus noble ordonnance. Aujourd'hui, nef du treizième siècle, beffroi du quatorzième, porche et arrière-cour de Maximilien, halle de Charles-Quint, vieillis ensemble par le temps, chargés de traditions et de souvenirs par les événements, soudés et groupés par le hasard de la façon la plus originale et la plus pittoresque, forment l'hôtel de ville de Cologne.

Soit dit en passant, mon ami, et comme produit de l'art, et comme expression de l'histoire, ceci vaut un peu mieux que cette froide et blafarde bâtisse, bâtarde par sa triple devanture encombrée d'archivoltes, bâtarde par l'économique et mesquine monotonie de son ornementation où tout se répète et où rien n'étincelle, bâtarde par ses toits tronqués sans crêtes et sans cheminées, dans laquelle des maçons quelconques raient aujourd'hui, à la face même de notre bonne ville de Paris, le ravissant chef-d'œuvre du Bocador. Nous sommes d'étranges gens, nous laissons démolir l'hôtel de la Trémouille et nous bâtissons cette chose! Nous souffrons que des messieurs qui se croient et se disent architectes baissent sournoisement de deux ou trois pieds, c'est-à-dire défigurent complètement le charmant toit aigu de Dominique Bocador pour l'appareiller, hélas! avec les affreux combles aplatis qu'ils ont inventés. Serons-nous donc toujours le même peuple qui admire Corneille et qui le fait retoucher, émonder et corriger par M. Andrieux? — Tenez, revenons à Cologne.

Je suis monté sur le beffroi, et de là, sous un ciel gris et morne qui n'était pas sans harmonie avec ces édifices et avec mes pensées, j'ai vu à mes pieds toute cette admirable ville.

HOTEL DE VILLE DE COLOGNE

Cologne sur le Rhin, comme Rouen sur la Seine, comme Anvers sur l'Escaut, comme toutes les villes appuyées à un cours d'eau trop large pour être aisément franchi, a la forme d'un arc tendu dont le fleuve fait la corde.

Les toits sont d'ardoise, serrés les uns contre les autres, pointus comme des cartes pliées en deux; les rues sont étroites, les pignons sont taillés. Une courbe rougeâtre de murailles et de douves en briques, qui reparaît partout au-dessus des toits, presse la ville comme un ceinturon bouclé au fleuve même, en aval par la tourelle Thurmchen, en amont par cette superbe tour Bayenthurme dans les créneaux de laquelle se dresse un évêque de marbre qui bénit le Rhin. De la

Thurmchen à la Bayenthurme, la ville développe sur le bord du fleuve une lieue de fenêtres et de façades. Vers le milieu de cette longue ligne un grand pont de bateaux, gracieusement courbé contre le courant, traverse le fleuve, fort large en cet endroit, et va, sur l'autre rive, rattacher à ce vaste monceau d'édifices noirs qui est Cologne, Deuz, petit bloc de maisons blanches.

Dans le massif même de Cologne, au milieu des toits, des tourelles et des mansardes pleines de fleurs, montent et se détachent les faîtes variés de vingt-sept églises, parmi lesquelles, sans compter la cathédrale, quatre majestueuses églises romanes, toutes d'un dessin différent, dignes par leur grandeur et leur beauté d'être cathédrales elles-mêmes, Saint-Martin au nord, Saint-Géréon à l'ouest, les Saints-Apôtres au sud, Sainte-Marie du Capitole au levant, s'arrondissent comme d'énormes nœuds d'absides, de tours et de clochers.

Si l'on examine le détail de la ville, tout vit et palpite : le pont est chargé de passants et de voitures, le fleuve est couvert de voiles, la grève est bordée de mâts. Toutes les rues fourmillent, toutes les croisées parlent, tous les toits chantent. Çà et là de vertes touffes d'arbres caressent doucement ces noires maisons, et les vieux hôtels de pierre du quinzième siècle mêlent à la monotonie des toits d'ardoise et des devantures de briques leur longue frise de fleurs, de fruits et de feuillages sculptés, sur laquelle les colombes viennent se poser avec joie.

Autour de cette grande commune, marchande par son industrie, militaire par sa position, marinière par son fleuve, s'étale et s'élargit dans tous les sens une vaste et riche plaine qui s'affaisse et plie du côté de la Hollande, que le Rhin traverse de part en part, et que couronne au nord-est de ses sept croupes historiques ce nid merveilleux de traditions et de légendes qu'on appelle les Sept-Montagnes.

Ainsi la Hollande et son commerce, l'Allemagne et sa poésie, se dressent comme les deux grands symboles de l'esprit humain, le positif et l'idéal, sur l'horizon de Cologne, ville elle-même de négoce et de rêverie.

En redescendant du beffroi, je me suis arrêté dans la cour devant le charmant porche de la renaissance. Je l'appelais tout à l'heure *porche triomphant*, j'aurais dû dire *porche triomphal*; car le second étage de cette exquise composition est formé d'une série de petits arcs de triomphe accostés comme des arcades et dédiés, par des inscriptions du temps, le premier à César, le deuxième à Auguste, le troisième à Agrippa, le fondateur de Cologne (*Colonia Agrippina*); le quatrième à Constantin, l'empereur chrétien; le cinquième à Justinien, l'empereur législateur; le sixième à Maximilien, l'empereur vivant. Sur la façade, le sculpteur-poëte a ciselé trois bas-reliefs représentant les trois dompteurs de lions, Milon de Crotone, Pépin le Bref et Daniel. Aux deux extrémités il a mis Milon de Crotone, qui terrassait les lions par la puissance du corps, et Daniel, qui les soumettait par la puissance de l'esprit; entre Daniel et Milon, comme un lien naturel tenant à la fois de l'un et de l'autre, il a placé Pépin le Bref, qui attaquait les bêtes féroces avec ce mélange de vigueur physique et de vigueur morale qui fait le soldat. Entre la force pure et la pensée pure, le courage. Entre l'athlète et le prophète, le héros.

Pépin a l'épée à la main ; son bras gauche enveloppé de son manteau est plongé dans la gueule du lion; le lion, griffes et mâchoires ouvertes, est dressé sur ses pieds de derrière, dans l'attitude formidable de ce que le blason appelle le lion rampant; Pépin lui fait face vaillamment, il combat. Daniel est debout, immobile, les bras pendants, les yeux levés au ciel pendant que les lions amoureux se roulent à ses pieds; l'esprit ne lutte pas, il triomphe. Quant à Milon de Crotone, les bras pris dans l'arbre, il se débat, le lion le dévore; c'est l'agonie de la présomption inintelligente et aveugle qui a cru dans ses muscles et dans ses poings ; la force pure est vaincue. — Ces trois bas-reliefs sont d'un grand sens. Le dernier est d'un effet terrible. Je ne sais quelle idée effrayante et fatale se dégage, à l'insu peut-être du sculpteur lui-même, de ce sombre poëme. C'est la nature qui se venge de l'homme, la végétation et l'animal qui font cause commune, le chêne qui vient en aide au lion.

Malheureusement, archivoltes, bas-reliefs, entablements, imposes, corniches et colonnes, tout ce beau porche est restauré, raclé, rejointoyé et badigeonné avec la propreté la plus déplorable.

Comme j'allais sortir de l'hôtel de ville, un homme, vieilli plutôt que vieux, dégradé plutôt que courbé, d'aspect misérable et d'allure orgueilleuse, traversait la cour. Le concierge, qui m'avait conduit sur le beffroi, me l'a fait remarquer. Cet homme est un poëte, qui vit de ses rentes dans les cabarets et qui fait des épopées. Nom d'ailleurs parfaitement inconnu. Il a fait, m'a dit mon guide, qui l'admirait fort, des épopées contre Napoléon, contre la révolution de 1830, contre les romantiques, contre les français, et une autre belle épopée pour inviter l'architecte actuel de Cologne à continuer l'église dans le genre du Panthéon de Paris. Épopées, soit. Mais cet homme est d'une saleté rare. Je n'ai vu de ma vie un drôle moins brossé. Je ne crois pas que nous ayons en France rien de comparable à ce poëte-épic.

En revanche, quelques instants plus tard, au moment où je traversais je ne sais quelle rue étroite et obscure, un petit vieillard à l'œil vif est sorti brusquement d'une boutique de barbier et est venu à moi en criant : *Monsieur! monsieur! fous français! Oh! les français! ran! plan! plan! ran! tan! plan! la guerre à tout le monde! Prafes! prafes! Napolion, n'est-ce pas? La guerre à toute l'Europe! Oh! les français! pien praves! monsieur! La païonnette au qui à tous ces priciens! einne ponne quilpite gomme à Iéna! Prafo les français! ran! plan! plan!*

J'avoue que la harangue m'a plu. La France est grande dans les souvenirs et dans les espérances de ces nobles nations. Toute cette rive du Rhin nous aime, — j'ai presque dit nous attend.

Le soir, comme les étoiles s'allumaient, je me suis promené de l'autre côté du fleuve, sur la grève opposée à Cologne. J'avais devant moi toute la ville, dont les pignons sans nombre et les clochers noirs se découpaient avec tous leurs détails sur le ciel blafard du couchant. A ma gauche se levait, comme la géante de Cologne, la haute flèche de Saint-Martin avec ses deux tourelles percées à jour. Presque en face de moi, la sombre abside-cathédrale, dressant ses mille clochetons aigus, figurait un hérisson monstrueux, accroupi au bord de l'eau, dont la grue du clocher semblait former la queue et auquel deux réverbères allumés vers le bas de cette masse ténébreuse faisaient des yeux flamboyants. Je n'entendais dans cette ombre que le frissonnement caressant et discret du flot à mes pieds, les pas sourds d'un cheval sur les planches du pont de bateaux, et au loin, dans une forge que j'entrevoyais, la sonnerie éclatante d'un marteau sur une enclume. Aucun autre bruit de la ville ne traversait le Rhin. Quelques vitres scintillaient vaguement, et au-dessous de la forge, fournaise embrasée, point étincelant, pendait et se dispersait dans le fleuve une longue traînée lumineuse, comme si cette poche pleine de feu se vidait dans l'eau.

De ce beau et sombre ensemble se dégageait dans ma pensée une mélancolique rêverie. Je me disais : La cité germaine a disparu, la cité d'Agrippa a disparu, la ville de saint Engelbert est encore debout. Mais combien de temps durera-t-elle? Le temple bâti là-bas par sainte Hélène est tombé il y a mille ans; l'église construite par l'archevêque Anno tombera. Cette ville est usée par son fleuve. Tous les jours quelque vieille pierre, quelque vieux souvenir, quelque vieille coutume, s'en détache au frottement de vingt bateaux à vapeur. Une ville n'est pas impunément posée sur la grosse artère de l'Europe. Cologne, quoique moins ancienne que Trèves et Soleure, les deux plus vieilles communes du continent, s'est déjà déformée et transformée trois fois au rapide et violent courant d'idées qui la traverse, remontant et descendant sans cesse des villes de Guillaume le Taciturne aux montagnes de Guillaume Tell, et apportant à Cologne de Mayence les affluents de l'Allemagne et de Strasbourg les affluents de la France. Voici qu'une quatrième époque climatérique semble se déclarer pour Cologne. L'esprit du *positivisme* et de l'*utilitarisme*, comme parlent les barbares d'à présent, la pénètre et l'envahit; les nouveautés s'engagent de toutes parts dans le labyrinthe de son antique architecture; les rues neuves font de larges trouées à travers cet entassement gothique; le « bon goût moderne » s'y installe, y bâtit des façades-Rivoli et y jouit bêtement de l'admiration des boutiquiers; il y a des rimeurs ivres qui conseillent à la cité de Conrad le Panthéon de Soufflot. Les tombeaux des archevêques tombent en ruine dans cette cathédrale continuée aujourd'hui par la vanité, non par la foi. Les splendides paysannes vêtues d'écarlate et coiffées d'or et d'argent ont disparu; des grisettes parisiennes se promènent sur le quai; j'ai vu aujourd'hui tomber les dernières briques sèches du cloître roman de Saint-Martin, on va y construire un café Tortoni; de longues rangées de maisons blanches donnent au féodal et catholique faubourg des Martyrs-de-Thèbes je ne sais quel faux air des Batignolles. Un omnibus passe l'immémorial pont de bateaux et chemine pour six sous d'Agrippina à Tuitium. — Hélas! les vieilles villes s'en vont!

# LETTRE XI

### A PROPOS DE LA MAISON IBACH

*Andernach.*

Mon ami! mon ami! ce que font les choses, elles le savent peut-être; mais à coup sûr, et d'autres que moi l'ont dit, les hommes, eux, ne savent ce qu'ils font. Souvent, en confrontant l'histoire avec la nature, au milieu de ces comparaisons éternelles que mon esprit ne peut s'empêcher de faire entre les événements où Dieu se cache et la création où il se montre, j'ai tressailli tout à coup avec une secrète angoisse, et je me suis figuré que les forêts, les lacs, les montagnes, le profond tonnerre des nuées, la fleur qui hoche sa petite tête quand nous passons, l'étoile qui cligne de l'œil dans les fumées de l'horizon, l'océan qui parle et qui gronde, et qui semble toujours avertir quelqu'un, étaient des choses clairvoyantes et terribles, pleines de lumière et pleines de science, qui regardaient en pitié se mouvoir à tâtons au milieu d'elles, dans la nuit qui lui est propre, l'homme, cet orgueil auquel l'impuissance lie les bras, cette vanité à laquelle l'ignorance bande les yeux. Rien en moi ne répugne à ce que l'arbre ait la conscience de son fruit; mais, certes, l'homme n'a pas la conscience de sa destinée.

La vie et l'intelligence de l'homme sont à la merci de je ne sais quelle machine obscure et divine appelée par les uns *la providence*, par les autres *le hasard*, qui mêle, combine et décompose tout, qui dérobe ses rouages dans les ténèbres et qui étale ses résultats au grand jour. On croit faire une chose, et l'on en fait une autre. *Urceus exit.* L'histoire est pleine de cela. Quand le mari de Catherine de Médicis et l'amant de Diane de Poitiers se laisse aller à de mystérieuses distractions près de Philippe Duc, la belle fille piémontaise, ce n'est pas seulement Diane d'Angoulême qu'il engendre pour Horace Farnèse, c'est la future réconciliation de celui de ses fils qui sera Henri III avec celui de ses cousins qui sera Henri IV. Quand le duc de Nemours descend au galop les degrés de la Sainte-Chapelle sur son roussin *le Réal*, ce n'est pas seulement la folie des jeux dangereux qu'il met à la mode, c'est la mort du roi de France qu'il prépare. Le 10 juillet 1559, dans les lices de la rue Saint-Antoine, quand Montgomery, ruisselant de sueur sous son vaste panache rouge, assure sa lance en arrêt et pique des deux à l'encontre de ce beau cavalier fleurdelysé applaudi de toutes les dames, il ne se doute pas de toutes les choses prodigieuses qu'il tient dans sa main. Jamais baguette de fée n'aura travaillé comme cette lance. D'un seul coup, Montgomery va tuer Henri II, démolir le palais des Tournelles et bâtir la place Royale, c'est-à-dire bouleverser la comédie providentielle, supprimer le personnage et changer le décor.

Lorsque Charles II d'Angleterre, après la bataille de Worcester, se cache dans le creux d'un chêne, il croit se cacher, rien de plus; pas du tout, il nomme une constellation, le *chêne royal*, et il donne à Halley l'occasion de taquiner la renommée de Tycho. Le second mari de M<sup>me</sup> de Maintenon, en révoquant l'édit de Nantes, et le parlement de 1688, en expulsant Jacques II, ne font autre chose que de rendre possible cette étrange bataille d'Almanza, où l'on vit face à face sur le même terrain, l'armée française commandée par un anglais, le maréchal de Berwick, et l'armée anglaise commandée par un français, Ruvigny, lord Galloway. Si Louis XIII n'était pas mort le 14 mai 1643, l'idée ne serait pas venue au vieux comte de Fontana d'attaquer Rocroy dans les cinq jours; et un héroïque prince de vingt-deux ans n'aurait pas eu cette magnifique occasion du 19 mai, qui a fait du duc d'Enghien le grand Condé. Et au milieu de tout ce tumulte de faits qui encombrent les chronologies, que d'échos singuliers, que de parallélismes extraordinaires, que de contre-coups formidables! En 1664, après l'offense faite au duc de Créqui, son ambassadeur, Louis XIV fait bannir les corses de Rome; cent quarante ans plus tard, Napoléon Buonaparte exile de France les Bourbons.

Que d'ombre! et que d'éclairs dans cette ombre! Vers 1612, lorsque le jeune Henry de Montmorency, alors âgé de dix-sept ans, voyait aller et venir chez son père, parmi les gentilshommes-domestiques, apportant l'aiguière et donnant à laver, dans l'humble attitude du service, un pâle et chétif page, le petit de Laubespine de Châteauneuf, qui lui eût dit que ce page, si respectueusement incliné devant lui, deviendrait sous-diacre, que ce sous-diacre deviendrait garde des sceaux, que ce garde des sceaux présiderait par commission le parlement de Toulouse, et que, vingt ans plus tard, ce page-sous-diacre-président demanderait sournoisement des dispenses au pape afin de pouvoir le faire décapiter, lui, le maître de ce drôle, lui Henri II, duc de Montmorency, maréchal de France par le choix de l'épée, pair du royaume par la grâce de Dieu ! Quand le président de Thou, dans son livre, fourbissait, aiguisait et remettait si soigneusement à neuf l'édit de Louis XI du 22 décembre 1477, qui eût dit à ce père qu'un jour ce même édit, avec Laubardemont pour manche, serait la hache dont Richelieu trancherait la tête de son fils?

Et au milieu de ce chaos il y a des lois. Le chaos n'est que l'apparence, l'ordre est au fond. Après de longs intervalles, les mêmes faits effrayants qui ont déjà fait lever les yeux à nos pères reviennent, comme des comètes, des plus ténébreuses profondeurs de l'histoire. Ce sont toujours les mêmes embûches, toujours les mêmes chutes, toujours les mêmes trahisons, toujours les mêmes naufrages aux mêmes écueils; les noms changent, les choses persistent. Peu de jours avant la pâque fatale de 1814, l'empereur aurait pu dire à ses treize maréchaux : *Amen dico vobis, quia unus vestrum me traditurus est.* — Toujours César adopte Brutus; toujours Charles Ier empêche Cromwell de partir pour la Jamaïque; toujours Louis XVI empêche Mirabeau de s'embarquer pour les Indes; toujours et partout les reines cruelles sont punies par des fils cruels; toujours et partout les reines ingrates sont punies par des fils ingrats. Toute Agrippine engendre le Néron qui la tuera; toute Marie de Médicis enfante le Louis XIII qui la bannira.

Et moi-même, ne remarquez-vous pas de quelle façon étrange ma pensée arrive, d'idée en idée et presque à mon insu, à ces deux femmes, à ces deux italiennes, à ces deux spectres, Agrippine et Marie de Médicis, qui sont les deux spectres de Cologne? Cologne est la ville des reines mères malheureuses. A seize cents ans de distance, la fille de Germanicus, mère de Néron, et la femme de Henri IV, mère de Louis XIII, ont attaché à Cologne leur nom et leur souvenir. De ces deux veuves, — car une orpheline est une veuve, — faites, la première par le poison, la seconde par le poignard; l'une, Marie de Médicis, y est morte; l'autre, Agrippine, y était née.

J'ai visité à Cologne la maison qui a vu expirer Marie de France, — maison Ibach, selon les uns, maison Jabach, selon les autres, — et, au lieu de vous dire ce que j'y ai vu, je vous dis ce que j'y ai pensé. Pardonnez-moi, mon ami, de ne pas vous donner cette fois tous les détails locaux que j'aime et qui, selon moi, peignent l'homme, l'expliquent par son enveloppe et font aller l'esprit de l'extérieur à l'intérieur des faits. Cette fois je m'en abstiens. J'ai peur de vous fatiguer avec mes *festons* et mes *astragales*.

La triste reine est morte là, le 3 juillet 1642. Elle avait soixante-huit ans. Elle était exilée de France depuis onze ans. Elle avait erré un peu partout, en Flandre, en Angleterre, fort à charge à tous les pays. A Londres, Charles Ier la traita dignement; pendant trois ans qu'elle y passa, il lui donna cent livres sterling par jour. Plus tard, je le dis à regret, Paris rendit à la reine d'Angleterre cette hospitalité que Londres avait donnée à la reine de France. Henriette, fille de Henri IV et veuve de Charles Ier, fut logée au Louvre dans je ne sais quel galetas où elle restait au lit faute d'un fagot l'hiver, attendant les quelques louis que lui prêtait le coadjuteur. Sa mère, la veuve de Henri IV, finit à Cologne à peu près de la même manière, — dans la misère la plus profonde. A la demande du cardinal-ministre, Charles Ier l'avait renvoyée d'Angleterre. J'en suis fâché pour le royal et mélancolique auteur de l'*Eikon Basiliké*, et je ne comprends pas comment l'homme qui sut rester roi devant Cromwell ne sut pas rester roi devant Richelieu.

Du reste, j'insiste sur ce détail plein d'une sombre signification. Marie de Médicis fut suivie de près par Richelieu, qui mourut l'an d'après. A quoi bon toutes ces haines dénaturées entre ces trois créatures humaines, à quoi bon tant d'intrigues, tant de persécutions, tant de querelles, tant de perfidies, pour mourir tous les trois presque à la même heure? — Dieu sait ce qu'il fait.

Il y a un triste doute sur Marie de Médicis. L'ombre que jette Ravaillac m'a toujours paru toucher les plis traînants de sa robe. J'ai toujours été épouvanté de la phrase terrible que le président Hénault, sans intention peut-être, a écrite sur cette reine : — *Elle ne fut pas assez surprise de la mort de Henri IV.*

J'avoue que tout ceci me rend plus admirable l'époque claire, loyale et pompeuse de Louis XIV. Les ombres et les obscurités qui tachent le commencement de ce siècle font valoir les splendeurs de la fin. Louis XIV, c'est le pouvoir comme Richelieu, la majesté; c'est la grandeur comme Cromwell, plus la sérénité; Louis XIV, ce n'est pas le génie dans le maître, mais c'est le génie autour du maître, ce qui fait le roi moindre peut-être, mais le règne plus grand. Quant à moi, qui aime, comme vous le savez, les choses *réussies* et complètes, sans contester toutes les restrictions qu'il faut admettre, j'ai toujours eu une sympathie profonde pour ce grave et magnifique prince si bien né, si bien venu, si bien entouré, roi dès le berceau et roi dans la tombe; vrai monarque dans la plus haute acception du mot, souverain central de la civilisation, pivot de l'Europe, auquel il fut donné d'user, pour ainsi dire, et de voir tour à tour pendant la durée de son règne paraître, resplendir et disparaître autour de son trône huit papes, cinq sultans, trois empereurs, deux rois d'Espagne, trois rois de Portugal, quatre rois et une reine d'Angleterre, trois rois de Danemark, une reine et deux rois de Suède, quatre rois de Pologne et quatre czars de Moscovie; étoile polaire de tout un siècle qui, pendant soixante-douze ans, en a vu tourner majestueusement autour d'elle toutes les constellations!

# LETTRE XII

## A PROPOS DU MUSÉE WALLRAF

Andernach.

Outre la cathédrale, l'hôtel de ville et la maison Ibach, j'ai visité, au Schleis-Kotten, près de Cologne, les vestiges de l'aqueduc souterrain qui, au temps des romains, allait de Cologne à Trèves, et dont on trouve encore aujourd'hui les traces dans trente-trois villages. Dans Cologne même, j'ai vu le musée Wallraf. Je serais bien tenté de vous en faire ici l'inventaire, mais je vous épargne. Qu'il vous suffise de savoir que, si je n'y ai pas trouvé, grâce aux déprédations du baron de Hubsch, le chariot de guerre des anciens germains, la fameuse momie égyptienne et la grande couleuvrine de quatre aunes de long fondue à Cologne en 1400, en revanche, j'y ai vu un fort beau sarcophage romain et l'armure de l'évêque Bernard de Galen. On m'a aussi montré une énorme cuirasse qui passe pour avoir appartenu au général de l'empire Jean de Weit; mais j'ai vainement cherché sa grande épée longue de huit pieds et demi, sa grande pique pareille au pin de Polyphème et son grand casque homérique que deux hommes, dit-on, avaient peine à soulever.

Le plaisir de voir toutes ces choses belles ou curieuses, musées, églises, hôtels de ville, est tempéré, il faut le dire, par la grave importunité du pourboire. Sur les bords du Rhin, comme d'ailleurs dans toutes les contrées très visitées, le pourboire est un moustique fort importun, lequel revient, à chaque instant et à tout propos, piquer, non votre peau, mais votre bourse. Or la bourse du voyageur, cette bourse précieuse, contient tout pour lui, puisque la sainte hospitalité n'est plus là pour le recevoir au seuil des maisons avec son doux sourire et sa cordialité auguste. Voici à quel degré de puissance les intelligents naturels de ce pays ont élevé le pourboire. J'expose les faits, je n'exagère rien. — Vous entrez dans un lieu quelconque; à la porte de la ville, un estafier s'informe de l'hôtel où vous comptez descendre, vous demande votre passeport, le prend et le garde. La voiture s'arrête dans la cour de la poste; le conducteur, qui ne vous a pas adressé un regard pendant toute la route, se présente, vous ouvre la portière et vous offre la main d'un air béat. Pourboire. Un moment après, le postillon arrive à son tour, attendu que cela lui est défendu par les règlements de police, et vous adresse une harangue en charabia qui veut dire : pourboire. On débâche ; un grand drôle prend sur la voiture et dépose à terre votre valise et votre sac de nuit. Pourboire. Un autre drôle met le bagage sur une brouette, vous demande à quel hôtel vous allez, et se met à courir devant vous, poussant sa brouette. Arrivés à l'hôtel, l'hôte surgit et entame avec vous ce petit dialogue, qu'on devrait écrire dans toutes les langues sur la porte de toutes les auberges — *Bonjour, monsieur.* — *Monsieur, je voudrais une chambre.* — *C'est fort bien, monsieur.* (A la cantonade :) *Conduisez monsieur au n° 4!* — *Monsieur, je voudrais dîner.* — *Tout de suite, monsieur,* etc., etc. — Vous montez au n° 4. Votre bagage y est déjà. Un homme apparaît, c'est celui qui l'a brouetté à l'hôtel. Pourboire. Un second arrive, que veut-il? C'est celui qui a apporté vos effets dans la chambre. Vous lui dites : — C'est bon, je vous donnerai en partant, comme aux autres domestiques. — Monsieur, répond l'homme, je n'appartiens pas à l'hôtel. — Pourboire. Vous sortez. Une église se présente, une belle église. Il faut y entrer. Vous tournez alentour, vous regardez, vous cherchez. Les portes sont fermées. Jésus a dit : *Compelle intrare* : les prêtres devraient tenir les portes ouvertes, mais les bedeaux les ferment pour gagner trente sous. Cependant une vieille femme a vu votre embarras, elle vient à vous et vous désigne une sonnette à côté d'un petit guichet. Vous comprenez, vous sonnez, le guichet s'ouvre, le bedeau se montre, vous demandez à voir l'église, le bedeau prend un trousseau de clefs et se dirige vers le portail. Au moment où vous allez entrer dans l'église, vous vous sentez tirer par la manche ; c'est l'obligeante vieille que vous avez oubliée, ingrat, et qui vous a suivi. Pourboire. Vous voilà dans l'église ; vous contemplez, vous admirez, vous vous récriez. — Pourquoi ce rideau vert sur ce tableau? — Parce que c'est le plus beau de l'église, dit le bedeau. — Bon, reprenez-vous, ici on cache les beaux tableaux, ailleurs on les montrerait. De qui est ce tableau? — De Rubens. — Je voudrais le voir. — Le bedeau vous quitte et revient quelques minutes après avec un individu fort grave et fort triste. C'est le custode. Ce brave homme presse un ressort, le rideau s'ouvre, vous voyez le tableau. Le tableau vu, le rideau se referme, et le custode vous fait un salut significatif. Pourboire. En continuant votre promenade dans l'église, toujours remorqué par le bedeau, vous arrivez à la grille du chœur, qui est parfaitement verrouillée, et devant laquelle se tient debout un magnifique personnage splendidement harnaché ; c'est le suisse, qui a été prévenu de votre passage et qui vous attend. Le chœur est au suisse. Vous en faites le tour. Au moment où vous sortez, votre cicerone empanaché et galonné vous salue majestueusement. Pourboire. Le suisse vous rend au bedeau. Vous passez devant la sacristie. O miracle! elle est ouverte. Vous y entrez. Il y a un sacristain. Le bedeau s'éloigne avec dignité, car il convient de laisser au sacristain sa proie. Le sacristain s'empare de vous, vous montre les ciboires, les chasubles, les vitraux que vous verriez fort bien sans lui, les mitres de l'évêque, et, sous une vitre, dans une boîte garnie de satin blanc fané, quelque squelette de saint habillé en troubadour. La sacristie est vue, reste le sacristain. Pourboire. Le bedeau vous reprend. Voici l'escalier des tours. La vue, du haut du grand clocher, doit être belle, vous voulez y monter. Le bedeau pousse silencieusement la porte ; vous escaladez une trentaine de marches de la vis-de-Saint-Gilles. Puis le passage vous est barré brusquement. C'est une porte fermée. Vous vous retournez, vous êtes seul. Le bedeau n'est plus là. Vous frappez. Une face apparaît au judas. C'est le sonneur. Il ouvre et il vous dit : *Montez, monsieur*. Pourboire. Vous montez, le sonneur ne vous suit pas ; tant mieux, pensez-vous. Vous respirez, vous jouissez d'être seul, vous parvenez ainsi gaîment à la haute plate-forme de la tour. Là, vous allez et venez, le ciel est bleu, le paysage est superbe, l'horizon est immense. Tout à coup vous vous apercevez que, depuis quelques instants, un être importun vous suit, et vous coudoie, et vous bourdonne aux oreilles des choses obscures. Ceci est l'explicateur juré et privilégié, chargé de commenter aux étrangers les magnificences du clocher, de l'église et du paysage. Cet homme-là est d'ordinaire un bègue. Quelquefois il est bègue et sourd. Vous ne l'écoutez pas, vous le laissez baragouiner tout à son aise, et vous l'oubliez en contemplant l'énorme croupe de l'église d'où les arcs-boutants sortent comme des côtes disséquées, les mille détails de la flèche de pierre, les toits, les rues, les pignons, les routes qui s'enfuient dans tous les sens comme les rayons d'une roue dont l'horizon est la jante et dont la ville est le moyeu, les plaines, les arbres, les rivières, les collines. Quand vous avez bien tout vu, vous songez à redescendre, vous vous dirigez vers la tourelle de l'escalier. L'homme se dresse devant vous. Pourboire. — C'est fort bien, monsieur, vous dit-il en empochant, maintenant voulez-vous me donner pour moi? — Comment! et ce que je viens de vous donner? — C'est pour la fabrique, monsieur, à laquelle je redois deux francs par personne ; mais à présent monsieur comprend bien qu'il me faut quelque petite chose pour moi. — Pourboire. Vous redescendez. Tout à coup une trappe s'ouvre à côté de vous. C'est la cage des cloches. Il faut bien voir les cloches de ce beau clocher. Un jeune gaillard vous les montre et vous les nomme. Pourboire. Au bas du clocher, vous retrouvez le bedeau, qui vous a attendu patiemment et qui vous reconduit avec respect jusqu'au seuil de l'église. Pourboire. Vous rentrez à votre hôtel et vous vous gardez bien de demander votre chemin à quelque passant, car le pourboire saisirait cette occasion. A peine avez-vous mis le pied dans l'auberge que vous voyez venir à vous d'un air amical une figure qui vous est tout à fait inconnue. C'est l'estafier qui vous rapporte votre passe-port. Pourboire. Vous dînez ; l'heure du départ arrive, le domestique vous apporte la carte à payer. Pourboire. Un garçon d'écurie porte votre bagage à la diligence ou à la schnellpost. Pourboire. Un facteur le hisse sur l'impériale. Pourboire. Vous montez en voiture, on part, la nuit tombe ; vous recommencerez demain.

Récapitulons : pourboire au conducteur, pourboire au postillon, pourboire au débâcheur, pourboire au brouetteur, pourboire à l'homme *qui n'est pas de l'hôtel*, pourboire à la vieille femme, pourboire à Rubens, pourboire au suisse, pourboire au sacristain, pourboire au sonneur, pourboire au baragouineur, pourboire à la fabrique, pourboire au sous-sonneur, pourboire au bedeau, pourboire à l'estafier, pourboire aux domestiques, pourboire au garçon d'écurie, pourboire au facteur ; voilà dix-huit pourboires dans une journée. Otez l'église, qui est fort chère, il en reste neuf. Maintenant calculez tous ces pourboires d'après un minimum de cinquante centimes et un maximum de deux francs, qui est quelquefois obligatoire *, et vous aurez une somme assez inquiétante. N'oubliez pas que tout pourboire doit être une pièce d'argent. Les sous et la monnaie de cuivre sont copeaux et balayures que le dernier goujat regarde avec un inexprimable dédain.

Pour ces peuples ingénieux, le voyageur n'est qu'un sac d'écus qu'il s'agit de désenfler le plus vite possible. Chacun s'y acharne de son côté. Le gouvernement lui-même s'en mêle quelquefois ; il vous prend votre malle et votre portemanteau, les charge sur ses épaules et vous tend la main. Dans les grandes villes, les porteurs de bagages redoivent au trésor royal douze sous et deux liards par voyageur. Je n'étais pas depuis un quart d'heure à Aix-la-Chapelle que j'avais déjà donné pour boire au roi de Prusse.

* A Aix-la-Chapelle, pour voir les reliques, le pourboire à la fabrique est fixé à un thaler trois francs soixante-quinze centimes).

# LETTRE XIII

## ANDERNACH

Andernach.

Je vous écris encore d'Andernach, sur les bords du Rhin, où je suis débarqué il y a trois jours. Andernach est un ancien municipe romain remplacé par une commune gothique qui existe encore. Le paysage, de ma fenêtre, est ravissant. J'ai devant moi, au pied d'une haute colline qui me laisse à peine voir une étroite tranche de ciel, une belle tour du treizième siècle, du faîte de laquelle s'élance, complication charmante que je n'ai vue qu'ici, une autre tour plus petite, octogone, à huit frontons, couronnée d'un toit conique; à ma droite le Rhin et le joli village blanc de Leutersdorf, entrevu parmi les arbres: à ma gauche les quatre clochers byzantins d'une magnifique église du onzième siècle, deux au portail, deux à l'abside. Les deux gros clochers du portail sont d'un profil cahoté, étrange, mais grand; ce sont des tours carrées surmontées de quatre pignons aigus, triangulaires, portant dans leurs intervalles quatre losanges ardoisés qui se rejoignent par leurs sommets et forment la pointe de l'aiguille. Sous ma fenêtre jasent en parfaite intelligence des poules, des enfants et des canards. Au fond, là-bas, des paysans grimpent dans les vignes. — Au reste, il paraît que ce tableau n'a point paru suffisant à l'homme de goût qui a décoré la chambre où j'habite; à côté de ma croisée il en a cloué un autre, comme pendant sans doute; c'est une image représentant deux grands chandeliers posés à terre avec cette inscription : *Vue de Paris*. A force de me creuser la tête, j'ai découvert qu'en effet c'était une vue de la barrière du Trône. — La chose est ressemblante.

Le jour de mon arrivée, j'ai visité l'église, belle à l'intérieur, mais hideusement badigeonnée. L'empereur Valentinien et un enfant de Frédéric Barberousse ont été enterrés là. Il n'en reste aucun vestige. Un beau Christ au tombeau en ronde bosse, figures de grandeur naturelle, du quinzième siècle ; un chevalier du seizième, en demi-relief, adossé au mur ; dans un grenier, un tas de figurines coloriées, en albâtre gris, débris d'un mausolée quelconque, mais admirable, de la renaissance ; c'est là tout ce qu'un sonneur bossu et souriant a pu me faire voir pour le petit morceau de cuivre argenté qui représente ici trente sous.

Maintenant il faut que je vous raconte une chose réelle, une rencontre plutôt qu'une aventure, qui a laissé dans mon esprit l'impression voilée et sombre d'un rêve.

En sortant de l'église, qui s'ouvre presque sur la campagne, j'ai fait le tour de la ville. Le soleil venait de se coucher derrière la haute colline cultivée et boisée qui a été un monceau de lave dans les temps antérieurs à l'histoire, et qui est aujourd'hui une carrière de basalte meulière, qui dominait Artonacum il y a deux mille ans, et qui domine aujourd'hui Andernach, qui a vu s'effacer successivement la citadelle du préfet romain, le palais des rois d'Austrasie, des fenêtres duquel ces princes des époques naïves pêchaient des carpes dans le Rhin, la tombe impériale de Valentinien, l'abbaye des filles nobles de Saint-Thomas, et qui voit crouler maintenant pierre à pierre les vieilles murailles de la ville féodale des électeurs de Trèves.

J'ai suivi le fossé qui longe ces murailles, où des masures de paysans s'adossent familièrement aujourd'hui, et qui ne servent plus qu'à abriter contre les vents du nord des carrés de choux et de laitues. La noble cité démantelée a encore ses quatorze tours rondes ou carrées, mais converties en pauvres logis de jardiniers ; les marmots demi-nus s'asseyent pour jouer sur les pierres tombées, et les jeunes filles se mettent à la fenêtre et jasent de leurs amours dans les embrasures des catapultes. Le châtelet formidable qui défendait Andernach au levant n'est plus qu'une grande ruine ouvrant mélancoliquement à tous les rayons de soleil ou de lune les baies de ses croisées défoncées, et la cour d'armes de ce logis de guerre est envahie par un beau gazon vert où les femmes de la ville font blanchir, l'été, la toile qu'elles ont filée l'hiver.

Après avoir laissé derrière moi la grande porte ogive d'Andernach, toute criblée de trous de mitraille noircis par le temps, je me suis trouvé au bord du Rhin. Le sable fin coupé de petites pelouses m'invitait, et je me suis mis à remonter lentement la rive vers les collines lointaines de la Sayn. La soirée était d'une douceur charmante ; la nature se calmait au moment de s'endormir. Des bergeronnettes venaient boire dans le fleuve et s'enfuyaient dans les oseraies ; je voyais au-dessus des champs de tabac passer dans d'étroits sentiers des chariots attelés de bœufs et chargés de ce tuf basaltique dont la Hollande construit ses digues. Près de moi était amarré un bateau ponté de Leutersdorf portant à sa proue cet austère et doux mot : *Pius*. De l'autre côté du Rhin, au pied d'une longue et sombre colline, treize chevaux remorquaient lentement un autre bateau qui les aidait de ses deux grandes voiles triangulaires enflées au vent du soir. Le pas mesuré de l'attelage, le bruit des grelots et le claquement des fouets venaient jusqu'à moi. Une ville blanche se perdait au loin dans la brume ; et tout au fond, vers l'orient, à l'extrême bord de l'horizon, la pleine lune, rouge et ronde comme un œil de cyclope, apparaissait entre deux paupières de nuages au front du ciel.

Combien de temps ai-je marché ainsi, absorbé dans la rêverie de toute la nature ? Je l'ignore. Mais la nuit était tout à fait tombée, la campagne était tout à fait déserte, la lune éclatante touchait presque au zénith quand je me suis, pour ainsi dire, réveillé au pied d'une éminence couronnée à son sommet d'un petit bloc obscur, autour duquel se profilaient des lignes noires imitant, les unes des potences, les autres des mâts avec leurs vergues transversales. Je suis monté jusque-là en enjambant des gerbes de grosses fèves fraîchement coupées. Ce bloc, posé sur un massif circulaire en maçonnerie, c'était un tombeau enveloppé d'un échafaudage.

Pour qui ce tombeau ? pourquoi cet échafaudage ?

Dans le massif de maçonnerie était pratiquée une porte cintrée et basse grossièrement fermée par un assemblage de planches. J'y ai frappé du bout de ma canne ; l'habitant endormi ne m'a pas répondu.

Alors, par une rampe douce tapissée d'un gazon épais et semée de fleurs bleues que la pleine lune semblait avoir fait ouvrir, je suis monté sur le massif circulaire et j'ai regardé le tombeau.

Un grand obélisque tronqué, posé sur un énorme dé figurant un sarcophage romain, le tout, obélisque et dé, en granit bleuâtre ; autour du monument et jusqu'à son faîte, une grêle charpente traversée par une longue échelle ; les quatre faces du dé crevées et ouvertes comme si l'on en avait arraché quatre bas-reliefs ; çà et là, à mes pieds, sur la plate-forme circulaire, des lames de granit bleu brisées, des fragments de corniches, des débris d'entablement, voilà ce que la lune me montrait.

J'ai fait le tour du tombeau, cherchant le nom du mort. Sur les trois premières façades il n'y avait rien ; sur la quatrième, j'ai vu cette dédicace en lettres de cuivre qui étincelaient : *L'armée de Sambre-et-Meuse à son général en chef* ; et au-dessous de ces deux lignes le clair de la lune m'a permis de lire ce nom, plutôt indiqué qu'écrit :

HOCHE.

Les lettres avaient été arrachées, mais elles avaient laissé leur vague empreinte sur le granit.

Ce nom, dans ce lieu, à cette heure, vu à cette clarté, m'a causé une impression profonde et inexplicable. J'ai toujours aimé Hoche. Hoche était, comme

Marceau, un de ces jeunes grands hommes ébauchés par lesquels la providence, qui voulait que la révolution vainquît et que la France dominât, préludait à Bonaparte ; essais à moitié réussis, épreuves incomplètes que le destin brisa sitôt qu'il eut une fois tiré de l'ombre le profil achevé et sévère de l'homme définitif.

C'est donc là, pensais-je, que Hoche est mort. — Et la date héroïque du 18 avril 1797 me revenait à l'esprit.

J'ignorais où j'étais. J'ai promené mon regard autour de moi. Au nord, j'avais une vaste plaine ; au sud, à une portée de fusil, le Rhin ; et à mes pieds, au bas du monticule qui était comme la base de ce tombeau, un village à l'entrée duquel se dressait une vieille tour carrée.

En ce moment un homme traversait un champ à quelques pas du monument ; je lui ai demandé au hasard en français le nom de ce village. L'homme — un vieux soldat peut-être, car la guerre, autant que la civilisation, a appris notre langue à toutes les nations du monde — l'homme m'a crié : Weiss Thurm, puis a disparu derrière une haie.

Ces deux mots *Weiss Thurm* signifient *tour blanche* ; je me suis rappelé la *Turris Alba* des romains. Hoche est mort dans un lieu illustre. C'est là, à ce même endroit, qu'il y a deux mille ans César a passé le Rhin pour la première fois.

Que veut cet échafaudage à ce monument? Le restaure-t-on? le dégrade-t-on? Je ne sais.

J'ai escaladé le soubassement, et, en me tenant aux charpentes, par une des quatre ouvertures pratiquées dans le dé, j'ai regardé dans le tombeau. C'était une petite chambre quadrangulaire, nue, sinistre et froide. Un rayon de la lune, entrant par une des crevasses, y dessinait dans l'ombre une forme blanche, droite et debout contre le mur.

Je suis entré dans cette chambre par l'étroite meurtrière en baissant la tête et en me traînant sur les genoux. Là, j'ai vu au centre du pavé un trou rond, béant, plein de ténèbres. C'est par ce trou sans doute qu'on avait autrefois descendu le cercueil dans le caveau inférieur. Une corde y pendait et s'y perdait dans la nuit. Je me suis approché. J'ai hasardé mon regard dans ce trou, dans cette ombre, dans ce caveau ; j'ai cherché le cercueil ; je n'ai rien vu.

A peine ai-je distingué le vague contour d'une sorte d'alcôve funèbre, taillée dans la voûte qui se dessinait dans la pénombre.

Je suis resté là longtemps, l'œil et l'esprit vainement plongés dans ce double mystère de la mort et de la nuit. Une sorte d'haleine glacée sortait du trou du caveau comme d'une bouche ouverte.

Je ne pourrais dire ce qui se passait en moi. Cette tombe si brusquement rencontrée, ce grand nom inattendu, cette chambre lugubre, ce caveau habité ou vide, cet échafaudage que j'entrevoyais par la brèche du monument, cette solitude et cette lune enveloppant ce sépulcre, toutes ces idées se présentaient à la fois à ma pensée et la remplissaient d'ombres. Une profonde pitié me serrait le cœur. Voilà donc ce que deviennent les morts illustres exilés ou oubliés chez l'étranger. Ce trophée funèbre élevé par toute une armée est à la merci du passant. Le général français dort loin de son pays dans un champ de fèves, et des maçons prussiens font ce que bon leur semble à son tombeau.

Il me semblait entendre sortir de cet amas de pierres une voix qui disait : *Il faut que la France reprenne le Rhin.*

Une demi-heure après, j'étais sur la route d'Andernach, dont je ne m'étais éloigné que de cinq quarts de lieue.

———

Je ne comprends rien aux « touristes ». Ceci est un endroit admirable. Je viens de parcourir le pays, qui est superbe. Du haut des collines la vue embrasse un cirque de géants, du Siebengebürge aux crêtes d'Ehrenbreitstein. Ici, il n'y a pas une pierre des édifices qui ne soit un souvenir, pas un détail du paysage qui ne soit une grâce. Les habitants ont ce visage affectueux et bon qui réjouit l'étranger. L'auberge (l'*Hôtel de l'Empereur*) est excellente entre les meilleures d'Allemagne. Andernach est une ville charmante ; eh bien, Andernach est une ville déserte. Personne n'y vient. — On va où est la cohue, à Coblentz, à Bade, à Mannheim ; on ne vient pas où est l'histoire, où est la nature, où est la poésie, à Andernach.

Je suis retourné une seconde fois à l'église. L'ornementation byzantine des clochers est d'une richesse rare et d'un bon goût à la fois sauvage et exquis. Le portail méridional a des chapiteaux étranges et une grosse nervure-archivolte profondément fouillée. Le tympan à angle obtus porte une peinture byzantine du *Crucifiement* encore parfaitement visible et distincte. Sur la façade, à côté de la porte ogive, un bas-relief peint, qui est de la renaissance, représente Jésus à genoux, les bras effarés, dans l'attitude de l'épouvante. Autour de lui tourbillonnent et se mêlent, comme dans un songe affreux, toutes les choses terribles dont va se composer sa passion, le manteau dérisoire, le sceptre de roseau, la couronne à fleurons épineux, les verges, les tenailles, le marteau, les clous, l'échelle, la lance, l'éponge de fiel, le profil sinistre du mauvais larron, le masque livide de Judas, la bourse au cou ; enfin, devant les yeux du divin maître, la croix, et entre les bras de la croix, comme la suprême torture, comme la douleur la plus poignante entre toutes les douleurs, une petite colonne au haut de laquelle se dresse le coq qui chante, c'est-à-dire l'ingratitude et l'abandon d'un ami. Ce dernier détail est admirablement beau. Il y a là toute la grande théorie de la souffrance morale, pire que la souffrance physique. L'ombre gigantesque des deux gros clochers se répand sur cette sombre élégie. Autour du bas-relief le sculpteur a gravé une légende que j'ai copiée.

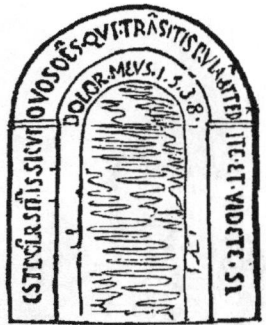

*O vos omnes qui transitis per viam, attendite et videte si est dolor similis sicut dolor meus. 1538.*

Devant cette sévère façade, à quelques pas de cette double lamentation de Job et de Jésus, de charmants petits enfants, gais et roses, s'ébattaient sur une pelouse verte et faisaient brouter, avec de grands cris, un pauvre lapin tout ensemble apprivoisé et effarouché. Personne autre *ne passait par le chemin*.

Il y a une seconde belle église dans Andernach. Celle-ci est gothique. C'est une nef du quatorzième siècle aujourd'hui transformée en écurie de caserne et gardée par des cavaliers prussiens, le sabre au poing. Par la porte entr'ouverte on aperçoit une longue file de croupes de chevaux qui se perd dans l'ombre des chapelles. Au-dessus du portail on lit : *Sancta Maria, ora pro nobis*. Ce sont à présent les chevaux qui disent cela.

J'aurais voulu monter dans la curieuse tour que je vois de ma croisée, et qui est, selon toute apparence, l'ancienne vedette de la ville; mais l'escalier en est rompu et les voûtes en sont effondrées. Il m'a fallu y renoncer. Du reste, la magnifique masure a tant de fleurs, de si charmantes fleurs, des fleurs disposées avec tant de goût et entretenues avec tant de soin à toutes les fenêtres, qu'on la croirait habitée. Elle est habitée en effet, habitée par la plus coquette et la plus farouche à la fois des habitantes, par cette douce fée invisible qui se loge dans toutes les ruines, qui les prend pour elle et pour elle seule, qui en défonce tous les étages, tous les plafonds, tous les escaliers, afin que le pas de l'homme n'y trouble pas les nids des oiseaux, et qui met à toutes les croisées et devant toutes les portes des pots de fleurs qu'elle sait faire, en fée qu'elle est, avec toute vieille pierre creusée par la pluie ou ébréchée par le temps.

## LETTRE XIV

### LE RHIN

Saint-Goar, 17 août.

Vous savez, je vous l'ai dit souvent, j'aime les fleuves. Les fleuves charrient les idées aussi bien que les marchandises. Tout a son rôle magnifique dans la création. Les fleuves, comme d'immenses clairons, chantent à l'océan la beauté de la terre, la culture des champs, la splendeur des villes et la gloire des hommes.

Et, je vous l'ai dit aussi, entre tous les fleuves, j'aime le Rhin. La première fois que j'ai vu le Rhin, c'était il y a un an, à Kehl, en passant le pont de bateaux. La nuit tombait, la voiture allait au pas. Je me souviens que j'éprouvai alors un certain respect en traversant le vieux fleuve. J'avais envie de le voir depuis longtemps. Ce n'est jamais sans émotion que j'entre en communication, j'ai presque dit en communion, avec ces grandes choses de la nature qui sont aussi de grandes choses dans l'histoire. Ajoutez à cela que les objets les plus disparates me présentent, je ne sais pourquoi, des affinités et des harmonies étranges. Vous souvenez-vous, mon ami, du Rhône à la Valserine ? — Nous l'avons vu ensemble en 1825, dans ce doux voyage de Suisse qui est un des souvenirs lumineux de ma vie. Nous avions alors vingt ans ! — Vous rappelez-vous avec quel cri de rage, avec quel rugissement féroce le Rhône se précipitait dans le gouffre, pendant que le frêle pont de bois tremblait sous nos pieds ? Eh bien, depuis ce temps-là, le Rhône éveillait dans mon esprit l'idée du tigre, le Rhin y éveillait l'idée du lion.

Ce soir-là, quand je vis le Rhin pour la première fois, cette idée ne se dérangea pas. Je contemplai longtemps ce fier et noble fleuve, violent, mais sans fureur ; sauvage, mais majestueux. Il était enflé et magnifique au moment où je le traversais. Il essuyait aux bateaux du pont sa crinière fauve, sa *barbe limoneuse*, comme dit Boileau. Ses deux rives se perdaient dans le crépuscule. Son bruit était un rugissement puissant et paisible. Je lui trouvais quelque chose de la grande mer.

Oui, mon ami, c'est un noble fleuve, féodal, républicain, impérial, digne d'être à la fois français et allemand. Il y a toute l'histoire de l'Europe, considérée sous ses deux grands aspects, dans ce fleuve des guerriers et des penseurs, dans cette vague superbe qui fait bondir la France, dans ce murmure profond qui fait rêver l'Allemagne.

Le Rhin réunit tout. Le Rhin est rapide comme le Rhône, large comme la Loire, encaissé comme la Meuse, tortueux comme la Seine, limpide et vert comme la Somme, historique comme le Tibre, royal comme le Danube, mystérieux comme le Nil, pailleté d'or comme un fleuve d'Amérique, couvert de fables et de fantômes comme un fleuve d'Asie.

Avant que l'histoire écrivît, avant que l'homme existât peut-être, où est le Rhin aujourd'hui, fumait et flambait une double chaîne de volcans qui se sont éteints en laissant sur le sol deux tas de laves et de basaltes disposés parallèlement comme deux longues murailles. A la même époque, les cristallisations gigantesques qui sont les montagnes primitives s'achevaient, les alluvions énormes qui sont les montagnes secondaires se desséchaient, l'effrayant monceau que nous appelons aujourd'hui les Alpes se refroidissait lentement. Les neiges s'y accumulaient; deux grands écoulements de ces neiges se répandirent sur la terre; l'un, l'écoulement du versant septentrional, traversa les plaines, rencontra la double tranchée des volcans éteints et s'en alla par là à l'Océan; l'autre, l'écoulement du versant occidental, tomba, de montagne en montagne, côtoya cet autre bloc de volcans expirés que nous nommons l'Ardèche, et se perdit dans la Méditerranée. Le premier de ces écoulements, c'est le Rhin; le second, c'est le Rhône.

Les premiers hommes que l'histoire voit poindre sur les bords du Rhin, c'est cette grande famille de peuples à demi sauvages qui s'appelaient *celtes*, et que Rome appela : *gaulois; qui ipsorum lingua* CELTÆ, *nostra vero* GALLI *vocantur*, dit César. Les rauraques s'établirent près de la source, les argentoraques et les moguntiens plus près de l'embouchure. Puis, quand l'heure fut venue, Rome apparut; César passa le Rhin; Drusus édifia ses cinquante citadelles; le consul Munatius Plancus commença une ville sur la croupe septentrionale du Jura; Martius Vipsanius Agrippa bâtit un fort devant le dégorgement du Mein, puis établit une colonie vis-à-vis de Tuitium; le sénateur Antoine fonda sous Néron un municipe près de la mer batave; et tout le Rhin fut sous la main de Rome. Quand la vingt-deuxième légion, qui avait campé sous les oliviers mêmes où agonisa Jésus-Christ, revint du siège de Jérusalem, Titus l'envoya sur le Rhin. La légion romaine continua l'œuvre de Martius Agrippa; une ville semblait nécessaire aux conquérants pour lier le Melibocus au Taunus, et Moguntiacum, ébauchée par Martius, fut construite par la légion, puis agrandie ensuite par Trajan et embellie par Adrien. — Chose frappante et qu'il faut noter en passant, — cette vingt-deuxième légion avait amené avec elle Crescentius, qui le premier porta la parole du Christ dans le Rhingau et y fonda la religion nouvelle. Dieu voulait que ces mêmes hommes aveugles qui avaient renversé la dernière pierre du temple sur le Jourdain en reposassent la première pierre sur le Rhin. — Après Trajan et Adrien, vint Julien, qui dressa une forteresse sur le confluent du Rhin et de la Moselle; après Julien, Valentinien, qui érigea des châteaux sur les deux volcans éteints que nous nommons le Lowemberg et le Stromberg; et ainsi se trouva nouée et consolidée en peu de siècles, comme une chaîne rivée sur le fleuve, cette longue et robuste ligne de colonies romaines, Vinicella, Altavilla, Lorca, Trajani castrum, Versalia, Mola Romanorum, Turris Alba, Victoria, Rodobriga, Antoniacum, Sentiacum, Rigodulum, Rigomagum, Tulpetum, Broïlum, qui part de la Cornu Romanorum au lac de Constance, descend le Rhin en s'appuyant sur Augusta, qui est Bâle; sur Argentina, qui est Strasbourg, sur Moguntiacum, qui est Mayence; sur Confluentia, qui est Coblenz; sur Colonia Agrippina, qui est Cologne, et va se rattacher, près de l'Océan, à Trajectum ad Mosam, qui est Maëstricht et à Trajectum ad Rhenum, qui est Utrecht.

Dès lors, le Rhin fut romain. Il ne fut plus que le fleuve arrosant la province helvétique ultérieure, la première et la seconde Germanie, la première Belgique et la province batave. Le gaulois chevelu du nord, que venaient voir par curiosité, au troisième siècle, le gaulois à toge de Milan et le gaulois à braies de Lyon, le gaulois chevelu fut dompté. Les châteaux romains de la rive gauche tinrent en respect la rive droite, et le légionnaire vêtu de drap de Trèves, armé d'une pertuisane de Tongres, n'eut plus qu'à surveiller du haut des rochers le vieux chariot de guerre des germains, massive tour roulante, aux roues armées de faulx, au timon hérissé de piques, traînée par des bœufs, crénelée pour dix archers, qui se hasardait quelquefois de l'autre côté du Rhin jusque sous la baliste des forteresses de Drusus.

Cet effrayant passage des hommes du nord aux régions du midi qui se renouvelle fatalement à de certaines époques climatériques de la vie des nations, et qu'on appelle l'invasion des barbares, vint submerger Rome quand fut arrivé l'instant où Rome devait se transformer. La barrière granitique et militaire des citadelles du Rhin fut écrasée par ce débordement, et il y eut un moment, vers le sixième siècle, où les crêtes du Rhin furent couronnées de ruines romaines comme elles le sont aujourd'hui de ruines féodales.

Charlemagne restaura ces décombres, refit ces forteresses, les opposa aux vieilles hordes germaines renaissantes sous d'autres noms, aux boëmans, aux abodrites, aux welebates, aux sarabes; bâtit à Mayence, où fut enterrée sa femme Fastrada, un pont à piles de pierre dont on voit encore, dit-on, les ruines sous l'eau, releva l'aqueduc de Bonn; répara les voies romaines de Victoria, aujourd'hui Neuwied; de Bacchiara, aujourd'hui Bacharach; de Vinicella, aujourd'hui Winkel; et de Thronus Bacchi, aujourd'hui Trarbach; et se construisit à lui-même, des débris d'un bain de Julien, un palais, le Saal, à Nieder-Ingelheim. Mais, malgré tout son génie et toute sa volonté, Charlemagne ne fit que galvaniser des ossements. La vieille Rome était morte. La physionomie du Rhin était changée.

Déjà, comme je l'ai indiqué plus haut, sous la domination romaine, un germe inaperçu avait été déposé dans le Rhingau. Le christianisme, cet aigle divin qui commençait à déployer ses ailes, avait pondu dans ces rochers son œuf, qui contenait un monde. A l'exemple de Crescentius, qui, dès l'an 70, évangélisait le Taunus, saint Apollinaire avait visité Rigomagum; saint Goar avait prêché à Bacchiara; saint Martin, évêque de Tours, avait catéchisé Confluentia; saint Materne, avant d'aller à Tongres, avait habité Cologne; saint Eucharius s'était bâti un ermitage dans les bois près de Trèves, et, dans les mêmes forêts, saint Gézélin, debout pendant trois ans sur une colonne, avait lutté corps à corps avec une statue de Diane, qu'il avait fini par faire crouler, pour ainsi dire, en la regardant. A Trèves même beaucoup de chrétiens obscurs étaient morts de la mort des martyrs dans la cour du palais des préfets de la Gaule, et l'on avait jeté leur cendre au vent; mais cette cendre était une semence.

La graine était dans le sillon; mais, tant que dura le passage des barbares, rien ne leva.

Bien au contraire, il se fit un écroulement profond où la civilisation sembla tomber; la chaîne des traditions certaines se rompit; l'histoire parut s'effacer; les hommes et les événements de cette sombre époque traversèrent le Rhin comme des ombres, jetant à peine au fleuve un reflet fantastique, évanoui aussitôt qu'aperçu.

De là, pour le Rhin, après une période historique, une période merveilleuse.

L'imagination de l'homme, pas plus que la nature, n'accepte le vide. Où se tait le bruit humain, la nature fait jaser les nids d'oiseaux, chuchoter les feuilles d'arbres et murmurer les mille voix de la solitude. Où cesse la certitude historique, l'imagination fait vivre l'ombre, le rêve et l'apparence. Les fables végètent, croissent, s'entre-mêlent et fleurissent dans les lacunes de l'histoire écroulée, comme les aubépines et les gentianes dans les crevasses d'un palais en ruine.

La civilisation est comme le soleil; elle a ses nuits et ses jours, ses plénitudes et ses éclipses, elle disparait et reparait.

Dès qu'une aube de civilisation renaissante commença à poindre sur le Taunus, il y eut sur les bords du Rhin un adorable gazouillement de légendes et de fabliaux; dans toutes les parties éclairées par ce rayon lointain, mille figures surnaturelles et charmantes resplendirent tout à coup, tandis que dans les parties sombres des formes hideuses et d'effrayants fantômes s'agitaient. Alors, pendant que se bâtissaient, avec de belles basaltes neuves, à côté des décombres romains, aujourd'hui effacés, les châteaux saxons et gothiques, aujourd'hui démantelés, toute une population d'êtres imaginaires, en communication directe avec les belles filles et les beaux chevaliers, se répandit dans le Rhingau; les oréades, qui prirent les bois; les ondins, qui prirent les eaux; les gnomes, qui prirent le dedans de la terre; l'esprit des rochers; le frappeur; le chasseur noir, traversant les halliers monté sur un grand cerf à seize andouillers; la pucelle du marais noir; les six pucelles du marais rouge; Wodan, le dieu à dix mains; les douze hommes noirs; l'étourneau qui proposait des énigmes; le corbeau qui croassait sa chanson; la pie qui racontait l'histoire de sa grand'mère; les marmousets du Zeitelmoos; Éverard le Barbu, qui conseillait les princes égarés à la chasse; Sigefroi la Cornu, qui assommait les dragons dans les antres. Le diable posa sa pierre à Teufelstein et son échelle à Teufelsleiter; il osa même aller prêcher publiquement à Gernsbach, près de la forêt Noire; mais heureusement Dieu dressa de l'autre côté du fleuve, en face de la Chaire du Diable, la Chaire de l'Ange. Pendant que les Sept-Montagnes, ce vaste cratère éteint, se remplissaient de monstres, d'hydres et de spectres gigantesques, à l'autre extrémité de la chaîne, à l'entrée du Rhingau, l'âpre vent de la Wisper apportait jusqu'à Bingen des nuées de vieilles fées petites comme des sauterelles. La mythologie se greffa, dans ces vallées, sur la légende des saints, et y produisit des résultats étranges, bizarres fleurs de l'imagination humaine. Le Drachenfels eut, sous d'autres noms, sa tarasque et sa sainte Marthe; la double fable d'Écho et d'Hylas s'installa dans le redoutable rocher de Lurley; la pucelle-serpent rampa dans les souterrains d'Augst; Hatto, le mauvais évêque, fut mangé dans sa tour par ses sujets changés en rats; les sept sœurs moqueuses de Schœnberg furent métamorphosées en rochers, et le Rhin eut ses *demoiselles* comme la Meuse avait ses *dames*. Le démon Urian passa le Rhin à Dusseldorf, ayant sur son dos, ployée en deux comme un sac de meunier, la grosse dune qu'il avait prise au bord de la mer, à Leyde, pour engloutir Aix-la-Chapelle, et que, épuisé de fatigue et trompé par une vieille femme, il laissa tomber stupidement aux portes de la ville impériale, où cette dune est aujourd'hui le Loosberg. A cette époque, plongée pour nous dans une pénombre où des lueurs magiques étincellent çà et là, ce ne sont dans ces bois, dans ces rochers, dans ces vallons, qu'apparitions, visions, prodigieuses rencontres, chasses diaboliques, châteaux infernaux, bruits de harpes dans les taillis, chansons mélodieuses chantées par des chanteurs invisibles, affreux éclats de rire poussés par des passants mystérieux. Des héros humains, presque aussi fantastiques que les personnages surnaturels, Cunon de Sayn, Sibo de Lorch, la *forte épée*, Griso le païen, Attich, duc d'Alsace, Thassilo, duc de Bavière, Anthyse, duc des francs, Samo, roi des vendes, errent effarés dans ces futaies vertigineuses, cherchant et pleurant leurs belles, longues et sveltes princesses blanches couronnées de noms charmants, Gela, Garlinde, Liba, Williswinde, Schonetta. Tous ces aventuriers, à demi enfoncés dans l'impossible et tenant à peine par le talon à la vie réelle, vont et viennent dans les légendes, perdus vers le soir dans les forêts inextricables, cassant les ronces et les épines, comme le *Chevalier de la mort* d'Albert Durer, sous le pas de leur lourd cheval, suivis de leur lévrier efflanqué, regardés entre deux branches par des larves, et accostant dans l'ombre tantôt quelque noir charbonnier assis près d'un feu, qui est Satan entassant dans un chaudron les âmes des trépassés ; tantôt des nymphes toutes nues qui leur offrent des cassettes pleines de pierreries ; tantôt de petits hommes vieux, lesquels leur rendent leur sœur, leur fille ou leur fiancée, qu'ils ont retrouvée sur une montagne, endormie dans un lit de mousse, au fond d'un beau pavillon tapissé de coraux, de coquilles et de cristaux ; tantôt quelque puissant nain *qui*, disent les vieux poëmes, *tient parole de géant*.

Parmi ces héros chimériques surgissent de temps en temps des figures de chair et d'os ; d'abord et surtout Charlemagne et Roland ; Charlemagne à tous les âges, enfant, jeune homme, vieillard ; Charlemagne, que la légende fait naître chez un meunier, dans la forêt Noire ; Roland, qu'elle fait mourir, non à Roncevaux des coups de toute une armée, mais d'amour sur le Rhin, dans le couvent de Nonnenwerth ; plus tard, l'empereur Othon, Frédéric Barberousse et Adolphe de Nassau. Ces hommes historiques, mêlés dans les contes aux personnages merveilleux, c'est la tradition des faits réels qui persiste sous l'encombrement des rêveries et des imaginations, c'est l'histoire qui se fait vaguement jour à travers les fables, c'est la ruine qui reparait çà et là sous les fleurs.

Cependant les ombres se dissipent, les contes s'effacent, le jour se fait, la civilisation se reforme et l'histoire reprend figure avec elle.

Voici que quatre hommes venus de quatre côtés différents se réunissent de temps à temps près d'une pierre qui est au bord du Rhin, sur la rive gauche, à quelques pas d'une allée d'arbres, entre Rhens et Kapellen. Ces quatre hommes s'asseyent sur cette pierre, et là ils font et défont les empereurs d'Allemagne. Ces hommes sont les quatre électeurs du Rhin ; cette pierre, c'est le siège royal, Kœnigsthül.

Le lieu qu'ils ont choisi, à peu près au milieu de la vallée du Rhin, Rhens, qui est à l'électeur de Cologne, regarde à la fois, à l'ouest, sur la rive gauche, Kapellen, qui est à l'électeur de Trèves ; et au nord, sur la rive droite, d'un côté Oberlahnstein, qui est à l'électeur de Mayence, et de l'autre Braubach, qui est à l'électeur palatin. En une heure chaque électeur peut se rendre à Rhens de chez lui.

De leur côté, tous les ans, le second jour de la Pentecôte, les notables de Coblenz et de Rhens se réunissent au même lieu sous prétexte de fête, et confèrent entre eux de certaines choses obscures ; commencement de commune et de bourgeoisie faisant sourdement son trou dans les fondations du formidable édifice germanique déjà tout construit ; vivace et éternelle conspiration des petits contre les grands germant audacieusement près du Kœnigsthül, à l'ombre même de ce trône de pierre de la féodalité.

Presque au même endroit, dans le château électoral de Stolzenfels, qui domine la petite ville de Kapellen, aujourd'hui ruine magnifique, Werner, archevêque de Cologne, loge et entretient de 1380 à 1418 des alchimistes qui ne font pas d'or, mais qui trouvent, en cheminant vers la pierre philosophale, plusieurs des grandes lois de la chimie. Ainsi, dans un espace de temps assez court, le même point du Rhin, le lieu à peine remarqué aujourd'hui, qui fait face à l'embouchure de la Lahn, voit naître pour l'Allemagne l'empire, la démocratie et la science.

Désormais le Rhin a pris un aspect tout ensemble militaire et religieux. Les abbayes et les couvents se multiplient ; les églises à mi-côte rattachent aux donjons de la montagne les villages du bord du fleuve, image frappante, et renouvelée à chaque tournant du Rhin, de la façon dont le prêtre doit être situé dans la société humaine. Les princes ecclésiastiques multiplient les édifices dans le Rhingau, comme avaient fait mille ans auparavant les prêtres de Rome. L'archevêque Baudoin de Trèves bâtit l'église d'Oberwesel ; l'archevêque Henri de Wittingen construit le pont de Coblenz sur la Moselle ; l'archevêque Walram de Juliers sanctifie par une croix de pierre magnifiquement sculptée les ruines romaines et le piton volcanique de Godersberg, ruines et collines quelque peu suspectes de magie. Le pouvoir spirituel et le pouvoir temporel se mêlent dans ces princes comme dans le pape. De là une juridiction double qui prend l'âme et le corps et ne s'arrête pas, comme dans les états purement séculiers, devant le bénéfice de clergie. Jean de Barnich, chapelain de Saint-Goar, empoisonne avec le vin de la communion sa dame, la comtesse de Katzenellenbogen ; l'électeur de Cologne, comme son évêque, l'excommunie, et, comme son prince, le fait brûler vif.

De son côté, l'électeur palatin sent le besoin de protester perpétuellement contre les empiétements possibles des trois archevêques de Cologne, de Trèves et de Mayence ; et les comtesses palatines vont faire leurs couches, en signe de souveraineté, dans le Pfalz, tour bâtie devant Caub au milieu même du Rhin.

En même temps, au milieu de ces développements simultanés ou successifs des princes-électeurs, les ordres de chevalerie prennent position sur le Rhin. L'ordre Teutonique s'installe à Mayence, en vue du Taunus.

tandis que, près de Trèves, en vue des Sept-Montagnes, les chevaliers de Rhodes s'établissent à Martinshof. De Mayence, l'ordre Teutonique se ramifie jusqu'à Coblenz, où une de ses commanderies prend pied. Les templiers, déjà maîtres de Courgenay et de Porentruy dans l'évêché de Bâle, avaient Boppart et Saint-Goar au bord du Rhin, et Trarbach entre le Rhin et la Moselle. C'est ce même Trarbach, le pays des vins exquis, le Thronus Bacchi des romains, qui appartint plus tard à ce Pierre Flotte, que le pape Boniface appelait *borgne de corps et aveugle d'esprit*.

Tandis que les princes, les évêques et les chevaliers faisaient leurs fondations, le commerce faisait ses colonies. Une foule de petites villes marchandes germèrent, à l'imitation de Coblenz sur la Moselle et de Mayence devant le Mein, au confluent de toutes les rivières et de tous les torrents que versent dans le Rhin les innombrables vallées du Hundsruck, du Hohenruch, des crêtes de Hammerstein et des Sept-Montagnes. Bingen se posa sur la Nahe ; Niederlahnstein, sur la Hahn ; Engers, vis-à-vis la Sayn ; Irrlich, sur la Wied ; Linz, en face de l'Aar ; Reindorf, sur les Mahrbachs ; et Bergheim, sur la Sieg.

Cependant, dans tous les intervalles qui séparaient les princes ecclésiastiques et les princes féodaux, les commanderies des chevaliers-moines et les bailliages des communes, l'esprit des temps et la nature des lieux avaient fait croître une singulière race de seigneurs. Du lac de Constance aux Sept-Montagnes, chaque crête du Rhin avait son burg et son burgrave. Ces formidables barons du Rhin, produits robustes d'une nature âpre et farouche, nichés dans les basaltes et les bruyères, crénelés dans leur trou et servis à genoux par leurs officiers comme l'empereur, hommes de proie tenant tout ensemble de l'aigle et du hibou, puissants seulement autour d'eux, mais toutpuissants autour d'eux, maîtrisaient le ravin et la vallée, levaient des soldats, battaient les routes, imposaient des péages, rançonnaient les marchands, qu'ils vinssent de Saint-Gall ou de Dusseldorf, barraient le Rhin avec leur chaîne et envoyaient fièrement des cartels aux villes voisines quand elles se hasardaient à leur faire affront. C'est ainsi que le burgrave d'Ockenfels provoqua la grosse commune de Linz, et le chevalier Hausner du Hegau la ville impériale de Kauffeuern. Quelquefois, dans ces étranges duels, les villes, ne se sentant pas assez fortes, avaient peur et demandaient secours à l'empereur ; alors le burgrave éclatait de rire, et, à la prochaine fête patronale, il allait insolemment au tournoi de la ville, monté sur l'âne du son meunier. Pendant les effroyables guerres d'Adolphe de Nassau et de Didier d'Isembourg, plusieurs de ces chevaliers qui avaient leurs forteresses dans le Taunus poussèrent l'audace jusqu'à aller piller un des faubourgs de Mayence sous les yeux mêmes des deux prétendants qui se disputaient la ville. C'était leur façon d'être neutres. Le burgrave n'était ni pour Isembourg ni pour Nassau ; il était pour le burgrave. Ce n'est que sous Maximilien, quand le grand capitaine du Saint-Empire, George de Frundsberg, eut détruit le dernier des burgs, Hohenkrachen, qu'expira cette redoutable espèce de gentilshommes sauvages qui commence au dixième siècle par les burgraves-héros et qui finit au seizième par les burgraves-brigands.

Mais les choses invisibles dont les résultats ne prennent corps qu'après beaucoup d'années s'accomplissaient aussi sur le Rhin, en même temps que le commerce, et sur les mêmes bateaux, pour ainsi dire, l'esprit d'hérésie, d'examen et de liberté montait et descendait ce grand fleuve sur lequel il semble que toute la pensée de l'humanité dût passer. On pourrait dire que l'âme de Tanquelin, qui au douzième siècle prêchait contre le pape devant la cathédrale d'Anvers, escorté de trois mille sectaires armés, avec la pompe et l'équipage d'un roi, remonta le Rhin après sa mort, et alla inspirer Jean Huss dans sa maison de Constance, puis des Alpes redescendit le Rhône et fit surgir Doucet dans le comtat d'Avignon. Jean Huss fut brûlé, Doucet fut écartelé. L'heure de Luther n'avait pas encore sonné. Dans les voies de la providence, il y a des hommes pour les fruits verts et d'autres hommes pour les fruits mûrs.

Cependant le seizième siècle approchait. Le Rhin avait vu naître au quatorzième siècle, non loin de lui, à Nuremberg, l'artillerie ; et au quinzième, sur sa rive même, à Strasbourg, l'imprimerie. En 1400, Cologne avait fondu la fameuse couleuvrine de quatorze pieds de long. En 1472, Vindelin de Spire avait imprimé sa bible. Un nouveau monde allait surgir, et, chose remarquable et digne qu'on y insiste, c'est sur les bords du Rhin que venaient de trouver et de prendre une nouvelle forme ces deux mystérieux outils avec lesquels Dieu travaille sans cesse à la civilisation de l'homme, la catapulte et le livre, la guerre et la pensée.

Le Rhin, dans les destinées de l'Europe, a une sorte de signification providentielle. C'est le grand fossé transversal qui sépare le sud du nord. La providence en a fait le fleuve-frontière ; les forteresses en ont fait le fleuve-muraille. Le Rhin a vu la figure et a reflété l'ombre de presque tous les grands hommes de guerre qui, depuis trente siècles, ont labouré le vieux continent avec ce soc qu'on appelle l'épée. César a traversé le Rhin en montant du midi ; Attila a traversé le Rhin en descendant du septentrion. Clovis y a gagné la bataille de Tolbiac. Charlemagne et Bonaparte y ont régné. L'empereur Frédéric Barberousse, l'empereur Rodolphe de Hapsbourg et le palatin Frédéric I<sup>er</sup> y ont été grands, victorieux et formidables. Gustave-Adolphe y a commandé ses armées du haut de la guérite de Caub. Louis XIV a vu le Rhin. *Enghien et Condé l'ont passé !* Hélas ! Turenne aussi. Drusus y a sa pierre à Mayence comme Marceau à Coblenz et Hoche à Andernach. Pour l'œil du penseur qui voit vivre l'histoire, deux grands aigles planent perpétuellement sur le Rhin, l'aigle des légions romaines et l'aigle des régiments français.

Ce noble Rhin, que les romains nommaient *Rhenus superbus*, tantôt porte les ponts de bateaux hérissés de lances, de pertuisanes ou de bayonnettes, qui versent sur l'Allemagne les armées d'Italie, d'Espagne et de France, ou reversent sur l'ancien monde romain, toujours géographiquement adhérent, les anciennes hordes barbares, toujours les mêmes aussi; tantôt charrie pacifiquement les sapins de la Murg et de Saint-Gall, les porphyres et les serpentines de Bâle, la potasse de Bingen, le sel de Karlshall, les cuirs de Stromberg, le vif-argent de Lansberg, les vins de Johannisberg et de Bacharach, les ardoises de Caub, les saumons d'Oberwesel, les cerises de Salzig, le charbon de bois de Boppart, la vaisselle de fer-blanc de Coblenz, la verrerie de la Moselle, les fers forgés de Bendorf, les tufs et les meules d'Andernach, les tôles de Neuwied, les eaux minérales d'Antoninstein, les draps et les poteries de Wallendar, les vins rouges de l'Aar, le cuivre et le plomb de Linz, la pierre de taille de Kœnigswinter, les laines et les soieries de Cologne; et il accomplit majestueusement à travers l'Europe, selon la volonté de Dieu, sa double fonction de fleuve de la guerre et de fleuve de la paix, ayant sans interruption, sur la double rangée de collines qui encaisse la plus notable partie de son cours, d'un côté des chênes, de l'autre des vignes, c'est-à-dire d'un côté le nord, de l'autre le midi, d'un côté la force, de l'autre la joie.

Pour Homère, le Rhin n'existait pas. C'était un des fleuves probables, mais inconnus, de ce sombre pays des cimmériens sur lesquels il pleut sans cesse et qui ne voient jamais le soleil. Pour Virgile, ce n'était pas le fleuve inconnu, mais le fleuve glacé; *frigora Rheni*. Pour Shakespeare, c'est le *beau Rhin*; *beautiful Rhine*. Pour nous, jusqu'au jour où le Rhin sera la question de l'Europe, c'est l'excursion pittoresque à la mode, la promenade des désœuvrés d'Ems, de Bade et de Spa.

Pétrarque est venu à Aix-la-Chapelle, mais je ne crois pas qu'il ait parlé du Rhin.

La géographie donne, avec cette volonté inflexible des pentes, des bassins et des versants que tous les congrès du monde ne peuvent contrarier longtemps, la géographie donne la rive gauche du Rhin à la France. La divine providence lui a donné trois fois les deux rives; sous Pépin le Bref, sous Charlemagne et sous Napoléon.

L'empire de Pépin le Bref était à cheval sur le Rhin. Il comprenait la France proprement dite, moins l'Aquitaine et la Gascogne, et l'Allemagne proprement dite, jusqu'au pays des bavarois exclusivement.

L'empire de Charlemagne était deux fois plus grand que ne l'a été l'empire de Napoléon.

Il est vrai, et ceci est considérable, que Napoléon avait trois empires, ou, pour mieux dire, était empereur de trois façons; immédiatement et directement, de l'empire français; médiatement et par ses frères, de l'Espagne, de l'Italie, de la Westphalie et de la Hollande, royaumes dont il avait fait les contreforts de l'empire central; moralement et par droit de suprématie, de l'Europe, qui n'était plus que la base, de jour en jour plus envahie, de son prodigieux édifice.

Compris de cette manière, l'empire de Napoléon égalait au moins celui de Charlemagne.

Charlemagne, dont l'empire avait le même centre et le même mode de génération que l'empire de Napoléon, prit et agglomèra autour de l'héritage de Pépin le Bref la Saxe jusqu'à l'Elbe, la Germanie jusqu'à la Saal, l'Esclavonie jusqu'au Danube, la Dalmatie jusqu'aux bouches du Cattaro, l'Italie jusqu'à Gaëte, l'Espagne jusqu'à l'Èbre.

Il ne s'arrêta en Italie qu'aux limites des bénéventins et des grecs, et en Espagne qu'aux frontières des sarrasins.

Quand cette immense formation se décomposa pour la première fois, en 843, Louis le Débonnaire étant mort et ayant déjà laissé reprendre aux sarrasins leur part, c'est-à-dire toute la tranche de l'Espagne comprise entre l'Èbre et le Llobregat, des trois morceaux en lesquels l'empire se brisa il y eut de quoi faire un empereur, Lothaire qui eut l'Italie et un grand fragment triangulaire de la Gaule, et deux rois, Louis qui eut la Germanie, et Charles qui eut la France. Puis, en 855, quand le premier des trois lambeaux se divisa à son tour, de ces morceaux d'un morceau de l'empire de Charlemagne on put encore faire un empereur, Louis, avec l'Italie, un roi, Charles, avec la Provence et la Bourgogne, et un autre roi, Lothaire, avec l'Austrasie, qui s'appela dès lors Lotharingie, puis Lorraine. Quand vint le moment où le deuxième lot, le royaume de Louis le Germanique, se déchira, le plus gros débris forma l'empire d'Allemagne, et dans les petits fragments s'installa l'innombrable fourmilière des comtés, des duchés, des principautés et des villes libres, protégée par les margraviats, gardiens des frontières. Enfin, quand le troisième morceau, l'état de Charles le Chauve, plia et se rompit sous le poids des ans et des princes, cette dernière ruine suffit pour la formation d'un roi, le roi de France; de cinq ducs souverains, les ducs de Bourgogne, de Normandie, de Bretagne, d'Aquitaine et de Gascogne; et de trois comtes-princes, le comte de Champagne, le comte de Toulouse et le comte de Flandre.

Ces empereurs-là sont des titans. Ils tiennent un moment l'univers dans leurs mains, puis la mort leur écarte les doigts, et tout tombe.

On peut dire que la rive droite du Rhin appartint à Napoléon comme à Charlemagne.

Bonaparte ne rêva pas un duché du Rhin, comme l'avaient fait quelques politiques médiocres dans la longue lutte de la maison de France contre la maison d'Autriche. Il savait qu'un royaume longitudinal qui n'est pas insulaire est impossible; il plie et se coupe en deux au premier choc violent. Il ne faut pas qu'une principauté affecte l'ordre simple; l'ordre profond est nécessaire aux états pour se maintenir et résister. A quelques mutilations et à quelques agglomérations près, l'empereur prit la confédération du Rhin telle que la géographie et l'histoire l'avaient faite, et se contenta de la systématiser. Il faut que la confédération du Rhin fasse front et obstacle au nord ou au midi. Elle était posée contre la France, l'empereur la retourna. Sa politique était une main qui plaçait et déplaçait les empires avec la force d'un géant et la sagacité d'un joueur d'échecs. En grandissant les princes du Rhin, l'empereur comprit qu'il accroissait la couronne de France et qu'il diminuait la couronne d'Allemagne. En effet, ces électeurs devenus rois, ces margraves et ces landgraves devenus grands-ducs, gagnaient en escarpement du côté de l'Autriche et de la Russie ce qu'ils perdaient du côté de la France, grands par devant, petits par derrière, rois pour les empereurs du nord, préfets pour Napoléon.

Ainsi, pour le Rhin, quatre phases bien distinctes, quatre physionomies bien tranchées. Première phase, l'époque antédiluvienne et peut-être préadamite, les volcans; deuxième phase, l'époque historique ancienne, luttes de la Germanie et de Rome, où rayonne César; troisième phase, l'époque merveilleuse, où surgit Charlemagne; quatrième phase, l'époque historique moderne, luttes de l'Allemagne et de la France, que domine Napoléon. Car, quoi que fasse l'écrivain pour éviter la monotonie de ces grandes gloires, quand on traverse l'histoire européenne d'un bout à l'autre, César, Charlemagne et Napoléon sont les trois énormes bornes militaires, ou plutôt millénaires, qu'on retrouve toujours sur son chemin.

Et maintenant, pour terminer par une dernière observation, le Rhin, fleuve providentiel, semble être aussi un fleuve symbolique. Dans sa pente, dans son cours, dans les milieux qu'il traverse, il est, pour ainsi dire, l'image de la civilisation, qu'il a déjà tant servie et qu'il servira tant encore. Il descend de Constance à Rotterdam, du pays des aigles à la ville des harengs, de la cité des papes, des conciles et des empereurs, au comptoir des marchands et des bourgeois, des Alpes à l'Océan, comme l'humanité elle-même est descendue des idées hautes, immuables, inaccessibles, sereines, resplendissantes, aux idées larges, mobiles, orageuses, sombres, utiles, navigables, dangereuses, insondables, qui se chargent de tout, qui portent tout, qui fécondent tout, qui engloutissent tout; de la théocratie à la diplomatie, d'une grande chose à une autre grande chose.

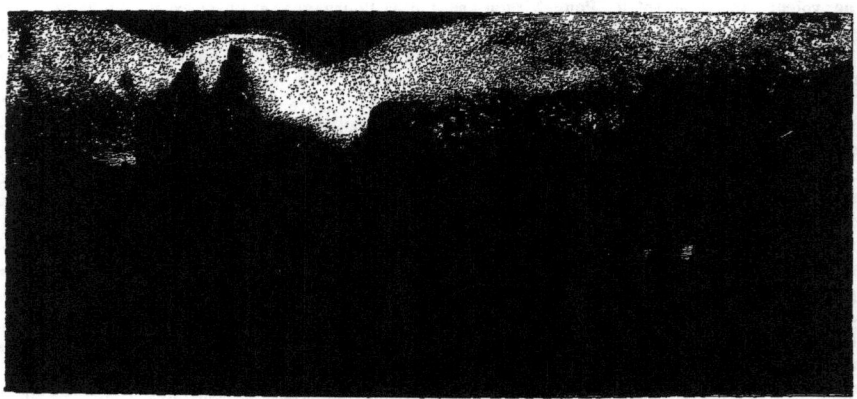

# LETTRE XV

## LA SOURIS

Saint-Goar, août.

Samedi passé il avait plu toute la matinée. J'avais pris passage à Andernach sur le dampfschiff le *Stadt Manheim*. Nous remontions le Rhin depuis quelques heures, lorsque tout à coup, par je ne sais quel caprice, car d'ordinaire c'est de là que viennent les nuées, le vent du sud-ouest, le Favonius de Virgile et d'Horace, le même qui, sous le nom de Fohn, fait de si terribles orages sur le lac de Constance, troua d'un coup d'aile la grosse voûte de nuages que nous avions sur nos têtes et se mit à en disperser les débris dans tous les coins du ciel avec une joie d'enfant. En quelques minutes la vraie et éternelle coupole bleue reparut appuyée sur les quatre coins de l'horizon, et un chaud soleil de midi fit remonter tous les voyageurs sur le pont.

En ce moment-là nous passions, toujours *entre les vignes et les chênes*, devant un pittoresque et vieux village de la rive droite, Velmich, dont le clocher roman, aujourd'hui stupidement châtré et restauré, était flanqué, il y a peu d'années encore, de quatre tourelles-vedettes comme la tour militaire d'un burgrave. Au-dessus de Velmich s'élevait presque verticalement un de ces énormes bancs de laves dont la coupe sur le Rhin ressemble, dans des proportions démesurées, à la cassure d'un tronc d'arbre à demi entaillé par la hache du bûcheron. Sur cette croupe volcanique une superbe forteresse féodale ruinée, de la même pierre et de la même couleur, se dressait comme une excroissance naturelle de la montagne. Tout au bord du Rhin babillait un groupe de jeunes laveuses battant leur linge au soleil.

Cette rive m'a tenté; je m'y suis fait descendre. Je connaissais la ruine de Velmich comme une des plus mal famées et des moins visitées qu'il y eût sur le Rhin. Pour les voyageurs, elle est d'un abord difficile, et dit-on même, dangereux. Pour les paysans, elle est pleine de spectres et d'histoires effrayantes. Elle est habitée par des flammes vivantes qui, le jour, se cachent dans des souterrains inaccessibles et ne deviennent visibles que la nuit au haut de la grande tour ronde. Cette grande tour n'est elle-même que le prolongement hors de terre d'un immense puits comblé aujourd'hui, qui trouait jadis tout le mont et descendait plus bas que le niveau du Rhin. Dans ce puits, un seigneur de Velmich, un Falkenstein, nom fatal dans les légendes, lequel vivait au quatorzième siècle, faisait jeter sans confession qui bon lui semblait parmi les passants ou parmi ses vassaux. Ce sont toutes ces âmes en peine qui habitent maintenant le château. Il y avait à cette époque dans le clocher de Velmich une cloche d'argent donnée et bénite par Winfried, évêque de Mayence, en l'année 740, temps mémorable où Constantin VI était empereur de Rome à Constantinople, où le roi païen Massilies avait quatre royaumes en Espagne, et où régnait en France le roi Clotaire, plus tard excommunié de triple excommunication par saint Zacharie, quatrevingt-quatorzième pape. On ne sonnait jamais cette cloche que pour les prières de quarante heures, quand un seigneur de Velmich était gravement malade ou en danger de mort. Or Falkenstein, qui ne croyait pas à Dieu, qui ne croyait pas même au diable, et qui avait besoin d'argent, eut envie de cette belle cloche. Il la fit arracher du clocher et apporter dans son donjon. Le prieur de Velmich s'émut et monta chez le seigneur, en chasuble et en étole, précédé de deux enfants de chœur portant la croix, pour redemander sa cloche. Falkenstein se prit à rire et lui cria : *Tu veux ta cloche? eh bien, tu l'auras, et elle ne te quittera plus*. Cela dit, il fit jeter le prêtre dans le puits de la tour avec la cloche d'argent liée au cou. Puis, sur l'ordre du burgrave, on combla avec de grosses pierres, par-dessus le prêtre et la cloche, soixante aunes du puits. Quelques jours après, Falkenstein tomba subitement malade. Alors, quand la nuit fut venue, l'astrologue et le médecin qui veillaient près du burgrave entendirent avec terreur le glas de la cloche d'argent sortir des profondeurs de la terre. Le lendemain Falkenstein était mort. Depuis ce temps-là, tous les ans, quand revient l'époque de la mort du burgrave, dans la nuit du 18 janvier, fête de la Chaire de Saint-Pierre à Rome, on entend distinctement la cloche d'argent tinter sous la montagne. — Voilà une des histoires. — Ajoutez à cela que le mont voisin, qui encaisse de l'autre côté le torrent de Velmich, est lui-même tout entier la tombe d'un ancien géant; car l'imagination des hommes, qui a vu avec raison dans les volcans les grandes forges de la nature, a mis des cyclopes partout où elle a vu fumer des montagnes, et tous les Etnas ont leur Polyphème.

J'ai donc commencé à gravir vers la ruine entre le souvenir de Falkenstein et le souvenir du géant. Il faut vous dire que je m'étais d'abord fait indiquer le meilleur sentier par des enfants du village, service pour lequel je leur ai laissé prendre dans ma bourse tout ce qu'ils ont voulu; car les pièces d'argent et de cuivre de ces peuples lointains, thalers, gros, pfennings, sont les choses les plus fantastiques et les plus inintelligibles du monde, et, pour ma part, je ne comprends rien à ces monnaies barbares imposées par les borusses au pays des ubiens.

Le sentier est âpre en effet; dangereux, non, si ce n'est pour les personnes sujettes au vertige, ou peut-être après les grosses pluies, quand la terre et la roche sont glissantes. Du reste, cette ruine maudite et redoutée a sur les autres ruines du Rhin l'avantage de n'être pas exploitée. Aucun officieux ne vous suit dans l'ascension, aucun démonstrateur des spectres ne vous demande pour boire, aucune porte verrouillée et cadenassée ne vous barre le chemin à mi-côte. On grimpe, on escalade le vieil escalier de basalte des burgraves, qui reparaît encore par endroits; on s'accroche aux broussailles et aux touffes d'herbes; personne ne vous gêne. Au bout de vingt minutes j'étais au sommet du mont, au seuil de la ruine. Là, je me suis retourné et j'ai fait halte un moment avant d'entrer. Derrière moi, sous une poterne changée en crevasse informe, montait un roide escalier changé en rampe de gazon. Devant moi se développait un immense paysage presque géométriquement composé, sans froideur pourtant, de tranches concentriques; à mes pieds, le village groupé autour de son clocher; autour du village, un tournant du Rhin; autour du Rhin, un sombre croissant de montagnes couronnées au loin çà et là de donjons et de vieux châteaux; autour et au-dessus des montagnes, la rondeur du ciel bleu.

Après avoir repris haleine, je suis entré sous la poterne et j'ai commencé à escalader la pente étroite de gazon. En cet instant-là, la forteresse éventrée m'est apparue avec un aspect si délabré et une figure si formidable et si sauvage, que j'avoue que je n'aurais pas été surpris le moins du monde de voir sortir de dessous les rideaux de lierre quelque forme surnaturelle portant des fleurs bizarres dans son tablier, Gela, la fiancée de Barberousse, ou Hildegarde, la femme de Charlemagne, cette douce impératrice qui connaissait les vertus occultes des simples et des minéraux et qui allait herborisant dans les montagnes. J'ai regardé un moment vers la muraille septentrionale avec je ne sais quel vague désir de voir se dresser brusquement entre les pierres les lutins *qui sont partout au nord*, comme disait le gnome à Cunon de Sayn, ou les trois petites vieilles chantant la sinistre chanson des légendes :

> Sur la tombe du géant
> J'ai cueilli trois brins d'orties;
> En fil les ai converties :
> Prenez, ma sœur, ce présent.

Mais il a fallu me résigner à ne rien voir et à ne rien entendre que le sifflement ironique d'un merle des rochers perché je ne sais où.

Maintenant, ami, si vous voulez avoir une idée complète de l'intérieur de cette ruine fameuse et inconnue, je ne puis mieux faire que de transcrire ici ce que j'écrivais sur mon livre de notes à chaque pas que j'y faisais. C'est la chose vue pêle-mêle, minutieusement, mais prise sur le fait et par conséquent ressemblante.

« Je suis dans la ruine. — La tour ronde, quoique rongée au sommet, est encore d'une élévation prodigieuse. Aux deux tiers de sa hauteur, entailles verticales d'un pont-levis dont la baie est murée. De toutes parts grands murs à fenêtres déformées dessinant encore des salles sans portes ni plafonds. — Étages sans escaliers, — escaliers sans chambres. — Sol inégal, montueux, formé de voûtes effondrées, couvert d'herbe. Fouillis inextricable. — J'ai déjà souvent admiré avec quelle jalousie de propriétaire avare la solitude garde, enclôt et défend ce que l'homme lui a une fois abandonné. Elle dispose et hérisse soigneusement sur le seuil les broussailles les plus féroces, les plantes les plus méchantes et les mieux armées, le houx, l'ortie, le chardon, l'aubépine, la lande, c'est-à-dire plus d'ongles et de griffes qu'il n'y en a dans une ménagerie de tigres. A travers les buissons revêches et hargneux, la ronce, ce serpent de la végétation, s'allonge et se glisse et vient vous mordre les pieds. Ici, du reste, comme la nature n'oublie jamais l'ornement, ce fouillis est charmant. C'est une sorte de gros bouquet sauvage où abondent des plantes de toute forme et de toute espèce, les unes avec leurs fleurs, les autres avec leurs fruits, celles-là avec leur riche feuillage d'automne, mauve, liseron, clochette, anis, pimprenelle, bouillon-blanc, gentiane jaune, fraisier, thym, le prunellier tout violet, l'aubépine qu'en août on devrait appeler rouge-épine avec ses baies écarlates, les longs sarments chargés de mûres de la ronce déjà couleur de sang. — Un sureau. — Deux jolis acacias. — Coin inattendu où quelque paysan voltairien, profitant de la superstition des autres, se cultive pour lui-même un petit carré de betteraves. De quoi faire un morceau de sucre. — A ma gauche, la tour, sans porte, ni croisée, ni entrée visible. A ma droite, un souterrain défoncé par la voûte. Changé en gouffre. — Bruit superbe du vent, admirable ciel bleu aux crevasses de l'immense masure. — Je vais monter par un escalier d'herbe dans une espèce de salle haute. — J'y suis. — Rien que deux vues magnifiques sur le Rhin, les collines et les villages. — Je me penche dans le compartiment au fond duquel est le souterrain-gouffre. — Au-dessus de ma tête, deux arrachements de cheminées en granit bleu, quinzième siècle. Reste de suie et de fumée à l'âtre. — Peintures effacées aux fenêtres. — Là-haut, une jolie tourelle sans toit ni escalier, pleine de plantes fleuries qui se penchent pour me regarder. — J'entends rire les laveuses du Rhin. — Je redescends dans une salle basse. — Rien. Traces de fouilles dans le pavé. Quelque trésor enfoui par les gnomes que les paysans auront cherché. — Autre salle basse. — Trou carré au centre donnant dans un caveau. Ces deux noms sur le mur : *Phædovius*. *Kutorga*. J'écris le mien à côté avec un morceau de basalte pointu. — Autre caveau. — Rien. — D'ici je revois le gouffre. Il est inaccessible. Un rayon de soleil y pénètre. — Ce souterrain est au bas du grand donjon carré qui occupait l'angle opposé à la tour ronde. Ce devait être la prison du burg. — Grand compartiment faisant face au Rhin. — Trois cheminées, dont une à colonnettes, pendent arrachées à diverses hauteurs. Trois étages défoncés sous mes pieds. Au fond, deux arches voûtées. A l'une, des branches mortes; à l'autre, deux jolis rameaux de lierre qui se balancent gracieusement. J'y vais. Voûtes construites sur le basalte même du mont, qui reparaît à vif. Traces de fumée. Dans l'autre grand compartiment où je suis entré tout d'abord, et qui a dû être la cour, près de la tour ronde, plâtrage blanc sur le mur avec un reste de peinture et ces deux chiffres tracés en rouge : 23 — 18 — (sic) ♫. Je fais le tour extérieur du château par le fossé. — Escalade assez pénible. — L'herbe glisse. — Il faut ramper de broussaille en broussaille au-dessus d'un précipice assez profond. Toujours pas d'entrée ni de trace de porte murée au bas de la grande tour. Reste de peintures sur les mâchicoulis. Le vent tourne les feuillets de mon livre et me gêne pour écrire. — Je vais rentrer dans la ruine. J'y suis. — J'écris sur une petite console de velours vert que me prête le vieux mur. »

J'ai oublié de vous dire que cette énorme ruine s'appelle *la Souris* (*die Mause*). Voici pourquoi.

Au douzième siècle, il n'y avait là qu'un petit burg toujours guetté et fort souvent molesté par un gros château fort situé une demi-lieue plus loin, qu'on appelait le *Chat* (*die Katz*), par abréviation du nom de son seigneur, Katzenellenbogen. Kuno de Falkenstein, à qui le chétif burg de Velmich échut en héritage, le fit raser et construisit à la même place un château beaucoup plus grand que le château voisin en déclarant que *désormais ce serait la Souris qui mangerait le Chat*.

Il avait raison. *Die Mause* en effet, quoique tombée aujourd'hui, est encore une sinistre et redoutable commère sortie jadis armée et vivante, avec ses hanches de lave et de basalte, des entrailles mêmes de ce volcan éteint, qui la porte, ce semble, avec orgueil. Je ne pense pas que personne ait jamais été tenté de railler cette montagne qui a enfanté cette souris.

Je suis resté dans la masure jusqu'au coucher du soleil, qui est aussi une heure de spectres et de fantômes. Ami, il me semblait que j'étais redevenu un joyeux écolier; j'errais et je grimpais partout, je dérangeais les grosses pierres, je mangeais des mûres sauvages, je tâchais d'irriter, pour les faire sortir de leur ombre, les habitants surnaturels ; et comme j'écrasais des épaisseurs d'herbes en marchant au hasard, je sentais monter vaguement jusqu'à moi cette odeur âcre des plantes des ruines que j'ai tant aimée dans mon enfance.

Après tout, il est certain qu'avec sa mauvaise renommée de puits plein d'âmes et de squelettes, cette impénétrable tour sans portes ni fenêtres est d'un aspect lugubre et singulier.

Cependant le soleil était descendu derrière la montagne, et j'allais faire comme lui, quand quelque chose d'étrange a tout à coup remué près de moi. Je me suis penché. Un grand lézard d'une forme extraordinaire, d'environ neuf pouces de long, à gros ventre, à queue courte, à tête plate et triangulaire comme une vipère, noir comme l'encre et traversé de la tête à la queue par deux raies d'un jaune d'or, posait ses quatre pattes noires à coudes saillants sur les herbes humides et rampait lentement vers une crevasse basse du vieux mur. C'était l'habitant mystérieux et solitaire de cette ruine, la bête-génie, l'animal à la fois réel et fabuleux, — une salamandre, — qui me regardait avec douceur en rentrant dans son trou.

# LETTRE XVI

### A TRAVERS CHAMPS

*Saint-Goar, août.*

Je ne pouvais m'arracher de cette ruine. Plusieurs fois j'ai commencé à descendre, puis je suis remonté.

La nature, comme une mère souriante, se prête à tous nos rêves et à tous nos caprices. Comme j'allais enfin décidément quitter la Souris, l'idée m'est venue, et j'avoue que je l'ai exécutée, d'appliquer mon oreille contre le soubassement de la grosse tour, afin de pouvoir me dire consciencieusement à moi-même que, si je n'y étais pas entré, j'avais du moins écouté au mur. J'espérais un bruit quelconque, sans me flatter pourtant que la cloche de Winfried daignât se réveiller pour moi. En ce moment-là, ô prodige! j'ai entendu, mais entendu de mes propres oreilles, ce qui s'appelle entendu, un vague frémissement métallique, le son faible et à peine distinct d'une cloche, qui montait jusqu'à moi à travers le crépuscule et semblait en effet sortir de dessous la tour. Je confesse qu'à ce bruit si étrange les vers d'Hamlet à Horatio ont subitement reparu dans ma mémoire, comme s'ils étaient écrits en caractères lumineux; j'ai même cru un moment qu'ils éclairaient mon esprit. Mais je suis bien vite retombé dans le monde réel. — C'était l'angelus de quelque village que le vent m'apportait complaisamment. — N'importe. Il ne tient qu'à moi de croire et de dire que j'ai entendu tinter et palpiter sous la montagne la mystérieuse cloche d'argent de Velmich.

Comme je sortais du fossé septentrional, qui s'est changé en un ravin très épineux, le mont voisin, le tombeau du géant, s'est brusquement présenté à moi. Du point où j'étais, le rocher dessine à la base de la montagne, tout près du Rhin, le profil colossal d'une tête renversée en arrière, la bouche béante. On dirait que le géant qui, selon les légendes, gît là sur le ventre, étouffé sous le poids du mont, était parvenu à soulever un peu l'effroyable masse, et que déjà sa tête sortait d'entre les rochers, mais qu'à ce moment-là quelque Apollon ou quelque saint Michel a mis le pied sur la montagne, de sorte que le monstre écrasé a expiré dans cette posture en poussant un grand cri. Le cri s'est perdu dans les ténèbres de quarante siècles, la bouche est demeurée ouverte.

Du reste, je dois déclarer que ni le géant, ni la cloche d'argent, ni le spectre de Falkenstein, n'empêchent les vignes et les échalas de monter de terrasse en terrasse fort près de la Souris. Tant pis pour les fantômes qui se logent dans les pays vignobles! on leur fera du vin à leur porte, et les vrilles de la vigne s'accrocheront gaîment à leur masure. A moins pourtant que ce coteau de Velmich ne soit cultivé par les esprits eux-mêmes, et qu'il ne faille appliquer à ces fantastiques vignerons cette phrase que je lisais hier dans je ne sais quel guide tudesque des bords du Rhin : — « Derrière la montagne de Johannisberg se trouve le village du même nom *avec près de sept cents âmes qui récoltent un très bon vin.* »

Il faut d'ailleurs que le passant même le plus altéré se garde de toucher à ce raisin, ensorcelé ou non. A Velmich, on est dans le duché de M. de Nassau, et les lois de Nassau sont féroces à l'endroit des délits champêtres. Tout délinquant saisi est tenu d'acquitter une amende égale à la somme des dommages causés par tous les délits antérieurs dont les coupables ont échappé. Dernièrement un touriste anglais a cueilli et mangé dans un champ une prune qu'il a payée cinquante florins.

Je voulais aller chercher gîte à Saint-Goar, qui est sur la rive gauche, à une demi-lieue plus haut que Velmich. Un batelier du village m'a fait passer le Rhin et m'a déposé poliment chez le roi de Prusse, car la rive gauche est au roi de Prusse. Puis en me quittant, ce brave homme m'a donné, dans une langue composite, moitié en allemand, moitié en gaulois, des renseignements sur mon chemin que j'ai sans doute mal compris; car, au lieu de suivre la route qui côtoie le fleuve, j'ai pris par la montagne, croyant abréger, et je me suis quelque peu égaré.

Cependant, comme je traversais, broyant le chaume fraîchement coupé, de hautes plaines rousses où les grands vents se déploient le soir, un ravin s'est tout à coup présenté à ma gauche. J'y suis entré, et, après quelques instants d'une descente très âpre le long d'un sentier qui semble par moments un escalier fait avec de larges ardoises, je revoyais le Rhin.

Je me suis assis là; j'étais las.

Le jour n'avait pas encore complètement disparu. Il faisait nuit noire pour le ravin où j'étais et pour les vallées de la rive gauche adossées à de grosses colonnes d'ébène; mais une inexprimable lueur rose, reflet du couchant de pourpre, flottait sur les montagnes de l'autre côté du Rhin et sur les vagues silhouettes de ruines qui m'apparaissaient de toutes parts. Sous mes yeux, dans un abîme, le Rhin, dont le murmure arrivait jusqu'à moi, se dérobait sous une large brume blanchâtre d'où sortait à mes pieds mêmes la haute aiguille d'un clocher gothique à demi submergé dans le brouillard. Il y avait sans doute là une ville, cachée par cette nappe de vapeur. Je voyais à ma droite, à quelques toises plus bas que moi, le plafond couvert d'herbe d'une grosse tour grise démantelée et se tenant encore fièrement sur la pente de la montagne, sans créneaux, sans mâchicoulis et sans escaliers. Sur ce plafond, dans un pan de mur resté debout, il y avait une porte toute grande ouverte, car elle n'avait plus de battants, et sous laquelle aucun pied humain ne pouvait plus marcher. J'entendais au-dessus de ma tête cheminer et parler dans la montagne des passants inconnus dont je voyais les ombres remuer dans les ténèbres. — La lueur rose s'était évanouie.

Je suis resté longtemps assis là, sur une pierre, me reposant et songeant, regardant en silence passer cette heure sombre où le crêpe des fumées et des vapeurs efface lentement le paysage, et où le contour des objets prend une forme fantasque et lugubre. Quelques étoiles rattachaient et semblaient clouer au zénith le suaire noir de la nuit étendu sur une moitié du ciel et le blanc linceul du crépuscule déployé sinistrement sur l'autre.

Peu à peu le bruit de pas et de voix a cessé dans le ravin, le vent est tombé, et avec lui s'est éteint ce doux frémissement de l'herbe qui soutient la conversation avec le passant fatigué et lui tient compagnie. Aucun bruit ne venait de la ville invisible; le Rhin lui-même semblait s'être assoupi; une nuée livide et blafarde avait envahi l'immense espace du couchant au levant; les étoiles s'étaient voilées l'une après l'autre; et je n'avais plus au-dessus de moi qu'un de ces ciels de plomb où plane, visible pour le poëte, cette grande chauve-souris qui porte écrit dans son ventre ouvert : *melancholia*.

Tout à coup une brise a soufflé, la brume s'est déchirée, l'église s'est dégagée, un sombre bloc de maisons, piqué de mille vitres allumées, est apparu au fond du précipice par le trou qui s'est fait dans le brouillard. C'était Saint-Goar.

LE CHAT (St GOARSHAUSEN)

## LETTRE XVII

### SAINT-GOAR

Saint-Goar, août.

On peut passer à Saint-Goar une semaine fort bien employée. Il faut avoir soin de prendre des croisées sur le Rhin dans le très confortable *Gasthaus zur Lilie*. Là on est entre le Chat et la Souris. A sa gauche on a la Souris à demi voilée au fond de l'horizon par les brumes du Rhin; à sa droite et devant soi, le Chat, robuste donjon enveloppé de tourelles, lequel, au haut de sa colline, occupe le sommet d'un triangle dont le pittoresque village de Saint-Goarshausen, qui en fait la base au bord du Rhin, marque les deux angles avec ses deux vieilles tours, l'une carrée, l'autre ronde. — Les deux châteaux ennemis se guettent et semblent se jeter des coups d'œil foudroyants à travers le paysage; car, lorsqu'un donjon est en ruine, sa fenêtre regarde encore, mais avec ce regard hideux d'un œil crevé.

En face, sur la rive droite, et comme prêt à mettre le holà entre les deux adversaires, veille le spectre colossal du château-palais des landgraves de Hesse, le Rheinfels.

A Saint-Goar, le Rhin n'est plus un fleuve; c'est un

lac, un vrai lac du Jura fermé de toutes parts, avec son encaissement sombre, son miroitement profond et ses bruits immenses.

Si l'on reste chez soi, on a toute la journée le spectacle du Rhin, les radeaux, les longs bateaux à voiles, les petites barques-flèches et les huit ou dix omnibus à vapeur qui vont et viennent, montent et descendent, et passent à chaque instant avec le clapotement d'un gros chien qui nage, fumants et pavoisés. Au loin, sur la rive opposée, sous de beaux noyers qui ombragent une pelouse, on voit manœuvrer les soldats de M. de Nassau en veste verte et en pantalon blanc, et l'on entend le tambour tapageur d'un petit duc souverain. Tout près, sous sa croisée, on regarde passer les femmes de Saint-Goar avec leur bonnet bleu ciel pareil à une tiare qui aurait été modifiée par un coup de poing, et l'on entend rire et jaser un tas de petits enfants qui viennent jouer avec le Rhin. Pourquoi pas? Ceux de Tréport et d'Étretat jouent bien avec l'océan. Au reste, les enfants du Rhin sont charmants. Aucun d'eux n'a cette mine rogue et sévère des marmots anglais, par exemple. Les marmots allemands ont l'air indulgents comme de vieux curés.

Si l'on sort, on peut passer le Rhin pour six sous, prix d'un omnibus parisien, et l'on monte au Chat. C'est dans ce manoir des barons de Katzenellenbogen que s'est accomplie, en 1471, la lugubre aventure du chapelain Jean de Barnich. Aujourd'hui, *die Katz* est une belle ruine dont l'usufruit est loué par le duc de Nassau à un major prussien quatre ou cinq florins par an. Trois ou quatre visiteurs payent la rente. J'ai feuilleté le livre où s'inscrivent les étrangers, et, sur trente pages, — un an environ, — je n'ai pas vu un seul nom français. Force noms allemands, quelques noms anglais, deux ou trois noms italiens, voilà tout le registre. Du reste, l'intérieur du Chat est complètement démantelé. La salle basse de la tour, où le chapelain prépara le poison pour la comtesse, sert aujourd'hui de cellier. Quelques vignes maigres se tortillent autour de leurs échalas sur l'emplacement même où était la salle des portraits. Dans un petit cabinet, le seul qui ait porte et fenêtre, on a cloué au mur une gravure qui représente Bôhdan Chmielnicki, et au bas de laquelle on lit : *Belli servilis autor* (sic) *rebelliumque Cosaccorum et plebis Ukraynen.* Le formidable chef zaporavien, affublé d'un costume qui tient le milieu entre le moscovite et le turc, semble regarder de travers, par la faute du graveur peut-être, deux ou trois portraits de princes actuellement régnants rangés autour de lui.

Du haut du Chat l'œil plonge sur le fameux gouffre du Rhin appelé la *Bank*. Entre la Bank et la tour carrée de Saint-Goarshausen, il n'y a qu'un passage étroit. D'un côté le gouffre, de l'autre l'écueil. On trouve tout sur le Rhin, même Charybde et Scylla. Pour franchir ce détroit très redouté, les radeaux s'attachent au côté gauche par une assez longue corde à un tronc d'arbre appelé le *chien* (hund), et, au moment où ils passent entre la Bank et la Tour, ils jettent le tronc d'arbre à la Bank. La Bank saisit le tronc d'arbre avec rage et l'attire à elle. De cette façon elle maintient le radeau à distance de la Tour. Quand le danger est passé, on coupe la corde, et le gouffre mange le chien. C'est le gâteau de ce Cerbère.

Lorsqu'on est sur la plate-forme du Chat, on demande à son cicerone : *Où est donc la Bank?* Il vous montre à vos pieds un petit pli dans le Rhin. Ce pli, c'est le gouffre.

Il ne faut pas juger des gouffres sur l'apparence.

Un peu plus loin que la Bank, dans un tournant des plus sauvages, s'enfonce et se précipite à pic dans le Rhin, avec ses mille assises de granit qui lui donnent l'aspect d'un escalier écroulé, le fabuleux rocher de Lurley. Il y a là un écho célèbre qui répète, dit-on, sept fois tout ce qu'on lui dit ou tout ce qu'on lui chante.

Si je ne craignais pas d'avoir l'air d'un homme qui cherche à nuire à la réputation des échos, j'avouerais que, pour moi, l'écho n'a jamais été au delà de cinq répétitions.

Il est probable que l'oréade de Lurley, jadis courtisée par tant de princes et de comtes mythologiques, commence à s'enrouer et à s'ennuyer. Cette pauvre nymphe n'a plus aujourd'hui qu'un seul adorateur, lequel s'est creusé vis-à-vis d'elle, sur l'autre bord du Rhin, deux petites chambres dans les rochers, et passe sa journée à lui jouer du cor de chasse et à lui tirer des coups de fusil. Cet homme, qui fait travailler l'écho et qui en vit, est un vieux et brave hussard français.

Du reste, pour un promeneur qui ne s'y attend pas, l'effet de l'écho de Lurley est extraordinaire. Un batelet qui traverse le Rhin à cet endroit-là avec ses deux petits avirons y fait un bruit formidable. En fermant les yeux, on croirait entendre passer une galère de Malte avec ses cinquante grosses rames remuées chacune par quatre forçats enchaînés.

En descendant du Chat, avant de quitter Saint-Goarshausen, il faut aller voir, dans une vieille rue parallèle au Rhin, une charmante maison de la renaissance allemande, fort dédaignée de ses habitants, bien entendu. Puis on tourne à droite, on passe un pont de torrent, et l'on s'enfonce, au bruit des moulins à eau, dans la

LE REICHENBERG

« Vallée-Suisse », superbe ravin presque alpestre formé par la haute colline de Pétersberg et par l'une des arrière-croupes de Lurley.

C'est une délicieuse promenade que la Vallée-Suisse. On va, on vient, on visite les villages d'en haut, on plonge dans d'étroites gorges tellement sombres et désertes, que j'ai vu, dans l'une d'elles, la terre fraîchement remuée et le gazon bouleversé par la hure d'un sanglier. Ou bien on suit le bas de la ravine, entre des rochers qui ressemblent à des murs cyclopéens, sous les saules et les aulnes. Là, seul, englouti profondément dans un abîme de feuilles et de fleurs, on peut errer et rêver toute la journée, et écouter, comme un ami admis en tiers dans le tête-à-tête, la causerie mystérieuse du torrent et du sentier. Puis, si l'on se rapproche des routes à ornières, des fermes et des moulins, tout ce qu'on rencontre semble arrangé et groupé d'avance pour meubler le coin d'un paysage du Poussin. C'est un berger demi-nu, seul avec son troupeau dans un champ de couleur fauve et soufflant des mélodies bizarres dans une espèce de lituus antique. C'est un chariot traîné par des bœufs, comme j'en voyais dans les vignettes du Virgile-Herhan que j'expliquais dans mon enfance; entre le joug et le front des bœufs il y a un petit coussinet de cuir brodé de fleurs rouges et d'arabesques éclatantes. Ce sont des jeunes filles qui passent pieds nus, coiffées comme des statues du bas-empire. J'en ai vu une qui était charmante. Elle était assise près d'un four à sécher les fruits qui fumait doucement; elle levait vers le ciel ses grands yeux bleus et tristes, découpés comme deux amandes sur son visage bruni par le soleil ; son cou était chargé de verroteries et de colliers artistement disposés pour cacher un goître naissant. Avec cette difformité mêlée à cette beauté, on eût dit une idole de l'Inde accroupie près de son autel.

Tout à coup on traverse une prairie, les lèvres du ravin s'écartent, et l'on voit surgir brusquement au sommet d'une colline boisée une admirable ruine. Ce schloss, c'est le Reichenberg. C'est là que vivait, pendant les guerres du droit manuel du moyen âge, un des plus redoutables entre ces chevaliers-bandits qui se surnommaient eux-mêmes *fléaux du pays* (*landsschaden*). La ville voisine avait beau se lamenter, l'empereur avait beau citer le brigand blasonné à la diète de l'empire, l'homme de fer s'enfermait dans sa maison de granit, continuait hardiment son orgie de toute-puissance et de rapine, et vivait, excommunié par l'église, condamné par la diète, traqué par l'empereur, jusqu'à ce que sa barbe blanche lui descendît sur le ventre. Je suis entré dans le Reichenberg. Il n'y a plus rien, dans cette caverne de voleurs homérique, que des scabieuses sauvages, l'ombre déchirée des fenêtres errant sur les décombres, deux ou trois vaches qui paissent l'herbe des ruines, un reste d'armoiries mutilées par le marteau au-dessus de la grande porte, et çà et là, sous les pieds du voyageur, des pierres écartées par le passage des reptiles.

J'ai aussi visité, derrière la colline du Reichenberg, quelques masures, aujourd'hui à peine visibles, d'un village disparu, qui s'appelle le *village des Barbiers*.

Voici ce que c'était que le village des Barbiers.

Le diable, qui en voulait à Frédéric Barberousse à cause de ses nombreuses croisades, eut un jour l'idée de lui couper la barbe. C'était là une vraie niche magistrale, fort convenable de diable à empereur. Il arrangea donc avec une Dalila locale je ne sais quelle trahison invraisemblable au moyen de laquelle l'empereur Barberousse, passant à Bacharach, devait être endormi, puis rasé par un de nombreux barbiers de la ville. Or Barberousse, n'étant encore que duc de Souabe, avait obligé, du temps de ses amours avec la belle Gela, une vieille fée de la Wisper qui résolut de contrecarrer le diable. La petite fée, grosse comme une sauterelle, alla trouver un géant très bête de ses amis, et le pria de lui prêter son sac. Le géant y consentit et s'offrit même gracieusement à accompagner la fée, ce qu'elle accepta. La petite fée se grandit probablement un peu, puis alla à Bacharach dans la nuit même qui devait précéder le passage de Barberousse, prit un à un tous les barbiers de la ville pendant qu'ils dormaient profondément et les mit dans le sac du géant. Après quoi, elle dit au géant de charger ce sac sur ses épaules et de l'emporter bien loin, n'importe où. Le géant, qui, à cause de la nuit et de sa bêtise, n'avait rien vu de ce qu'avait fait la vieille, lui obéit et s'en alla à grandes enjambées par le pays endormi avec le sac sur son dos. Cependant les barbiers de Bacharach, cognés pêle-mêle les uns contre les autres, commencèrent à se réveiller et à grouiller dans le sac. Le géant de s'effrayer et de doubler le pas. Comme il passait par-dessus le Reichenberg et qu'il levait un peu la jambe à cause de la grande tour, un des barbiers, qui avait son rasoir dans sa poche, l'en tira et fit au sac un large trou par lequel tous les barbiers tombèrent, un peu gâtés et meurtris, dans les broussailles en poussant d'effroyables cris. Le géant crut avoir sur son dos un nid de diables, et se sauva à toutes jambes. Le lendemain, quand l'empereur passa à Bacharach, il n'y avait plus un barbier dans le pays ; et, comme Belzébuth, qui arrivait de son côté, un corbeau railleur perché sur la porte de la ville dit au sire diable : — Mon ami, tu as au milieu du visage une chose très grosse que tu ne pourrais voir dans la meilleure glace, c'est-à-dire un pied de nez. — Depuis cette époque il n'y a plus de barbiers à Bacharach. Le fait certain, c'est qu'aujourd'hui même il est impossible d'y trouver un frater tenant boutique. Quant aux barbiers escamotés par la fée, ils s'établirent à l'endroit même où ils étaient tombés, et y bâtirent un village qu'on nomma le *village des Barbiers*. C'est ainsi que l'empereur Frédéric Ier, dit Barberousse, conserva sa barbe et son surnom.

Outre la Souris et le Chat, le Lurley, la Vallée-Suisse et le Reichenberg, il y a encore près de Saint-Goar le Rheinfels, dont je vous ai dit un mot tout à l'heure.

Toute une montagne évidée à l'intérieur avec des crêtes de ruines sur sa tête ; deux ou trois étages d'appartements et de corridors souterrains qui paraissent avoir été creusés par des taupes colossales ; d'immenses décombres ; des salles démesurées dont l'ogive a cinquante pieds d'ouverture ; sept cachots avec leurs oubliettes pleines d'une eau croupie qui résonne, plate et morte, au choc d'une pierre ; le bruit des moulins à eau dans la petite vallée derrière le château, et, par les crevasses de la façade, le Rhin avec quelque bateau à vapeur qui, vu de cette hauteur, semble un gros poisson vert aux yeux jaunes cheminant à fleur d'eau et dressé à porter sur son dos des hommes et des voitures ; un palais féodal des landgraves de Hesse changé en énorme masure ; des embrasures de canons et de catapultes qui ressemblent à ces loges de bêtes fauves des vieux cirques romains, où l'herbe pousse ; par endroits, à demi engagée dans l'antique mur éventré, une vis de Saint-Gilles ruinée et comblée dont l'hélice fruste a l'air d'un monstrueux coquillage antédiluvien ; les ardoises et les basaltes non taillés qui donnent aux archivoltes des profils de scies et de mâchoires ouvertes ; de grosses douves ventrues tombées tout d'une pièce, ou, pour mieux dire, couchées sur le flanc comme si elles étaient fatiguées de se tenir debout. — Voilà le Rheinfels. On voit cela pour deux sous.

Il semble que la terre ait tremblé sous cette ruine. Ce n'est pas un tremblement de terre, c'est Napoléon qui y a passé. En 1807, l'empereur a fait sauter le Rheinfels.

Chose étrange! tout a croulé, excepté les quatre murs de la chapelle. On ne traverse pas sans une certaine émotion mélancolique ce lieu de paix préservé seul au milieu de cette effrayante citadelle bouleversée. Dans les embrasures des fenêtres on lit ces graves inscriptions, deux par chaque fenêtre : *Sanctus Franciscus de Paula vixit* 1500. *Sanctus Franciscus vixit* 1526. — *Sanctus Dominicus vixit*... (effacé). *Sanctus Albertus vixit* 1292. — *Sanctus Norbertus*, 1150. *Sanctus Bernardus*, 1139. — *Sanctus Bruno*, 1115. *Sanctus Benedictus*, 1140. — Il y a encore un nom effacé ; puis, après avoir ainsi remonté les siècles chrétiens d'auréole en auréole, on arrive à ces trois lignes majestueuses : — *Sanctus Basilius magnus, episc. Cæsareæ Cappadoci, magister monachorum orientalium, vixit anno* 372. — A côté de Basile le Grand, sous la porte même de la chapelle, sont inscrits ces deux mots : *Sanctus Antonius magnus. Sanctus Paulus eremita.* — Voilà tout ce que la bombe et la mine ont respecté.

Ce château formidable, qui s'est écroulé sous Napoléon, avait tremblé devant Louis XIV. L'ancienne *Gazette de France*, qui s'imprimait au bureau de l'Adresse, dans les entresols du Louvre, annonce, à la date du 23 janvier 1693, que « le landgrave de Hesse-Cassel prend possession de la ville de Saint-Goar et du Rheinfels à lui cédés par le landgrave Frédéric de Hesse, résolu d'aller finir ses jours à Cologne ». Dans son numéro suivant, à la date du 5 février, elle fait savoir que « cinq cents paysans travaillent avec les soldats aux fortifications du Rheinfels ». Quinze jours après, elle proclame que « le comte de Thingen fait tendre des chaînes et construire des redoutes sur le Rhin ». Pourquoi ce landgrave qui s'enfuit? Pourquoi ces cinq cents paysans qui travaillent mêlés aux soldats? Pourquoi ces redoutes et ces chaînes tendues en hâte sur le Rhin? C'est que Louis le Grand a froncé le sourcil. La guerre d'Allemagne va recommencer.

Aujourd'hui le Rheinfels, à la porte duquel est encore incrustée dans le mur la couronne ducale des landgraves, sculptée en grès rouge, est la dépendance d'une métairie. Quelques plants de vigne y végètent et deux ou trois chèvres y broutent. Le soir toute la ruine, découpée sur le ciel avec ses fenêtres à jour, est d'une masse magnifique.

En remontant le Rhin, à un mille de Saint-Goar (le mille prussien, comme la *legua* espagnole, comme l'heure de marche turque, vaut deux lieues de France), on aperçoit tout à coup, à l'écartement de deux montagnes, une belle ville féodale répandue à mi-côte jusqu'au bord du Rhin, avec d'anciennes rues comme nous n'en voyons à Paris que dans les décors de l'Opéra, quatorze tours crénelées plus ou moins drapées de lierre, et deux grandes églises de la plus pure époque gothique. C'est Oberwesel, une des villes du Rhin qui ont le plus guerroyé. Les vieilles murailles d'Oberwesel sont criblées de coups de canon et de trous de balles. On peut y déchiffrer, comme sur un palimpseste, les gros boulets de fer des archevêques de Trèves, les biscaïens de Louis XIV et notre mitraille révolutionnaire. Aujourd'hui Oberwesel n'est plus qu'un vieux soldat qui s'est fait vigneron. Son vin rouge est excellent.

Comme presque toutes les villes du Rhin, Oberwesel a sur sa montagne son château en ruine, le Schœnberg, un des décombres les plus admirablement écroulés qui soient en Europe. C'est dans le Schœnberg qu'habitaient, au dixième siècle, ces sept rieuses et cruelles *demoiselles* qu'on peut voir aujourd'hui, par les brèches de leur château, changées en sept rochers au milieu du fleuve.

L'excursion de Saint-Goar à Oberwesel est pleine d'attrait. La route côtoie le Rhin, qui là se rétrécit subitement et s'étrangle entre de hautes collines. Aucune maison, presque aucun passant. Le lieu est désert, muet et sauvage. De grands bancs d'ardoises à demi rongés sortent du fleuve et couvrent la rive comme des tas d'écailles gigantesques. De temps en temps on entrevoit, à demi cachée sous les épines et les osiers et comme embusquée au bord du Rhin, une espèce d'immense araignée formée par deux longues perches souples et courbes, croisées transversalement, réunies à leur milieu et à leur point culminant par un gros nœud rattaché à un levier, et plongeant leurs quatre pointes dans l'eau. C'est une araignée en effet.

Par instants, dans cette solitude et dans ce silence, le levier mystérieux s'ébranle, et l'on voit la hideuse bête se soulever lentement, tenant entre ses pattes sa toile, au milieu de laquelle saute et se tord un beau saumon d'argent.

Le soir, après avoir fait une de ces magnifiques courses qui ouvrent jusque dans leurs derniers cæcums les cavernes profondes de l'estomac, on rentre à Saint-Goar, et l'on trouve au bout d'une longue table, ornée de distance en distance de fumeurs silencieux, un de ces excellents et honnêtes soupers allemands où les perdreaux sont plus gros que les poulets. Là, on se répare à merveille, surtout si l'on sait se plier comme le voyageur Ulysse aux mœurs des nations, et si l'on a le bon esprit de ne pas prendre en scandale certaines rencontres bizarres qui ont lieu quelquefois dans le même plat, par exemple, d'un canard rôti avec une marmelade de pommes, ou d'une hure de sanglier avec un pot de confitures. Vers la fin du souper, une fanfare mêlée de mousquetade éclate tout à coup au dehors. On se met en hâte à la fenêtre. C'est le hussard français qui fait travailler l'écho de Saint-Goar. L'écho de Saint-Goar n'est pas moins merveilleux que l'écho de Lurley. La chose est admirable en effet. Chaque coup de pistolet devient coup de canon dans cette montagne. Chaque dentelle de la fanfare se répète avec une netteté prodigieuse dans la profondeur ténébreuse des vallées. Ce sont des symphonies délicates, exquises, voilées, affaiblies, légèrement ironiques, qui semblent se moquer de vous en vous caressant. Comme il est impossible de croire que cette grosse montagne lourde et noire ait tant d'esprit, au bout de très peu d'instants on est dupe de l'illusion, et le penseur le plus positif est prêt à jurer qu'il y a là-bas, dans ces ombres, sous quelque bocage fantastique, un être surnaturel et solitaire, une fée quelconque, une Titania qui s'amuse à parodier délicieusement les musiques humaines et à jeter la moitié d'une montagne par terre chaque fois qu'elle entend un coup de fusil. C'est tout à la fois effrayant et charmant. L'effet serait bien plus profond encore si l'on pouvait oublier un moment qu'on est à la croisée d'une auberge et que cette sensation extraordinaire vous est servie comme un plat de plus dans le dessert. Mais tout se passe le plus naturellement du monde; l'opération terminée, un valet d'auberge, tenant à la main une assiette d'étain qu'il présente aux offrandes, fait le tour de la salle pour le hussard, qui se tient dans un coin par dignité, et tout est terminé. Chacun se retire après avoir payé son écho.

## LETTRE XVIII

### BACHARACH

Lorch, 23 août.

Je suis en ce moment dans les vieilles villes les plus jolies, les plus honnêtes et les plus inconnues du monde. J'habite des intérieurs de Rembrandt avec des cages pleines d'oiseaux aux fenêtres, des lanternes bizarres au plafond, et, dans le coin des chambres, des degrés en colimaçon qu'un rayon de soleil escalade lentement. Une vieille femme et un rouet à pieds tors bougonnent dans l'ombre ensemble à qui mieux mieux.

J'ai passé trois jours à Bacharach, façon de cour des Miracles oubliée au bord du Rhin par le bon goût voltairien, par la révolution française, par les batailles de Louis XIV, par les canonnades de 97 et de 1805, et par les architectes élégants et sages qui font des maisons en forme de commodes et de secrétaires. Bacharach est bien le plus antique morceau d'habitations humaines que j'aie vu de ma vie. Auprès de Bacharach, Oberwesel, Saint-Goar et Andernach sont des rues de Rivoli et des cités Bergère. Bacharach est l'ancienne *Bacchi Ara*. On dirait qu'un géant, marchand de bric-à-brac, voulant tenir boutique sur le Rhin, a pris une montagne pour étagère et y a disposé du haut en bas, avec son goût de géant, un tas de curiosités énormes. Cela commence sous le Rhin même. Il y a là, à fleur d'eau, un rocher volcanique selon les uns, un peulven celtique selon les autres, un autel romain selon les derniers, qu'on appelle l'*Ara Bacchi*. Puis, au bord du fleuve, deux ou trois vieilles coques de navires vermoulues, coupées en deux et plantées debout en terre, qui servent de cahutes à des pêcheurs; puis, derrière les cahutes, une enceinte jadis crénelée, contre-butée par quatre tours carrées les plus ébréchées, les plus mitraillées, les plus croulantes qu'il y ait. Puis contre l'enceinte même, où les maisons se sont percé des fenêtres et des galeries, et au delà, sur le pied de la montagne, un indescriptible pêle-mêle d'édifices amusants, masures-bijoux, tourelles fantasques, façades bossues, pignons impossibles dont le double escalier porte un clocheton poussé comme une asperge sur chacun de ses degrés, lourdes poutres dessinant sur des cabanes de délicates arabesques, greniers en volutes, balcons à jour, cheminées figurant des tiares et des couronnes philosophiquement pleines de fumée,

girouettes extravagantes, lesquelles ne sont plus des girouettes, mais des lettres majuscules de vieux manuscrits découpées dans la tôle à l'emporte-pièce, qui grincent au vent. (J'ai eu entre autres au-dessus de ma tête une R qui passait toute la nuit à se nommer : — rrrrr). Dans cet admirable fouillis, une place, — une place tortue, faite par des blocs de maisons tombés du ciel au hasard, qui a plus de baies, d'îlots, de récifs et de promontoires qu'un golfe de Norvége. D'un côté de cette place deux polyèdres composés de constructions gothiques, surplombant, penchés, grimaçant, et se tenant effrontément debout contre toute géométrie et tout équilibre. De l'autre côté, une belle et rare église romane, percée d'un portail à losanges, surmontée d'un haut clocher militaire, cordonnée à l'abside d'une galerie de petites archivoltes à colonnettes de marbre noir et partout incrustée de tombes de la renaissance comme une châsse de pierreries. Au-dessus de l'église byzantine, à mi-côte, la ruine d'une autre église, du quinzième siècle, en grès rouge, sans portes, sans toits et sans vitraux, magnifique squelette qui se profile fièrement sur le ciel. Enfin, pour couronnement, au haut de la montagne, les décombres et les arrachements couverts de lierre d'un schloss, le château de Stahlech, résidence des comtes palatins au douzième siècle. Tout cela est Bacharach.

Ce vieux bourg-fée, où fourmillent les contes et les légendes, est occupé par une population d'habitants pittoresques, qui tous, les anciens et jeunes, les marmots et les grands-pères, les goîtreux et les jolies filles, ont dans le regard, dans le profil et dans la tournure, je ne sais quels airs du treizième siècle.

Ce qui n'empêche pas les jolies filles d'y être très jolies; au contraire.

Du haut du schloss on a une vue immense et l'on découvre dans les embrasures des montagnes cinq autres châteaux en ruines; sur la rive gauche, Furstenberg, Sonneck et Heimburg; de l'autre côté du fleuve, à l'ouest, on entrevoit le vaste Gutenfels, plein du souvenir de Gustave-Adolphe; et vers l'est, au-dessus d'une vallée qui est le fabuleux Wisperthal, au faîte d'une colline, sur une petite éminence qui lui sert de piédestal, cette botte de noires tours qui ressemble à l'ancienne Bastille de Paris, c'est le manoir inhospitalier dont Sibo de Lorch refusait d'ouvrir la porte aux gnomes dans les nuits d'orage.

Bacharach est dans un paysage farouche. Des nuées presque toujours accrochées à ses hautes ruines, des rochers abrupts, une eau sauvage, enveloppent dignement cette vieille ville sévère, qui a été romaine, qui a été romane, qui a été gothique, et qui ne veut pas devenir moderne. Chose remarquable, une ceinture d'écueils qui l'entoure de toutes parts empêche les bateaux à vapeur d'aborder et tient la civilisation à distance.

Aucune touche discordante, aucune façade blanche à contrevents verts ne dérange l'austère harmonie de cet ensemble. Tout y concourt, jusqu'à ce nom, *Bacharach*, qui semble un ancien cri des bacchanales, accommodé pour le sabbat.

Je dois pourtant dire, en historien fidèle, que j'ai vu une marchande de modes installée avec ses rubans roses et ses bonnets blancs sous une effroyable ogive toute noire du douzième siècle.

Le Rhin mugit superbement autour de Bacharach. Il semble qu'il aime et qu'il garde avec orgueil sa vieille cité. On est tenté de lui crier : *Bien rugi, lion!* A une portée d'arquebuse de la ville il s'engouffre et tourne sur lui-même dans un entonnoir de rochers en imitant l'écume et le bruit de l'océan. Ce mauvais pas s'appelle le *Wildes Gefæhrt*. Il est tout à la fois beaucoup plus effrayant et beaucoup moins dangereux que la Bank de Saint-Goar. — Il ne faut pas juger des gouffres, etc.

Quand le soleil écarte un nuage et vient rire à une lucarne du ciel, rien n'est plus ravissant que Bacharach. Toutes ces façades décrépites et rechignées se déridant et s'épanouissent. Les ombres des tourelles et des girouettes dessinent mille angles bizarres. Les fleurs — il y a là des fleurs partout — se mettent à la fenêtre en même temps que les femmes, et sur tous les seuils apparaissent, par groupes gais et paisibles, les enfants et les vieillards, se réchauffant pêle-mêle au rayon de midi, — les vieillards avec ce pâle sourire qui dit : *Déjà plus!* les enfants avec ce doux regard qui dit : *Pas encore!*

Au milieu de ce bon peuple va et vient et se promène un sergent prussien en uniforme avec une mine entre chien et loup.

Du reste, que ce soit esprit du pays, que ce soit jalousie de la Prusse, je n'ai pas vu dans les cadres qui pendent aux murailles des auberges d'autre grand homme que ce conquérant au profil quelque peu rococo, cette espèce de Napoléon Louis XIV, vrai héros, vrai penseur et vrai prince d'ailleurs, qu'on appelle Frédéric II.

A Bacharach un passant est un phénomène. On n'est pas seulement étranger, on est étrange. Le voyageur est regardé et suivi avec des yeux effarés. Cela tient à ce que, hors quelques pauvres peintres cheminant à pied, le sac sur le dos, personne ne daigne visiter l'antique capitale répudiée des comtes palatins, affreux trou dont s'écartent les dampschiffs et que tous les répertoires du Rhin qualifient de *ville triste*.

Cependant je dois avouer encore qu'il y avait dans un cabinet voisin de ma chambre une lithographie représentant l'Europe, c'est-à-dire deux belles dames décolletées et un beau monsieur à moustaches chantant autour d'un piano, accompagnés de ce quatrain folâtre, peu digne de Bacharach :

### L'EUROPE.

L'Europe enchanteresse, où la France en jouant
Donne partout les lois de sa mode éphémère.
Les plaisirs, les beaux-arts et le sexe charmant,
Sont les cultes chéris de cette heureuse terre.

La marchande de modes avec ses rubans roses, cette lithographie et ce quatrain empire, c'est l'aube du dix-neuvième siècle qui commence à poindre à Bacharach.

J'avais sous ma croisée tout un petit monde heureux et charmant. C'était une sorte d'arrière-cour attenante à l'église romane, d'où l'on peut monter par un roide escalier en lave jusqu'aux ruines de l'église gothique. Là jouaient tout le jour, avec les hautes herbes jusqu'au menton, trois petits garçons et deux petites filles qui battaient volontiers les trois petits garçons. Ils pouvaient bien avoir à eux cinq une quinzaine d'années. Le gazon, légèrement ondulé par endroits, était tellement épais, qu'on ne voyait pas la terre. Sur ce gazon se dressaient joyeusement deux tonnelles vertes

chargées de magnifiques raisins. Au milieu des pampres deux mannequins-épouvantails, costumés en Lubins d'opéra-comique, emperruqués et coiffés d'affreux tricornes, s'efforçaient de faire peur aux petits oiseaux, ce qui n'empêchait pas d'abonder sur ces grappes les verdiers, les bergeronnettes et les hoche-queues. Dans tous les coins du jardinet, des gerbes étoilées de soleils, de roses trémières et de reines-marguerites, éclataient comme les bouquets d'un feu d'artifice. Autour de ces touffes flottait sans cesse une neige vivante de papillons blancs auxquels se mêlaient des plumes échappées d'un colombier voisin. Chaque fleur et chaque grappe avaient en outre sa nuée de mouches de toutes couleurs qui resplendissaient au soleil. Les mouches bourdonnaient, les enfants babillaient et les oiseaux chantaient, et le bourdonnement des mouches, le babil des enfants et le chant des oiseaux se découpaient sur un roucoulement continu de colombes et de tourterelles.

Le soir de mon arrivée, après avoir admiré jusqu'à la nuit ce réjouissant jardin, l'escalier en lave s'offrit à moi, et il me prit fantaisie de monter, par un beau clair d'étoiles, jusqu'aux ruines de l'église gothique, laquelle était dédiée à saint Werner, qui fut martyrisé à Oberwesel. Après avoir gravi les soixante ou quatre-vingts marches sans rampe et sans garde-fou, j'arrivai sur la plate-forme tapissée d'herbe où s'enracine puissamment la belle nef démantelée. Là, pendant que la ville dormait dans une ombre profonde sous mes pieds, je contemplai le ciel et les ruines difformes du château palatin à travers le fenestrage noir des meneaux et des rosaces. Un doux vent de nuit courbait à peine les folles avoines desséchées. Tout à coup je sentis que la terre pliait et s'enfonçait sous moi. Je baissai les yeux, et, à la lueur des constellations, je reconnus que je marchais sur une fosse fraîchement creusée. Je regardai autour de moi; des croix noires avec des têtes de mort blanches surgissaient vaguement de toutes parts. Je me rappelai alors les molles ondulations du terrain d'en bas. J'avoue qu'en ce moment-là je ne pus me défendre de cette espèce de frisson que donne l'inattendu. Mon charmant jardinet plein d'enfants, d'oiseaux, de colombes, de papillons, de musique, de lumière, de vie et de joie, était un cimetière.

## LETTRE XIX

### FEUER ! FEUER !

*Lorch, août.*

A Bacharach, minuit venu, on se couche, on ferme les yeux, on laisse tomber les idées qu'on a portées toute la journée, on arrive à cet instant où l'on a en soi tout ensemble quelque chose d'éveillé et quelque chose d'endormi, où le corps fatigué se repose déjà, où la pensée opiniâtre travaille encore, où il semble que le sommeil se sente vivre et que la vie se sente sommeiller. Tout à coup un bruit perce l'ombre et parvient jusqu'à vous, un bruit singulier, inexprimable, horrible, une espèce de grondement fauve, à la fois menaçant et plaintif, qui se mêle au vent de la nuit et qui semble venir de ce haut cimetière situé au-dessus de la ville où vous avez vu le matin même les onze gargouilles de pierre de l'église écroulée de Saint-Werner ouvrir la gueule comme si elles se préparaient à hurler. Vous vous réveillez en sursaut, vous vous dressez sur votre séant, vous écoutez. — Qu'est cela ? — C'est le crieur de nuit qui souffle dans sa trompe et qui avertit la ville que tout est bien et qu'elle peut dormir tranquille. Soit ; mais je ne crois pas qu'il soit possible de rassurer les gens d'une manière plus effrayante.

A Lorch on peut être réveillé d'une façon encore plus dramatique.

Mais d'abord, mon ami, laissez-moi vous dire ce que c'est que Lorch.

Lorch est un gros bourg d'environ dix-huit cents habitants, situé sur la rive droite du Rhin et se prolongeant en équerre le long de la Wisper, dont il marque l'embouchure. C'est la vallée des contes et des fables ; c'est le pays des petites fées sauterelles. Lorch est placé au pied de l'Échelle-du-Diable, haute roche presque à pic que le vaillant Gilsen escalada à cheval pour aller chercher sa fiancée, cachée par les gnomes sur le sommet du mont. C'est à Lorch que la fée Ave inventa, disent les légendes, l'art de faire du drap, pour vêtir son amant, le frileux chevalier romain Heppius, — lequel a donné son nom à Heppenheim. Il est remarquable, soit dit en passant, que, chez tous les peuples, et dans toutes les mythologies, l'art de tisser les étoffes a été inventé par une femme ; pour les égyptiens, c'est Isis ; pour les lydiens, Arachné ; pour les grecs, Minerve ; pour les péruviens, Menacella, femme de Manco-Capac ; pour les villages du Rhin, c'est la fée Ave. Les chinois seuls attribuent cette imagination à un homme, l'empereur Yas ; et encore pour les chinois l'empereur n'est-il pas un homme, c'est un être fantastique dont la réalité disparaît sous les titres bizarres dont ils l'affublent. Ils ne connaissent pas sa nature, car ils l'appellent le *Dragon* ; ils ignorent son âge, car ils l'appellent *Dix-Mille-Ans* ; ils ne savent pas son sexe, car ils l'appellent la *Mère*. Mais que vais-je faire en Chine ? Je reviens à Lorch. Pardonnez-moi l'enjambée.

Le premier vin rouge du Rhin s'est fait à Lorch. Lorch existait avant Charlemagne et a laissé trace dans des chartes de 732. Henri III, archevêque de Mayence, s'y plaisait et y résida en 1343. Aujourd'hui il n'y a plus à Lorch ni chevaliers romains, ni fées, ni archevêques ; mais la petite ville est heureuse, le paysage est magnifique, les habitants sont hospitaliers. La belle maison de la renaissance qui est au bord du Rhin a une façade aussi originale et aussi riche en son genre que celle de notre manoir français de Meillan. La forteresse fabuleuse du vieux Sibo protège le bourg, que menace de l'autre rive du fleuve le château historique de Furstenberg avec sa grande tour, ronde au dehors, hexagone au dedans. Et rien n'est charmant comme de voir prospérer joyeusement cette petite colonie vivace de paysans entre ces deux effrayants squelettes qui ont été deux citadelles.

Maintenant voici comment une de mes nuits a été troublée à Lorch.

L'autre semaine, il pouvait être une heure du matin, tout le bourg dormait, j'écrivais dans ma chambre, lorsque tout à coup je m'aperçois que mon papier est devenu rouge sous ma plume. Je lève les yeux, je n'étais plus éclairé par ma lampe, mais par mes fenêtres. Mes deux fenêtres s'étaient changées en deux grandes tables d'opale rose à travers lesquelles se répandait autour de moi une réverbération étrange. Je les ouvre, je regarde. Une grosse voûte de flamme et de fumée se courbait à quelques toises au-dessus de ma tête avec un bruit effrayant. C'était tout simplement l'hôtel P—, le gasthaus voisin du mien, qui avait pris feu, et qui brûlait.

En un instant l'auberge se réveille, tout le bourg est sur pied, le cri : *Feuer! feuer!* emplit le quai et les rues, le tocsin éclate. Moi, je ferme mes croisées et j'ouvre ma porte. Autre spectacle. Le grand escalier de bois de mon gasthaus, touchant presque à la maison incendiée et éclairé par de larges fenêtres, semblait lui-même tout en feu; et sur cet escalier, du haut en bas, se heurtait, se pressait et se foulait une cohue d'ombres surchargées de silhouettes bizarres. C'était toute l'auberge qui déménageait, l'un en caleçon, l'autre en chemise, les voyageurs avec leurs malles, les domestiques avec les meubles. Tous ces fuyards étaient encore à moitié endormis. Personne ne criait ni ne parlait. C'était le bruit d'une fourmilière.

Un horrible flamboiement remplissait les intervalles de toutes les têtes.

Quant à moi, car chacun pense à soi dans ces moments-là, j'ai fort peu de bagage, j'étais logé au premier, et je ne courais d'autre risque que d'être forcé de sortir de la maison par la fenêtre.

Cependant un orage était survenu, il pleuvait à verse. Comme il arrive toujours lorsqu'on se hâte, l'hôtel se vidait lentement; il y eut un instant d'affreuse confusion. Les uns voulaient entrer, les autres sortir; les gros meubles descendaient lourdement des fenêtres, attachés à des cordes; les matelas, les sacs de nuit et les paquets de linge tombaient du haut du toit sur le pavé; les femmes s'épouvantaient, les enfants pleuraient; les paysans, réveillés par le tocsin, accouraient de la montagne avec leurs grands chapeaux ruisselant d'eau et leur seaux de cuir à la main. Le feu avait déjà gagné le grenier de la maison, et l'on se disait qu'il avait été mis exprès à l'auberge P— ; circonstance qui ajoute toujours un intérêt sombre et une sorte d'arrière-scène dramatique à un incendie.

Bientôt les pompes sont arrivées, les chaînes de travailleurs se sont formées ; et je suis monté dans le grenier, énorme enchevêtrement, à plusieurs étages, de charpentes pittoresques comme en recouvrent tous ces grands toits d'ardoise des bords du Rhin. Toute la charpente de la maison voisine brûlait dans une seule flamme. Cette immense pyramide de braise, surmontée d'un vaste panache rouge que secouait le vent de l'orage, se penchait avec des craquements sourds sur notre toit, déjà allumé et pétillant çà et là. La question était sérieuse; si notre toit prenait feu, dix maisons à coup sûr, et peut-être, avec l'aide du vent, le tiers de la ville, brûlaient. La besogne a été rude. Il a fallu, sous les flammèches et les tourbillons d'étincelles, écorcer les ardoises d'une partie du toit et couper les pignons-girouettes des lucarnes. Les pompes étaient admirablement servies.

Des lucarnes du grenier je plongeais dans la fournaise et j'étais pour ainsi dire dans l'incendie même. C'est une effroyable et admirable chose qu'un incendie vu à brûle-pourpoint. Je n'avais jamais eu ce spectacle ; — puisque j'y étais, je l'ai accepté.

Au premier moment, quand on se voit comme enveloppé dans cette monstrueuse caverne de feu où tout flambe, reluit, pétille, crie, souffre, éclate et croule, on ne peut se défendre d'un mouvement d'anxiété, il semble que tout est perdu et que rien ne saura lutter contre cette force affreuse qu'on appelle le feu; mais, dès que les pompes arrivent, on reprend courage.

On ne peut se figurer avec quelle rage l'eau attaque son ennemi. A peine la pompe, ce long serpent qu'on entend haleter en bas dans les ténèbres, a-t-elle passé au-dessus du mur sombre son cou effilé et fait étinceler dans la flamme sa fine tête de cuivre, qu'elle crache avec fureur un jet d'acier liquide sur l'épouvantable chimère à mille têtes. Le brasier, attaqué à l'improviste, hurle, se dresse, bondit effroyablement, ouvre d'horribles gueules pleines de rubis, et lèche de ses innombrables langues toutes les portes et toutes les fenêtres à la fois. La vapeur se mêle à la fumée ; des tourbillons blancs et des tourbillons noirs s'en vont à tous les souffles du vent, et se tordent et s'étreignent dans l'ombre sous les nuées. Le sifflement de l'eau répond au mugissement du feu. Rien n'est plus terrible et plus grand que cet ancien et éternel combat de l'hydre et du dragon.

La force de la colonne d'eau lancée par la pompe est prodigieuse. Les ardoises et les briques qu'elle touche se brisent et s'éparpillent comme des écailles. Quand la charpente enfin s'est écroulée, magnifique moment où le panache écarlate de l'incendie a été remplacé, au milieu d'un bruit terrible, par une immense et haute aigrette d'étincelles, une cheminée est restée debout sur la maison comme une espèce de petite tour de pierre. Un jet de pompe l'a jetée dans le gouffre.

Le Rhin, les villages, les montagnes, les ruines, tout le spectre sanglant du paysage reparaissant à cette lueur, se mêlaient à la fumée, aux flammes, au glas continuel du tocsin, au fracas des pans de mur s'abattant tout entiers, comme des ponts-levis, aux coups sourds de la hache, au tumulte de l'orage et à la rumeur de la ville. Vraiment c'était hideux, mais c'était beau.

Si l'on regarde les détails de cette grande chose, rien de plus singulier. Dans l'intervalle d'un tourbillon de feu et d'un tourbillon de fumée, des têtes d'hommes surgissent au bout d'une échelle. On voit ces hommes inonder, en quelque sorte à bout portant, la flamme acharnée qui lutte et voltige et s'obstine sous le jet même de l'eau. Au milieu de cet affreux chaos, il y a des espèces de réduits silencieux où de petits incendies tranquilles pétillent doucement dans des coins comme un feu de veuve. Les croisées des chambres devenues inaccessibles s'ouvrent et se ferment au vent. De jolies flammes bleues frissonnent aux pointes des poutres. De lourdes charpentes se détachent du bord du toit et restent suspendues à un clou, balancées par l'ouragan au-dessus de la rue et enveloppées d'une longue flamme. D'autres tombent dans l'étroit entre-deux des maisons et établissent là un pont de braise. Dans l'intérieur des appartements, les papiers parisiens à bordures prétentieuses disparaissent et reparaissent à travers des bouffées de cendre rouge. Il y avait au troisième étage un pauvre trumeau Louis XV, avec des arbres rocaille et des bergers de Gentil-Bernard, qui a lutté longtemps. Je le regardais avec admiration. Je n'ai jamais vu une églogue faire si bonne contenance. Enfin une grande flamme est entrée dans la chambre, a saisi l'infortuné paysage vert-céladon, et le villageois embrassant la villageoise, et Tircis cajolant Glycère s'en est allé en fumée. Comme pendant, un pauvre petit jardinet, affreusement arrosé de charbons ardents, brûlait au bas de la maison. Un jeune acacia, appuyé à un treillage embrasé, s'est obstiné à ne pas prendre feu et est resté intact pendant quatre heures, secouant sa jolie tête verte sous une pluie d'étincelles.

Ajoutez à cela quelques blondes et pâles anglaises demi-nues sous l'averse à côté de leurs valises à quelques pas de l'auberge, et tous les enfants du lieu riant aux éclats et battant des mains chaque fois qu'un jet de pompe se dispersait jusqu'à eux, et vous aurez une idée assez complète de l'incendie de l'hôtel P—, à Lorch.

Une maison qui brûle, ce n'est qu'une maison qui brûle; mais le côté vraiment triste de la chose, c'est qu'un pauvre homme y a été tué.

Vers quatre heures du matin, on était ce qu'on appelle *maître du feu*; le gasthaus P—, toit, plafonds, escaliers et planchers effondrés, flambait entre ses quatre murs, et nous avions réussi à sauver notre auberge.

Alors, et presque sans entr'acte, l'eau a succédé au feu. Une nuée de servantes, brossant, frottant, épongeant, essuyant, a envahi les chambres, et en moins d'une heure la maison a été lavée du haut en bas.

Chose remarquable, rien n'a été dérobé. Tous ces effets déménagés en hâte, sous la pluie, au milieu de la nuit, ont été religieusement rapportés par les très pauvres paysans de Lorch.

Au reste, ces accidents ne sont pas rares sur les bords du Rhin. Toute maison de bois contient un incendie, et ici les maisons de bois abondent. A Saint-Goar seulement, il y a en ce moment, à différentes places de la ville, quatre ou cinq masures faites par des incendies.

Le lendemain matin, je remarquais avec quelque surprise, au rez-de-chaussée de la maison incendiée, deux ou trois chambres fermées, parfaitement entières, au-dessus desquelles tout cet embrasement avait fait rage sans y rien déranger. Voici à ce propos une historiette qu'on raconte dans le pays. Je ne la garantis pas. — Il y a quelques années, un anglais arriva assez tard dans une auberge de Braubach, soupa et coucha. Dans le milieu de la nuit, l'auberge prend feu. On entre en hâte dans la chambre de l'anglais. Il dormait. On le réveille. On lui explique la chose, et que le feu est au logis, et qu'il faut décamper sur-le-champ. — Au diable! dit l'anglais, vous me réveillez pour cela! Laissez-moi tranquille. Je suis fatigué et je ne me lèverai pas. Sont-ils fous de s'imaginer que je vais me mettre à courir les champs en chemise à minuit! Je prétends dormir mes neuf heures tout à mon aise. Éteignez le feu si bon vous semble, je ne vous en empêche pas. Quant à moi, je suis bien dans mon lit, j'y reste. Bonne nuit, mes amis; à demain. — Cela dit, il se recoucha. Il n'y eut aucun moyen de lui faire entendre raison, et, comme le feu gagnait, les gens se sauvèrent, après avoir refermé la porte sur l'anglais rendormi et ronflant. L'incendie fut terrible, on l'éteignit à grand'peine. Le lendemain matin, les hommes qui déblayaient les décombres arrivèrent à la chambre de l'anglais, ouvrirent la porte et trouvèrent le voyageur à demi éveillé, se frottant les yeux dans son lit, qui leur cria en bâillant dès qu'il les aperçut : — Pourriez-vous me dire s'il y a un tire-bottes dans cette maison? — Il se leva, déjeuna très fort et repartit admirablement reposé et frais, au grand déplaisir des garçons du pays, lesquels comptaient bien faire avec la momie de l'anglais ce qu'on appelle dans la vallée du Rhin un *bourgmestre sec*, c'est-à-dire un mort parfaitement fumé et conservé qu'on montre pour quelques liards aux étrangers.

## LETTRE XX

### DE LORCH A BINGEN

Bingen, 27 août.

De Lorch à Bingen il y a deux milles d'Allemagne, en d'autres termes, quatre lieues de France, ou seize *kilomètres* dans l'affreuse langue que la loi veut nous faire, comme si c'était à la loi de faire la langue. Tout au contraire, mon ami, dans une foule de cas, c'est à la langue de faire la loi.

Vous savez mon goût. Toutes les fois que je puis continuer un peu ma route à pied, c'est-à-dire convertir le voyage en promenade, je n'y manque pas.

Rien n'est charmant, à mon sens, comme cette façon de voyager. — A pied! — On s'appartient, on est libre, on est joyeux; on est tout entier et sans partage aux incidents de la route, à la ferme où l'on déjeune, à l'arbre où l'on s'abrite, à l'église où l'on se recueille. On part, on s'arrête, on repart; rien ne gêne, rien ne retient. On va et on rêve devant soi. La marche berce la rêverie; la rêverie voile la fatigue. La beauté du paysage cache la longueur du chemin. On ne voyage pas, on erre. A chaque pas qu'on fait, il vous vient une idée. Il semble qu'on sente des essaims éclore et bourdonner dans son cerveau. Bien des fois, assis à l'ombre au bord d'une grande route, à côté d'une petite source vive d'où sortaient avec l'eau la joie, la vie et la fraîcheur, sous un orme plein d'oiseaux, près d'un champ plein de faneuses, reposé, serein, heureux, doucement occupé de mille songes, j'ai regardé avec compassion passer devant moi, comme un tourbillon où roule la foudre, la chaise de poste, cette chose étincelante et rapide qui contient je ne sais quels voyageurs lents, lourds, ennuyés et assoupis; cet éclair qui emporte des tortues. — Oh! comme ces pauvres gens, qui sont souvent des gens d'esprit et de cœur, après tout, se jetteraient vite à bas de leur prison, où l'harmonie du paysage se résout en bruit, le soleil en chaleur et la route en poussière, s'ils savaient toutes les fleurs que trouve dans les broussailles, toutes les perles que ramasse dans les cailloux, toutes les houris que découvre parmi les paysannes l'imagination ailée, opulente et joyeuse d'un homme à pied! *Musa pedestris.*

Et puis tout vient à l'homme qui marche. Il ne lui surgit pas seulement des idées, il lui échoit des aventures; et, pour ma part, j'aime fort les aventures qui m'arrivent. S'il est amusant pour autrui d'inventer des aventures, il est amusant pour soi-même d'en avoir.

Je me rappelle qu'il y a sept ou huit ans j'étais allé à Claye, à quelques lieues de Paris. Pourquoi? je ne m'en souviens plus, je trouve seulement dans mon livre de notes ces quelques lignes. Je vous les transcris, parce qu'elles font, pour ainsi dire, partie de la chose quelconque que je veux vous raconter :

— « Un canal au rez-de-chaussée, un cimetière au premier étage, quelques maisons au second, voilà Claye. Le cimetière occupe une terrasse avec balcon sur le canal, d'où les mânes des paysans de Claye peuvent entendre passer les sérénades, s'il y en a, sur le bateau-poste de Paris à Meaux, qui fait quatre lieues à l'heure. Dans ce pays-là on n'est pas enterré, on est enterrassé. C'est un sort comme un autre... » —

Je m'en revenais à Paris à pied; j'étais parti d'assez grand matin, et vers midi, les beaux arbres de la forêt de Bondy m'invitant, à un endroit où le chemin tourne brusquement, je m'assis, adossé à un chêne, sur un talus d'herbe, les pieds pendants dans un fossé, et je me mis à crayonner sur mon livre vert la note que vous venez de lire.

Comme j'achevais la quatrième ligne, — que je vois aujourd'hui sur le manuscrit séparée de la cinquième par un assez large intervalle, — je lève vaguement les yeux, et j'aperçois, de l'autre côté du fossé, sur le bord de la route, devant moi, à quelques pas, un ours qui me regardait fixement. En plein jour on n'a pas de cauchemar; on ne peut être dupe d'une forme, d'une apparence, d'un rocher difforme ou d'un tronc d'arbre absurde. *Lo que puede un sastre* est formidable la nuit; mais à midi, par un soleil de mai, on n'a pas d'hallucination. C'était bien un ours, un ours vivant, un véritable ours, parfaitement hideux du reste. Il était gravement assis sur son séant, me montrant le dessous poudreux de ses pattes de derrière, dont je distinguais toutes les griffes, ses pattes de devant mollement croisées sur son ventre. Sa gueule était entr'ouverte; une de ses oreilles, déchirée et saignante, pendait à demi; sa lèvre inférieure, à moitié arrachée, laissait voir ses crocs déchaussés; un de ses yeux était crevé, et avec l'autre il me regardait d'un air sérieux.

Il n'y avait pas un bûcheron dans la forêt, et le peu que je voyais du chemin à cet endroit-là était absolument désert.

Je n'étais pas sans éprouver quelque émotion. On se tire parfois d'affaire avec un chien en l'appelant *Fox, Soliman* ou *Azor;* mais que dire à un ours? D'où venait cet ours? Que signifiait cet ours dans la forêt de Bondy, sur le grand chemin de Paris à Claye? A quoi rimait ce vagabond d'un nouveau genre? — C'était fort étrange, fort ridicule, fort déraisonnable, et après tout fort peu gai. J'étais, je vous l'avoue, très perplexe. Je ne bougeais pas cependant; je dois dire que l'ours, de son côté, ne bougeait pas non plus; il me paraissait même, jusqu'à un certain point, bienveillant. Il me regardait aussi tendrement que peut regarder un ours borgne. A tout prendre, il ouvrait bien la gueule, mais il l'ouvrait comme on ouvre une bouche. Ce n'était pas un rictus, c'était un bâillement; ce n'était pas féroce, c'était presque littéraire. Cet ours avait je ne sais quoi d'honnête, de béat, de résigné et d'endormi; j'ai retrouvé depuis cette expression de physionomie à de vieux habitués de théâtre qui écoutaient des tragédies. En somme, sa contenance était si bonne, que je résolus aussi, moi, de faire bonne contenance. J'acceptai l'ours pour spectateur, et je continuai ce que j'avais commencé. Je me mis donc à crayonner sur mon livre la cinquième ligne de la note ci-dessus, laquelle cinquième ligne, comme je vous le disais tout à l'heure, est sur mon manuscrit très écartée de la quatrième; ce qui tient à ce que, en commençant à l'écrire, j'avais les yeux fixés sur l'œil de l'ours.

Pendant que j'écrivais, une grosse mouche vint se poser sur l'oreille ensanglantée de mon spectateur. Il leva lentement sa patte droite et la passa par-dessus son oreille avec le mouvement d'un chat. La mouche s'envola. Il la chercha du regard; puis, quand elle eut disparu, il saisit ses deux pattes de derrière avec ses deux pattes de devant, et comme satisfait de cette attitude classique, il se remit à me contempler. Je déclare que je suivais ces mouvements variés avec intérêt.

Je commençais à me faire à ce tête-à-tête, et j'écrivais la sixième ligne de la note, lorsque survint un incident; un bruit de pas précipités se fit entendre dans la grande route, et tout à coup je vis déboucher du tournant un autre ours, un grand ours noir; le premier était fauve. Cet ours noir arriva au grand trot, et, apercevant l'ours fauve, vint se rouler gracieusement à terre auprès de lui. L'ours fauve ne daignait pas regarder l'ours noir, et l'ours noir ne daignait pas faire attention à moi.

Je confesse qu'à cette nouvelle apparition, qui élevait mes perplexités à la seconde puissance, ma main trembla. J'étais en train d'écrire cette ligne : « ... peuvent entendre passer les sérénades. » Sur mon manuscrit je vois aujourd'hui un assez grand intervalle entre ces mots : *entendre passer,* et ces mots : *les sérénades.* Cet intervalle signifie — *Un deuxième ours!*

Deux ours! pour le coup, c'était trop fort. Quel sens cela avait-il? A qui en voulait le hasard? Si j'en jugeais par le côté d'où l'ours noir avait débouché, tous venaient de Paris, pays où il y a pourtant peu de bêtes, — sauvages surtout.

J'étais resté comme pétrifié. L'ours fauve avait fini par prendre part aux jeux de l'autre, et à force de se rouler dans la poussière, tous deux étaient devenus gris. Cependant j'avais réussi à me lever, et je me demandais si j'irais ramasser ma canne, qui avait roulé à mes pieds dans le fossé, lorsqu'un troisième ours survint, un ours rougeâtre, petit, difforme, plus déchiqueté et plus saignant encore que le premier ; puis un quatrième, puis un cinquième et un sixième, ces deux-là trottant de compagnie. Ces quatre derniers ours traversèrent la route comme des comparses traversent le fond d'un théâtre, sans rien voir et sans rien regarder, presque en courant et comme s'ils étaient poursuivis. Cela devenait trop inexplicable pour que je ne touchasse pas à l'explication. J'entendis des aboiements et des cris : dix ou douze boule-dogues, sept ou huit hommes armés de bâtons ferrés et des muselières à la main, firent irruption sur la route, talonnant les ours qui s'enfuyaient. Un de ces hommes s'arrêta, et, pendant que les autres ramenaient les bêtes muselées, il me donna le mot de cette bizarre énigme. Le maître du cirque de la barrière du Combat profitait des vacances de Pâques pour envoyer ses ours et ses dogues donner quelques représentations à Meaux. Toute cette ménagerie voyageait à pied. A la dernière halte, on l'avait démuselée pour la faire manger ; et, pendant que leurs gardiens s'attablaient au cabaret voisin, les ours avaient profité de ce moment de liberté pour faire, à leur aise, joyeux et seuls, un bout de chemin.

C'étaient des acteurs en congé.

Voilà une de mes aventures de voyageur à pied.

Dante raconte en commençant son poëme qu'il rencontra un jour dans un bois une panthère, puis après la panthère un lion, puis après le lion une louve. Si la tradition dit vrai, dans leurs voyages en Egypte, en Phénicie, en Chaldée et dans l'Inde, les sept sages de Grèce eurent toutes ces aventures-là. Ils rencontrèrent chacun une bête différente, comme il sied à des sages qui ont tous une sagesse différente. Thalès de Milet fut suivi longtemps par un griffon ailé ; Bias de Priène fit route côte à côte avec un lynx ; Périandre de Corinthe fit reculer un léopard en le regardant fixement ; Solon d'Athènes marcha hardiment droit à un taureau furieux ; Pittacus de Mitylène fit rencontre d'un souassouaron ; Cléobule de Rhodes fut accosté par un lion, et Chilon de Lacédémone par une lionne. Tous ces faits merveilleux, si on les examinait d'un peu près, s'expliqueraient probablement par des ménageries en congé, par des vacances de Pâques et des barrières du Combat. En racontant convenablement mon aventure des ours, dans deux mille ans j'aurais peut-être eu je ne sais quel air d'Orphée. *Dictus ob hoc lenire tigres.* Voyez-vous, mon ami, mes pauvres ours saltimbanques donnent la clef de beaucoup de prodiges. N'en déplaise aux poëtes antiques et aux philosophes grecs, je ne crois guère à la vertu d'une strophe contre un léopard ni à la puissance d'un syllogisme sur une hyène ; mais je pense qu'il y a longtemps que l'homme, cette intelligence qui transforme à sa guise les instincts, a trouvé le secret de dégrader les lions et les tigres, de détériorer les animaux et d'abrutir les bêtes.

L'homme croit toujours et partout avoir fait un grand pas quand il a substitué, à force d'enseignements intelligents, la stupidité à la férocité.

A tout prendre, c'en est peut-être un. Sans ce pas-là j'aurais été mangé, — et les sept sages de Grèce aussi.

Puisque je suis en train de souvenirs, permettez-moi encore une petite histoire.

Vous connaissez G—, ce vieux poëte-savant, qui prouve qu'un poëte peut être patient, qu'un savant peut être charmant et qu'un vieillard peut être jeune. Il marche comme à vingt ans. En avril 183., nous faisions ensemble je ne sais quelle excursion dans le Gâtinais. Nous cheminions côte à côte par une fraîche matinée réchauffée d'un soleil réjouissant. Moi que la vérité charme et que le paradoxe amuse, je ne connais pas de plus agréable compagnie que G—. Il sait toutes les vérités prouvées, il invente tous les paradoxes possibles.

Je me souviens que sa fantaisie en ce moment-là était de me soutenir que le basilic existe. Pline en parle et le décrit, me disait-il. Le basilic naît dans le pays de Cyrène, en Afrique. Il est long d'environ douze doigts ; il a sur la tête une tache blanche qui lui fait un diadème ; et, quand il siffle, les serpents s'enfuient. La Bible dit qu'il a des ailes. Ce qui est prouvé, c'est que, du temps de saint Léon, il y eut à Rome, dans l'église de Sainte-Luce, un basilic qui infecta de son haleine toute la ville. Le saint pape osa s'approcher de la voûte humide et sombre sous laquelle était le monstre, et Scaliger dit en assez beau style qu'il *l'éteignit par ses prières.*

G— ajoutait, me voyant incrédule au basilic, que certains lieux ont une vertu particulière sur certains animaux ; qu'à Sériphe, dans l'Archipel, les grenouilles ne coassent point ; qu'à Reggio, en Calabre, les cigales ne chantent pas ; que les sangliers sont muets en Macédoine ; que les serpents de l'Euphrate ne mordent point les indigènes, même endormis, mais seulement les étrangers ; tandis que les scorpions du mont Latmos, inoffensifs pour les étrangers, piquent mortellement les habitants du pays. Il me faisait, ou plutôt il se faisait à lui-même une foule de questions, et je le laissais aller. Pourquoi y a-t-il une multitude de lapins à Mayorque, et pourquoi n'y en a-t-il pas un seul à Yviza ? Pourquoi les lièvres meurent-ils à Ithaque ? D'où vient qu'on ne saurait trouver un loup sur le mont Olympe, ni une chouette dans l'île de Crète, ni un aigle dans l'île de Rhodes ?

Et, me voyant sourire, il s'interrompait : — Tout

beau! mon cher; mais ce sont là des opinions d'Aristote ! — A quoi je me contentais de répondre : — Mon ami, c'est de la science morte; et la science morte n'est plus de la science, c'est de l'érudition. — Et G— me répliquait avec son regard plein de gravité et d'enthousiasme : — Vous avez raison. La science meurt; il n'y a que l'art qui soit immortel. Un grand savant fait oublier un autre grand savant ; quant aux grands poëtes du passé, les grands poëtes du présent et de l'avenir ne peuvent que les égaler. Aristote est dépassé, Homère ne l'est pas.

Cela dit il devenait pensif, puis il se mettait à chercher un bupreste dans l'herbe ou une rime dans les nuages.

Nous arrivâmes ainsi près de Milly, dans une plaine où l'on voit encore les vestiges d'une masure devenue fameuse dans les procès des sorciers du dix-septième siècle. Voici à quelle occasion. Un loup-cervier ravageait le pays. Des gentilshommes de la vénerie du roi le traquèrent avec grand renfort de valets et de paysans. Le loup, poursuivi dans cette plaine, gagna cette masure et s'y jeta. Les chasseurs entourèrent la masure, puis y entrèrent brusquement. Ils y trouvèrent une vieille femme, une vieille femme hideuse, sous les pieds de laquelle était encore la peau du loup que Satan n'avait pas eu le temps de faire disparaître dans sa chausse-trape. Il va sans dire que la vieille fut brûlée sur un fagot vert; ce qui s'exécuta devant le beau portail de la cathédrale de Sens.

J'admire que les hommes, avec une sorte de coquetterie inepte, soient toujours venus chercher ces calmes et sereines merveilles de l'intelligence humaine pour faire devant elles leurs plus grosses bêtises.

Cela se passait en 1636, dans l'année où Corneille faisait jouer le *Cid*.

Comme je racontais cette histoire à G—, — Écoutez, me dit-il. Nous entendions, en effet, sortir d'un petit groupe de maisons caché dans les arbres à notre gauche la fanfare d'un charlatan. G— a toujours eu du goût pour ce genre de bruit grotesque et triomphal. — Le monde, me disait-il un jour, est plein de grands tapages sérieux dont ceci est la parodie. Pendant que les avocats déclament sur le tréteau politique, pendant que les rhéteurs pérorent sur le tréteau scolastique, moi je vais dans les prés, je catalogue des moucherons et je collationne des brins d'herbe, je me pénètre de la grandeur de Dieu, et je serai toujours charmé de rencontrer à tout bout de champ cet emblème bruyant de la petitesse des hommes, ce charlatan s'essoufflant sur sa grosse caisse, ce Bobino, ce Bobèche, cette ironie! Le charlatan se mêle à mes études et les complète; je fixe cette figure avec une épingle dans mon carton comme un scarabée ou comme un papillon, et je classe l'insecte humain parmi les autres.

G — m'entraîna donc vers le groupe de maisons, d'où venait le bruit ; — un assez chétif hameau, qui se nomme, je crois, Petit-Sou, ce qui m'a rappelé ce bourg d'Asculum, sur la route de Trivicum à Brindes, lequel fit faire un rébus à Horace :

Quod versu dicere non est,
Signis perfacile est.

*Asculum* en effet ne peut entrer dans un vers alexandrin.

C'était la fête du village. La place, l'église et la mairie étaient endimanchées. Le ciel lui-même, coquettement décoré d'une foule de jolis nuages blancs et roses, avait je ne sais quoi d'agreste, de joyeux et de dominical. Des rondes de petits enfants et de jeunes filles, doucement contemplées par des vieillards, occupaient un bout de la place qui était tapissé de gazon; à l'autre bout, pavé de cailloux aigus, la foule entourait une façon de tréteau adossé à une manière de baraque. Le tréteau était composé de deux planches et d'une échelle; la baraque était recouverte de cette classique toile à damier bleu et blanc qui rappelle des souvenirs de grabat, et qui, se faisant au besoin souquenille, a fait donner le nom de *paillasses* à tous les valets de tous les charlatans. A côté du tréteau s'ouvrait la porte de la baraque, une simple fente dans la toile; et au-dessus de cette porte, sur un écriteau blanc orné de ce mot en grosses majuscules noires :

### MICROSCOPE

fourmillaient, grossièrement dessinés dans mille attitudes fantastiques, plus d'animaux effrayants, plus de monstres chimériques, plus d'êtres impossibles que saint Antoine n'en a vu et que Callot n'en a rêvé.

Deux hommes faisaient figure sur ce tréteau. L'un, sale comme Job, bronzé comme Ptha, coiffé comme Osiris, gémissant comme Memnon, avait je ne sais quoi d'oriental, de fabuleux, de stupide et d'égyptien, et frappait sur un gros tambour tout en soufflant au hasard dans une flûte. L'autre le regardait faire. C'était une espèce de Sbrigani, pansu, barbu, velu et chevelu, l'air féroce, et vêtu en hongrois de mélodrame.

Autour de cette baraque, de ce tréteau et de ces deux hommes, force paysans passionnés, force paysannes fascinées, force admirateurs les plus affreux du monde ouvraient de bonnes bouches niaises et des yeux bêtes. Derrière l'estrade, quelques enfants pratiquaient artistement des trous à la vieille toile blanche et bleue, qui faisait peu de résistance et leur laissait voir l'intérieur de la baraque.

Comme nous arrivions, l'égyptien termina sa fanfare, et le Sbrigani se mit à parler. G — se mit à écouter. Excepté l'invitation d'usage *Entrez et vous verrez*, etc., je déclare que ce que disait cet fantoche était parfaitement inintelligible pour moi, pour les paysans et pour l'égyptien, lequel avait pris une posture de bas-relief et prêtait l'oreille avec autant de dignité que s'il eût assisté à la dédicace des grandes colonnes de la salle hypostyle de Karnac par Menephta I$^{er}$, père de Rhamsès II.

Cependant, dès les premières paroles du charlatan, G — avait tressailli. Au bout de quelques minutes, il se pencha vers moi et me dit tout bas : — Vous qui êtes jeune, qui avez de bons yeux et un crayon, faites-moi le plaisir d'écrire ce que dit cet homme. — Je voulus demander à G — l'explication de cet étrange désir ; mais déjà son attention était retournée au tréteau avec trop d'énergie pour qu'il m'entendit. Je pris le parti de satisfaire G —, et, comme le charlatan parlait avec une lenteur solennelle, voici ce que j'écrivis sous sa dictée :

— « La famille des scyres se divise en deux espèces ; la première n'a pas d'yeux ; la seconde en a six, ce qui la distingue du genre *cunaxa*, qui en a deux, et du genre *bdella*, qui en a quatre. »

Ici G, — qui écoutait avec un intérêt de plus en plus profond, ôta son chapeau, et, s'adressant au charlatan de sa voix la plus gracieuse et la plus adoucie : — Pardon, monsieur; mais vous ne nous dites rien du groupe des gamases?

— Qui parle là? dit l'homme, jetant un coup d'œil sur l'assistance, mais sans surprise et sans hésitation. Ce vieux? Eh bien, mon vieux, dans le groupe des gamases, je n'ai trouvé qu'une espèce, c'est un *dermanyssus*, parasite de la chauve-souris pipistrelle.

— Je croyais, reprit G — timidement, que c'était un *glyciphagus cursor.*

— Erreur, mon brave, répliqua le Sbrigani. Il y a un abîme entre le glyciphagus et le dermanyssus. Puisque vous vous occupez de ces grandes questions, étudiez la nature. Consultez Degeer, Hering et Hermann. Observez (j'écrivais toujours) le *sarcoptes oris*, qui a au moins une des deux paires de pattes postérieures complètes et caronculées ; le *sarcoptes rupicapræ*, dont les pattes postérieures sont rudimentaires et sétigères, sans vésicule et sans tarses ; le *sarcoptes hippopotodos*, qui est peut-être un glyciphage....

— Vous n'en êtes pas sûr? interrompit G — presque avec respect.

— Je n'en suis pas sûr, répondit majestueusement le charlatan. Oui, je dois à la sainte vérité d'avouer que je n'en suis pas sûr. Ce dont je suis sûr, c'est d'avoir recueilli un glyciphage dans les plumes du grand-duc. Ce dont je suis sûr, c'est d'avoir trouvé, en visitant des galeries d'anatomie comparée, des glyciphages dans les cavités, entre les cartilages et sous les épiphyses des squelettes.

— Voilà qui est prodigieux! murmura G —.

— Mais, poursuivit l'homme, ceci m'entraîne trop loin. Je vous parlerai une autre fois, messieurs, du glyciphage et du psorople. L'animal extraordinaire et redoutable que je vais vous montrer aujourd'hui, c'est le sarcople. Chose effrayante et merveilleuse : l'acarien du chameau qui ne ressemble pas à celui du cheval, ressemble à celui de l'homme. De là une confusion possible, dont les suites seraient funestes (j'écrivais toujours). Étudions-les, messieurs, étudions ces monstres. La forme de l'un et de l'autre est à peu près la même ; mais le sarcopte du dromadaire est un peu plus allongé que le sarcopte humain; la partie intermédiaire des poils postérieurs, au lieu d'être la plus petite, est la plus grande. La face ventrale a aussi ses particularités. Le collier est plus nettement séparé dans le *sarcoptes hominis*, et il envoie inférieurement une pointe aciculiforme, qui n'existe pas dans le *sarcoptes dromadarii*. Ce dernier est plus gros que l'autre. Il y a aussi une différence énorme aux épines de la base des pattes postérieures ; elles sont simples dans la première espèce, et inégalement bifides dans la seconde... —

Ici, las d'écrire toutes ces choses ténébreuses et imposantes, je ne pus m'empêcher de pousser le coude de G— et de lui demander tout bas : — Mais de quoi diable parle cet homme?

G— se tourna à demi vers moi et me dit avec gravité : — De la gale.

Je partis d'un éclat de rire si violent, que le livre de notes me tomba des mains. G— le ramassa, m'arracha le crayon, et sans daigner répliquer à ma gaîté même que par un geste de mépris, plus que jamais attentif aux paroles du charlatan, il continua d'écrire à ma place, dans l'attitude recueillie et raphaélesque d'un disciple de l'école d'Athènes.

Je dois dire que les paysans, de plus en plus éblouis, partageaient, au suprême degré, l'admiration et la béatitude de G—. L'extrême science et l'extrême ignorance se touchent par l'extrême naïveté. Le dialogue obscur et formidable du charlatan avait parfaitement réussi près des villageois de l'honnête pays de Petit-Sou. Le peuple est comme l'enfant, il s'émerveille de ce qu'il ne comprend pas. Il aime l'inintelligible, le hérissé, l'amphigouri déclamatoire et merveilleux. Plus l'homme est ignorant, plus l'obscur le charme ; plus l'homme est barbare, plus le compliqué lui plaît. Rien n'est moins simple qu'un sauvage. Les idiomes des hurons, des botocudos et des chesapeacks sont des forêts de consonnes à travers lesquelles, à demi engloutis dans la vase des idées mal rendues, se traînent des mots immenses et hideux, comme rampaient les monstres antédiluviens sous les inextricables végétations du monde primitif. Les algonquins traduisent ce mot si court, si simple et si doux, *France*, par *Mittigouchiouekendalakiank*.

Aussi, quand la baraque s'ouvrit, la foule, impatiente de contempler les merveilles promises, s'y précipita. Les mittigouchiouekendalakiank des charlatans se résolvent toujours en une pluie de liards ou de doublons dans leur escarcelle, selon qu'ils se sont adressés au peuple d'en bas ou au peuple d'en haut.

Une heure après, nous avions repris notre promenade et nous suivions la lisière d'un petit bois. G— ne m'avait pas encore adressé une parole. Je faisais mille efforts inutiles pour rentrer en grâce. Tout à coup, paraissant sortir d'une profonde rêverie et comme se répondant à lui-même, il dit :

— Et il en parle fort bien !
— De la gale, n'est-ce pas ? dis-je fort timidement.
— Oui, parbleu, de la gale ! me répondit G— avec fermeté.

Il ajouta après un silence :
— Cet homme a fait de magnifiques observations microscopiques. De vraies découvertes.

Je hasardai encore un mot :
— Il aura étudié son sujet sur ce pharaon d'Égypte dont il a fait son laquais et son musicien.

Mais G— ne m'entendait déjà plus.
— Quelle prodigieuse chose ! s'écria-t-il, et quel sujet de méditation mélancolique ! La maladie sur l'homme après la mort. Les squelettes ont la gale !

Il y eut encore un silence, puis il reprit :
— Cet homme manque à la troisième classe de l'Institut. Il y a bien des académiciens qui sont charlatans ; voilà un charlatan qui devrait être académicien.

Maintenant, mon ami, je vous vois d'ici rire à votre tour et vous écrier : — Est-ce tout ? oh ! les aimables aventures, les engageantes histoires, et quel voyageur à pied vous êtes ! Rencontrer des ours, ou entendre un avaleur de sabres, bras nus et ceinturonné de rouge, confronter en plein air l'acarus de l'homme à l'acarus du chameau et faire à des paysans en cours philosophique de gale comparée ! mais, en vérité, il faut en grande hâte se jeter en bas de sa chaise de poste, et ce sont là de merveilleux bonheurs !

Comme il vous plaira. Quant à moi, je ne sais si c'est le matin, si c'est le printemps ou si c'est ma jeunesse qui se mêle à ces souvenirs, déjà anciens, hélas ! mais ils rayonnent en moi. Je leur trouve des charmes que je ne puis dire. Riez donc tant que vous voudrez du *voyageur à pied*, je suis toujours prêt à recommencer, et, s'il m'arrivait encore aujourd'hui quelque aventure pareille, « j'y prendrais un plaisir extrême. »

Mais de semblables bonnes fortunes sont rares, et, quand j'entreprends une excursion à pied, pourvu que le ciel ait un air de joie, pourvu que les villages aient un air de bonheur, pourvu que la rosée tremble à la pointe des herbes, pourvu que l'homme travaille, que le soleil brille et que l'oiseau chante, je remercie le bon Dieu, et je ne lui demande pas d'autres aventures.

— L'autre jour donc, à cinq heures et demie du matin, après avoir donné les ordres nécessaires pour faire transporter mon bagage à Bingen, dès l'aube, je quittais Lorch, et un bateau me transportait sur le bord opposé. Si vous suivez jamais cette route, faites de même. Les ruines romaines, romanes et gothiques de la rive gauche ont plus d'intérêt pour le piéton que les ardoises de la rive droite. A six heures j'étais assis, après une assez rude ascension à travers les vignes et les broussailles, sur la croupe d'une colline de lave

éteinte qui domine le château de Furstenberg et la vallée de Diebach, et là je constatais une erreur des antiquaires. Ils racontent, et je vous écrivais d'après eux dans ma précédente lettre, que la grosse tour de Furstenberg, ronde en dehors, est hexagone au dedans. Or, du point élevé où je m'étais placé, je plongeais assez profondément dans la tour, et je puis vous affirmer, si la chose vous intéresse, qu'elle est ronde à l'intérieur comme à l'extérieur. Ce qui est remarquable c'est sa hauteur, qui est prodigieuse, et sa forme, qui est singulière. Comme elle a d'énormes créneaux sans mâchicoulis, et comme elle va s'élargissant du sommet à la base, sans baies, sans fenêtres, percée à peine de quelques longues meurtrières, elle ressemble de la plus étrange manière aux mystérieux et massifs donjons de Samarcande, de Calicut ou de Canganor ; et l'on s'attend à voir plutôt apparaître au faîte de cette grosse tour presque hindoue le maharadja de Lahore ou le zamorin de Malabar que Louis de Bavière ou Gustave de Suède. Pourtant cette citadelle, plutôt orientale que gothique, a joué un grand rôle dans les luttes de l'Europe. Au moment où je songeais à toutes les échelles qui ont été successivement appliquées aux flancs de cette géante de pierre, et où je me rappelais le triple siège des bavarois en 1321, des suédois en 1632 et des français en 1689, un grimpereau l'escaladait gaîment.

Ce qui a causé l'erreur des antiquaires, c'est une tourelle qui défend la citadelle du côté de la montagne, et qui, ronde au dedans, est armée au sommet d'un couronnement de mâchicoulis taillé à six pans. Ils ont pris la tourelle pour la tour et le dehors pour le dedans. Du reste, à cette heure matinale, grâce aux vapeurs encore posées et appuyées sur le sol, je ne distinguais que la tête du donjon, la cime des murailles, et à l'horizon, tout autour de moi, la haute crête des collines. A mes pieds, le fond du paysage était caché par une brume blanche et épaisse dont le soleil dorait le bord. On eût dit qu'un nuage était tombé dans la vallée.

Comme sept heures sonnaient dans ce nuage au clocher de Rheindiebach, qui est un hameau au pied du Furstenberg, le grimpereau s'envola et je me levai. Pendant que je descendais, le brouillard montait, et, lorsque je parvins au village, les rayons du soleil y arrivaient. Quelques instants après, j'avais laissé le village derrière moi, sans même avoir pensé, je l'avoue, à interroger l'écho fameux de son ravin, je cheminais joyeusement le long du Rhin, et j'échangeais un bonjour amical avec trois jeunes peintres qui s'en allaient, eux, vers Bacharach, le sac et le parapluie sur le dos. Toutes les fois que je rencontre trois jeunes gens qui voyagent à pied en mince équipage, allègres d'ailleurs et les yeux rayonnants comme si leur prunelle reflétait les féeries de l'avenir, je ne puis m'empêcher d'espérer pour eux la réalisation de leurs chimères, et de songer à ces trois frères, Cadenet, Luynes et Brandes, qui, il y a de cela deux cents ans, partirent un beau matin à pied pour la cour de Henri IV, n'ayant à eux trois qu'un manteau porté par chacun à son tour, et qui, quinze ans après, sous Louis XIII, étaient, le premier, duc de Chaulnes ; le deuxième, connétable de France ; le troisième, duc de Luxembourg. — Rêvez donc, jeunes gens, et marchez!

Ce voyage à trois paraît, du reste, être à la mode sur les bords du Rhin ; car je n'avais pas fait une demi-lieue, j'atteignais à peine Niederheimbach, que je rencontrais encore trois jeunes gens cheminant de compagnie. Ceux-là étaient évidemment des étudiants de quelqu'une de ces nobles universités qui fécondent la vieille Teutonie en civilisant la jeune Allemagne. Ils portaient la casquette classique, les longs cheveux, le ceinturon, la redingote serrée, le bâton à la main, la pipe de faïence coloriée à la bouche, et, comme les peintres, le bissac sur le dos. Sur la pipe du plus jeune des trois étaient peintes des armoiries, probablement les siennes. Ils paraissaient discuter avec chaleur, et s'en allaient, de même que les peintres, du côté de Bacharach. En passant près de moi, l'un d'eux me cria, en me saluant de la casquette :

— *Dice nobis, domine, in qua parte corporis animam veteres locant philosophi.*

Je rendis le salut et je répondis :

— *In corde Plato, in sanguine Empedocles, inter duo supercilia Lucretius.*

Les trois jeunes gens sourirent, et le plus âgé s'écria :

— *Vivat Gallia regina!*

Je répliquai :

— *Vivat Germania mater!*

Nous nous saluâmes encore une fois de la main, et je passai outre.

J'approuve cette façon de voyager à trois. Deux amants, trois amis.

Au-dessus de Niederheimbach s'étagent et se superposent les mamelons de la sombre forêt de Sann ou de Sonn, et là, parmi les chênes, se dressent deux forteresses écroulées, Heimburg, château des romains ; Sonneck, château des brigands. L'empereur Rodolphe a détruit Sonneck en 1282, le temps a démoli Heimburg. Une ruine plus mélancolique encore se cache dans les plis de ces montagnes, c'est Falkenburg.

J'avais, comme je vous l'ai dit, laissé le village derrière moi. Le soleil était ardent, la fraîche haleine du Rhin s'attiédissait, la route se couvrait de poussière ; à ma droite s'ouvrait étroitement entre deux rochers un charmant ravin plein d'ombre ; un tas de petits oiseaux y babillaient à qui mieux mieux et se livraient à d'affreux commérages les uns sur les autres dans les profondeurs des arbres ; un ruisseau d'eau vive grossi par les pluies, tombant de pierre en pierre, prenait des airs de torrent, dévastait les pâquerettes, épouvantait les moucherons et faisait de petites cascades tapageuses dans les cailloux ; je distinguais vaguement le long de ce ruisseau, dans les douces ténèbres que versaient les feuillages, un sentier que mille fleurs sauvages, le liseron, le passe-velours, l'hélichryson, le glaïeul aux lancéoles cannelées, la flambe aux neuf feuilles perses, cachaient pour le profane et tapissaient pour le poëte. Vous savez qu'il y a des moments où je crois presque à l'intelligence des choses ; il me semblait qu'une foule de voix murmuraient dans ce ravin et me disaient :

— Où vas-tu? tu cherches les endroits où il y a peu de pas humains et où il y a beaucoup de traces divines ; tu veux mettre ton âme en équilibre avec l'âme de la solitude ; tu veux de l'ombre et de la lumière, du mouvement et de la paix, des transformations et de la sérénité ; tu cherches le lieu où le verbe s'épanouit dans le silence, où l'on voit la vie à la surface de tout et où l'on sent l'éternité au fond ; tu aimes le désert et tu ne hais pas l'homme ; tu cherches de l'herbe et des mousses, des feuilles humides, des branches gonflées de sève, des oiseaux qui fredonnent, des eaux qui courent, des parfums qui se répandent. Eh bien, entre. Ce sentier est ton chemin.

Je ne me suis pas fait prier longtemps, je suis entré dans le ravin.

Vous dire ce que j'ai fait là, ou plutôt ce que la solitude m'y a fait ; comment les guêpes bourdonnaient autour des clochettes violettes ; comment les nécrophores cuivrés et les féronies bleues se réfugiaient dans les petits antres microscopiques que les pluies leur creusent sous les racines des bruyères ; comment les ailes froissaient les feuilles ; ce qui tressaillait sourdement dans les mousses, ce qui jasait dans les nids ; le bruit doux et indistinct des végétations, des minéralisations et des fécondations mystérieuses ; la richesse des scarabées, l'activité des abeilles, la gaîté des libellules, la patience des araignées ; les aromes, les reflets, les épanouissements, les plaintes ; les cris lointains ; les luttes d'insecte à insecte, les catastrophes de fourmilières, les petits drames de l'herbe ; les haleines qui s'exhalaient des roches comme des soupirs, les rayons qui venaient du ciel à travers les arbres comme des regards, les gouttes d'eau qui tombaient des fleurs comme des larmes ; les demi-révélations qui sortaient de tout ; le travail calme, harmonieux, lent et continu de tous ces êtres et de toutes ces choses qui vivent en apparence plus près de Dieu que l'homme ; vous dire tout cela, mon ami, ce serait vous exprimer l'ineffable, vous montrer l'invisible, vous peindre l'infini. Qu'ai-je fait là? Je ne le sais plus. Comme dans les ravins de Saint-Goarshausen, j'ai erré, j'ai songé, j'ai adoré, j'ai prié. A quoi pensais-je? Ne me le demandez pas. Il y a des instants, vous le savez, où la pensée flotte comme noyée dans mille idées confuses.

Tout, dans ces montagnes, se mêlait à ma méditation et se combinait avec ma rêverie, la verdure, les masures, les fantômes, le paysage, les souvenirs, les hommes qui ont passé dans ces solitudes, l'histoire qui a flamboyé là, le soleil qui y rayonne toujours. César, me disais-je, cheminant à pied comme moi, a peut-être franchi ce ruisseau, suivi du soldat qui portait son épée. Presque toutes les grandes voix qui ont ébranlé l'intelligence humaine ont troublé les échos du Rhingau et du Taunus. Ces montagnes sont les mêmes qui s'émurent quand le prince Thomas d'Aquin, si longtemps surnommé *Bos mutus*, poussa enfin dans la doctrine ce mugissement qui fit tressaillir le monde : *Dedit in doctrina mugitum quod in toto mundo sonavit*. C'est sur ces monts que Jean Huss, prédisant Luther, comme si le rideau qui se déchire à la dernière heure laissait voir distinctement l'avenir, répandit du haut de son bûcher de Constance ce cri prophétique : *Aujourd'hui vous brûlez l'oie\*, mais dans cent ans le cygne naîtra*. Enfin c'est à travers ces rochers que Luther, cent ans après, surgissant à l'heure dite, ouvrit ses ailes et jeta cette clameur formidable : *Meurent les évêques et les princes, les monastères, les cloîtres, les églises et les palais plutôt qu'une seule âme !*

Et il me semblait que, du milieu des branchages et des ronces, les ruines répondaient de toutes parts : O Luther ! les évêques et les princes, les monastères, les cloîtres, les églises et les palais sont morts !

Plongée ainsi dans ces choses inépuisables et vivaces qui sont, qui persistent, qui fleurissent, qui verdoient, et qui la recouvrent sous leur végétation éternelle, l'histoire est-elle grande ou est-elle petite ? Décidez cette question si vous pouvez. Quant à moi, il me semble que le contact de la nature, qui est le voisinage de Dieu, tantôt amoindrit l'homme, tantôt le grandit. C'est beaucoup pour l'homme d'être une intelligence qui a sa loi à part, qui fait son œuvre et qui joue son rôle au milieu des faits immenses de la création. En présence d'un grand chêne plein d'antiquité et plein de vie, gonflé de séve, chargé de feuillage, habité par mille oiseaux, c'est beaucoup qu'on puisse songer encore à ce fantôme qui a été Luther, à ce spectre qui a été Jean Huss, à cette ombre qui a été César.

Cependant, je vous l'avoue, il y eut dans ma promenade un moment où toutes ces mémoires disparurent, où l'homme s'évanouit, où je n'eus plus dans l'âme que Dieu seul. J'étais arrivé, je ne pourrais plus dire par quels sentiers, au sommet d'une très haute colline couverte de bruyères courtes, ayant quelque analogie avec le chêne kermès de Provence, et j'avais sous les yeux un désert, mais un désert joyeux et superbe, un désert divin. Je n'ai rien vu de plus beau dans toutes mes excursions aux environs du Rhin. Je ne sais comment s'appelle cet endroit. Ce n'était autour de moi, à perte de vue, que montagnes, prairies, eaux vives, vagues verdures, molles brumes, lueurs humides qui chatoyaient comme des yeux entr'ouverts, vifs reflets d'or noyés dans le bleu des lointains, magiques forêts pareilles à des touffes de plumes vertes, horizons moirés d'ombres et de clartés. — C'était un de ces lieux où l'on croit voir faire la roue à ce paon magnifique qu'on appelle la nature.

Derrière la colline où j'étais assis, au haut d'un monticule couvert de sapins, de châtaigniers et d'érables, j'apercevais une sombre ruine, colossal monceau de basalte brun. On eût dit un tas de lave pétri par quelque géant en forme de citadelle. Qu'était-ce que ce château ? Je n'aurais pu le dire, je ne savais où j'étais.

Questionner un édifice de près, vous le savez, c'est ma manie. Au bout d'un quart d'heure j'étais dans la ruine.

Un antiquaire qui fait le portrait de sa ruine, comme un amant qui fait le portrait de sa maîtresse, se charme lui-même et risque d'ennuyer les autres. Pour les indifférents, qui écoutent l'amoureux, toutes les belles se ressemblent, et toutes les ruines aussi. Je ne dis pas, mon ami, que je m'abstiendrai désormais avec vous de toute description d'édifices. Je sais que l'histoire et l'art vous passionnent ; je sais que vous êtes du public intelligent, et non du public grossier. Cette fois pourtant je vous renverrai au portrait minutieux que je vous ai fait de la Souris. Figurez-vous force broussailles, force plafonds effondrés, force fenêtres défoncées, et au-dessus de tout cela quatre ou cinq grandes diablesses de tours, noires, éventrées et formidables.

J'allais et venais dans ces décombres, cherchant, furetant, interrogeant ; je retournais les pierres brisées dans l'espoir d'y trouver quelque inscription qui me signalerait un fait, ou quelque sculpture qui me révélerait une époque, quand une baie, où avait jadis été une porte, m'a ouvert passage sous une voûte où pénétrait par une crevasse un éclatant soleil. J'y suis entré, et je me suis trouvé dans une façon de chambre basse éclairée par des meurtrières dont la forme et l'embrasure indiquaient qu'elles avaient servi au jeu des onagres, des fauconneaux et des scorpions. Je me suis penché à l'une de ces meurtrières en écartant la touffe de fleurs qui en bouche aujourd'hui. Le paysage, de cette fenêtre, n'est pas gai. Il y a une vallée étroite et obscure, ou plutôt un déchirement de la montagne jadis traversé par un pont dont il ne reste plus que l'arche d'appui. D'un côté un éboulement de terres et de roches, de l'autre une eau noircie par le fond de basalte, se précipitent et se brisent dans le ravin. Des arbres malades et malsains y ombragent de petites prairies tapissées d'un gazon dru comme celui d'un cimetière. J'ignore si c'était une illusion ou le jeu de l'ombre et du vent, mais je croyais voir par places, sur les hautes herbes, de grands cercles mollement tracés, comme si de mystérieuses rondes nocturnes les avaient affaissées çà et là. Ce ravin n'est pas seulement solitaire, il est lugubre. On dirait qu'il assiste, en de certains moments, à des spectacles hideux, qu'il voit se faire dans les ténèbres des choses mauvaises et surnaturelles, et qu'il en garde, même en plein jour, même en plein soleil, je ne sais quelle tristesse mêlée d'horreur. Dans cette vallée, plus qu'en tout autre lieu, on

---

\* *Hus* veut dire *oie*.

sent distinctement que les sombres et froides heures de la nuit passent là ; il semble qu'elles y déposent, sur la senteur des herbes, sur la couleur de la terre et sur la forme des rochers, ce qu'elles ont de vague, de sinistre et de désolé.

Comme j'allais sortir de la chambre basse, la corne d'une pierre tumulaire sortant de dessous les gravois a frappé mes yeux. Je me suis baissé vivement. Jugez de mon empressement ; j'allais peut-être trouver là l'explication que je cherchais, la réponse que je demandais à cette mystérieuse ruine, le nom du château. Des pieds et des mains j'ai écarté les décombres, et en peu d'instants j'avais mis à nu une fort belle lame sépulcrale du quatorzième siècle, en grès rouge de Heilbron.

Sur cette lame gisait, sculpté presque en ronde bosse, un chevalier armé de toutes pièces, mais auquel manquait la tête. Sous les pieds de cet homme de pierre était gravé, en majuscules romaines, ce distique fruste, encore lisible pourtant et facile à déchiffrer :

vox tacvit. periit lvx. nox rvit et rvit vmbra.
vir caret in tvmba qvo caret effigies.

J'étais un peu moins avancé qu'auparavant. Ce château était une énigme, j'en avais cherché le mot, et je venais de le trouver. Le mot de cette énigme, c'était une inscription sans date, une épitaphe sans nom, un homme sans tête. Voilà, vous en conviendrez, une réponse sombre et une explication ténébreuse.

De quel personnage parlait ce distique, lugubre par le fond, barbare par la forme? S'il fallait en croire le second vers gravé sur cette pierre sépulcrale, le squelette qui était dessous était sans tête comme l'effigie qui était dessus. Que signifiaient ces trois X détachés, pour ainsi dire, du reste de l'inscription par la grandeur des majuscules? En regardant avec plus d'attention et en nettoyant la lame avec une poignée d'herbes, j'ai trouvé sur la statue des gravures étranges. Trois chiffres étaient tracés à trois endroits différents ;

celui-ci sur la main droite XXX ; celui-là sur la main gauche XXX et cet autre à la place de la tête :

Or, ces trois chiffres ne sont que des combinaisons variées du même monogramme. Chacun des trois est composé des trois X que le graveur de l'épitaphe a fait saillir dans l'inscription. Si cette tombe eût été en Bretagne, ces trois X eussent pu faire allusion au combat des trente; si elle eût daté du dix-septième siècle, ces trois X eussent pu indiquer la guerre de trente ans; mais, en Allemagne et au quatorzième siècle, quel sens pouvaient-ils avoir? Et puis, était-ce le hasard qui, pour épaissir l'obscurité, n'avait employé dans la formation de ce chiffre funèbre d'autre élément que cette lettre X, qui barre l'entrée de tous les problèmes et qui désigne l'*Inconnu*? — J'avoue que je n'ai pu sortir de cette ombre. Du reste, je me rappelais que cette façon de voiler, tout en la signalant, la tombe et la mémoire de l'homme décapité est propre à toutes les époques et à tous les peuples. A Venise, dans la galerie ducale du grand conseil, un cadre noir remplace le portrait du cinquante-septième doge, et, au-dessous, la morne république a écrit ce memento sinistre :

LOCVS MARINI FALIERI DECAPITATI.

En Égypte, quand le voyageur fatigué arrive à Biban-el-Molouk, il trouve dans les sables, parmi les palais et les temples écroulés, un sépulcre mystérieux, qui est le sépulcre de Rhamsès V, et sur ce sépulcre il voit cette légende :

Et cet hiéroglyphe, qui raconte l'histoire au désert, signifie : *qui est sans tête*.

Mais en Égypte comme à Venise, au palais ducal comme à Biban-el-Molouk, on sait où l'on est, on sait qu'on a affaire à Marino Faliero ou à Rhamsès V. Ici j'ignorais tout, et le nom du lieu et le nom de l'homme. Ma curiosité était éveillée au plus haut point. Je déclare que cette ruine si parfaitement muette m'intriguait et me fâchait presque. Je ne reconnais pas à une ruine, pas même à un tombeau, le droit de se taire à ce point.

J'allais sortir de la chambre basse, charmé d'avoir trouvé ce curieux monument, mais désappointé de n'en pas savoir davantage, quand un bruit de voix sonores, claires et gaies, arriva jusqu'à moi. C'était un vif et rapide dialogue, où je ne distinguais au milieu des rires et des cris joyeux que ces quelques mots : *Fall of the moutain.... Subterranean passage.... Very ogly foot-path.* Un moment après, comme je me levais du tombeau où j'étais assis, trois sveltes jeunes filles, vêtues de blanc, trois têtes blondes et roses, au frais sourire et aux yeux bleus, entrèrent subitement sous la voûte, et, en m'apercevant, s'arrêtèrent tout court dans le rayon de soleil qui en illuminait le seuil. Rien de plus magique et de plus charmant, pour un rêveur assis sur un sépulcre dans une ruine, que cette apparition dans cette lumière. Un poëte, à coup sûr, eût eu le droit de voir là des anges et des auréoles. J'avoue que n'y vis que des anglaises.

Je confesse même, à ma honte, qu'il me vint sur-le-champ la plate et prosaïque idée de profiter de ces anges pour savoir le nom du château. Voici comment je raisonnai, et cela très rapidement : Ces anglaises, — car se sont évidemment des anglaises, elles parlent anglais et elles sont blondes, — ces anglaises, selon toute apparence, sont des visiteuses qui viennent de quelque station de plaisir des environs, de Bingen ou de Rudesheim. Il est clair qu'elles se sont fait de cette masure un objet d'excursion et qu'elles savent nécessairement le nom du lieu qu'elles ont choisi pour but de promenade. — Une fois cela posé dans mon esprit, il ne restait qu'à entamer la conversation, et je confesse encore que j'eus recours au plus gauche des moyens employés en pareil cas. J'ouvris mon portefeuille pour me donner une contenance, j'appelai à mon aide le peu d'anglais que je crois savoir et je me mis à regarder par la meurtrière dans le ravin, en murmurant, comme si je me parlais à moi-même, je ne sais quels épiphonèmes admiratifs et ridicules : *Beautiful wiew! — Very fine, very pretty water fall!* etc., etc. — Les jeunes filles, d'abord intimidées et surprises de ma rencontre, se mirent à chuchoter tout bas avec un petit rire étouffé. Elles étaient charmantes ainsi, mais il est évident qu'elles se moquaient de moi. Je pris alors un grand parti, je résolus d'aller droit au fait; et, quoique je prononce l'anglais comme un irlandais; quoique le *th* en particulier soit pour moi un écueil formidable, je fis un pas vers le groupe toujours immobile, et, m'adressant, de mon air le plus gracieux, à la plus grande des trois : *Miss,* lui dis-je, en corrigeant le laconisme de la phrase par l'exagération du salut, *what is, if you please, the name of this castle?* La belle enfant sourit; comme je méritais un éclat de rire, et que je m'y attendais, je fus touché de cette clémence; puis elle regarda ses deux compagnes et me répondit en rougissant légèrement et dans le meilleur français du monde : — Monsieur, il paraît que ce château s'appelle Falkenburg. C'est du moins ce qu'a dit un chevrier, qui est français, et qui cause avec notre père dans la grande tour. Si vous voulez aller de ce côté, vous les trouverez.

Ces anglaises étaient des françaises.

Ces paroles si nettes et dites sans le moindre accent suffisaient pour me le démontrer; mais la belle enfant prit la peine d'ajouter : — Nous n'avons pas besoin de parler anglais, monsieur, nous sommes françaises et vous êtes français.

— Mais, mademoiselle, repris-je, à quoi avez-vous vu que j'étais français?

— A votre anglais, dit la plus jeune.

Sa sœur aînée la regarda d'un air presque sévère, si jamais la beauté, la grâce, l'adolescence, l'innocence et la joie peuvent avoir l'air sévère. Moi, je me mis à rire.

— Mais, mesdemoiselles, vous-mêmes vous parliez anglais tout à l'heure.

— Pour nous amuser, dit la plus jeune.
— Pour nous exercer, reprit l'aînée.

Cette rectification imposante et quasi maternelle fut perdue pour la plus jeune, qui courut gaiment au tombeau en soulevant sa robe à cause des pierres et en laissant voir le plus joli pied du monde. — Oh! s'écriat-elle, venez donc voir! une statue par terre! Tiens! elle n'a pas de tête. C'est un homme.

— C'est un chevalier, dit l'aînée qui s'était approchée.

Il y avait encore dans cette parole une ombre de reproche, et le son de voix dont elle fut prononcée signifiait : *Ma sœur, une jeune personne ne doit pas dire : C'est un homme, mais elle peut dire : C'est un chevalier.*

En général ceci est un peu l'histoire des femmes. Elles en sont toutes là. Elles repoussent les choses; mais habillez les choses de mots, elles les acceptent. Choisissez bien le mot pourtant. Elles s'indignent du mot cru, elles s'effarouchent du mot propre, elles tolèrent le mot détourné, elles accueillent le mot élégant, elles sourient à la périphrase. Elles ne savent que plus tard — trop tard souvent — combien il y a de réalité dans l'à peu près. La plupart des femmes glissent et beaucoup tombent sur la pente dangereuse des traductions adoucies.

Du reste, cette simple nuance, *c'est un homme — c'est un chevalier*, disait l'état de ces jeunes cœurs. L'une dormait encore profondément, l'autre était éveillé. L'aînée des sœurs était déjà une femme, la dernière était encore un enfant. Il n'y avait pourtant guère que deux ans entre elles. La cadette seule était une jeune fille. Depuis leur entrée dans le caveau, elle avait beaucoup rougi, un peu souri, et n'avait pas dit un mot.

Cependant elles s'étaient penchées toutes les trois sur le tombeau, et la réverbération fantastique du rayon de soleil dessinait leurs gracieux profils sur le spectre de granit. Tout à l'heure je me demandais le nom du fantôme, maintenant je me demandais le nom des jeunes filles, et je ne saurais dire ce que j'éprouvais à voir se mêler ainsi ces deux mystères, l'un plein de terreur, l'autre plein de charme.

A force d'écouter leur doux chuchotement, je saisis au passage un de leurs trois noms, le nom de la cadette. C'était la plus jolie. Une vraie princesse des contes de fées. Ses longs cils blonds cachaient sa prunelle bleue, dont la pure lumière les pénétrait pourtant. Elle était entre sa jeune sœur et sa sœur aînée comme la pudeur entre la naïveté et la grâce, doucement colorée d'un vague reflet de toutes les deux. Elle me regarda deux fois, et ne me parla pas. Elle fut la seule des trois dont je n'entendis pas le son de voix, mais elle fut aussi la seule dont je sus le nom. Il y eut un instant où sa jeune sœur lui dit très bas : *Vois donc, Stella!* Je n'ai jamais mieux compris qu'en cet instant-là tout ce qu'il y a de limpide, de lumineux et de charmant dans ce nom d'étoile.

La plus jeune faisait ses réflexions tout haut. — Pauvre homme! (la leçon avait été perdue) on lui a coupé la tête. C'était des temps comme cela où l'on coupait la tête aux hommes. — Tout à coup elle s'interrompit : — Ah! voici l'épitaphe! c'est du latin. — *Vox — tacuit — Periit — lux...* — C'est difficile à lire. Je voudrais bien savoir ce que cela veut dire.

— Mesdemoiselles, dit l'aînée, allons chercher mon père, il nous l'expliquera.

Et elles s'élancèrent hors de la crypte comme trois biches.

Elles n'avaient pas même songé à s'adresser à moi; j'étais un peu humilié que mon anglais leur eût donné si mauvaise idée de mon latin.

On avait fait jadis sur ce tombeau je ne sais quel scellement qui avait laissé à côté de l'épitaphe une tache de plâtre aplanie à la truelle. Je pris un crayon, et sur cette page blanche j'écrivis cette traduction du distique :

> Dans la nuit la voix s'est tue.
> L'ombre éteignit le flambeau.
> Ce qui manque à la statue
> Manque à l'homme en son tombeau.

Les jeunes filles étaient à peine parties depuis deux minutes, que j'entendis leur voix crier : *Par ici, père! par ici!* Elles revenaient. J'écrivis en hâte le dernier vers, et, avant qu'elles reparussent, je m'esquivai.

Ont-elles trouvé l'explication que je leur laissais? je l'ignore ; je me suis enfoncé dans les détours de la ruine et je ne les ai plus revues.

Je n'ai rien su non plus du mystérieux chevalier décapité. Triste destinée! Quel crime avait donc commis ce misérable? Les hommes lui avaient infligé la mort, la providence y a ajouté l'oubli. Ténèbres sur ténèbres. Sa tête a été retranchée de la statue, son nom de la légende, son histoire de la mémoire des hommes. Sa pierre sépulcrale elle-même va sans doute bientôt disparaître. Quelque vigneron de Sonneck ou du Ruppertsberg la prendra un beau jour, dispersera du pied le squelette mutilé qu'elle recouvre peut-être encore, coupera en deux cette tombe et en fera le chambranle d'une porte de cabaret. Et les paysans s'attableront, et les vieilles femmes fileront, et les enfants riront autour de la statue sans nom, décapitée jadis par le bourreau et sciée aujourd'hui par un maçon. Car de nos jours, en Allemagne comme en France, on utilise les ruines. Avec les vieux palais on fait des cabanes neuves.

Hélas! les vieilles lois et les vieilles sociétés subissent à peu près la même transformation.

Regardons, étudions, méditons, et ne nous plaignons pas. Dieu sait ce qu'il fait.

Seulement je me demande quelquefois : Pourquoi faut-il que le « goujat » ne se contente pas d'être *debout*, et qu'il ait toujours l'air de chercher à se venger de l'*empereur enterré*?

Mais, mon ami, me voici bien loin du Falkenburg. J'y reviens. — C'était beaucoup pour moi de me savoir dans ce nid de légendes, et de pouvoir dire des choses précises à ces vieilles tours qui se tiennent encore si fières et si droites, quoique mortes et laissant aller leurs entrailles dans l'herbe. J'étais donc dans ce manoir fameux dont je vous conterai peut-être les aventures, si vous ne les savez pas. Guntram et Liba surtout me revenaient à l'esprit. C'est sur ce pont que Guntram rencontra les deux hommes qui portaient un cercueil. C'est dans cet escalier que Liba se jeta dans ses bras et lui dit en riant : — Un cercueil? non, c'est le lit nuptial que tu auras vu. C'est près de cette cheminée, encore scellée au mur sans plancher et sans plafond, qu'était le bois de lit qu'on venait d'apporter et qu'elle lui montra. C'est dans cette cour, aujourd'hui pleine de ciguës en fleur, que Guntram, conduisant sa fiancée à l'autel, vit marcher devant lui, visibles pour lui seul, un chevalier vêtu de noir et une femme voilée. C'est dans cette chapelle romane écroulée, où des lézards vivants se promènent sur les lézards sculptés, qu'au moment de passer l'anneau bénit au joli doigt rose de sa fiancée, il sentit tout à coup une main froide dans la sienne, — la main de la pucelle du château de la forêt, qui se peignait la nuit en chantant près d'un tombeau ouvert et vide. — C'est dans cette salle basse qu'il expira et que Liba mourut de le voir mourir.

Les ruines font vivre les contes, et les contes le leur rendent.

J'ai passé plusieurs heures dans les décombres, assis sous d'impénétrables broussailles et laissant venir les idées qui me venaient. *Spiritus loci.* Ma prochaine lettre vous les portera peut-être.

Cependant la faim aussi m'était venue, et, vers trois heures, grâce au chevrier français dont les belles voyageuses m'avaient parlé et que j'avais heureusement rencontré, j'ai pu gagner un village au bord du Rhin, qui est, je crois, Trecktlingshausen, l'ancien Trajani Castrum.

Il n'y avait là pour toute auberge qu'une taverne à bière et pour tout dîner qu'un gigot fort dur, dont un étudiant, lequel fumait sa pipe à la porte, essaya de me détourner en me disant qu'un anglais affamé, arrivé une heure avant moi, n'avait pu l'entamer et s'y était rebuté. Je n'ai pas répondu fièrement comme le maréchal de Créqui devant la forteresse génoise de Gavi : *Ce que Barberousse n'a pu prendre, Barbegrise le prendra* ; mais j'ai mangé le gigot.

Je me suis remis en marche comme le soleil baissait.

Le paysage était ravissant et sévère. J'avais laissé derrière moi la chapelle gothique de Saint-Clément. J'avais à ma gauche la rive droite du Rhin, chargée de vignes et d'ardoises. Les derniers rayons du soleil rougissaient au loin les fameux coteaux d'Assmannshausen, au pied duquel des vapeurs, des fumées peut-être, me révélaient Aulhausen, le village des potiers de terre. Au-dessus de la route que je suivais, au-dessus de ma tête, se dressaient, échelonnés de montagne en montagne, trois châteaux, le Reichenstein et le Rheinstein, démolis par Rodolphe de Hapsburg et rebâtis par le comte palatin; et le Vaugtsberg, habité en 1348 par Kuno de Falkenstein et restauré aujourd'hui par le prince Frédéric de Prusse. Le Vaugtsberg a joué un grand rôle dans les guerres du droit manuel. L'archevêque de Mayence l'engagea un jour à l'empereur d'Allemagne pour quarante mille livres tournois. Ceci me rappelle que, lorsque Thibaut, comte de Champagne, ne sachant comment s'acquitter vis-à-vis de la reine de Chypre, vendit à *son très cher seigneur Louis roi de France*, la comté de Chartres, la comté de Blois, la comté de Sancerre et la vicomté de Châteaudun, ce fut également pour la somme de quarante mille livres. Aujourd'hui, quarante mille livres, c'est le prix dont un huissier retiré paye sa maison de campagne à Bagatelle ou à Pantin.

Cependant je faisais à peine attention à ce paysage et à ces souvenirs. Depuis que le jour déclinait, je n'avais plus qu'une pensée. Je savais qu'avant d'arriver à Bingen, un peu en deçà du confluent de la Nahe, je rencontrerais un étrange édifice, une lugubre masure debout dans les roseaux au milieu du fleuve entre deux hautes montagnes. Cette masure, c'est la Maüsethurm.

Dans mon enfance, j'avais au-dessus de mon lit un petit tableau entouré d'un cadre noir que je ne sais quelle servante allemande avait accroché au mur. Il représentait une vieille tour isolée, moisie, délabrée, entourée d'eaux profondes et noires, qui la couvraient de vapeurs, et de montagnes qui la couvraient d'ombre. Le ciel de cette tour était morne et plein de nuées hideuses. Le soir, après avoir prié Dieu et avant de m'endormir, je regardais toujours ce tableau. La nuit je le revoyais dans mes rêves, et je l'y revoyais terrible. La tour grandissait, l'eau bouillonnait, un éclair tombait des nuées, le vent sifflait dans les montagnes et semblait par moments jeter des clameurs. Un jour, je demandai à la servante comment s'appelait cette tour. Elle me répondit, en faisant un signe de croix, la Maüsethurm.

Et puis elle me raconta une histoire. Qu'autrefois à Mayence, dans son pays, il y avait eu un méchant archevêque nommé Hatto, qui était aussi abbé de Fuld, prêtre avare, disait-elle, *ouvrant plutôt la main pour bénir que pour donner*. Que dans une année mauvaise il acheta tout le blé pour le revendre fort cher au peuple, car ce prêtre voulait être riche. Que la famine devint si grande, que les paysans mouraient de faim dans les villages du Rhin. Qu'alors le peuple s'assembla autour du burg de Mayence, pleurant et demandant du pain. Que l'archevêque refusa. Ici l'histoire devient horrible. Le peuple affamé ne se dispersait pas et entourait le palais de l'archevêque en gémissant. Hatto, ennuyé, fit cerner ces pauvres gens par ses archers, qui saisirent les hommes et les femmes, les vieillards et les enfants, et enfermèrent cette foule dans une grange à laquelle ils mirent le feu. Ce fut, ajoutait la bonne vieille, *un spectacle dont les pierres eussent pleuré.* Hatto n'en fit que rire ; et, comme les misérables, expirant dans les flammes, poussaient des cris lamentables, il se prit à dire *Entendez-vous siffler les rats?* Le lendemain, la grange fatale était en cendre, il n'y avait plus de peuple dans Mayence ; la ville semblait morte et déserte, quand tout à coup une multitude de rats, pullulant dans la grange brûlée comme les ulcères d'Assuérus, sortant de dessous terre, surgissant d'entre les pavés, se faisant jour aux fentes des murs, renaissant sous le pied qui les écrasait, se multipliant sous les pierres et sous les massues, inondèrent les rues, la citadelle, le palais, les caves, les chambres et les alcôves. C'était un fléau, c'était un fourmillement hideux. Hatto éperdu quitta Mayence et s'enfuit dans la plaine, les rats le suivirent ; il courut s'enfermer dans Bingen, qui avait de hautes murailles, les rats passèrent par-dessus les murailles et entrèrent dans Bingen. Alors l'archevêque fit bâtir une tour au milieu du Rhin et s'y réfugia à l'aide d'une barque autour de laquelle dix archers battaient l'eau : les rats se jetèrent à la nage, traversèrent le Rhin, grimpèrent sur la tour, rongèrent les portes, le toit, les fenêtres, les planchers et les plafonds, et, arrivés enfin jusqu'à la basse fosse où s'était caché le misérable archevêque, l'y dévorèrent tout vivant. — Maintenant la malédiction du ciel et l'horreur des hommes sont sur cette tour, qui s'appelle la Maüsethurm. Elle est déserte ; elle tombe en ruine au milieu du fleuve ; et quelquefois, la nuit, on en voit sortir une étrange vapeur rougeâtre, qui ressemble à la fumée d'une fournaise ; c'est l'âme de Hatto qui revient.

Avez-vous remarqué une chose ? L'histoire est parfois immorale, les contes sont toujours honnêtes, moraux et vertueux. Dans l'histoire volontiers le plus fort prospère, les tyrans réussissent, les bourreaux se portent bien, les monstres engraissent, les Sylla se transforment en bons bourgeois, les Louis XI et les Cromwell meurent dans leur lit. Dans les contes, l'enfer est toujours visible. Pas de faute qui n'ait son châtiment, parfois même exagéré ; pas de crime qui n'amène son supplice, souvent effroyable ; pas de méchant qui ne devienne un malheureux, quelquefois fort à plaindre. Cela tient à ce que l'histoire se meut dans l'infini, et le conte dans le fini. L'homme, qui fait le conte, ne se sent pas le droit de poser les faits et d'en laisser supposer les conséquences ; car il tâtonne dans l'ombre, il n'est sûr de rien, il a besoin de tout borner par un enseignement, un conseil et une leçon ; et il n'oserait pas inventer des événements sans conclusion immédiate. Dieu, qui fait l'histoire, montre ce qu'il veut et sait le reste.

*Maüsethurm* est un mot commode. On y voit ce qu'on désire y voir. Il y a des esprits qui se croient positifs et qui ne sont qu'arides, qui chassent la poésie de tout, et qui sont toujours prêts à lui dire, comme cet autre homme positif au rossignol : *Veux-tu te taire, vilaine bête !* Ces esprits-là affirment que Maüsethurm vient de *maus* ou *mauth*, qui signifie *péage*. Ils déclarent qu'au dixième siècle, avant que le lit du fleuve fût élargi, le passage du Rhin n'était ouvert que du côté gauche, et que la ville de Bingen avait établi, au moyen de cette tour, son droit de barrière sur les bateaux. Ils s'appuient sur ce qu'il y a encore près de Strasbourg deux tours consacrées à une perception d'impôt sur les passants, lesquelles s'appellent également Maüsethurm. Pour ces graves penseurs inaccessibles aux fables, la tour maudite est un octroi et Hatto est un douanier.

Pour les bonnes femmes, parmi lesquelles je me range avec empressement, Maüsethurm vient de *maüse*, qui vient de *mus* et qui veut dire *rat*. Ce prétendu péage est la Tour des Souris, et ce douanier est un spectre.

Après tout, les deux opinions peuvent se concilier. Il n'est pas absolument impossible que, vers le seizième ou le dix-septième siècle, après Luther, après Érasme, des bourgmestres esprits forts aient *utilisé* la tour de Hatto, et momentanément installé quelque taxe et quelque péage dans cette ruine mal hantée. Pourquoi pas ? Rome a bien fait du temple d'Antonin sa douane, la *dogana*. Ce que Rome a fait à l'histoire, Bingen a bien pu le faire à la légende.

De cette façon, *Mauth* aurait raison et *Maüse* n'aurait pas tort.

Quoi qu'il en soit, depuis qu'une vieille servante m'avait conté le conte de Hatto, la Maüsethurm avait toujours été une des visions familières de mon esprit. Vous le savez, il n'y a pas d'homme qui n'ait ses fantômes, comme il n'y a pas d'homme qui n'ait ses chimères. La nuit, nous appartenons aux songes ; tantôt c'est un rayon qui les traverse, tantôt c'est une flamme ; et, selon le reflet colorant, le même rêve est une gloire céleste ou une apparition de l'enfer. Effet de feux de Bengale qui se produit dans l'imagination.

Je dois dire que jamais la Tour des Rats, au milieu de sa flaque d'eau, ne m'était apparue autrement qu'horrible.

Aussi, vous l'avouerai-je ? quand le hasard, qui me promène un peu à sa fantaisie, m'a amené sur les bords du Rhin, la première pensée qui m'est venue, ce n'est pas que je verrais le dôme de Mayence, ou la cathédrale de Cologne, ou la Pfalz, c'est que je visiterais la Tour des Rats.

Jugez donc de ce qui se passait en moi, pauvre poëte croyeur, sinon croyant, et pauvre antiquaire passionné que je suis. Le crépuscule succédait lentement au jour, les collines devenaient brunes, les arbres devenaient noirs, quelques étoiles scintillaient, le Rhin bruissait dans l'ombre, personne ne passait sur la route blanchâtre et confuse, qui se raccourcissait pour mon regard à mesure que la nuit s'épaississait, et qui se perdait,

13

pour ainsi dire, dans une fumée à quelques pas devant moi. Je marchais lentement, l'œil tendu dans l'obscurité ; je sentais que j'approchais de la Maüsethurm, et que dans peu d'instants cette masure redoutable, qui n'avait été pour moi jusqu'à ce jour qu'une hallucination, allait devenir une réalité.

Un proverbe chinois dit : Tendez trop l'arc, le javelot dévie. C'est ce qui arrive à la pensée. Peu à peu cette vapeur qu'on appelle la rêverie entra dans mon esprit. Les vagues rumeurs du feuillage murmuraient à peine dans la montagne ; le cliquetis clair, faible et charmant d'une forge éloignée et invisible arrivait jusqu'à moi ; j'oubliai insensiblement la Maüsethurm, les rats et l'archevêque ; je me mis à écouter, tout en marchant, ce bruit d'enclume, qui est parmi les voix du soir une de celles qui éveillent en moi le plus d'idées inexprimables ; il avait cessé que je l'écoutais encore, et je ne sais comment il se trouva, au bout d'un quart d'heure, que j'avais fait, presque sans le vouloir, les vers quelconques que voici :

L'Amour forgeait. Au bruit de son enclume,
Tous les oiseaux, troublés, rouvraient les yeux ;
Car c'était l'heure où se répand la brume,
Où sur les monts, comme un feu qui s'allume,
Brille Vénus, l'escarboucle des cieux.

La grive au nid, la caille en son champ d'orge,
S'interrogeaient, disant : Que fait-il là ?
Que forge-t-il si tard ? — Un rouge-gorge
Leur répondit : Moi, je sais ce qu'il forge ;
C'est un regard qu'il a pris à Stella.

Et les oiseaux, riant du jeune maître,
De s'écrier : Amour, que ferez-vous
De ce regard, qu'aucun fiel ne pénètre ?
Il est trop pur pour vous servir, ô traître !
Pour vous servir, méchant, il est trop doux !

Mais Cupido, parmi les étincelles,
Leur dit : Dormez, petits oiseaux des bois.
Couvez vos œufs et repliez vos ailes.
Les purs regards sont mes flèches mortelles ;
Les plus doux yeux sont mes pires carquois.

Comme je terminais cette chose, la route tourna, et je m'arrêtai brusquement. Voici ce que j'avais devant moi. A mes pieds, le Rhin courant et se hâtant dans les broussailles avec un murmure rauque et furieux, comme s'il s'échappait d'un mauvais pas ; à droite et à gauche, des montagnes ou plutôt de grosses masses d'obscurité perdant leur sommet dans les nuées d'un ciel sombre piqué çà et là de quelques étoiles ; au fond, pour horizon, un immense rideau d'ombre ; au milieu du fleuve, au loin, debout dans une eau plate, huileuse et comme morte, une grande tour noire, d'une forme horrible, du faîte de laquelle sortait, en s'agitant avec des balancements étranges, je ne sais quelle nébulosité rougeâtre. Cette clarté, qui ressemblait à la réverbération de quelque soupirail embrasé ou à la vapeur d'une fournaise, jetait sur les montagnes un rayonnement pâle et blafard, faisait saillir à mi-côte sur la rive droite une ruine lugubre, semblable à la larve d'un édifice, et se reflétait jusqu'à moi dans le miroitement fantastique de l'eau.

Figurez-vous, si vous pouvez, ce paysage sinistre vaguement dessiné par des lueurs et des ténèbres.

Du reste, pas un bruit humain dans cette solitude, pas un cri d'oiseau ; un silence glacial et morne, troublé seulement par la plainte irritée et monotone du Rhin.

J'avais sous les yeux la Maüsethurm.

Je ne me l'étais pas imaginée plus effrayante. Tout y était ; la nuit, les nuées, les montagnes, les roseaux frissonnants, le bruit du fleuve plein d'une secrète horreur, comme si l'on entendait le sifflement des hydres cachées sous l'eau, les souffles tristes et faibles du vent, l'ombre, l'abandon, l'isolement et jusqu'à la *vapeur de fournaise* sur la tour, jusqu'à l'âme de Hatto !

Je tenais donc mon rêve, et il restait rêve !

Il me prit alors une idée, la plus simple du monde, mais qui, dans ce moment-là, me fit l'effet d'un vertige ; je voulus sur-le-champ, à cette heure, sans attendre au lendemain, sans attendre au jour, aborder cette masure. L'apparition était sous mes yeux, la nuit était profonde, le pâle fantôme de l'archevêque se dressait sur le Rhin ; c'était le moment de visiter la Tour des Rats.

Mais comment faire ? où trouver un bateau, à une telle heure, dans un tel lieu ? Traverser le Rhin à la nage, c'eût été pousser le goût des spectres un peu loin. D'ailleurs, eussé-je été assez grand nageur et assez grand fou pour cela, il y a précisément à cet endroit, à quelques brasses de la Maüsethurm, un gouffre des plus redoutables, le Bingerloch, qui avalait jadis des galiotes comme un requin avale un hareng, et pour qui, par conséquent, un nageur ne serait pas même un goujon. J'étais fort embarrassé.

Tout en cheminant pour me rapprocher de la ruine, je me rappelai que les palpitations de la cloche d'argent et les revenants du donjon de Velmich n'empêchaient pas les ceps et les échalas d'exploiter leur colline et d'escalader leurs décombres, et j'en conclus que, le voisinage d'un gouffre rendant nécessairement la rivière très poissonneuse, je rencontrerais probablement au bord de l'eau, près de la tour, quelque cabane de pêcheur de saumon. Quand des vignerons bravent Falkenstein et sa souris, des pêcheurs peuvent bien affronter Hatto et ses rats.

Je ne me trompais pas. Je marchai pourtant longtemps encore sans rien rencontrer. J'atteignis le point de la rive le plus voisin de la ruine, je le dépassai, j'arrivai presque jusqu'au confluent de la Nahe, et je commençais à désespérer de bateleur, lorsque, en descendant jusqu'aux osiers du bord, j'aperçus une de ces grandes araignées-filets dont je vous ai parlé. A quelques pas du filet était amarrée une barque dans laquelle dormait un homme enveloppé dans une couverture. J'entrai dans la barque, je réveillai l'homme, je lui montrai un de ces gros écus de Saxe qui valent deux florins quarante-deux kreutzers, c'est-à-dire six francs ; il me comprit, et, quelques minutes après, sans avoir dit un mot, comme si nous eussions été deux spectres nous-mêmes, nous nagions vers la Maüsethurm.

Quand je fus au milieu du fleuve, il me sembla que la tour, dont nous approchions, au lieu de croître, diminuait ; c'était la grandeur du Rhin qui la rapetissait. Cet effet dura peu. Comme j'avais pris le bateau à un point du rivage situé plus haut que la Maüsethurm, nous descendions le Rhin, et nous avancions rapidement.

J'avais les yeux fixés sur la tour, au sommet de laquelle apparaissait toujours la vague lueur, et que je voyais maintenant grandir distinctement, à chaque coup de rame, d'une manière qui, je ne sais pourquoi, me semblait terrible. Tout à coup je sentis la barque s'affaisser brusquement sous moi comme si l'eau pliait sous elle, la secousse fit rouler ma canne à mes pieds ; je regardai mon compagnon, lui-même me regarda avec un sourire qui, éclairé sinistrement par la réverbération surnaturelle de la Maüsethurm, avait quelque chose d'effrayant, et il me dit : *Bingerloch*. Nous étions sur le gouffre.

Le bateau tourna ; l'homme se leva, saisit un croc d'une main et une corde de l'autre, plongea le croc dans la vague en s'y appuyant de tout son poids, et se mit à marcher sur le bordage. Pendant qu'il marchait, le dessous de la barque froissait avec un bruit rauque la crête des rochers cachés sous l'eau.

Cette délicate manœuvre se fit simplement avec une adresse merveilleuse et un admirable sang-froid, sans que l'homme proférât une parole.

Tout à coup il tira son croc de l'eau et le tint en arrêt horizontalement en jetant un des bouts de la corde hors du bateau. La barque s'arrêta rudement. Nous abordions.

Je levai les yeux. A une demi-portée de pistolet, sur une petite île qu'on n'aperçoit pas du bord du fleuve, se dressait la Maüsethurm, sombre, énorme, formidable, déchiquetée à son sommet, largement et profondément rongée à sa base, comme si les rats effroyables de la légende avaient mangé jusqu'aux pierres.

La lueur n'était plus une lueur ; c'était un flamboiement éclatant et farouche qui jetait au loin de longs rayonnements jusqu'aux montagnes et sortait par les crevasses et par les baies difformes de la tour comme par les trous d'une lanterne sourde gigantesque.

Il me semblait entendre dans le fatal édifice une sorte de bruit singulier, strident et continu, pareil à un grincement.

Je mis pied à terre, je fis signe au batelier de m'attendre, et je m'avançai vers la masure.

Enfin j'y étais ! — C'était bien la tour de Hatto, c'était bien la tour des rats, la Maüsethurm ! elle était devant mes yeux, à quelques pas de moi, et j'allais y entrer ! — Entrer dans un cauchemar, marcher dans un cauchemar, toucher aux pierres d'un cauchemar, arracher de l'herbe d'un cauchemar, se mouiller les pieds dans l'eau d'un cauchemar, c'est là, à coup sûr, une sensation extraordinaire.

La façade vers laquelle je marchais était percée d'une petite lucarne et de quatre fenêtres inégales toutes éclairées, deux au premier étage, une au second et une au troisième. A hauteur d'homme, au-dessous des deux fenêtres d'en bas, s'ouvrait toute grande une porte basse et large, communiquant avec le sol au moyen d'une épaisse échelle de bois à trois échelons. Cette porte, qui jetait plus de clarté encore que les fenêtres, était munie d'un battant de chêne grossièrement assemblé que le vent du fleuve faisait crier doucement sur ses gonds. Comme je me dirigeais vers cette porte, assez lentement à cause des pointes de rochers mêlées aux broussailles, je ne sais quelle masse ronde et noire passa rapidement auprès de moi, presque entre mes pieds, et il me sembla voir un gros rat s'enfuir dans les roseaux.

J'entendais toujours le grincement.

Je n'en continuai pas moins d'avancer, et en quelques enjambées je fus devant la porte.

Cette porte, que l'architecte du méchant évêque n'avait pratiquée qu'à quelques pieds au-dessus du sol, probablement pour faire de cette escalade un obstacle aux rats, avait jadis été l'entrée de la chambre basse de la tour ; maintenant il n'y avait plus dans la masure ni chambres basses ni chambres hautes. Tous les étages tombés l'un sur l'autre, tous les plafonds successivement écroulés, ont fait de la Maüsethurm une salle enfermée entre quatre hautes murailles, qui a pour sol des décombres et pour plafond les nuées du ciel.

Cependant j'avais hasardé mon regard dans l'intérieur de cette salle, d'où sortaient un grincement si étrange et un rayonnement si extraordinaire. Voilà ce que je vis :

Dans un angle faisant face à la porte, il y avait deux hommes. Ces hommes me tournaient le dos. Ils se penchaient, l'un accroupi, l'autre courbé, sur une espèce d'étau en fer qu'avec un peu d'imagination on aurait fort bien pu prendre pour un instrument de torture. Ils étaient pieds nus, bras nus, vêtus de haillons, avec un tablier de cuir sur les genoux et une grosse veste à capuchon sur le dos. L'un était vieux, je voyais ses cheveux gris ; l'autre était jeune, je voyais ses cheveux blonds, qui semblaient rouges, grâce au reflet de pourpre d'une grande fournaise allumée à l'angle opposé de la masure. Le vieux avait son capuchon incliné à droite comme les guelfes, le jeune le portait incliné à gauche comme les gibelins. Du reste, ce n'était ni un gibelin ni un guelfe ; ce n'étaient pas non plus deux bourreaux, ni deux démons, ni deux spectres ; c'étaient deux forgerons. Cette fournaise, où rougissait une longue barre de fer, était leur cheminée. La lueur, qui figurait si étrangement dans ce mélancolique paysage l'âme de Hatto changée par l'enfer en flamme vivante, c'était le feu et la fumée de cette cheminée. Le grincement, c'était le bruit d'une lime. Près de la porte, à côté d'un baquet plein d'eau, deux marteaux à longs manches s'appuyaient sur une enclume; c'est cette enclume que j'avais entendue environ une heure auparavant et qui m'avait fait faire les vers que vous venez de lire.

Ainsi, aujourd'hui la Maüsethurm est une forge. Pourquoi n'aurait-elle pas été une douane jadis? Vous voyez, mon ami, que décidément *Mauth* n'a peut-être pas tort.

Rien de plus dégradé et de plus décrépit que l'intérieur de cette tour. Ces murs, auxquels furent attachées les splendides tapisseries épiscopales où les rats, disent les légendes, *rongèrent partout le nom de Hatto*, ces murs sont à présent nus, ridés, creusés par les pluies, verdis au dehors par les brumes du fleuve, noircis au dedans par la fumée de la forge.

Les deux forgerons étaient du reste les meilleures gens du monde. Je montai l'échelle et j'entrai dans la masure. Ils me montrèrent à côté de leur cheminée la porte étroite et crevassée d'une tourelle sans fenêtre, aujourd'hui inaccessible, où, dirent-ils, l'archevêque se réfugia d'abord. Puis ils m'ont prêté une lanterne, et j'ai pu visiter toute la petite île. C'est une longue et étroite langue de terre où croît partout, au milieu d'une ceinture de joncs et de roseaux, l'*euphorba officinalis*. A chaque instant, en parcourant cette île, le pied se heurte à des monticules ou s'enfonce dans des galeries souterraines. Les taupes y ont remplacé les rats.

Le Rhin a déchaussé et mis à nu la pointe orientale de l'îlot, qui lutte comme une proue contre son courant. Il n'y a là ni terre ni végétation, mais un rocher de marbre rose qui, à la lueur de ma lanterne, me semblait veiné de sang.

C'est sur ce marbre qu'est bâtie la tour.

La Tour des Rats est carrée. La tourelle, dont les forgerons m'avaient montré l'intérieur, fait sur la face qui regarde Bingen un renflement pittoresque. La coupe pentagonale de cette tourelle longue et élancée et les mâchicoulis postiches sur lesquels elle s'appuie indiquent une construction du onzième siècle. C'est au-dessous de la tourelle que les rats semblent avoir rongé profondément la base de la tour. Les baies de la tour ont tellement perdu toute forme, qu'il serait impossible d'en conclure aucune date. Le parement, écorché çà et là, dessine sur les parois extérieures une lèpre hideuse. Des pierres informes, qui ont été des créneaux ou des mâchicoulis, figurent au sommet de l'édifice des dents de cachalot ou des os de mastodonte scellés dans la muraille.

Au-dessus de la tourelle, à l'extrémité d'un long mât, flotte et se déchire au vent un triste haillon blanc et noir. Je trouvais d'abord je ne sais quelle harmonie entre cette ruine de deuil et cette loque funèbre. Mais c'est tout simplement le drapeau prussien.

Je me suis rappelé qu'en effet les domaines du grand-duc de Hesse finissent à Bingen. La Prusse rhénane y commence.

Ne prenez pas, je vous prie, en mauvaise part ce que je vous dis là du drapeau de Prusse. Je vous parle de l'effet produit, rien de plus. Tous les drapeaux sont glorieux. Qui aime le drapeau de Napoléon n'insultera jamais le drapeau de Frédéric.

Après avoir tout vu, et cueilli un brin d'euphorbe, j'ai quitté la Maüsethurm. Mon batelier s'était rendormi. Au moment où il reprenait son aviron et où la barque s'éloignait de l'île, les deux forgerons s'étaient remis à l'enclume, et j'entendais siffler dans le baquet d'eau la barre de fer rouge qu'ils venaient d'y plonger.

Maintenant que vous dirai-je? Qu'une demi-heure après j'étais à Bingen, que j'avais grand' faim, et qu'après mon souper, quoique je fusse fatigué, quoiqu'il fût très tard, quoique les bons bourgeois fussent endormis, je suis monté, moyennant un thaler offert à propos, sur le Klopp, vieux château ruiné qui domine Bingen.

Là, j'ai eu un spectacle digne de clore cette journée où j'avais vu tant de choses et coudoyé tant d'idées.

La nuit était à son moment le plus assoupi et le plus profond. Au-dessous de moi, un amas de maisons noires gisait comme un lac de ténèbres. Il n'y avait plus dans toute la ville que sept fenêtres éclairées. Par un hasard étrange, ces sept fenêtres, pareilles à sept rouges étoiles, reproduisaient avec une exactitude parfaite la Grande-Ourse qui étincelait, en cet instant-là même, pure et blanche au fond du ciel; si bien que la majestueuse constellation, allumée à des millions de lieues au-dessus de nos têtes, semblait se refléter à mes pieds dans un miroir d'encre.

## LETTRE XXI

### LÉGENDE
#### DU BEAU PÉCOPIN ET DE LA BELLE BAULDOUR

*Bingen, août.*

Je vous avais promis quelqu'une des légendes fameuses du Falkenburg, peut-être même la plus belle, la sombre aventure de Guntram et de Liba. Mais j'ai réfléchi. A quoi bon vous conter des contes que le premier recueil venu vous contera, et vous contera mieux que moi? Puisque vous voulez absolument des histoires pour vos petits enfants, en voici une, mon ami. C'est une légende que du moins vous ne trouverez dans aucun légendaire.

Je vous l'envoie telle que je l'ai écrite sous les murailles mêmes du manoir écroulé, avec la fantastique forêt de Soon sous les yeux, et, à ce qu'il me semblait, sous la dictée même des arbres, des oiseaux et du vent des ruines.

Je venais de causer avec ce vieux soldat français qui s'est fait chevrier dans ces montagnes, et qui y est devenu presque sauvage et presque sorcier; singulière fin pour un tambour-maître du trente-septième léger. Ce brave homme, ancien enfant de troupe dans les armées voltairiennes de la république, m'a paru croire aujourd'hui aux fées et aux gnomes comme il a cru jadis à l'empereur. La solitude agit toujours ainsi sur l'intelligence; elle développe la poésie qui est toujours dans l'homme; tout pâtre est rêveur.

J'ai donc écrit ce conte bleu dans le lieu même, caché dans le ravin-fossé, assis sur un bloc qui a été un rocher jadis, qui a été une tour au douzième siècle et qui est redevenu un rocher, cueillant de temps en temps, pour en aspirer l'âme, une fleur sauvage, un de ces liserons qui sentent si bon et qui meurent si vite, et regardant tour à tour l'herbe verte et le ciel radieux, pendant que de grandes nues d'or se déchiraient aux sombres ruines du Falkenburg.

Cela dit, voici l'histoire.

I

LÉGENDE

Le beau Pécopin aimait la belle Bauldour, et la belle Bauldour aimait le beau Pécopin. Pécopin était fils du burgrave de Sonneck, et Bauldour était fille du sire de Falkenburg. L'un avait la forêt, l'autre avait la montagne. Or quoi de plus simple que de marier la montagne à la forêt? Les deux pères s'entendirent, et l'on fiança Bauldour à Pécopin.

Ce jour-là, c'était un jour d'avril, les sureaux et les aubépines en fleur s'ouvraient au soleil dans la forêt, mille petites cascades charmantes, neiges et pluies changées en ruisseaux, horreurs de l'hiver devenues les grâces du printemps, sautaient harmonieusement dans la montagne, et l'amour, cet avril de l'homme, chantait, rayonnait et s'épanouissait dans le cœur des deux fiancés.

Le père de Pécopin, vieux et vaillant chevalier, l'honneur du Nahegau, mourut quelque temps après les accordailles, en bénissant son fils et en lui recommandant Bauldour. Pécopin pleura, puis peu à peu, de la tombe où son père avait disparu, ses yeux se reportèrent au doux et radieux visage de sa fiancée, et il se consola. Quand la lune se lève, songe-t-on au soleil couché?

Pécopin avait toutes les qualités d'un gentilhomme, d'un jeune homme et d'un homme. Bauldour était une reine dans le manoir, une sainte vierge à l'église, une nymphe dans les bois, une fée à l'ouvrage.

Pécopin était grand chasseur, et Bauldour était belle fileuse. Or il n'y a pas de haine entre le fuseau et la carnassière. La fileuse file pendant que le chasseur chasse. Il est absent, la quenouille console et désennuie. La meute aboie, le rouet chante. La meute, qui est au loin et qu'on entend à peine, mêlée au cor et perdue profondément dans les halliers, dit tout bas avec un vague bruit de fanfare : Songe à ton amant. Le rouet, qui force la belle rêveuse à baisser les yeux, dit tout haut et sans cesse avec sa petite voix douce et sévère : Songe à ton mari. Et, quand le mari et l'amant ne font qu'un, tout va bien.

Mariez donc la fileuse au chasseur, et ne craignez rien.

Cependant, je dois le dire, Pécopin aimait trop la chasse. Quand il était sur son cheval, quand il avait le faucon au poing ou quand il suivait le tartaret du regard, quand il entendait le jappement féroce de ses limiers aux jambes torses, il partait, il volait, il oubliait tout. Or en aucune chose il ne faut excéder. Le bonheur est fait de modération. Tenez en équilibre vos goûts et en bride vos appétits. Qui aime trop les chevaux et les chiens fâche les femmes; qui aime trop les femmes fâche Dieu.

Lorsque Bauldour, et cela arrivait souvent, lorsque Bauldour voyait Pécopin prêt à partir sur son cheval hennissant de joie et plus fier que s'il eût porté Alexandre le Grand en habits impériaux, lorsqu'elle voyait Pécopin le flatter, lui passer la main sur le cou, et, éloignant l'éperon du flanc, présenter au palefroi un bouquet d'herbe pour le rafraîchir, Bauldour était jalouse du cheval. Quand Bauldour, cette noble et fière demoiselle, cet astre d'amour, de jeunesse et de beauté, voyait Pécopin caresser son dogue et approcher amicalement de son charmant et mâle visage cette tête camuse, ces gros naseaux, ces larges oreilles et cette gueule noire, Bauldour était jalouse du chien.

Elle rentrait dans sa chambre secrète, courroucée et triste, et elle pleurait. Puis elle grondait ses servantes, et, après ses servantes, elle grondait son nain. Car la colère chez les femmes est comme la pluie dans la forêt; elle tombe deux fois. *Bis pluit.*

Le soir, Pécopin arrivait poudreux et fatigué. Bauldour boudait et murmurait un peu avec une larme dans le coin de son œil bleu. Mais Pécopin baisait sa petite main, et elle se taisait; Pécopin baisait son beau front, et elle souriait.

Le front de Bauldour était blanc, pur et admirable comme la trompe d'ivoire du roi Charlemagne.

Puis elle se retirait dans sa tourelle, et Pécopin dans la sienne. Elle ne souffrait jamais que ce chevalier lui prît la ceinture. Un soir, il lui pressa légèrement le coude, et elle rougit très fort. Elle était fiancée, et non mariée. Pudeur est à la femme ce que chevalerie est à l'homme.

## II

### L'OISEAU PHÉNIX ET LA PLANÈTE VÉNUS

Ils s'adoraient.

Pécopin avait dans sa salle d'armes, à Sonneck, une grande peinture dorée représentant le ciel et les neuf cieux, chaque planète avec sa couleur propre et son nom écrit en vermillon à côté d'elle ; Saturne blanc plombé ; Jupiter clair, mais enflammé et un peu sanguin ; Vénus l'orientale embrasée ; Mercure étincelant ; la Lune avec sa glace argentine ; le Soleil tout feu rayonnant. Pécopin effaça le nom de Vénus et écrivit en place *Bauldour*.

Bauldour avait dans sa chambre aux parfums une tapisserie de haute lisse où était figuré un oiseau de la grandeur d'un aigle, avec le tour du cou doré, le corps de couleur pourpre, la queue blanche mêlée de pennes incarnates, et sur la tête des crêtes surmontées d'une houppe de plumes. Au-dessous de cet oiseau merveilleux l'ouvrier avait écrit ce mot grec : *Phénix*. Bauldour effaça ce mot et broda à la place ce nom : *Pécopin*.

Cependant le jour fixé pour les noces approchait. Pécopin en était joyeux, et Bauldour en était heureuse.

Il y avait dans la vénerie de Sonneck un piqueur, drôle fort habile, de libre parole et de malicieux conseil, qui s'appelait Érilangus. Cet homme, jadis fort bel archer, avait été recherché en mariage par plusieurs paysannes du pays de Lorch ; mais il avait rebuté les épouses et s'était fait valet de chiens. Un jour que Pécopin lui en demandait la raison, Érilangus répondit : *Monseigneur, les chiens ont sept espèces de rage, les femmes en ont mille.* Un autre jour, apprenant les prochaines noces de son maître, il vint hardiment et lui dit : *Sire, pourquoi vous mariez-vous ?* Pécopin chassa ce valet.

Cela eût pu inquiéter le chevalier, car Érilangus était un esprit subtil et une longue mémoire. Mais la vérité est que ce valet s'en alla à la cour du marquis de Lusace, où il devint premier veneur, et que Pécopin n'en entendit plus parler.

La semaine qui devait précéder le mariage, Bauldour filait dans l'embrasure d'une fenêtre. Son nain vint l'avertir que Pécopin montait l'escalier. Elle voulut courir au-devant de son fiancé, et, en sortant de sa chaise, qui était à dossier droit et sculpté, son pied s'embarrassa dans le fil de sa quenouille. Elle tomba. La pauvre Bauldour se releva. Elle ne s'était fait aucun mal, mais elle se souvint qu'un accident pareil était arrivé jadis à la châtelaine Liba, et elle se sentit le cœur serré.

Pécopin entra rayonnant, lui parla de leur mariage et de leur bonheur, et le nuage qu'elle avait dans l'âme s'envola.

## III

### OU EST EXPLIQUÉE LA DIFFÉRENCE QU'IL Y A ENTRE L'OREILLE D'UN JEUNE HOMME ET L'OREILLE D'UN VIEILLARD

Le lendemain de ce jour-là Bauldour filait dans sa chambre et Pécopin chassait dans le bois. Il était seul et n'avait avec lui qu'un chien. Tout en suivant le hasard de la chasse, il arriva près d'une métairie qui était à l'entrée de la forêt de Sonn et qui marquait la limite des domaines de Sonneck et de Falkenburg. Cette métairie était ombragée, à l'orient, par quatre grands arbres, un frêne, un orme, un sapin et un chêne, qu'on appelait dans le pays les *quatre Évangélistes*. Il paraît que c'étaient des arbres fées. Au moment où Pécopin passait sous leur ombre, quatre oiseaux étaient perchés sur ces quatre arbres, un geai sur le frêne, un merle sur l'orme, une pie sur le sapin et un corbeau sur le chêne. Les quatre ramages de ces quatre bêtes emplumées se mêlaient d'une façon bizarre et semblaient par instants s'interroger et se répondre. On entendait en outre un pigeon, qu'on ne voyait pas parce qu'il était dans le bois, et une poule, qu'on ne voyait pas parce qu'elle était dans la basse-cour de la ferme. Quelques pas plus loin, un vieillard tout courbé rangeait le long d'un mur des souches pour l'hiver. Voyant approcher Pécopin, il se retourna et se redressa :

— Sire chevalier, s'écria-t-il, entendez-vous ce que disent ces oiseaux?

— Bonhomme, répondit Pécopin, que m'importe?

— Sire, reprit le paysan, pour le jeune homme, le merle siffle, le geai garrule, la pie glapit, le corbeau croasse, le pigeon roucoule, la poule glousse; pour le vieillard, les oiseaux parlent.

Le chevalier éclata de rire.

— Pardieu! voilà des rêveries.

Le vieillard repartit gravement :

— Vous avez tort, sire Pécopin.

— Vous ne m'avez jamais vu, s'écria le jeune homme; comment savez-vous mon nom?

— Ce sont les oiseaux qui le disent, répondit le paysan.

— Vous êtes un vieux fou, brave homme, dit Pécopin.

Et il passa outre.

Environ une heure après, comme il traversait une clairière, il entendit une sonnerie de cor et il vit paraître dans la futaie une belle troupe de cavaliers; c'était le comte palatin qui allait en chasse, accompagné des burgraves, qui sont les comtes des châteaux; des wildgraves, qui sont les comtes des forêts; des landgraves, qui sont les comtes des terres; des rhingraves, qui sont les comtes du Rhin; et des raugraves, qui sont les comtes du droit du poing. Un cavalier gentilhomme du pfalzgraf, nommé Gaïrefroi, aperçut Pécopin et lui cria :

— Holà, beau chasseur! ne venez-vous pas avec nous?

— Où allez-vous? dit Pécopin.

— Beau chasseur, répondit Gaïrefroi, nous allons chasser un milan qui est à Heimburg et qui détruit nos faisans; nous allons chasser un vautour qui est à Vaugstberg et qui extermine nos lanerets; nous allons chasser un aigle qui est à Rheinstein et qui tue nos émerillons. Venez avec nous.

— Quand serez-vous de retour? demanda Pécopin.

— Demain, dit Gaïrefroi.

— Je vous suis, dit Pécopin.

La chasse dura trois jours. Le premier jour Pécopin tua le milan, le second jour Pécopin tua le vautour, le troisième jour Pécopin tua l'aigle. Le comte palatin s'émerveilla d'un si excellent archer.

— Chevalier de Sonneck, lui dit-il, je te donne le fief de Rhineck, mouvant de ma tour de Gutenfels. Tu vas me suivre à Stahleck pour recevoir l'investiture et me prêter le serment d'allégeance, en mail public et en présence des échevins, *in mallo publico et coram scabinis*, comme disent les chartes du saint empereur Charlemagne.

Il fallait obéir. Pécopin envoya à Bauldour un message dans lequel il lui annonçait tristement que la gracieuse volonté du pfalzgraf l'obligeait de se rendre sur-le-champ à Stahleck pour une très grande et très grosse affaire.

— Soyez tranquille, madame ma mie, ajoutait-il en terminant, je serai de retour le mois prochain.

Le messager parti, Pécopin suivit le palatin et alla coucher, avec les chevaliers de la suite du prince, dans la châtellenie basse à Bacharach. Cette nuit-là il eut un rêve. Il revit en songe l'entrée de la forêt de Sonneck, la métairie, les quatre arbres et les quatre oiseaux; les oiseaux ne criaient, ni ne sifflaient, ni ne chantaient, ils parlaient. Leur ramage, auquel se mêlaient les voix de la poule et du pigeon, s'était changé en cet étrange dialogue, que Pécopin endormi entendit distinctement :

LE GEAI.
Le pigeon est au bois.
LE MERLE.
La poule dans la cour
Va disant : Pécopin.
LE GEAI.
Le pigeon dit : Bauldour.
LE CORBEAU.
Le sire est en chemin.
LA PIE.
La dame est dans la tour.
LE GEAI.
Reviendra-t-il d'Alep?
LE MERLE.
De Fez?
LE CORBEAU.
De Damanhour?

LA PIE.
La poule a parié contre, et le pigeon pour.
LA POULE.
Pécopin! Pécopin!
LE PIGEON.
Bauldour! Bauldour! Bauldour!

Pécopin se réveilla, il avait une sueur froide; dans le premier moment, il se rappela le vieillard, et il s'épouvanta, sans savoir pourquoi, de ce rêve et de ce dialogue. puis il chercha à comprendre, puis il ne comprit pas, puis il se rendormit, et le lendemain, quand le jour parut, quand il revit le beau soleil qui chasse les spectres, dissipe les songes et dore les fumées, il ne songea plus ni aux quatre arbres ni aux quatre oiseaux.

## IV

##### OU IL EST TRAITÉ DES DIVERSES QUALITÉS PROPRES AUX DIVERSES AMBASSADES

Pécopin était un gentilhomme de renommée, de race, d'esprit et de mine. Une fois introduit à la cour du pfalzgraf et installé dans son nouveau fief, il plut à ce point à ce palatin, que ce digne prince lui dit un jour :

— Ami, j'envoie une ambassade à mon cousin de Bourgogne, et je t'ai choisi pour ambassadeur, à cause de ta gentille renommée.

Pécopin dut faire ce que voulait son prince. Arrivé à Dijon, il se fit si bien distinguer par sa belle parole, que le duc lui dit un soir, après avoir vidé trois larges verres de vin de Bacharach :

— Sire Pécopin, vous êtes notre ami ; j'ai quelque démêlé de bec avec monseigneur le roi de France, et le comte palatin permet que je vous envoie près du roi, car je vous ai choisi pour ambassadeur, à cause de votre grande race.

Pécopin se rendit à Paris. Le roi le goûta fort, et, le prenant à part un matin :

— Pardieu, chevalier Pécopin, lui dit-il, puisque le palatin vous a prêté au bourguignon pour le service de la Bourgogne, le bourguignon vous prêtera bien au roi de France pour le service de la chrétienté. J'ai besoin d'un très noble seigneur qui aille faire certaines remontrances de ma part au miramolin des maures en Espagne, et je vous ai choisi pour ambassadeur à cause de votre bel esprit.

On peut refuser son vote à l'empereur, on peut refuser sa femme au pape ; on ne refuse rien au roi de France. Pécopin fit route pour l'Espagne. A Grenade, le miramolin l'accueillit à merveille et l'invita aux zambras de l'Alhambra. Ce n'étaient chaque jour que fêtes, courses de cannes et de lances et chasses au faucon, et Pécopin y prenait part en grand jouteur et en grand chasseur qu'il était. En sa qualité de moricaud, le miramolin avait de bons lancrets, d'excellents sacrets et d'admirables tuniciens, et il y eut à ces chasses les plus belles volées imaginables. Cependant Pécopin n'oublia pas de faire les affaires du roi de France. Quand la négociation fut terminée, le chevalier se présenta chez le sultan pour lui faire ses adieux.

— Je reçois vos adieux, sire chrétien, dit le miramolin, car vous allez en effet partir tout de suite pour Bagdad.

— Pour Bagdad ! s'écria Pécopin.

— Oui, chevalier, reprit le prince maure ; car je ne puis signer le traité avec le roi de Paris sans le consentement du calife de Bagdad, qui est commandeur des croyants ; il me faut envoyer quelqu'un de considérable auprès du calife, je vous ai choisi pour ambassadeur à cause de votre bonne mine.

Quand on est chez les maures, on va où veulent les maures. Ce sont des chiens et des infidèles. Pécopin alla à Bagdad. Là il eut une aventure. Un jour qu'il passait sous les murs du sérail, la sultane favorite le vit, et, comme il était beau, triste et fier, elle se prit d'amour pour lui. Elle lui envoya une esclave noire qui parla au chevalier dans le jardin de la ville à côté du grand tilleul microphylla qu'on y voit encore, et qui lui remit un talisman en lui disant : — Ceci vient d'une princesse qui vous aime et que vous ne verrez jamais. Gardez ce talisman. Tant que vous le porterez sur vous, vous serez jeune. Quand vous serez en danger de mort, touchez-le, et il vous sauvera.

Pécopin, à tout hasard, accepta le talisman, qui était une fort belle turquoise incrustée de caractères inconnus. Il l'attacha à sa chaîne de cou.

— Maintenant, monseigneur, ajouta l'esclave en le quittant, prenez garde à ceci : tant que vous aurez cette turquoise à votre cou, vous ne vieillirez pas d'un jour; si vous la perdez, vous vieillirez en une minute de toutes les années que vous aurez laissées derrière vous. Adieu, beau giaour.

Cela dit, la négresse s'en alla. Cependant le calife avait vu l'esclave de la sultane accoster le chevalier chrétien. Ce calife était fort jaloux et un peu magicien. Il convia Pécopin à une fête, et, la nuit venue, il conduisit le chevalier sur une haute tour. Pécopin, sans y prendre garde, s'était avancé fort près du parapet, qui était très bas, et le calife lui parla ainsi :

— Chevalier, le comte palatin t'a envoyé au duc de Bourgogne à cause de ta noble renommée, le duc de Bourgogne t'a envoyé au roi de France à cause de ta grande race, le roi de France t'a envoyé au miramolin de Grenade à cause de ton bel esprit, le miramolin de Grenade t'a envoyé au calife de Bagdad à cause de ta bonne mine; moi, à cause de ta bonne renommée, de ta grande race, de ton bel esprit et de ta bonne mine, je t'envoie au diable.

En prononçant ce dernier mot, le calife poussa violemment Pécopin, qui perdit l'équilibre et tomba du haut de la tour.

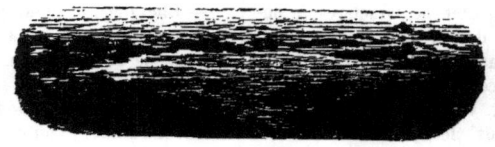

## V

### BON EFFET D'UNE BONNE PENSÉE

Quand un homme tombe dans un gouffre, c'est un terrible éclair que celui qui frappe sa paupière en ce moment-là, et qui lui montre à la fois la vie dont il va sortir et la mort où il va entrer. Dans cette minute suprême, Pécopin, éperdu, envoya sa dernière pensée à Bauldour et mit sa main sur son cœur ; ce qui fit que, sans y songer, il toucha le talisman. A peine eut-il effleuré du doigt la turquoise magique qu'il se sentit emporté comme par des ailes. Il ne tombait pas, il planait. Il vola ainsi toute la nuit. Au moment où le jour paraissait, la main invisible qui le soutenait le déposa sur une grève solitaire, au bord de la mer.

## VI

### OÙ L'ON VOIT QUE LE DIABLE LUI-MÊME A TORT D'ÊTRE GOURMAND

Or, en ce temps-là même, il était arrivé au diable une aventure désagréable et singulière. Le diable a coutume d'emporter les âmes qui sont à lui dans une hotte, ainsi que cela peut se voir sur le portail de la cathédrale de Fribourg en Suisse, où il est figuré avec une tête de porc sur les épaules, un croc à la main et une hotte de chiffonnier sur le dos; car le démon trouve et ramasse les âmes des méchants dans les tas d'ordures que le genre humain dépose au coin de toutes les grandes vérités terrestres ou divines. Le diable n'avait pas l'habitude de fermer sa hotte, ce qui fait que beaucoup d'âmes s'échappaient, grâce à la céleste malice des anges. Le diable s'en aperçut et mit à sa hotte un bon couvercle orné d'un bon cadenas. Mais les âmes, qui sont fort subtiles, furent peu gênées du couvercle, et, aidées par les petits doigts roses des chérubins, trouvèrent encore moyen de s'enfuir par les claires-voies de la hotte. Ce que voyant, le diable, fort dépité, tua un dromadaire, et de la peau de la bosse fit une outre qu'il sut clore merveilleusement avec l'assistance du démon Hermès, et de laquelle il se sentait plus joyeux quand elle était remplie d'âmes qu'un écolier d'une bourse remplie de sequins d'or. C'est ordinairement dans la haute Égypte, sur les bords de la mer Rouge, que le diable, après avoir fait sa tournée dans le pays des païens et des mécréants, remplit cette outre. Le lieu est fort désert; c'est une grève de sable près d'un petit bois de palmiers qui est situé entre Coma, où est né saint Antoine, et Clisma, où est mort saint Sisoès.

Un jour donc que le diable avait fait encore meilleure chasse qu'à l'ordinaire, il remplissait gaîment son outre, lorsque se retournant par hasard, il vit à quelques pas de lui un ange qui le regardait en souriant. Le diable haussa les épaules et continua d'empiler dans ce sac les âmes qu'il avait, les épluchant fort peu, je vous jure; car tout est assez bon pour cette chaudière-là. Quand il eut fini, il empoigna l'outre d'une main pour la charger sur ses épaules; mais il lui fut impossible de la lever du sol, tant il y avait mis d'âmes et tant les iniquités dont elles étaient chargées les rendaient lourdes et pesantes. Il saisit alors cette besace d'enfer à deux bras; mais le second effort fut aussi inutile que le premier; l'outre ne bougea pas plus que si elle eût été la tête d'un rocher sortant de terre.

— Oh! âmes de plomb! dit le diable.

Et il se prit à jurer. En se retournant, il vit le bel ange qui le regardait en riant.

— Que fais-tu? cria le démon.

— Tu le vois, dit l'ange, je souriais tout à l'heure, et à présent je ris.

— Oh! céleste volaille! grand innocent, va! répliqua Asmodée.

Mais l'ange devint sévère, et lui parla ainsi :

— Dragon, voici les paroles que je te dis de la part de celui qui est le Seigneur : tu ne pourras emporter cette charge d'âmes dans la géhenne tant qu'un saint du paradis ou un chrétien tombé du ciel ne t'aura pas aidé à la soulever de terre et à la poser sur tes épaules.

Cela dit, l'ange ouvrit ses ailes d'aigle et s'envola.

Le diable était fort empêché.

— Que veut dire cet imbécile? grommelait-il entre ses dents. Un saint du paradis? ou un chrétien tombé du ciel? J'attendrai longtemps si je dois rester là jusqu'à ce qu'une pareille assistance m'arrive! Pourquoi diantre aussi ai-je si outrageusement bourré cette sacoche? Et ce niais, qui n'est ni homme ni oiseau, se burlait de moi! Allons! il faut maintenant que j'attende le saint qui viendra du paradis ou le chrétien qui tombera du ciel. Voilà une stupide histoire, et il faut convenir qu'on s'amuse de peu de chose là-haut!

Pendant qu'il se parlait ainsi à lui-même, les habitants de Coma et de Clisma croyaient entendre le tonnerre gronder sourdement à l'horizon. C'était le diable qui bougonnait.

Pour un charretier embourbé, jurer est quelque chose; mais sortir de l'ornière, c'est encore mieux. Le pauvre diable se creusait la tête et rêvait. C'est un drôle fort adroit que celui qui a perdu Ève. Il entre partout. Quand il veut, de même qu'il se glisse dans l'amour, il se glisse dans le paradis. Il a conservé des relations avec saint Cyprien le magicien, et il sait dans l'occasion se faire bien venir des autres saints, tantôt en leur rendant de petits services mystérieux, tantôt en leur disant des paroles agréables. Il sait, ce grand savant, la conversation qui plait à chacun. Il les prend tous par leur faible. Il apporte à saint Robert d'York des petits pains d'avoine au beurre. Il cause orfévrerie avec saint Éloi et cuisine avec saint Théodore. Il parle au saint évêque Germain du roi Childebert, au saint abbé Wandrille du roi Dagobert, et au saint eunuque Usthazade du roi Sapor. Il parle à saint Paul le Simple de saint Antoine, et il parle à saint Antoine de son cochon. Il parle à saint Loup de sa femme Piméniole, et il ne parle pas à saint Gomer de sa femme Gwinmarie. Car le diable est le grand flatteur. Cœur de fiel, bouche de miel.

Cependant quatre saints, qui sont connus pour leur étroite amitié, saint Nil le Solitaire, saint Autremoine, saint Jean le Nain et saint Médard, étaient précisément allés ce jour-là se promener sur les bords de la mer Rouge. Comme ils arrivaient, tout en conversant, près du bois des palmiers, le diable les vit venir vers lui avant d'être aperçu par eux. Il prit incontinent la forme d'un vieillard très pauvre et très cassé et se mit à pousser des cris lamentables. Les saints s'approchèrent.

— Qu'est-ce? dit saint Nil.

— Hélas! hélas! mes bons seigneurs, s'écria le diable, venez à mon aide, je vous en supplie. J'ai un très méchant maître, je suis un pauvre esclave, j'ai un très méchant maître qui est un marchand du pays de Fez. Or vous savez que tous ceux de Fez, les maures, numides, garamantes, et tous les habitants de la Barbarie, de la Nubie et de l'Égypte, sont mauvais, pervers, sujets aux femmes et aux copulations illicites, téméraires, ravisseurs, hasardeux et impitoyables à cause de la planète Mars. De plus, mon maître est un homme que tourmentent la bile noire, la bile jaune et la pituite à Cicéron; de là une mélancolie froide et sèche qui le rend timide, de peu de courage, avec beaucoup d'inventions néanmoins pour le mal. Ce qui retombe sur nous, pauvres esclaves, sur moi, pauvre vieux.

— Où voulez-vous en venir, mon ami? dit saint Autremoine avec intérêt.

— Voilà, mon bon seigneur, répondit le démon. Mon maître est un grand voyageur. Il a des manies.

Dans tous les pays où il va, il a le goût de bâtir dans son jardin une montagne du sable qu'on ramasse au bord des mers près desquelles ce méchant homme s'établit. Dans la Zélande il a édifié un tas de sable fangeux et noir; dans la Frise un tas de gros sable mêlé de ces coquilles rouges, parmi lesquelles on trouve le cône tigré; et dans la Chersonèse cimbrique, qu'on nomme aujourd'hui Jutland, un tas de sable fin mêlé de ces coquilles blanches parmi lesquelles il n'est pas rare de rencontrer la telline-soleil-levant....

— Que le diable t'emporte! interrompit saint Nil, qui est d'un naturel impatient. Viens au fait. Voilà un quart d'heure que tu nous fais perdre à écouter des sornettes. Je compte les minutes.

Le diable s'inclina humblement.

— Vous comptez les minutes, monseigneur? c'est un noble goût. Vous devez être du midi; car ceux du midi sont ingénieux et adonnés aux mathématiques, parce qu'ils sont plus voisins que les autres hommes du cercle des étoiles errantes.

Puis, tout à coup, éclatant en sanglots et se meurtrissant la poitrine du poing : — Hélas! hélas! mes bons princes, j'ai un bien cruel maître. Pour bâtir sa montagne il m'oblige à venir tous les jours, moi vieillard, remplir cette outre de sable au bord de la mer. Il faut que je la porte sur mes épaules. Quand j'ai fait un voyage, je recommence, et cela dure depuis l'aube jusqu'au coucher du soleil. Si je veux me reposer, si je veux dormir, si je succombe à la fatigue, si l'outre n'est pas bien pleine, il me fait fouetter. Hélas! je suis bien misérable et bien battu et bien accablé d'infirmités. Hier, j'avais fait six voyages dans la journée; le soir venu, j'étais si las, que je n'ai pu hausser jusqu'à mon dos cette outre que je venais d'emplir, et j'ai passé ici toute la nuit, pleurant à côté de ma charge et épouvanté de la colère de mon maître. Mes seigneurs, mes bons seigneurs, par grâce et par pitié, aidez-moi à mettre ce fardeau sur mes épaules, afin que je puisse m'en retourner auprès de mon maître, car, si je tarde, il me tuera. Ahi! Ahi!

En écoutant cette pathétique harangue, saint Nil, saint Autremoine et saint Jean le Nain se sentirent émus, et saint Médard se mit à pleurer, ce qui causa sur la terre une pluie de quarante jours.

Mais saint Nil dit au démon : — Je ne puis t'aider, mon ami, et j'en ai regret; mais il faudrait mettre la main à cette outre, qui est une chose morte, et un verset de la très sainte écriture défend de toucher aux choses mortes sous peine de rester impur.

Saint Autremoine dit au démon : — Je ne puis t'aider, mon ami, et j'en ai regret; mais je considère que ce serait une bonne action, et, les bonnes actions ayant l'inconvénient de pousser à la vanité celui qui les fait, je m'abstiens d'en faire pour conserver l'humilité.

Saint Jean le Nain dit au démon : — Je ne puis t'aider, mon ami, et j'en ai regret, mais, comme tu vois, je suis si petit, que je ne pourrais atteindre à ta cein-

ture. Comment ferais-je pour te mettre cette charge sur les épaules ?

Saint Médard, tout en larmes, dit au démon : — Je ne puis t'aider, mon ami, et j'en ai regret ; mais je suis si ému vraiment, que j'ai les bras cassés.

Et ils continuèrent leur chemin.

Le diable enrageait. — Voilà des animaux ! s'écriat-il en regardant les saints s'éloigner. Quels vieux pédants ! Sont-ils absurdes avec leurs grandes barbes ! Ma parole d'honneur, ils sont encore plus bêtes que l'ange !

Lorsqu'un de nous enrage, il a du moins la ressource d'envoyer au diable celui qui l'irrite. Le diable n'a pas cette douceur. Aussi y a-t-il dans toutes ses colères une pointe qui rentre en lui-même et qui l'exaspère.

Comme il maugréait en fixant son œil plein de flamme et de fureur sur le ciel, son ennemi, voilà qu'il aperçoit dans les nuées un point noir. Ce point grossit, ce point approche ; le diable regarde ; c'était un homme, — c'était un chevalier armé et casqué, — c'était un chrétien ayant la croix rouge sur la poitrine, — qui tombait des nues.

— Que n'importe qui soit loué ! cria le démon en sautant de joie. Je suis sauvé. Voilà mon chrétien qui m'arrive ! Je n'ai pas pu venir à bout de quatre saints, mais ce serait bien le diable si je ne venais pas à bout d'un homme.

En ce moment-là Pécopin, doucement déposé sur le rivage, mettait pied à terre. Apercevant ce vieillard, lequel était là comme un esclave qui se repose à côté de son fardeau, il marcha vers lui et lui dit :

— Qui êtes-vous, l'ami, et où suis-je ?

Le diable se prit à geindre piteusement.

— Vous êtes au bord de la mer Rouge, monseigneur, et moi je suis le plus malheureux des malheureux.

Sur ce, il chanta au chevalier la même antienne qu'aux saints, le suppliant pour conclusion de l'aider à charger cette outre sur son dos.

Pécopin hocha la tête : — Bonhomme, voilà une histoire peu vraisemblable.

— Mon beau seigneur qui tombez du ciel, répondit le diable, la vôtre l'est encore moins, et pourtant elle est vraie.

— C'est juste, dit Pécopin.

— Et puis, reprit le démon, que voulez-vous que j'y fasse ? si mes malheurs n'ont pas bonne apparence, est-ce ma faute ? Je ne suis qu'un pauvre de besace et d'esprit ; je ne sais pas inventer ; il faut bien que je compose mes gémissements avec mes aventures et je ne puis mettre dans mon histoire que la vérité. Telle viande, telle soupe.

— J'en conviens, dit Pécopin.

— Et puis enfin, poursuivit le diable, quel mal cela peut-il vous faire, à vous, mon jeune vaillant, d'aider un pauvre vieillard infirme à attacher cette outre sur ses épaules ?

Ceci parut concluant à Pécopin. Il se baissa, souleva de terre l'outre, qui se laissa faire sans difficulté, et, la soutenant entre ses bras, il s'apprêta à la poser sur le dos du vieillard, qui se tenait courbé devant lui.

Un moment de plus, et c'était fait.

Le diable a des vices ; c'est là ce qui le perd. Il est gourmand. Il eut dans cette minute-là l'idée de joindre l'âme de Pécopin aux autres âmes qu'il allait emporter ; mais pour cela il fallait d'abord tuer Pécopin.

Il se mit donc à voix basse à appeler un esprit invisible auquel il commanda quelque chose en paroles obscures.

Tout le monde sait que lorsque le diable dialogue et converse avec d'autres démons, il parle un jargon moitié italien, moitié espagnol. Il dit aussi çà et là quelques mots latins.

Ceci a été prouvé et clairement établi dans plusieurs rencontres, et en particulier dans le procès du docteur Eugenio Torralva, lequel fut commencé à Valladolid le 10 janvier 1526, et convenablement terminé le 6 mai 1531 par l'auto-da-fé dudit docteur.

Pécopin savait beaucoup de choses. C'était, je vous l'ai dit, un cavalier d'esprit qui était homme à soutenir bravement une vespérie. Il avait des lettres. Il connaissait la langue du diable.

Or, à l'instant où il lui attachait l'outre sur l'épaule, il entendit le petit vieillard courbé dire tout bas : *Bamos, non sierra occhi, verbera, frappa, y echa la piedra.* Ceci fut pour Pécopin comme un éclair.

Un soupçon lui vint. Il leva les yeux, et vit à une grande hauteur au-dessus de lui une pierre énorme que quelque géant invisible tenait suspendue sur sa tête.

Se rejeter en arrière, toucher de sa main gauche le talisman, saisir de la droite son poignard et en percer l'outre avec une violence et une rapidité formidables, c'est ce que fit Pécopin, comme s'il eût été le tourbillon qui, dans la même seconde, passe, vole, tourne, brille, tonne et foudroie.

Le diable poussa un grand cri. Les âmes délivrées s'enfuirent par l'issue que le poignard de Pécopin venait de leur ouvrir, laissant dans l'outre leurs noirceurs, leurs crimes et leurs méchancetés, monceau hideux, verrue abominable qui, par l'attraction propre au démon, s'incrusta en lui, et, recouverte par la peau velue de l'outre, resta à jamais fixée entre ses deux épaules. C'est depuis ce jour-là qu'Asmodée est bossu.

Cependant, au moment où Pécopin se rejetait en arrière, le géant invisible avait laissé choir sa pierre, qui tomba sur le pied du diable et le lui écrasa. C'est depuis ce jour-là qu'Asmodée est boiteux.

Le diable, comme Dieu, a le tonnerre à ses ordres ; mais c'est un affreux tonnerre inférieur qui sort de terre et déracine les arbres. Pécopin sentit le rivage de la mer trembler sous lui et que quelque chose de terrible l'enveloppait ; une fumée noire l'aveugla, un bruit effroyable l'assourdit ; il lui sembla qu'il était tombé et qu'il roulait rapidement en rasant le sol, comme s'il était une feuille morte chassée par le vent. Il s'évanouit.

## VII

### PROPOSITIONS AMIABLES D'UN VIEUX SAVANT RETIRÉ DANS UNE CABANE DE FEUILLAGE

Quand il revint à lui, il entendit une voix douce qui disait : *Phi smâ*, ce qui, en langage arabe, signifie : Il est dans le ciel. Il sentit qu'une main était posée sur sa poitrine, et il entendit une autre voix grave et lente qui répondait : *Lô, lô, machi mouth*, ce qui veut dire : Non, non, il n'est pas mort. Il ouvrit les yeux, et vit un vieillard et une jeune fille agenouillés près de lui.

Le vieillard était noir comme la nuit, il avait une longue barbe blanche tressée en petites nattes, à la mode des anciens mages, et il était vêtu d'un grand suaire de soie verte sans plis.

La jeune fille était couleur de cuivre rouge, avec de grands yeux de porcelaine et des lèvres de corail. Elle avait des anneaux d'or au nez et aux oreilles. Elle était charmante.

Pécopin n'était plus au bord de la mer. Le souffle de l'enfer, le poussant au hasard, l'avait jeté dans une vallée remplie de rochers et d'arbres d'une forme étrange.

Il se leva. Le vieillard et la jeune fille le regardaient avec douceur.

Il s'approcha d'un de ces arbres ; les feuilles se contractèrent ; les branches se retirèrent, les fleurs, qui étaient d'un blanc pâle, devinrent rouges ; et tout l'arbre parut en quelque sorte reculer devant lui.

Pécopin reconnut l'arbre de la honte et en conclut qu'il avait quitté l'Inde et qu'il était dans le fameux pays de Pudiferan.

Cependant le vieillard lui fit un signe. Pécopin le suivit.

Quelques instants après, le vieillard, la jeune fille et Pécopin étaient tous trois assis sur une natte dans une cabane faite en feuilles de palmier, dont l'intérieur, plein de pierres précieuses de toutes sortes, étincelait comme un brasier ardent.

Le vieillard se tourna vers Pécopin et lui dit en allemand :

— Mon fils, je suis l'homme qui sait tout, le grand lapidaire éthiopien, le taleb des arabes. Je m'appelle Zin Eddin pour les hommes et Evilmerodach pour les génies. Je suis le premier homme qui ait pénétré dans cette vallée, tu es le deuxième. J'ai passé ma vie à dérober à la nature la science des choses, et à verser aux choses la science de l'âme. Grâce à moi, grâce à mes leçons, grâce aux rayons qui sont tombés depuis cent ans de mes prunelles, dans cette vallée les pierres vivent, les plantes pensent et les animaux savent. C'est moi qui ai enseigné aux bêtes la médecine vraie, qui manque à l'homme. J'ai appris au pélican à se saigner lui-même pour guérir ses petits blessés des vipères, au serpent aveugle à manger du fenouil pour recouvrer la vue, à l'ours attaqué de la cataracte à irriter les abeilles pour se faire piquer les yeux. J'ai apporté aux aigles, lesquelles sont étroites, la pierre œtites qui les fait pondre aisément. Si le geai se purge avec la feuille du laurier, la tortue avec la ciguë, le cerf avec le dictame, le loup avec la mandragore, le sanglier avec le lierre, la tourterelle avec l'herbe helxine; si les chevaux gênés par le sang s'ouvrent eux-mêmes une veine de la cuisse de derrière; si le stellion à l'époque de la mue dévore sa peau pour se guérir du mal caduc; si l'hirondelle guérit les ophthalmies de ses petits avec la pierre calidoine qu'elle va chercher au delà des mers; si la belette se munit de la ruë quand elle veut combattre la couleuvre, — c'est moi, mon fils, qui le leur ai enseigné. Jusqu'ici je n'ai eu que des animaux pour disciples. J'attendais un homme. Tu es venu. Sois mon fils. Je suis vieux. Je te laisserai ma cabane, mes pierreries, ma vallée et ma science. Tu épouseras ma fille, qui s'appelle Aïssab, et qui est belle. Je t'apprendrai à distinguer le rubis sandastre du chrysolampis, à mettre la mère perle dans un pot de sel et à rallumer le feu des rubis trop mornes en les trempant dans le vinaigre. Chaque jour de vinaigre leur donne un an de beauté. Nous passerons notre vie doucement à ramasser des diamants et à manger des racines. Sois mon fils.

— Merci, vénérable seigneur, dit Pécopin. J'accepte avec joie.

La nuit venue, il s'enfuit.

## VIII

### LE CHRÉTIEN ERRANT

Il erra longtemps dans les pays. Dire tous les voyages qu'il fit, ce serait raconter le monde. Il marcha pieds nus et en sandales; il monta toutes les montures, l'âne, le cheval, le mulet, le chameau, le zèbre, l'onagre et l'éléphant. Il subit toutes les navigations et tous les navires, les vaisseaux ronds de l'Océan et les vaisseaux longs de la Méditerranée, *oneraria et remigia*, galère et galion, frégate et frégaton, felouque, polaque et tartane, barque, barquette et barquerolle. Il se risqua sur les caracores de bois des indiens de Batan et sur les chaloupes de cuir de l'Euphrate dont a parlé Hérodote. Il fut battu de tous les vents, du levante-sirocco et du sirocco-mezzogiorno, de la tramontane et de la galerne. Il traversa la Perse, le Pégu, Bramaz, Tagatai, Transiane, Sagistan, l'Hasubi. Il vit le Monomotapa comme Vincent le Blanc, Sofala comme Pedro Ordoñez, Ormus comme le sieur de Fines, les sauvages comme Acosta, et les géants comme Malherbe de Vitré. Il perdit dans le désert quatre doigts du pied, comme Jérôme Costilla. Il se vit dix-sept fois vendu, comme Mendez-Pinto, fut forçat, comme Texeus, et saillit être eunuque comme Parisol. Il eut le mal des pyans, dont périssent les nègres, le scorbut, qui épouvantait Avicenne, et le mal de mer, auquel Cicéron préféra la mort. Il gravit des montagnes si hautes, qu'arrivé au sommet il vomissait le sang, les flegmes et la colère. Il aborda l'île qu'on rencontre parfois ne la cherchant point et qu'on ne peut jamais trouver la cherchant, et il vérifia que les habitants de cette île sont bons chrétiens. En Midelpalie, qui est au nord, il remarqua un château dans un lieu où il n'y en a pas; mais les prestiges du septentrion sont si grands, qu'il ne faut pas s'étonner de cela. Il demeura plusieurs mois chez le roi de Mogor Ekebas, bien vu et caressé de ce prince, de la cour duquel il racontait plus tard tout ce qu'ont depuis couché par écrit les anglais, les hollandais et même les pères jésuites. Il devint docte, car il avait les deux maîtres de toute doctrine, voyage et malheur. Il étudia les faunes et les flores de tous les climats. Il observa les vents par les migrations des oiseaux et les courants par les migrations des céphalopodes. Il vit passer, dans les régions sous-marines, l'*ommastrephes sagittatus* allant au pôle nord, et l'*ommastrephes giganteus* allant au pôle sud. Il vit les hommes et les monstres ainsi que l'ancien grec Ulysse. Il connut toutes les bêtes merveilleuses, le rosmar, le râle-noir, le solendguse, les garangians semblables à des aigles de mer, les queues-de-jonc de l'île de Comore, les caper-calzes d'Écosse, les antenales qui vont par troupes, les alcatrazes grands comme des oies, les moraxos, plus grands que les tiburons, les peymones des îles Maldives qui mangent des hommes, le poisson manare qui a une tête de bœuf, l'oiseau claki qui naît de certains bois pourris, le petit saru qui chante mieux que le perroquet, et enfin le boranet, l'animal-plante des pays tartares, qui a une racine en terre et qui broute l'herbe autour de lui. Il tua à la chasse un triton de mer de l'espèce yapiaria, et il inspira de l'amour à un triton de rivière de l'espèce baëpapina. Un jour, étant en l'île de Manar, qui est à deux cents lieues de Goa, il fut appelé par des pêcheurs, lesquels lui montrèrent sept hommes-évêques et neuf sirènes qu'ils avaient pris dans leurs filets. Il entendit le bruit nocturne du forgeron marin, et il mangea des cent cinquante-trois sortes de poissons qu'il y a dans la mer, et qui se trouvèrent tous dans le filet des apôtres quand ils pêchèrent par ordre du Seigneur. En Scythie, il perça à coups de flèches un griffon auquel les peuples arimaspes faisaient la guerre pour avoir l'or que cette bête gardait. Ces peuples voulurent le faire roi, mais il se sauva. Enfin il manqua naufrager en mainte rencontre, et notamment près du cap Gardafú, que les anciens appelaient *Promontorium aromatorum*; et, à travers tant d'aventures, tant d'erreurs, de fatigues, de prouesses, de travaux et de misères, le brave et fidèle chevalier Pécopin n'avait qu'un but, retrouver l'Allemagne; qu'une espérance, rentrer au Falkenburg; qu'une pensée, revoir Bauldour.

Grâce au talisman de la sultane, qu'il portait toujours sur lui, il ne pouvait, on s'en souvient, ni vieillir, ni mourir.

Il comptait pourtant tristement les années. A l'époque où il parvint enfin à atteindre le nord du pays de France, cinq ans s'étaient écoulés depuis qu'il avait vu Bauldour. Quelquefois il songeait à cela le soir, après avoir cheminé depuis l'aube; il s'asseyait sur une pierre au bord de la route, et il pleurait.

Puis il se ranimait et reprenait courage. — Cinq ans, pensait-il, oui, mais je vais la revoir enfin. Elle avait quinze ans, eh bien, elle en aura vingt! — Ses vêtements étaient en lambeaux, sa chaussure était déchirée, ses pieds étaient en sang, mais la force et la joie lui étaient revenues, et il se remettait en marche.

C'est ainsi qu'il parvint jusqu'aux montagnes des Vosges.

## IX

### OÙ L'ON VOIT A QUOI SE PEUT AMUSER UN NAIN DANS UNE FORÊT

Un soir, après avoir fait route toute la journée dans les rochers, cherchant un passage pour descendre vers le Rhin, il arriva à l'entrée d'un bois de sapins, de frênes et d'érables. Il n'hésita pas à y pénétrer. Il y marchait depuis plus d'une heure quand tout à coup le sentier qu'il suivait se perdit dans une clairière semée de houx, de genévriers et de framboisiers sauvages. A côté de la clairière il y avait un marais. Épuisé de lassitude, mourant de faim et de soif, exténué, il regardait de côté et d'autre, cherchant une chaumière, une charbonnerie ou un feu de pâtre, quand tout à coup une troupe de tadornes passa près de lui en agitant ses ailes et en criant. Pécopin tressaillit en reconnaissant ces étranges oiseaux, qui font leurs nids sous terre et que les paysans des Vosges appellent canards-lapins. Il écarta les touffes de houx et vit fleurir et verdoyer de toutes parts dans l'herbe le perce-pierre, l'angélique, l'ellébore et la grande gentiane. Comme il se baissait pour s'en assurer, une coquille de moule tombée sur le gazon frappa son regard. Il la ramassa. C'était une de ces moules de la Vologne qui contiennent des perles grosses comme des pois. Il leva les yeux; un grand-duc planait au-dessus de sa tête.

Pécopin commençait à s'inquiéter. On conviendra qu'il y avait de quoi. Ces houx et ces framboisiers, ces tadornes, ces herbes magiques, cette moule, ce grand-duc, tout cela était peu rassurant. Il était donc fort alarmé, et se demandait avec angoisse où il était, lorsqu'un chant éloigné parvint jusqu'à lui. Il prêta l'oreille. C'était une voix enrouée, cassée, chagrine, fâcheuse, sourde et criarde à la fois, et voici ce qu'elle chantait :

Mon petit lac engendre, en l'ombre qui l'abrite,
La riante Amphitrite et le noir Neptunus;
Mon humble étang nourrit, sur des monts inconnus,
L'empereur Neptunus et la reine Amphitrite.

Je suis le nain, grand-père des géants.
Ma goutte d'eau produit deux océans.

Je verse de mes rocs, que n'effleure aucune aile,
Un fleuve bleu pour elle, un fleuve vert pour lui.
J'épanche de ma grotte, où jamais feu n'a lui,
Le fleuve vert pour lui, le fleuve bleu pour elle.

Je suis le nain, grand-père des géants.
Ma goutte d'eau produit deux océans.

Une fine émeraude est dans mon sable jaune;
Un pur saphir se cache en mon humide écrin.
Mon émeraude fond et devient le beau Rhin;
Mon saphir se dissout, ruisselle, et fait le Rhône.

Je suis le nain, grand-père des géants.
Ma goutte d'eau produit deux océans.

Pécopin n'en pouvait plus douter. Pauvre voyageur fatigué, il était dans le fatal *bois des pas perdus*. Ce bois est une grande forêt pleine de labyrinthes, d'énigmes et de dédales, où se promène le nain Roulon. Le nain Roulon habite un lac dans les Vosges, au sommet d'une montagne; et parce que de là il envoie un ruisseau au Rhône et un autre ruisseau au Rhin, ce nain fanfaron se dit le père de la Méditerranée et de l'Océan. Son plaisir est d'errer dans la forêt et d'y égarer les passants. Le voyageur qui est entré dans le bois des pas perdus n'en sort jamais.

Cette voix, cette chanson, c'étaient la chanson et la voix du méchant nain Roulon.

Pécopin éperdu se jeta la face contre terre.

— Hélas! s'écria-t-il, c'est fini, je ne reverrai jamais Bauldour!

— Si fait, dit quelqu'un près de lui.

## X

#### EQUIS CANIBUSQUE

Il se redressa; un vieux seigneur, vêtu d'un habit de chasse magnifique, était debout devant lui à quelques pas. Ce gentilhomme était complètement équipé. Un coutelas à poignée d'or ciselé lui battait la hanche, et à sa ceinture pendait un cor incrusté d'étain et fait de la corne d'un buffle. Il y avait je ne sais quoi d'étrange, de vague et de lumineux dans ce visage pâle qui souriait, éclairé de la dernière lueur du crépuscule. Ce vieux chasseur ainsi apparu brusquement dans un pareil lieu, à une pareille heure, vous eût certainement semblé singulier ainsi qu'à moi; mais dans le bois des pas perdus on ne songe qu'à Roulon; ce vieillard n'était pas un nain, et cela suffit à Pécopin.

Ce bonhomme, d'ailleurs, avait la mine gracieuse, accorte et avenante. Et puis, bien qu'accoutré en déterminé chasseur, il était si vieux, si usé, si courbé, si cassé, avait les mains si ridées et si débiles, les sourcils si blancs et les jambes si amaigries, que c'eût été pitié d'en avoir peur. Son sourire, mieux examiné, était le sourire banal et sans profondeur d'un roi imbécile.

— Que me voulez-vous? demanda Pécopin.
— Te rendre à Bauldour, dit le vieux chasseur toujours souriant.
— Quand?
— Passe seulement une nuit en chasse avec moi.
— Quelle nuit?
— Celle qui commence.
— Et je reverrai Bauldour?
— Quand notre nuit de chasse sera finie, au soleil levant, je te déposerai à la porte du Falkenburg.
— Chasser la nuit?
— Pourquoi pas?
— Mais c'est fort étrange.
— Bah!
— Mais c'est très fatigant!
— Non.
— Mais vous êtes bien vieux!
— Ne t'inquiète pas de moi.
— Mais je suis las, mais j'ai marché tout le jour, mais je suis mort de faim et de soif, dit Pécopin. Je ne pourrai seulement monter à cheval.

Le vieux seigneur détacha de sa ceinture une gourde damasquinée d'argent qu'il lui présenta.
— Bois ceci.

Pécopin porta avidement la gourde à ses lèvres. A peine avait-il avalé quelques gorgées qu'il se sentit ranimé. Il était jeune, fort, alerte, puissant, il avait dormi, il avait mangé, il avait bu. — Il lui semblait même par instants qu'il avait trop bu.

— Allons, dit-il, marchons, courons, chassons toute la nuit, je le veux bien; mais je reverrai Bauldour?
— Après cette nuit passée, au soleil levant.
— Et quel garant de votre promesse me donnez-vous?
— Ma présence même. Le secours que je t'apporte. J'aurais pu te laisser mourir ici de faim, de lassitude et de misère, t'abandonner au nain promeneur du lac Roulon; mais j'ai eu pitié de toi.
— Je vous suis, dit Pécopin. C'est dit, au soleil levant, à Falkenburg.
— Holà, vous autres! arrivez! en chasse! cria le vieux seigneur, faisant effort avec sa voix décrépite.

En poussant ce cri vers le taillis, il se retourna, et Pécopin vit qu'il était bossu. Puis il fit quelques pas, et Pécopin vit qu'il était boiteux.

A l'appel du vieux seigneur, une troupe de cavaliers, vêtus comme des princes et montés comme des rois, sortit de l'épaisseur du bois.

Ils vinrent se ranger dans un profond silence autour du vieux, qui paraissait leur maître. Tous étaient armés de couteaux ou d'épieux; lui seul avait un cor. La nuit était tombée; mais autour des gentilshommes se tenaient debout deux cents valets portant deux cents torches.

— Ebbene, dit le maître, *ubi sunt los perros?*

Ce mélange d'italien, de latin et d'espagnol fut désagréable à Pécopin.

Mais le vieux reprit avec impatience : — Les chiens! les chiens!

Il achevait à peine que d'effroyables aboiements remplissaient la clairière; une meute venait d'y apparaître.

Une meute admirable, une vraie meute d'empereur. Des valets en jaquettes jaunes et en bas rouges, des estafiers de chenil au visage féroce et des nègres tout nus la tenaient robustement en laisse.

Jamais concile de chiens ne fut plus complet. Il y avait là tous les chiens possibles, accouplés et divisés par grappes et par raquettes, selon les races et les instincts. Le premier groupe se composait de cent dogues d'Angleterre et de cent lévriers d'attache, avec douze paires de chiens-tigres et douze paires de chiens-bauds. Le deuxième groupe était entièrement formé de greffiers de Barbarie blancs et marquetés de rouge, braves chiens qui ne s'étonnent pas du bruit, demeurent trois ans dans leur bonté, sont sujets à courir au bétail et servent pour la grande chasse. Le troisième groupe était une légion de chiens de Norvége; chiens fauves, au poil vif tirant sur le roux, avec une tache blanche au front ou au cou, qui sont de bon nez et de grand cœur et se plaisent au cerf surtout; chiens gris, léopardés sur l'échine, qui ont les jambes de même poil que les pattes d'un lièvre ou cannelées de rouge et de noir. Le choix en était excellent. Il n'y avait pas un bâtard parmi ces chiens. Pécopin, qui s'y connaissait, n'en vit pas parmi les fauves un seul qui fût jaune ou marqué de gris, ni parmi les gris un seul qui fût argenté ou qui eût les pattes fauves. Tous étaient authentiques et bons. Le quatrième groupe était formidable; c'était une cohue épaisse, serrée et profonde, de ces puissants dogues noirs de l'abbaye de Saint-Aubert-en-Ardennes, qui ont les jambes courtes et qui ne vont pas vite, mais qui engendrent de si redoutables limiers et qui chassent si furieusement les sangliers, les renards et les bêtes puantes. Comme ceux de Norvége, tous étaient de bonne race et vrais chiens gentilshommes, et avaient évidemment tété près du cœur. Ils avaient la tête moyenne, plutôt longue qu'écrasée, la gueule noire et non rouge, les oreilles vastes, les reins courbés, le râble musculeux, les jambes larges, la cuisse troussée, le jarret droit bien herpé, la queue grosse près des reins et le reste grêle, le poil de dessous le ventre rude, les ongles forts, le pied sec, en forme de pied de renard. Le cinquième groupe était oriental. Il avait dû coûter des sommes immenses; car on n'y avait mis que des chiens de Palimbotra, qui mordent les taureaux, des chiens de Cintiqui, qui attaquent les lions, et des chiens du Monomotapa, qui font partie de la garde de l'empereur des Indes. Du reste, tous, anglais, barbaresques, norvégiens, ardennais et hindous, hurlaient abominablement. Un parlement d'hommes n'eût pas fait mieux.

Pécopin était ébloui de cette meute. Tous ses appétits de chasseur se réveillaient.

Cependant elle était un peu venue on ne sait d'où, et il ne pouvait s'empêcher de se dire à lui-même qu'il était singulier qu'aboyant de la sorte, on ne l'eût pas entendue avant de la voir.

Le maître valet qui menait toute cette vénerie était à quelques pas de Pécopin, lui tournant le dos. Pécopin alla à lui pour le questionner, et lui mit la main sur l'épaule ; le valet se retourna. Il était masqué.

Cela rendit Pécopin muet. — Il commençait même à se demander fort sérieusement s'il suivrait en effet cette chasse, quand le vieillard l'aborda.

— Eh bien, chevalier, que dis-tu de nos chiens?

— Je dis, mon beau sire, que, pour suivre de si terribles chiens, il faudrait de terribles chevaux.

Le vieux, sans répondre, porta à sa bouche un sifflet d'argent qui était fixé au petit doigt de sa main gauche, précaution d'homme de goût qui est exposé à voir des tragédies, et il siffla.

Au coup de sifflet, un bruit se fit dans les arbres, les assistants se rangèrent, et quatre palefreniers en livrée écarlate surgirent, menant deux chevaux magnifiques. L'un était un beau genet d'Espagne, à l'allure magistrale, à la corne lisse, noirâtre, haute, arrondie, bien creusée, aux paturons courts, entredroits et lunés, aux bras secs et nerveux, aux genoux décharnés et bien emboîtés. Il avait la jambe d'un beau cerf, la poitrine large et bien ouverte, l'échine grasse, double et tremblante. L'autre était un coureur tartare à la croupe énorme, au corsage long, aux flancs bien unis, au manteau bayardant. Son cou, d'une moyenne arcade, mais pas trop voûté, était revêtu d'une vaste perruque flottante et crépelue ; sa queue bien épaisse pendait jusqu'à terre. Il avait la peau du front cousue sur ses yeux gros et étincelants, la bouche grande, les oreilles inquiètes, les naseaux ouverts, l'étoile au front, deux balzans aux jambes, son courage en fleur et l'âge de sept ans. Le premier avait la tête coiffée d'un chanfrein, le poitrail d'armes et la selle de guerre. Le second était moins fièrement, mais plus splendidement harnaché ; il portait les mors d'argent, les roses dorées, la bride brodée d'or, la selle royale, la housse de brocart, les houppes pendantes et le panache branlant. L'un trépignait, bavait, ronflait, rongeait son frein, brisait les cailloux et demandait la guerre. L'autre regardait çà et là, cherchait les applaudissements, hennissait gaîment, ne touchait la terre que du bout de l'ongle, faisait le roi et piaffait à merveille. Tous deux étaient noirs comme l'ébène. — Pécopin, les yeux presque effarés d'admiration, contemplait ces deux merveilleuses bêtes.

— Eh bien, dit le seigneur clopinant et toussant, et souriant toujours, lequel prends-tu?

Pécopin n'hésita plus, il sauta sur le genet.

— Es-tu bien en selle? lui demanda le vieillard.

— Oui, dit Pécopin.

Alors le vieux éclata de rire, arracha d'une main le harnois, le panache, la selle et le caparaçon du cheval tartare, le saisit de l'autre à la crinière, bondit comme un tigre, et enfourcha à cru la superbe bête, qui tremblait de tous ses membres ; puis, saisissant sa trompe à sa ceinture, il se mit à sonner une fanfare tellement formidable, que Pécopin assourdi crut que cet effrayant vieillard avait le tonnerre dans la poitrine.

## XI

### A QUOI L'ON S'EXPOSE EN MONTANT UN CHEVAL QU'ON NE CONNAIT PAS

Au bruit de ce cor, la forêt s'éclaira dans ses profondeurs de mille lueurs extraordinaires, des ombres passèrent dans les futaies, des voix lointaines crièrent : En chasse ! La meute aboya, les chevaux reniflèrent, et les arbres frissonnèrent comme par un grand vent.

En ce moment-là, une cloche fêlée, qui semblait bêler dans les ténèbres, sonna minuit.

Au douzième coup, le vieux seigneur emboucha son cor d'ivoire une seconde fois, les valets délièrent la meute, les chiens lâchés partirent comme la poignée de pierre que lance la baliste, les cris et les hurlements redoublèrent, et tous les chasseurs, et tous les piqueurs, et tous les veneurs, et le vieillard, et Pécopin, s'élancèrent au galop.

Galop rude, violent, rapide, étincelant, vertigineux, surnaturel, qui saisit Pécopin, qui l'entraîna, qui l'emporta, qui faisait résonner dans son cerveau tous les pas du cheval comme si son crâne eût été le pavé du chemin, qui l'éblouissait comme un éclair, qui l'enivrait comme une orgie, qui l'exaspérait comme une bataille ; galop qui, par moments, devenait tourbillon, tourbillon qui parfois devenait ouragan.

La forêt était immense, les chasseurs étaient innombrables, les clairières succédaient aux clairières, le vent se lamentait, les broussailles sifflaient, les chiens aboyaient, la colossale silhouette noire d'un énorme cerf à seize andouillers apparaissait par instants à travers les branchages et fuyait dans les pénombres et dans les clartés, le cheval de Pécopin soufflait d'une façon terrible, les arbres se penchaient pour voir passer cette chasse et se renversaient en arrière après l'avoir vue, des fanfares épouvantables éclataient par intervalles, puis elles se taisaient tout à coup, et l'on entendait au loin le cor du vieux chasseur.

Pécopin ne savait où il était. En galopant près d'une ruine ombragée de sapins, parmi lesquels une cascade se précipitait du haut d'un grand mur de porphyre, il crut retrouver le château de Nideck. Puis il vit courir rapidement à sa gauche des montagnes qui lui parurent être les basses Vosges ; il reconnut successivement à la forme de leurs quatre sommets le Ban-de-la-Roche, le Champ-du-Feu, le Climont et l'Ungersberg. Un moment après il était dans les hautes Vosges. En moins d'un quart d'heure son cheval eut traversé le Giromagny, le Rotabac, le Sultz, le Barenkopf, le Graisson, le Bressoir, le Haut-de-Meuse, le mont de Lure, la Tête-de-l'Ours, le grand Donon et le grand Ventron. Ces vastes cimes lui apparaissaient pêle-mêle dans les ténèbres, sans ordre et sans lien ; on eût dit qu'un géant avait bouleversé la grande chaîne de l'Alsace. Il lui semblait par moments distinguer au-dessous de lui les lacs que les Vosges portent sur leurs sommets, comme si ces montagnes eussent passé sous le ventre de son cheval. C'est ainsi qu'il vit son ombre se réfléchir dans le Bain-des-Païens et dans le Saut-des-Cuves, dans le lac Blanc et dans le lac Noir. Mais il la vit comme les hirondelles voient la leur en rasant le miroir des étangs, aussitôt disparue qu'apparue. Cependant, si étrange et si effrénée que fût cette course, il se rassurait en portant la main à son talisman et en songeant qu'après tout il ne s'éloignait pas du Rhin.

Tout à coup une brume épaisse l'enveloppa, les arbres s'y effacèrent, puis s'y perdirent, le bruit de la chasse redoubla dans cette ombre, et son genet d'Espagne se mit à galoper avec une nouvelle furie. Le brouillard était si épais que Pécopin y distinguait à peine les oreilles de son cheval dressées devant lui. Dans des moments si terribles, ce doit être un grand effort et c'est à coup sûr un grand mérite que de jeter son âme jusqu'à Dieu et son cœur jusqu'à sa maîtresse. C'est ce que faisait dévotement le brave chevalier. Il songeait donc au bon Dieu et à Bauldour, plus encore peut-être à Bauldour qu'au bon Dieu, quand il lui sembla que la lamentation du vent devenait comme une voix et prononçait distinctement ce mot : *Heimburg* ; en ce moment une grosse torche portée par quelque piqueur traversa le brouillard, et, à la clarté de cette torche, Pécopin vit passer au-dessus de sa tête un milan qui était percé d'une flèche et qui volait pourtant. Il voulut regarder cet oiseau, mais son cheval fit un bond, le milan donna un coup d'aile, la torche s'enfonça dans le bois et Pécopin retomba dans la nuit. Quelques instants après, le vent parla encore et dit : *Vaugtsberg* ; une nouvelle lueur illumina le brouillard, et Pécopin aperçut dans l'ombre un vautour dont l'aile était traversée par un javelot et qui volait pourtant. Il ouvrit les yeux pour voir, il ouvrit la bouche pour crier ; mais, avant qu'il eût lancé son regard, avant qu'il eût jeté son cri, la lueur, le vautour et le javelot avaient disparu. Son cheval ne s'était pas ralenti une minute et donnait tête baissée dans tous ces fantômes, comme s'il eût été le cheval aveugle du démon Paphos ou le cheval sourd du roi Sisymordachus. Le vent cria une troisième fois, et Pécopin entendit cette voix lugubre de l'air qui disait : *Rheinstein*, un troisième éclair empourpra les arbres dans la brume, et un troisième oiseau passa. C'était un aigle qui avait une sagette dans le ventre et qui volait pourtant. Alors Pécopin se souvint de la chasse du pfalzgraf, où il s'était laissé entraîner, et il frissonna. Mais le galop du genet était si éperdu, les arbres et les objets vagues du paysage nocturne fuyaient si promptement, la vitesse de tout était si prodigieuse autour de Pécopin, que, même en lui, rien ne pouvait s'arrêter. Les apparences et les visions se succédaient si confusément, qu'il ne pouvait même fixer sa pensée à ses tristes souvenirs. Les idées passaient dans sa tête comme le vent. On entendait toujours au loin le bruit de la chasse, et par instants le monstrueux cerf de la nuit bramait dans les halliers.

Peu à peu le brouillard s'était levé. Soudain l'air devint tiède, les arbres changèrent de forme ; des chênes-lièges, des pistachiers et des pins d'Alep apparurent dans les rochers ; une large lune blanche entourée d'un immense halo éclairait lugubrement les bruyères. Pourtant ce n'était pas jour de lune.

En courant au fond d'un chemin creux, Pécopin se pencha et arracha de la berge une poignée d'herbes. A la lueur de la lune il examina ces plantes et reconnut avec angoisse l'anthylle vulnéraire des Cévennes, la véronique filiforme et la férule commune dont les feuilles hideuses se terminent par des griffes. Une demi-heure après, le vent était encore plus chaud, je ne sais quels mirages de la mer remplissaient à de certains moments les intervalles des futaies ; il se courba encore une fois sur la berge du chemin et arracha de nouveau les premières plantes que sa main rencontra. Cette fois, c'étaient le cytise argenté de Cette, l'anémone étoilée de Nice, la lavatère maritime de Toulon, le *geranium sanguineum* des Basses-Pyrénées, si reconnaissable à sa feuille cinq fois palmée, et l'*astrantia major*, dont la fleur est un soleil qui rayonne à travers un anneau comme la planète Saturne. Pécopin vit qu'il s'éloignait du Rhin avec une effroyable rapidité ; il avait fait plus de cent lieues entre les deux poignées d'herbes. Il avait traversé les Vosges, il avait traversé les Cévennes, il traversait en ce moment les Pyrénées. — Plutôt la mort! pensa-t-il. Et il voulut se jeter en bas de son cheval. Au mouvement qu'il fit pour se désarçonner, il se sentit étreindre les pieds comme par deux mains de fer. Il regarda. Ses étriers l'avaient saisi et le tenaient. C'étaient des étriers vivants.

Les cris lointains, les hennissements et les aboiements faisaient rage ; le cor du vieux chasseur, précédant la chasse à une distance effrayante, sonnait des mélodies sinistres, et, à travers de grandes branches bleuâtres que le vent secouait, Pécopin voyait les chiens traverser à la nage des étangs pleins de reflets magiques.

Le pauvre chevalier se résigna, ferma les yeux et se laissa emporter.

Une fois il les rouvrit ; la chaleur de fournaise d'une nuit tropicale lui frappait le visage ; de vagues rugissements de tigres et de chacals arrivaient jusqu'à lui ; il entrevit des ruines de pagodes sur le faîte desquelles se tenaient gravement debout, rangés par longues files, des vautours, des philosophes et des cigognes des arbres d'une forme bizarre prenaient dans les vallées mille attitudes étranges ; il reconnut le banyan et le baobab ; l'oüé-nonbouyh sifflait, l'*oyra rameum* fredonnait, le petit gonambuch chantait. Pécopin était dans une forêt de l'Inde.

Il ferma les yeux.

Puis il les rouvrit encore. En un quart d'heure aux souffles de l'équateur avait succédé un vent de glace. Le froid était terrible. Le sabot du cheval faisait crier le givre. Les rangifères, les alses et les satyres couraient comme des ombres à travers la brume. L'âpreté des bois et des montagnes était affreuse. Il n'y avait à l'horizon que deux ou trois rochers d'une hauteur immense, autour desquels volaient les mouettes et les stercoraires, et à travers d'horribles verdures noires on entrevoyait de longues vagues blanches auxquelles le ciel jetait des flocons de neige et qui jetaient au ciel des flocons d'écume. Pécopin traversait les mélèzes de la Biarmie, qui sont au cap Nord.

Un moment après la nuit s'épaissit, Pécopin ne vit plus rien, mais il entendit un bruit épouvantable, et il reconnut qu'il passait près du gouffre Maelstron, qui est le Tartare des anciens et le nombril de la mer.

Qu'était-ce donc que cette effroyable forêt qui faisait le tour de la terre ?

Le cerf à seize andouillers reparaissait par intervalles, toujours fuyant et toujours poursuivi. Les ombres et les rumeurs se précipitaient pêle-mêle sur sa trace, et le cor du vieux chasseur dominait tout, même le bruit du gouffre Maelstron.

Tout à coup le genet s'arrêta court. Les aboiements cessèrent, tout se tut autour de Pécopin. Le pauvre chevalier, qui depuis plus d'une heure avait refermé les yeux, les rouvrit. Il était devant la façade d'un sombre et colossal édifice, dont les fenêtres éclairées semblaient jeter des regards. Cette façade était noire comme un masque et vivante comme un visage.

## XII

### DESCRIPTION D'UN MAUVAIS GITE

Ce qu'était cet édifice, il serait malaisé de le dire. C'était une maison forte comme une citadelle, une citadelle magnifique comme un palais, un palais menaçant comme une caverne, une caverne muette comme un tombeau.

On n'y entendait aucune voix, on n'y voyait aucune ombre.

Autour de ce château, dont l'immensité avait je ne sais quoi de surnaturel, la forêt s'étendait à perte de vue. Il n'y avait plus de lune sur l'horizon. On n'apercevait au ciel que quelques étoiles qui étaient rouges comme du sang.

Le cheval s'était arrêté au pied d'un perron qui aboutissait à une grande porte fermée. Pécopin regarda à droite et à gauche, il lui sembla distinguer tout le long de la façade d'autres perrons au bas desquels se tenaient immobiles d'autres cavaliers arrêtés comme lui et qui semblaient attendre en silence.

Pécopin tira son poignard ; et il allait heurter du pommeau la balustrade de marbre du perron, quand le cor du vieux chasseur éclata subitement près du château, probablement derrière la façade, puissant, énorme, sonore, assourdissant comme le clairon plein d'orage où souffle le mauvais ange. Ce cor, dont le bruit courbait visiblement les arbres, chantait dans les ténèbres un effroyable hallali.

Le cor se tut. A peine eut-il fini que les portes du château s'ouvrirent en dehors à deux battants, comme si un vent intérieur les eût violemment poussées toutes à la fois. Un flot de lumière en sortit.

Le genet monta les degrés du perron, et Pécopin entra dans une vaste salle splendidement illuminée.

Les murailles de cette salle étaient couvertes de tapisseries figurant des sujets tirés de l'histoire romaine. Les entre-deux des lambris étaient revêtus de cyprès et d'ivoire. En haut régnait une galerie pleine de fleurs et d'arbres, et dans un angle, sous une rotonde, on voyait un lieu pour les femmes pavé d'agate. Le reste du pavé était une mosaïque représentant la guerre de Troie.

Du reste, personne; la salle était déserte. Rien de plus sinistre que cette grande clarté dans cette grande solitude.

Le cheval, qui allait de lui-même et dont le pas sonnait gravement sur le pavé, traversa lentement cette première salle et entra dans une seconde chambre qui était de même illuminée, immense, et déserte.

De larges panneaux de cèdre sculpté se développaient autour de cette chambre, et dans ces panneaux un mystérieux artiste avait encadré des tableaux merveilleux incrustés de nacre et d'or. C'étaient des batailles, des chasses, des fêtes représentant des châteaux pleins d'artifices à feu assiégés et pris par des faunes et des sauvages, des joutes et des guerres navales avec toutes sortes de vaisseaux courant sur un océan de turquoises, d'émeraudes et de saphirs, qui imitait admirablement la rondeur de l'eau salée et la tumeur de la mer.

Au-dessous de ces tableaux une frise fouillée du ciseau le plus fin et le plus magistral figurait, dans les innombrables rapports qu'elles ont entre elles, les trois espèces de créatures terrestres qui contiennent des esprits, les géants, les hommes et les nains; et partout dans cette œuvre les géants et les nains humiliaient l'homme, plus petit que les géants et plus bête que les nains.

Le plafond pourtant semblait rendre je ne sais quel malicieux hommage au génie humain. Il était entièrement composé de médaillons accostés dans lesquels brillaient, éclairés d'un feu sombre et coiffés de couronnes de Pluton, les portraits de tous les hommes à qui la terre doit des découvertes réputées utiles, et qui, pour ce motif, sont appelés les *bienfaiteurs de l'humanité*. Chacun était là pour l'invention qu'il a faite. Arabus y était pour la médecine, Dédalus pour les labyrinthes, Pisistrate pour les livres, Aristote pour les bibliothèques, Tubalcaïn pour les enclumes, Architas pour les machines de guerre, Noé pour la navigation, Abraham pour la géométrie, Moïse pour la trompette, Amphictyon pour la divination des songes, Frédéric Barberousse pour la chasse au faucon, et le sieur Bachou, lyonnais, pour la quadrature du cercle. Dans les angles de la voûte et dans les pendentifs se groupaient, comme les maîtresses constellations de ce ciel d'étoiles humaines, force visages illustres : Flavius, qui a trouvé la boussole; Christophe Colomb, qui a découvert l'Amérique; Botargus, qui a imaginé les sauces de cuisine; Mars, qui a inventé la guerre; Faustus, qui a inventé l'imprimerie; le moine Schwartz, qui a inventé la poudre; et le pape Pontian, qui a inventé les cardinaux.

Plusieurs de ces fameux personnages étaient inconnus à Pécopin, par la grande raison qu'ils n'étaient pas encore nés à l'époque où se passe cette histoire.

Le chevalier pénétra ainsi, marchant où le menait le pas de son cheval, dans une longue enfilade de salles magnifiques. En l'une d'elles il remarqua sur le mur oriental cette inscription en lettres d'or : « Le caoué des arabes, autrement dit cavé, est une herbe qui croît en abondance dans l'empire du turc, et qu'on appelle dans l'Inde l'herbe miraculeuse, étant préparée comme il s'ensuit : prenez demi-once de cette herbe, que vous mettrez en poudre et ferez infuser dans une pinte d'eau commune trois ou quatre heures; puis vous la faites bouillir de sorte qu'il y ait un tiers de consommé. Buvez-la peu à peu, quasi comme en humant. Les personnes de condition l'adoucissent avec le sucre et l'aromatisent avec l'ambre gris. »

En face, sur le mur occidental, brillait cette autre légende : « Le feu grégeois se fait et excite dans l'eau avec du charbon de saule, du sel, de l'eau-de-vie, du soufre, de la poix, de l'encens et du camphre, lequel même brûle seul dans l'eau sans autre mixtion et consume toute matière. »

Dans une autre salle il n'y avait pour tout ornement que le portrait fort ressemblant de ce laquais qui, au festin de Trimalcion, faisait le tour de la table en chantant d'une voix délicate les sauces où il entre du benjoin.

Partout des torchères, des lustres, des chandelles et des girandoles, reflétés par d'immenses miroirs de cuivre et d'acier, étincelaient dans ces chambres démesurées et opulentes, où Pécopin ne rencontra pas un être vivant, et à travers lesquelles il s'avançait l'œil hagard et l'esprit troublé, seul, inquiet, effaré, plein de ces idées inexprimables et confuses qui viennent aux rêveurs dans le sombre des bois.

Enfin il arriva devant une porte de métal rougeâtre, au-dessus de laquelle s'arrondissait, dans un feuillage de pierreries, une grosse pomme d'or, et sur cette pomme il lut ces deux lignes :

ADAM A INVENTÉ LE REPAS,
ÈVE A INVENTÉ LE DESSERT.

## XIII

### TELLE AUBERGE, TELLE TABLE D'HOTE

Comme il cherchait à approfondir le sens lugubrement ironique de cette inscription, la porte s'ouvrit lentement, le cheval entra, et Pécopin fut comme un homme qui passe brusquement du plein soleil de midi dans une cave. La porte s'était refermée derrière lui, et le lieu dans lequel il venait d'entrer était si ténébreux, qu'au premier moment il se crut aveuglé. Il apercevait seulement à quelque distance une large lueur blême. Peu à peu ses yeux, éblouis par la lumière surnaturelle des antichambres qu'il venait de traverser, s'accoutumèrent à l'obscurité, et il commença à distinguer comme dans une vapeur les mille piliers monstrueux d'une prodigieuse salle babylonienne. La lueur qui était au milieu de cette salle prit des contours, des formes s'y dessinèrent, et au bout de quelques instants, le chevalier vit se développer dans l'ombre, au centre d'une forêt de colonnes torses, une grande table lividement éclairée par un chandelier à sept branches, à la pointe desquelles tremblaient et vacillaient sept flammes bleues.

Au haut bout de cette table, sur un trône d'or vert, était assis un géant d'airain qui était vivant. Ce géant était Nemrod. A sa droite et à sa gauche siégeaient, sur des fauteuils de fer, une foule de convives pâles et silencieux, les uns coiffés du bonnet à la moresque, les autres plus couverts de perles que le roi de Bisnagar.

Pécopin reconnut là tous les fameux chasseurs qui ont laissé trace dans les histoires : le roi Mithrobuzane, le tyran Machanidas, le consul romain Æmilius Barbula II; Rollo, roi de la mer; Zuentibold, l'indigne fils du grand Arnolphe, roi de Lorraine, Haganon, favori de Charles de France; Herbert, comte de Vermandois; Guillaume-Tête-d'Étoupe, comte de Poitiers, auteur de l'illustre maison de Rechignevoisin; le pape Vitalianus; Fardulfus, abbé de Saint-Denis; Athelstan, roi d'Angleterre, et Aigrold, roi de Danemark. A côté de Nemrod se tenait accoudé le grand Cyrus, qui fonda l'empire persan deux mille ans avant Jésus-Christ, et qui portait sur sa poitrine ses armoiries, lesquelles sont, comme on sait, de sinople à un lion d'argent sans vilenie, couronné de laurier d'or à une bordure crénelée d'or et de gueules chargée de huit tierces feuilles à queue d'argent.

Cette table était servie selon l'étiquette impériale, et aux quatre angles il y avait quatre chasseresses distinguées et illustres : la reine Emma, la reine Ogive, mère de Louis d'Outre-Mer, la reine Gerberge, et Diane, laquelle, en sa qualité de déesse, avait un dais et un cadenas comme les trois reines.

Aucun de ces convives ne mangeait, aucun ne parlait, aucun ne regardait. Une large place vide au milieu de la nappe semblait attendre qu'on servit le repas, et il n'y avait sur la table que des flacons où étincelaient mille boissons des pays les plus variés, le vin de palme de l'Inde, le vin de riz de Bengala, l'eau distillée de Sumatra, l'arack du Japon, le pamplis des chinois et le pechmez des turcs. Çà et là, dans de vastes cruches de terre richement émaillée, écumait ce breuvage que les norvégiens appellent wel, les goths buska, les carinthiens vo, les sclavons oll, les dalmates bieu, les hongrois ser, les bohêmes piva, les polonais pwo, et que nous nommons bière.

Des nègres qui ressemblaient à des démons ou des démons qui ressemblaient à des nègres entouraient la table, debout, muets, la serviette au bras et l'aiguière à la main. Chaque convive avait, comme il convient, son nain à côté de lui. Madame Diane avait son lévrier.

En regardant attentivement dans les profondeurs les plus brumeuses de ce lieu extraordinaire, Pécopin vit que, dans l'immensité peut-être sans fond de la salle, sous la forêt de colonnes, il y avait une multitude de spectateurs, tous à cheval comme lui, tous en habit de chasse; ombres par l'obscurité, statues par l'immobilité, spectres par le silence. Parmi les plus rapprochés, il crut reconnaître les cavaliers qui accompagnaient le vieux chasseur dans le bois des pas perdus. Comme je viens de le dire, convives, valets, assistants, gardaient un silence effrayant, et, plutôt que d'entendre un souffle sortir de cette foule, on eût entendu chuchoter les pierres d'un tombeau.

Il faisait très froid dans ces ténèbres. Pécopin était glacé jusque dans les os; cependant il sentait la sueur ruisseler de tous ses membres.

Tout à coup des jappements retentirent, d'abord lointains, bientôt violents, joyeux et sauvages; puis le cor du vieux chasseur s'y mêla brusquement et se mit à exécuter, avec une splendeur triomphale, un admirable hallali, parfaitement étrange et nouveau, qui, retrouvé plusieurs siècles plus tard par Roland de Lattre dans une inspiration nocturne, valut à ce grand musicien, le 6 avril 1574, l'honneur d'être créé, par le pape Grégoire XIII, chevalier de Saint-Pierre à l'éperon d'or *de numero participantium*.

A ce bruit Nemrod leva la tête, l'abbé Fardulfus se détourna à demi, et Cyrus, qui s'appuyait sur le coude droit, s'appuya sur le coude gauche.

XIV

NOUVELLE MANIÈRE DE TOMBER DE CHEVAL

Les aboiements et le cor se rapprochèrent; une grande porte, faisant face à celle par où Pécopin était entré, s'ouvrit à deux battants, et le chevalier vit venir dans une longue galerie obscure les deux cents valets porte-flambeaux soutenant sur leurs épaules un immense plat d'or vert dans lequel gisait, au milieu d'une vaste sauce, le cerf aux seize andouillers, rôti, noirâtre et fumant.
En avant des valets, dont les deux cents torches étaient rouges comme braise, marchait le vieux chasseur,

son cor de buffle à la main, à cheval sur le coureur tartare inondé d'écume. Il ne soufflait plus dans sa trompe; mais il souriait courtoisement au milieu des hurlements inouïs de la meute qui escortait le cerf, toujours conduite par le piqueur masqué.
Au moment où ce cortège déboucha de la galerie et rentra dans la salle, les torches des valets devinrent bleues, et les chiens se turent subitement. Ces effroyables dogues, aux gueules de lions et aux rugissements de tigres, s'avancèrent à la suite de leur maître, à pas

lents, la tête basse, la queue serrée entre les jambes, les reins frissonnants d'une profonde terreur, les yeux suppliants, vers la table où siégeaient les mystérieux convives, toujours blêmes, impassibles et mornes comme des faces de marbre.

Arrivé près de la table, le vieux regarda en face les lugubres soupeurs et éclata de rire. — Hombres y mugeres, or çà, vosotros belle signore, domini et dominæ, amigos mios, comment va la besogne?

— Tu viens bien tard, dit l'homme d'airain.

— C'est que j'avais un ami à qui je voulais faire voir la chasse, répondit le vieillard.

— Oui, répliqua Nemrod, mais regarde.

En même temps, étendant le pouce de sa main droite par-dessus son épaule de bronze, il désignait derrière lui le fond de la salle. L'œil de Pécopin suivit machinalement l'indication du géant, et il vit au loin se dessiner sur les murailles noires des ogives blanchâtres; comme s'il y eût eu là des fenêtres vaguement frappées par les premières lueurs de l'aube.

— Eh bien, reprit le chasseur, il faut dépêcher.

Et, sur un signe qu'il leur fit, les deux cents porte-flambeaux, aidés par les nègres, se disposèrent à placer le cerf rôti sur la table, au pied du chandelier à sept branches.

Alors Pécopin enfonça les éperons dans les flancs du genet, qui lui obéit, chose étrange! peut-être à cause de l'approche du jour, qui affaiblit les sortilèges; il poussa son cheval entre les valets et la table, se dressa debout sur les étriers, mit l'épée à la main, regarda fixement tour à tour les sinistres visages de la grande table et le vieux chasseur, et s'écria d'une voix tonnante :

— Pardieu! qui que vous soyez, spectres, larves, apparences et visions, empereurs ou démons, je vous défends de faire un pas; ou, par la mort et que Dieu m'aide! je vous apprendrai à tous, même à toi, l'homme de bronze, ce que pèse sur la tête d'un fantôme le soulier de fer d'un chevalier vivant! Je suis dans la caverne des ombres, mais je prétends y faire à ma fantaisie et à ma guise des choses réelles et terribles! ne vous en mêlez pas, mes maîtres! Et toi qui m'as menti, vieux misérable, tu peux bien dégainer en jeune homme, puisque tu souffles dans ta trompe avec plus de rage qu'un taureau. Mets-toi donc en garde, ou, par la messe! je te coupe les reins à travers le ventre, fusses-tu le roi Pluto en personne!

— Ah! vous voilà, mon cher! dit le vieux. Eh bien, vous allez souper avec nous.

Le sourire qui accompagnait cette gracieuse invitation exaspéra Pécopin. — En garde, vieux drôle!

Ah! tu m'avais fait une promesse, et tu m'as trompé!

— Hijo! attends la fin! qu'en sais-tu?

— En garde, te dis-je!

— Ouais! mon bon ami, vous prenez mal les choses.

— Rends-moi Bauldour, tu me l'as promis!

— Qui vous dit que je ne vous la rendrai pas? Mais qu'en ferez-vous quand vous la reverrez?

— Elle est ma fiancée, tu le sais bien, misérable! et je l'épouserai, dit Pécopin.

— Et ce sera probablement avant peu un triste et malheureux couple de plus, répondit le vieux chasseur en hochant la tête. Après tout, bah! qu'est-ce que cela me fait? Il faut que les choses soient ainsi. Le mauvais exemple est donné aux mâles et aux femelles d'ici-bas par le mâle et la femelle de là-haut, le soleil et la lune, qui font un détestable ménage et ne sont jamais ensemble.

— Holà! trêve à la raillerie, cria le chevalier, ou je t'extermine, et j'extermine ces démons et leurs déesses, et j'en purge cette caverne!

Le vieux répondit avec un rire de bateleur : — Purge, mon ami! voici la formule : séné, rhubarbe, sel d'Epsom. Le séné balaye l'estomac, la rhubarbe nettoie le duodenum, le sel d'Epsom ramone les intestins.

Pécopin furieux s'élança sur lui, l'épée haute; mais à peine son cheval avait-il fait un pas qu'il le sentit trembler et s'affaisser. Il regarda. Un froid et blanc rayon de jour pénétrait dans l'antre et glissait sur les dalles bleues. Excepté le vieux chasseur, toujours souriant et immobile, tous les assistants commençaient à s'effacer. Le chandelier et les torches se mouraient; la prunelle des spectres, que la brusque incartade de Pécopin avait un moment ranimée, n'avait plus de regard; et, à travers l'énorme torse d'airain du géant Nemrod, comme à travers une jarre de verre, Pécopin distinguait nettement les piliers du fond de la salle.

Son cheval devenait impalpable et fondait lentement sous lui. Les pieds de Pécopin étaient près de toucher la terre.

Tout à coup un coq chanta. Il y avait je ne sais quoi de terrible dans ce chant clair, métallique et vibrant, qui traversa l'oreille de Pécopin comme une lame d'acier. Au même instant un vent frais passa, son cheval s'évanouit sous lui, il chancela et faillit tomber. Quand il se redressa, tout avait disparu.

Il se trouvait seul, debout sur le sol, l'épée à la main, dans un ravin obstrué de bruyères, à quelques pas d'une eau qui écumait dans les rochers, à la porte d'un vieux château. Le jour naissait. Il leva les yeux et poussa un cri de joie. Ce château, c'était le Falkenburg.

## XV

### OÙ L'ON VOIT QUELLE EST LA FIGURE DE RHÉTORIQUE DONT LE BON DIEU USE LE PLUS VOLONTIERS

Le coq chanta une seconde fois.

Son chant partait de la basse-cour du château. Ce coq, dont la voix venait de faire écrouler autour de Pécopin le palais plein de vertiges des chasseurs nocturnes, avait peut-être cette nuit même becqueté les miettes qui tombaient chaque soir des mains bénies de Bauldour.

O puissance de l'amour! force généreuse du cœur, chaud rayonnement des belles passions et des belles années! A peine Pécopin eut-il revu ces tours bien-aimées, que la fraîche et éblouissante image de sa fiancée lui apparut et le remplit de lumière, et qu'il sentit se dissoudre en lui comme une fumée toutes les misères du passé, et les ambassades, et les rois, et les voyages, et les spectres, et l'effrayant gouffre de visions dont il sortait.

Certes, ce n'est pas ainsi, avec la tête haute et le regard enflammé, que le prêtre couronné dont parle le *Speculum historiale* émergea du milieu des fantômes après qu'il eut visité le sombre et splendide intérieur du dragon d'airain. Et, puisque cette figure redoutable vient d'apparaître à celui qui raconte ces histoires, il convient de lui jeter une malédiction, et d'imposer ici un stigmate à ce faux sage qui avait deux faces, tournées l'une vers la clarté, l'autre vers l'ombre, et qui était à la fois pour Dieu le pape Sylvestre II et pour le diable le magicien Gerbert.

Vis-à-vis les traîtres et les personnages doubles, la haine est devoir. Tout parisien doit, en passant, une pierre à Périnet Leclerq, tout espagnol au comte Julien, tout chrétien à Judas, et tout homme à Satan.

Du reste, ne l'oublions pas, Dieu met invariablement le jour à côté de la nuit, le bien auprès du mal, l'ange en face du démon. L'enseignement austère de la providence résulte de cette éternelle et sublime antithèse. Il semble que Dieu dise sans cesse : Choisissez. Au onzième siècle, en regard du prêtre cabaliste Gerbert il plaça le chaste et savant Emuldus. Le magicien fut pape, le saint docteur fut médecin. En sorte que les hommes purent voir sous le même ciel, parmi les mêmes événements et à la même époque, la science blanche dans la robe noire et la science noire dans la robe blanche.

Pécopin avait remis son épée au fourreau et marchait à grands pas vers le manoir, dont les fenêtres, déjà égayées d'un rayon de soleil, semblaient rendre à l'aube son sourire. Comme il approchait du pont, duquel il ne reste qu'une arche aujourd'hui, il entendit derrière lui une voix qui disait : — Eh bien, chevalier de Sonneck, ai-je tenu ma promesse?

## XVI

### OU EST TRAITÉE LA QUESTION DE SAVOIR SI L'ON PEUT RECONNAITRE QUELQU'UN QU'ON NE CONNAIT PAS

Il se retourna. Deux hommes étaient debout dans la bruyère. L'un était le piqueur masqué, et Pécopin frissonna en l'apercevant. Il portait sous son bras un grand portefeuille rouge. L'autre était un vieux petit homme bossu, boiteux et fort laid. C'était lui qui avait parlé à Pécopin, et Pécopin cherchait à se rappeler où il avait vu ce visage.

— Mon gentilhomme, reprit le bossu, tu ne me reconnais donc pas?
— Si fait, dit Pécopin.
— A la bonne heure!
— Vous êtes l'esclave des bords de la mer Rouge.
— Je suis le chasseur du bois des pas perdus, répondit le petit homme.

C'était le diable.

— Sur ma foi, repartit Pécopin, soyez ce qu'il vous plaît d'être; mais, puisqu'en somme vous m'avez tenu parole, puisque me voilà à Falkenburg, puisque je vais revoir Bauldour, je suis vôtre, messire, et en toute loyauté, je vous remercie.
— Cette nuit tu m'accusais. Que t'ai-je dit?
— Vous m'avez dit : Attends la fin.
— Eh bien, maintenant tu me remercies; et je te dis encore : Attends la fin : Tu te pressais peut-être trop de m'accuser, tu te hâtes peut-être trop de me remercier.

En parlant ainsi, le petit bossu avait un air inexprimable. L'ironie, c'est le visage même du diable. Pécopin tressaillit.

— Que voulez-vous dire?

Le diable lui montra le piqueur masqué.

— Reconnais-tu cet homme?
— Oui.
— Le connais-tu?
— Non.

Le piqueur se démasqua; c'était Érilangus. Pécopin se sentit trembler. Le diable continua :

— Pécopin, tu étais mon créancier. Je te devais deux choses, cette bosse et ce pied-bot. Or je suis bon débiteur. Je suis allé trouver ton ancien valet Érilangus, pour m'informer de tes goûts. Il m'a conté que tu aimais la chasse. Alors j'ai dit : Ce serait dommage de ne pas faire chasser la chasse noire à ce beau chasseur. Comme le soleil baissait, je t'ai rencontré dans une clairière. Tu étais dans le bois des pas perdus. J'arrivais à temps; le nain Roulon t'allait prendre pour lui, je t'ai pris pour moi. Voilà.

Pécopin frémissait involontairement. Le diable ajouta :

— Si tu n'avais pas eu ton talisman, je t'aurais gardé. Mais j'aime autant que les choses soient comme elles sont. La vengeance se doit assaisonner à diverses sauces.
— Mais enfin que veux-tu dire, démon? reprit Pécopin avec effort.

Le diable poursuivit :

— Pour récompenser Érilangus de ses renseignements, je l'ai fait mon portefeuille. Il a de bons bénéfices.
— Mauvais drôle, me diras-tu enfin ce que cela signifie? répéta Pécopin.
— Que t'avais-je promis?
— Qu'après cette nuit passée en chasse avec toi, au soleil levant, tu me ramènerais au Falkenburg.
— T'y voici.
— Dis-moi, démon, est-ce que Bauldour est morte?
— Non.
— Est-ce qu'elle est mariée?
— Non.
— Est-ce qu'elle a pris le voile?
— Non.
— Est-ce qu'elle n'est plus au Falkenburg?
— Si.
— Est-ce qu'elle ne m'aime plus?
— Toujours.
— En ce cas, si tu dis vrai, s'écria Pécopin, respirant comme s'il eût été délivré du poids d'une montagne, qui que tu sois et quoi qu'il arrive, je te remercie.
— Va donc! dit le diable, tu es content, et moi aussi.

Cela dit, il saisit Érilangus dans ses bras, quoiqu'il fût petit et qu'Érilangus fût grand; puis, tordant sa jambe difforme autour de l'autre et se dressant sur la pointe du pied, il fit une pirouette, et Pécopin le vit s'enfoncer en terre comme une vrille. Une seconde après il avait disparu.

La terre en se refermant sur le diable laissa échapper une jolie petite lueur violette semée d'étincelles vertes, qui s'en alla gaîment, avec force gambades et cabrioles, jusqu'à la forêt, où elle resta quelque temps arrêtée et comme accrochée dans les arbres, les colorant de mille nuances lumineuses, ainsi que fait l'arc-en-ciel lorsqu'il se mêle à des feuillages.

## XVII

### LES BAGATELLES DE LA PORTE

Pécopin haussa les épaules. — Bauldour est vivante, Bauldour est libre, pensa-t-il, et Bauldour m'aime! Que puis-je craindre? Il y avait hier au soir, avant que je rencontrasse ce démon, cinq ans précisément que je l'avais quittée. Eh bien, il y aura cinq ans et un jour! Je vais la revoir plus belle que jamais. La femme, c'est le beau sexe; et vingt ans, c'est le bel âge.

Dans ces temps de fidélités robustes, on ne s'étonnait pas de cinq ans.

Tout en monologuant de la sorte, il approchait du château et il reconnaissait avec joie chaque bossage du portail, chaque dent de la herse et chaque clou du pont-levis. Il se sentait heureux et bienvenu. Le seuil de la maison qui nous a vus enfants sourit en nous revoyant hommes comme le visage satisfait d'une mère.

Comme il traversait le pont, il remarqua près de la troisième arche un fort beau chêne dont la tête dépassait de très haut le parapet. — C'est singulier, se dit-il, il n'y avait point d'arbre là. Puis il se souvint que, deux ou trois semaines avant le jour où il avait rencontré la chasse du palatin, il avait joué avec Bauldour au jeu des glands et des osselets, en s'accoudant au parapet du pont, et que, précisément à cet endroit, il avait laissé tomber un gland dans le fossé. — Diable! pensa-t-il, le gland s'est fait chêne en cinq ans. Voilà un bon terrain.

Quatre oiseaux perchés dans ce chêne y jasaient à qui mieux mieux; c'étaient un geai, un merle, une pie et un corbeau. Pécopin y fit à peine attention, non plus qu'à un pigeon qui roucoulait dans un colombier, et à une poule qui gloussait dans la basse-cour. Il ne songeait qu'à Bauldour, et il se hâtait.

Le soleil étant sur l'horizon, les valets de conciergerie venaient de baisser le pont-levis. Au moment où Pécopin entra sous sa porte, il entendit derrière lui un éclat de rire qui semblait venir de très loin, quoique parfaitement distinct et fort prolongé. Il regarda partout au dehors et ne vit personne. C'était le diable qui riait dans sa caverne.

Il y avait sous la voûte un réservoir d'eau que l'ombre et la réverbération changeaient en miroir. Le chevalier s'y pencha. Après les fatigues de ce long voyage, qui lui avait à peine laissé sur le corps quelques haillons, surtout après les secousses de cette nuit de chasse surnaturelle, il s'attendait à avoir effroi de lui-même. Pas du tout. Était-ce vertu du talisman que lui avait donné la sultane, était-ce l'effet de l'élixir que le diable lui avait fait boire, il était plus charmant, plus frais, plus jeune et plus reposé que jamais. Ce qui l'étonna surtout, ce fut de se voir couvert de vêtements tout neufs et très magnifiques. Les idées étaient tellement brouillées dans son cerveau qu'il ne put se rappeler à quel instant de la nuit on l'avait équipé de la sorte. Il était fort beau ainsi. Il avait l'habit d'un prince et l'air d'un génie.

Tandis qu'il se mirait, un peu surpris, mais fort satisfait et se trouvant à son goût, il entendit un second éclat de rire plus joyeux encore que le premier. Il se retourna et ne vit personne. C'était le diable qui riait dans sa caverne.

Il traversa la cour d'honneur. Les hommes d'armes se penchèrent aux créneaux des murailles; aucun ne le reconnut, et il n'en reconnut aucun. Les servantes à jupons courts qui battaient le linge au bord des lavoirs se retournèrent; aucune ne le reconnut, et il n'en reconnut aucune. Mais il avait si bonne figure, qu'on le laissa passer. Grande mine suppose grand nom.

Il savait son chemin et se dirigea vers la petite tourelle-escalier qui conduisait à la chambre de Bauldour. Tout en franchissant la cour, il lui sembla que les façades du château étaient un peu bien assombries et ridées, et que les lierres qui étaient aux murailles du nord s'étaient démesurément épaissis, et que les vignes qui étaient aux murailles du midi avaient singulièrement grossi. Mais un cœur amoureux s'émerveille-t-il pour quelques pierres noires et quelques feuilles de plus ou de moins?

Quand il arriva à la tourelle, il eut quelque peine à en reconnaître la porte. La voûte de cet escalier était une voûte quartier-de-vis suspendue en tour ronde, et, au moment où Pécopin était parti du pays, le père de Bauldour venait d'en faire reconstruire l'entrée à neuf avec du beau grès blanc de Heidelberg. Or cette entrée, qui, selon le calcul de Pécopin, était bâtie depuis cinq ans à peine, était maintenant fort brunie et toute refendue et rongée par les herbes, et elle abritait sous sa voussure trois ou quatre nids d'hirondelles. Mais un cœur amoureux s'étonne-t-il pour quelques nids d'hirondelles?

Si les éclairs avaient coutume de monter les escaliers, je leur comparerais Pécopin. En un clin d'œil il fut au cinquième étage, devant la porte du retrait de Bauldour. Cette porte-là, du moins, n'était ni noircie ni changée; elle était toujours propre, gaie, nette et sans tache, avec ses ferrures luisantes comme l'argent, avec les nœuds de son bois clairs comme la prunelle d'une belle fille, et l'on voyait que c'était bien cette même porte virginale que la jeune châtelaine n'avait jamais manqué de faire laver par ses femmes chaque matin. La clef était à la serrure, comme si Bauldour eût attendu Pécopin.

Il n'avait qu'à poser la main sur cette clef et à entrer. Il s'arrêta. Il était haletant de joie, de tendresse et de bonheur, et un peu aussi d'avoir monté cinq étages. De grandes flammes roses passaient devant ses yeux, et il lui semblait qu'elles rafraîchissaient son front. Un bourdonnement lui remplissait la tête; son cœur battait dans ses tempes.

Quand ce premier moment fut calmé, quand le silence commença à se faire en lui, il écouta. Comment dire ce qui s'émut dans cette pauvre âme ivre d'amour? Il entendit à travers la porte le bruit d'un rouet dans la chambre.

## XVIII

### OÙ LES ESPRITS GRAVES APPRENDRONT QUELLE EST LA PLUS IMPERTINENTE DES MÉTAPHORES

A la rigueur, ce pouvait bien ne pas être le rouet de Bauldour, ce n'était peut-être que le rouet d'une de ses femmes ; car auprès de sa chambre Bauldour avait son oratoire, où souvent elle passait ses journées. Si elle filait beaucoup, elle priait plus encore. Pécopin se dit bien un peu tout cela ; mais il n'en écouta pas moins le rouet avec ravissement. Ce sont là de ces bêtises d'homme qui aime, qu'on fait surtout quand on a un grand esprit et un grand cœur.

Les moments comme celui où se trouvait Pécopin se composent d'extase qui veut attendre et d'impatience qui veut entrer ; l'équilibre dure quelques minutes, puis il vient un instant où l'impatience l'emporte. Pécopin tremblant posa enfin la main sur la clef, elle tourna dans la serrure, le pêne céda, la porte s'ouvrit ; il entra.

— Ah! pensa-t-il, je me suis trompé, ce n'était pas le rouet de Bauldour.

En effet, il y avait bien dans la chambre quelqu'un qui filait, mais c'était une vieille femme. Une vieille femme, c'est trop peu dire ; c'était une vieille fée, car les fées seules atteignent à ces âges fabuleux et à ces décrépitudes séculaires. Or cette duègne paraissait avoir et avait nécessairement plus de cent ans. Figurez-vous, si vous pouvez, une pauvre petite créature humaine ou surhumaine courbée, pliée, cassée, tannée, rouillée, éraillée, écaillée, renfrognée, ratatinée et rechignée ; blanche de sourcils et de cheveux, noire de dents et de lèvres, jaune du reste ; maigre, chauve, glabre, terreuse, branlante et hideuse. Et, si vous voulez avoir quelque idée de ce visage, où mille rides venaient aboutir à la bouche comme les raies d'une roue au moyeu, imaginez que vous voyez vivre l'insolente métaphore des latins, *anus*. Cet être vénérable et horrible était assis ou accroupi près de la fenêtre, les yeux baissés sur son rouet et le fuseau à la main comme une parque.

La bonne dame était probablement fort sourde ; car au bruit que firent la porte en s'ouvrant et Pécopin en entrant, elle ne bougea pas.

Cependant le chevalier ôta son infule et son bicoquet, comme il sied devant des personnes d'un si grand âge, et dit en faisant un pas : — Madame la duègne, où est Bauldour?

La dame centenaire leva les yeux, laissa tomber son fil, trembla de tous ses petits membres, poussa un petit cri, se souleva à demi sur la chaise, étendit vers Pécopin ses longues mains de squelette, fixa sur lui son œil de larve, et dit avec une voix faible et osseuse qui semblait sortir d'un sépulcre : — O ciel! chevalier Pécopin! que voulez-vous? vous faut-il des messes? O mon Dieu Seigneur! Chevalier Pécopin, vous êtes donc mort, que voilà votre ombre qui revient?

— Pardieu, ma bonne dame, — répondit Pécopin, éclatant de rire et parlant très haut pour que Bauldour l'entendît si elle était dans son oratoire, un peu surpris pourtant que cette duègne sût son nom, — je ne suis pas mort. Ce n'est pas mon ombre qui apparaît ; c'est moi qui reviens, s'il vous plaît, moi, Pécopin, un bon revenant de chair et d'os. Et je ne veux pas de messes, je veux un baiser de ma fiancée, de Bauldour que j'aime plus que jamais. Entendez-vous, ma bonne dame?

Comme il achevait ces mots, la vieille se jeta à son cou.

C'était Bauldour.

Hélas! la nuit de chasse du diable avait duré cent ans.

Bauldour n'était pas morte, grâce à Dieu ou au démon ; mais, au moment où Pécopin, aussi jeune et plus beau peut-être qu'autrefois, la retrouvait et la revoyait, la pauvre fille avait cent vingt ans et un jour.

## XIX

#### BELLES ET SAGES PAROLES DE QUATRE PHILOSOPHES A DEUX PIEDS ORNÉS DE PLUMES

Pécopin éperdu s'enfuit. Il se précipita au bas de l'escalier, traversa la cour, poussa la porte, passa le pont, gravit l'escarpement, franchit le ravin, sauta le torrent, troua la broussaille, escalada la montagne, et se réfugia dans la forêt de Sonneck. Il courut tout le jour, effaré, épouvanté, désespéré, fou. Il aimait toujours Bauldour, mais il avait horreur de ce spectre. Il ne savait plus où en était son esprit, où en était sa mémoire, où en était son cœur. Le soir venu, voyant qu'il approchait des tours de son château natal, il déchira ses riches vêtements ironiques qui lui venaient du diable, et les jeta dans le profond torrent de Sonneck. Puis il s'arracha les cheveux, et tout à coup il s'aperçut qu'il tenait à la main une poignée de cheveux blancs. Puis voilà que subitement ses genoux tremblèrent, ses reins fléchirent, il fut obligé de s'appuyer à un arbre, ses mains étaient affreusement ridées. Dans l'égarement de sa douleur, n'ayant plus conscience de ce qu'il faisait, il avait saisi le talisman suspendu à son cou, en avait brisé la chaîne et l'avait jeté au torrent avec ses habits.

Et les paroles de l'esclave de la sultane s'étaient sur-le-champ accomplies. Il venait de vieillir de cent ans en une minute. Le matin il avait perdu ses amours, le soir il perdait sa jeunesse. En ce moment-là, pour la troisième fois dans cette fatale journée, quelqu'un éclata de rire quelque part derrière lui. Il se retourna et ne vit personne. Le diable riait dans sa caverne.

Que faire après ce dernier accablement? Il ramassa à terre un cotret oublié par quelque fagotier; et appuyé sur ce bâton, il marcha péniblement vers son château, qui par bonheur était fort proche. Comme il y arrivait, il vit aux derniers rayons du crépuscule un geai, une pie, un merle et un corbeau qui étaient perchés sur le toit de la porte entre les girouettes et qui semblaient l'attendre. Il entendit une poule qu'il ne voyait pas et qui disait : *Pécopin! Pécopin!* Et il entendit un pigeon qu'il ne voyait pas et qui disait : *Bauldour! Bauldour! Bauldour!* Alors il se souvint de son rêve de Bacharach et des paroles que lui avait adressées jadis — hélas! il y avait cent cinq ans de cela! — le vieillard qui rangeait des souches le long d'un mur : *Sire, pour le jeune homme le merle siffle, le geai garrule, la pie glapit, le corbeau croasse, le pigeon roucoule, la poule glousse; pour le vieillard, les oiseaux parlent.* Il prêta donc l'oreille, et voici le dialogue qu'il entendit :

LE MERLE.

Enfin, mon beau chasseur, te voilà de retour.

LE GEAI.

Tel qui part pour un an croit partir pour un jour.

LE CORBEAU.

Tu fis la chasse à l'aigle, au milan, au vautour.

LA PIE.

Mieux eût valu la faire au doux oiseau d'amour!

LA POULE.

Pécopin! Pécopin!

LE PIGEON.

Bauldour! Bauldour! Bauldour!

## LETTRE XXII

### BINGEN

Mayence, 15 septembre.

Vous me grondez dans votre dernière lettre, mon ami, vous avez un peu tort et un peu raison. Vous avez tort pour ce qui est de l'église d'Épernay, car je n'ai pas réellement écrit ce que vous croyez avoir lu. Et puis en même temps vous avez raison, car il paraît que je n'ai pas été clair. Vous m'écrivez que vous avez pris des renseignements au sujet de l'église d'Épernay, « que je me suis trompé en l'attribuant à M. Poterlet-Galichet, que M. Poterlet-Galichet, brave, digne et honorable bourgeois d'Épernay, est parfaitement étranger à la construction de l'église, et qu'en outre il y a dans la ville deux hommes fort distingués, du nom de Poterlet, un ingénieur de rare mérite et un jeune peintre plein d'avenir ». Je souscris à tout cela; et j'ai connu moi-même, il y a dix ans, un jeune et charmant peintre qui s'appelait Poterlet, et qui, si la mort ne l'avait enlevé à vingt-cinq ans, serait aujourd'hui un grand talent pour le public comme il était en 1829 un grand talent pour ses amis. Mais je n'ai pas dit ce que vous me faites dire. Relisez ma lettre, la seconde, je crois; je n'y attribue pas le moins du monde l'église d'Épernay à M. Galichet. Je dis seulement : « Cette église *me fait l'effet* d'avoir été bâtie », etc. Plaisanterie quelconque qui ne tombe que sur l'église.

Ce petit compte réglé, je reviens d'Épernay à Bingen. La transition est brusque et le pas est large; mais vous êtes de ces écouteurs intelligents et doux, pénétrés de la nécessité des choses et de la loi des natures, qui accordent aux poëtes les enjambements et aux rêveurs les enjambées.

Bingen est une jolie et belle ville, à la fois blanche et noire, grave comme une ville antique et gaie comme une ville neuve, qui, depuis le consul Drusus jusqu'à l'empereur Charlemagne, depuis l'empereur Charlemagne jusqu'à l'archevêque Willigis, depuis l'archevêque Willigis jusqu'au marchand Montemagno, depuis le marchand Montemagno jusqu'au visionnaire Holzhausen, depuis le visionnaire Holzhausen jusqu'au notaire Fabre actuellement régnant dans le château de Drusus, s'est peu à peu agglomérée et amoncelée, maison à maison, dans l'Y du Rhin et de la Nahe, comme la rosée s'amasse goutte à goutte dans le calice d'un lys. Passez-moi cette comparaison, qui a le tort d'être fleurie, mais qui a le mérite d'être vraie, et qui représente fidèlement, et pour tous les cas possibles, le mode de formation d'une ville dans un confluent.

Tout contribue à faire de Bingen une sorte d'antithèse bâtie au milieu d'un paysage qui est lui-même une antithèse vivante. La ville, pressée à gauche par la rivière, à droite par le fleuve, se développe en forme de triangle autour d'une église gothique adossée à une citadelle romaine. Dans la citadelle, qui date du premier siècle et qui a longtemps servi de repaire aux chevaliers bandits, il y a un jardin de curé; dans l'église, qui est du quinzième siècle, il y a le tombeau d'un docteur quasi sorcier, ce Barthélemy de Holzhausen, que l'électeur de Mayence eût probablement fait brûler comme devin s'il ne l'avait payé comme astrologue. Du côté de Mayence rayonne, étincelle et verdoie la fameuse plaine-paradis qui ouvre le Rhingau. Du côté de Coblentz les sombres montagnes de Leyen froncent le sourcil. Ici la nature rit comme une belle nymphe étendue toute nue sur l'herbe; là elle menace comme un géant couché.

Mille souvenirs, représentés l'un par une forêt, l'autre par un rocher, l'autre par un édifice, se mêlent et se heurtent dans ce coin du Rhingau. Là-bas ce coteau vert, c'est le joyeux Johannisberg; au pied du Johannisberg, ce redoutable donjon carré qui flanque l'angle de la forte ville de Rudesheim a servi de tête de pont aux romains. Au sommet du Niederwald, qui fait face à Bingen, au bord d'une admirable forêt, sur la montagne qui commence maintenant l'encaissement du Rhin, et qui avant les temps historiques en barrait l'entrée, un petit temple à colonnes blanches, pareil à une rotonde de café parisien, se dresse au-dessus du morose et superbe Ehrenfels, construit au douzième siècle par l'archevêque Siegfried, mornes tours qui ont été jadis une formidable citadelle et qui sont aujourd'hui une ruine magnifique. Le joujou domine et humilie la forteresse. De l'autre côté du Rhin, sur le Ruppertsberg, qui regarde le Niederwald, dans les ruines du couvent de Disibodenberg, le puits bénit, creusé par sainte Hildegarde, avoisine l'infâme tour bâtie par Hatto. Les vignes entourent le couvent, les gouffres environnent la tour. Des forgerons se sont établis dans la tour, le bureau des douanes prussiennes s'est installé dans le couvent. Le spectre de Hatto écoute sonner l'enclume, et l'ombre de Hildegarde assiste au plombage des colis.

Par un contraste bizarre, l'émeute de Civilis qui détruisit le pont de Drusus, la guerre du Palatinat qui détruisit le pont de Willigis, les légions de Tutor, les querelles des gangraves Adolphe de Nassau et Didier d'Isembourg, les normands en 890, les bourgeois de Creuznach en 1279, l'archevêque Baudouin de Trèves en 1334, la peste en 1349, l'inondation en 1458, le bailli palatin Goler de Ravensberg en 1496, le landgrave Guillaume de Hesse en 1504, la guerre de trente ans, les armées de la révolution et de l'empire, toutes les dévastations ont successivement traversé cette plaine heureuse et sereine, tandis que les plus ravissantes figures de la liturgie et de la légende, Gela, Jutta, Liba, Guda; Gisèle, la douce fille de Brœmser; Hildegarde, l'amie de saint Bernard; Hiltrude, la pénitente du pape Eugène, ont habité tour à tour ces sinistres rochers. L'odeur du sang est encore dans la plaine, le parfum des saintes et des belles remplit encore la montagne.

Plus vous examinez ce beau lieu, plus l'antithèse se multiplie sous le regard et sous la pensée. Elle se continue sous mille formes. Au moment où la Nahe débouche à travers les arches du pont de pierre, sur le parapet duquel le lion de Hesse tourne le dos à l'aigle de Prusse, ce qui fait dire aux hessois qu'il dédaigne et aux prussiens qu'il a peur, au moment, dis-je, où la Nahe, qui arrive tranquille et lente du Mont-Tonnerre, sort de dessous ce pont-limite, le bras vert de bronze du Rhin saisit brusquement la blonde et indolente rivière et la plonge dans le Bingerloch. Ce qui se fait dans le gouffre est l'affaire des dieux. Mais il est certain que jamais Jupiter ne livra naïade plus endormie à fleuve plus violent.

L'église de Bingen est badigeonnée en gris au dehors comme au dedans. Cela est absurde. Pourtant je vous déclare que les abominables restaurations qui se font maintenant en France finiront par me réconcilier avec le badigeon. Pour le dire en passant, je ne connais rien en ce genre de plus déplorable que la restauration de l'abbaye de Saint-Denis, achevée à cette heure, hélas! et la restauration de Notre-Dame de Paris, ébauchée en ce moment. Je reviendrai quelque jour, soyez-en certain, sur ces deux opérations barbares. Je ne puis me défendre d'un sentiment de honte personnelle quand je songe que la première s'est accomplie à nos portes et que la seconde se fait au centre même de Paris. Nous sommes tous coupables de ce double crime architectural, par notre silence, par notre tolérance, par notre inertie, et c'est sur nous tous contemporains que la postérité fera un jour justement retomber son blâme et son indignation, lorsqu'en présence de deux édifices défigurés, abâtardis, parodiés, mutilés, travestis, déshonorés, méconnaissables, elle nous demandera compte de ces deux admirables basiliques, belles entre les belles églises, illustres entre les illustres monuments, l'une qui était la métropole de la royauté, l'autre qui est la métropole de la France!

Baissons la tête d'avance. De pareilles restaurations équivalent à des démolitions.

Le badigeonnage lui, se contente d'être stupide. Il n'est pas dévastateur. Il salit, il englue, il souille, il enfarine, il tatoue, il ridiculise, il enlaidit ; il ne détruit pas. Il accommode la pensée de César Césariano ou de Herwin de Steinbach comme la face de Gauthier Garguille ; il lui met un masque de plâtre. Rien de plus. Débarbouillez cette pauvre façade empâtée de blanc, de jaune, ou de rose, ou de gris, vous retrouvez vivant et pur le vénérable visage de l'église.

S'asseoir au haut du Klopp, vers l'heure où le soleil décline, et de là regarder la ville à ses pieds et autour de soi l'immense horizon ; voir les monts se rembrunir, les toits fumer, les ombres s'allonger et les vers de Virgile vivre dans le paysage ; aspirer dans un même souffle le vent des arbres, l'haleine du fleuve, la brise des montagnes et la respiration de la ville, quand l'air est tiède, quand la saison est douce, quand le jour est beau, c'est une sensation intime, exquise, inexprimable, pleine de petites jouissances secrètes voilées par la grandeur du spectacle et la profondeur de la contemplation. Aux fenêtres des mansardes, de jeunes filles chantent, les yeux baissés sur leur ouvrage ; les oiseaux babillent gaîment dans les lierres de la ruine, les rues fourmillent de peuple, et ce peuple fait un bruit de travail et de bonheur ; des barques se croisent sur le Rhin, on entend les rames couper la vague, on voit frissonner les voiles ; les colombes volent autour de l'église ; le fleuve miroite, le ciel pâlit ; un rayon de soleil horizontal empourpre au loin la poussière sur la route ducale de Rudesheim à Biberich et fait étinceler de rapides calèches qui semblent fuir dans un nuage d'or portées par quatre étoiles. Les laveuses du Rhin étendent leur toile sur les buissons, les laveuses de la Nahe battent leur linge, vont et viennent, jambes nues et les pieds mouillés, sur des radeaux formés de troncs de sapins amarrés au bord de l'eau, et rient de quelque touriste qui dessine l'Ehrenfels. La Tour des Rats, présente et debout au milieu de cette joie, fume dans l'ombre des montagnes.

Le soleil se couche, le soir vient, la nuit tombe, les toits de la ville ne font plus qu'un seul toit, les monts se massent en un seul tas de ténèbres où s'enfonce et se perd la grande clarté blanche du Rhin. Des brumes de crêpe montent lentement de l'horizon au zénith ; le petit dampschiff de Mayence à Bingen vient prendre sa place de nuit le long du quai, vis-à-vis de l'hôtel Victoria ; les laveuses, leurs paquets sur la tête, s'en retournent chez elles par les chemins creux ; les bruits s'éteignent, les voix se taisent ; une dernière lueur rose, qui ressemble au reflet de l'autre monde sur le visage blême d'un mourant, colore encore quelque temps, au faîte de son rocher, l'Ehrenfels, pâle, décrépit et décharné. — Puis elle s'efface, — et alors il semble que la tour de Hatto, presque inaperçue deux heures auparavant, grandit tout à coup et s'empare du paysage. Sa fumée, qui était sombre pendant que le jour rayonnait, rougit maintenant peu à peu aux réverbérations de la forge, et, comme l'âme d'un méchant qui se venge, devient lumineuse à mesure que le ciel devient noir.

J'étais, il y a quelques jours, sur la plate-forme du Klopp, et, pendant que toute cette rêverie s'accomplissait autour de moi, j'avais laissé mon esprit aller je ne sais où, quand une petite croisée s'est subitement ouverte sur un toit au-dessous de mes pieds, une chandelle a brillé, une jeune fille s'est accoudée à la fenêtre, et j'ai entendu une voix claire, fraîche, pure, — la voix de la jeune fille, — chanter ce couplet sur un air lent, plaintif et triste :

> Plas mi cavalier frances,
> E la dona catalana,
> E l'onraz del ginoes,
> E la court de castelana,
> Lou cantaz provenzales,
> E la danza trevisana,
> E lou corps aragones,
> La mans a kara d'angles,
> E lou donzel de Toscana.

J'ai reconnu les joyeux vers de Frédéric Barberousse, et je ne saurais vous dire quel effet m'a fait, dans cette ruine romaine métamorphosée en villa de notaire, au milieu de l'obscurité, à la lueur de cette chandelle, à deux cents toises de la Tour des Rats changée en serrurerie, à quatre pas de l'hôtel Victoria, à dix pas d'un bateau à vapeur omnibus, cette poésie d'empereur devenue poésie populaire, ce chant de chevalier devenu chanson de jeune fille, ces rimes romanes accentuées par une bouche allemande, cette gaîté du temps passé transformée en mélancolie, ce vif rayon des croisades perçant l'ombre d'à présent et jetant brusquement sa lumière jusqu'à moi, pauvre rêveur effaré.

Au reste, puisque je vous parle ici des musiques qu'il m'est arrivé d'entendre sur les bords du Rhin, pourquoi ne vous dirais-je pas qu'à Braubach, au moment où notre dampschiff stationnait devant le port pour le débarquement des voyageurs, les étudiants, assis sur le tronc d'un sapin détaché de quelque radeau de la Murg, chantaient en chœur, avec des paroles allemandes, cet admirable air de Quasimodo, qui est une des beautés les plus vives et les plus originales de l'opéra de M<sup>lle</sup> Bertin? L'avenir, n'en doutez pas, mon ami, remettra à sa place ce sévère et remarquable opéra, déchiré à son apparition avec tant de violence, et proscrit avec tant d'injustice. Le public, trop souvent abusé par les tumultes haineux qui se font autour de toutes les grandes œuvres, voudra enfin réviser le jugement passionné fulminé unanimement par les partis politiques, les rivalités musicales et les coteries littéraires, et saura admirer un jour cette douce et profonde musique, si pathétique et si forte, si gracieuse par endroits, si douloureuse par moments ; création où

se mêlent, pour insi dire dans chaque note, ce qu'il y a de plus tendre et ce qu'il y a de plus grave, le cœur d'une femme et l'esprit d'un penseur. L'Allemagne lui rend déjà justice, la France la lui rendra bientôt.

Comme je me défie un peu des curiosités locales exploitées, je n'ai pas été voir, je vous l'avoue, la miraculeuse corne de bœuf, ni le lit nuptial, ni la chaîne de fer du vieux Brœmser. En revanche, j'ai visité le donjon carré de Rudesheim, habité à cette heure par un maître intelligent qui a compris que cette ruine devait garder son air de masure pour garder son air de palais. Les logis sont comme les gentilshommes, d'autant plus nobles qu'ils sont plus anciens. L'admirable manoir que ce donjon carré! Des caves romaines, des murailles romanes, une salle des Chevaliers dont la table est éclairée d'une lampe fleuronnée pareille à celle du tombeau de Charlemagne, des vitraux de la renaissance, des molosses presque homériques qui aboient dans la cour, des lanternes de fer du treizième siècle accrochées au mur, d'étroits escaliers à vis, des oubliettes dont l'abîme effraye, des urnes sépulcrales rangées dans une espèce d'ossuaire, tout un ensemble de choses noires et terribles, au sommet duquel s'épanouit une énorme touffe de verdure et de fleurs. Ce sont les mille végétations de la ruine que le propriétaire actuel, homme de vrai goût, entretient, épaissit et cultive. Cela forme une terrasse odorante et touffue, d'où l'on contemple les magnificences du Rhin. Il y a des allées dans ce monstrueux bouquet, et l'on s'y promène. De loin, c'est une couronne; de près, c'est un jardin.

Les coteaux de Johannisberg abritent ce vénérable donjon et le protègent contre le nord. Le vent tiède du midi y entre par les fenêtres ouvertes sur le Rhin.

Je ne connais pas de souffle plus charmant et de vent plus littéraire que le vent du sud. Il fait germer dans la tête les idées riantes, profondes, sérieuses et nobles. En réchauffant le corps, il semble qu'il éclaire l'esprit. Les athéniens, qui s'y connaissaient, ont exprimé cette pensée dans une de leurs plus ingénieuses sculptures. Dans les bas-reliefs de la tour des Vents, les vents glacés sont hideux et poilus, et ont l'air stupide, et sont vêtus comme des barbares; les vents doux et chauds sont habillés comme des philosophes grecs.

A Bingen, je voyais quelquefois, à l'extrémité de la salle où je dînais, deux tables fort différemment servies. A l'une était assis, tout seul, un gros major bavarois, parlant un peu français, lequel regardait tous les jours passer devant lui, sans presque y toucher, un vrai dîner allemand complet à cinq services. A l'autre table s'accoudait mélancoliquement devant un plat de choucroute un pauvre diable qui, après avoir mangé sa maigre pitance, achevait de dîner en dévorant des yeux le festin pantagruélique de son voisin. Je n'ai jamais mieux compris qu'en présence de cette vivante parabole le mot d'Ablancourt : *La providence met volontiers l'argent d'un côté et l'appétit de l'autre.*

Le pauvre diable était un jeune savant, pâle, sérieux et chevelu, fort épris d'entomologie et un peu amoureux d'une servante de l'auberge, ce qui est un goût de savant. Du reste, un savant amoureux est un problème pour moi. Comment se comporte la passion, avec ses soubresauts, ses colères, sa jalousie et son temps perdu, au milieu de ce calme enchaînement d'études exactes, d'expérimentations froides et d'observations minutieuses qui compose la vie du savant? Vous représentez-vous, par exemple, de quelle façon pouvait être amoureux le docte Huxham, qui, dans son beau traité *De aere et morbis epidemicis*, a consigné, mois par mois, de 1724 à 1746, les quantités de pluie tombées à Plymouth pendant vingt-deux années consécutives?

Vous figurez-vous Roméo, l'œil au microscope, comptant les dix-sept mille facettes de l'œil d'une mouche; don Juan, en tablier de serge, analysant le paratartrate d'antimoine et le paratartrovinate de potasse, et Othello, courbé sur une lentille de premier grossissement, cherchant des gaillonnelles et des gomphonèmes dans la farine fossile des chinois?

Quoi qu'il en soit, en dépit de toute théorie contraire, mon entomologiste était amoureux. Il causait parfois, parlait français mieux que le major, et avait un assez beau système du monde; mais il n'avait pas le sou.

J'aime les systèmes, quoique j'y croie peu. Descartes rêve, Huyghens modifie les rêveries de Descartes, Mariotte modifie les modifications de Huyghens. Où Descartes voit des étoiles, Huyghens voit des globules et Mariotte voit des aiguilles. Qu'y a-t-il de prouvé dans tout cela? Rien que la brièveté de l'homme et la grandeur de Dieu.

C'est quelque chose.

Après tout, je le dis, j'aime les systèmes. Les systèmes sont des échelles au moyen desquelles on monte à la vérité.

Quelquefois mon jeune savant venait boire une bouteille de bière à l'heure de la table d'hôte; je prenais un journal, je m'asseyais dans l'embrasure d'une croisée, et je l'observais. La table d'hôte de l'hôtel Victoria était fort mêlée et fort peu harmonieuse, comme tout ce que le hasard fait par juxtaposition. Il y avait au haut bout une assez vieille dame anglaise avec trois jolis enfants. Une duègne plutôt qu'une nourrice; une tante plutôt qu'une mère. Je plaignais fort les pauvres petits. La main de la bonne dame était un magasin de tapes. Le major dînait quelquefois à côté de la dame pour se mettre en appétit. Il causait avec un avocat parisien en vacances, lequel allait à Bade *parce que*, disait-il, *il faut bien y aller, tout le monde y va.* Près de l'avocat s'asseyait un noble et digne gentilhomme à cheveux blancs, plus qu'octogénaire, qui avait cet air doux que donne l'approche de la tombe, et qui citait volontiers des vers d'Horace. Comme il n'avait pas de dents, le mot *mors*, dans sa prononciation, se changeait en *mox*; ce qui, dans cette bouche de vieillard, avait un sens mélancolique.

En face du vieillard se posait un monsieur qui faisait des vers français, et qui lut un jour à ses voisins, après boire, un dithyrambe en vers libres sur la Hollande, où il parlait pompeusement des harangues qui sortent de la mer. Des harangues dans la mer! J'avoue que, pour ma part, je n'y aurais guère trouvé que des harengs.

Le tout était complété par deux gros marchands alsaciens, enrichis par la contrebande des peaux de belettes, qui sont aujourd'hui électeurs et jurés, et qui fumaient leurs pipes tout en se racontant l'un à l'autre des histoires toujours les mêmes. Quand ils les avaient finies, ils les recommençaient. Comme ils avaient invariablement oublié le nom des personnages dont ils parlaient, l'un disait *M. Chose*, et l'autre *M. Machin*. Ils se comprenaient.

Le faiseur de vers, — le poëte, si vous voulez, — était un gaillard classique, philosophe, constitutionnel, ironique et voltairien qui se plaisait à *saper*, comme il disait, *les préjugés*, c'est-à-dire à insulter, tout en répétant les lieux communs contre les vieilleries, beaucoup de choses graves, mystérieuses et saintes que les hommes respectent. Il aimait à *donner*, c'était son expression, *de grands coups de lance dans les erreurs humaines;* et, quoiqu'il ne lui arrivât jamais d'attaquer les véritables moulins à vent du siècle, il s'appelait lui-même dans ses gaîtés *don Quichotte*. Je l'appelais *don Quichoque.*

Quelquefois le poëte et l'avocat, bien que faits pour s'entendre, se querellaient. Le poëte, pour compléter son portrait, était une intelligence inintelligible, un esprit trouble en tout, un de ces hommes empêchés qui bredouillent en parlant et qui griffonnent en écrivant. L'avocat l'écrasait de sa supériorité. Parfois le poëte s'emportait et fâchait l'autre. Alors l'avocat irrité parlait deux heures durant avec une éloquence claire, limpide, coulante, transparente, intarissable, comme parle le robinet de ma fontaine quand il a mis son bonnet de travers.

Sur ce, l'entomologiste, qui avait de l'esprit, s'amusait à son tour à écraser l'avocat. Il parlait sérieusement bien, se faisait admirer de la cantonade, et regardait de temps en temps de côté si la jolie maritorne l'écoutait.

Il avait un jour fort pertinemment péroré à propos de vertu, de résignation et de renoncement; mais il n'avait pas mangé. Or c'est un maigre souper que la philosophie quand on n'a rien à mettre dessus. Je l'invitai à dîner; et, quoiqu'il eût à peine pu deviner, aux deux ou trois mots que j'avais prononcés, de quel pays j'étais, il voulut bien accepter. Nous causâmes. Il me prit en amitié, et nous fîmes dans l'île des Rats et sur la rive droite du Rhin quelques excursions ensemble. Je payais le batelier.

Un soir, comme nous revenions de la Tour de Hatto, je le priai de souper avec moi. Le major était à table. Mon docte compagnon avait pris dans l'île un beau scarabée à cuirasse d'azur, et, tout en me le montrant, il s'avisa de me dire : *Rien n'est beau comme les sagres bleues.* Sur ce, le major, qui écoutait, ne put s'empêcher de l'interrompre : *Parbleu, monsieur,* fit-il, *les sacrebleu ont du bon parfois pour faire marcher les soldats et les chevaux, mais je ne vois pas ce qu'ils ont de beau.*

Voilà toutes mes aventures à Bingen. Du reste, quoique cette ville ne soit pas grande, c'est une de celles où s'épanche le plus largement, du commissionnaire au batelier, du batelier au cicerone, du cicerone à la servante, de la servante au valet d'auberge, cette cascade de pourboires que je vous ai décrite ailleurs, et au bas de laquelle la bourse de l'infortuné voyageur arrive parfaitement exterminée, aplatie et vide.

A propos, depuis Bacharach, je suis sorti des thalers, des silbergrossen et des pfennings, et je suis entré dans les florins et les kreutzers. L'obscurité redouble. Voici, pour peu qu'on se hasarde dans une boutique, comment on dialogue avec les marchands : — Combien ceci? — Le marchand répond : — Monsieur, un florin cinquante-trois kreutzers. — Expliquez-vous plus clairement. — Monsieur, cela fait un thaler et deux sous et dix-huit pfennings de Prusse. — Pardon, je ne comprends pas encore. Et en argent de France? — Monsieur, un florin vaut deux francs trois sous et un centime; un thaler de Prusse vaut trois francs trois quarts; un silbergrossen vaut deux sous et demi; un kreutzer vaut les trois quarts d'un sou; un pfennig vaut les trois quarts d'un liard. — Alors je réponds comme le don César que vous savez : *C'est parfaitement clair,* et j'ouvre ma bourse au hasard, me fiant à la vieille honnêteté qui est probablement cet autel des ubiens dont parle Tacite. *Ara ubiorum.*

Les ténèbres se compliquent de la prononciation. *Kreutzer* se prononce chez les hessois *creusse,* chez les badois *criche,* et en Suisse *cruche.*

## LETTRE XXIII

MAYENCE

*Mayence, septembre.*

Mayence et Francfort, comme Versailles et Paris, ne sont plus aujourd'hui qu'une même ville. Au moyen âge il y avait entre les deux cités huit lieues, c'est-à-dire deux journées; aujourd'hui cinq quarts d'heure les séparent, ou plutôt les rapprochent. Entre la ville impériale et la ville électorale, notre civilisation a jeté ce trait d'union qu'on appelle un chemin de fer. Chemin de fer charmant, qui côtoie le Mein par instants, qui traverse une verte, riche et vaste plaine, sans viaducs, sans tunnels, sans déblais ni remblais, avec de simples assemblages de bois sous les rails; chemin de fer que les pommiers ombragent paternellement ainsi qu'un sentier de village; qui est livré, sans fossés ni grilles, de plain-pied, à la bonhomie saturnienne des gamins allemands, et tout le long duquel il semble qu'une main invisible vous présente l'un après l'autre les vergers, les jardins et les champs cultivés, les retirant ensuite en hâte et les enfonçant pêle-mêle au fond du paysage comme des étoffes dédaignées par l'acheteur.

Francfort et Mayence sont, comme Liége, d'admirables villes dévastées par le bon goût. Je ne sais quelle propriété corrosive ont l'architecture blafarde, les colonnades de plâtre, les églises-théâtres et les palais-guinguettes; mais il est certain que toutes ces pauvres vieilles cités fondent et se dissolvent rapidement dans ces affreux tas de maisons blanches. J'espérais voir à Mayence le Martingsburg, résidence féodale des électeurs archevêques jusqu'au dix-septième siècle; les français en avaient fait un hôpital, les hessois l'ont rasé pour agrandir le port franc. Quant à l'hôtel des marchands, bâti en 1317 par la fameuse ligue des cent villes, splendidement décoré des statues de pierre des sept électeurs portant leurs blasons, au-dessous desquels deux figures colossales soutenaient l'écu de l'empire, on l'a démoli pour faire une place. Je comptais me loger vis-à-vis, dans cette hôtellerie des Trois-Couronnes, ouverte dès 1360 par la famille Cleemann, à coup sûr la plus ancienne auberge de l'Europe; je m'attendais à une de ces hôtelleries comme en décrit le chevalier de Gramont, avec l'immense cheminée, la grande salle à piliers et à solives, dont le mur n'est qu'un vitrage émaillé de plomb et, au dehors, la borne à monter sur mule. Je n'y suis pas même entré. La vieille auberge Cleemann est à présent une espèce de faux hôtel Meurice, avec des rosaces en carton-pierre aux plafonds, et aux fenêtres ce luxe de draperies et cette indigence de rideaux qui caractérisent les hôtelleries allemandes.

Quelque jour, Mayence fera de la maison *de Bona Monte* et de la maison *Zum Jungen* ce que Paris a fait du vénérable logis du pilier des halles. On détruira, pour le remplacer par quelque méchante façade ornée d'un méchant buste, le toit natal de ce Jean Gensfleisch, gentilhomme de la chambre de l'électeur Adolphe de Nassau, que la postérité connaît sous le nom de *Gutenberg*, comme elle connaît, sous le nom de *Molière*, Jean-Baptiste Poquelin, valet de chambre de Louis XIV.

Cependant les vieilles églises défendent encore ce qui les entoure; et c'est autour de sa cathédrale qu'il faut chercher Mayence, comme c'est autour de sa collégiale qu'il faut chercher Francfort.

Cologne est une cité gothique encore attardée dans l'époque romane; Francfort et Mayence sont deux cités gothiques déjà plongées dans la renaissance, et même, par beaucoup de côtés, dans le style rocaille et chinois. De là, pour Mayence et Francfort, je ne sais quel air de villes flamandes qui les distingue et les isole presque parmi les villes du Rhin.

On sent à Cologne que les austères constructeurs du Dôme, maître Gérard, maître Arnold et maître Jean, ont longtemps empli toute la ville de leur souffle. Il semble que ces trois grandes ombres aient veillé pendant quatre siècles sur Cologne, protégeant l'église de Plectrude, l'église d'Annon, le tombeau de Théophanie et la chambre d'or des onze mille vierges, barrant la route au faux goût, tolérant à peine les imaginations presque classiques de la renaissance, gardant la pureté des ogives et des archivoltes, sarclant les chicorées de Louis XV partout où elles se hasardaient, maintenant dans toute la vivacité de leurs profils et de leurs arêtes les pignons taillés et les sévères hôtels du quatorzième siècle; et qu'elles ne se soient retirées, comme le lion devant l'âne, qu'en présence de l'art bête et abominable des architectes parisiens de l'empire et de la restauration. A Mayence et à Francfort, l'architecture Rubens, la ligne gonflée et puissante, le riche caprice flamand, l'épaisse et inextricable végétation des grillages de fer chargés de fleurs et d'animaux, l'inépuisable variété des encoignures et des tourelles; la couleur, le phénomène; le contour joufflu, pansu, opulent, ayant plus de santé encore que de beauté; le mascaron, le triton, la naïade, le dauphin ruisselant, toute la sculpture païenne charnue et robuste, l'ornementation énorme, hyperbolique et exorbitante, le mauvais goût magnifique, ont envahi la ville depuis le commencement du dix-septième siècle, et ont empanaché et enguirlandé, selon leur poétique fantasque, la vieille et grave maçonnerie allemande. Aussi ce ne sont partout que des devantures historiées, ouvrées et guillochées; frontons compliqués de pots à feu, de grenades, de pommes de pin, de cippes et de rocailles, offrant des profils de buissons d'écrevisses; et pignons volutés à trois marteaux comme la perruque de cérémonie de Louis XIV.

Vues à vol d'oiseau, Mayence et Francfort, ayant l'une sur le Rhin, l'autre sur le Mein, la même position que Cologne, ont nécessairement la même forme. Sur la rive qui leur fait face, le pont de bateaux de Mayence a produit Castel, et le pont de pierre de Francfort a produit Sachshausen, comme le pont de Cologne a produit Deutz.

Le dôme de Mayence, de même que les cathédrales de Worms et de Trèves, n'a pas de façade, et se termine à ses deux extrémités par deux chœurs. Ce sont deux absides romanes, ayant chacune son transept, qui se regardent et que réunit une grande nef. On dirait deux églises soudées l'une à l'autre par leur façade. Les deux croix se touchent et se mêlent par le pied.

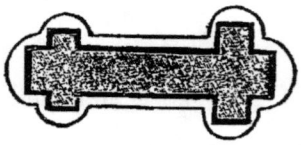

Cette disposition géométrale engendre en élévation six campaniles, c'est-à-dire sur chaque abside un gros clocher entre deux tourelles, ainsi que le prêtre entre le diacre et le sous-diacre, symbolisme que reproduit, comme je l'ai déjà dit ailleurs, la grande rosace de nos cathédrales entre ses deux ogives.

Les deux absides dont la réunion compose la cathédrale de Mayence sont de deux époques différentes, et, quoique presque identiques en dessin géométral, aux dimensions près, présentent, comme édifice, un contraste complet et frappant. La première et la moins grande date du dixième siècle. Commencée en 978, elle a été terminée en 1009. La seconde, dont le gros clocher a deux cents pieds de haut, a été commencée peu après, mais elle a été incendiée en 1190, et depuis lors chaque siècle y a mis sa pierre. Il y a cent ans, le goût régnant a envahi le dôme; toute la flore de l'architecture Pompadour a mêlé ses jets de pierre, ses falbalas et ses ramages aux dentelures byzantines, aux losanges lombards et aux pleins cintres saxons, et aujourd'hui cette végétation bizarre et grimaçante couvre la vieille abside. Le gros clocher, cône large, trapu, ample à sa base, superbement chargé de trois riches diadèmes fleuronnés, dont les diamètres décroissent de sa base à son sommet, taillé partout à roses et à facettes, semble plutôt bâti avec des pierreries qu'avec des pierres. Sur l'autre grosse tour, grave, simple, byzantine et gothique, qui lui fait face, des maçons modernes ont érigé, probablement par économie, une coupole également pointue, appuyée à sa base sur un cercle de pignons aigus ressemblant à la couronne de fer des rois lombards, coupole en zinc, parfaitement nue, sans dorure et sans ornement, d'un profil légèrement renflé, qui rappelle l'ancienne coiffure

pontificale des temps primitifs. On dirait la sévère tiare de Grégoire VII regardant la tiare splendide de Boniface VIII. Haute pensée, posée, construite et sculptée là par le temps et le hasard, ces deux grands architectes.

Tout ce vénérable ensemble est badigeonné en rose; tout, du haut en bas, les deux absides, la grande nef et les six clochers. La chose est faite avec recherche et goût. On a décerné le rose pâle au clocher byzantin, et le rose vif au clocher Pompadour.

Comme la chapelle d'Aix, la cathédrale de Mayence a ses portes de bronze ornées de têtes de lions; celles d'Aix-la-Chapelle sont romaines. Quand j'ai visité Aix et que j'ai vu ces portes, j'y ai, vous vous en souvenez, vainement cherché la fêlure qu'y fit, dit-on, et qu'y dut faire en effet le coup de pied du diable lorsqu'il s'en alla furieux d'avoir avalé l'âme d'un loup au lieu de l'âme d'un bourgeois ayant pignon sur rue. Aucune histoire de ce genre ne recommande les portes du dôme de Mayence. Elles sont du onzième siècle, et ont été données par l'archevêque Willigis à l'église, aujourd'hui démolie, de Notre-Dame, où on les a prises pour les enclaver dans un majestueux portail roman de la cathédrale. Sur les deux battants d'en haut sont écrits en caractères romains les priviléges accordés à la ville en 1135 par l'archevêque Adalbert, second électeur de Cologne. Au-dessous est gravée sur une seule ligne cette légende plus ancienne (sic):

WILLGSVS ARCHEPS EX METALL
STELLE VALVAS EFFECERAT PRIMVS

Si l'intérieur de Mayence rappelle les villes flamandes, l'intérieur de sa cathédrale rappelle les églises belges.

La nef, les chapelles, les deux transepts et les deux absides sont sans vitraux, sans mystère, badigeonnés en blanc du pavé à la voûte, mais somptueusement meublés. De toutes parts surgissent à l'œil les fresques, les tableaux, les boiseries, les colonnes torses et dorées; mais les vrais joyaux de cet immense édifice, ce sont les tombeaux des archevêques-électeurs. L'église en est pavée, les autels en sont faits, les piliers en sont étayés, les murs en sont couverts; ce sont de magnifiques lames de marbre et de pierre, plus précieuses quelquefois par la sculpture et le travail que les lames d'or du temple de Salomon. J'ai constaté, tant dans l'église que dans la salle capitulaire et le cloître, un tombeau du huitième siècle, deux du treizième, six du quatorzième, six du quinzième, onze du seizième, huit du dix-septième, et neuf du dix-huitième; en tout quarante-trois sépulcres. Dans ce nombre, je ne compte ni les tombeaux-autels, difficiles à aborder et à explorer, ni les tombeaux-pavés, sombre et confuse mosaïque de la mort, de jour en jour plus effacée sous les pieds de ceux qui vont et viennent.

J'omets également les quatre ou cinq tombeaux insignifiants du dix-neuvième siècle.

Toutes ces tombes, cinq exceptées, sont des sépultures d'archevêques. Sur ces trente-huit cénotaphes, dispersés sans ordre chronologique et comme au hasard sous une forêt de colonnes byzantines à chapiteaux énigmatiques, l'art de six siècles se développe, végète et croise inextricablement ses rameaux, d'où tombent, comme un double fruit, l'histoire de la pensée en même temps que l'histoire des faits. Là, Liebenstein, Hompurg, Gemmingen, Heufenstein, Brandebourg, Steinburg, Ingelheim, Dalberg, Eltz, Stadion, Weinsberg, Ostein, Leyen, Hennenberg, Tour-et-Taxis, presque tous les grands noms de l'Allemagne rhénane, apparaissent à travers ce sombre rayonnement que les tombeaux répandent dans les ténèbres des églises. Toutes les fantaisies d'époque, d'artiste et de mourant se mêlent à toutes les épitaphes. Les mausolées du dix-huitième siècle s'entr'ouvrent et laissent échapper leur squelette emportant dans ses longs doigts sans chair des mitres d'archevêques et des chapeaux d'électeurs. Les archevêques contemporains de Richelieu et de Louis XIV rêvent couchés au bas de leurs sarcophages et appuyés sur le coude. Les arabesques de la renaissance accrochent leurs vrilles et perchent leurs chimères dans les délicats feuillages du quinzième siècle et font entrevoir, sous mille complications charmantes, des statuettes, des distiques latins et des blasons coloriés. Des noms sévères, *Mathias Burhecg, Conradus Rheingraf* (Conrad, comte du Rhin), s'inscrivent entre le moine tonsuré qui figure le clergé, et l'homme d'armes morionné qui figure la noblesse, sous la pure ogive à triangle équilatéral du quatorzième siècle ; et, sur la lame peinte et dorée du treizième siècle, de gigantesques archevêques qui ont des monstres apocalyptiques sous les pieds couronnent de leurs deux mains à la fois des rois et des empereurs moindres qu'eux. C'est dans cette hautaine attitude que vous regardent fixement avec leurs yeux de momie égyptienne Siegfried, qui couronna deux empereurs, Henri de Thuringe et Wilhelm de Hollande; et Pierre Aspeld, qui couronna deux empereurs et un roi, Louis de Bavière, Henri VII et Jean de Bohème. Les armoiries, les manteaux héraldiques, la mitre, la couronne, le chapeau électoral, le chapeau cardinal, les spectres, les épées, les crosses, abondent, s'entassent et s'amoncellent sur ces monuments, et s'efforcent de recomposer devant l'œil du passant cette grande et formidable figure qui présidait les neuf électeurs de l'empire d'Allemagne et qu'on appelait l'archevêque de Mayence. Chaos, déjà à demi submergé dans l'ombre, de choses augustes ou illustres, d'emblèmes vénérables ou redoutables, d'où ces puissants princes voulaient faire sortir une idée de grandeur et d'où sort une idée de néant.

Chose remarquable, et qui prouve jusqu'à quel point la révolution française était un fait providentiel et comme la résultante nécessaire, et pour ainsi dire algébrique, de tout l'antique ensemble européen, c'est que tout ce qu'elle a détruit a été détruit pour jamais. Elle est venue à l'heure dite, comme un bûcheron pressé de finir sa besogne, abattre en hâte et pêle-mêle tous les vieux arbres mystérieusement marqués par le Seigneur. On sent, ainsi que je crois l'avoir déjà indiqué quelque part, qu'elle avait en elle le *quid divinum*. Rien de ce qu'elle a jeté bas ne s'est relevé, rien de ce qu'elle a condamné n'a survécu, rien de ce qu'elle a défait ne s'est recomposé. Et observons ici que la vie des états n'est pas suspendue au même fil que celle des individus; il ne suffit pas de frapper un empire pour le tuer, on ne tue les villes et les royaumes que lorsqu'ils doivent mourir. La révolution française a touché Venise, et Venise est tombée; elle a touché l'empire d'Allemagne, et l'empire d'Allemagne est tombé; elle a touché les électeurs, et les électeurs se sont évanouis. La même année, la grande année-abîme, a vu s'engloutir le roi de France, cet homme presque dieu, et l'archevêque de Mayence, ce prêtre presque roi.

La révolution n'a pas extirpé ni détruit Rome, parce que Rome n'a pas de fondements, mais des racines; racines qui vont sans cesse croissant dans l'ombre sous Rome et sous toutes les nations, qui traversent et pénètrent le globe entier de part en part, et qu'on voit reparaître à l'heure qu'il est en Chine et au Japon, de l'autre côté de la terre.

Le Jean de Troyes de Cologne, Guillaume de Hagen, greffier de la ville en 1270, raconte, dans sa *Petite Chronique* manuscrite, malheureusement lacérée pendant l'occupation française, et dont il ne reste plus que quelques feuillets dépareillés à Darmstadt, qu'en 1247, sous le règne de ce même archevêque de Mayence Siegfried, dont le tombeau fait dans la cathédrale une si redoutable figure, un vieux astrologue, nommé

Mabusius, fut condamné à la potence comme sorcier et devin, et conduit, pour y mourir, au gibet de pierre de Lorchhausen, lequel marquait la frontière de l'archevêque de Mayence, et faisait face à un autre gibet qui marquait la frontière du comte palatin. Arrivé là, comme l'astrologue refusait le crucifix et s'obstinait à se dire prophète, le moine qui l'accompagnait lui demanda en raillant en quelle année finiraient les archevêques de Mayence. Le vieillard pria qu'on lui déliât la main droite, ce qu'on fit; puis il ramassa un clou patibulaire tombé à terre, et, après avoir rêvé un instant, il grava avec ce clou, sur la face du gibet qui regardait Mayence, ce polygramme singulier :

Après quoi il se livra au bourreau, pendant que les assistants riaient de sa folie et de son énigme. Aujourd'hui, en rapprochant l'un de l'autre les trois nombres mystérieux écrits par le vieillard, on trouve ce chiffre formidable : *quatrevingt-treize*.

Et, ceci est à noter aussi, ce gibet menaçant qui, dès le treizième siècle, portait sur sa plinthe sinistre la date de la chute des empires, portait en même temps sa condamnation à lui-même et la date de son propre écroulement. Le gibet faisait partie de l'ancien pouvoir. La révolution française n'a pas plus respecté la permanence des gibets que la permanence des dynasties. Comme rien n'est plus de marbre, rien n'est plus de pierre. Au dix-neuvième siècle, l'échafaud aussi a perdu sa majesté et sa grandeur ; il est de sapin, comme le trône.

Ainsi qu'Aix-la-Chapelle, Mayence a eu un évêque, un seul, nommé par Napoléon, digne et respectable pasteur, dit-on, qui a siégé de 1802 à 1818, et qui est enterré, comme les autres, dans ce qui fut sa cathédrale. Cependant, il faut en convenir, en présence du majestueux néant des électeurs archiépiscopaux de Mayence, c'est un néant bien pauvre et bien petit que celui de M. Louis Colmar, évêque du département du Mont-Tonnerre, dans sa tombe ogive en style troubadour, laquelle serait un admirable modèle de pendule gothique pour les bourgeois riches de la rue Saint-Denis, si l'on y avait ajusté un cadran au lieu d'un évêque. Du reste, ainsi que je le disais tout à l'heure, ce chétif évêque, qui avait en lui cela de grand qu'il était un fait révolutionnaire, a tué l'archevêque souverain. Depuis M. Louis Colmar il n'y a plus qu'un évêque à Mayence, aujourd'hui capitale de la Hesse rhénane.

J'ai trouvé là aussi un couple arcadien d'archevêques frères, enterrés vis-à-vis l'un de l'autre, après avoir régné sur le même peuple et gouverné les mêmes âmes, l'un en 1390, et l'autre en 1419. Jean et Adolphe de Nassau se regardent dans la nef de Mayence comme Adolphe et Antoine de Schauenbourg dans le chœur de Cologne.

J'ai dit que l'un des quarante-trois tombeaux était du huitième siècle. Ce monument, qui n'est pas d'un archevêque, est celui que j'ai cherché d'abord et qui m'a arrêté le plus longtemps, car il s'accouplait dans ma pensée au grand sépulcre d'Aix-la-Chapelle. C'est la tombe de Fastrada, femme de Charlemagne. La tombe de Fastrada est une simple lame de marbre blanc aujourd'hui enchâssée dans un mur. J'y ai déchiffré cette épitaphe, écrite en lettres romaines avec les abréviations byzantines :

FASTRADANA PIA CAROLI CONIVX VOCITATA
CHRISTO DILECTA IACET HOC SVB MARMORE TECTA
ANNO SEPTENGENTESIMO NONAGESIMO QVARTO.

Puis viennent ces trois vers mystérieux :

QVEM NVMERVM METRO CLAVDERE MVSA NEGAT
REX PIE QVEM GESSIT VIRGO LICET HIC CINERESCIT.
SPIRITVS HÆRES SIT PATRLÆ QVÆ TRISTIA NESCIT

Et au-dessous le millésime en chiffres arabes :

C'est en 794, en effet, que Fastrada, déposée d'abord dans l'église de Saint-Alban, s'est endormie sous cette lame. Mille ans après, car l'histoire mêle quelquefois aux grandes choses une effrayante précision géométrique, en 1794, la compagne de Charlemagne s'est réveillée. Sa vieille ville de Mayence était bombardée, son église de Saint-Alban croulait dans l'incendie, sa tombe était ouverte. On ne sait ce que ses ossements sont devenus à cette époque. La pierre de son tombeau a été transportée dans la cathédrale.

Aujourd'hui, un pauvre bon vieux suisse en perruque aventurine, vêtu d'une espèce d'uniforme d'invalide, raconte cela aux passants.

Outre les tombeaux, les châssis à statuettes, les tableaux-volets à fond d'or, les bas-reliefs d'autels, chacune des deux absides a un ameublement spécial. La vieille abside de 978, ornée de deux charmants escaliers byzantins, s'arrondit autour d'une magnifique urne baptismale en bronze du quatorzième siècle. Sur la face extérieure de cette vaste piscine sont sculptés les douze apôtres et saint Martin, patron de l'église. Le couvercle a été brisé pendant le bombardement. Sous l'empire, époque de goût, on a coiffé la vasque gothique d'une espèce de casserole.

L'autre abside, la plus grande et la moins ancienne, est occupée et, pour ainsi dire, encombrée par une grosse boiserie de chœur en chêne noir, où le style tourmenté et furieux du dix-huitième siècle se déploie et s'insurge contre la ligne droite avec tant de violence, qu'il atteint presque la beauté. Jamais on n'a mis au service du mauvais goût un ciseau plus délicat, une fantaisie plus puissante, une invention plus variée. Quatre statues, Crescentius, premier évêque de Mayence en 70; Boniface, premier archevêque en 755; Willigis, premier électeur en 1011, et Bardo, fondateur du dôme en 1050, se tiennent gravement debout sur le pourtour du chœur, dominé au-dessus du dais asiatique de l'archevêque par le groupe équestre de saint Martin et du pauvre. A l'entrée du chœur se dressent, dans toute la pompe mystérieuse du grand prêtre hébraïque, Aaron, qui représente l'évêque du dedans, et Melchisédech, qui figure l'évêque du dehors.

L'archevêque de Mayence, comme les princes-évêques de Worms et de Liége, comme les archevêques de Cologne et de Trèves, comme le pape, réunissait dans sa personne le double pontife. Il était à la fois Aaron et Melchisédech.

C'est une sombre et superbe halle romane que la salle capitulaire qui avoisine le chœur, et qui répète avec la splendide menuiserie Pompadour l'antithèse des deux gros clochers. Là, rien qu'un grand mur nu, un pavé poudreux bossué par les reliefs des tombes, un reste de vitrail à la fenêtre basse, un tympan colorié figurant saint Martin, non en cavalier romain, mais en évêque de Tours; trois grandes sculptures du seizième siècle, qui sont le *Crucifiement*, la *Sortie du tombeau*, et l'*Ascension;* autour de la salle un banc de pierre pour les chanoines, et, au fond, pour l'archevêque président, une large sellette aussi en pierre, qui rappelle cette sévère chaise de marbre des premiers papes qu'on garde à Notre-Dame-des-Doms d'Avignon. Et, si l'on sort de cette salle, on entre dans le cloître, cloître du quatorzième siècle qui, de tout temps, a été un lieu austère, et qui est aujourd'hui un lieu lugubre. Le bombardement de 94 est là, écrit partout. De grandes herbes humides, parmi lesquelles moisissent des pierres argentées par la bave des reptiles; des arcades-ogives aux fenestrages brisés; des tombes fêlées par les obus comme des carreaux de vitre; des chevaliers de pierre armés de toutes pièces, soufflétés à la face par des éclats de bombe, et n'ayant plus que cette balafre pour visage; des haillons de vieille femme séchant sur une corde, des cloisons en planches rapiéçant çà et là les murailles de granit; une solitude morne, un accablement profond coupé par le croassement intermittent des corbeaux; — voilà, aujourd'hui, le cloître archiépiscopal de Mayence. Une des assises d'un contrefort, frappée par un boulet, a glissé tout entière dans son alvéole sous le choc, mais n'est pas tombée et apparaît encore là aujourd'hui comme une touche de clavecin sur laquelle se poserait un doigt invisible. Deux ou trois statues tristes et terribles, debout dans un coin sous la pluie et le vent, regardent en silence cette désolation.

Il y a, sous les galeries du cloître, un monument obscur, un bas-relief du quatorzième siècle, dont j'ai cherché vainement à deviner l'énigme. Ce sont, d'un côté, des hommes enchaînés dans toutes les attitudes du désespoir; de l'autre, un empereur accompagné d'un évêque et entouré d'une foule de personnages triomphants. Est-ce Barberousse? Est-ce Louis de Bavière? Est-ce la révolte de 1160? Est-ce la guerre de ceux de Mayence contre ceux de Francfort en 1332? N'est-ce rien de tout cela ? — Je ne sais. J'ai passé outre.

Comme j'allais sortir des galeries, j'ai distingué dans l'ombre une tête de pierre sortant à demi du mur et ceinte d'une couronne à trois fleurons d'ache, comme les rois du onzième siècle. J'ai regardé. C'était une figure douce et sévère en même temps, une de ces faces empreintes de la beauté auguste que donne au visage de l'homme l'habitude d'une grande pensée. Au-dessous, la main d'un passant avait charbonné ce nom : Frauenlob. Je me suis souvenu de ce Tasse de Mayence, si calomnié pendant sa vie, si vénéré après sa mort. Quand Henri Frauenlob fut mort, en 1318, je crois, les femmes de Mayence, qui l'avaient raillé et insulté, voulurent porter son cercueil. Ces femmes et ce cercueil chargé de fleurs et de couronnes sont ciselés dans la lame un peu plus bas que la tête. J'ai regardé encore cette noble tête. Le sculpteur lui a laissé les yeux ouverts. Dans cette église pleine de sépulcres, dans cette foule de princes et d'évêques gisants, dans ce cloître endormi et mort, il n'y a plus que le poëte qui soit resté debout et qui veille.

La place du marché, qui entoure deux côtés de la cathédrale, est d'un ensemble copieux, fleuri et divertissant. Au milieu se dresse une jolie fontaine trigone de la renaissance allemande; ravissant petit poëme, qui, d'un entassement d'armoiries, de mitres, de fleuves, de naïades, de crosses épiscopales, de cornes d'abondance, d'anges, de dauphins et de sirènes, fait un piédestal à la vierge Marie. Sur l'une des faces on lit ce pentamètre :

ALBERTUS PRINCEPS. CIVIBUS IPSE SUIS.

lequel rappelle, avec moins de bonhomie, la dédicace écrite sur la fontaine élevée par le dernier électeur de Trèves, près de son palais, dans la ville neuve de Coblentz : Clemens Vincelslaus, elector, vicinis suis. A *ses concitoyens* est constitutionnel. A *ses voisins* est charmant.

La fontaine de Mayence a été bâtie par Albert de Brandebourg, qui régnait vers 1540 et dont je venais de lire l'épitaphe dans la cathédrale : *Albert, cardinal prêtre de Saint-Pierre-aux-Liens, archichancelier du saint empire, marquis de Brandebourg, duc de Stettin et de Poméranie, électeur.* Il a érigé ou plutôt reconstruit cette fontaine en souvenir des prospérités de

Charles-Quint et de la captivité de François I$^{er}$, comme le constate cette inscription en lettres d'or ravivées récemment :

DIVO KAROLO V CÆSARE SEMP. AVG. POST VICTORIA͞ GALLICAM REGE IPSO AD TICIN͞V SVPERATO AC CAPTO TRIV͞PHANTE FATALIQ RVSTICORV͞PER GERM͞NIA COS͞P RATIONE PROSTRATA ALBER. CARD. ET ARCHIEP. MOG. FON͞TE HVNC VETVSTATE DILAPS͞V AD CIVI͞V SVORVM POSTERITATISQVE VSVM RESTITVI CVRAVIT.

Vue du haut de la citadelle, Mayence présente seize faîtes vers lesquels se tournent gracieusement les canons de la confédération germanique ; les six clochers de la cathédrale, deux beaux beffrois militaires, une aiguille du douzième siècle, quatre clochetons flamands, plus le dôme des Carmes de la rue Cassette répété trois fois, ce qui est beaucoup. Sur la pente de la colline que couronne la forteresse, un de ces ignobles dômes coiffe une pauvre vieille église saxonne, la plus triste et la plus humiliée du monde, accostée d'un charmant cloître gothique à meneaux flamboyants où les kaiserlicks font boire leurs chevaux dans des sarcophages romans.

La beauté des riveraines du Rhin ne se dément pas à Mayence ; seulement les femmes y sont tout à la fois curieuses à la façon des flamandes et à la façon des alsaciennes. Mayence est le point de jonction de l'espion-miroir d'Anvers et de l'espion-tourelle de Strasbourg.

La ville, si blanchie qu'elle soit, a gardé en beaucoup d'endroits son honorable aspect de cité marchande de la hanse rhénane. On lit encore sur des portes pro CELERI MERCATURÆ EXPEDITIONE. Dans deux ou trois ans on y lira *Roulage accéléré*.

Du reste, une vie profonde, qui sort du Rhin, anime cette ville. Elle n'est pas moins hérissée de mâts, pas moins encombrée de ballots, pas moins pleine de rumeur que Cologne. On marche, on parle, on pousse, on traîne, on arrive, on part, on vend, on achète, on crie, on chante, on vit enfin dans tous les quartiers, dans toutes les maisons, dans toutes les rues. — La nuit, cet immense bourdonnement se tait, et l'on n'entend plus dans Mayence que le murmure du Rhin et le bruit éternel des dix-sept moulins à eau amarrés aux piles englouties du pont de Charlemagne.

Quoi qu'aient fait les congrès, ou, pour mieux dire, à cause de ce qu'ont fait les congrès, le vide laissé à Mayence par la triple domination des romains, des archevêques et des français n'est pas comblé. Personne n'y est chez soi. M. le grand-duc de Hesse n'y règne que de nom. Sur sa forteresse de Castel il peut lire : CURA CONFŒDERATIONIS CONDITUM ; et il peut voir un soldat blanc et un soldat bleu, c'est-à-dire l'Autriche et la Prusse, se promener nuit et jour, l'arme au bras, devant sa forteresse de Mayence. La Prusse ni l'Autriche n'y sont pas non plus chez elles ; elles se gênent et se coudoient. Évidemment ceci n'est qu'un état provisoire. Il y a dans le mur même de la citadelle une ruine à demi engagée dans le rempart neuf, — une espèce de piédestal tronqué qu'on appelle encore maintenant la *pierre de l'Aigle*, Adlerstein. C'est le tombeau de Drusus. Une aigle en effet, une aigle impériale, une aigle formidable et toute-puissante, s'est posée là pendant seize cents ans, puis s'est éclipsée. En 1804, elle a reparu ; en 1814, elle s'est envolée de nouveau. — Aujourd'hui, à l'heure même où nous sommes, Mayence aperçoit à l'horizon, du côté de la France, un point noir qui grossit et qui s'approche. C'est l'aigle qui revient.

LA COLLÉGIALE DE FRANCFORT

# LETTRE XXIV

### FRANCFORT-SUR-LE-MEIN

Mayence, septembre.

J'étais à Francfort un samedi. Il y avait longtemps déjà que, marchant au hasard, je cherchais mon vieux Francfort dans un labyrinthe de maisons neuves fort laides et de jardins fort beaux, lorsque je suis arrivé tout à coup à l'entrée d'une rue singulière. Deux longues rangées parallèles de maisons noires, sombres, hautes, sinistres, presque pareilles, mais ayant cependant entre elles ces légères différences dans les choses semblables qui caractérisent les bonnes époques d'architecture; entre ces maisons toutes contiguës et compactes, et comme serrées avec terreur les unes contre les autres, une chaussée étroite, obscure, tirée au cordeau; rien que des portes bâtardes surmontées d'un treillis de fer bizarrement brouillé; toutes les portes fermées; au rez-de-chaussée rien que des fenêtres garnies d'épais volets de fer; tous ces volets fermés; aux étages supérieurs, des devantures de bois presque partout armées de barreaux de fer; un silence morne, aucun chant, aucune voix, aucun souffle; par intervalles le bruit étouffé d'un pas dans l'intérieur des maisons; à côté des portes un judas grillé à demi entr'ouvert sur une allée ténébreuse; partout la poussière, la cendre, les toiles d'araignées, l'écroulement vermoulu, la misère plutôt affectée que réelle; un air d'angoisse et de crainte répandu sur les façades des édifices; un ou deux passants dans la rue me regardant avec je ne sais quelle défiance effarée; aux fenêtres des premiers étages, de belles jeunes filles parées, au teint brun, au profil busqué, apparaissant furtivement, ou des faces de vieilles femmes au nez de hibou, coiffées d'une mode exorbitante, immobiles et blêmes derrière la vitre trouble; dans les allées des rez-de-chaussée, des entassements de ballots et de marchandises; des forteresses plutôt que des maisons, des cavernes plutôt que des forteresses, des spectres plutôt que des passants. — J'étais dans la rue des Juifs, et j'y étais le jour du sabbat.

A Francfort il y a encore des juifs et des chrétiens; de vrais chrétiens qui méprisent les juifs, de vrais juifs qui haïssent les chrétiens. Des deux parts on s'exècre et l'on se fuit. Notre civilisation, qui tient toutes les idées en équilibre et qui cherche à ôter de tout la colère, ne comprend plus rien à ces regards d'abomination qu'on se jette réciproquement entre inconnus. Les juifs de Francfort vivent dans leurs lugubres maisons, retirés dans des arrière-cours pour éviter l'haleine des chrétiens. Il y a douze ans, cette rue des Juifs, rebâtie et un peu élargie en 1662, avait encore à ses deux extrémités des portes de fer, garnies de barres et d'armatures extérieurement et intérieurement. La nuit venue, les juifs rentraient, et les deux portes se fermaient. On les verrouillait en dehors comme des pestiférés, et ils se barricadaient en dedans comme des assiégés.

La rue des Juifs n'est pas une rue, c'est une ville dans la ville.

En sortant de la rue des Juifs j'ai trouvé la vieille cité. Je venais de faire mon entrée dans Francfort.

Francfort est la ville des cariatides. Je n'ai vu nulle part autant de colosses portefaix qu'à Francfort. Il est impossible de faire travailler, geindre et hurler le marbre, la pierre, le bronze et le bois avec une invention plus riche et une cruauté plus variée. De quelque côté qu'on se tourne, ce sont de pauvres figures de toutes les époques, de tous les styles, de tous les sexes, de tous les âges, de toutes les fantasmagories, qui se tordent et gémissent misérablement sous des poids énormes. Satyres cornus, nymphes à gorges flamandes, nains, géants, sphinx, dragons, anges, diables, tout un infortuné peuple d'êtres surnaturels, pris par quelque magicien qui pêchait effrontément dans toutes les mythologies à la fois, et enfermé par lui dans des enveloppes pétrifiées, et là enchaîné sous les entablements, les impostes et les architraves, et scellé jusqu'à mi-corps dans les murailles. Les uns portent des balcons, les autres des tourelles, les plus accablés des maisons; d'autres exhaussent sur leurs épaules quelque insolent nègre de bronze vêtu d'une robe d'étain doré, ou un immense empereur romain de pierre dans toute la pompe du costume de Louis XIV, avec sa grande perruque, son ample manteau, son fauteuil, son estrade, sa crédence où est sa couronne, son dais à pentes découpées et à vastes draperies; colossale machine qui figure une gravure d'Audran complètement reproduite en ronde bosse dans un monolithe de vingt pieds de haut. Ces prodigieux monuments sont des enseignes d'auberges. Sous ces fardeaux titaniques les cariatides fléchissent dans toutes les postures de la rage, de la douleur et de la fatigue. Celles-ci courbent la tête, celles-là se retournent à demi; quelques-unes posent sur leurs hanches leurs deux mains crispées, ou compriment leur poitrine gonflée prête à éclater; il y a des Hercules dédaigneux qui soutiennent une maison à six étages d'une seule épaule et montrent le poing aux gens; il y a de tristes Vulcains bossus qui s'aident de leurs genoux, ou de malheureuses sirènes dont la queue écaillée s'écrase affreusement entre les pierres de refend; il y a des chimères exaspérées qui s'entre-mordent avec fureur; d'autres pleurent, d'autres rient d'un air amer, d'autres font aux passants des grimaces effroyables. J'ai remarqué que beaucoup de salles de cabaret, retentissantes du choc des verres, sont posées en surplomb sur des cariatides. Il paraît que c'est un goût des vieux bourgeois libres de Francfort de faire porter leurs ripailles par des statues souffrantes.

Le plus horrible cauchemar qu'on puisse avoir à Francfort, ce n'est ni l'invasion des Russes, ni l'irruption des Français, ni la guerre européenne traversant le pays, ni les vieilles guerres civiles déchirant de nouveau les quatorze quartiers de la ville, ni le typhus, ni le choléra; c'est le réveil, le déchaînement et la vengeance des cariatides.

Une des curiosités de Francfort, qui disparaîtra bientôt, j'en ai peur, c'est la boucherie. Elle occupe deux anciennes rues. Il est impossible de voir des maisons plus vieilles et plus noires se pencher sur un plus splendide amas de chair fraîche. Je ne sais quel air de jovialité gloutonne est empreint sur ces façades bizarrement ardoisées et sculptées, dont le rez-de-chaussée semble dévorer, comme une gueule profonde toute grande ouverte, d'innombrables quartiers de bœufs et de moutons. Les bouchers sanglants et les bouchères roses causent avec grâce sous des guirlandes de gigots. Un ruisseau rouge, dont deux fontaines jaillissantes modifient à peine la couleur, coule et fume au milieu de la rue. Au moment où j'y passais, elle était pleine de cris effrayants. D'inexorables garçons tueurs, à figures hérodiennes, y commettaient un massacre de cochons de lait. Les servantes, leur panier au bras, riaient à travers le vacarme. Il y a des émotions ridicules qu'il ne faut pas laisser voir ; pourtant j'avoue que, si j'avais su que faire d'un pauvre petit cochon de lait, qu'un boucher emportait devant moi par les deux pieds de derrière et qui ne criait pas, ignorant ce qu'on lui voulait et ne comprenant rien à la chose, je l'aurais acheté et sauvé. Une jolie petite fille de quatre ans, qui comme moi le considérait avec compassion, semblait m'y encourager du regard. Je n'ai pas fait ce que cet œil charmant me disait, j'ai désobéi à ce doux regard, et je me le reproche. — Une superbe et grandiose enseigne dorée, soutenue par une grille en potence, la plus belle et la plus riche du monde, composée de tous les emblèmes du corps des bouchers et surmontée de la couronne impériale, domine et complète cette magnifique écorcherie digne de Paris au moyen âge, devant laquelle, à coup sûr, se fussent ébahis Calatagirone au quinzième siècle et Rabelais au seizième.

De l'écorcherie on débouche dans une place de grandeur médiocre, digne de la Flandre et qui mériterait d'être célébrée et admirée, même après le Vieux-Marché de Bruxelles. C'est une de ces places trapèzes autour desquelles tous les styles et tous les caprices de l'architecture bourgeoise au moyen âge et à la renaissance se dressent, représentés par des maisons modèles où, selon l'époque et le goût, l'ornementation a tout employé avec un à-propos prodigieux, l'ardoise comme la pierre, le plomb comme le bois. Chaque devanture a sa valeur à part et concourt en même temps à la composition et à l'harmonie générale de la place. A Francfort comme à Bruxelles, deux ou trois maisons neuves, de l'aspect le plus bête et qui ont l'air de deux ou trois imbéciles dans une assemblée de gens d'esprit, gâtent l'ensemble de la place et rehaussent la beauté des vieux édifices voisins. Une merveilleuse masure du quinzième siècle, composée, je ne sais pour quel usage, d'une nef d'église et d'un beffroi d'hôtel de ville, remplit de sa superbe et élégante silhouette un des côtés du trapèze. Vers le milieu de la place, à des endroits quelconques, que n'a évidemment désignés aucune symétrie, ont germé, comme deux buissons vivaces, deux fontaines, l'une de la renaissance, l'autre du dix-huitième siècle. Sur ces deux fontaines se rencontrent et s'affrontent, par un hasard singulier, debout chacune au sommet de sa colonne, Minerve et Judith, la virago homérique et la virago biblique, l'une avec la tête de Méduse, l'autre avec la tête d'Holopherne.

Judith, belle, hautaine et charmante, entourée de quatre renommées-sirènes qui soufflent à ses pieds dans des trompettes, est une héroïque fille de la renaissance. Elle n'a plus la tête d'Holopherne, qu'elle élevait de la main gauche, mais elle tient encore l'épée de sa main droite, et sa robe, chassée par le vent, se relève au-dessus de son genou de marbre et découvre sa jambe fine et ferme avec le pli le plus fier qu'on puisse voir.

Quelques explicateurs prétendent que cette statue représente la Justice, et qu'elle tenait à la main, non la tête d'Holopherne, mais une balance. Je n'en crois rien.

Une Justice qui tiendrait la balance de la main gauche et l'épée de la main droite serait l'Injustice. D'ailleurs, la Justice n'a le droit d'être ni si jolie, ni si retroussée.

Vis-à-vis de cette figure s'élèvent, avec leur cadran noir et leurs cinq graves fenêtres de hauteur inégale, les trois pignons juxtaposés du Rœmer.

C'est dans le Rœmer qu'on élisait les empereurs, c'est dans cette place qu'on les proclamait.

C'est aussi dans cette place que se tenaient et que se tiennent encore les deux fameuses foires de Francfort, la foire de septembre, instituée en 1240 par lettre de haut-conduit de Frédéric II, et la foire de Pâques, établie en 1330 par Louis de Bavière. Les foires ont survécu aux empereurs et à l'empire.

Je suis entré dans le Rœmer.

Après avoir erré, sans rencontrer personne, dans une grande salle basse et torte, voûtée en ogive et encombrée des baraques de la foire, puis dans un large escalier à rampe Louis XIII, et tapissé de mauvais tableaux sans cadres, puis dans une foule de corridors et de degrés obscurs, à force de frapper à toutes les portes, j'ai fini par trouver une servante qui, sur ce mot : *Kaisersaal*, a pris une clef à un clou dans sa cuisine et m'a conduit à la salle des empereurs.

La brave fille, souriante, m'a fait passer d'abord par la salle des électeurs, qui sert aujourd'hui, je crois, aux séances du haut sénat de la ville de Francfort. C'est là que les électeurs ou leurs délégués déclaraient entre eux l'empereur roi des romains. Sur un fauteuil entre les deux fenêtres, l'archevêque de Mayence présidait. Puis venaient par ordre, assis autour d'une immense table couverte en cuir fauve, chacun au-dessous de son blason peint au plafond, à la droite de l'archevêque de Mayence, Trèves, Bohême et Saxe ; à sa gauche, Cologne, le Palatinat, Brandebourg ; en face de lui, Brunswick et Bavière. Le passant éprouve l'impression que produisent les choses simples qui contiennent de grandes choses lorsqu'il voit et qu'il touche le cuir roux et poudreux de cette table où l'on faisait l'empereur d'Allemagne. Du reste, à part la table, qu'on a transportée dans une salle voisine, la salle des électeurs est aujourd'hui dans l'état où elle était au dix-septième siècle. Les neuf blasons au plafond encadrant une mauvaise fresque, une tenture de damas rouge, des appliques-candélabres en cuivre argenté figurant des renommées, une grande glace à baguettes contournées, en face de laquelle on a mis pour pendant, au siècle dernier, un portrait en pied de Joseph II ; au-dessus de la porte, un trumeau, un portrait de ce dernier des petits-fils de Charlemagne, qui mourut en 910, au moment de régner, et que les allemands appellent *l'Enfant*. Rien de plus. — L'ensemble est austère, sérieux, tranquille, et fait plus songer que regarder.

Après la salle des électeurs, j'ai vu la salle des empereurs.

Au quatorzième siècle, les marchands lombards qui ont laissé leur nom au Rœmer, et qui y tenaient boutique, eurent l'idée de faire entourer la grande salle de niches afin d'y étaler leurs marchandises. Un architecte dont le nom s'est perdu mesura le pourtour de la salle et y construisit quarante-cinq niches. En 1564, Maximilien II fut élu à Francfort et montré au peuple du balcon de cette salle, qui, à partir de Maximilien II, s'appela le Kaisersaal et servit à la proclamation des empereurs. On songea alors à la décorer, et la première pensée qui vint, ce fut d'installer, dans les niches développées autour de la halle impériale, les portraits de tous les césars allemands élus et couronnés depuis l'extinction de la race de Charlemagne, en réservant aux césars futurs les niches vacantes. Seulement depuis Conrad I$^{er}$, en 911, jusqu'à Ferdinand I$^{er}$, en 1556, trente-six empereurs avaient déjà été sacrés à Aix-la-Chapelle. En y joignant le nouveau roi des romains, il ne restait plus que huit niches vides pour l'avenir. C'était bien peu. La chose fut pourtant exécutée, et l'on se promit d'agrandir la salle quand besoin serait. Les cases se meublaient peu à peu, à quatre empereurs environ par siècle. En 1764, quand Joseph II monta sur le trône impérial sacrocésaréen, il ne restait plus qu'une place vide. On songea de nouveau sérieusement à allonger le Kaisersaal et à ajouter de nouvelles cases aux compartiments préparés cinq siècles auparavant par l'architecte des marchands lombards. En 1794, François II, le quarante-cinquième roi des romains, vint occuper la quarante-cinquième case. C'était la dernière niche, ce fut le dernier empereur. La salle remplie, l'empire germanique s'écroula.

Cet architecte inconnu, c'était la destinée; cette salle mystérieuse aux quarante-cinq cellules, c'est l'histoire même de l'Allemagne, qui, la race de Charlemagne éteinte, ne devait plus contenir que quarante-cinq empereurs.

Là, en effet, dans cette salle oblongue, vaste, froide, presque obscure, encombrée à l'un de ses angles de meubles de rebut parmi lesquels j'ai vu la table de cuir des électeurs, à peine éclairée à son extrémité orientale par les cinq étroites fenêtres inégales qui pyramident dans le sens du pignon extérieur, entre quatre hautes murailles chargées de fresques effacées, sous une voûte en bois à nervures jadis dorées, seuls dans une espèce de pénombre qui ressemble au commencement de l'oubli, tous grossièrement peints et figurés en buste d'airain dont le piédouche porte les deux dates qui ouvrent et ferment chaque règne, les uns coiffés de lauriers comme des césars romains, les autres fleuronnés du diadème germanique, là, s'entre-regardent silencieusement, chacun dans sa sombre ogive, les trois Conrad, les sept Henri, les quatre Othon, l'unique Lothaire, les quatre Frédéric, l'unique Philippe, les deux Rodolphe, l'unique Adolphe, les deux Albert, l'unique Louis, les quatre Charles, l'unique Wenceslas, l'unique Robert, l'unique Sigismond, les deux Maximilien, les trois Ferdinand, l'unique Mathias, les deux Léopold, les deux Joseph, les deux François, les quarante-cinq fantômes qui, pendant neuf siècles, de 911 à 1806, ont traversé l'histoire du monde, l'épée de saint Pierre dans une main et le globe de Charlemagne dans l'autre.

A l'extrémité opposée aux cinq fenêtres, près de la voûte, noircit et s'écaille une peinture médiocre qui représente le jugement de Salomon.

Quand les électeurs avaient enfin désigné l'empereur, le sénat de Francfort se réunissait dans cette salle; les bourgeois, divisés en quatorze sections, selon les quatorze quartiers de la ville, se rassemblaient au dehors dans la place. Alors les cinq fenêtres du Kaisersaal s'ouvraient, faisant face au peuple. La grande fenêtre, celle du milieu, était surmontée d'un dais et restait vide. A la moyenne fenêtre de droite, ornée d'un balcon de fer noir où j'ai remarqué la roue de Mayence, l'empereur apparaissait, seul, en grand costume, la couronne en tête. A sa droite il avait, réunis dans la petite fenêtre, les trois électeurs-archevêques de Mayence, de Trèves et de Cologne. Aux deux autres fenêtres, à gauche de la grande fenêtre vide, se tenaient, dans la moyenne, Bohême, Bavière et le palatin du Rhin; dans la petite, Saxe, Brunswick et Brandebourg. Dans la place, devant la façade du Rœmer, au milieu d'un vaste carré vide entouré de gardes, il y avait un grand monceau d'avoine, une urne pleine de monnaie d'or et d'argent, une table portant un lavoir d'argent et un bocal de vermeil, et une autre table chargée d'un bœuf rôti tout entier. Au moment où paraissait l'empereur, les trompettes et les cymbales éclataient, et l'archimaréchal du saint empire, l'archichancelier, l'archiéchanson, l'architrésorier et l'architranchant entraient en cortège dans la place. Au milieu des acclamations et des fanfares, l'archimaréchal, à cheval, montait dans le tas d'avoine jusqu'à la sangle de la selle et y remplissait une mesure d'argent; l'archichancelier prenait le lavoir sur la table; l'archiéchanson remplissait de vin et d'eau le bocal de vermeil; l'architrésorier puisait des monnaies dans l'urne et les jetait au peuple à pleines mains; l'architranchant coupait un morceau du bœuf rôti. En ce moment-là surgissait le grand référendaire de l'empire, qui proclamait à haute voix le nouveau césar et lisait la formule du serment. Quand il avait fini, le sénat dans la salle et les bourgeois dans la place répondaient gravement : *Oui*. Pendant la prestation du serment, le nouvel empereur, déjà formidable, ôtait la couronne et tenait le glaive.

De 1564 à 1794, cette place aujourd'hui ignorée, cette salle aujourd'hui déserte, ont vu neuf fois cette cérémonie majestueuse.

Les grandes charges de l'empire, étant héréditairement acquises aux électeurs, étaient remplies par des délégués. Au moyen âge, les monarchies secondaires tenaient à insigne honneur et à bonne politique d'occuper les grands offices des deux empires qui avaient remplacé l'empire romain. Chaque prince gravitait vers le centre impérial le plus voisin de lui. Le roi de Bohême était archiéchanson de l'empire d'Allemagne ; le doge de Venise était protospataire de l'empire d'orient.

Après la proclamation du Rœmer venait le couronnement à la collégiale.

J'ai suivi le cérémonial. En sortant du kaisersaal je suis allé à l'église.

L'église collégiale de Francfort, dédiée à saint Barthélemy, se compose d'une double nef-croisée du quatorzième siècle, surmontée d'une belle tour du quinzième malheureusement inachevée. L'église et la tour sont en beau grès rouge noirci et rouillé par les années. L'intérieur seul est badigeonné.

Encore ici une église belge. Des murs blancs ; pas de vitraux ; un riche mobilier d'autels sculptés, de tombes coloriées, de tableaux et de bas-reliefs. Dans les nefs, de sévères chevaliers de marbre, des évêques moustachus du temps de Gustave-Adolphe qui ont des têtes de lansquenets, d'admirables clochetons de pierre évidés et fouillés par les fées, de magnifiques luminaires de cuivre qui rappellent la lampe de l'*Alchimiste* de Gérard Dow, un *Christ au tombeau* peint au quatorzième siècle, une *Vierge au lit de mort* sculptée au quinzième. Dans le chœur, de curieuses fresques, horribles avec saint Barthélemy, charmantes avec la Madeleine ; une rude et sauvage boiserie menuisée vers 1400 ; boiseries et fresques données par le chevalier d'Ingelheim, qui s'est fait peindre à genoux dans un coin et qui portait d'or aux chevrons de gueules. Sur les murailles, une collection complète de ces morions fantasques et de ces cimiers effrayants propres à la chevalerie germanique, accrochés à des clous comme les poêlons et les écumoires d'une batterie de cuisine. Près de la porte, une de ces énormes horloges qui sont une maison à deux étages, un livre à trois tomes, un poëme en vingt chants, un monde. En haut, sur un large fronton flamand, s'épanouit le cadran de la journée ; en bas, au fond d'une espèce de caverne où se meuvent pêle-mêle dans les ténèbres une foule de gros fils qu'on prendrait pour des antennes d'insectes monstrueux, rayonne mystérieusement le cadran de l'année. Les heures tournent en haut, les saisons marchent en bas. Le soleil dans sa gloire de rayons dorés, la lune blanche et noire, les étoiles sur le fond bleu, opèrent des évolutions compliquées, lesquelles déplacent à l'autre bout de l'horloge un système de petits tableaux où des écoliers patinent, où des vieillards se chauffent, où des paysans coupent le blé, où des bergères cueillent des fleurs. Des maximes et des sentences un peu dévernies reluisent dans le ciel à la clarté des étoiles un peu dédorées. Chaque fois que l'aiguille atteint un chiffre, des portes s'ouvrent et se ferment sur le fronton de l'horloge, et des jacquemarts armés de marteaux, sortant ou rentrant brusquement, frappent l'heure sur le timbre en exécutant des pyrrhiques bizarres. Tout cela vit, palpite et gronde, dans la muraille même de l'église, avec le bruit que ferait un cachalot enfermé dans la grosse tonne de Heidelberg.

Cette collégiale possède un admirable *Crucifiement* de Van Dyck. Albert Durer et Rubens y ont chacun un tableau, un *Christ sur les genoux de la Vierge*. Le sujet est le même en apparence ; les deux tableaux bien différents. Rubens a posé sur les genoux de la divine mère un Jésus enfant, Albert Durer y a jeté un Christ crucifié. Rien n'égale la grâce du premier tableau, si ce n'est l'angoisse du second. Chacun des deux peintres a suivi son génie. Rubens a choisi la vie, Albert Durer a choisi la mort.

Un autre tableau, où l'angoisse et la grâce sont mêlées, c'est une précieuse peinture sur cuir, du seizième siècle, qui représente l'intérieur du sépulcre de sainte Cécile. L'encadrement est composé de tous les principaux instants de la vie de la sainte. Au milieu, sous une sombre crypte, la sainte est couchée tout de son long sur la face, dans sa robe d'or, avec l'entaille de la hache au cou, plaie rose et délicate qui ressemble à une bouche charmante et qu'on voudrait baiser à genoux. Il semble qu'on va entendre la voix de la sainte musicienne sortir et chanter *por la boca de su herida*. Au-dessous du cercueil ouvert ceci est écrit en lettres d'or : *En tibi sanctissimæ virginis Ceciliæ in sepulchro jacentis imaginem, prorsus eodem corporis situ expressam.* En effet, au seizième siècle, un pape, Léon X, je crois, fit ouvrir la tombe de sainte Cécile, et cette ravissante peinture n'est, dit-on, qu'un portrait exact du miraculeux cadavre.

C'est au centre de la collégiale, à l'entrée du chœur, au point d'intersection du transept et de la nef, que, depuis Maximilien II, on couronnait les empereurs. J'ai vu dans un coin du transept, enveloppée dans un sac de papier gris qui lui donne la forme d'un bourrelet d'enfant, l'immense couronne impériale en charpente plaquée d'or qu'on suspendait au-dessus de leur tête pendant la cérémonie, et je me suis souvenu qu'il y a un an j'avais vu le tapis fleurdelysé du sacre de Charles X roulé, ficelé et oublié sur une brouette dans les combles de la cathédrale de Reims. A la droite même de la porte du chœur, précisément à côté de l'endroit où l'on couronnait l'empereur, la boiserie gothique étale complaisamment cette antithèse sculptée en chêne : saint Barthélemy écorché, portant sa peau sur son bras, et regardant avec dédain à sa gauche le diable juché sur une magnifique pyramide de mitres, de diadèmes, de cimiers, de tiares, de sceptres, d'épées et de couronnes. Un peu plus loin, le nouveau césar pouvait, sous les tapisseries dont on le cachait sans doute, entrevoir par instants debout dans l'ombre contre le mur, comme une apparition sinistre, le spectre de pierre de cet infortuné pseudo-empereur Gunther de Schwarzbourg, la fatalité et la haine dans les yeux, tenant d'un bras son ecu au lion rampant et de l'autre son morion impérial; fier et terrible tombeau qui, pendant deux cent trente ans, a assisté à l'intronisation des empereurs, et dont la tristesse de granit a survécu à toutes ces fêtes de carton peint et de bois doré.

J'ai voulu monter sur le clocher. Le glockner qui m'avait conduit dans l'église, et qui ne sait pas un mot de français, m'a abandonné aux premières marches de la vis, et je suis monté seul. Arrivé en haut j'ai trouvé l'escalier obstrué par une barrière à pointes de fer; j'ai appelé, personne n'a répondu; sur quoi j'ai pris le parti d'enjamber la barrière. L'obstacle franchi, j'étais sur la plate-forme du Pfarthurm. Là, j'ai eu un charmant spectacle. Sur ma tête, un beau soleil, à mes pieds toute la ville; à ma gauche la place du Rœmer, à ma droite la rue des Juifs, posée comme une longue et inflexible arête noire parmi les maisons blanches; çà et là quelques chevets d'antiques églises pas trop défaites, deux ou trois hauts beffrois flanqués de tourelles, sculptés à l'aigle de Francfort, et répétés, comme par des échos, au fond de l'horizon, par les trois ou quatre vieilles tours-vigies qui marquaient autrefois les limites du petit état libre; derrière moi le Mein, nappe d'argent rayée d'or par le sillage des bateaux; le vieux pont avec les toits de Sachshausen et les murs rougeâtres de l'ancienne maison teutonique; autour de la ville, une épaisse ceinture d'arbres; au delà des arbres, une grande table ronde de plaines et de champs labourés, terminée par les croupes bleues du Taunus. Pendant que je rêvais je ne sais quelle rêverie, adossé au tronçon du clocher tronqué de 1509, des nuages sont venus et se sont mis à rouler dans le ciel, chassés par le vent, couvrant et découvrant à chaque instant de larges déchirures d'azur, et laissant tomber partout sur la terre de grandes plaques d'ombre et de lumière. Cette ville et cet horizon étaient admirables ainsi. Le paysage n'est jamais plus beau que quand il revêt sa peau de tigre. — Je me croyais seul sur la tour, et j'y serais resté toute la journée. Tout à coup un petit bruit s'est fait entendre à côté de moi; j'ai tourné la tête; c'était une toute jeune fille de quatorze ans environ, à demi sortie d'une lucarne, qui me regardait avec un sourire. J'ai risqué quelques pas, j'ai dépassé un angle du Pfarthurm que je n'avais pas encore franchi, et je me suis trouvé au milieu des habitants du clocher.

Il y a là tout un petit monde doux et heureux. La jeune fille qui tricote; une vieille femme, sa mère sans doute, qui file son rouet; des colombes qui roucoulent, perchées sur les gargouilles du clocher; un singe hospitalier qui vous tend la main du fond de sa petite cabane; les poids de la grosse horloge qui montent et descendent avec un bruit sourd et s'amusent à faire mouvoir des marionnettes dans l'église où l'on a couronné des empereurs; ajoutez à cela cette paix profonde des lieux élevés, qui se compose du murmure du vent, des rayons du soleil et de la beauté du paysage, — n'est-ce pas que c'est un ensemble pur et charmant ? — De la cage des anciennes cloches, la jeune fille a fait sa chambre; elle y a mis son lit dans l'ombre, elle y chante comme chantaient les cloches, mais d'une voix plus douce, pour elle et pour Dieu seulement. De l'un des clochetons inachevés, la mère a fait la cheminée du petit feu de veuve où cuit sa pauvre marmite.

Voilà le haut du clocher de Francfort. Comment et pourquoi cette colonie est-elle là, et qu'y fait-elle ? Je l'ignore, mais j'ai admiré cela. Cette fière ville impériale, qui a soutenu tant de guerres, qui a reçu tant de boulets, qui a intronisé tant de césars, dont les murailles étaient comme une armure, dont l'aigle tenait dans ses deux serres les diadèmes que l'aigle d'Autriche posait sur ses deux têtes, est aujourd'hui dominée et couronnée par l'humble foyer d'une vieille femme, d'où sort un peu de fumée.

# LETTRE XXV

## LE RHIN

Mayence, 1er octobre.

Un ruisseau sort du lac de Toma, sur la pente orientale du Saint-Gothard ; un autre ruisseau sort d'un autre lac au pied du mont Lukmanierberg ; un troisième ruisseau suinte d'un glacier et descend à travers les rochers d'une hauteur de mille toises. A quinze lieues de leurs sources, ces ruisseaux viennent aboutir au même ravin, près Reichenau. Là, ils se mêlent. N'admirez-vous pas, mon ami, de quelle façon puissante et simple la providence produit les grandes choses ? Trois pâtres se rencontrent, c'est un peuple ; trois ruisseaux se rencontrent, c'est un fleuve.

Le peuple naît le 17 novembre 1307, la nuit, au bord d'un lac où trois pasteurs viennent de s'embrasser ; il se lève, il atteste le grand Dieu qui fait les paysans et les césars, puis il court aux fléaux et aux fourches. Géant rustique, il prend corps à corps le souverain géant, l'empereur d'Allemagne. Il brise à Kussnacht le bailli Gessler, qui faisait adorer son chapeau ; à Sarnen, le bailli Landenberg, qui crevait les yeux aux vieillards ; à Thalewyl, le bailli Wolfenschiess, qui tuait les femmes à coups de hache ; à Morgarten, le duc Léopold ; à Morat, Charles le Téméraire. Il enterre sous la colline de Buttisholz les trois mille anglais d'Enguerrand de Coucy. Il tient en respect à la fois les quatre formidables ennemis qui lui viennent des quatre points cardinaux ; il bat à Sempach le duc d'Autriche, à Granson le duc de Bourgogne, à Chillon le duc de Savoie, à Novare le duc de Milan ; et notons en passant qu'à Novare, en 1513, le duc de Milan était duc par le droit de l'épée et s'appelait Louis XII, roi de France. Il accroche à un clou dans ses arsenaux, au-dessus de ses habits de paysan, à côté des colliers de fer qu'on lui destinait, les splendides armures ducales des princes vaincus ; il a de grands citoyens, Guillaume Tell d'abord, puis les trois libérateurs, puis Pierre Collin et Gundoldingen, qui ont laissé leur sang sur la bannière de leur ville, et Conrad Baumgarten, et Scharnachtal, et Winkelried, qui se jetait sur les piques comme Curtius dans le gouffre ; il lutte à Bellinzona pour l'inviolabilité du sol, et à Cappel pour l'inviolabilité de la conscience ; il perd Zwingli en 1531, mais il délivre Bonnivard en 1536 ; et depuis lors il est debout. Il accomplit sa destinée, entre les quatre colosses du continent, ferme, solide, impénétrable, nœud de civilisation, asile de science, refuge de la pensée, obstacle aux envahissements injustes, point d'appui aux résistances légitimes. Depuis six cents ans, au centre de l'Europe, au milieu d'une nature sévère, sous l'œil d'une providence bienveillante, ces grands montagnards, dignes fils des grandes montagnes, graves, froids et sereins comme elles, soumis à la nécessité, jaloux de leur indépendance, en présence des monarchies absolues, des aristocraties oisives et des démocraties envieuses, vivent de la forte vie populaire, pratiquant à la fois le premier des droits, la liberté, et le premier des devoirs, le travail.

Le fleuve naît entre deux murailles de granit ; il fait un pas et il rencontre, à Andeer, village roman, le souvenir de Charlemagne ; à Coire, l'ancienne Curia, le souvenir de Drusus ; à Feldkirch, le souvenir de Masséna ; puis, comme consacré pour les destinées qui l'attendent par le triple baptême germanique, romain et français, laissant l'esprit indécis entre son étymologie grecque *Ρέειν*, et son étymologie allemande *Rinnen* qui toutes deux signifient *couler*, il coule en effet, franchit la forêt et la montagne, gagne le lac de Constance, bondit à Schaffhouse, longe et contourne les arrière-croupes du Jura, côtoie les Vosges, perce la chaîne des volcans morts du Taunus, traverse les plaines de la Frise, inonde et noie les bas-fonds de la Hollande, et, après avoir creusé dans les rochers, les terres, les laves, les sables et les roseaux, un ravin tortueux de deux cent soixante-dix-sept lieues, après avoir promené dans la grande fourmilière européenne le bruit perpétuel de ses vagues, qu'on dirait composé de la querelle éternelle du nord et du midi, après avoir reçu douze mille cours d'eau, arrosé quatorze villes, séparé, ou pour mieux dire, divisé onze nations, roulant dans son écume et mêlant à sa rumeur l'histoire de trente siècles et de trente peuples, il se perd dans la mer. Fleuve-Protée ; ceinture des empires, frontière des ambitions, frein des conquérants ; serpent de l'énorme caducée qu'étend sur l'Europe le dieu Commerce ; grâce et parure du globe ; longue chevelure verte des Alpes qui traîne jusque dans l'Océan.

Ainsi, trois pâtres, trois ruisseaux. La Suisse et le Rhin s'engendrent de la même façon dans les mêmes montagnes.

Le Rhin a tous les aspects. Il est tantôt large, tantôt étroit. Il est glauque, transparent, rapide, joyeux de cette grande joie qui est propre à tout ce qui est puissant. Il est torrent à Schaffhouse, gouffre à Laufen, rivière à Sickingen, fleuve à Mayence, lac à Saint-Goar, marais à Leyde.

Il se calme, dit-on, devient lent vers le soir comme s'il s'endormait ; phénomène plutôt apparent que réel, visible sur tous les grands cours d'eau.

Je l'ai dit quelque part, l'unité dans la variété, c'est le principe de tout art complet. Sous ce rapport, la nature est la plus grande artiste qu'il y ait. Jamais elle n'abandonne une forme sans lui avoir fait parcourir tous ses logarithmes. Rien ne se ressemble moins en apparence qu'un arbre et un fleuve ; au fond pourtant l'arbre et le fleuve ont la même ligne génératrice. Examinez, l'hiver, un arbre dépouillé de ses feuilles, et couchez-le en esprit à plat sur le sol, vous aurez l'aspect d'un fleuve vu par un géant à vol d'oiseau. Le tronc de l'arbre, ce sera le fleuve ; les grosses branches, ce seront les rivières ; les rameaux et les ramuscules, ce seront les torrents, les ruisseaux et les sources ; l'élargissement de la racine, ce sera l'embouchure. Tous les fleuves, vus sur une carte géographique, sont des arbres qui portent les villes tantôt à l'extrémité des rameaux comme des fruits, tantôt dans l'entre-deux des branches comme des nids ; et leurs confluents et leurs affluents innombrables imitent, suivant l'inclinaison des versants et la nature des terrains, les embranchements variés des différentes espèces végétales, qui toutes, comme on sait, tiennent leurs jets plus ou moins écartés de la tige selon la force spéciale de leur sève et la densité de leur bois. Il est remarquable que, si l'on considère le Rhin de cette façon, l'idée royale qui semble attachée à ce robuste fleuve ne l'abandonne pas. L'Y de presque tous les affluents du Rhin, de la Murg, du Neckar, du Mein, de la Nähe, de la Lahn, de la Moselle et de l'Aar, a une ouverture d'environ quatrevingt-dix degrés. Bingen, Niederlahnstein, Coblenz, sont dans des angles droits. Si l'on redresse par la pensée debout sur le sol l'immense silhouette géométrale du fleuve, le Rhin apparaît portant toutes ses rivières à bras tendu et prend la figure d'un chêne.

Les innombrables ruisseaux dans lesquels il se divise avant d'arriver à l'océan sont ses racines mises à nu.

La partie du fleuve la plus célèbre et la plus admirée, la plus riche pour le géologue, la plus curieuse pour l'historien, la plus importante pour la politique, la plus belle pour le poëte, c'est ce tronçon du Rhin central qui, de Bingen à Kœnigswinter, traverse du levant au couchant le noir chaos de collines volcaniques que les romains nommaient les Alpes des cattes.

C'est là ce fameux trajet de Mayence à Cologne que presque tous les *touristes* font en quatorze heures dans les longues journées d'été. De cette manière on a l'éblouissement du Rhin, et rien de plus. Lorsqu'un fleuve est rapide, pour le bien voir il faut le remonter, et non le descendre. Quant à moi, comme vous savez, j'ai fait le trajet de Cologne à Mayence, et j'y ai mis un mois.

De Mayence à Bingen, comme de Kœnigswinter à Cologne, il y a sept ou huit lieues de riches plaines vertes et riantes, avec de beaux villages heureux au bord de l'eau. Mais, ainsi que je vous le disais tout à l'heure, le grand encaissement du Rhin commence à Bingen par le Rupertsberg et le Niederwald, deux montagnes de schiste et d'ardoise, et finit à Kœnigswinter, au pied des Sept-Monts.

Là tout est beau. Les escarpements sombres des deux rives se mirent dans les larges squammes de l'eau. La roideur des pentes fait que la vigne est cultivée sur le Rhin de la même manière que l'olivier sur les côtes de Provence. Partout où tombe le rayon du midi, si le rocher fait une petite saillie, le paysan y porte à bras des sacs et des paniers de terre, et, dans cette terre, en Provence il plante un olivier, et sur le Rhin il plante un cep. Puis il contre-butte son terrassement avec un mur de pierres sèches, qui retient la terre et laisse fuir les eaux. Ici, par surcroît de précaution, pour que les pluies n'entraînent pas la terre, le vigneron la couvre, comme un toit, avec les ardoises brisées de la montagne. De cette façon, au flanc des roches les plus abruptes, la vigne du Rhin, comme l'olivier de la Méditerranée, croît sur des espèces de consoles posées au-dessus de la tête du passant comme le pot de fleur d'une mansarde. Toutes les inclinaisons douces sont hérissées de ceps.

C'est, du reste, un travail ingrat. Depuis dix ans les riverains du Rhin n'ont pas fait une bonne récolte. Dans plusieurs endroits, et notamment à Saint-Goarshausen, dans le pays de Nassau, j'ai vu des vignobles abandonnés.

D'en bas tous ces épaulements en pierres sèches, qui suivent les mille ondulations de la pente et auxquels les cannelures du rocher donnent nécessairement presque toujours la forme d'un croissant, surmontés de la frange verte des vignes, rattachés et comme accrochés aux saillies de la montagne par leurs deux bouts qui vont s'amincissant, figurent d'innombrables guirlandes suspendues à la muraille austère du Rhin.

L'hiver, quand la vigne et le sol sont noirs, ces terrassements d'un gris sale ressemblent à ces grandes toiles d'araignées étagées et superposées dans les angles des masures abandonnées, espèces de hamacs hideux où s'est amoncelée la poussière.

A chaque tournant du fleuve se développe un groupe de maisons, cité ou bourgade. Au-dessus de chaque groupe de maisons se dresse un donjon en ruine. Les villes et les villages, hérissés de pignons, de tourelles et de clochers, font de loin comme une flèche barbelée à la pointe basse de la montagne.

Souvent les hameaux s'allongent, à la lisière de la berge, en forme de *queue*, égayés de laveuses qui chantent et d'enfants qui jouent. Çà et là une chèvre broute les jeunes pousses des oseraies. Les maisons du Rhin ressemblent à de grands casques d'ardoise posés au bord du fleuve. L'enchevêtrement exquis des solives peintes en rouge et en bleu sur le plâtre blanc, fait l'ornement de la façade. Plusieurs de ces villages, comme ceux de Bergheim et de Mondorf près Cologne, sont habités par des pêcheurs de saumon et des faiseurs de corbeilles. Dans les belles journées d'été, cela compose des spectacles charmants, le vannier tresse son panier sur le seuil de sa maison, le pêcheur raccommode ses filets dans sa barque, au-dessus de leurs têtes le soleil mûrit la vigne sur la colline. Tous font ce que Dieu leur donne à faire, l'astre comme l'homme.

Les villes sont d'un aspect plus compliqué et plus tumultueux. Elles abondent sur le Rhin. C'est Bingen, c'est Oberwesel, c'est Saint-Goar, c'est Neuwied, c'est Andernach. C'est Linz, grosse commune à tours carrées, qui a été assiégée par Charles le Téméraire en 1476, et qui regarde vis-à-vis d'elle, sur l'autre bord du Rhin, Sinzig, bâtie par Sentius pour garder l'embouchure de l'Aar. C'est Boppart, l'ancienne Bodobriga, fort de Drusus, cense royale de rois francs, ville impériale proclamée, en même temps qu'Oberwesel, bailliage de Trèves, vieille cité charmante, qui conserve une idole dans son église, au-dessus de laquelle deux clochers romans accouplés par un pont ressemblent à deux grands bœufs sous un joug. J'y ai remarqué, près de la porte de ville en amont, une ravissante abside ruinée. C'est Caub, la ville des palatins. C'est Braubach, nommée, dans une charte de 933, fief des comtes d'Arnstein du Lahngau, ville impériale sous Rodolphe en 1279, domaine des comtes de Katzenenbogen en 1283, et qui échoit à la Hesse en 1473, à Darmstadt en 1632, en 1802 à Nassau.

Braubach, qui communique avec les bains du Taunus, est admirablement située au pied du haut rocher qui porte à sa cime le Markusburg. Le vieux château de Saint-Marc est aujourd'hui une prison d'état. Tout marquis veut avoir des pages. Il me paraît que M. de Nassau se donne les airs d'avoir des prisonniers d'état. C'est un beau luxe.

Douze mille six cents habitants dans onze cents maisons, un pont de trente-six bateaux construit en 1819 sur le Rhin, un pont de quatorze arches sur la Moselle bâti en pierre de lave sur les fondations mêmes du pont édifié vers 1311 par l'archevêque Baudouin au moyen d'une large dépense d'indulgences; le célèbre fort Ehrenbreitstein, rendu aux français le 27 janvier 1799 après un blocus où les assiégés avaient payé un chat trois francs et une livre de cheval trente sous; un puits de cinq cent quatrevingts pieds de profondeur, creusé par le margrave Jean de Bade; la place de l'arsenal, où l'on voyait jadis la fameuse couleuvrine le *Griffon*, laquelle portait cent soixante livres et pesait vingt milliers; un bon vieux couvent de franciscains converti en hôpital en 1804; une Notre-Dame romane, restaurée dans le goût Pompadour et peinte en rose; une église de Saint-Florin, convertie en magasin de fourrage par les français, aujourd'hui église évangélique, ce qui est pire au point de vue de l'art, et peinte en rose; une collégiale de Saint-Castor enrichie d'un portail de 1805 et peinte en rose; point de bibliothèque; voilà Coblenz, que les français écrivent *Coblentz* par politesse pour les allemands, que les allemands écrivent *Coblence* par ménagement pour les français. D'abord castrum romain dans l'Altehof, puis cour royale sous les francs, résidence impériale jusqu'à Louis de Bavière, ville patronnée par les comtes d'Arnstein jusqu'en 1250, et, à dater d'Arnould II, par les archevêques de

Trèves, assiégée en vain en 1688 par Vauban et par Louis XIV en personne, Coblenz a été prise par les français en 1794 et donnée aux prussiens en 1815. Quant à moi, je n'y suis pas entré. Tant d'églises roses m'ont effrayé.

Comme point militaire, Coblenz est un lieu important. Ses trois forteresses font face de toutes parts. La Chartreuse domine la route de Mayence, le Petersberg garde la route de Trèves et de Cologne, l'Ehrenbreitstein surveille le Rhin et la route de Nassau.

Comme paysage, Coblenz est peut-être trop vantée, surtout si on la compare à d'autres villes du Rhin que personne ne visite et dont personne ne parle. Ehrenbreitstein, jadis belle et colossale ruine, est maintenant une glaciale et morne citadelle qui *couronne* platement un magnifique rocher. Les vraies couronnes des montagnes, c'étaient les anciennes forteresses. Chaque tour était un fleuron.

Quelques-unes de ces villes ont d'inestimables richesses d'art et d'archéologie. Les plus vieux maîtres et les plus grands peintres peuplent leurs musées. Le Dominiquin, les Carrache, le Guerchin, Jordaens, Snyders, Laurent Sciarpelloni, sont à Mayence. Augustin Braun, Guillaume de Cologne, Rubens, Albert Dürer, Mesquida, sont à Cologne. Holbein, Lucas de Leyde, Lucas Cranach, Scorel, Raphaël, la *Vénus endormie* de Titien, sont à Darmstadt. Coblenz a l'œuvre complet d'Albert Dürer, à quatre feuilles près. Mayence a le psautier, de 1459. Cologne avait le fameux missel du château de Drachenfels, colorié au douzième siècle; elle l'a laissé perdre; mais elle a conservé et elle garde encore les précieuses lettres de Leibniz au jésuite de Brosse.

Ces belles villes et ces charmants villages sont mêlés à la nature la plus sauvage. Les vapeurs rampent dans les ravins; les nuées accrochées aux collines semblent hésiter et choisir le vent, de sombres forêts druidiques s'enfoncent entre les montagnes dans les lointains violets; de grands oiseaux de proie planent sous un ciel fantasque qui tient des deux climats que le Rhin sépare, tantôt éblouissant de rayons comme un ciel d'Italie, tantôt sali de brumes rousses comme un ciel du Groënland. La rive est âpre; les laves sont bleues, les basaltes sont noires; partout le mica et le quartz en poussière; partout des cassures violentes; les rochers ont des profils de géants camards. Des croupes d'ardoises feuilletées et fines comme des soies brillent au soleil et figurent des dos de sangliers énormes. L'aspect de tout le fleuve est extraordinaire.

Il est évident qu'en faisant le Rhin la nature avait prémédité un désert; l'homme en a fait une rue.

Du temps des romains et des barbares, c'était la rue des soldats. Au moyen âge, comme le fleuve presque entier était bordé d'états ecclésiastiques, et tenu, en quelque sorte, de sa source à son embouchure, par l'abbé de Saint-Gall, le prince-évêque de Constance, le prince-évêque de Bâle, le prince-évêque de Strasbourg, le prince-évêque de Spire, le prince-évêque de Worms, l'archevêque-électeur de Mayence, l'archevêque-électeur de Trèves et l'archevêque-électeur de Cologne, on nommait le Rhin la *rue des prêtres*. Aujourd'hui, c'est la rue des marchands.

Le voyageur qui remonte le fleuve le voit, pour ainsi dire, venir à soi, et, de cette façon, le spectacle est plus beau. A chaque instant on rencontre une chose qui passe; tantôt un étroit bateau-flèche effrayant à voir cheminer, tant il est chargé de paysans, surtout si c'est le dimanche, jour où ces braves riverains catholiques possédés par des huguenots vont quelquefois chercher leur messe bien loin; tantôt un bateau à vapeur pavoisé; tantôt une longue embarcation à deux voiles latines descendant le Rhin avec sa cargaison qui fait bosse sous le grand mât, son pilote attentif et sérieux, ses matelots affairés, quelque femme assise sur la porte de la cabine, et, au milieu des ballots, le coffre des marins colorié à rosaces rouges, vertes et bleues. Ou bien ce sont de longs attelages attachés à de lourds navires qui remontent lentement; ou un petit cheval courageux remorquant à lui seul une grosse barque pontée, comme une fourmi qui traîne un scarabée mort. Tout à coup le fleuve se replie, et, au tournant qui se présente, un grand radeau de Namedy débouche majestueusement. Trois cents matelots manœuvrent la monstrueuse machine, les immenses avirons battent l'eau en cadence à l'arrière et à l'avant, un bœuf tout entier ouvert et saignant pend accroché aux bigues, un autre bœuf vivant tourne autour du poteau où il est lié, et mugit en voyant les génisses paître sur la rive, le patron monte et descend l'escalier double de son estrade, le drapeau tricolore horizontal flotte déployé au vent, le coke attise le feu sous la grande chaudière la fumée sort de trois ou quatre cabanes où vont et viennent les matelots, tout un village vit et flotte sur ce prodigieux plancher de sapin.

Eh bien, ces gigantesques radeaux sont aux anciennes grandes flottaisons du Rhin ce qu'une chaloupe est à un vaisseau à trois ponts. Le train d'autrefois, composé comme aujourd'hui de sapins destinés à la mâture, de chênes, de madriers et de menu bois, assemblé à ses extrémités par des chevrons nommés *bundsparren*, renoué à ses jointures avec des harts d'osier et des crampons de fer, portait quinze ou dix-huit maisons, dix ou douze nacelles chargées d'ancres, de sondes et de cordages, mille rameurs, avait huit pieds de large et environ neuf cents pieds de long, c'est-à-dire la longueur de dix maîtres sapins de la Murg, attachés bout à bout. Autour du train central et amarrés au bord au moyen d'un tronc d'arbre qui servait à la fois de pont et de câble, flottaient, soit pour lui donner la direction, soit pour amoindrir les périls de l'échouement, dix ou douze petits trains d'environ quatrevingts pieds de long, nommés les uns *Knie*, les autres *Anhænge*. Il y avait dans le grand radeau une rue qui aboutissait d'un côté à une vaste tente, de l'autre à la maison du patron, espèce de palais de bois. La cuisine fumait sans cesse. Une grosse chaudière de cuivre y bouillait jour et nuit. Soir et matin le pilote criait le mot d'ordre, et élevait au-dessus du train un panier suspendu à une perche; c'était le signal du repas, et les mille travailleurs accouraient avec leurs écuelles de bois. Ces trains consommaient en un voyage huit foudres de vin, six cents muids de bière, quarante sacs de légumes secs, douze mille livres de fromage, quinze cents livres de beurre, dix mille livres de viande fumée, vingt mille livres de viande fraîche et cinquante mille livres de pain. Ils emmenaient un troupeau et des bouchers. Chacun de ces trains représentait sept ou huit cent mille florins, c'est-à-dire environ deux millions de francs.

On se figure difficilement cette grande île de bois cheminant de Namedy à Dordrecht, et traînant tortueusement son archipel d'îlots à travers les coudes, les entonnoirs, les chutes, les tourbillons et les serpentines du Rhin. Les naufrages étaient fréquents. Aussi disait-on proverbialement et dit-on encore qu'un entrepreneur de trains doit avoir trois capitaux, le premier sur le Rhin, le deuxième à terre et le troisième en poche. L'art de conduire parmi tant d'écueils ces effrayants assemblages n'appartenait d'ordinaire qu'à un seul homme par génération. A la fin du siècle dernier, c'était le secret d'un maître flotteur de Rudesheim appelé le vieux Jung. Jung mort, les grandes flottaisons ont disparu.

A l'instant où nous sommes, vingt-cinq bateaux à vapeur montent et descendent le Rhin chaque jour. Les dix-neuf bateaux de la compagnie de Cologne, reconnaissables à leur cheminée blanche et noire, vont de Strasbourg à Dusseldorf; les six bateaux de la compagnie de Dusseldorf, qui ont la cheminée tricolore, vont de Mayence à Rotterdam. Cette immense navigation se rattache à la Suisse par le dampschiff de Strasbourg à Bâle, et à l'Angleterre par les steamboats de Rotterdam à Londres.

L'ancienne navigation rhénane, que perpétuent les bateaux à voiles, contraste avec la navigation nouvelle, que représentent les bateaux à vapeur. Les bateaux à vapeur, riants, coquets, élégants, confortables, rapides, enrubannés et harnachés des couleurs de dix nations, Angleterre, Prusse, Nassau, Bade, tricolore hollandais, ont pour invocation des noms de princes et de villes, *Ludwig II*, *Gross-Herzog von Hessen*, *Kœnigin Victoria*, *Herzog von Nassau*, *Prinzessinn Mariann*, *Gross-Herzog von Baden*, *Stadt Mannheim*, *Stadt Coblenz*. Les bateaux à voiles passent lentement, portant à leur proue des noms graves et doux, *Pius*, *Columbus*, *Amor*, *Sancta Maria*, *Gratia Dei*. Les bateaux à vapeur sont vernis et dorés, les bateaux à voiles sont goudronnés. Le bateau à vapeur, c'est la spéculation; le bateau à voile, c'est bien la vieille navigation austère et croyante. Les uns cheminent en faisant une réclame, les autres en faisant une prière. Les uns comptent sur les hommes, les autres sur Dieu.

Cette vivace et frappante antithèse se croise et s'affronte à chaque instant sur le Rhin.

Dans ce contraste, respire avec une singulière puissance de réalité le double esprit de notre époque, qui est fille d'un passé religieux et qui se croit mère d'un avenir industriel.

Quarante-neuf îles, couvertes d'une épaisse verdure, cachant des toits qui fument dans des touffes de fleurs, abritant des barques dans des havres charmants, se dispersent sur le Rhin, de Cologne à Mayence. Toutes ont quelque souvenir; c'est Graupenwerth, où les hollandais construisirent un fort qu'ils appelèrent *Bonnet de prêtre*, Pfaffenmütze, fort que les espagnols scandalisés reprirent et baptisèrent du nom d'*Isabelle*. C'est Graswerth, l'*île de l'Herbe*, où Jean-Philippe de Reichenberg écrivit ses *Antiquitates Saynenses*. C'est Niederwerth, jadis si riche des dotations du margrave-archevêque Jean II. C'est Urmitzer Insel, qui a vu César; c'est Nonnenswerth, qui a vu Roland.

Les souvenirs des rives semblent répondre aux souvenirs des îles. Permettez-moi d'en effleurer ici quelques-uns; je reviendrai tout à l'heure avec plus de détails sur ce sujet intéressant. Toute ombre qui se dresse sur un bord du fleuve en fait dresser une autre sur l'autre bord. Le cercueil de sainte Nizza, petite fille de Louis le Débonnaire, est à Coblenz; le tombeau de sainte Ida, cousine de Charles Martel, est à Cologne. Sainte Hildegarde a laissé à Eubingen l'anneau que lui donna saint Bernard, avec cette devise : *J'aime à souffrir*. Sigebert est le dernier roi d'Austrasie qui ait habité Andernach. Sainte Geneviève vivait à Frauenkirch, dans les bois, près d'une source minérale qui avoisine aujourd'hui une chapelle commémorative. Son mari résidait à Altsimmern. Schinderhannes a désolé la vallée de la Nahe. C'est là qu'un jour il s'amusa, le pistolet au poing, à faire déchausser une bande de juifs; puis il les força ensuite à se rechausser précipitamment après avoir mêlé leurs souliers. Les juifs s'enfuirent clopin clopant, ce qui fit rire Jean l'Écorcheur. Avant Schinderhannes, cette douce vallée avait eu Louis le Noir, duc de Deux-Ponts.

Quand le voyageur qui remonte a passé Coblenz et laissé derrière lui la gracieuse île d'Oberwerth, où je ne sais quelle bâtisse blanche a remplacé la vieille abbaye des dames nobles de Sainte-Madeleine-sur-l'Île, l'embouchure de la Lahn lui apparaît. Le lieu est admirable. Au bord de l'eau, derrière un encombrement d'embarcations amarrées, montent les deux clochers croulants de Johanniskirch, qui rappellent vaguement Jumiéges. A droite, au-dessus du bourg de Capellen, sur une croupe de rochers, se dresse Stolzenfels, la vaste et magnifique forteresse archiépiscopale où l'électeur Werner étudiait l'*Almuchabala*; et à gauche, sur la Lahn, au fond de l'horizon, les nuages et le soleil se mêlent aux sombres ruines de Lahneck, pleines d'énigmes pour l'historien et de ténèbres pour l'antiquaire. Des deux côtés de la Lahn deux jolies villes, Niederlahnstein et Oberlahnstein, rattachées l'une à l'autre par une allée d'arbres, se regardent et semblent se sourire. A quelques jets de pierre de la porte orientale d'Oberlahnstein, qui a encore sa noire ceinture de douves et de mâchicoulis, les arbres d'un verger laissent voir et cachent en même temps une petite chapelle du quatorzième siècle, recrépie et plâtrée, surmontée d'un chétif clocheton. Cette chapelle a vu déposer l'empereur Wenceslas.

C'est dans cette église de village que, l'an du Christ 1400, les quatre électeurs du Rhin, Jean de Nassau, archevêque de Mayence, Frédéric de Saarwerden, archevêque de Cologne, Werner de Kœnigstein, archevêque de Trèves, et Rupert III, comte palatin, proclamèrent solennellement du haut du portail la déchéance de Wenzel, empereur d'Allemagne. Wenceslas était un homme mou et méchant, ivrogne, et féroce quand il avait bu. Il faisait noyer les prêtres qui refusaient de lui livrer le secret du confessionnal. Tout en soupçonnant la fidélité de sa femme, il avait confiance dans son esprit et subissait l'influence de ses idées. Or cela inquiétait Rome. Wenceslas avait pour femme Sophie de Bavière, qui avait pour confesseur Jean Huss. Jean Huss, propageant Wiclef, sapait déjà le pape; le pape frappa l'empereur. Ce fut à l'instigation du saint-siège que les trois archevêques convoquèrent le comte palatin. Le Rhin dès lors dominait l'Allemagne. A eux quatre ils défirent l'empereur; puis ils nommèrent à sa place celui d'entre eux qui n'était pas ecclésiastique, le comte Rupert. Rupert, à qui cette récompense avait sans doute été secrètement promise, fut du reste un digne et noble empereur. Vous voyez que, dans sa haute tutelle des royaumes et des rois, l'action de Rome, tantôt publique, tantôt occulte, était quelquefois bienfaisante. L'arrêt rendu contre Wenceslas reposait sur six chefs; les quatre griefs principaux étaient : premièrement, la dilapidation du domaine; deuxièmement, le schisme de l'église; troisièmement, les guerres civiles de l'empire; quatrièmement, avoir fait coucher des chiens dans sa chambre.

Jean Huss continua, et Rome aussi. — *Plutôt que de plier*, disait Jean Huss, *j'aimerais mieux qu'on me jetât à la mer avec une meule d'âne au cou*. Il prit *l'épée de l'esprit*, et lutta corps à corps avec Rome. Puis, quand le concile le manda, il vint hardiment, *sans sauf-conduit, venimus sine salvo conductu*. Vous savez la fin. Le dénoûment s'accomplit le 6 juillet 1415. Les années, qui rongent tout ce qui est chair et surface, réduisent aussi les faits à l'état de cadavre, et mettent les fibres de l'histoire à nu. Aujourd'hui, pour qui considère, grâce à cette dénudation, la construction providentielle des événements de cette sombre époque, la déposition de Wenceslas est le prologue d'une tragédie dont le bûcher de Constance est la catastrophe.

En face de cette chapelle, sur la rive opposée, au bord du fleuve, on voyait encore, il n'y a pas un demi-siècle, le siége royal, cet antique Kœnigsstühl dont je vous ai déjà parlé. Le Kœnigsstühl, pris dans son ensemble, avait dix-sept pieds allemands d'élévation et vingt-quatre de diamètre. Voici quelle en était la figure : sept piliers de pierre portaient une large plate-forme octogone de pierre, soutenue à son centre par un huitième pilier plus gros que les autres, figurant l'empereur au milieu des sept électeurs. Sept chaises de pierre, correspondant aux sept piliers au-dessus desquels chacune d'elles était placée, occupaient, disposées en cercle et se regardant, sept des pans de la plate-forme. Le huitième pan, qui regardait le midi, était rempli par l'escalier, massif degré de pierre composé de quatorze marches, deux marches par électeur. Tout avait un sens dans ce grave et vénérable édifice. Derrière chaque chaise, sur la face de chaque pan de la plate-forme octogone, étaient sculptées et peintes les armoiries des sept électeurs : le lion de Bohême; les épées croisées de Brandebourg; Saxe, qui portait d'argent à l'aigle de gueules; le Palatinat, qui portait de gueules au lion d'argent; Trèves, qui portait d'argent à la croix de gueules; Cologne, qui portait d'argent à la croix de sable; et Mayence, qui portait de gueules à la roue d'argent. Ces blasons, dont les émaux, les couleurs et les dorures se rouillaient au soleil et à la pluie, étaient le seul ornement de ce vieux trône de granit.

C'était là qu'en plein air, sous les souffles et les rayons du ciel, assis dans ces rigides fauteuils de pierre sur lesquels s'effeuillaient les arbres et courait l'ombre des nuages, rudes et simples, naïfs et augustes comme les rois d'Homère, les antiques électeurs d'Allemagne choisissaient entre eux l'empereur. Plus tard, ces grandes mœurs s'effacèrent, une civilisation moins épique convia autour de la table de cuir de Francfort les sept princes, portés vers la fin du dix-septième siècle au nombre de neuf par l'accession de Bavière et de Brunswick à l'électorat.

Les sept princes qui s'asseyaient sur ces pierres au moyen âge étaient puissants et considérables. Les électeurs occupaient le sommet du saint-empire. Ils précédaient, dans la marche impériale, les quatre ducs, les quatre archimaréchaux, les quatre landgraves, les quatre burgraves, les quatre comtes chefs de guerre, les quatre abbés, les quatre bourgs, les quatre chevaliers, les quatre villes, les quatre villages, les quatre rustiques, les quatre marquis, les quatre comtes, les quatre seigneurs, les quatre montagnes, les quatre barons, les quatre possessions, les quatre veneurs, les quatre offices de Souabe, et les quatre serviteurs. Chacun d'eux faisait porter devant lui, par son maréchal particulier, une épée à fourreau doré. Ils appelaient les autres princes les *têtes couronnées*, et se nommaient les *mains couronnantes*. La bulle d'or les comparait aux sept dons du Saint-Esprit, aux sept collines de Rome, aux sept branches du chandelier de Salomon. Parmi eux, la qualité électorale passait avant la qualité

royale ; l'archevêque de Mayence marchait à la droite de l'empereur, et le roi de Bohème à la droite de l'archevêque. Ils étaient si grands, on les voyait de si loin en Europe, et ils dominaient les nations de si haut, que les paysans de Wesen, en Suisse, appelaient et appellent encore les sept aiguilles de leur lac *Sieben Churfürstein*, les Sept-Électeurs.

Le Kœnigsstühl a disparu, les électeurs aussi. Quatre pierres aujourd'hui marquent la place du Kœnigsstühl ; rien ne marque la place des électeurs.

Au seizième siècle, quand la mode arriva de nommer l'empereur à Francfort, tantôt dans la salle du Rœmer, tantôt dans la chapelle-conclave de Saint-Barthélemy, l'élection devint une cérémonie compliquée. L'étiquette espagnole s'y refléta. Le formulaire fut minutieux ; l'appareil sévère, soupçonneux, parfois terrible. Dès le matin du jour fixé pour l'élection, on fermait les portes de la ville, les bourgeois prenaient les armes, les tambours du camp sonnaient, la cloche d'alarme tintait ; les électeurs, vêtus de drap d'or et revêtus de la robe rouge doublée d'hermine, coiffés, les séculiers du bonnet électoral, les archevêques de la mitre écarlate, recevaient solennellement le serment du magistrat de la ville, qui s'engageait à les garantir *de la surprise l'un de l'autre*; cela fait, ils se prêtaient eux-mêmes serment les uns aux autres entre les mains de l'archevêque de Mayence ; puis on leur disait la messe ; ils s'asseyaient sur des chaires de velours noir, le maréchal du saint-empire *fermait les huis*, et ils procédaient à l'élection. Si bien closes que fussent les portes, les chanceliers et les notaires allaient et venaient. Enfin les *très révérends* tombaient d'accord avec les *très illustres*, le roi des romains était nommé, les princes se levaient de leurs chaires, et, pendant que la présentation au peuple se faisait aux fenêtres du Rœmer, un des suffragants de Mayence chantait à Saint-Barthélemy un *Te Deum* à trois chœurs sur les orgues de l'église, sur les trompettes des électeurs et sur les trompettes de l'empereur.

Le tout, au bruit *des grosses cloches sonnées sur les tours, et des gros canons qu'on laschoit de joye*, dit, dans son curieux manuscrit, le narrateur anonyme de l'élection de Mathias II.

Sur le Kœnigsstühl, la chose se faisait plus simplement, et plus grandement, à mon sens. Les électeurs montaient processionnellement sur la plate-forme par les quatorze degrés, qui avaient chacun un pied de haut, et prenaient place dans leurs fauteuils de pierre. Le peuple de Rhens, contenu par les hacquebutiers, entourait le siége royal. L'archevêque de Mayence debout disait : *Très généreux princes, le saint-empire est vacant.* Puis il entonnait l'antiphone *Veni sancte Spiritus*, et les archevêques de Cologne et de Trèves chantaient les autres collectes qui en dépendent. Le chant terminé, tous les sept prêtaient serment, les séculiers la main sur l'évangile, les ecclésiastiques la main sur le cœur. Distinction belle et touchante, qui veut dire que le cœur de tout prêtre doit être un exemplaire de l'évangile. Après le serment, on les voyait assis en cercle se parler à voix basse ; tout à coup, l'archevêque de Mayence se levait, étendait ses mains vers le ciel, et jetait au peuple dispersé au loin dans les haies, les broussailles et les prairies, le nom du nouveau chef temporel de la chrétienté. Alors le maréchal de l'empire plantait la bannière impériale au bord du Rhin, et le peuple criait *Vivat rex!*

Avant Lothaire II, qui fut élu le 11 septembre 1125, la même aigle, l'aigle d'or, se déployait sur la bannière de l'empire d'orient et sur la bannière de l'empire d'occident ; mais le ciel vermeil de l'aurore se reflétait dans l'une et le ciel froid du septentrion dans l'autre. La bannière d'orient était rouge ; la bannière d'occident était bleue. Lothaire substitua à ces couleurs les couleurs de sa maison, or et sable. L'aigle d'or dans un ciel bleu fut remplacée sur la bannière impériale par l'aigle noire dans un ciel d'or. Tant qu'il y eut deux empires, il y eut deux aigles, et ces deux aigles n'eurent qu'une tête. Mais à la fin du quinzième siècle, quand l'empire grec eut croulé, l'aigle germanique, restée seule, voulut représenter les deux empires, regarda à la fois l'occident et l'orient, et prit deux têtes.

Ce n'est pas d'ailleurs la première apparition de l'aigle à deux têtes. On la voit sculptée sur le bouclier de l'un des soldats de la colonne Trajane, et, s'il faut en croire le moine d'Attaich et le recueil d'Urstisius, Rodolphe de Habsbourg la portait brodée sur sa poitrine le 26 août 1278, à la bataille de Marchefeld.

Quand la bannière était plantée au bord du Rhin en l'honneur du nouvel empereur, le vent en agitait les plis, et, de la façon dont elle flottait, le peuple concluait des présages. En 1346, quand les électeurs, poussés par le pape Clément VI, proclamèrent du haut du Kœnigsstuhl Charles, margrave de Moravie, roi des romains, quoique Louis V vécût encore, au cri de *Vivat rex!* la bannière impériale tomba dans le Rhin et s'y perdit. Cinquante-quatre ans plus tard, en 1400, le fatal présage s'accomplit ; Wenceslas, fils de Charles, fut déposé.

Et cette chute de la bannière fut aussi la chute de la maison de Luxembourg, qui, après Charles IV et Wenceslas, ne donna plus qu'un empereur, Sigismond, et s'effaça à jamais devant la maison d'Autriche.

Après avoir laissé derrière soi le lieu où fut le Kœnigsstühl, jeté bas, comme chose féodale, par la révolution française, on monte vers Braubach, on franchit Boppart, Welmich, Saint-Goar, Oberwesel, et tout à coup à gauche, sur la rive droite, apparaît, semblable au toit d'une maison de géants, un grand rocher d'ardoise surmonté d'une tour énorme qui semble dégorger comme une cheminée colossale la froide fumée des nuées. Au pied du rocher, le long de la rive, une jolie ville, groupée autour d'une église romane à flèche, étale toutes ses façades au midi. Au milieu du Rhin, devant la ville souvent à demi voilée par les brumes du fleuve, se dresse sur un rocher à fleur d'eau un édifice oblong, étroit, de haut bord, dont l'avant et l'arrière coupent le flot comme une proue et une poupe, dont les fenêtres larges et basses imitent des écoutilles et des sabords, et sur la paroi inférieure duquel mille crampons de fer dessinent vaguement des ancres et des grappins. Des bossages capricieux et de petites logettes hors d'œuvre se suspendent ainsi que des barques et des chaloupes aux flancs de cette étrange construction, qui livre au vent, comme les banderoles de ses mâts, les cent girouettes de ses clochetons aigus.

Cette tour, c'est le Gutenfels; cette ville, c'est Caub; ce navire de pierre, éternellement à flot sur le Rhin et éternellement à l'ancre devant la ville palatine, c'est le palais, c'est le Pfalz.

Je vous ai déjà parlé du Pfalz. On n'entrait dans cette résidence symbolique, bâtie sur un banc de marbre appelé le *Rocher des comtes palatins*, qu'au moyen d'une échelle, laquelle aboutissait à un pont-levis qu'on voit encore. Il y avait là des cachots pour les prisonniers d'état et une petite chambre où les comtesses palatines étaient forcées d'attendre l'heure de leur accouchement, sans autre distraction que d'aller voir dans les caves du palais un puits creusé dans le roc plus bas que le lit du Rhin, et plein d'une eau qui n'était pas l'eau du Rhin. Aujourd'hui le Pfalz a changé de maître, M. de Nassau possède le louvre palatin; le palais est désert, aucun berceau princier ne se balance sur ces dalles, aucun vagissement souverain ne trouble ces voûtes noires. Il n'y a plus que le puits mystérieux qui se remplit toujours. Hélas! une goutte d'eau qui filtre à travers un rocher se tarit moins vite que les races royales.

Sur la grande étendue du fleuve, le Pfalz est voisin du Kœnigsstühl. Le Rhin voyait, presque au même point, une femme enfanter le comte palatin et l'empire enfanter l'empereur.

Du Taunus aux Sept-Monts, des deux côtés du magnifique escarpement qui encaisse le fleuve, quatorze châteaux sur la rive droite : Ehrenfels, Fursteneck, Gutenfels, Rineck, le Chat, la Souris, Liebenstein et Sternberg, qu'on nomme les Frères, Markusburg, Philipsburg, Lahneck, Sayn, Hammerstein et Okenfels; quinze châteaux sur la rive gauche : Vogtsberg, Reichenstein, Rheinstein, Falkenburg, Sonneck, Heimburg, Furstenberg, Stahleck, Schœnberg, Rheinfels, Rheinberg, Stolzenfels, Rheineck et Rolandseck; en tout, vingt-neuf forteresses à demi écroulées superposent le souvenir des rhingraves au souvenir des volcans, la trace des guerres à la trace des laves, et complètent d'une façon formidable la figure sévère de ces collines. Quatre de ces châteaux ont été bâtis au onzième siècle, Ehrenfels, par l'archevêque Siegfried; Stahleck, par les comtes palatins, Sayn, par Frédéric, premier comte de Sayn, vainqueur des maures d'Espagne, Hammerstein, par Othon, comte de Vétéravie. Deux ont été construits au douzième siècle, Gutenfels, par les comtes de Nuringen, Rolandseck, par l'archevêque Arnould II, en 1139; deux au treizième, Furstenberg, par les palatins, et Rheinfels, en 1219, par Thierry III, comte de Katzenellenbogen; quatre au quatorzième, Vogtsberg, en 1340, par un Falkenstein, Fursteneck, en 1348, par l'archevêque Henri III; le Chat en 1383, par le comte de Katzenellenbogen, et la Souris, dix ans après, par un Falkenstein. Un seulement date du seizième siècle, Philipsburg, bâti de 1568 à 1571, par le landgrave Philippe le Jeune. Quatre de ces citadelles, toutes les quatre sur la rive gauche, chose remarquable, Reichenstein, Rheinstein, Falkenburg et Sonneck, ont été détruites, en 1282, par Rodolphe de Habsbourg; une, Rolandseck, par l'empereur Henry V; cinq par Louis XIV en 1689, Fursteneck, Stahleck, Schœnberg, Stolzenfels et Hammerstein; une par Napoléon, le Rheinfels; une par un incendie, Rheineck; et une par la bande noire, Gutenfels. On ne sait qui a construit Reichenstein, Rheinstein, Falkenburg, Stolzenfels, Rheineck, et Markusburg, restauré en 1644 par Jean le Batailleur, landgrave de Hesse-Darmstadt. On ne sait qui a démoli Vogtsberg, ancienne demeure d'un seigneur voué, comme le nom l'indique, Ehrenfels, Fursteneck, Sayn, le Chat et la Souris. Une nuit plus profonde encore couvre six de ces manoirs, Heimburg, Rheinberg, Liebenstein, Sternberg, Lahneck et Okenfels. Ils sont sortis de l'ombre et ils y sont rentrés. On ne sait ni qui les a bâtis ni qui les a détruits. Rien n'est plus étrange, au milieu de l'histoire, que cette épaisse obscurité où l'on aperçoit confusément, vers 1400, le fourmillement tumultueux de la hanse rhénane guerroyant les seigneurs, et où l'on distingue plus loin encore, dans les ténèbres grossissantes du douzième siècle, le fantôme formidable de Barberousse exterminant les burgraves. Plusieurs de ces antiques forteresses, dont l'histoire est perdue, sont à demi romaines et à demi carlovingiennes. Des figures plus nettement éclairées apparaissent dans les autres ruines. On peut en retrouver la chronique éparse çà et là dans les vieux chartriers. Stahleck, qui domine Bacharach et qu'on dit fondé par les huns, a vu mourir Herman au douzième siècle; les Hohenstaufen, les Guelfes et les Wittelsbach l'ont habité, et il a été assiégé et pris huit fois de 1620 à 1640. Schœnberg, d'où sont sorties la famille des Belmont et la légende des Sept-Sœurs, a vu naître le grand général Frédéric de Schœnberg, dont la singulière destinée fut d'affermir les Bragance et de précipiter les Stuarts. Le Rheinfels a résisté aux villes du Rhin en 1225, au maréchal de Tallard en 1692, et s'est rendu à la République française en 1794. Le Stolzenfels était la résidence des archevêques de Trèves. Rheineck a vu s'éteindre le dernier comte de Rheineck, mort en 1544 chanoine custode de la cathédrale de Trèves. Hammerstein a subi la querelle des comtes de Vétéravie et des archevêques de Mayence, le choc de

l'empereur Henri II en 1017, la fuite de l'empereur Henri IV en 1105, la guerre de Trente Ans, le passage des suédois et des espagnols, la dévastation des français en 1689, et la honte d'être vendu cent écus en 1823. Gutenfels, la fière guérite de Gustave-Adolphe, le doux asile de la belle comtesse Guda et de l'amoureux empereur Richard, quatre fois assiégé, en 1604 et en 1631 par les hessois, en 1620 et en 1642 par les impériaux, vendu, en 1289, par Garnier de Muzenberg à l'électeur palatin Louis le Sévère, moyennant deux mille cent marcs d'argent, a été dégradé en 1807 pour un bénéfice de six cents francs. Cette longue et double série d'édifices à la fois poétiques et militaires, qui portent sur leur front toutes les époques du Rhin et qui en racontent toutes les légendes, commence devant Bingen, par le château d'Ehrenfels à droite et la tour des Rats à gauche, et finit à Kœnigswinter par le Rolandseck à gauche et le Drachenfels à droite. Symbolisme frappant et digne d'être noté chemin faisant, l'immense arcade couverte de lierre du Rolandseck faisant face à la caverne du dragon qu'assomma Sigefroi le Cornu, la tour des Rats faisant face à l'Ehrenfels, c'est la fable et l'histoire qui se regardent.

Je n'enregistre ici que les châteaux qui se mirent dans le Rhin et que tout voyageur aperçoit en passant. Mais, pour peu qu'on pénètre dans les vallées et dans les montagnes, on rencontre une ruine à chaque pas. Dans la seule vallée de Wisper, sur la rive droite, en une promenade de quelques lieues, j'en ai constaté sept; le Rheinberg, château des comtes de Rhingau, écuyers tranchants héréditaires du saint-empire, éteints au dix-septième siècle, redoutable forteresse qui inquiétait jadis la grosse commune de Lorch; dans les broussailles, Waldeck; sur la montagne, à la crête d'un rocher de schiste, près d'une source d'eau minérale qui arrose quelques chétives cabanes, le Sauerburg, bâti en 1356 par Robert, comte palatin, et vendu mille florins, pendant la guerre de Bavière, par l'électeur Philippe à Philippe de Kronberg, son maréchal; Heppenheff, détruit on ne sait quand; Kammerberg, bien domanial de Mayence; Nollig, ancien castrum dont il reste une tour; Sareck, qui s'encadre dans la forêt vis-à-vis du couvent de Winsbach, comme le chevalier vis-à-vis du prêtre dans l'ancienne société. Aujourd'hui le château et le couvent, le noble et le prêtre, deux ruines. La forêt seule et la société, renouvelées chaque année, ont survécu.

Si l'on explore les Sept-Monts, on y trouve, à l'état de tronçons enfouis sous le lierre, une abbaye, Schomberg. et six châteaux; le Drachenfels, ruiné par Henri V, le Wolkenburg, caché dans les nuées, comme le dit son nom, ruiné par Henri V. le Lowenberg, où se sont réfugiés Bucer et Mélanchthon, où se sont enfuis après leur mariage, qui glorifiait l'hérésie, Agnès de Mansfeld et l'archevêque Guebhard, le Nonnenstromberg et l'Oelberg, bâtis par Valentinien en 368, et le Hemmerich, manoir de ces hardis chevaliers de Heinsberg qui faisaient la guerre aux électeurs de Cologne.

Dans la plaine, du côté de Mayence, c'est Frauenstein, qui date du douzième siècle, Scharfenstein, fief archiépiscopal; Greifenklau, bâti en 1350. Du côté de Cologne, c'est l'admirable Godesberg. D'où vient ce nom, Godesberg? Est-ce du tribunal de canton, *Goding*, qui s'y tenait au moyen âge? est-ce de *Wodan*, le monstre à dix mains, que les ubiens ont adoré là? Aucun antiquaire étymologiste n'a décidé cette question. Quoi qu'il en soit, la nature, avant les temps historiques, avait fait de Godesberg un volcan; l'empereur Julien, en 392, en avait fait un camp; l'archevêque Théodoric, en 1210, un château; l'électeur Frédéric II, en 1375, une forteresse; l'électeur de Bavière, en 1593, une ruine; le dernier électeur de Cologne, Maximilien-François, en a fait une vigne.

Les antiques châteaux des bords du Rhin, bornes colossales posées par la féodalité sur son fleuve, remplissent le paysage de rêverie. Muets témoins des temps évanouis, ils ont assisté aux actions, ils ont encadré les scènes, ils ont écouté les paroles. Ils sont là comme les coulisses éternelles du sombre drame qui, depuis dix siècles, se joue sur le Rhin. Ils ont vu, les plus vieux du moins, entrer et sortir, au milieu des péripéties providentielles, tous ces acteurs si hauts, si étranges ou si redoutables : Pépin, qui donnait des villes au pape; Charlemagne, vêtu d'une chemise de laine et d'une veste de loutre, s'appuyant sur le vieux diacre Pierre de Pise, et caressant de sa forte main l'éléphant Abulabaz; Othon le Lion secouant sa crinière blonde; le margrave d'Italie, Azzo, portant la bannière ornée d'anges, victorieuse à la bataille de Marsebourg; Henri le Boiteux; Conrad le Vieux et Conrad le Jeune; Henri le Noir, qui imposa à Rome quatre papes allemands ; Rodolphe de Saxe, portant sur sa couronne l'hexamètre papal : *Petra dedit Petro, Petrus diadema Rodolpho;* Godefroi de Bouillon, qui enfonçait la pique du drapeau impérial dans le ventre des ennemis de l'empire; Henri V, qui escaladait à cheval les degrés de marbre de Saint-Pierre de Rome. Pas une grande figure de l'histoire d'Allemagne dont le profil ne se soit dessiné sur leurs vénérables pierres : le vieux duc Welf; Albert l'Ours; saint Bernard ; Barberousse, qui se trompait de main en tenant l'étrier du pape; l'archevêque de Cologne, Raynald, qui arrachait les franges du carrocium de Milan; Richard Cœur de Lion; Guillaume de Hollande; Frédéric II, le doux empereur au visage grec, ami des poëtes comme Auguste, ami des califes comme Charlemagne, étudiant dans sa tente-horloge, où un soleil d'or et une lune d'argent marquaient les saisons et les heures. Ils ont contemplé, à leur rapide apparition, le moine Christian prêchant l'évangile aux paysans de Prusse; Herman Salza, premier grand maître de l'ordre teutonique, grand bâtisseur de villes; Ottocar, roi de Bohême;

Frédéric de Bade et Conradin de Souabe, décapités à seize ans; Louis V, landgrave de Thuringe et mari de sainte Élisabeth; Frédéric le Mordu, qui portait sur sa joue la marque du désespoir de sa mère; et Rodolphe de Habsbourg, qui raccommodait lui-même son pourpoint gris. Ils ont retenti de la devise d'Eberhard, comte de Wurtemberg : *Gloire à Dieu! gloire au monde!* Ils ont logé Sigismond, cet empereur dont la justice pesait bien et frappait mal; Louis V, le dernier empereur qui ait été excommunié; Frédéric III, le dernier empereur qui ait été couronné à Rome. Ils ont écouté Pétrarque gourmandant Charles IV pour n'être resté à Rome qu'un jour et lui criant : *Que diraient vos aïeux les Césars s'ils vous rencontraient à cette heure dans les Alpes, la tête baissée et le dos tourné à l'Italie?* Ils ont regardé passer, humiliés et furieux, l'Achille allemand, Albert de Brandebourg, après la leçon de Nuremberg, et l'Achille bourguignon, Charles le Téméraire, après les cinquante-six assauts de Neuss. Ils ont regardé passer, hautains et superbes sur leurs mules et dans leurs litières, côtoyant le Rhin en longues files, les évêques occidentaux allant, en 1415, au concile de Constance pour juger Jean Huss; en 1431, au concile de Bâle, pour déposer Eugène IV, et en 1519, à la diète de Worms, pour interroger Luther. Ils ont vu surnager, remontant sinistrement le fleuve d'Oberwesel à Bacharach, sa blonde chevelure mêlée au flot, le cadavre blanc et ruisselant de saint Werner, pauvre petit enfant martyrisé par les juifs et jeté au Rhin en 1287. Ils ont vu rapporter de Vienne à Bruges, dans un cercueil de velours, sous un poêle d'or, Marie de Bourgogne, morte d'une chute de cheval à la chasse au héron. La horde hideuse des magyares, la rumeur des mongols arrêtés par Henri le Pieux au treizième siècle, le cri des hussites qui voulaient réduire à cinq toutes les villes de la terre, les menaces de Procope le Gros et de Procope le Petit, le bruit tumultueux des turcs remontant le Danube après la prise de Constantinople, la cage de fer où la vengeance des rois promena Jean de Leyde enchaîné entre son chancelier Krechting et son bourreau Knipperdolling, le jeune Charles-Quint faisant étinceler en étoiles de diamants sur son bouclier le mot *nondum*, Wallenstein servi par soixante pages gentilshommes, Tilly en habit de satin vert sur son petit cheval gris, Gustave-Adolphe traversant la forêt thuringienne, la colère de Louis XIV, la colère de Frédéric II, la colère de Napoléon, toutes ces choses terribles qui tour à tour ébranlèrent ou effrayèrent l'Europe, ont frappé comme des éclairs ces vieilles murailles. Ces glorieux manoirs ont reçu le contre-coup des suisses détruisant l'antique cavalerie à Sempach, et du grand Condé détruisant l'antique infanterie à Rocroy. Ils ont entendu craquer les échelles, glapir la poix bouillante, rugir les canons. Les lansquenets, valets de la lance, l'ordre-hérisson si fatal aux escadrons, les brusques voies de fait de Sickingen, le grand chevalier, les savants assauts de Burtenbach, le grand capitaine, ils ont tout vu, tout bravé, tout subi. Aujourd'hui, mélancoliques, la nuit, quand la lune revêt leur spectre d'un linceul blanc, plus mélancoliques encore en plein soleil, remplis de gloire, de renommée, de néant et d'ennui, rongés par le temps, sapés par les hommes, versant aux vignobles de la côte une ombre qui va s'amoindrissant d'année en année, ils laissent tomber le passé pierre à pierre dans le Rhin, et date à date dans l'oubli.

Ô nobles donjons! ô pauvres vieux géants paralytiques! ô chevaliers affrontés! un bateau à vapeur, plein de marchands et de bourgeois, vous jette en passant sa fumée à la face.

## LETTRE XXVI

### WORMS. — MANNHEIM

*Bords du Neckar, octobre.*

La nuit tombait. Ce je ne sais quel ennui qui saisit l'âme à la disparition du jour se répandait sur tout l'horizon autour de nous. Qui est triste à ces heures-là? est-ce la nature ? est-ce nous-mêmes ? Un crêpe blanc montait des profondeurs de cette immense vallée des Vosges, les roseaux du fleuve bruissaient lugubrement, le dampschiff battait l'eau comme un gros chien fatigué; tous les voyageurs, appesantis ou assoupis, étaient descendus dans la cabine, encombrée de paquets, de sacs de nuit, de tables en désordre et de gens endormis ; le pont était désert ; trois étudiants allemands y étaient seuls restés, immobiles, silencieux, fumant, sans faire un geste et sans dire un mot, leurs pipes de faïence peinte : trois statues; je faisais la quatrième, et je regardais vaguement dans l'étendue. Je me disais : Je n'aperçois rien à l'horizon. Nous ne serons pas à Worms avant la nuit noire. C'est étrange. Je ne croyais pas que Worms fût si loin de Mayence. — Tout à coup le dampschiff s'arrêta. — Bon, me dis-je, l'eau est très basse dans cette plaine, le lit du Rhin est obstrué de bancs de sable ; nous voilà engravés.

Le patron du bateau sortait de sa cellule. — Eh bien, capitaine, lui dis-je, — car vous savez qu'aujourd'hui on met sur toute chose un mot sonore ; tout comédien s'appelle artiste, tout chanteur virtuose; un patron s'appelle capitaine ; — eh bien, capitaine, voilà un petit contre-temps. Du coup, nous n'arriverons pas avant minuit. — Le patron me regarda avec ses larges yeux bleus de teuton stupéfait, et me dit : — Vous êtes arrivé! — Je le regarde à mon tour, non moins stupéfait que lui. En ce moment nous dûmes faire admirablement les deux figures de l'étonnement français et de l'étonnement allemand.

— Arrivés, capitaine ?
— Oui, arrivés.
— Où?
— Mais à Worms!

Je m'exclame, et je promène mes yeux autour de

moi. A Worms! Rêvais-je tout éveillé? Étais-je le jouet d'une vision crépusculaire? Le patron raillait-il le voyageur? L'allemand en donnait-il à garder au parisien? Le germain se gaussait-il du gaulois? A Worms! Mais où était donc cette haute et magnifique ceinture de murailles flanquées de tours carrées qui venait jusqu'au bord du fleuve prendre fièrement le Rhin pour fossé? Je ne voyais qu'une immense plaine dont de grandes brumes me cachaient le fond, de pâles rideaux de peupliers, une berge à peine distincte, tant elle était mêlée de roseaux, et sur la rive même, tout près de nous, une pelouse verte où quelques femmes étendaient leur linge pour le faire blanchir à la rosée.

Cependant le patron, le bras tendu vers l'avant du bateau, me montrait une façon de maison neuve, carrée, plâtrée, à contrevents verts, fort laide, espèce de gros pavé blanchâtre que je n'avais pas aperçu d'abord.

— Monsieur, voilà Worms.
— Worms! repris-je; Worms, cela! cette maison blanche! mais c'est tout au plus une auberge!
— C'est une auberge, en effet. Vous y serez à merveille.
— Mais la ville?
— Ah! la ville! c'est la ville que vous voulez?
— Mais sans doute.
— Fort bien. Vous la trouverez là-bas, dans la plaine; mais il faut marcher, il y a un bon bout de chemin. Ah! monsieur vient pour la ville? En général, il est fort rare qu'on s'arrête ici; mais messieurs les voyageurs se contentent de l'auberge. On y est très bien. Ah! monsieur tient à voir la ville! c'est différent. Quant à moi, je passe ici toujours assez tard le soir, ou de très bonne heure le matin, et je ne l'ai jamais vue.

Ayez donc été ville impériale! ayez eu des gaugraves, des archevêques souverains, des évêques princes, une plafz, quatre forteresses, trois ponts sur le Rhin, trois couvents à clochers, quatorze églises, trente mille habitants! ayez été l'une des quatre cités maîtresses dans la formidable hanse des cent villes! soyez, pour celui qui s'éprend des traditions fantastiques comme pour celui qui étudie et critique les faits réels, un lieu étrange, poétique et célèbre autant qu'aucun autre coin de l'Europe! ayez dans votre merveilleux passé tout ce que le passé peut contenir, la fable et l'histoire, ces deux arbres plus semblables qu'on ne pense, dont les racines et les rameaux sont parfois si inextricablement mêlés dans la mémoire des hommes! soyez la ville qui a vu vaincre César, passer Attila, rêver Brunehaut, marier Charlemagne! soyez la ville qui a vu dans le jardin des Roses le combat de Sigefroi le Cornu et du dragon, et devant la façade de sa cathédrale cette contestation de Chrimhilde d'où est sortie une épopée, et sur les bancs de la diète cette contestation de Luther d'où est sortie une religion! soyez la Vormatia des vangions, le Bormitomagus de Drusus, le Wonnegan des poètes, le chef-lieu des héros dans les Niebelungen, la capitale des rois francs, la cour judiciaire des empereurs! soyez Worms, en un mot, pour qu'un rustre ivre de tabac, qui ne sait même plus s'il est vangion ou némète, dise en parlant de vous: — *Ah! Worms! cette ville! c'est là-bas! je ne l'ai jamais vue!*

Oui, mon ami, Worms est tout cela. Une ville illustre, comme vous voyez, résidence impériale et royale, trente mille habitants, quatorze églises, dont voici les noms, aujourd'hui complètement oubliés. C'est pour cela que je les enregistre:

Le Munster;
Sancta-Cæcilia;
Saint-Vesvin;
Saint-André;
Saint-Mang;
Saint-Johann;
Notre-Dame;
Saint-Paul;
Saint-Ruprecht;
Predicatores;
Saint-Lamprecht;
Saint-Sixt;
Saint-Martin;
Saint-Amandus.

Cependant je m'étais fait descendre à terre, à la grande surprise de mes compagnons de voyage, qui semblaient ne rien comprendre à ma fantaisie. Le dampschiff avait repris sa route vers Mannheim, me laissant seul avec mon bagage dans une étroite barque que secouait violemment le remous du fleuve, agité par les roues de la machine. J'avais abordé le débarcadère sans trop remarquer deux hommes qui étaient là debout pendant que la barque s'approchait et que le bateau à vapeur s'éloignait. L'un de ces hommes, espèce d'Hercule joufflu aux manches retroussées, à l'air le plus insolent qu'on pût voir, s'accoudait en fumant sa pipe sur une assez grande charrette à bras. L'autre, maigre et chétif, se tenait sans pipe et sans insolence, près d'une petite brouette, la plus humble et la plus piteuse du monde. C'était un de ces visages pâles et flétris qui n'ont pas d'âge, et qui laissent hésiter l'esprit entre un adolescent tardif et un vieillard précoce.

Comme je venais de prendre terre et pendant que je regardais le pauvre diable à la brouette, je ne m'étais pas aperçu que mon sac de nuit, laissé sur l'herbe à mes pieds par le batelier, avait subitement disparu. Cependant un bruit de roues en mouvement me fit tourner la tête; c'était mon sac de nuit qui s'en allait sur la charrette à bras gaillardement traînée par l'homme à la pipe. L'autre me regardait tristement, sans faire un pas, sans risquer un geste, sans dire un mot, avec un air d'opprimé qui se résigne auquel je ne comprenais rien du tout. Je courus après mon sac de nuit.

— Eh! l'ami! criai-je à l'homme, où allez-vous comme cela?

Le bruit de sa charrette, la fumée de sa pipe, et peut-être aussi la conscience de son importance, l'empêchaient de m'entendre. J'arrive essoufflé près de lui, et je répète ma question.

— Où nous allons? dit-il en français et sans s'arrêter.
— Oui, repris-je.
— Pardieu, fit-il, là!

Et il montrait d'un hochement de tête la maison blanche, qui n'était plus qu'à un jet de pierre.

— Eh! qu'est cela? lui dis-je.
— Eh! c'est l'hôtel.
— Ce n'est pas là que je vais.

Il s'arrêta court. Il me regarda, comme le patron du dampschiff, de l'air le plus stupéfait; puis, après un moment de silence, il ajouta avec cette fatuité propre aux aubergistes qui se sentent seuls dans un lieu désert et qui se donnent le luxe d'être insolents parce qu'ils se croient indispensables :

— Monsieur couche dans les champs?

Je ne crus pas devoir m'émouvoir.

— Non, lui dis-je; je vais à la ville.
— Où ça, la ville?
— A Worms.
— Comment à Worms?
— A Worms!
— Worms?
— Worms!
— Ah! reprit l'homme.

Que de choses il peut y avoir dans un *ah!* Je n'oublierai jamais celui-là. Il y avait de la colère, du mépris, de l'indignation, de la raillerie, de l'ironie, de la pitié, un regret profond et légitime de mes thalers et de mes silbergrossen, et, en somme, une certaine nuance de haine. Ce *ah!* voulait dire : Qu'est-ce que c'est que cet homme-là! Avec quel sac de nuit me suis-je fourvoyé? Cela va à Worms! Qu'est-ce que cela va faire à Worms? Quelque intrigant! Quelque banqueroutier qui se cache! Donnez-vous donc la peine de bâtir une auberge sur les bords du Rhin pour de pareils voyageurs! Cet homme me frustre. Aller à Worms, c'est stupide! Il eût bien dépensé chez moi dix francs de France; il me les doit; c'est un voleur. Est-il bien sûr qu'il ait le droit d'aller ailleurs? Mais c'est abominable, cela! Et dire que je me suis commis jusqu'à lui porter ses effets! un mauvais sac de nuit! Voilà un beau voyageur qui n'a qu'un sac de nuit! quelles guenilles y a-t-il là dedans? A-t-il une chemise seulement? Au fait, il est visible que ce français n'a pas le sou. Il s'en serait probablement allé sans payer. Quels aventuriers on peut rencontrer cependant! A quoi est-on exposé! Je devrais peut-être offrir celui-ci à la maréchaussée. Mais, bah, il faut en avoir pitié. Qu'il aille où il voudra. A Worms, au diable! Je fais aussi bien de le planter là, au beau milieu de la route, avec sa sacoche!

O mon ami! avez-vous remarqué comme il y a de grands discours qui sont vides et des monosyllabes qui sont pleins?

Tout cela dit dans cet *ah!* il saisit ma « sacoche » et la jeta à terre.

Puis il s'éloigna majestueusement avec sa charrette.

Je crus devoir faire quelques remontrances.

— Eh bien! lui dis-je, vous vous en allez ainsi? vous me laissez là avec mon sac de nuit? Mais, que diable! prenez au moins la peine de le reporter où vous l'avez pris.

Il continuait de s'éloigner.

— Eh! rustre! lui criai-je.

Mais il n'entendait plus le français; il poursuivit son chemin en sifflant.

Il fallait bien en prendre mon parti. J'aurais pu courir après lui, me fâcher, m'emporter, mais que faire d'un rustre, à moins qu'on ne l'assomme? Et, pour tout dire, en me comparant à cet homme, je doute que de nous deux l'assommé eût été lui. La nature, qui ne veut pas de l'égalité, ne l'avait pas voulue entre ce teuton et moi. Évidemment, là, au crépuscule, en plein air, sur la grande route, j'étais l'inférieur et lui le supérieur.

O loi souveraine du coup de poing, devant laquelle tous les passants sont parfaitement inégaux! *Dura lex, sed lex!*

Je me résignai donc.

Je ramassai mon sac de nuit et le pris sous mon bras; puis je m'orientai. La nuit était pleinement tombée, l'horizon était noir, je n'apercevais rien autour de moi que la masse blanchâtre et indistincte de la maison à laquelle il m'avait plu de tourner le dos. Je n'entendais que le bruit vague et doux du Rhin dans les roseaux.

*Vous trouverez Worms là-bas*, avait dit le capitaine du bateau en me montrant le fond de la plaine. *Là-bas!* rien de plus. Où aller avec ce *là-bas?* Était-ce à deux pas? Était-ce à deux lieues? Worms, la ville des légendes, que j'étais venu chercher de si loin, commençait à me faire l'effet d'une de ces villes fées qui reculent à mesure que le voyageur avance.

Et ces terribles et ironiques paroles de l'homme à la charrette me revenaient à l'esprit : *Monsieur veut coucher dans les champs?* Il me semblait entendre les génies familiers du Rhin, les duendes et les gnomes me les répéter à l'oreille avec des rires goguenards. C'était précisément l'heure où ils sortent, mêlés aux sylphes, aux masques, aux magiciennes et aux brucolaques, et où ils vont à ces danses mystérieuses qui laissent de grandes traces circulaires sur les pelouses foulées, traces que les vaches, le lendemain matin, regardent en rêvant.

La lune allait se lever.

Que faire? assister à ces danses? cela serait curieux.
— Mais coucher dans les champs! cela est dur. Revenir sur mes pas? demander l'hospitalité à cette auberge que j'avais dédaignée? affronter un nouveau *ah!* du rustre à la charrette? qui sait? me faire peut-être fermer la porte au nez et entendre derrière moi, autour de moi, dans les roseaux, dans les brouillards, dans les feuillages agités des trembles, redoubler les éclats

22

de rire des gnomes à l'œil d'escarboucle et des duendes aux faces vertes?

Être ainsi humilié devant les fées! faire sourire d'un sourire de pitié moqueuse le doux et lumineux visage de Titania! jamais!

Plutôt coucher à la belle étoile! plutôt marcher toute la nuit!

Après avoir tenu conseil avec moi-même, je me décidai à retourner au débarcadère. Là je trouverais sans doute quelque sentier qui me mènerait à Worms.

La lune se levait.

Je lui adressai une invocation mentale où je fis un abominable mélange de tous les poëtes qui ont parlé de la lune, depuis Virgile jusqu'à Lemierre. Je l'appelai *pâle courrière* et *reine des nuits*, et je la priai de m'éclairer un peu, en lui déclarant effrontément que je sentais que *Diane est la sœur d'Apollon*, et, me l'étant ainsi rendue favorable suivant le rite classique, je me remis bravement à marcher, ma sacoche au bras, dans la direction du Rhin.

J'avais à peine fait quelques pas, plongé dans une profonde rêverie, lorsqu'un léger bruit m'en tira. Je levai la tête. On a raison d'invoquer les déesses. La lune me permit de voir. Grâce à un rayon horizontal qui commençait à argenter la pointe des folles avoines, je distinguai parfaitement devant moi, à quelques pas, à côté d'un vieux saule dont le tronc ridé faisait une horrible grimace, je distinguai, dis-je, une figure blême et livide, un spectre qui me regardait d'un air effaré.

Ce spectre poussait une brouette.

— Ah! fis-je, voilà une apparition.

Puis, mes yeux tombant sur la brouette, et le second mouvement succédant au premier :

— Tiens! dis-je, c'est un portefaix.

Ce n'était ni un fantôme ni un portefaix; je reconnus le deuxième témoin de mon débarquement sur cette rive jusque-là peu hospitalière, l'homme au visage pâle.

Lui-même, en m'apercevant, avait fait un pas en arrière, et paraissait médiocrement rassuré. Je crus à propos de prendre la parole.

— Mon ami, lui dis-je, notre rencontre était évidemment prévue de toute éternité. J'ai un sac de nuit que je trouve en ce moment beaucoup trop plein, vous avez une brouette tout à fait vide; si je mettais mon sac sur votre brouette? hein? qu'en dites-vous?

Sur cette rive gauche du Rhin, tout parle et comprend le français, y compris les fantômes.

L'apparition me répondit :

— Où va monsieur?

— Je vais à Worms.

— A Worms?

— A Worms.

— Est-ce que monsieur voudrait descendre au *Faisan*?

— Pourquoi pas?

— Comment! monsieur va à Worms?

— A Worms.

— Oh! fit l'homme à la brouette.

Je voudrais bien éviter ici un parallélisme qui a tout l'air d'une combinaison symétrique; mais je ne suis qu'historien, et je ne puis me refuser à constater que cet *oh!* était précisément la contre-partie et le contraire du *ah!* de l'homme à la charrette.

Cet *oh!* exprimait l'étonnement mêlé de joie, l'orgueil satisfait, l'extase, la tendresse, l'amour, l'admiration légitime pour ma personne et l'enthousiasme sincère pour mes pfennings et mes kreutzers.

Cet *oh!* voulait dire : — Oh! que voilà un voyageur admirable et un magnifique passant! Ce monsieur va à Worms! il descendra au *Faisan*! Comme on reconnaît bien là un français! Ce gentilhomme dépensera au moins trois thalers à mon auberge! Il me donnera un bon pourboire. C'est un généreux seigneur, et, à coup sûr, un particulier intelligent. Il va à Worms! il a l'esprit d'aller à Worms, celui-là! A la bonne heure! Pourquoi les passants de cette espèce sont-ils si rares? Hélas! c'est pourtant une situation élégiaque et intéressante que d'être hôtelier dans cette ville de Worms, où il y a trois auberges ouvertes tous les jours pour un voyageur qui vient tous les trois ans! Soyez le bienvenu, illustre étranger, spirituel français, aimable monsieur! Comment! vous venez à Worms! Il vient à Worms noblement, simplement, la casquette sur la tête, son sac de nuit sous le bras, sans pompe, sans fracas, sans chercher à faire de l'effet, comme quelqu'un qui est chez lui! Cela est beau! Quelle grande nation que cette nation française! Vive l'empereur Napoléon!

Après ce beau monologue en une syllabe, il prit ma sacoche et la mit sur sa brouette en me regardant avec un air aimable et un ineffable sourire qui voulait dire : Un sac de nuit! rien qu'un sac de nuit! que cela est noble et élégant, de n'avoir qu'un sac de nuit! On voit que ce recommandable seigneur se sent grand par lui-même, qu'il se trouve avec raison assez éblouissant comme il est, et qu'il ne cherche pas à effarer le pauvre aubergiste par des semblants d'opulence, par des étalages de paquets, par des encombrements de valises, de porte-manteaux, de cartons à chapeau et d'étuis à parapluie et par de fallacieuses grosses malles qu'on laisse dans les auberges pour répondre de la dépense, et qui ne contiennent le plus souvent que des copeaux et des pavés, du foin et de vieux numéros du *Constitutionnel*! Rien qu'un sac de nuit! c'est quelque prince.

Après cette harangue en un sourire, il souleva joyeusement les bras de sa brouette enfin chargée, et se mit en marche en me disant d'un son de voix doux et caressant : — Monsieur, par ici!

Chemin faisant, il me parla; le bonheur l'avait fait loquace. Le pauvre diable vient tous les jours au débarcadère attendre les voyageurs. La plupart du temps le bateau passe sans s'arrêter. A peine y a-t-il un voyageur hors de l'entre-pont pour regarder la silhouette mélancolique que font sur l'horizon splendide du couchant les quatre clochers et les deux aubergistes de Worms. Quelquefois cependant le bateau s'arrête, le signal se fait, le batelier du débarcadère se détache, va au dampschiff, et en vient avec un, deux, trois voyageurs. On en a vu jusqu'à six à la fois! Oh! l'admirable aubaine! Les nouveaux arrivants débarquent avec cet air ouvert, étonné et bête, qui est la joie de l'aubergiste; mais, hélas! l'auberge du bord de l'eau les happe et les avale immédiatement. Qui est-ce qui va à Worms? qui est-ce qui se doute que Worms existe? Si bien que mon pauvre homme voit la grande charrette de l'hôtel riverain s'enfoncer sous les arbres toute cahotante et criant sous le poids des malles et des valises, tandis que lui, philosophe pensif, s'en retourne à la lueur des étoiles avec sa brouette vide. De pareilles émotions l'ont maigri; mais il n'en vient pas moins là chaque jour, avec la conscience du devoir accompli, à ce débarcadère ironique, à cette station dérisoire, regarder l'eau du Rhin couler, les voyageurs passer et l'auberge voisine s'emplir. Il ne lutte pas, il ne s'irrite pas, il ne fait aucune guerre, il ne prononce aucune parole; il se résigne, il amène sa brouette et il proteste, autant qu'une petite brouette peut protester contre une grande charrette. Il a en lui et il porte sur sa physionomie, devenue impassible à force d'humiliations et de mécomptes soufferts, ce sentiment de force et de grandeur que donne au faible et au petit la résignation mêlée à la persévérance. A côté du superbe, bouffi et triomphant aubergiste du bord de l'eau, lequel ne daigne même pas s'apercevoir qu'il existe, il a, lui, l'opprimé obstiné, patient et tenace, cette attitude sérieuse et inexprimable de l'eunuque devant le pacha, du pêcheur à la ligne en présence du pêcheur à l'épervier.

Cependant nous traversions des plaines, des prairies, des luzernes, nous avions franchi, à l'aide de je ne sais quel informe assemblage de vieilles poutres et de vieux pilotis ornés d'un chancelant tablier de planches à claire-voie, le petit bras du Rhin, sur lequel on voyait encore, il y a deux siècles, le beau pont de bois couvert aboutissant à la grande et fière tour carrée et ornée de tourelles à cul-de-lampe, bâtie par Maximilien. La lune avait emporté toutes les brumes, qui s'en allaient au zénith en blanches nuées; le fond du paysage s'était nettoyé, et le magnifique profil de la cathédrale de Worms, avec ses tours et ses clochers, ses pignons, ses nerfs et ses contre-nerfs, apparaissait à l'horizon, immense masse d'ombre qui se détachait lugubrement sur le ciel plein de constellations et qui semblait un grand vaisseau de la nuit à l'ancre au milieu des étoiles.

Le petit bras du Rhin passé, il nous restait à traverser le grand bras. Nous prîmes à gauche, et j'en conclus que le beau pont de pierre qui aboutissait à la porte-forteresse près Frauenbruder n'existait plus.

Après quelques minutes de marche dans de charmantes verdures, nous arrivâmes à un vieux pont délabré, probablement construit sur l'emplacement de l'ancien pont de bois de la porte Saint-Mang. Ce pont franchi, j'entrevis dans son développement cette superbe muraille de Worms, laquelle dressait dix-huit tours carrées sur le seul côté de l'enceinte qui regardait le Rhin. Hélas! qu'en restait-il? quelques pans de murs décrépits et percés de fenêtres, quelques vieux tronçons de tours affaissés sous le lierre ou transformés en logis bourgeois, avec croisées à rideaux blancs, contrevents verts et tonnelles à treilles, au lieu de créneaux et de mâchicoulis. Un débris informe de tour ronde qui se profilait à l'extrémité orientale de la muraille me parut être la tour Nideck; mais j'eus beau chercher du regard, je ne retrouvai à côté de cette pauvre tour Nideck ni la flèche aiguë du Munster, ni le joli clocher bas de Sainte-Cécilia. Quant à la Frauenthurm, la tour carrée la plus voisine de la tour Nideck, elle est remplacée, à ce qu'il m'a paru, par un jardin de maraîcher. Du reste, l'antique Worms était déjà endormie; tout s'y taisait profondément; partout le silence, pas une lumière aux vitres. Près du sentier que nous suivions à travers les champs de betteraves et de tabac qui entourent la ville, une vieille femme courbée dans les broussailles cherchait des herbes au clair de lune.

Nous entrâmes dans la ville; aucune chaîne ne cria, aucun pont-levis ne tomba, aucune herse ne se leva; nous entrâmes dans la vieille cité féodale et militaire des gaugraves et des princes-évêques par une baie qui avait été une porte-forteresse, et qui n'était plus qu'une brèche. Deux peupliers à droite, un tas de fumier à gauche. Il y a des fermes installées dans d'anciens châteaux qui ont de ces entrées-là.

Puis nous prîmes à droite, mon compagnon sifflant et poussant gaîment sa brouette, moi, songeant. Nous suivîmes quelque temps la vieille muraille à l'intérieur, puis nous nous engageâmes dans un dédale de ruelles désertes. L'aspect de la ville était toujours le même. Une tombe plutôt qu'une ville. Pas une chandelle aux fenêtres, on ne passait dans les rues.

Il était environ huit heures du soir.

Cependant nous parvînmes à une place assez large, à laquelle aboutissait le tracé de ce qui, à la clarté de la lune, me parut être une grande rue. Un des côtés de cette place était occupé par la ruine ou pour mieux dire par le spectre d'une vieille église.

— Quelle est cette église? dis-je à mon guide, qui s'était arrêté pour reprendre haleine.

Il me répondit par cet expressif haussement d'épaules qui signifie: *Je ne sais pas.*

L'église, au contraire de la ville, n'était ni déserte ni silencieuse, un bruit en sortait, une lueur s'en échappait à travers la porte. J'allai à cette porte. Quelle porte! Représentez-vous quelques ais grossièrement rattachés les uns aux autres par des traverses informes constellées de gros clous, laissant entre eux de larges espaces inégaux par le bas, ébréchés par le haut, et barricadant, avec cette sorte d'insolence du manant qui serait maître chez le seigneur, un magnifique et royal portail du quatorzième siècle.

Je regardai par les claires-voies, et j'entrevis confusément l'intérieur de l'église. Les sévères archivoltes du temps de Charles IV s'y dégageaient péniblement dans les ténèbres au milieu d'un inexprimable encombrement de tonnes, de fûts cerclés et de barriques vides. Au fond, à la clarté d'une chandelle de suif posée sur une excroissance de pierre qui avait dû être le maître-autel, un tonnelier à manches retroussées et en tablier de cuir chevillait un gros tonneau. Les douves retentissaient sous le maillet avec ce bruit de bois creux si lugubre pour quiconque a entendu le marteau des fossoyeurs résonner sur un cercueil.

Qu'était-ce que cette église? Au-dessus du portail s'élevait une puissante tour carrée qui avait dû porter une haute flèche. Nous venions de laisser à gauche, un peu en arrière, les quatres clochers de la cathédrale. J'apercevais à quelque distance en avant, vers le sud-ouest, une abside qui devait être l'église des Prédicateurs; il est vrai que je ne retrouvais pas à gauche le clocher de Saint-Paul engagé entre ses deux tours basses; mais nous n'étions pas assez avancés dans la ville ni assez près de la porte de Saint-Martin pour que ce fût Saint-Lamprecht; d'ailleurs, je ne voyais pas la petite flèche de Saint-Sixte, qui aurait dû être à droite, ni l'aiguille plus élevée de Saint-Martin, qui aurait dû être à gauche. J'en conclus que cette église devait être Saint-Ruprecht.

Une fois ces conjectures fixées et cette découverte faite, je me remis à regarder l'intérieur misérable de ce vénérable édifice, cette chandelle luisant dans cette ombre qu'avaient étoilée les lampes impériales des couronnements, ce tablier de cuir s'étalant où avait flotté la pourpre, ce tonnelier seul éveillé dans la ville accablée et endormie, martelant une futaille sur le maître autel! Et tout le passé de l'illustre église m'apparaissait. Les réflexions se pressaient dans mon esprit. Hélas! cette même nef de Saint-Ruprecht avait vu venir à elle en grande pompe, par la grande rue de Worms, des entrées solennelles de papes et d'empereur, quelques fois tous les deux ensemble sous le même dais, le pape à droite sur sa mule blanche, l'empereur à gauche sur son cheval noir comme le jais, clairons et tibicines en tête, aigles et gonfalons au vent, et tous les princes et tous les cardinaux à cheval en avant du pape et de l'empereur, le marquis de Montferrat tenant l'épée, le duc d'Urbin tenant le sceptre, le comte palatin portant le globe, le duc de Savoie portant la couronne!

Hélas! comme ce qui s'en va s'en va!

Un quart d'heure après j'étais installé dans l'auberge du *Faisan*, qui, je dois le dire, avait le meilleur aspect du monde. Je mangeais un excellent souper dans une salle meublée d'une longue table et de deux hommes occupés à deux pipes. Malheureusement la salle à manger était peu éclairée, ce qui m'attrista. En y entrant on n'apercevait qu'une chandelle dans un nuage. Ces deux hommes dégageaient plus de fumée que dix héros.

Comme je commençais à souper, un troisième hôte entra. Celui-là ne fumait pas; il parlait. Il parlait français avec un accent d'aventurier; on ne pouvait distinguer en l'écoutant s'il était allemand ou italien ou anglais ou auvergnat; il était peut-être tout cela à la fois. Du reste, un grand aplomb sur un petit esprit, et, à ce qu'il me parut, quelques prétentions de bellâtre; trop de cravate, trop de col de chemise; des œillades aux servantes; c'était un homme de cinquante-huit ans, mal conservé.

Il entama un dialogue à lui tout seul et le soutint; personne ne lui répondait. Les deux allemands fumaient, je mangeais.

— Monsieur vient de France? beau pays! noble pays! le sol classique! la terre du goût! patrie de Racine! Par exemple, je n'aime pas votre Bonaparte! l'empereur me gâte le général. Je suis républicain, monsieur. Je le dis tout haut, votre Napoléon est un faux grand homme; on en reviendra. Mais que les tragédies de Racine sont belles! (Il prononçait *pelles*.) Voilà la vraie gloire de la France. On n'apprécie pas Racine en Allemagne; c'est une terre barbare; on y aime Napoléon presque autant qu'en France. Ces bons allemands sont bien nommés les bons allemands. Cela fait pitié; ne le pensez-vous pas, monsieur?

Comme la fin de mon perdreau coïncidait avec la fin de sa phrase, je répondis en me tournant vers le garçon: *Une autre assiette.*

Cette réponse lui parut suffisante pour lier conversation, et il continua.

— Monsieur a raison de venir à Worms. On a tort de dédaigner Worms. Savez-vous bien, monsieur, que Worms est la quatrième ville du grand-duché de Hesse? que Worms est chef-lieu de canton? que Worms possède une garnison permanente, monsieur, et un gymnase, monsieur? On y fait du tabac, du sucre de Saturne; on y fait du vin, du blé, de l'huile. Il y a dans l'église luthérienne une belle fresque de Seekatz, ouvrage du bon temps, 1710 ou 1712. Voyez-la, monsieur. Worms a de belles routes bien percées, la route neuve, la Gaustrasse, qui va à Mayence par Hessloch, la route du Mont-Tonnerre par le val de Zell. L'ancienne voie romaine qui côtoie le Rhin n'est plus qu'une curiosité. Et quant à moi, monsieur, — êtes-vous comme moi? — je n'aime pas les curiosités. Antiquités, niaiseries. Depuis que je suis à Worms, je n'ai pas encore été voir ce fameux Rosengarten, leur jardin des roses, où leur Sigefroi, à ce qu'ils disent, a tué leur dragon. Folies! amères bêtises! Qui est-ce qui croit à ces contes de vieilles femmes après Voltaire? Invention de la prêtraille! Oh! triste humanité! jusqu'à quand te laisseras-tu mener par des sottises? Est-ce que Sigefroi a existé? est-ce que le dragon a existé? Avez-vous de votre vie vu un dragon, mon cher monsieur? Cuvier, le savant Cuvier, avait-il vu des dragons? D'ailleurs, est-ce que cela est possible? est-ce qu'une bête, voyons, parlons sérieusement, est-ce qu'une bête peut jeter du feu par le nez et par la gueule? Le feu désorganise tout; il commencerait par réduire en cendres, monsieur, l'infortuné animal. Ne le pensez-vous pas? ce sont de grossières erreurs. L'esprit n'est point ému de ce qu'il ne croit pas. Ceci est du Boileau. Faites-y attention. C'est du Boileau! (Il prononçait *tu poilu*.) C'est comme leur arbre de Luther! Je n'ai pas beaucoup plus de respect pour leur arbre de Luther, qu'on voit en allant à Alzey par la Pfalzerstrasse, l'ancienne route palatine. Luther! que me fait Luther? un voltairien a pitié d'un luthérien. Et quant à leur église de Notre-Dame, qui est hors de la porte de Mayence, avec son portail des cinq vierges sages et des cinq vierges folles, je ne l'estime qu'à cause de son vignoble, qui donne le vin liebfrauenmilch. Buvez-en, monsieur, il y en a d'excellent dans cette auberge. Ah! français! vous êtes de bons vivants, vous autres! Et goûtez aussi, croyez-moi, du vin de Katterloch et du vin de Luginsland. Ma foi, rien que pour trois verres de ces trois vins, je viendrais à Worms.

Il s'arrêta pour respirer, et l'un des fumeurs profita de la pause pour dire à son voisin : — Mon digne monsieur, je ne clos jamais mon inventaire de fin d'année à moins de sept chiffres.

Ceci répondait sans doute à une question que l'autre fumeur avait faite avant mon arrivée; mais deux fumeurs, et deux fumeurs allemands, n'ont jamais souci de presser le dialogue; la pipe les absorbe; la conversation va à tâtons, comme elle peut, dans la fumée.

Cette fumée me servit; mon souper était fini, et, grâce au brouillard des deux pipes, je pus disparaître sans être aperçu, laissant le péroreur aux prises avec les fumeurs, et le dialogue continuer entre les bouffées de paroles et les bouffées de tabac.

On m'installa dans une assez jolie chambre allemande, propre, lavée et froide; rideaux blancs aux fenêtres, serviettes blanches au lit. Je dis serviettes, vous savez pourquoi; ce que nous nommons une paire de draps n'existe pas sur les bords du Rhin. Avec cela les lits sont fort grands. Le résultat est le plus bizarre du monde; ceux qui ont construit les matelas ont prévu des patagons, ceux qui ont coupé le linge ont prévu des lapons. Occasion de philosophie. Le voyageur médiocre et fatigué accepte le temps comme Dieu le lui donne, et le lit comme la servante le lui fait.

Ma chambre était du reste meublée un peu au hasard, comme sont en général les chambres d'auberges. Il y a certains voyageurs qui emportent et d'autres voyageurs qui oublient; cela fait que je ne sais quel flux et reflux dont se ressent le mobilier des chambres d'hôtellerie. Ainsi, entre les deux fenêtres, un canapé était remplacé par deux coussins posés sur une grosse malle de bois évidemment laissée là par un voyageur.

D'un côté de la cheminée, à un clou, était accroché un petit baromètre portatif en bronze; de l'autre côté il ne restait que l'autre clou, auquel avait dû jadis figurer le *pendant* naturel, quelque thermomètre portatif et commode, probablement emporté par un voyageur peu scrupuleux. Sur cette même cheminée, entre deux bouquets de fleurs artificielles sous verre, comme on en fait rue Saint-Denis, il y avait un véritable vase antique, en terre grossière, trouvé sans doute dans quelque fouille des environs, une sorte de buire romaine à large panse comme on en déterre en Sologne, sur les bords de la Sauldre; vase assez précieux d'ailleurs, quoiqu'il n'eût ni la pâte des vases de Nola ni la forme des vases de Bari.

Au chevet du lit, dans un cadre de bois noir, pendait une de ces gravures troubadour, style empire, dont notre rue Saint-Jacques a inondé toute l'Europe il y a quarante ans. Au bas de l'image était gravée cette inscription, dont je conserve même l'orthographe : « BIANCA ET SON AMANT FUYANT VERS FLORENCE A TRA- « VERS LES APENINS. La crinte detre poursuivis leur a « fait choisir un chemin peu fréquenté, où ils segarent « plusieurs jours. La jeune Bianca, ayant les pieds « déchirés par les ronces et les pierres, sest fait une « chaussure avec des plantes. »

Le lendemain je me promenai dans la ville.

Vous autres parisiens, vous êtes tellement accoutumés au spectacle d'une ville en crue perpétuelle, que vous avez fini par n'y plus prendre garde. Il se fait autour de vous comme une continuelle végétation de charpente et de pierre. La ville pousse comme une forêt. On dirait que les fondations de vos demeures ne sont pas des fondations, mais des racines, de vivantes racines où la séve coule. La petite maison devient grande maison aussi naturellement, ce semble, que le jeune chêne devient grand arbre. Vous entendez presque nuit et jour le marteau et la scie, la grue qu'on dresse, l'échelle qu'on porte, l'échafaud qu'on pose, la poulie et le treuil, le câble qui crie, la pierre qui monte, le bruit de la rue qu'on pave, le bruit de l'édifice qu'on bâtit. Chaque semaine, c'est un essai nouveau; grès taillé, lave de Volvic, macadamisage, dallage de bitume, pavage de bois. Vous vous absentez deux mois, à votre retour vous trouvez tout changé. Devant votre porte il y avait un jardin, il y a une rue; une rue toute neuve, mais complète, avec des maisons de huit étages, des boutiques au rez-de-chaussée, des habitants du haut en bas, des femmes aux balcons, des encombrements sur la chaussée, la foule sur les trottoirs. Vous ne vous frottez pas les yeux, vous ne criez pas au miracle, vous ne croyez pas rêver tout éveillés. Non, vous trouvez cela tout simple. Eh bien, qu'est-ce que c'est? une rue nouvelle, voilà tout. Une chose seulement vous étonne; le locataire du jardin avait un bail, comment cela s'est-il arrangé? Un voisin vous l'explique. Le locataire avait quinze cents francs de loyer; on lui a donné cent mille francs pour s'en aller, et il s'en est allé. Cela redevient tout simple. Où s'arrêtera cette croissance de Paris? qui peut le dire? Paris a déjà débordé cinq enceintes fortifiées, on parle de lui en faire une sixième; avant un demi-siècle il l'aura emplie, puis il passera outre. Chaque année, chaque jour, chaque heure, par une sorte de lente et irrésistible infiltration, la ville se répand dans les faubourgs et les faubourgs deviennent des villes, et les faubourgs deviennent la ville. Et, je le répète, cela ne vous émerveille en rien, vous autres parisiens. Mon Dieu! la population augmente, il faut bien que la ville s'accroisse. Que vous importe? vous êtes à vos affaires. Et quelles affaires! les affaires du monde. Avant-hier une révolution, hier une émeute, aujourd'hui le grand et saint travail de la civilisation, de la paix et de la pensée. Que vous importe le mouvement des pierres dans votre banlieue, à vous, parisiens, qui faites le mouvement des esprits dans l'Europe et dans l'univers? Les abeilles ne regardent pas la ruche, elles regardent les fleurs; vous ne regardez pas votre ville, vous regardez les idées.

Et vous ne songez même pas, au milieu de ce formidable et vivant Paris, qui était la grande ville et qui devient la ville géante, qu'ailleurs il y a des cités qui décroissent et qui meurent.

Worms est une de ces villes.

Hélas! Rome est la première de toutes; Rome qui vous ressemble, Rome qui vous a précédés, Rome qui a été le Paris du monde païen.

Une ville qui meurt! chose triste et solennelle! Les rues se défont. Où il avait une muraille il n'y a plus rien. L'herbe remplace le pavé. La vie se retire vers le centre, vers le cœur, comme dans l'homme agonisant. Ce sont les extrémités qui meurent les premières, les membres chez l'homme, les faubourgs dans les villes. Les endroits déserts perdent les maisons, les endroits habités perdent les étages. Les églises s'effondrent, se déforment et s'en vont en poussière, non faute de croyances, comme dans nos fourmilières industrielles, mais faute de croyants. Des quartiers tout entiers tombent en désuétude. Il est presque étrange d'y passer; des espèces de peuplades sauvages s'y installent. Ici ce n'est plus la ville qui se répand dans la campagne, c'est la campagne qui rentre dans la ville. On défriche la rue, on cultive le carrefour, on laboure le seuil des maisons; l'ornière profonde des chariots à fumier creuse et bouleverse les anciens dallages; les pluies font des mares devant les portes; le caquetage discordant des basses-cours remplace les rumeurs de la foule. D'une place réservée aux cérémonies impériales on fait un carré de laitues. L'église devient une grange, le palais devient une ferme, la tour devient un pigeonnier, la maison devient une baraque, la boutique devient une échoppe, le bassin devient un étang, le citadin devient un paysan; la cité est morte. Partout la solitude, l'ennui, la poussière, la ruine, l'oubli. Partout, sur les places désertes, sur les passants enveloppés et mornes, sur les visages tristes, sur les pans de murs écroulés, sur les maisons basses, muettes et rares, l'œil de la pensée croit voir se projeter les longues et mélancoliques ombres d'un soleil couchant.

Malgré tout cela, à cause de tout cela peut-être, Worms, encadrée par le double horizon des Vosges et du Taunus, baignée par son beau fleuve, assise parmi les innombrables îles du Rhin, entourée de son enceinte décrépite de murailles et de sa fraîche ceinture de verdure, Worms est une belle, curieuse et intéressante cité. J'ai vainement cherché la partie de la ville bâtie en dehors de cette ligne de murs et de tours carrées, qui, de la porte de Saint-Martin, allait couper le Rhin à l'angle droit. Ce faubourg n'existe plus. Je n'ai trouvé aucun vestige de la Neu-Thurm, qui en terminait l'extrémité orientale avec sa flèche aiguë et ses huit tourelles. Il ne reste pierre sur pierre de cette magnifique porte de Mayence, qui avoisinait la Neu-Thurm, et qui, avec ses deux hauts beffrois, vue du Rhin parmi les clochers, ressemblait à une église, et, vue de la plaine parmi les tours, ressemblait à une forteresse. La petite nef de Saint-Amandus a disparu; et, quant à Notre-Dame, jadis si étroitement serrée par les maisons et les toits, elle est aujourd'hui au milieu des champs. Devant le portail des vierges sages et des vierges folles, des jeunes filles qui sont belles comme les sages et gaies comme les folles étendent sur le pré leur linge lavé au Rhin. Entre les contre-forts extérieurs de la nef, des vieillards assis sur des ruines se chauffent au soleil. *Aprici senes*, dit Perse; *solibus apti*, dit Horace.

Comme j'errais par les rues, un élégant du pays, passant à quelques pas de moi, m'a ébloui tout à coup. Ce brave jeune homme portait héroïquement un petit chapeau tromblon, bas et à longs poils, et un pantalon large, sans sous-pieds, qui ne descendait que jusqu'à la cheville. En revanche, le col de sa chemise, droit et empesé, lui montait jusqu'au milieu des oreilles, et le collet de son habit, ample, lourd et doublé de bougran, lui montait jusqu'à l'occiput. Si j'en juge d'après cet échantillon, voilà où en est l'élégance à Worms. Un vrai maçon endimanché, moins l'œil spirituel et satisfait, moins la joie parfaite et naïve. Je me suis souvenu que c'était là l'accoutrement des élégants sous la restauration. Vous savez que je ne dédaigne aucun détail, et que pour moi tout ce qui touche à l'homme révèle l'homme. J'examine l'habit comme j'étudie l'édifice. Le costume est le premier vêtement de l'homme, la maison est le second. L'élégant de Worms, anachronisme vivant, m'a remis sous les yeux tous les progrès que le costume a faits en France, et par conséquent en Europe, depuis vingt ans, grâce aux femmes, aux artistes et aux poètes. L'habillement des femmes, si visiblement laid sous l'empire, est devenu tout à fait charmant. L'habillement des hommes s'est amélioré. Le chapeau a pris une forme plus haute et des bords plus larges. L'habit a repris les grandes basques et les collets bas, ce qui profite aux hommes bien faits en dégageant les épaules, et aux hommes mal faits en dissimulant la maigreur et la ténuité des membres. On a ouvert et baissé le gilet ; on a rabattu le col de la chemise ; on a rendu par le sous-pied quelque forme au pantalon, cette chose hideuse. Tout cela est bien et pourrait être mieux encore. Nous sommes loin, pour la grâce et pour l'invention du vêtement de ces exquises élégances de François Ier, de Louis XIII, et même de Louis XV. Il nous reste à faire encore bien des pas vers le beau et vers l'art, dont le costume fait partie ; et cela est d'autant plus chanceux, que la mode, qui est la fantaisie sans la pensée, marche indifféremment en avant ou en arrière. Il suffit, pour tout gâter, d'un niais riche et jeune fraîchement arrivé de Londres. Rien ne nous dit que nous ne verrons pas reparaître les petits chapeaux velus, les grands cols droits, les manches à gigot, les queues de morue, les hautes cravates, les gilets courts et les pantalons à la cheville, et que mon grotesque élégant de Worms ne redeviendra pas un élégant de Paris. *Di talem avertite vestem!*

La cathédrale de Worms, comme les dômes de Bonn, de Mayence et de Spire, appartient à la famille romane des cathédrales à double abside, magnifiques fleurs de la première architecture du moyen âge, qui sont rares dans toute l'Europe, et qui semblent s'épanouir de préférence aux bords du Rhin. Cette double abside engendre nécessairement quatre clochers, supprime les portails de façade, et ne laisse subsister que les portails latéraux. La parabole des vierges sages et des vierges folles, déjà sculptée à Worms sur l'un des tympans de Notre-Dame, est reproduite sur le portail méridional du dôme. Sujet charmant et profond, souvent choisi par les sculpteurs des époques naïves, qui étaient tous des poëtes.

Quand on pénètre dans l'intérieur de l'église, l'impression est à la fois variée et forte. Les fresques byzantines, les peintures flamandes, les bas-reliefs du treizième siècle, les chapelles exquises du gothique fleuri, les tombeaux néo-païens de la renaissance, les consoles délicates sculptées aux retombées des arcs-doubleaux, les armoiries coloriées et dorées, les entre-colonnements peuplés de statuettes et de figurines, composent un de ces ensembles extraordinaires où tous les styles, toutes les époques, toutes les fantaisies, toutes les modes, tous les arts vous apparaissent à la fois. Les rocailles exagérées et violentes des derniers princes-évêques, qui étaient en même temps archevêques de Mayence, font dans les coins de gigantesques coquetteries. Çà et là de larges pans de muraille autrefois peinte et ornée, aujourd'hui nue, attristent le regard. Ces murailles nues sont des progrès du goût. Cela s'appelle simplicité, sobriété, que sais-je ? Oh ! que le « goût » a mauvais goût ! Heureusement la forêt d'arabesques et d'ornements qui emplissait la cathédrale de Worms était trop touffue pour que le goût ait pu la détruire entièrement. On en retrouve à chaque pas de magnifiques restes. Dans une grande chapelle basse, qui sert, je crois, de sacristie, j'ai admiré plusieurs merveilles du quinzième siècle, une piscine baptismale, urne immense sur le pourtour de laquelle est figuré Jésus entouré des apôtres, les apôtres petits comme des enfants, Jésus grand comme un géant ; plusieurs pages sculpturales tirées des deux Testaments, vastes poëmes de pierre composés plus encore comme des tableaux que comme des bas-reliefs ; enfin un Christ en croix presque de grandeur naturelle, œuvre qui fait qu'on se récrie et qu'on rêve, tant la délicatesse curieuse et parfaite des détails s'allie, sans la troubler, à la fierté sublime de l'expression.

Dans une place étroite, assez sombre et fort laide, à quelques pas de la cathédrale de Worms, à côté de ce merveilleux édifice qui se permet d'avoir la hauteur, la profondeur, le mystère, la couleur et la forme, qui revêt une pensée impérissable et éternelle de tout ce prodigieux luxe d'images et de métaphores de granit, tout à côté, dis-je, — comme la critique à côté de la poésie, — une pauvre petite église luthérienne, coiffée d'un chétif dôme romain, affublée d'un méchant fronton grec, blanche, carrée, anguleuse, nue, froide, triste, morose, ennuyeuse, basse, envieuse, — proteste.

Je relis ces lignes que je viens d'écrire, et je serais presque tenté de les effacer. Ne vous y méprenez pas, mon ami, et n'y voyez pas ce que je n'ai point voulu y mettre. C'est une opinion d'artiste sur deux ouvrages d'art, rien de plus. Gardez-vous d'y voir un jugement entre deux religions. Toute religion m'est vénérable. Le catholicisme est nécessaire à la société, le protestantisme est utile à la civilisation. Et puis insulter Luther à Worms, ce serait une double profanation. C'est à Worms surtout que le grand homme a été grand. Non, jamais l'ironie ne sortira de ma bouche en présence de ces penseurs et de ces sages qui ont souffert pour ce qu'ils ont cru le bien et le vrai, et qui ont généreusement dépensé leur génie pour accroître, ceux-ci la foi divine, ceux-là la raison humaine. Leur œuvre est sainte pour l'univers et sacrée pour moi. Heureux et bénis ceux qui aiment et qui croient, soit qu'ils fassent, comme les catholiques, de toute philosophie une religion, soit qu'ils fassent, comme les protestants, de toute religion une philosophie.

Mannheim n'est qu'à quelques lieues de Worms, sur l'autre rive du Rhin. Mannheim n'a guère, à mes yeux, d'autre mérite que d'être née la même année que Corneille, en 1606. Deux cents ans, pour une ville, c'est l'adolescence. Aussi Mannheim est-elle toute neuve. Les braves bourgeois, qui prennent le régulier pour le beau et le monotone pour l'harmonieux, et qui admirent de tout leur cœur la tragédie française et le côté en pierre de la rue de Rivoli, admireraient fort Mannheim. Cela est assommant. Il y a trente rues, et il n'y a qu'une rue ; il y a mille maisons, et il n'y a qu'une maison. Toutes les façades sont identiquement pareilles, toutes les rues se coupent à angle droit. Du reste, propreté, simplicité, blancheur, alignement au cordeau ; c'est cette beauté du damier dont j'ai parlé quelque part.

Vous savez que le bon Dieu est pour moi le grand faiseur d'antithèses. Il en a fait une, et des plus complètes, en faisant Mannheim à côté de Worms. Ici la cité qui meurt, là la ville qui naît ; ici le moyen âge avec son unité si harmonieuse et si profonde, là le goût classique avec tout son ennui. Mannheim arrive, Worms s'en va; le passé est à Worms, l'avenir est à Mannheim. (Ici j'ouvre une parenthèse. Ne concluez pas de ceci pourtant que l'avenir soit au goût classique.) Worms a les restes d'une voie romaine, Mannheim est entre un pont de bateaux et un chemin de fer. Maintenant il est inutile que je vous dise où est ma préférence, vous ne l'ignorez pas. En fait de villes, j'aime les vieilles.

Je n'en admire pas moins cette riche plaine où Mannheim est assise, et qui a une largeur de dix lieues entre les montagnes du Neckar et les collines de l'Isenach. On fait les cinq premières lieues, de Heidelberg à Mannheim, en chemin de fer ; et les cinq autres, de Mannheim à Durckheim, en voiturin. Ici encore le passé et l'avenir se donnent la main.

Du reste, dans Mannheim même, je n'ai rien remarqué que de magnifiques arbres dans le parc du château, un excellent hôtel, le *Palatinat*, une belle fontaine rococo, en bronze, sur la place, et cette inscription en lettres d'or sur la vitre d'un coiffeur : CABINET OU L'ON COUPE LES CHEVEUX A L'INSTAR DE M. CHIRARD, DE PARIS.

# LETTRE XXVII

## SPIRE

*Bords du Neckar, octobre.*

Que vous dirai-je de Spire, ou *Speyer*, comme la nomment les allemands, ou *Spira*, comme la nommaient les romains? *Neomagus*, dit la légende. *Augusta-Nemetum*, dit l'histoire. C'est une ville illustre. César y a campé, Drusus l'a fortifiée, Tacite en a parlé, les huns l'ont brûlée, Constantin l'a rebâtie, Julien l'a agrandie, Dagobert y a fait d'un temple de Mercure un couvent de Saint-Germain, Othon I<sup>er</sup> y a donné à la chrétienté le premier tournoi, Conrad le Salien en a fait la capitale de l'empire, Conrad II en a fait le sépulcre des empereurs. Les templiers, qui y ont laissé une belle ruine, ont rempli là leurs fonctions de sentinelles aux frontières. Tous les torrents d'hommes qui ont dévasté et fécondé l'Europe ont traversé Spire; pendant les premiers siècles, les vandales et les alemans (*tous les hommes*, hommes de toutes races, dit l'étymologie); pendant les derniers, les français. Durant le moyen âge, de 1125 à 1422, en trois cents ans, Spire a essuyé onze sièges. Aussi la vieille ville carlovingienne est-elle profondément frappée. Ses privilèges sont tombés, son sang et sa population ont coulé de toutes parts. Elle a eu la chambre impériale dont Wetzlar a hérité, les diètes dont le fantôme est maintenant à Francfort. Elle a eu trente mille habitants, elle n'en a plus que huit mille.

Qui se souvient aujourd'hui du saint évêque Rudiger? Où coule le ruisseau Spira? Où est le village Spira? Qu'a-t-on fait de l'église haute de Saint-Jean? Dans quel état est cette chapelle d'Olivet que les anciens registres appellent l'*incomparable*? Qu'est devenue l'admirable tour carrée à tourelles angulaires qui dominait la porte de la route du Bac? Quels vestiges reste-t-il de Sainte-Vildberg? Où est la maison de la chambre impériale? Où est l'hôtel des assesseurs-avocats, *lesquels*, dit une vieille charte, *sont faisans et administrans justice au nom de la majesté impériale, des électeurs et autres princes de l'Empire, au consistoire publiq de tout l'Empire établi par Charles le Quint*? De cette haute juridiction, à laquelle toutes les autres étaient *dévolues et ressortissantes en dernier ressort*, que reste-t-il? Rien, pas même le gibet de pierre à quatre piliers dans la prairie qui borde le Rhin. Le soleil seul continue de traiter Spire avec autant de magnificence que si elle était encore la reine des villes impériales. Le blé proverbial de Spire est toujours aussi beau et aussi doré que du temps de Charles-Quint, et l'excellent vin rouge pied-d'oison est toujours digne d'être bu par des princes-évêques en bas écarlates et des électeurs à chapeau d'hermine.

La cathédrale, commencée par Conrad I<sup>er</sup>, continuée par Conrad II et Henri III, terminée par Henri IV en 1007, est un des plus superbes édifices qu'ait faits le onzième siècle. Conrad I<sup>er</sup> l'avait dédiée, disent les chartes, à la « benoîte Vierge Marie ». Elle est aujourd'hui d'une majesté incomparable. Elle a résisté au temps, aux hommes, aux guerres, aux assauts, aux incendies, aux émeutes, aux révolutions, et même aux embellissements des princes-évêques de Spire et Bruchsal. Je l'ai visitée; je ne vous la détaillerai pas pourtant. Ici, comme dans la maison Ibach, je ne peux pas dire que j'ai vu l'église, tant j'étais absorbé par la pensée qui pour moi la remplissait. Non, je n'ai pas vu l'édifice, j'ai vu cette pensée. Laissez-moi vous la dire. Je ne sais plus rien du reste; tout a passé devant mes yeux comme une ombre. Cherchez, si vous le voulez, dans les itinéraires et les monographies, la description de la cathédrale de Spire, vous ne l'aurez pas de moi. Quelque chose de plus haut et de plus magnifique encore m'a saisi au milieu de la contemplation de cette sombre architecture. Jusqu'ici j'ai eu bien souvent déjà et j'aurai bien souvent encore l'occasion de vous montrer des églises; cette fois laissez-moi vous montrer Dieu.

De 1024 à 1308, trois siècles durant, la pensée de Conrad II s'est exécutée. Sur dix-huit empereurs qui ont régné cet intervalle, neuf ont été enterrés dans la crypte qui est sous la cathédrale de Spire. Quant aux neuf autres, Lothaire II, Frédéric Barberousse, Henri IV, Othon IV, Frédéric II, Conrad IV, Guillaume, Richard de Cornouailles et Adolphe de Castille, la destinée ne leur a pas accordé cette auguste sépulture. Le vent qui souffle sur les hommes à l'heure de leur mort les a portés ailleurs.

De ceux-là, deux seulement, qui n'étaient pas allemands, ont eu leur tombeau dans leur pays natal, Richard de Cornouailles en Angleterre, Alphonse de Castille en Espagne; les autres ont été jetés aux quatre points cardinaux; Lothaire II au monastère de Kœnigslutter, Othon IV à Brunswick, Guillaume à Middelbourg, Henri VI et Frédéric II à Palerme, Conrad IV à Poggi, Barberousse au Cydnus.

Barberousse en particulier, ce grand Barberousse, où est-il ? Dans le Cydnus, dit l'histoire ; à Antioche, dit la chronique ; dans la caverne de Kifflhœüser, dit la légende de Wurtemberg ; dans la grotte de Kaiserslautern, dit la légende du Rhin.

Les neuf césars couchés sous les dalles de l'abside de Spire étaient presque tous de glorieux empereurs. C'était le fondateur de la cathédrale, le contemporain de Canut le Grand, Conrad II, celui qui divisa la vieille Teutonie en six classes, dites Boucliers militaires, *Clypei militares*, hiérarchie que bouleversa la Bulle d'or, mais que la Pologne adopta et refléta ; si bien que, même dans ces derniers siècles, la constitution républicaine de la Pologne, reproduisant la vieille constitution féodale de l'Allemagne, était comme un miroir qui garderait l'image après que l'objet aurait disparu. C'étaient Henri III, qui proclama et maintint trois ans la paix universelle, préférant à une guerre de peuple à peuple ce duel de roi qu'il offrait à Henri I$^{er}$ de France ; puis Henri IV, le vainqueur des saxons et le vaincu de Grégoire VII ; Henri V, l'allié de Venise ; Conrad III, l'ami des diètes, qui se qualifiait *empereur des romains* ; Philippe de Souabe, le redoutable adversaire d'Innocent III. C'était le triomphateur d'Ottocar, l'exterminateur des burgraves, le fondateur de dynasties, le comte père des empereurs, Rodolphe de Habsbourg. C'était Adolphe de Nassau, le vaillant homme tué d'un coup de hache sur le champ de bataille. C'était enfin son ennemi, son meurtrier, Albert d'Autriche, qui se faisait servir à table par le roi de Bohême, la couronne en tête, qui supprimait les péages, et domptait, la châtaigne de fer au poing, les quatre formidables électeurs du Rhin ; prince démesuré en tout, dans son ambition comme dans sa puissance, auquel Boniface VIII donnait un matin le royaume de France ; si bien que, devant un pareil présent, on ne sait qui l'on doit admirer le plus, du pape qui avait l'audace d'offrir ou de l'empereur qui avait l'audace d'accepter.

Hélas ! quoi de plus pareil à des rêves que ces grandeurs ? et comme elles se ressemblent toutes par les misères qui sont au bout ! Albert d'Autriche, à Gellheim, près Mayence, avait tué de sa main son cousin et son empereur, Adolphe de Nassau ; dix ans plus tard Jean de Habsbourg tua, à Vindich-sur-la-Reuss, son oncle et son empereur, Albert d'Autriche. Albert qui était borgne et laid, et conseillé, disait Boniface VIII, par une femme au sang de vipère, *sanguine viperali*, avait été surnommé le *Régicide* ; Jean fut surnommé le *Parricide*.

Quoi qu'il en soit, tous ces princes, les bons, les médiocres et les mauvais, enterrés côte à côte, confondaient, pour ainsi dire, la diversité de leurs destinées dans la gloire des armes, propre à quelques-uns, et dans la splendeur de l'empire, commune à tous, et gisaient dans le caveau de Spire, enveloppés de la mystérieuse majesté de la mort. Pour toute l'Allemagne une sorte de superstition nationale environnait les empereurs endormis. Les peuples, qui ont tous les instincts querelleurs et mutins des enfants, haïssent volontiers la puissance debout et vivante, parce qu'elle est la puissance, parce qu'elle est debout, parce qu'elle est vivante. *Ceux de Flandre*, dit Philippe de Comines, *aiment toujours le fils de leur prince ; leur prince, jamais*. L'évêque d'Olmutz écrivait au pape Grégoire X : *Volunt imperatorem, sed potentiam abhorrent*. Mais, dès que la puissance est tombée, on l'aime ; dès qu'elle est vaincue, on l'admire ; dès qu'elle est morte, on la respecte. Rien n'était donc plus grand, plus auguste et plus sacré en Allemagne et en Europe que ces neuf tombes impériales couvertes, comme d'un triple voile, de silence, de nuit et de vénération.

Qui rompit ce silence ? qui troubla cette nuit ? qui profana cette vénération ? Écoutez.

En 1693, Louis XIV envoya brusquement dans le Palatinat une armée commandée par des hommes dont on peut lire encore les noms dans la *Gazette des entresols du Louvre*. ARMÉE D'ALLEMAGNE, 11 avril. — Maréchal de Boufflers, maréchal duc de Lorges, maréchal de Choiseul. — *Lieutenants généraux* : marquis de Chamilly, marquis de la Feuillée, marquis d'Uxelles, milord Mountcassel, marquis de Revel, sieur de la Bretesche, marquis de Villars, sieur de Mélac. — *Maréchaux de camp* : duc de la Ferté, sieur de Barbezières, comte de Bourg, marquis d'Alègre, marquis de Vaubecourt, comte de Saint-Fremond.

La civilisation alors commençait à couvrir partout la barbarie ; mais la couche était peu épaisse encore. A la moindre secousse, à la première guerre, elle se brisait, et la barbarie, trouvant un passage, se répandait de toutes parts. C'est ce qui arriva dans la guerre du Palatinat.

L'armée du grand roi entra dans Spire. Tout y était fermé, les maisons, l'église, les tombeaux. Les soldats ouvrirent les portes des maisons, ouvrirent les portes de l'église, et brisèrent la pierre des tombeaux.

Ils violèrent la famille, ils violèrent la religion, ils violèrent la mort.

Les deux premiers crimes étaient presque des crimes ordinaires. La guerre, dans ces temps que nous admirons trop quelquefois, y accoutumait les hommes. Le dernier était un attentat monstrueux.

La mort fut violée, et avec la mort, chose qu'on n'avait pas vue encore, la majesté royale, et avec la majesté royale toute l'histoire d'un grand peuple, tout le passé d'un grand empire. Les soldats fouillèrent les cercueils, arrachèrent les suaires, volèrent à des squelettes, majestés endormies, leurs sceptres d'or, leurs couronnes de pierreries, leurs anneaux qui avaient scellé la paix et la guerre, leurs bannières d'investiture, *hastas vexilliferas*. Ils vendirent à des juifs ce que les papes avaient béni. Ils brocantèrent cette pourpre en haillons et ces grandeurs couvertes de cendres. Ils trièrent avec soin l'or, les diamants et les perles ; et, quand il n'y eut plus rien de précieux dans ces sépulcres, quand il n'y eut plus que de la poussière, ils balayèrent pêle-mêle dans un trou ces ossements qui avaient été des empereurs. Des caporaux ivres roulèrent avec le pied dans une fosse commune les crânes de neuf césars.

Voilà ce que fit Louis XIV en 1693. Juste cent ans après, en 1793, voici ce que fit Dieu.

Il y avait en France un tombeau royal comme il y avait un ossuaire impérial en Allemagne. Un jour, jour fatal où toute la barbarie de dix siècles reparut à la surface de la civilisation et la submergea, des hordes hideuses, horribles, armées, qui apportaient la guerre, non plus à un roi, mais à tous les rois, non plus à une cathédrale, mais à toute religion, non plus à une ville ou à tout un état, mais à tout le passé du genre humain; des hordes effrayantes, dis-je, sanglantes, déguenillées, féroces, se ruèrent sur l'antique sépulture des rois de France. Ces hommes, que rien n'arrêta dans leur œuvre redoutable, venaient aussi pour briser des tombes, déchirer des linceuls et profaner des ossements. Étranges et mystérieux ouvriers, ils venaient mettre de la poussière en poussière. Écoutez ceci : — le premier spectre qu'ils éveillèrent, le premier roi qu'ils arrachèrent brutalement du cercueil, comme on secoue un valet qui a trop longtemps dormi, le premier squelette qu'ils saisirent dans sa robe de pourpre pour le jeter au charnier, ce fut Louis XIV.

O représailles de la destinée! 1693, 1793! équation sinistre! admirez cette précision formidable! Au bout d'un siècle pour nous, au bout d'une heure pour l'Éternel, ce que Louis XIV avait fait à Spire aux empereurs d'Allemagne, Dieu le lui rend à Saint-Denis.

Chose qu'il faut noter encore, le fondateur de la cathédrale de Spire, le plus ancien de ces vieux princes germaniques, Conrad II, avant d'être empereur d'Allemagne, avait été duc de la France rhénane. Ce duc de France fut outragé par un roi de France. Châtiment! châtiment! Si Louis XIV, dans ses campagnes d'Allemagne, avait passé à Otterberg, où j'étais il y a un mois, il aurait vu là, comme à Spire, une admirable cathédrale bâtie aussi par Conrad II, et cela peut-être n'eût pas été inutile au grand roi; car sur le portail principal de la sombre église il aurait pu lire cet avertissement mélancolique et sévère qu'on y lit encore aujourd'hui :

MEMENTO CONRADI.

# LETTRE XXVIII

### HEIDELBERG

A M. LOUIS B.

*Heidelberg, octobre.*

Cher Louis, prenez garde à vous, je suis en humeur de vous écrire une lettre interminable. Vous me demandez quatre pages; *je t'en veux donner cent*, comme dit Orosmane. Ma foi! tant pis, tirez-vous-en comme vous pourrez; les vieilles amitiés sont bavardes.

Je suis arrivé dans cette ville depuis dix jours, cher ami, et je ne puis m'en arracher. Dans votre excursion en Allemagne, il y a douze ans, êtes-vous venu à Heidelberg? surtout vous y êtes-vous arrêté? car il ne faut pas passer à Heidelberg, il faut y séjourner, il faudrait y vivre. Je ne vous en dirai certes pas autant de cette espèce de faux Versailles badois qu'on appelle Manheim, insipide ville, dont les rues semblent coupées à l'équerre dans un bloc de plâtre, et dont les clochers, comme ceux de Namur, ne sont pas des clochers, mais des bilboquets *réussis*. En descendant du bateau à vapeur du Rhin, je suis resté à Manheim le temps de faire atteler ma voiture, et je me suis enfui en hâte à Heidelberg. Faites-en autant si jamais vous venez ici.

Heidelberg, située et comme réfugiée au milieu des arbres, à l'entrée de la vallée du Neckar, entre deux coupes boisées plus fières que des collines et moins âpres que des montagnes, a ses admirables ruines, ses deux églises du quinzième siècle, sa charmante maison de 1595, à façade rouge et à statues dorées, dite l'auberge du *Chevalier de Saint-Georges*, ses vieilles tours sur l'eau, son pont, et surtout sa rivière limpide, tranquille et sauvage, où foisonnent les truites, où abondent les légendes, où se hérissent les rochers, où le flot, compliqué d'écueils, n'est qu'un inextricable réseau de tourbillons et de courants; ravissant fleuve-torrent où l'on peut être sûr que jamais un bateau à vapeur ne viendra patauger.

Je mène ici une vie occupée, occupée un peu au hasard, il est vrai; mais je ne perds pas un instant, je vous assure; je hante la forêt et la bibliothèque, cette autre forêt; et le soir, rentré dans ma chambre d'auberge, comme votre ami Benvenuto Cellini, j'écris sur des feuilles, qui s'en iront je ne sais où, mes aventures de la journée.

*Questa mia vita travagliata io scrivo.*

Seulement les travaux de Benvenuto, c'étaient des coups d'épée ou de stylet, des évasions du château Saint-Ange, des combats à fer émoulu pour le Rosso contre les disciples de Raphaël, des villes fortifiées, des colosses entrepris, des insolences au pape ou à la duchesse d'Étampes, des voyages de bohémien, avec ses deux élèves Paul et Ascagne, l'hôtel de Nesle pris d'assaut et vidé par les fenêtres, meubles et gens, et puis, çà et là, quelque chef-d'œuvre, *qualche bell' opera*, comme il dit lui-même, une *Junon*, une *Léda*, un *Jupiter* d'argent haut comme François Ier, ou une aiguière d'or pour laquelle le roi de France donnait au cardinal de Ferrare une abbaye de sept mille écus de rente.

Mes aventures et mes travaux, à moi, laborieux fainéant que vous connaissez bien, cher Louis, vous les savez par cœur, vous les avez assez longtemps partagés ; c'est une promenade solitaire dans un sentier perdu, la contemplation d'un rayon de soleil sur la mousse, la visite d'une cathédrale ou d'une église de village, un vieux livre feuilleté à l'ombre d'un vieux arbre, un petit paysan que je questionne, un beau scarabée enterreur cuirassé d'or violet, qui est tombé par malheur sur le dos, qui se débat, et que je retourne en passant avec le bout de mon pied ; des vers quelconques mêlés à tout cela ; et puis des rêveries de plusieurs heures devant la Roche-More sur le Rhône, le Château-Gaillard sur la Seine, le Rolandseck sur le Rhin, devant une ruine sur un fleuve, devant ce qui tombe sur ce qui passe, ou, spectacle à mon sens non moins touchant, devant ce qui fleurit sur ce qui chante, devant un myosotis penchant sa grappe bleue sur un ruisseau d'eau vive.

Voilà ce que je fais, ou, pour mieux dire, voilà ce que je suis ; car, pour moi, *faire* dérive fatalement et immédiatement d'*être*. Comme on est, on fait.

Ici, à Heidelberg, dans cette ville, dans cette vallée, dans ces décombres, la vie d'homme pensif est charmante. Je sens que je ne m'en irais pas de ce pays si vous y étiez, cher Louis, si j'y avais tous les miens, et si l'été y durait un peu plus longtemps.

Le matin, je m'en vais, et d'abord (pardonnez-moi une expression effrontément risquée, mais qui rend ma pensée), je passe, pour faire déjeuner mon esprit, devant la maison du *Chevalier de Saint-Georges*. C'est vraiment un ravissant édifice. Figurez-vous trois étages à croisées étroites supportant un fronton triangulaire à grosses volutes bouclées à jour ; tout au travers de ces trois étages, deux tourelles-espions à faîtages fantasques, faisant saillie sur la rue ; enfin toute cette façade en grès rouge, sculptée, ciselée, fouillée, tantôt goguenarde, tantôt sévère, et couverte du haut en bas d'arabesques, de médaillons et de bustes dorés. Quand le poète qui bâtissait cette maison l'eut terminée, il écrivit en lettres d'or, au milieu du frontispice, ce verset obéissant et religieux : *Si Jehova non ædificet domum, frustra laborant ædificantes eam.*

C'était en 1595. Vingt-cinq ans après, en 1620, la guerre de Trente Ans commença par la bataille du Mont-Blanc, près de Prague, et se continua jusqu'à la paix de Westphalie, en 1648. Pendant cette longue iliade dont Gustave-Adolphe fut l'Achille, Heidelberg, quatre fois assiégée, prise et reprise, deux fois bombardée, fut incendiée en 1635.

Une seule maison échappa à l'embrasement, celle de 1595.

Toutes les autres, qui avaient été bâties sans le Seigneur, brûlèrent de fond en comble.

A la paix, l'électeur palatin, Charles-Louis, qu'on a surnommé le Salomon de l'Allemagne, revint d'Angleterre et releva sa ville. A Salomon succéda Héliogabale, au comte Charles-Louis le comte Charles, puis à la branche palatine de Wittelsbach-Simmern la branche palatine de Pfalz-Neubourg, et enfin à la guerre de Trente Ans la guerre du Palatinat. En 1689, un homme dont le nom est utilisé aujourd'hui à Heidelberg pour faire peur aux petits enfants, Mélac, lieutenant-général des armées du roi de France, mit à sac la ville palatine et n'en fit qu'un tas de décombres.

Une seule maison survécut, la maison de 1595.

On se hâta de reconstruire Heidelberg. Quatre ans plus tard, en 1693[*], les français revinrent ; les soldats de Louis XIV violèrent à Spire les sépultures impériales, et à Heidelberg les tombeaux palatins. Le maréchal de Lorges mit le feu aux quatre coins de la résidence électorale ; l'incendie fut horrible, tout Heidelberg brûla. Quand le tourbillon de flamme et de fumée qui enveloppait la ville fut dissipé, on vit une maison, une seule, debout dans ce monceau de cendres.

C'était encore, c'était toujours la maison de 1595.

---

[*] A l'occasion de ce siège, où la ville fut enlevée en douze heures de tranchée ouverte, et qui a laissé en Allemagne un fatal souvenir que dix siècles peut-être n'effaceront pas, il n'est pas sans intérêt de transcrire ici quelques détails inconnus et quelques pages curieuses extraites de la *Gazette des entre-sols du Louvre*, déjà citée dans la lettre xxvii. Il va sans dire que ces extraits sont textuels, et que, quant aux rapprochements qu'ils peuvent faire naître dans l'esprit du lecteur, l'auteur de ce livre n'a eu l'intention ni de les chercher ni de les éviter.

*Gazette* du 28 may.

« Le sieur de Mélac, lieutenant-général, occupe les hauteurs au-dessus du chasteau avec douze bataillons et cinquante dragons. Il a chassé les ennemis d'une redoute d'où l'on peut battre à revers les ouvrages de la place.

« On a fait une batterie de six pièces de canon de l'austre costé du Neckre. La tranchée doit être ouverte ce soir par le marquis de Chamilly, lieutenant-général ; du costé du front des ouvrages de terre du faux bourg, par la brigade de Picardie. »

(Du camp devant Heidelberg, le 21 may 1693.)

« Six cents hommes de troupes de Hesse-Cassel vinrent pour ravitailler la place.

« Le sieur de Mélac les fit attaquer de la manière suivante :

« Cent hommes du régiment de Picardie, commandez par les sieurs de Coste et Despic, marchèrent par les vignes dans la montagne. Ils estoient suivis par cent trente du régiment de la Reyne, et cinquante cavaliers du régiment colonel-général de Mélac, et de Lalande, qui portoient des grenadiers en croupe. La seconde compagnie des grenadiers de la Reyne s'avança par un grand chemin dans la montagne et la rivière, avec une pièce de canon à leur teste, pour attaquer une traverse que les ennemis avoient faite dans le même chemin. Cent cinquante hommes du régiment de la Reyne soutenoient la compagnie de grenadiers ; la cavalerie et les dragons soutenoient toute l'infanterie. Et on attaqua les ennemis de toutes parts. Ils aban-

Aujourd'hui la charmante façade vermeille, damasquinée d'or, toujours vierge, intacte et fière, et seule digne de se rattacher au château dans cet insignifiant entassement de maisons blanches qui composent à présent Heidelberg, se dresse superbement sur la ville, et fait étinceler au soleil la triomphante inscription où je lis tous les matins en passant que Jéhovah a été l'ouvrier et que Jéhovah a été le sauveur.

Il est vrai, car il faut tout dire, et la dévotion de la renaissance s'assaisonnait de fantaisies païennes, il est vrai que l'effet de ce grave psaume est un peu modifié par cette ligne profane que l'architecte a gravée au-dessus : *Præstat invicta Venus*, laquelle doit elle-même se sentir un peu gênée par cette troisième légende dont se couronne le fronton : *Soli. Deo. Gloria.*

La miraculeuse maison saluée, je passe le pont, et je m'en vais dans la montagne.

Là, je m'enfonce, je me perds, je marche devant moi, je prends le chemin qui se présente ; je regarde, chapiteau par chapiteau, les arbres, ces piliers de la grande cathédrale mystérieuse ; et, plongé dans la lecture de la nature, comme les vieux puritains dans la méditation de la bible, je cherche Dieu.

Ami, chacun a son livre, et, voyez-vous, dans l'évangile comme dans le paysage, la même main a écrit les mêmes choses. Quant à moi, je pense que toutes les faces de Jéhovah veulent et doivent être contemplées, et cette idée règle et remplit toutes mes rêveries depuis vingt ans ; vous le savez, vous, Louis, qui m'aimez et que j'aime. Je pense aussi que l'étude de la nature ne nuit en aucune façon à la pratique de la vie, et que l'esprit qui sait être libre et ailé parmi les oiseaux, parfumé parmi les fleurs, mobile et vibrant parmi les flots et les arbres, haut, serein et paisible parmi les montagnes, sait aussi, quand vient l'heure, et mieux peut-être que personne, être intelligent et éloquent

donnèrent d'abord la première et la seconde traverse. Mais ils firent ferme à la dernière. Le sieur de Mélac alors fit avancer les grenadiers, qui attaquèrent les ennemis en flanc, en sorte qu'ils commencèrent à lascher pié. Ils firent encore ferme quelque temps derrière les hayes et des vignes ; mais la cavalerie les contraignit enfin à prendre la fuite. Les uns taschèrent à remonter le costeau par dedans les vignes, et les autres se sauvèrent dans le village de Vebelingen, qui est au pié de la montagne. Néanmoins, ayant été renforcés par un nombre de païsans armés, ils se mirent en devoir de revenir à la charge ; mais les grenadiers les poussèrent si vivement, qu'ils les obligèrent à prendre derechef la fuite après leur avoir tué plus de cent cinquante hommes et fait plusieurs prisonniers. Les François n'ont eu, dans cette affaire, que trois hommes blessés qui sont un grenadier du régiment de la Reyne, un soldat de Picardie et un cavalier du régiment de Mélac. »

*Gazette* du 1er juin.

« 22 au matin. Les ennemis, se voyant pressés et enveloppés par les batteries, voulurent abandonner le reste du fauxbourg en plein jour. On les poussa jusqu'à la porte de la ville, qu'ils fermèrent ; les grenadiers de Picardie l'enfoncèrent à coups de hache, et, nonobstant leur grand feu, les poussèrent jusqu'à la porte du chasteau, que les assiégés fermèrent, et laissèrent dehors plus de cinq cents des leurs, qui furent tués ou pris.

« ... Les troupes entrèrent de toutes parts dans la ville, qu'ils pillèrent, sans que les officiers généraux pussent l'empescher. Le chasteau demanda à capituler. Le maréchal duc de Lorges ne voulut pas accorder de condition. Ils se rendirent à discrétion, et sortirent le 23 au nombre de dix-huit cents hommes. Trois cents soldats prisonniers, qui avoient esté mis dans la grande église, mirent le feu aux deux clochers, qui se communiqua à la ville, et, quoi qu'on pût faire pour l'éteindre, en brûla la grande partie. On a trouvé quarante milliers de poudre, quantité de grenades, de bombes, douze pièces de canons en fonte et de fer. On s'est aussi rendu maître du pont de bateaux qu'ont fait les ennemis.

« Paris, 30 may 1693. Le roy partit de Compiègne le 22 du mois pour aller coucher à Roye ; le 23, il coucha à Péronne, le 24, à Cambray, et le 25, au Quesnoy.

« Le roy et la reyne de la Grande-Bretagne vinrent ici le 27 voir Leurs Altesses Royales, et ils entendirent le salut au monastère des Capucines. »

*Gazette* du 6 juin.

« ... La ville estoit prise, les soldats, les cavaliers et les dragons y entrèrent de toutes parts et commencèrent à la piller... Les soldats ne purent estre arrestés, quelque peine que se donnassent les officiers pour empescher les suites du désordre et l'embrasement de la ville, quoy qu'ayant esté prise d'assaut, elle eût pu n'estre pas épargnée. Le marquis de Chamilly avoit fait d'abord mettre les prisonniers et plusieurs bourgeois avec leurs femmes et leurs enfants dans la grande église, comme en un lieu de sûreté. Mais ces prisonniers mirent le feu aux deux clochers, d'où il se communiqua aux maisons de la ville et des fauxbourgs, où il avoit esté encore mis par hazard en quelques endroits, et s'estoit répandu presque partout, quelque soin qu'on prist pour l'éteindre. Le sieur de Heidersdorf, qui commandoit dans le chasteau, envoya cependant demander à capituler. Un capucin alla plusieurs fois de part et d'autre, accompagné d'un lieutenant-colonel et d'un magistrat. La capitulation fut conclue. On a trouvé dix milliers de plomb en saumon, sept en balles, cinq mille grenades chargées, cent bombes, un grand nombre d'outils. Les troupes ont commencé depuis à démolir les fortifications du chasteau. »

*Même numéro.*

« Du Quesnoy, le 2 juin 1693.

« Le 28 du mois dernier, un courier dépesché par le maréchal duc de Lorges apporta au roy la nouvelle de la prise de Heidelberg. Le 31, le roy fit ses dévotions et toucha les malades. Sa Majesté nomma l'abbé de la Luzerne à l'évesché de Cahors, et l'abbé de Denonville à l'évesché de Comminges. Sa Majesté a donné un canonicat de la Sainte-Chapelle au sieur Boileau, doyen de l'église de Sens, et un autre au sieur Basire. »

« De Paris ; le 6 may 1693.
(*Sic.* Erreur ; le 6 juin.)

« Le premier de ce mois, on chanta en l'église de Notre-Dame, par l'ordre du roy, le *Te Deum* en action de grâces de la réduction de Heidelberg. Les compagnies y assistèrent avec les cérémonies accoutumées : et, le soir, il y eut des feux dans toutes les rues. »

Outre le sac de la ville, cette prise de Heidelberg eut un lugubre résultat. En arrivant au camp des impériaux à Heilbron, le général Heidersdorf, qui avait capitulé avec le maréchal de Lorges, fut traduit devant des juges militaires et condamné à mort. Il eut la tête tranchée. Un capitaine et un lieutenant furent enveloppés dans le procès qu'on lui fit, et partagèrent son sort.

parmi les hommes. Je ne suis rien, je le sais, mais je compose mon rien avec un petit morceau de tout.

Je vais ainsi toute la journée, sans trop savoir où je suis, l'œil le plus souvent fixé à terre, la tête courbée vers le sentier, les bras derrière le dos, laissant tomber les heures et ramassant les pensées quand j'en trouve. Je m'assieds dans ces excellents fauteuils revêtus de mousse, c'est-à-dire de velours vert, que l'antique Palès creuse au pied de tous les vieux chênes pour le voyageur fatigué ; je mets en liberté, pour ma bienvenue, comme un souverain débonnaire, toutes les mouches et tous les papillons que je trouve pris dans les filets autour de moi ; petite amnistie obscure, qui, comme toutes les amnisties, ne fâche que les araignées. Et puis, je regarde couler au-dessous de mon trône, dans le ravin, quelque admirable ruisseau semé de roches pointues où se fronce à mille plis la tunique d'argent de la naïade ; ou bien, si le mont n'a pas de torrent, si le vent, les feuilles et l'herbe se taisent, si le lieu est bien calme, bien désert, bien éloigné de toute ville, de toute maison, de toute cabane même, je fais faire silence en moi-même à tout ce qui murmure sans cesse en nous, j'ouvre l'oreille aux chansons de quelque jeune montagnard perdu dans les branches avec son troupeau de chèvres, là-bas, bien loin, au-dessus ou au-dessous de moi. Rien n'est mélancolique et doux comme la tyrolienne sauvage chantée dans l'ombre par un pauvre petit chevrier invisible, pour la solitude qui l'écoute. Quelquefois, dans toute une grande montagne, il n'y a que la voix d'un enfant.

Les montagnards de ces forêts voisines de la Forêt-Noire ont une espèce de chant clair-obscur qui est charmant.

Comme je me promène tous les jours, je commence à être connu et accepté dans les villages. Les enfants qui jouent aux soldats se dérangent pour me laisser passer ; le roulier de la vallée du Neckar me sourit sous son feutre orné de galons d'argent à franges pendantes et de roses artificielles ; les paysans me saluent gravement avec leur grand chapeau à la Henri IV ; les jeunes filles et les vieilles femmes me considèrent comme un passant familier, et me disent : Guttag — A propos, ici plus que partout, je me demande, chaque fois que je traverse une rue de bourg ou de hameau, comment d'aussi jolies jeunes filles peuvent faire d'aussi laides vieilles femmes. — Je dessine çà et là les baraques qui ont du style. Dans ce pays dévasté par les guerres féodales, les guerres monarchiques et les guerres révolutionnaires, les cabanes sont construites avec des ruines de châteaux ; cela fait d'étranges édifices. L'autre jour, j'ai rencontré une masure de paysan ainsi composée : quatre murs de torchis, blanchis à la chaux, une porte et une fenêtre sur la façade ; à droite de la porte, le lion de Bavière couronné, portant le globe et le sceptre, sculpté presque en ronde bosse sur une large dalle de grès rouge. A gauche de la fenêtre, une autre lame de grès rouge, grand bas-relief représentant un poing crispé sur un billot et à demi entaillé par une hache. Au-dessus de la hache, cette date effacée, 16.. ; au-dessous du billot, cette autre date, 1731 ; entre les deux dates, ce mot : RENOVATVM. Rien de plus mystérieux et de plus sinistre que ce bas-relief. On ne voit pas l'homme dont on voit le poing; on ne voit pas le bourreau dont on voit la hache. Cette affreuse chose semble sortir d'un nuage. Les deux bas-reliefs sont incrustés dans le mur un peu au-dessous de vieilles lattes du toit. Le lion palatin se tourne comme irrité et furieux vers ce poing à moitié coupé. Maintenant, qui a apporté là ce lion? que signifie ce hideux bas-relief? quel crime y a-t-il sous ce supplice? quel est ce hasard singulier qui a eu le caprice de compléter une chaumière avec ce lion rugissant et cette main sanglante? Un cep de vigne, chargé de raisins, grimpe joyeusement à travers cette sombre énigme.

A force de regarder, j'ai trouvé quelques caractères gravés sur le haut du bas-relief au poing coupé; et, en dérangeant les grappes et les feuilles, j'ai déchiré le mot *Burg-Freyheit*.

Le même jour, c'était vers le soir, j'avais quitté à midi la ville par le chemin dit *des Philosophes*, lequel chemin s'en va je ne sais où, comme il sied à un chemin de philosophes, et j'étais dans un vallon quelconque. Je me mis à gravir l'escarpement d'une haute colline par un de ces sentiers antiques qu'on trouve souvent dans ce pays, sentiers-escaliers, pavés de grosses roches brutes, qui ont l'air d'un mur cyclopéen posé à plat sur le sol, attribués d'ailleurs par les ignorants aux géants, et par les savants aux romains, c'est-à-dire toujours aux géants.

Le jour s'éteignait derrière moi dans la plaine du Rhin.

C'était un de ces sinistres soleils couchants où le soleil semble s'abîmer pour jamais dans l'ombre, écrasé sous des nuages de granit, informe et nageant dans une immense mare de sang.

Je montais lentement à cette lueur.

Peu à peu, elle blêmit, puis s'effaça. Quand je fus à mi-côte je me retournai.

Je n'avais plus sous les yeux qu'un de ces grands paysages crépusculaires où les montagnes se traînent sur l'horizon comme d'énormes colimaçons dont les rivières et les fleuves, pâles et vagues sous la brume, semblent être la trace argentée.

Le mont devenait très âpre, l'escalier des rochers s'allongeait indéfiniment; mais les bruyères et les jeunes châtaigniers nains s'agitaient autour de moi avec ce murmure amical et hospitalier qui invite le voyageur à continuer.

Je repris donc mon ascension.

Comme j'atteignais le sommet d'un des bas côtés du mont, la lune, la pleine lune, ronde et éclatante, qui se lève de cuivre dans les plaines et d'or dans les montagnes, apparut tout à coup devant moi; et, gravissant elle-même le long de la colline voisine, se mit à glisser à fleur de terre dans les broussailles noires, comme un disque splendide poussé par des génies invisibles. Toute cette chaîne de sommets et de vallées, vue à cette clarté, des marches de ce sentier des géants, avait je ne sais quelle figure surnaturelle.

Je commençais à avoir besoin d'aide. La lune éclairait ma route, ce qui me convenait fort. En même temps, mon ombre se mit à marcher à côté de moi comme pour me tenir compagnie. Dix minutes après, j'étais au haut de la montagne. D'en bas je ne la croyais pas si haute. Soit dit en passant, c'est un peu l'histoire de toutes les grandes choses vues d'en bas. De là les jugements diminuants et étroits des petits hommes sur les grands hommes.

Il n'y avait dans le ciel que la lune. Ni un nuage, ni une étoile. C'était ce grand jour de la nuit qui arrive une fois par mois. Au sommet du mont, vaste croupe couverte de bruyères et rasée par le vent, ce que j'avais sous les yeux n'était pas un paysage, mais une grande carte géographique presque circulaire, estompée par la distance et la vapeur, comme celle que dut voir Jésus-Christ quand Satan le transporta sur la montagne pour lui offrir les royaumes de la terre. Par parenthèse, faire une pareille proposition à celui qui se sait dieu et qu'on sait dieu, offrir les royaumes de la terre à celui qui a les royaumes du ciel, c'est là un trait de stupidité, que j'ai peine à comprendre de la part de cette espèce de Voltaire antédiluvien que nous appelons le diable.

Vers le nord, la bruyère aboutissait à une forêt. Pas une chaumière, pas une hutte de bûcheron. Une solitude profonde.

Comme je me promenais sur cette croupe, j'aperçus à quelques pas d'un sentier à peine distinct, sous des buissons hérissés (à propos de buissons, le mot *horridus* manque dans notre langue; il dit moins qu'*horrible* et plus que *hérissé*), j'aperçus, dis-je, une espèce de trou vers lequel je me dirigeai.

C'était une assez grande fosse carrée, profonde de dix ou douze pieds, large de huit ou neuf, dans laquelle s'affaissaient des ronces rougeâtres, et où les rayons de la lune entraient par les crevasses de la broussaille. Je distinguais vaguement au fond un pavage à larges dalles miné par les pluies, et sur les quatre parois une puissante maçonnerie de pierres énormes, devenue informe et hideuse sous les herbes et les mousses. Il me semblait voir sur le pavé quelques sculptures frustes mêlées à des décombres, et parmi ces décombres un gros bloc arrondi, grossièrement évasé, percé à son milieu d'un petit trou carré, qui pouvait être un autel celtique ou un chapiteau du dixième siècle.

Du reste, aucun degré pour descendre dans l'excavation.

Ce n'était peut-être qu'une simple citerne, mais je vous assure que l'heure, le lieu, la lune, les ronces et les choses confuses entrevues au fond, donnaient je ne sais quoi de formidable et de sauvage à cette mystérieuse chambre sans escalier, enfoncée dans la terre, avec le ciel pour plafond.

Qu'était-ce que cette fosse singulière? Vous me connaissez, je m'obstine, je cherche, je veux en savoir sur cette cave plus que la lune et le désert ne m'en disent ; j'écarte les ronces avec ma canne, je m'accroche à des sarments que je prends à poignées, et je me penche sur cette ombre.

En ce moment-là, j'entends une voix grave et cassée prononcer distinctement derrière moi ce mot : *Heidenloch*. Dans le peu d'allemand que je sais, je sais ce mot. Il signifie : *trou des Païens*.

Je me retourne.

Personne dans la bruyère ; le vent qui souffle et la lune qui éclaire. Rien de plus.

Seulement, il me semble qu'il y a là, du côté de la forêt, à une trentaine de pas, entre la lune et moi, une masse d'ombre, une haute broussaille que je n'ai pas encore remarquée.

Je crois m'être trompé, et que, comme tous ceux qui se promènent dans les solitudes, je deviens un peu visionnaire, et je me remets à explorer le bord de la fosse.

Ici la voix s'élève une seconde fois, et j'entends de nouveau derrière moi les trois syllabes étranges : *Heidenloch*.

Pour le coup, je me retourne vivement, et à mon tour, je dis à voix haute : *Qui est là ?*

En cet instant, je crois remarquer, non sans quelque frisson involontaire, je vous l'avoue, que la haute broussaille s'est rapprochée de quelques pas.

Je répète : *Qui est là ?* et, au moment où j'allais marcher résolûment à elle, je la vois qui vient à moi, et j'en entends sortir pour la troisième fois la voix décrépite qui dit : *Heidenloch*.

Dans ces lieux déserts, à ces heures bizarres de la nuit, on est tendre aux superstitions, et je vous déclare que toutes les légendes du Rhin et du Neckar commençaient à me revenir à l'esprit, et me montaient au cerveau comme une fumée, lorsque le buisson surnaturel se retourna. Alors ce qui était dans l'ombre fit face à la lune, et j'aperçus une petite vieille courbée jusqu'au menton sur un bâton à gros nœuds, presque enfouie sous un gros tas de branchages qui la débordait de tous côtés, balayant la terre derrière elle et se balançant au-dessus de sa tête de la manière la plus fantastique. Elle me regardait avec ses yeux gris en répétant : *Heidenloch ! Heidenloch !*

On eût dit une vieille dryade chassée par les bûcherons, emportant son arbre sur son dos.

C'était tout simplement une pauvre bonne femme qui revenait de couper des broussailles dans la forêt, qui avait aperçu un étranger, et qui lui avait donné un renseignement, et qui maintenant regagnait sa chaumière au clair de la lune, traînant son fagot par le sentier des géants.

Je l'ai remerciée par quelques kreutzers, tout en la considérant avec admiration. Je n'ai vu de ma vie une plus petite vieille sous un plus énorme fagot.

Elle m'adressa, avec un groguement reconnaissant, une affreuse grimace gracieuse, qui était, il y a cinquante ans, un frais et charmant sourire. Puis elle me tourna le dos, c'est-à-dire la broussaille ; et au bout de quelques minutes, arrivée à la pente du mont, elle s'enfonça dans la terre, et s'évanouit comme une apparition. Son explication, du reste, n'expliquait rien. C'était un mot lugubre ajouté à une chose lugubre. Voilà tout.

Je vous avoue que je suis resté longtemps à cette place, regardant le *trou des Païens*, qui est peut-être la tombe ouverte et vide d'un géant, peut-être une chambre druidique, peut-être le puisard d'un camp romain, ou le réservoir pluvial de quelque couvent byzantin disparu, ou la hideuse cave sépulcrale d'un gibet démoli ; dont les parois silencieuses ont peut-être été arrosées de sang humain, ou comblées de squelettes, ou assourdies par la danse du sabbat tournant autour de l'ossuaire ; fosse pleine de ténèbres, dans laquelle la lune jette aujourd'hui un rayon livide, et une vieille femme un mot sinistre.

Quand je redescendis de la montagne, j'aperçus dans les arbres, sur un sommet voisin, une tour en ruine à laquelle se rattache sans doute l'excavation dont la signification est perdue aujourd'hui.

Au reste les païens, c'est-à-dire les sicambres, selon les uns, et les romains selon les autres, ont laissé des traces profondes dans les traditions populaires qui se mêlent ici partout à l'histoire et l'encombrent. A Lorch, à l'entrée du Wisperthal, il y a un autre *trou des Païens* aussi nommé Heidenloch. A Winkel, sur le Rhin, l'ancienne Vinicella, il y a la *rue des Païens*, Heidengass ; et à Wiesbade, l'ancien Visibadum, il y a le *mur des Païens*, Heidenmauer.

Je ne compte pas dans ces vestiges païens une espèce d'arche dont le tronçon, couvert de lierre, croule dans la montagne derrière Caub, à une lieue environ de Gutenfels, et que les paysans appellent *pont des Païens*, Heidenbrucke, parce qu'il me paraît évident que c'est la suite d'un pont bâti là par les suédois pendant la guerre de Trente Ans. Au reste la tradition ne se trompe pas beaucoup. C'est presque un Scipion que ce Gustave-Adolphe ; et ce qu'il vient faire sur le Rhin au dix-septième siècle, c'est la grande guerre classique, la guerre romaine. Les mêmes stratégies que Polybe raconte dans la guerre punique, Folard les retrouve et les constate dans la guerre de Trente Ans.

Voilà, cher Louis, les aventures de mes promenades, et je ne m'étonne pas vraiment que les contes et les légendes aient germé de toutes parts dans un pays où les buissons se promènent la nuit et adressent la parole aux passants.

L'autre soir, au crépuscule, j'avais devant moi une haute croupe noire et pelée, emplissant tout l'horizon et surmontée à son sommet d'une grosse tour en ruine, isolée comme les tours maximiliennes de la vallée de Luiz. Quatre grands créneaux, usés, ébréchés et changés en triangles par le temps, complétaient la sombre silhouette de la tour, et lui faisaient une cou-

ronne de fleurons aigus. Des paysans, habitants actuels de cette masure, y avaient allumé dans l'intérieur un immense feu de fagots, dont le flamboiement apparaissait au dehors aux trois seules ouvertures qu'eût la ruine, une porte cintrée en bas, deux fenêtres en haut. Ainsi éclairée, ce n'était plus une tour, c'était la tête noire et monstrueuse d'un effrayant Pluton ouvrant sa gueule pleine de feu et regardant par-dessus la colline avec ses yeux de braise.

A ces heures-là, quand le soleil est couché, quand la lune n'est pas levée encore, on rencontre des vallées qui semblent encombrées d'écroulements étranges; c'est le moment où les rochers ressemblent à des ruines et les ruines à des rochers.

Quelquefois l'espèce de poëte qui est en moi triomphe de l'espèce d'antiquaire qui y est aussi, et je me contente de ces visions.

Quelquefois je reviens le lendemain, au jour; j'explore la masure pas à pas, et je tâche d'en constater l'âge par la saillie des mâchicoulis, la forme des denticules ou l'écartement des ogives.

Il y a dans ce genre, à deux milles de Heidelberg, une ravissante vallée, vallée d'archéologue et vallée de rêveur. Quatre vieux châteaux sur quatre bosses de rochers comme quatre vautours qui se regardent; entre ces quatre donjons, une pauvre vieille ville semble s'être réfugiée avec épouvante au sommet d'une montagne conique, où elle se pelotonne dans ses murailles, et d'où elle observe depuis six cents ans l'attitude formidable des châteaux. Le Neckar semble avoir pris fait et cause pour la ville, et il entoure la montagne des bourgeois de son bras d'acier. De vieilles forêts, à cette heure chamarrées de toutes les dorures de l'automne, se penchent de toutes parts sur cette vallée comme dans l'attente d'un combat. Il y a là, parmi les chênaies et les châtaigneraies, de ces grands bois de pins habités par les hiboux et les écureuils. A de certaines heures, cet ensemble n'est pas un paysage, c'est une scène, et l'on attend l'heure où les acteurs, cette ville et ces châteaux, cette fourmilière de nains et ces quatre géants pétrifiés, vont reprendre vie et commencer.

Cet admirable lieu s'appelle Neckarsteinach.

De l'un de ces quatre donjons on a fait une métairie, d'un deuxième une maison de plaisance. Les deux autres, qui sont complètement ruinés, dévastés ou déserts, m'ont surtout intéressé et fait revenir plusieurs fois.

L'un s'appelait au douzième siècle et s'appelle encore aujourd'hui Schwalbennest, ce qui veut dire *le nid d'hirondelle*. Il est en effet posé en saillie et maçonné, comme par une hirondelle gigantesque, sur une console de rocher, dans la voussure d'un énorme mont de grès rouge.

C'était, du temps de Rodolphe de Habsburg, le manoir d'un effroyable gentilhomme-bandit qu'on nommait Bligger le Fléau. Toute la vallée, de Heilbronn à Heidelberg, était la proie de cet épervier à face humaine.

Comme tous ses pareils, la diète le manda. Bligger n'y alla point.

L'empereur le mit au ban de l'empire. Bligger n'en fit que rire.

La ligue des cent villes envoya ses meilleures troupes et son meilleur capitaine assiéger le Nid-d'Hirondelle. En trois sorties, le Fléau extermina les assiégeants.

Ce Bligger était un combattant de stature colossale et qui frappait avec un bras de forgeron.

Enfin le pape l'excommunia, lui et tous ses adhérents.

Quand Bligger entendit lire, au pied de sa muraille, par un des bannerets du saint-empire, la sentence d'excommunication, il haussa les épaules.

Le lendemain, à son réveil, il trouva son burg désert et la porte et la poterne murées. Tous ses hommes d'armes avaient quitté pendant la nuit la citadelle maudite et en avaient muré les issues.

Alors l'un d'eux, qui s'était caché dans la montagne, sur un rocher d'où le regard plongeait dans l'intérieur du château, vit Bligger le Fléau baisser la tête et marcher à pas lents dans sa cour. Il ne rentra pas un instant dans le donjon, et marcha ainsi jusqu'au soir, seul et faisant sonner les dalles sous son talon d'acier.

Au moment où le soleil se couchait derrière les collines de Neckargemund, le formidable burgrave tomba tout de son long sur le pavé.

Il était mort.

Son fils ne put relever sa famille de l'excommunication qu'en se croisant et en rapportant de la terre sainte la tête du sultan, laquelle figure encore aujourd'hui au milieu de l'écu d'un chevalier de pierre qui s'appelle Ulrich Landschad, fils de Bligger, et qui dort étendu sur un tombeau dans l'église de Steinach.

Cette famille est aujourd'hui éteinte.

Est-ce que ce n'est pas une belle histoire, Louis, et qui vaut tout aussi bien la peine d'être racontée que les grandes batailles et les mariages des rois? Il faut pourtant ramasser cela dans la mémoire du peuple. Les historiens dédaignent ces détails. Ils disent que c'est petit; moi, je déclare que c'est grand. Ce sont des contes de bonnes femmes, ajoutent-ils; mais est-ce que vous connaissez rien de plus magnifique et de plus terrible que les contes de bonnes femmes? Quant à moi, Homère me paraît si sublime, que je range l'*Iliade* parmi les contes de bonnes femmes.

A ce sujet, Buchanan, que je feuilletais ces jours-ci dans la bibliothèque de Heidelberg, fait un aveu naïf. Voici ce qu'il écrit à propos de Macbeth : *Multa hic fabulose affingunt; sed, quia theatris aut fabulis milesiis sunt aptiora quam historiæ, ea omitto.* Ce que Buchanan met ainsi entre deux parenthèses, c'est Shakespeare.

Le peuple d'ailleurs ne s'y méprend pas. Il aime le grand, et il aime les contes. Il exagère même volontiers les personnages de ses légendes, et les place, par le grossissement auguste des détails, au niveau des grands hommes politiques. La chronique ne se gêne pas plus que l'histoire pour bouleverser toute la nature quand il s'agit de so'enniser un de ses héros. Lorsque le laird écossais Donwald assassina, dans le château de Fores, le roi Duff, il y eut des prodiges, et le soleil se voila comme à la mort de César.

Tant que les narrateurs de ces grandes choses s'appellent Hector Boëce ou Hailes's, ce n'est pas de l'histoire, ce sont des contes. Le jour où ils se nomment Homère, Virgile ou Shakespeare, c'est plus que de l'histoire, c'est de l'épopée.

Le Schwalbennest a encore aujourd'hui une fière et sombre mine. C'est un donjon carré dont les deux angles tournés vers la vallée disparaissent et s'absorbent sous des tourelles rondes à mâchicoulis; une double circonvallation couverte de lierre l'enveloppe, et tout ce bloc pend, comme je vous l'ai dit, accroché au flanc d'une montagne presque en surplomb sur le Neckar.

J'ai escaladé le sentier, jadis si redoutable, où ont ruisselé l'huile bouillante, la poix allumée et le plomb fondu des mâchicoulis. Je suis entré par cette poterne et par cette porte qui ont été murées, aujourd'hui larges crevasses qui livrent passage au premier venu, et avec un clou j'ai gravé ces trois lignes sur une pierre du chambranle de la porte : *Quand la porte du tombeau s'est fermée sur une famille pour ne plus s'ouvrir, la porte de la maison s'ouvre pour ne plus se fermer.*

L'intérieur du burg est d'un aspect lugubre. Des racines d'arbres soulèvent çà et là ce vieux dallage du douzième siècle où a résonné la colossale armure de Bligger quand le burgrave tomba roide mort sur le pavé. La montagne, pleine de sources, continue de suinter goutte à goutte dans la citerne à demi comblée. Les fraisiers en fleurs s'épanouissent entre les dalles. Les pierres des murs, fouettées par la pluie et rongées par la lune, sont piquées de mille trous où des larves de papillons-spectres filent dans l'ombre leur cocon. Aucun pas humain dans cette demeure. Aux fenêtres inaccessibles du donjon apparaissent des châtelaines sauvages, les fougères, qui y agitent leur éventail, et les cignés, qui y penchent leur parasol. La grande salle, dont le toit et les plafonds se sont effondrés, est encore royalement décorée par treize croisées toutes grandes ouvertes sur la vallée. Au moment où j'y étais, le soleil couchant encadrait dans l'une d'elles un Claude Lorrain magnifique.

L'autre donjon n'a pas de nom, n'a pas d'histoire, n'a pas de date pour ainsi dire, n'a presque plus de forme, et est beaucoup plus formidable encore que le Nid-d'Hirondelle.

Si l'on oublie un instant la tour carrée qui le domine encore, ce n'est plus un donjon, ce n'est plus une ruine, ce n'est plus une masure, ce n'est plus un édifice ayant forme humaine (car l'homme imprime la forme à l'édifice); c'est un bloc, une masse caverneuse, un rocher percé comme un poumon de trous et de cœcums : c'est

un énorme madrépore que pénètre et que remplit inextricablement de toutes ses antennes, de tous ses pieds, de tous ses doigts, de tous ses cous, de toutes ses spirales, de tous ses becs, de toutes ses trompes, de toutes ses chevelures, la végétation, ce polype effrayant.

Je suis entré là avec beaucoup de peine, en faisant dans les broussailles un bruit de bête fauve.

Ce burg est plus ancien de deux siècles que le Schwalbennest. La tour carrée n'a qu'une baie, une porte du neuvième siècle, au-dessous de laquelle sortent encore des murs, à une hauteur d'environ quarante pieds, les deux consoles à ourlet diamanté qui soutenaient le pont-levis. L'archivolte pleine d'ombre de cette entrée inaccessible est aussi pure que si la pierre était coupée d'hier.

La seule chose, avec la tour carrée, qui ait encore une forme, c'est une grosse tour ronde, aux trois quarts rasée, qui flanquait un des angles du mur, et que j'ai aperçue en montant. Une fois engagé dans les antres dédaléens du château écroulé, j'ai eu quelque peine à le retrouver. Enfin j'ai avisé entre deux touffes de ronces l'embouchure étroite d'un couloir. Je m'y suis glissé, et je suis parvenu ainsi dans un petit carrefour singulier; c'étaient quatre cellules oblongues, voûtées, basses, rayonnant vers quatre points différents de la vallée, terminées chacune par une meurtrière, et partant toutes les quatre de l'extrémité du corridor où j'étais entré. Figurez-vous le dedans du moule où l'on aurait fondu le pied d'un aigle colossal. Ces quatre cellules étaient des embrasures d'onagres ou de fauconneaux. Du point où j'étais, le burgrave pouvait voir à la fois, par la première meurtrière, à sa droite, le revers de la montagne; par la seconde, en face de lui, le Schwalbennest; par la troisième, la ville groupée sur la colline, et par la quatrième, à sa gauche, les deux autres châteaux de la vallée. Cette serre d'aigle qui avait pour ongles quatre machines de guerre était l'intérieur de la tour ronde.

Entre les quatre embrasures, tout était granit cimenté et maçonnerie massive. J'ai dessiné le Schwalbennest vu par la meurtrière.

Au printemps, cette ruine, changée en un prodigieux bouquet de fleurs, doit être charmante.

Du reste, personne ne sait rien sur le burg. Il n'a pas même sa légende et son spectre. Les générations d'hommes qui l'ont habité y sont entrées tour à tour comme dans une caverne sans fond, et l'ombre d'aucune n'en est ressortie.

Comme j'y étais arrivé au coucher du soleil, la nuit est venue pendant que j'y étais encore. Alors cette masure-broussaille s'est remplie peu à peu d'un bruit étrange. Cher Louis, si jamais on vous parle du silence des ruines la nuit, exceptez, je vous prie, le burg sans nom de Neckarsteinach. Je n'ai de ma vie entendu vacarme pareil. Vous savez cet adorable tumulte qui éclate dans une futaie, en avril, au soleil levant; de chaque feuille jaillit une note, de chaque arbre une mélodie; la fauvette gazouille, le ramier roucoule, le chardonneret tredonne, le moineau, ce joyeux fifre, siffle gaîment à travers le tutti. Le bois est un orchestre. Toutes ces voix qui ont des ailes chantent à la fois et répandent sur les collines et les prairies la symphonie mystérieuse du grand musicien invisible. Dans le burg sans nom, au crépuscule, c'est la même chose, devenue horrible. Tous les monstres de l'ombre se réveillent et commencent à fourmiller. Le vespertilio bat de l'aile, l'araignée cogne le mur avec son marteau, le crapaud agite sa hideuse crécelle. Je ne sais quelle vie venimeuse et funèbre rampe entre les pierres, entre les herbes, entre les branches. Et puis des grondements sourds, des frappements bizarres, des glapissements, des crépitations sous les feuilles, des soupirs faibles qu'on entend tout près de soi, des gémissements inconnus, les êtres difformes exhalant les bruits lugubres, ce qu'on n'entend jamais hurlé ou murmuré par ce qu'on ne voit jamais. Par moments des cris affreux sortent tout à coup des chambres démantelées et désertes; ce sont les chats-huants qui se plaignent comme des mourants. Dans d'autres instants on croit entendre marcher dans le taillis à quelques pas de soi; ce sont des branchages fatigués qui se déplacent d'eux-mêmes. Deux charbons ardents, tombés on ne sait de quelle fournaise, brillent dans l'ombre au milieu des ronces; c'est une chouette qui vous regarde.

Je me suis hâté de m'en aller, assez mal à mon aise, ne sachant où poser mes mains dans les ténèbres et tâtonnant à travers les pierres du bout de ma canne. Je vous assure que j'ai eu un mouvement de joie lorsqu'au sortir de la sombre et impénétrable voûte de végétation qui ferme et enveloppe la ruine, le ciel bleu, vague, étoilé et splendide m'est apparu comme une immense vasque de lapis-lazuli pailleté d'or, dans un écartement de montagnes.

Il me semblait que je sortais d'une tombe et que je revoyais la vie.

Le soir, après ces expéditions, je regagne la ville. Je rencontre en chemin des groupes d'étudiants de cette grande université de Heidelberg, nobles et graves jeunes hommes dont le visage pense déjà. La route longe le Neckar. La cloche de l'abbaye de Neubourg tinte par intervalles dans le lointain. Les collines jettent leurs grandes ombres sur la rivière; l'eau étincelle au clair de lune avec le frissonnement du papillon d'argent; de longues barques sombres passent dans les rapides comme des flèches, ou bien il n'y a ni bateaux, ni passants, ni maisons; la vallée est muette, la rivière est déserte, et les rochers surgissent pêle-mêle au milieu des courants avec des formes de crocodiles et de grenouilles géantes qui viennent respirer le soir à fleur d'eau.

Puisque je suis en train de soleils couchants, de crépuscules et de clairs de lune, il faut que je vous raconte ma soirée d'avant-hier. Pour moi, vous le savez, ces grands aspects ne sont jamais « la même chose », et je ne me crois pas dispensé de regarder le ciel aujourd'hui parce que je l'ai vu hier. Je continue donc ma causerie.

Comme le jour déclinait, j'étais monté, par une belle châtaigneraie qui domine le château de Heidelberg, sur une haute colline qu'on appelle le petit Geissberg. Il y avait là, au douzième siècle, une forteresse bâtie par Conrad de Hohenstaufen, comte du saint-empire, duc des francs et beau-frère de l'empe-

reur Barberousse. Des débris de cette forteresse incendiée en 1278 en même temps que la ville de Heidelberg, les suédois firent en 1633 un retranchement en pierres sèches; et, de nos jours, du retranchement de Gustave-Adolphe, un paysan a fait la clôture de son champ de pommes de terre.

La plaine du Rhin, vue du petit Geissberg, est comme l'océan vu de la falaise de Bois-Rosé. L'horizon est immense. Mannheim, Philippsburg, les hauts clochers de Spire, une foule de villages, des forêts, des plaines sans fin, le Rhin, le Neckar, d'innombrables îles, au fond les Vosges.

A droite, sur le Heiligenberg, croupe boisée qu'on appelait, il y a deux mille ans, le *mont Pirus*, et, il y a mille ans, le *mons Abrahœ*, des ruines qu'on aperçoit racontent la même histoire que les ruines du donjon de Conrad sur le Geissberg. Les romains avaient érigé là un temple à Jupiter et un temple à Mercure; des débris de ces deux temples, Clovis, après la bataille de Tolbiac, en 495, bâtit un palais que les rois francs habitèrent. Quatre cents ans plus tard, sous Louis le Germanique, Théodroch, abbé de Lorges, édifia une église avec les démolitions du palais de Clovis. En 1622, les impériaux, commandés par le comte de Tilli, s'emparèrent de Heiligenberg, jetèrent bas l'abbaye romane de Théodroch et construisirent avec les décombres des batteries et des épaulements sur la crête de la montagne. Aujourd'hui, avec ces pierres qui ont été un temple à Jupiter, un palais des rois francs, une église catholique, une batterie impériale, les paysans des villages voisins font des cabanes.

Je m'étais assis au haut du Geissberg, à côté d'un chèvrefeuille sauvage encore en fleurs, sur une pierre posée là pendant la guerre de Trente Ans. Le soleil avait disparu. Je contemplais ce magnifique paysage. Quelques nuées fuyaient vers l'orient. Le couchant posait sur les Vosges violettes ses longues bandelettes peintes des couleurs du spectre solaire. Une étoile brillait au plus clair du ciel.

Il me semblait que tous ces hommes, tous ces fantômes, toutes ces ombres qui avaient passé depuis deux mille ans dans ces montagnes, Attila, Clovis, Conrad, Barberousse, Frédéric le Victorieux, Gustave-Adolphe, Turenne, Custines, s'y dressaient encore derrière moi et regardaient comme moi ce splendide horizon. J'avais sous mes pieds les Hohenstauffen en ruine, à ma droite les romains en ruine, au-dessous de moi, penchant sur le précipice, les palatins en ruine, au fond, dans la brume, une pauvre église bâtie par les catholiques au quinzième siècle, envahie par les protestants au seizième, aujourd'hui partagée par une cloison entre les protestants et les catholiques, c'est-à-dire, aux yeux de Rome, mi-partie de paradis et d'enfer, profanée, détruite; autour de cette église, une chétive ville quatre fois incendiée, trois fois bombardée, saccagée, relevée, dévastée et rebâtie; hier résidence princière, aujourd'hui université et manufacture, école et atelier, cité de bacheliers et d'ouvriers, c'est-à-dire fourmilière d'enfants étudiant les ténèbres et d'hommes travaillant le néant; devant moi, dans l'espace, j'avais les fleuves toujours de nacre, le ciel toujours de saphir, les nuages toujours de pourpre, les astres toujours de diamant; à côté de moi les fleurs toujours parfumées, le vent toujours joyeux, les arbres toujours frissonnants et jeunes. En ce moment-là, j'ai senti dans toute leur immensité la petitesse de l'homme et la grandeur de Dieu, et il m'est venu un de ces éblouissements de la nature que doivent avoir, dans leur contemplation profonde, ces aigles qu'on aperçoit le soir immobiles au sommet des Alpes ou de l'Atlas.

Vous savez, Louis, sur les hauts lieux, dans les moments solennels, il y a une marée montante d'idées qui vous envahit peu à peu et qui submerge presque l'intelligence. Vous dire tout ce qui a passé et repassé dans mon esprit pendant ces deux ou trois heures de rêverie sur le Geissberg, ce serait impossible.

Il y a quatre mille ans, cette vaste campagne, qu'on voit du sommet du Geissberg s'ouvrir comme une mer, était un lac en effet, un immense lac qui battait tout ce grand cirque de montagnes, le mont Tonnerre, le Taunus, le Mélibocus, le mont Pirus et les Vosges. Le Rhin, comme le Niagara, descendait de lac en lac à l'Océan. Une ancienne tradition raconte qu'un nécroman, pris par un roi, desséha ce lac pour obtenir sa liberté. Ce magicien prisonnier, c'était le Rhin captif qui rongea la barrière occidentale du lac afin de pouvoir s'engouffrer plus largement entre la double chaîne de volcans éteints qui commence au Taunus et finit aux Sept-Monts. Depuis lors, le lac s'est changé en plaine, les hommes ont succédé aux flots et les donjons aux écueils.

Je viens de vous dire quelques-uns des grands fantômes historiques qui ont traversé cette plaine depuis vingt siècles. César a été le premier, Bonaparte le dernier.

Il y a des villes sur lesquelles, à de certaines époques presque périodiques, par une sorte de fatalité locale qui est dans l'air ambiant, par la combinaison de leur situation géographique avec leur valeur politique, il se forme des nœuds de nuages sur les hautes montagnes. Heidelberg est une de ces villes.

Pour ne vous parler que de son château (car il faut bien que je vienne à vous en entretenir, et j'aurais dû commencer par là), que d'aventures n'a-t-il pas eues! Pendant cinq cents ans il a reçu le contre-coup de tout ce qui a ébranlé l'Europe, et il a fini par crouler. Cela tient, il est vrai, à ce que le château de Heidelberg, résidence du comte palatin, lequel n'avait au-dessus de lui que les rois, les empereurs et les papes, et, trop grand pour rester courbé sous leurs pieds, ne pouvait relever la tête qu'en les heurtant, cela tient, dis-je, à ce que le château de Heidelberg a toujours eu je ne sais quelle attitude d'opposition aux puissances. Dès 1030, époque de sa fondation, il commence par une Thébaïde; il a dans le palatin Rodolphe et l'empereur Louis, ces deux frères dénaturés, son Étéocle et son Polynice. Puis l'électeur va grandissant. En 1400, le palatin Rupert II, assisté de trois électeurs du Rhin, dépose l'empereur Wenceslas et prend sa place; cent vingt ans plus tard, en 1519, le palatin Frédéric II fera du jeune roi Charles 1er d'Espagne l'empereur Charles-Quint. En 1415, le comte Louis le Barbu se déclare protecteur du concile de Constance, et emprisonne dans son château de Heidelberg un pape, Jean XXIII, qu'il appelle, dans une lettre à l'empereur, *votre simoniaque Balthazar Kosa*. Un siècle après, Luther se réfugie à Mannheim, près de ce même Heidelberg, à l'ombre du palatin Frédéric. J'omets ici à dessein, pour vous en parler plus au long dans un instant, Frédéric le Victorieux, le grand titan de Heidelberg. En 1619, Frédéric V, un jeune homme, saisit la couronne royale de Bohême malgré l'empereur, et, en 1687, le palatin Philippe-Guillaume, un vieillard, prend le chapeau d'électeur malgré le roi de France. De là, pour Heidelberg, des luttes, des secousses, des commotions sans fin, la guerre de Trente Ans, qui est la gloire de Gustave-Adolphe, la guerre du Palatinat, qui est la tache de Turenne. Toutes les choses formidables ont frappé ce château. Trois empereurs, Louis de Bavière, Adolphe de Nassau et Léopold d'Autriche, l'ont assiégé; Pie II y a lancé l'excommunication; Louis XIV y a lancé la foudre.

On pourrait même dire que le ciel s'en est mêlé. Le 23 juin 1764, la veille du jour où Charles-Théodore devait venir habiter le château et y fixer sa résidence (ce qui, soit dit en passant, eût été un grand malheur; car, si Charles-Théodore avait passé là sa trentaine d'années, la sévère ruine que nous admirons aujourd'hui serait, sans aucun doute, incrustée d'un affreux damasquinage Pompadour), la veille de ce jour donc, comme les meubles du prince étaient déjà déposés à la porte, dans l'église du Saint-Esprit, le feu du ciel tomba sur la tour octogone, incendia la toiture, et

acheva de détruire en quelques heures ce château de cinq siècles. Déjà deux cents ans auparavant, en 1537, l'ancien palais bâti par Conrad sur le Geissberg et converti par Frédéric II en magasin à poudre avait été touché par un éclair et avait sauté. Chose remarquable, le même dénoûment a frappé les deux châteaux de Heidelberg, le donjon des Hohenstauffen et le manoir des palatins. Ils ont fini l'un et l'autre, comme le songe de la tragédie, *par un coup de tonnerre*.

Cette jalousie sourde et voilée, dont je vous parlais tout à l'heure, de l'électeur contre l'empereur, du comte souverain contre le césar, se traduit et éclate visiblement jusque sur les façades du château. Sur le palais d'Othon-Henri, l'artiste, plein de l'esprit du prince, a mis des médaillons d'empereurs romains. Parmi ces césars il a étalé Néron et glissé Brutus. Il a subordonné la composition de ces trois étages à quatre statues posées fièrement au rez-de-chaussée. Ces quatre statues sont des symboles; ce sont des demi-dieux et des demi-rois. C'est Josué, c'est Samson, c'est Hercule, c'est David. Dans David, il n'a pas choisi le roi, mais le berger. Chaque statue a au dessous d'elle son inscription qui achève d'expliquer la pensée hautaine du palatin. Sous les pieds de Josué, on lit :

LE DUC JOSUÉ (HERZOG JOSHUA)
PAR L'AIDE DE DIEU
A FAIT PÉRIR
TRENTE ET UN ROIS.

Samson, dans sa légende, devient presque un électeur palatin :

SAMSON LE FORT
ÉTAIT LE LIEUTENANT DE DIEU
ET GOUVERNA ISRAEL
DURANT VINGT ANS.

Hercule, c'est Frédéric II, qui dit, après avoir sauvé deux fois l'Allemagne et battu les turcs à la tête de l'armée de la confédération germanique :

JE SUIS HERCULE
FILS DE JUPITER
CONNU PAR MES NOBLES TRAVAUX
BIEN CONNU

David enfin, le berger David, qui tient sa fronde d'une main et la tête du géant de l'autre, c'est l'usurpateur légitimé par la gloire, Frédéric le Victorieux, qui semble dire à l'empereur Adolphe :

DAVID ÉTAIT UN JEUNE GARÇON
COURAGEUX ET PRUDENT,
A L'INSOLENT GOLIATH
IL A TRANCHÉ LA TÊTE.

Goliath n'avait qu'à se tenir pour averti.

C'était, en effet, un grand et formidable prince que l'électeur palatin. Il tenait parmi les électeurs-ducs le même rang que l'archevêque de Mayence parmi les électeurs-évêques. Il portait le globe du saint-empire dans les solennités germaniques. Depuis Charles-Quint, il le joignait à ses armes.

Les comtes palatins étaient volontiers lettrés, ce qui est l'ornement et la coquetterie des vrais princes. Au quatorzième siècle, Rupert l'Ancien fondait l'université de Heidelberg; au dix-septième, le palatin Charles était docteur de l'université d'Oxford. Othon le Magnanime dessinait et sculptait. Il est vrai que Othon-Henri appartient à cet admirable seizième siècle, qui confondait dans une vie commune le prince et l'artiste sur ses sommets éblouissants. Charles-Quint ramassait le pinceau de Titien. François Ier, comme plus tard Charles IX, faisait des vers, peignait et dessinait. *Molte volte*, dit Paul Lamozzo, *si dilettava di prendere lo stilo in mano e esercitarsi nel disegnare e dipingere.*

C'était aussi un prince lettré, grâce à son vieux maître Mathias Kemnat, que ce Frédéric le Victorieux, qui fut, pour ainsi dire, au quinzième siècle, le jumeau de Charles le Téméraire, et dont le vaillant duc de Bourgogne préféra l'amitié au titre du roi. L'histoire n'a pas de figure plus fière. Il débute par l'usurpation, car son pays avait besoin d'un homme, et non d'un enfant. Il défend le Palatinat contre l'empereur et l'archevêque de Mayence contre le pape; il se fait excommunier trois fois; il bat la ligue des treize princes; il prête main-forte à la hanse rhénane; il tient tête à toute l'Allemagne; il gagne les batailles de Pfeddersheim et de Seckenheim; il donne au margrave Charles de Bade, à l'évêque Georges de Metz, au comte Ulrich de Wurtemberg, et aux cent vingt-trois chevaliers ses prisonniers le fameux *repas sans pain;* il déclare la guerre aux burgraves-bandits et en purge le Neckar, comme Barberousse et Rodolphe de Habsburg en avaient purgé le Rhin; enfin, après avoir vécu dans un camp, il meurt dans un cloître. Vie qui sera plus tard celle du grand Frédéric, mort qui sera plus tard celle de Charles-Quint.

Héros à double profil dans lequel la providence ébauchait d'avance ces deux grands hommes.

Vu à vol d'oiseau, le château de Heidelberg présente à peu près la forme d'une F, comme si le hasard avait voulu faire du magnifique manoir la gigantesque initiale de ce victorieux Frédéric, son plus illustre habitant.

Le grand jambage de l'F est parallèle au Neckar et regarde la ville, que le château domine à mi-côte. Le grand bras, qui part à l'angle droit de l'extrémité supérieure du jambage, s'étend au-dessus d'un vallon qui le sépare des montagnes de l'est. Le petit bras du milieu, raccourci encore par les ruines qui le terminent, fermait le château à l'ouest du côté des plaines du Rhin, et tournait vers le mont Geissberg les tours qu'il semble tenir encore dans son poignet brisé.

Il y a de tout dans le manoir de Heidelberg. C'est un de ces édifices où s'accumulent et se mêlent les beautés éparses ailleurs. Il y a des tours entaillées comme à Pierrefonds, des façades-bijoux comme à Anet, des moitiés de douves tombées d'un seul morceau dans le fossé comme au Rheinfels, de larges bassins tristes, croulants et moussus comme à la villa Pamfili, des cheminées de rois pleines de ronces comme à Meung-sur-Loire, de la grandeur comme à Tancarville, de la grâce comme à Chambord, de la terreur comme à Chillon.

Les traces des assauts et de la guerre sont là partout. Vous ne pouvez vous figurer avec quelle furie les français en particulier ont ravagé ce château de 1689 à 1693. Ils y sont revenus à trois ou quatre reprises. Ils ont fait jouer la mine sous les terrasses et les entrailles des maîtresses tours; ils ont mis le feu aux toitures; ils ont fait éclater des bombes à travers les Dianes et les Vénus des plus délicates façades. J'ai vu des traces de boulets dans les chambranles de ces ravissantes fenêtres du rez-de-chaussée de la salle des Chevaliers par où sautait la palatine, afin de tâcher de *devenir homme*. Cette même palatine, si spirituelle, si méchante et si désespérée d'être fille, a été plus tard la cause de la guerre. Chose bizarre, il y a des villes qui ont été perdues par des femmes qui étaient des merveilles de beauté; ce miracle de laideur a perdu Heidelberg.

Pourtant, quelle que soit la dévastation, lorsqu'on monte au château par les rampes, les voûtes et les terrasses qui y conduisent, on regrette que le grand côté tourné vers la ville, bien qu'admirablement composé, à son extrémité ouest, d'une tour éventrée qui avait été la grosse tour; à son extrémité orientale, d'une belle tour octogone qui a été la tour de la cloche; et à son centre, d'un hôtel à deux pignons, dans le style de 1600, qui a été le palais de Frédéric IV; on regrette, dis-je, que tout ce grand côté ait quelque monotonie. J'avoue que j'y désirerais une ou deux brèches. Si j'avais eu l'honneur d'accompagner M. le maréchal de Lorges dans sa sauvage exécution de 1693, je lui aurais conseillé quelques volées de canon qui eussent donné plus de mouvement à la ligne de la grande façade. Quand on fait une ruine, il faut la bien faire.

Vous vous rappelez cet admirable château de Blois, si stupidement *utilisé* en caserne, dont la cour intérieure a quatre façades qui racontent chacune l'histoire d'une grande architecture. Eh bien, lorsqu'on entre dans la cour intérieure des palatins, l'impression n'est pas moins profonde ni moins compliquée. On est ébloui. On est tenté de fermer les yeux comme on est tenté de se boucher les oreilles devant les *Noces* de Paul Véronèse. Il semble qu'il y a dans cette cour un immense rayonnement qui vient de tous les côtés à la fois. Tout vous sollicite et vous réclame. Si l'on est tourné vers le palais de Frédéric IV, on a devant soi les deux hauts frontons triangulaires de cette façade touffue et sombre, à entablements largement projetés, où se dressent, entre quatre rangs de fenêtres, taillés du ciseau le plus fier, neuf palatins, deux rois et cinq empereurs*. A sa droite, on a l'exquise devanture italienne d'Othon-Henri avec ses divinités, ses chimères et ses nymphes qui vivent et qui respirent, veloutées par de molles ombres poudreuses, avec ses césars romains, ses demi-dieux grecs, ses héros hébreux, et son porche qui est de l'Arioste sculpté. A sa gauche, on entrevoit le frontispice gothique du palais de Louis le Barbu, furieusement troué et crevassé comme par les coups de cornes d'un taureau gigantesque. Derrière soi, sous les ogives d'un porche où s'abrite un puits à demi comblé, on a les quatre colonnes de granit gris données par le pape au grand empereur d'Aix-la-Chapelle, qui vinrent au huitième siècle de Ravenne aux bords du Rhin, et au quinzième des bords du Rhin aux bords du Neckar, et qui, après avoir vu tomber le palais de Charlemagne à Ingelheim, regardent crouler le château des palatins à Heidelberg.

Tout le pavé de la cour est obstrué de perrons en ruine, de fontaines taries, de vasques ébréchées. Partout la pierre se fend et l'ortie se fait jour.

Les deux façades de la renaissance qui donnent tant de splendeur à cette cour sont en grès rouge, et les statues qui les couvrent sont en grès blanc, admirable combinaison qui prouve que ces grands sculpteurs étaient aussi de grands coloristes. Avec le temps, le grès rouge s'est rouillé et le grès blanc s'est doré. De ces deux façades, l'une, celle de Frédéric IV, est toute sévère; l'autre, celle d'Othon-Henri, est toute charmante. La première est historique, la seconde est fabuleuse. Charlemagne domine l'une, Jupiter domine l'autre.

Plus on contemple ces deux palais juxtaposés, plus on pénètre dans leurs merveilleux détails, plus la tristesse vous gagne. Étrange destinée des chefs-d'œuvre de marbre et de pierre! un stupide passant les défigure, un absurde boulet les anéantit, et ce ne sont pas les artistes, ce sont les rois qui y attachent leurs noms. Personne ne sait aujourd'hui comment s'appelaient les divins hommes qui ont bâti et sculpté la muraille de Heidelberg. Il y a là de la renommée pour dix grands artistes qui flotte au-dessus de cette illustre ruine sans pouvoir se fixer sur des noms. Un Boccador inconnu a inventé le palais de Frédéric IV; un Primatice ignoré a composé la façade d'Othon-Henri; un César Césariano perdu dans l'ombre a dessiné les pures ogives à triangle équilatéral du manoir de Louis V. Voici des arabesques de Raphaël, voici des figurines de Benvenuto. Les ténèbres couvrent tout cela. Bientôt ces poëmes de marbre mourront, les poètes sont déjà morts. Ne le pensez-vous pas, Louis? le plus amer des dénis de justice, c'est le déni de gloire, c'est l'oubli.

Pour qui ont-ils donc travaillé, ces admirables hommes? Hélas! pour le vent qui souffle, pour l'herbe qui pousse, pour le lierre qui vient comparer ses feuillages aux leurs, pour l'hirondelle qui passe, pour la pluie qui tombe, pour la nuit qui descend.

Une chose singulière, c'est que les trois ou quatre bombardements qui ont labouré ces deux façades ne les ont pas ravagées toutes les deux de la même manière. Sur le frontispice d'Othon-Henri, ils n'ont guère brisé que des corniches ou des architraves. Les olympiens immortels qui l'habitent n'ont pas souffert. Ni Hercule, ni Minerve, ni Hébé, n'ont été touchés. Les boulets et les pots-à-feu se sont croisés, sans les atteindre, autour de ces statues invulnérables. Tout au contraire, les seize chevaliers couronnés qui ont des têtes de lions pour genouillères et qui font si vaillante contenance sur le palais de Frédéric IV, ont été traités par les bombes en gens de guerre. Presque tous ont été blessés. Othon, l'empereur, a été balafré au visage; Othon, le roi de Hongrie, a eu la jambe gauche fracassée; Othon-Henri, le palatin, a eu la main emportée. Une balle a défiguré Frédéric le Pieux. Un éclat de

---

* Premier rang à partir du haut du palais : Charlemagne, empereur; Othon de Wittelsbach, palatin de Bavière ; Louis, duc de Bavière et premier comte palatin du Rhin; Rodolphe Ier, palatin. Deuxième rang : Louis de Bavière, empereur; Rupert I., empereur; Othon, roi de Hongrie; Christophe, roi de Danemark. Troisième rang : Rupert l'Ancien, palatin ; Frédéric le Victorieux, palatin; Frédéric II, palatin; Othon-Henri, palatin. Quatrième rang : quatre palatins, Frédéric le Pieux, Louis, Jean-Casimir et Frédéric IV, constructeur du palais.

La maison palatine remontait, par les femmes, à Charlemagne.

bombe a coupé en deux Frédéric II, et a cassé les reins à Jean-Casimir. Dans ces assauts, celui qui commence en haut, près du ciel, cette royale série de statues, Charlemagne, a perdu son globe, et celui qui la termine en bas, Frédéric IV, a perdu son sceptre.

Du reste, rien de plus superbe que cette légion de princes, tous mutilés, et tous debout. La colère de Léopold I<sup>er</sup> et de Louis XIV, le tonnerre, cette colère du ciel, la révolution française, cette colère des peuples, ont eu beau les assaillir; tous sont là encore, défendant leur façade, le poing sur la hanche, la jambe tendue, le talon solide, la tête haute. Le lion de Bavière fait sous leurs pieds sa fière grimace de lion. Au second étage, au-dessous d'un rameau vert qui a percé l'architrave et qui joue gracieusement avec les plumes de pierre de son casque, Frédéric le Victorieux tire à demi son épée. Le sculpteur a mis dans ce visage je ne sais quel air d'Ajax offrant le combat à Jupiter, ou de Nemrod lançant sa flèche à Jéhovah.

Ce dut être un merveilleux spectacle que ces deux palais d'Othon-Henri et de Frédéric IV vus à la lueur du bombardement dans la fatale nuit du 21 mai 1693.

M. de Lorges avait posé une batterie dans la plaine, devant le village de Neuenheim, une autre sur le Heiligenberg, une troisième sur le chemin de Wolfsbrunn, une quatrième sur le petit Geissberg. De ces quatre points opposés, les mortiers, entourant Heidelberg comme un cercle d'affreuses hydres, plongeaient sans relâche et de tous les côtés à la fois leurs longs cous de flamme dans la cour du château; les obus fouillaient le pavé de leurs crânes de fer; les boulets ramés et les boulets rouges passaient parmi des traînées de feu; et à cette clarté se dessinaient sur la façade de Frédéric IV, dans leur posture de combat, les colosses des palatins et des empereurs, cuirassés comme des scarabées, l'épée à la main, tumultueux et terribles; tandis qu'à côté d'eux, sur l'autre façade, nus, sereins et tranquilles, vaguement éclairés par le reflet des grenades, les dieux rayonnants et les déesses rougissantes souriaient sous cette pluie de bombes.

Parmi ces figures royales, qui semblent être plutôt des âmes pétrifiées que des statues, deux seulement m'ont paru avoir perdu quelque chose de leur fierté; c'est Louis V et Frédéric V. Il est vrai qu'ils ne font pas partie de l'éclatante constellation de princes semée sur le palais de Frédéric IV. Ils sont adossés dans l'ombre à cette ruine qui a été la Grosse-Tour.

Frédéric V est profondément accablé; il semble qu'il songe à la faute qui a fait sa destinée. La couronne de Bohême, retirée par les bohémiens du front de Ferdinand d'Autriche, avait été proposée par eux à l'électeur de Saxe, qui la refusa; puis à Charles-Emmanuel, duc de Savoie, qui la refusa; puis à Christiern IV, roi de Danemark, qui la refusa; ils l'offrirent enfin au palatin Frédéric V, qui, conseillé par sa femme, prit cette couronne des deux mains. Il se fit couronner à Prague en 1619; puis la guerre éclata, et il alla mourir, errant

te banni par les événements qu'il avait faits, loin de son pays. Sa femme était Élisabeth d'Angleterre, petite-fille de Marie Stuart. Elle avait apporté en dot à son mari la fatalité de sa famille. Ce n'était pas Élisabeth qui épousait un trône, c'était Frédéric V qui épousait l'exil.

Frédéric V, dans la niche obscure où une broussaille le cache presque entièrement, a encore sur la tête cette couronne de Bohême d'où la guerre de Trente Ans est sortie; mais il n'a plus les deux mains qui l'avaient saisie. Chose étrange, une bombe suédoise les lui a coupées.

Louis V, qui l'avoisine, n'est pas moins sombre. On dirait qu'il sait qu'il n'y a plus de gardes dans la tour d'armes, que la *tour Jamais-Vide* est vide, qu'il n'y a plus de prêtres dans la chapelle, qu'il n'y a plus de lions dans la tour du Géant, qu'il n'y a plus d'électeurs en Allemagne, qu'il n'y a plus de palatins à Heidelberg, et que sa *Grosse-Tour*, qu'il avait faite, après le donjon de Bourges, la plus haute tour de l'Europe, pend écroulée derrière lui. Il regarde tristement le lierre qui avance peu à peu sur son visage.

Cette grosse tour avait un pendant à l'autre extrémité de ce palais-forteresse. C'était la *tour de Frédéric le Victorieux*.

Vers 1433, Frédéric I<sup>er</sup>, voulant rendre son château inexpugnable, fit élever une forte tour au-dessus du petit vallon qui le sépare des montagnes au levant. Cette tour était haute de quatrevingts pieds, bâtie en granit et fermée de portes de fer. Le côté de sa muraille qui regardait l'ennemi avait vingt pieds de large. Frédéric fit placer dans l'intérieur trois formidables batteries superposées, et scella dans les voûtes, pour la manœuvre des engins, d'énormes anneaux de fer qui y pendent encore. En 1610, son arrière-petit-neveu Frédéric IV exhaussa encore cette immense tour d'un grand étage octogone. — Quand cette prodigieuse construction fut terminée et complète, le pouce du roi de France irrité se posa dessus et la fit éclater comme une noix.

Aujourd'hui la *Tour de Frédéric le Victorieux* s'appelle la *Tour Fendue*.

Une moitié de ce colossal cylindre de maçonnerie gît dans le fossé. D'autres blocs lézardés se détachent du sommet et auraient croulé depuis longtemps, mais des arbres monstrueux les ont saisis dans leurs griffes puissantes et les retiennent suspendus au-dessus de l'abîme.

A quelques pas de cette ruine effrayante, le hasard a jeté une ruine ravissante; c'est l'intérieur de ce palais d'Othon-Henri dont jusqu'ici, cher Louis, je ne vous ai montré que la façade. Il y a là, debout, ouvertes, livrées au premier venu, sous le soleil et sous la pluie, sous la neige et sous le vent, sans voûte, sans lambris, sans toit, percées comme au hasard dans des murs démantelés, douze portes de la renaissance, douze joyaux d'orfèvrerie, douze chefs-d'œuvre, douze idylles de pierre, auxquelles se mêle, comme sortie des mêmes racines, une admirable et charmante forêt de fleurs sauvages dignes des palatins, *consule dignæ*. Je ne saurais vous dire ce qu'il y a d'inexprimable dans ce mélange de l'art et de la réalité; c'est à la fois une lutte et une harmonie. La nature, qui rivalise avec Beethoven, rivalise aussi avec Jean Goujon. Les arabesques font des broussailles, les broussailles font des arabesques. On ne sait laquelle choisir et laquelle admirer le plus, de la feuille vivante ou de la feuille sculptée.

Quant à moi, cette ruine m'a paru pleine d'un ordre divin. Il me semble que ce palais, bâti par les fées de la renaissance, est maintenant dans son état naturel. Toutes ces merveilleuses fantaisies de l'art libre et farouche devaient être mal à l'aise dans ces salles quand on y signait la paix ou la guerre, quand de sombres princes y rêvaient, quand on y mariait des reines, quand on y ébauchait des empereurs d'Allemagne Est-ce que ces Vertumnes, ces Pomones et ces Ganymèdes pouvaient comprendre quelque chose aux idées qu'ils voyaient sortir de la tête de Frédéric IV ou V, par la grâce de Dieu, comte palatin du Rhin, vicaire du saint-empire romain, électeur, duc de Haute et Basse-Bavière? Un grand seigneur couchait dans cette chambre avec une fille de roi sous un baldaquin ducal; maintenant il n'y a plus ni seigneur, ni fille de roi, ni baldaquin, ni plafond dans cette chambre; le liseron l'habite et la menthe sauvage la parfume. C'est bien. C'est mieux. Ces adorables sculptures ont été faites pour être baisées par les fleurs et regardées par les étoiles.

La nature, juste et sainte, fait fête à cette œuvre dont les hommes ont oublié l'ouvrier.

Outre une quantité innombrable de bassins, de grottes et de fontaines, de pavillons et d'arcs de triomphe, outre la chapelle consacrée à saint Udalrich, et érigée par Jules III en première chapelle de l'Allemagne;
Outre la grande place d'armes,
Les deux arsenaux,
Le jeu de balle de l'électeur Charles,
La ménagerie des lions,
La volière,
La maison des oiseaux,
La maison du plumage,
La grande chancellerie,
L'hôtel des monnaies, flanqué de quatre tourelles,
Le château de Heidelberg contenait et soudait, dans sa magnifique unité, huit palais de huit princes et de huit époques différentes :
Un du quatorzième siècle, le palais du pfalzgraf Rodolphe I$^{er}$;
Un du quinzième siècle, le palais de l'empereur Rupert;
Trois du seizième, le palais de Louis V, le palais de Frédéric II et le palais d'Othon-Henri;
Trois du dix-septième, le palais de Frédéric IV, le palais de Frédéric V et le palais d'Élisabeth.

Sa ruine se compose aujourd'hui de toutes ces ruines.
Sans compter les tourelles, les gloriettes et les lanternes-escaliers du dedans, il y avait neuf tours extérieures :
La tour Charles;
La Rondelle;
La Grosse-Tour;
La tour de Frédéric le Victorieux;
La tour Jamais-Vide;
La tour de Communication;
La tour du Géant;
La tour Octogone,
Et cette tour de la Librairie qui a renfermé la *Bibliothèque palatine* du Vatican, et dont en 1622 les manuscrits grecs et les missels byzantins servirent de litière, faute de paille, aux chevaux de l'armée impériale.
Cinq de ces tours subsistent encore :
La tour de la Librairie;
La tour Octogone;
La Grosse-Tour;
La tour Fendue;
Et la tour du Géant, la seule qui soit carrée.

Bizarre destinée! ce prodigieux palais, qui a été le théâtre des fêtes et des guerres, qui a été la demeure des comtes du Rhin et des ducs de Bavière, des rois de Bohême et des empereurs d'Allemagne, n'est plus aujourd'hui que l'enveloppe compliquée d'un tonneau.

Le souterrain de Tournus est une église, le souterrain de Saint-Denis est un sépulcre, le souterrain de Heidelberg est une cave.

Quand on a traversé ces décombres grandioses, cet écroulement épique, ces salles d'armes démolies, ces palais pleins de mousse, de ronces, d'ombre et d'oubli, ces tours qui ont chancelé comme des hommes ivres et qui sont tombées comme des hommes morts, ces vastes cours où, il y a deux cents ans à peine, le lansquenet se tenait debout sur le perron, la pique haute, tout ce grand édifice et toute cette grande histoire, un homme vient à vous avec une lanterne, vous ouvre une porte basse, vous montre un escalier sombre, et vous fait signe de descendre. On descend, la voûte est obscure, la crypte est recueillie. Les soupiraux jettent un demi-jour religieux, on s'attend aux tombeaux des palatins, on trouve une grosse tonne, une fantaisie pantagruélique, un trône pour un Ramponneau colossal. Quand on aperçoit cette chose étrange, on croit entendre dans les ténèbres de cette ruine l'immense éclat de rire de Gargantua.

Le Gros Tonneau dans le manoir de Heidelberg, c'est Rabelais logé chez Homère.

Le Gros Tonneau, couché sur le ventre dans la vaste cave qui l'abrite, présente l'aspect d'un navire sous la cale. Il a vingt-quatre pieds de diamètre et trente-trois pieds de long. Il porte à sa face antérieure un écusson rocaille où est sculpté le chiffre de l'électeur Charles-Théodore. Deux escaliers à deux étages serpentent alentour et montent jusqu'à une plate-forme posée sur son dos. Il contient deux cent trente-six foudres, chaque foudre contient douze cents bouteilles; d'où il suit qu'il y a dans la grosse tonne de Heidelberg cinq cent soixante-six mille quatre cents bouteilles ordinaires. On la remplissait par un trou percé dans la voûte au dessus de la bonde, et on la vidait avec une pompe qui est encore là suspendue au mur. Cette futaille monstre a été pleine trois fois de vin du Rhin. La première fois qu'elle fut remplie, l'électeur dansa avec sa cour sur la plate-forme qui la surmonte. Depuis 1770 elle est vide.

Le vin s'y améliorait.

Au reste, cette tonne n'est pas l'ancien Gros Tonneau de Heidelberg, couvert de si curieuses sculptures et construit en 1595, par l'électeur Jean-Casimir pour solenniser je ne sais quelle réconciliation des luthériens et des calvinistes. Charles-Théodore l'a fait démolir vers 1750 pour bâtir celui-ci, qui est plus grand, mais moins orné.

Outre le gros tonneau, les caveaux du château palatin, dont les profondeurs s'ouvrent de toutes parts comme des antres, renfermaient ce qu'on appelait les petits tonneaux. Ces petits tonneaux n'avaient guère que la hauteur d'un premier étage. Il y en avait dix ou douze. Il n'en reste plus qu'un, qu'on m'a montré dans sa cellule à quelques pas de la grande tonne. Il ne contenait que le cinquième du gros tonneau. C'est un fort bel assemblage de douves en bois de chêne, fabriqué au temps de Louis XIII, orné par les électeurs palatins de l'écusson de Bavière et de trois têtes de lions sur chacune de ses faces, et, par les soldats français, de quelques coups de hache. C'était en 1799. Le tonneau était plein de vin du Rhin, nos soldats voulurent l'enfoncer. Le tonneau tint bon. Ils avaient brisé les murailles de la citadelle, ils ne purent faire brèche au tonneau.

Ce petit tonneau est vide depuis 1800.

En se promenant dans l'ombre que jette la grosse tonne, on aperçoit tout à coup, derrière des madriers qui l'étançonnent, une singulière statue de bois, sur laquelle un soupirail jette un rayon blafard. C'est une espèce de petit vieillard jovial grotesquement accoutré, à côté duquel une grossière horloge pend accrochée à un clou. Une ficelle sort de dessous cette horloge, vous la tirez, l'horloge s'ouvre brusquement, et laisse échapper une queue de renard qui vient vous frapper le visage. Ce petit vieillard, c'est un bouffon de cour; cette horloge, c'est sa bouffonnerie.

Voilà la seule chose qui palpite et remue encore dans le château de Heidelberg, la farce d'un bouffon de roi. Là-haut, dans les décombres, Charlemagne n'a plus de sceptre, Frédéric le Victorieux n'a plus de tour, le roi de Bohême n'a plus de bras, Frédéric II n'a plus de tête, le royal globe de Frédéric V a été brisé dans sa main par un boulet, cet autre globe royal; tout est tombé, tout a fini, tout s'est éteint, hormis ce bouffon. Il est encore là, lui, il est debout, il respire, il dit : — Me voici! il a son habit bleu, son gilet extravagant, sa perruque de fou mi-partie verte et rouge ; il vous regarde, il vous arrête, il vous tire par la manche, il vous fait sa grosse pasquinade stupide, et il vous rit au nez. A mon sens, ce qu'il y a de plus lugubre et de plus amer dans cette ruine de Heidelberg, ce ne sont pas tous ces princes et tous ces rois morts, c'est ce bouffon vivant.

C'était le fou du palatin Charles-Philippe. Il s'appelait PERKEO. Il était haut de trois pieds six pouces, comme sa statue, au-dessous de laquelle son nom est gravé. Il buvait quinze doubles bouteilles de vin du Rhin par jour. C'était là son talent. Il faisait beaucoup rire, vers 1710, l'électeur palatin de Bavière et l'empereur d'Allemagne, ces ombres qui passaient alors.

Un jour que plusieurs princes étrangers étaient chez le palatin, on mesura Perkeo à l'un de ces grands grenadiers de Frédéric I$^{er}$, roi de Prusse, lesquels, bottés à talons hauts et coiffés de leurs immenses bonnets à poil, étaient obligés de descendre les escaliers des palais à reculons. Le fou dépassait à peine la botte du grenadier. *Cela fit très fort rire*, dit un narrateur du temps. Pauvres princes d'une époque décrépite, occupés de nains et de géants, et oubliant les hommes !

Quand Perkeo n'avait pas bu ses quinze bouteilles on le fouettait.

Au fond, dans la gaîté grimaçante de ce misérable, il y avait nécessairement du sarcasme et du dédain. Les princes, dans leur tourbillon, ne s'en apercevaient pas. Le rayonnement splendide de la cour palatine couvrait les lueurs de haine qui éclairaient par instants ce visage; mais aujourd'hui, dans l'ombre des ruines, elles reparaissent ; elles font lire distinctement la pensée secrète du bouffon. La mort, qui a passé sur ce rire, en a ôté la facétie et n'y a laissé que l'ironie.

Il semble que la statue de Perkeo raille celle de Charlemagne.

Il ne faut pas retourner voir Perkeo. La première fois il attriste, la seconde fois il effraye. Rien de plus sinistre que le rire immobile. Dans ce palais désert, près de ce tonneau vide, on songe à ce pauvre fou battu par ses maîtres quand il n'était pas ivre, et ce masque hideusement joyeux fait peur. Ce n'est même plus le rire d'un bouffon qui se moque, c'est le ricanement d'un démon qui se venge. Dans cette ruine pleine de fantômes, Perkeo aussi est un spectre.

Pardon, cher Louis, si je profite de la transition; mais, à propos de fantômes, je puis bien vous parler de revenants. Il y en a, dit-on, et beaucoup, dans le manoir de Heidelberg. Ils s'y promènent dans les nuits de pleine lune et dans les nuits d'orage. Tantôt c'est Jutha, la femme d'Anthyse, duc des francs, qui s'assied, pâle et couronnée, sous les petites ogives de la gloriette de Louis le Barbu. Tantôt ce sont les deux francs-juges, deux chevaliers noirs qu'on voit marcher à côté de la statue de Jupiter sur la frise inaccessible du palais d'Othon-Henri. Tantôt ce sont les musiciens bossus, démons familiers qui sifflent des airs sataniques dans les combles de la chapelle. Tantôt c'est la Dame Blanche qui passe sous les voûtes, et dont on entend la voix. C'est cette dame blanche qui apparut, dit-on, en 1655 dans le rittersaal d'Othon-Henri au comte Frédéric de Deux-Ponts et lui prédit la chute du Palatinat. Du temps des palatins, elle se montrait chaque fois qu'un des souverains du pays devait mourir. Elle ne revient pas pour les grands-ducs de Bade. Il paraît qu'elle ne reconnaît point le traité de Lunéville.

Voilà, cher Louis, les diables que les touristes cherchent dans ce vieux palais. Quant à moi, je dois en convenir, je n'y ai vu d'autres diables, et même d'autres touristes, qu'un jour, vers midi, deux de ces immenses ramoneurs de la forêt Noire, lesquels étaient venus visiter en artistes et en connaisseurs la phénoménale cheminée des palatins, et s'extasiaient dessous, et qui, tout noirs, avec leurs dents blanches, agitant de leurs deux bras ce vaste manteau qu'ils portent en châle, avaient l'air de deux grandes chauves-souris de l'Odéon mettant en scène Robin-des-Bois dans les ruines de Heidelberg.

Aucun genre de dévastation n'a manqué à ce château. Jusqu'ici je vous ai parlé de M. de Tilli, du comte de Birkenfeld, du maréchal de Lorges, de l'empereur d'Allemagne et du roi de France, des grands démolisseurs. Je ne vous ai rien dit des petits. Quand on regarde la trace des lions on n'aperçoit pas celle des rats. Heidelberg a eu pourtant ses rats. Les ravageurs infimes, les architectes officiels, se sont rués sur ce monument comme s'il était en France, comme s'il était à Paris. Des invalides qu'on y avait logés ont mutilé le vieil édifice avec une haine de ruine à ruine. Ils ont complétement démoli deux frontons sur quatre dans la chambre à coucher d'Othon-Henri. Des anglais ont brisé à coups de marteau pour les emporter les cariatides-pilastres de la salle à manger. Un architecte, chargé de construire un conduit d'eau de Heidelberg à Mannheim, a jeté bas les voûtes de la salle des Chevaliers, afin de faire avec les briques du ciment pour ses aqueducs. Vous vous souvenez que notre grille de la place Royale, monument rare et complet de la serrurerie du dix-septième siècle, cette bonne vieille grille dont parle madame de Sévigné, qui avait vu passer les *oiseaux des Tournelles*, qu'avaient coudoyée Corneille allant chez Marion de Lorme et Molière allant chez Ninon de Lenclos, a été vendue cette année, devant ma porte, *cinq sous la livre*. Eh bien, cher Louis, les niais quelconques qui ont fait cette bêtise ne l'ont pas même inventée. Les niais créateurs de la chose étaient de Heidelberg ; eux ne sont que les niais plagiaires. Il y avait autour du perron d'Othon-Henri une admirable rampe de fer de la renaissance. Les architectes de la ville l'ont fait vendre *au poids et à moins de six liards la livre*. Je cite le texte même du marché. Qu'en dites-vous ? Ces six liards-là valent bien nos cinq sous.

———

Vous m'avez oublié sans doute sur la colline du petit Geissberg, où j'étais quand je me suis mis à vous parler du château de Heidelberg ; et je m'y suis oublié moi-même, tant j'avais été saisi d'une rêverie profonde. La nuit était venue, des nuées s'étaient répandues sur le ciel, la lune était montée presque au zénith, que j'étais encore assis sur la même pierre, regardant les ténèbres que j'avais autour de moi et les ombres que j'avais en moi. Tout à coup le clocher de la ville a sonné l'heure sous mes pieds, c'était minuit ; je me suis levé et je suis redescendu. Le chemin qui mène à Heidelberg passe devant les ruines. Au moment où j'y arrivais, la lune, voilée par des nuages diffus et entourée d'un immense halo, jetait une clarté lugubre sur ce magnifique amas d'écroulements. Au delà du fossé, à trente pas de moi, au milieu d'une vaste broussaille, la tour Fendue, dont je voyais l'intérieur, m'apparaissait comme une énorme tête de mort. Je distinguais les fosses nasales, la voûte du palais, la double arcade sourcilière, le creux profond et terrible des yeux éteints. Le gros pilier central avec son chapiteau était la racine du nez. Des cloisons déchirées faisaient les cartilages. En bas, sur la pente du ravin, les saillies du pan de mur tombé figuraient affreusement la mâchoire. Je n'ai de ma vie rien vu de plus mélancolique que cette grande tête de mort posée sur ce grand néant qui s'appelle le château des Palatins.

La ruine, toujours ouverte, est déserte à cette heure. L'idée m'a pris d'y entrer. Les deux géants de pierre qui gardent la cour Carrée m'ont laissé passer. J'ai franchi le porche noir sous lequel pend encore la vieille herse de fer, et j'ai pénétré dans la cour. La lune avait presque disparu sous les nuées. Il ne venait du ciel qu'une clarté blême.

Louis, rien n'est plus grand que ce qui est tombé. Cette ruine, éclairée de cette façon, vue à cette heure, avait une tristesse, une douceur et une majesté inexprimables. Je croyais sentir dans le frissonnement à peine distinct des arbres et des ronces je ne sais quoi de grave et de respectueux. Je n'entendais aucun pas, aucune voix, aucun souffle. Il n'y avait dans la cour ni ombres ni lumières ; une sorte de demi-jour rêveur modelait tout, éclairait tout et voilait tout. L'enchevêtrement des brèches et des crevasses laissait arriver jusqu'aux recoins les plus obscurs de faibles rayons de lune ; et dans les profondeurs noires, sous des voûtes et des corridors inaccessibles, je voyais des blancheurs se mouvoir lentement.

C'était l'heure où les façades des vieux édifices abandonnés ne sont plus des façades, mais des visages.

Je m'avançais sur le pavé inégal et montueux sans oser faire de bruit, et j'éprouvais entre les quatre murs de cette enceinte cette gêne étrange, ce sentiment indéfinissable que les anciens appelaient *l'horreur des bois sacrés*. Il y a une sorte de terreur insurmontable dans le sinistre mêlé au superbe.

Cependant j'ai gravi les marches vertes et humides

du vieux perron sans rampe, et je suis entré dans le vieux palais sans toit d'Othon-Henri. Vous allez rire peut-être ; mais je vous assure que marcher la nuit dans des chambres qui ont été habitées par des hommes, dont les portes sont décorées, dont les compartiments ont encore leur signification distincte ; se dire : — Voici la salle à manger, voici la chambre à coucher, voici l'alcôve, voici la cheminée, — et sentir de l'herbe sous ses pieds, et voir le ciel au-dessus de sa tête, c'est effrayant. Une chambre qui a encore la figure d'une chambre, et dont le plafond a été enlevé par une main invisible comme le couvercle d'une boîte, devient une chose lugubre et sans nom. Ce n'est plus une maison, ce n'est pas une tombe. Dans un tombeau on sent l'âme de l'homme ; dans ceci on sent son ombre.

Au moment où j'allais passer du vestibule dans la salle des Chevaliers, je me suis arrêté. Il y avait là un bruit singulier, d'autant plus distinct, qu'un silence sépulcral remplissait le reste de la ruine. C'était une sorte de râlement, faible, strident, continu, mêlé par instants d'un petit martellement sec et rapide, qui tantôt paraissait venir du fond des ténèbres, d'un point éloigné du taillis ou de l'édifice, tantôt semblait sortir de dessous mes pieds, d'entre les fentes du pavé. D'où venait ce bruit ? de quel être nocturne était-ce le cri ou le trappement ? J'ignore, mais cela ressemblait au grincement d'un métier, et je ne pouvais m'empêcher de songer, en l'écoutant, à ce hideux fileur des légendes qui file la nuit dans les ruines de la corde pour les gibets.

Du reste, rien, personne, aucun être vivant. La salle était déserte comme tout le palais. J'ai heurté le pavé de ma canne, le bruit a cessé, puis a recommencé un moment après. J'ai heurté encore, il a cessé, puis il a recommencé. D'ailleurs, je n'ai rien vu qu'une grande chauve-souris effrayée, que le choc de ma canne sur la dalle avait fait sortir d'une des consoles sculptées de la muraille, et qui promenait au-dessus de ma tête ce funèbre vol circulaire qui semble fait pour l'intérieur des tours effondrées.

Vous dirai-je tout ? Pourquoi non ? N'êtes-vous pas l'homme qui comprenez tous les rêves de l'esprit ? Il me semblait que je gênais quelqu'un dans cette ruine. Qui ? je l'ignore. Mais il est certain que je troublais un mystère. La nuit était là, seule ; je l'avais dérangée. Tous les habitants surnaturels de cette royale masure fixaient à la fois sur moi leur prunelle vague et effarée. Les tritons, les satyres, les sirènes à double queue, l'amour ailé qui joue depuis trois siècles avec une guirlande sur le seuil de la salle des Chevaliers, les deux Victoires nues que les invalides ont mutilées, les cariatides cachées sous des arbustes de pourpre, les chimères qui tiennent des anneaux dans leurs dents, les naïades qui écoutent tomber l'eau de pierre de leur urne, avaient je ne sais quoi d'irrité et de triste ; le rictus des mascarons prenait une expression étrange ; une lueur faisait saillir lugubrement dans l'ombre cette sombre Isis du vestibule à laquelle les pluies qui la rongent et l'estompent ont donné le sourire indéfinissable des figures de Prud'hon ; deux sphinx casqués, à mamelles de femmes et à oreilles de faunes, paraissaient chuchoter à voix basse en me regardant, *transversa tuentes* ; et je croyais entendre respirer les lions de la cheminée sous la broussaille où ils se sont tapis depuis que le pied du palatin pensif ne se pose plus sur leur crinière de marbre. Quelque chose d'immobile et de terrible palpitait autour de moi sur toutes ces murailles, et, chaque fois que je m'approchais d'une porte ténébreuse ou d'un coin brumeux, j'y voyais vivre un regard mystérieux.

Êtes-vous visionnaire comme moi ? Avez-vous éprouvé cela ? Les statues dorment le jour ; mais, la nuit, elles se réveillent et deviennent fantômes.

Je suis sorti du palais d'Othon et je suis rentré dans la cour, toujours poursuivi par le petit bruit bizarre que faisait un veilleur quelconque dans la salle des Chevaliers.

Au moment où je venais de redescendre le perron, la lune a surgi tout à coup pure et brillante dans une large déchirure des nuages ; le palais à double fronton de Frédéric IV m'est apparu subitement, magnifique, éclairé comme en plein jour, avec ses seize géants pâles et formidables ; tandis qu'à ma droite la façade d'Othon, dressée toute noire sur le ciel lumineux, laissait échapper d'éblouissants rayons de lune par ses vingt-quatre fenêtres à la fois.

Je vous ai dit *éclairé comme en plein jour* ; j'ai tort, c'était tout ensemble plus et moins. La lune dans les ruines est mieux qu'une lumière, c'est une harmonie. Elle ne cache aucun détail et elle n'exagère aucune cicatrice ; elle jette un voile sur les choses brisées et ajoute je ne sais quelle auréole brumeuse à la majesté des vieux édifices. Il vaut mieux voir un palais ou un cloître écroulé la nuit que le jour. La dure clarté du soleil fatigue les ruines et importune la tristesse des statues.

A leur tour, ces ombres des empereurs et des palatins m'ont regardé ; *simulacra*. Chose singulière, il m'avait semblé, l'instant d'auparavant, que les sirènes, les nymphes et les chimères me regardaient avec colère ; il me semblait maintenant que tous ces vieux princes redoutables attachaient sur moi, chétif passant, un œil bon et hospitalier. Quelques-uns paraissaient encore plus grands sous le rayonnement fantastique de la lune. L'un d'eux, qui a été atteint et à demi renversé par une bombe, Jean-Casimir, adossé à la muraille, avec sa face blême, son nez aquilin et sa longue barbe, avait l'air de Henri IV exhumé.

Je suis sorti du palais par le jardin, et en redescendant je me suis encore arrêté un instant sur une des terrasses inférieures. Derrière moi, la ruine, cachant la lune, faisait à mi-côte un gros buisson d'ombre d'où jaillissaient dans toutes les directions à la fois de longues lignes sombres et lumineuses rayant le fond vague et vaporeux du paysage. Au-dessous de moi gisait Heidelberg assoupie, étendue au fond de la vallée le long de la montagne, toutes lumières éteintes, toutes portes ermées; sous Heidelberg, j'entendais passer le Neckar, qui semblait parler à demi-voix à la colline et à la plaine; et les pensées qui m'avaient rempli toute la soirée, le néant de l'homme dans le passé, l'infirmité de l'homme dans le présent, la grandeur de la nature et l'éternité de Dieu, me revenaient toutes ensemble, comme représentées par une triple figure, tandis que je descendais à pas lents dans les ténèbres, entre cette rivière toujours éveillée et vivante, cette ville endormie et ce palais mort.

### POST-SCRIPTUM

*Carlsruhe, novembre.*

Cher Louis, voilà cette lettre interminable finie. Louez Dieu et pardonnez-moi. Ne lisez pas l'in-folio que je vous envoie, mais venez voir Heidelberg.

Je viens de faire une magnifique tournée dans la Berg-Strasse. J'ai eu de la boue et de la neige, mais vous savez que je suis un peu montagnard. J'ai seulement beaucoup souffert, non du froid, mais des poêles. Figurez-vous que, depuis que je suis en Allemagne, je n'ai pas encore pu réussir à me procurer un feu de cheminée, un tison allumé, un fagot flambant. Ils n'ont que d'affreux poêles dont les tuyaux se tordent dans les chambres comme des serpents. Il sort de là une vilaine chaleur traître qui vous fait bouillir la tête et vous glace les pieds. Ici on ne se chauffe pas, on s'asphyxie.

A ce petit inconvénient près, — l'asphyxie soir et matin, — le pays est vraiment admirable. Il pleut toute la nuit; j'entends, tout en dormant, les averses faire rage contre mes vitres; je m'attends à d'horribles journées mouillées; mais, je ne sais comment cela se fait, le matin les nuées se déchirent, les brumes s'envolent, et je vois les plus belles choses du monde.

*Nocte pluit tota, redeunt spectacula mane.*

Adieu, cher ami. A bientôt. Dans quelques semaines je serrerai votre bonne main. Aimez-moi.

# 1839

## LETTRE XXIX

### STRASBOURG

*Strasbourg, août.*

Me voilà à Strasbourg, mon ami. J'ai ma fenêtre ouverte sur la place d'Armes. J'ai à ma droite un bouquet d'arbres, à ma gauche le Munster, dont les cloches sonnent à toute volée en ce moment, devant moi au fond de la place une maison du seizième siècle, fort belle, quoique badigeonnée en jaune avec contrevents verts; derrière cette maison, les hauts pignons d'une vieille nef où est la bibliothèque de la ville; au milieu de la place, une baraque en bois d'où sortira, dit-on, un monument pour Kléber; tout autour, un cordon de vieux toits assez pittoresques; à quelques pas de ma fenêtre, une lanterne-potence au pied de laquelle baragouinent quelques gamins allemands, blonds et ventrus. De temps en temps, une svelte chaise de poste anglaise, calèche ou landau, s'arrête devant la porte de la *Maison-Rouge* — que j'habite, — avec son postillon badois. Le postillon badois est charmant: il a une veste jaune vif, un chapeau noir verni à large galon d'argent, et porte en bandoulière un petit cor de chasse avec une énorme touffe de glands rouges au milieu du dos. Nos postillons, à nous, sont hideux: le postillon de Longjumeau est un mythe: une vieille blouse crottée avec un affreux bonnet de coton, voilà le postillon français. Maintenant, sur le tout, postillon badois, chaise de poste, gamins allemands, vieilles maisons, arbres, baraques et clocher, posez un joli ciel mêlé de bleu et de nuages, et vous aurez une idée du tableau.

J'ai eu, du reste, peu d'aventures ; j'ai passé deux nuits en malle-poste, ce qui m'a laissé une haute idée de la solidité de notre machine humaine.

C'est une horrible chose qu'une nuit en malle-poste. Au moment du départ tout va bien, le postillon fait claquer son fouet, les grelots des chevaux babillent joyeusement, on se sent dans une situation étrange et douce, le mouvement de la voiture donne à l'esprit de la gaîté et le crépuscule de la mélancolie. Peu à peu la nuit tombe, la conversation des voisins languit, on sent ses paupières s'alourdir, les lanternes de la malle s'allument, elle relaye, puis repart comme le vent ; il fait tout à fait nuit, on s'endort. C'est précisément ce moment-là que la route choisit pour devenir affreuse ; les bosses et les fondrières s'enchevêtrent ; la malle se met à danser. Ce n'est plus une route, c'est une chaîne de montagnes avec ses lacs et ses crêtes, qui doit faire des horizons magnifiques aux fourmis. Alors deux mouvements contraires s'emparent de la voiture et la secouent avec rage comme deux énormes mains qui l'auraient empoignée en passant ; un mouvement d'avant en arrière et d'arrière en avant, et un mouvement de gauche à droite et de droite à gauche, — le tangage et le roulis. Il résulte de cette heureuse complication que toute secousse se multiplie par elle-même à la hauteur des essieux, et qu'elle monte à la troisième puissance dans l'intérieur de la voiture ; si bien qu'un caillou gros comme le poing vous fait cogner huit fois de suite la tête au même endroit, comme s'il s'agissait d'y enfoncer un clou. C'est charmant. A dater de ce moment-là, on n'est plus dans une voiture, on est dans un tourbillon. Il semble que la malle soit entrée en fureur. La confortable malle inventée par M. Conte se métamorphose en une abominable patache, le fauteuil Voltaire n'est plus qu'un infâme tape-cul. On saute, on danse, on rebondit, on rejaillit contre son voisin, — tout en dormant. Car c'est là le beau de la chose, on dort. Le sommeil vous tient d'un côté, l'infernale voiture de l'autre. De là un cauchemar sans pareil. Rien n'est comparable aux rêves d'un sommeil cahoté. On dort et l'on ne dort pas, on est tout à la fois dans la réalité et dans la chimère. C'est le rêve amphibie. De temps en temps on entr'ouvre la paupière. Tout a un aspect difforme, surtout s'il pleut, comme il faisait l'autre nuit. Le ciel est noir, ou plutôt il n'y a pas de ciel, il semble qu'on aille éperdument à travers un gouffre ; les lanternes de la voiture jettent une lueur blafarde qui rend monstrueuse la croupe des chevaux ; par intervalles, de farouches tignasses d'ormeaux apparaissent brusquement dans la clarté, et s'évanouissent ; les flaques d'eau pétillent et frémissent sous la pluie comme une friture dans la poêle ; les buissons prennent des airs accroupis et hostiles ; les tas de pierres ont des tournures de cadavres gisants ; on regarde vaguement ; les arbres de la plaine ne sont plus des arbres, ce sont des géants hideux qu'on croit voir s'avancer lentement vers le bord de la route ; tout vieux mur ressemble à une énorme mâchoire édentée. Tout à coup un spectre passe en étendant les bras. Le jour, ce serait tout bonnement le poteau du chemin, et il vous dirait honnêtement : *Route de Coulommiers à Sézanne.* La nuit, c'est une larve horrible qui semble jeter une malédiction au voyageur. Et puis, je ne sais pourquoi, on a l'esprit plein d'images de serpents ; c'est à croire que des couleuvres vous rampent dans le cerveau ; la ronce siffle au bord du talus comme une poignée d'aspics ; le fouet du postillon est une vipère volante qui suit la voiture et cherche à vous mordre à travers la vitre ; au loin, dans la brume, la ligne des collines ondule comme le ventre d'un boa qui digère, et prend dans les grossissements du sommeil la figure d'un dragon prodigieux qui entourerait l'horizon. Le vent râle comme un cyclope fatigué et vous fait rêver à quelque ouvrier effrayant qui travaille avec douleur dans les ténèbres. — Tout vit de cette vie affreuse que les nuits d'orage donnent aux choses.

Les villes qu'on traverse se mettent aussi à danser, les rues montent et descendent perpendiculairement, les maisons se penchent pêle-mêle sur la voiture, et quelques-unes y regardent avec des yeux de braise. Ce sont celles qui ont encore des fenêtres éclairées.

Vers cinq heures du matin, on se croit brisé ; le soleil se lève, on n'y pense plus.

Voilà ce que c'est qu'une nuit en malle-poste, et je vous parle ici des nouvelles malles, qui sont d'ailleurs d'excellentes voitures le jour, quand la route est bonne, — ce qui est rare en France.

Vous pensez, cher ami, qu'il me serait difficile de vous donner idée d'un pays parcouru de cette manière. J'ai traversé Sézanne, et voici ce qui m'en reste : une longue rue délabrée, des maisons basses, une place avec une fontaine, une boutique ouverte où un homme éclairé d'une chandelle rabote une planche. J'ai traversé Phalsbourg, et voici ce que j'en ai gardé : un bruit de chaînes et de ponts-levis, des soldats regardant avec des lanternes, et de noires portes fortifiées sous lesquelles s'engouffrait la voiture.

De Vitry-sur-Marne à Nancy, j'ai voyagé au jour. Je n'ai rien vu de bien remarquable. Il est vrai que la malle-poste ne laisse rien voir.

Vitry-sur-Marne est une place de guerre rococo. Saint-Dizier est une longue et large rue bordée çà et là de belles maisons Louis XV en pierre de taille. Bar-le-Duc est assez pittoresque ; une jolie rivière y passe. Je suppose que c'est l'Ornain ; mais je n'affirme rien en fait de rivière, depuis qu'il m'est arrivé de soulever toute la Bretagne pour avoir confondu la Vilaine avec le Couasnon. Les naïades sont susceptibles, et je ne me soucie pas de me colleter avec des fleuves aux cheveux verts. Mettez donc que je n'ai rien dit.

A propos, j'ai fait tout ce voyage accosté d'un brave notaire de province qui a son office dans je ne sais plus quelle petite ville du midi, et qui va passer ses vacances à Bade, *parce que*, dit-il, *tout le monde va à Bade*. Aucune conversation possible, bien entendu. Ce digne tabellion sent le papier timbré comme le lapin de clapier sent le chou.

Du reste, comme le voyage rend causeur, j'ai essayé de l'entamer de cent façons pour voir si je le trouverais *mangeable*, comme parle Diderot. Je l'ai ébréché de tous les côtés, mais je n'ai rien pu casser qui ne fût stupide. Il y a beaucoup de gens comme cela. J'étais comme ces enfants qui veulent à toute force mordre dans un faux bonbon; ils cherchent du sucre, ils trouvent du plâtre.

La ville de Bar est dominée par un immense coteau vignoble qui est tout vert en août, et qui, au moment où j'y passais, s'appuyait sur un ciel tout bleu. Rien de cru dans ce bleu et dans ce vert, qu'enveloppait chaudement un rayon de soleil. Aux environs de Bar-le-Duc la mode est que les maisons de quelque prétention aient, au lieu de porte bâtarde, un petit porche en pierre de taille, à plafond carré, élevé sur perron. C'est assez joli. Vous savez que j'aime à noter les originalités des architectures locales, je vous ai dit cela cent fois, quand l'architecture est naturelle et non frelatée par les architectes. Le climat s'écrit dans l'architecture. Pointu, un toit prouve la pluie; plat, le soleil; chargé de pierres, le vent.

Du reste, je n'ai rien remarqué à Bar-le-Duc, si ce n'est que le courrier de la malle y a commandé quatre cents pots de confitures pour sa vente de l'année, et qu'au moment où je sortais de la ville il y entrait un vieux cheval éclopé, qui s'en allait sans doute chez l'équarrisseur. Vous souvient-il de ce fameux *saval* de notre douce enfant, de notre chère petite D., lequel est resté si longtemps exposé à tous les ouragans et fondant sous toutes les pluies dans un coin du balcon de la place Royale, avec un nez en papier gris, ni oreilles ni queue, et plus rien que trois roulettes? C'est mon pauvre cheval de Bar-le-Duc.

De Vitry à Saint-Dizier, le paysage est médiocre. Ce sont de grosses croupes à blé, tondues, rousses, d'un aspect maussade en cette saison. Plus de laboureurs, plus de moissonneurs, plus de glaneuses marchant pieds nus, tête baissée, avec une maigre gerbe sous le bras. Tout est désert. De temps en temps un chasseur et un chien d'arrêt, immobiles au haut d'une colline, se dessinent en silhouette sur le clair du ciel.

On ne voit pas les villages; ils sont blottis entre les collines, dans de petites vallées vertes au fond desquelles coule presque toujours un petit ruisseau. Par instants on aperçoit le bout d'un clocher.

Une fois, ce bout de clocher m'a présenté un aspect singulier. La colline était verte; c'était du gazon. Au-dessus de cette colline, on ne voyait absolument rien que le chapeau d'étain d'une tour d'église, lequel semblait posé exactement sur le haut du coteau. Ce chapeau était de forme flamande. (En Flandre, dans les églises de village, le clocher a la forme de la cloche.) Vous voyez cela d'ici, un immense tapis vert sur lequel on eût dit que Gargantua avait oublié sa sonnette.

Après Saint-Dizier la route est agréable. Une fraîche chevelure d'arbres se répand de tous les côtés, les vallons se creusent, les collines se flanquent et prennent par moments un faux air de montagnes. Ce qui aide à l'illusion, c'est que parfois, et malgré le joli aspect, la terre est maigre, le haut des collines est malade et pelé. On sent que la terre n'a pas la force de pousser sa sève jusque-là. Cela ne grandit les collines qu'en apparence, mais enfin cela les grandit.

Une jolie ville, c'est Ligny. Trois ou quatre collines en se rencontrant ont fait une vallée en étoile. Les maisons de Ligny sont toutes entassées au fond de cette vallée, comme si elles avaient glissé du haut des collines. Cela fait une petite ville ravissante à voir; et puis il y a une jolie rivière et deux belles tours en ruine. Ces collines sont charmantes, elles ont l'obligeance de forcer la malle-poste à monter au pas, si bien que j'ai pu descendre, suivre la voiture à pied et voir la ville.

J'ai des doutes à l'endroit de la cathédrale de Toul. Je la soupçonne d'avoir quelque affinité avec la cathédrale d'Orléans, cette odieuse église qui de loin vous fait tant de promesses, et qui de près n'en tient aucune. Cependant j'ai moins mauvaise idée de l'église de Toul; il est vrai que je ne l'ai pas vue de près. Toul est dans une vallée, la malle y descend au galop; le soleil se couchait, il jetait un admirable rayon horizontal sur la façade de la cathédrale; l'édifice a un aspect de vétusté singulière, il a de la masse, c'était très beau. En approchant j'ai cru voir qu'il y avait au moins autant de délabrement que de vieillesse, que les tours étaient octogones, ce qui m'a déplu, et qu'elles étaient surmontées d'une balustrade pareille au couronnement des tours d'Orléans, ce qui m'a choqué. Cependant je ne condamne pas la cathédrale de Toul. Vue par l'abside, elle est assez belle. Au moment où nous passions le pont de Toul, mon compagnon de voyage m'a demandé si la maison de Lorraine n'était pas la même chose que la maison de Médicis.

Nancy, comme Toul, est dans une vallée, mais dans une belle, large et opulente vallée. La ville a peu d'aspect; les clochers de la cathédrale sont des poivrières Pompadour. Cependant je me suis réconcilié avec Nancy, d'abord parce que j'y ai dîné, et j'avais grand-faim; ensuite parce que la place de l'Hôtel-de-Ville est une des places rococo les plus jolies, les plus gaies et les plus complètes que j'aie vues. C'est une décoration fort bien faite et merveilleusement ajustée avec toutes sortes de choses qui sont bien ensemble et qui s'entraident pour l'effet; des fontaines en rocaille, des bosquets d'arbres taillés et façonnés, des grilles de fer épaisses, dorées et ouvragées, une statue du roi Stanislas, un arc de triomphe d'un style tourmenté et amusant, des façades nobles, élégantes, bien liées entre elles et disposées selon des angles intelligents. Le pavé lui-même, fait de cailloux pointus, est à compartiments comme une mosaïque. C'est une place marquise.

J'ai vraiment regretté que le temps me manquât pour voir en détail et à mon aise cette ville toute dans le style de Louis XV. L'architecture du dix-huitième siècle, quand elle est riche, finit par racheter son mauvais goût. Sa fantaisie végète et s'épanouit au sommet des édifices en buissons de fleurs si extravagantes et si touffues, que toute colère s'en va et qu'on s'y acoquine. Dans les climats chauds, à Lisbonne, par exemple, qui est aussi une ville rococo, il semble que le soleil ait agi sur cette végétation de pierre comme sur l'autre végétation. On dirait qu'une sève a circulé dans le granit; elle s'y est gonflée, s'y est fait jour et jette de toutes parts de prodigieuses branches d'arabesques qui se dressent enflées vers le ciel. Sur les couvents, sur les palais, sur les églises, l'ornement jaillit de partout, à tout propos, avec ou sans prétexte. Il n'y a pas à Lisbonne un seul fronton dont la ligne soit restée tranquille.

Ce qui est remarquable, et ce qui achève d'assimiler l'architecture du dix-huitième siècle à une végétation, j'en faisais encore l'observation à Nancy en côtoyant la cathédrale, c'est que, de même que le tronc des arbres est noir et triste, la partie inférieure des édifices Pompadour est nue, morose, lourde et lugubre. Le rococo a de vilains pieds.

J'arrivais à Nancy dimanche à sept heures du soir; à huit heures la malle repartait. Cette nuit a été moins mauvaise que la première. Étais-je plus fatigué? La route était-elle meilleure? Le fait est que je me suis cramponné aux brassières de la voiture et que j'ai dormi. C'est ainsi que j'ai vu Phalsbourg.

Vers quatre heures du matin, je me suis réveillé. Un vent frais me frappait le visage, la voiture, lancée au grand galop, penchait en avant, nous descendions la fameuse côte de Saverne.

C'est là une des belles impressions de ma vie. La pluie avait cessé, les brumes se dispersaient aux quatre vents, le croissant traversait rapidement les nuées et par moments voguait librement dans un trapèze d'azur comme une barque dans un petit lac. Une brise, qui venait du Rhin, faisait frissonner les arbres au bord de la route. De temps en temps ils s'écartaient et me laissaient voir un abîme vague et éblouissant; au premier plan, une futaie sous laquelle se dérobait la montagne; en bas, d'immenses plaines avec des méandres d'eau reluisant comme des éclairs; au fond, une ligne sombre, confuse et épaisse, — la forêt Noire, — tout un panorama magique entrevu au clair de la lune. Ces spectacles inachevés ont peut-être plus de prestige encore que les autres. Ce sont des rêves qu'on touche et qu'on regarde. Je savais que j'avais sous les yeux la France, l'Allemagne et la Suisse, Strasbourg avec sa flèche, la forêt Noire avec ses montagnes, le Rhin avec ses détours; je cherchais tout, je supposais tout, et je ne voyais rien. Je n'ai jamais éprouvé de sensation plus extraordinaire. Mêlez à cela l'heure, la course, les chevaux emportés par la pente, le bruit violent des roues, le frémissement des vitres abaissées, le passage fréquent des ombres des arbres, les souffles qui sortent le matin des montagnes, une sorte de murmure que faisait déjà la plaine, la beauté du ciel, et vous comprendrez ce que je sentais. Le jour, cette vallée émerveille; la nuit elle fascine.

La descente se fait en un quart d'heure. Elle a cinq quarts de lieue. — Une demi-heure plus tard, c'était le crépuscule; l'aube à ma gauche étamait le bas du ciel, un groupe de maisons blanches couvertes de tuiles noires se découpait au sommet d'une colline, le véritable azur du jour commençait à déborder l'horizon, quelques paysans passaient déjà, allant à leurs vignes, une lumière claire, froide et violette luttait avec la lueur cendrée de la lune, les constellations pâlissaient, deux des pléiades avaient disparu, les trois chevaux du chariot descendaient rapidement vers leur écurie aux portes bleues; il faisait froid, j'étais gelé, il a fallu lever les vitres. Un moment après, le soleil se levait, et la première chose qu'il me montrait, c'était un notaire de village faisant sa barbe à sa fenêtre, le nez dans un miroir cassé, sous un rideau de calicot rouge.

Une lieue plus loin, les paysans devenaient pittoresques, les rouliers devenaient magnifiques; j'ai compté à l'un d'eux treize mulets attelés de chaînes largement espacées. On sentait l'approche de Strasbourg, la vieille ville allemande.

Tout en galopant nous traversions Wasselonne, long boyau de maisons étranglé dans la dernière gorge des Vosges du côté de Strasbourg. Là je n'ai pu qu'entrevoir une singulière façade d'église surmontée de trois clochers ronds et pointus, juxtaposés, que le mouvement de la voiture a brusquement apportée devant ma vitre et tout de suite remportée en la cahotant comme une décoration de théâtre.

Tout à coup, à un tournant de la route, une brume s'est enlevée, et j'ai aperçu le Munster. Il était six heures du matin. L'énorme cathédrale, le sommet le plus haut qu'ait bâti la main de l'homme après la grande pyramide, se dessinait nettement sur un fond de montagnes sombres d'une forme magnifique, dans lesquelles le soleil baignait çà et là de larges vallées. L'œuvre de Dieu faite pour les hommes, l'œuvre des hommes faite pour Dieu, la montagne et la cathédrale, luttaient de grandeur.

Je n'ai jamais rien vu de plus imposant.

# LETTRE XXX

## STRASBOURG

*Septembre.*

Hier j'ai visité l'église. Le Munster est véritablement une merveille. Les portails de l'église sont beaux, particulièrement le portail roman, il y a sur la façade de très superbes figures à cheval; la rosace est noble et bien coupée; toute la face de l'église est un poëme savamment composé. Mais le véritable triomphe de cette cathédrale, c'est la flèche. C'est une vraie tiare de pierre avec sa couronne et sa croix. C'est le prodige du gigantesque et du délicat. J'ai vu Chartres, j'ai vu Anvers, il me fallait Strasbourg.

L'église n'a pas été terminée. L'abside, misérablement tronquée, a été arrangée au goût du cardinal de Rohan, cet imbécile, l'homme du collier. Elle est hideuse. Le vitrail qu'on y a adapté a un dessin de tapis courant; c'est ignoble. Les autres vitraux sont beaux, excepté quelques verrières refaites, notamment celle de la grande rose. Toute l'église est honteusement badigeonnée; quelques parties de sculpture ont été restaurées avec quelque goût. Cette cathédrale a été touchée par toutes les mains. La chaire est un petit édifice du quinzième siècle, gothique fleuri, d'un dessin et d'un style ravissants. Malheureusement on l'a dorée d'une façon stupide. Les fonts baptismaux sont de la même époque et supérieurement restaurés. C'est un vase entouré d'une broussaille de sculpture la plus merveilleuse du monde. A côté, dans une chapelle sombre, il y a deux tombeaux. L'un, celui d'un évêque du temps de Louis V, est cette pensée redoutable que l'art gothique a exprimée sous toutes les formes : un lit sous lequel est un tombeau, le sommeil superposé à la mort, l'homme au cadavre, la mort à l'éternité. Le sépulcre a deux étages. L'évêque, dans ses habits pontificaux et mitre en tête, est couché dans son lit, sous un dais; il dort. Au-dessous dans l'ombre, sous les pieds du lit, on entrevoit une énorme pierre dans laquelle sont scellés deux énormes anneaux de fer; c'est le couvercle du tombeau. On n'en voit pas davantage. Les architectes du seizième siècle montraient le cadavre (vous vous souvenez des tombeaux de Brou); ceux du quatorzième le cachaient, c'est encore plus effrayant. Rien de plus sinistre que ces deux anneaux.

Au plus profond de ma rêverie, j'ai été distrait par un anglais qui faisait des questions sur l'affaire du collier et sur M<sup>me</sup> de Lamotte, croyant voir là le tombeau du cardinal de Rohan. Dans tout autre lieu, je n'aurais pu m'empêcher de rire. Après tout, j'aurais eu tort; qui n'a pas son coin d'ignorance grossière? Je connais, et vous connaissez comme moi un savant médecin qui dit *poudre* DENTRIFICE, ce qui prouve qu'il ne sait ni le latin ni le français. Je ne sais plus quel avocat, adversaire de la propriété littéraire à la chambre des députés, dit : *monsieur Réaumur, monsieur Fahrenheit, monsieur Centigrade*. Un philosophe infaillible, notre contemporain, a imaginé le prétérit *recollexit*. Raulin, très docte recteur de l'université de Paris au quinzième siècle, s'indignait que les écoliers écrivissent : *mater tuus, pater tua*, et il disait : *Marmouseti*. Le barbarisme faisait la morale au solécisme.

Je reviens à ma cathédrale. Le tombeau dont je viens de vous parler est dans le bras gauche de la croix. Dans le bras droit, il y a une chapelle qu'un échafaudage m'a empêché de voir. A côté de cette chapelle court une balustrade du quinzième siècle appliquée sur le mur. Une figure peinte et sculptée s'appuie sur cette balustrade et semble admirer un pilier entouré de statues superposées qui est vis-à-vis d'elle, et qui est d'un effet merveilleux. La tradition veut que cette figure représente le premier architecte du Munster, Erwyn de Steinbach.

Les statues me disent beaucoup de choses; aussi j'ai toujours la manie de les questionner, et, quand j'en rencontre une qui me plaît, je reste longtemps avec elle. J'étais donc en tête à tête avec le grand Erwyn, et profondément pensif depuis plus d'une grosse heure, lorsqu'un bélître est venu me déranger. C'était le suisse de l'église, qui, pour gagner trente sous, m'offrait de m'expliquer sa cathédrale. Figurez-vous un horrible suisse mi-parti d'allemand et d'alsacien, et me proposant ses *explications* : — *Monsir, fous afre pas fu lé champelle?* — J'ai congédié assez durement ce marchand de baragouin.

Je n'ai pu voir l'horloge astronomique qui est dans la nef, et qui est un charmant petit édifice du seizième siècle. On est en train de la restaurer, et elle est recouverte d'une chemise en planches.

L'église vue, je suis monté sur le clocher. Vous

connaissez mon goût pour le voyage perpendiculaire. Je n'aurais eu garde de manquer la plus haute flèche du monde. Le Munster de Strasbourg a près de cinq cents pieds de haut. Il est de la famille des clochers accostés d'escaliers à jour. C'est une chose admirable de circuler dans cette monstrueuse masse de pierre toute pénétrée d'air et de lumière, évidée comme un joujou de Dieppe, lanterne aussi bien que pyramide, qui vibre et qui palpite à tous les souffles du vent. Je suis monté jusqu'au haut des escaliers verticaux. J'ai rencontré en montant un visiteur qui descendait tout pâle et tout tremblant, à demi porté par son guide. Il n'y a pourtant aucun danger. Le danger pourrait commencer au point où je me suis arrêté, à la naissance de la flèche proprement dite. Quatre escaliers à jour, en spirale, correspondant aux quatre tourelles verticales, enroulés dans un enchevêtrement délicat de pierre amenuisée et ouvragée, s'appuient sur la flèche, dont ils suivent l'angle, et rampent jusqu'à ce qu'on appelle la couronne, à environ trente pieds de distance de la lanterne surmontée d'une croix qui fait le sommet du clocher. Les marches de ces escaliers sont très hautes et très étroites, et vont se rétrécissant à mesure qu'on monte. Si bien qu'en haut elles ont à peine la saillie du talon. Il faut gravir ainsi une centaine de pieds, et l'on est à quatre cents pieds du pavé. Point de garde-fous, ou si peu, qu'il n'est pas la peine d'en parler. L'entrée de cet escalier est fermée par une grille en fer. On n'ouvre cette grille que sur une permission spéciale du maire de Strasbourg, et l'on ne peut monter qu'accompagné de deux ouvriers couvreurs, qui vous nouent autour du corps une corde dont ils attachent le bout de distance, en distance, à mesure que vous montez, aux barres de fer qui relient les menaux. Il y a huit jours, trois femmes, trois allemandes, une mère et ses deux filles, ont fait cette ascension. Du reste personne, excepté les couvreurs qui ont à restaurer le clocher, ne monte jusqu'à la lanterne. Là il n'y a plus d'escalier, mais de simples barres de fer disposées en échelons.

D'où j'étais la vue est admirable. On a Strasbourg sous ses pieds, vieille ville à pignons dentelés et à grands toits chargés de lucarnes, coupée de tours et d'églises, aussi pittoresque qu'aucune ville de Flandre. L'Ill et le Rhin, deux jolies rivières, égayent ce sombre amas d'édifices de leurs flasques d'eau claires et vertes. Tout autour des murailles s'étend à perte de vue une immense campagne pleine d'arbres et semée de villages. Le Rhin qui s'approche à une lieue de la ville, court dans cette campagne en se tordant sur lui-même. En faisant le tour du clocher on voit trois chaînes de montagnes, les croupes de la Forêt noire au nord, les Vosges à l'ouest, au midi les Alpes.

On est si haut, que le paysage n'est plus un paysage; c'est, comme ce que je voyais sur la montagne de Heidelberg, une carte de géographie, mais une carte de géographie vivante, avec des brumes, des fumées, des ombres et des lueurs, des frémissements d'eaux et de feuilles, des nuées, des pluies et des rayons de soleil. Le soleil fait volontiers fête à ceux qui sont sur de grands sommets. Au moment où j'étais sur le Munster il a tout à coup dérangé les nuages dont le ciel avait été couvert toute la journée, et il a mis le feu à toutes les fumées de la ville, à toutes les vapeurs de la plaine, tout en versant une pluie d'or sur Saverne, dont je revoyais la côte magnifique à douze lieues au fond de l'horizon à travers une gaze resplendissante. Derrière moi un gros nuage pleuvait sur le Rhin; à mes pieds la ville jasait doucement et ses paroles m'arrivaient à travers des bouffées de vent; les cloches de cent villages sonnaient; des pucerons roux et blancs, qui étaient un troupeau de bœufs, mugissaient dans une prairie à droite; d'autres pucerons bleus et rouges, qui étaient des cannoniers, faisaient l'exercice à feu dans le polygone à gauche; un scarabée noir, qui était une diligence, courait sur la route de Metz; et au nord, sur la croupe d'une colline, le château du grand-duc de Bade brillait dans une flaque de lumière comme une pierre précieuse. Moi, j'allais d'une tourelle à l'autre, regardant ainsi tour à tour la France, la Suisse et l'Allemagne dans un seul rayon de soleil.

Chaque tourelle fait face à une nation différente.

En redescendant je me suis arrêté quelques instants à l'une des portes hautes de la tourelle-escalier. Des deux côtés de cette porte sont les figures en pierre des deux architectes du Munster. Ces deux grands poètes sont représentés accroupis, le dos et la face renversés en arrière, comme s'ils s'émerveillaient de la hauteur de leur œuvre. Je me suis mis à faire comme eux, et je suis resté aussi statue qu'eux-mêmes pendant plusieurs minutes. Sur la plate-forme, on m'a fait écrire mon nom dans un livre; après quoi je m'en suis allé. Les cloches et l'horloge n'offrent aucun intérêt.

Du Munster je suis allé à Saint-Thomas, qui est la plus ancienne église de la ville, et où est le tombeau du maréchal de Saxe. Ce tombeau est à Strasbourg ce que l'Assomption de Bridan est à Chartres, une chose fort célèbre, fort vantée, et fort médiocre. C'est une grande machine d'opéra en marbre, dans le maigre style de Pigalle, et sur laquelle Louis XV se vante en style lapidaire d'être l'auteur et le guide — *auctor et dux* — des victoires du maréchal de Saxe. On vous ouvre une armoire dans laquelle il y a une tête à perruque en plâtre; c'est le buste de Pigalle. — Heureusement il y a autre chose à voir à Saint-Thomas; d'abord l'église elle-même, qui est romane, et dont les clochers trapus et sombres ont un grand caractère; puis les vitraux qui sont beaux, quoiqu'on les ait stupidement blanchis dans leur partie inférieure; puis les tombeaux et les sarcophages, qui abondent dans cette église. L'un de ces tombeaux est du quatorzième siècle; c'est une lame de pierre incrustée droite dans le mur, sur laquelle est sculpté un chevalier allemand de la plus superbe tournure. Le cœur du chevalier dans une boite en vermeil avait été déposé dans un petit trou carré creusé au

CATHÉDRALE DE STRASBOURG

ventre de la figure. En 93, des Brutus locaux, par haine des chevaliers et par amour des boîtes en vermeil, ont arraché le cœur à la statue. Il ne reste plus que le trou carré parfaitement vide. Sur une autre lame de pierre est sculpté un colonel polonais, casque et panache en tête, dans cette belle armure que les gens de guerre portaient encore au dix-septième siècle. On croit que c'est un chevalier; point, c'est un colonel. Il y a en outre deux merveilleux sarcophages en pierre; l'un, qui est gigantesque et tout chargé de blasons dans le style opulent du seizième siècle, est le cercueil d'un gentilhomme danois qui dort, je ne sais pourquoi, dans cette église; l'autre, plus curieux encore, sinon plus beau, est caché dans une armoire, comme le buste de Pigalle. Règle générale : les sacristains cachent tout ce qu'ils peuvent cacher, parce qu'ils se font payer pour laisser voir. De cette façon on fait suer des pièces de cinquante centimes à de pauvres sarcophages de granit qui n'en peuvent mais. Celui-ci est du neuvième siècle : grande rareté. C'est le cercueil d'un évêque qui ne devait pas avoir plus de quatre pieds de haut, à en juger par son étui. Magnifique sarcophage du reste, couvert de sculptures byzantines, figures et fleurs, et porté par trois lions de pierre, un sous la tête, deux sous les pieds. Comme il est dans une armoire adossée au mur, on n'en peut voir qu'une face. Cela est fâcheux pour l'art; il vaudrait mieux que le cercueil fût en plein air dans une chapelle. L'église, le sarcophage et le voyageur y gagneraient; mais que deviendrait le sacristain? Les sacristains avant tout; c'est la règle des églises.

Il va sans dire que la nef romane de Saint-Thomas est badigeonnée en jaune vif.

J'allais sortir, quand mon sacristain protestant, gros suisse rouge et joufflu d'une trentaine d'années, m'a arrêté par le bras. — Voulez-vous voir des momies? — J'accepte. Autre cachette, autre serrure. J'entre dans un caveau. Ces momies n'ont rien d'égyptien. C'est un comte de Nassau et sa fille, qu'on a trouvés embaumés en fouillant les caves de l'église, et qu'on a mis sous verre. Ces deux pauvres morts dorment là au grand jour, couchés dans leurs cercueils, dont on a enlevé le couvercle. Le cercueil du comte de Nassau est orné d'armoiries peintes. Le vieux prince est vêtu d'un costume simple coupé à la mode de Henri IV. Il a de grands gants de peau jaune, des souliers noirs à hauts talons, un collet de guipure et un bonnet de linge bordé de dentelle. Le visage est de couleur bistre. Les yeux sont fermés. On voit encore quelques poils de la moustache. Sa fille porte le splendide costume d'Élisabeth. La tête a perdu forme humaine; c'est une tête de mort; il n'y a plus de cheveux; un bouquet de rubans roses est seul resté sur le crâne nu. La morte a un collier au cou, des bagues aux mains, des mules aux pieds, une foule de rubans, de dentelles sur les manches; et une petite croix de chanoinesse richement émaillée sur la poitrine. Elle croise ses petites mains grises et décharnées, et elle dort sur un lit de linge comme les enfants en font pour leurs poupées. Il m'a semblé, en effet, voir la hideuse poupée de la mort. On recommande de ne pas remuer le cercueil. Si l'on touchait à ce qui a été la princesse de Nassau, cela tomberait en poussière.

En me retournant pour voir le comte, j'ai été frappé de je ne sais quelle couche luisante beurrée sur son visage. Le sacristain — toujours le sacristain — m'a expliqué qu'il y a huit ans, lorsqu'on avait trouvé cette momie, on avait cru devoir la vernir. Que dites-vous de cela? A quoi bon avoir été comte de Nassau, pour être, deux cents ans après sa mort, verni par des badigeonneurs français?

La bible avait promis au cadavre de l'homme toutes les métamorphoses, toutes les humiliations, toutes les destinées, excepté celle-ci. Elle avait dit : — Les vivants te disperseront comme la poussière, te fouleront aux pieds comme la boue, te brûleront comme le fumier; — mais elle n'avait pas dit : — *Ils finiront par te cirer comme une paire de bottes!*

# LETTRE XXXI

## FREIBURG EN BRISGAW

*6 septembre.*

Voici mon entrée à Freiburg : — il était près de quatre heures du matin ; j'avais roulé toute la nuit dans le coupé d'une malle-poste badoise, armoriée d'or à la tranche de gueules, et conduite par ces beaux postillons jaunes dont je vous ai parlé ; tout en traversant une foule de jolis villages propres, sains, heureux, semés de jardinets épanouis autour des maisons, arrosés de petites rivières vives dont les ponts sont ornés de statues rustiques que j'entrevoyais aux lueurs de nos lanternes, j'avais causé jusqu'à onze heures du soir avec mon compagnon de coupé, jeune homme fort modeste et fort intelligent, architecte de la ville de Haguenau ; puis, comme la route est bonne, comme les postes de M. de Bade vont fort doucement, je m'étais endormi. Donc, vers quatre heures du matin, le souffle gai et froid de l'aube entra par la vitre abaissée et me frappa au visage ; je m'éveillai à demi, ayant l'impression confuse des objets réels, et conservant encore assez du sommeil et du rêve pour suivre de l'œil un petit nain fantastique vêtu d'une chape d'or, coiffé d'une perruque rouge, haut comme mon pouce, qui dansait allégrement derrière le postillon, sur la croupe du cheval porteur, faisant force contorsions bizarres, gambadant comme un saltimbanque, parodiant toutes les postures du postillon, et esquivant le fouet avec des soubresauts comiques quand par hasard il passait près de lui. De temps en temps ce nain se retournait vers moi, et il me semblait qu'il me saluait ironiquement avec de grands éclats de rire. Il y avait dans l'avant-train de la voiture un écrou mal graissé qui chantait une chanson dont le méchant petit drôle paraissait s'amuser beaucoup. Par moments, ses espiègleries et ses insolences me mettaient presque en colère, et j'étais tenté d'avertir le postillon. Quand il y eut plus de jour dans l'air et moins de sommeil dans ma tête, je reconnus que ce nain sautant dans sa chape d'or était un petit bouton de cuivre à houppe écarlate vissé dans la croupière du cheval. Tous les mouvements du cheval se communiquaient à la croupière en s'exagérant, et faisaient prendre au bouton de cuivre mille folles attitudes. — Je me réveillai tout à fait. — Il avait plu toute la nuit, mais le vent dispersait les nuées ; des brumes laineuses et diffuses salissaient çà et là le ciel comme les épluchures d'une fourrure noire ; à ma droite s'étendait une vaste plaine brune à peine effleurée par le crépuscule ; à ma gauche, derrière une colline sombre, au sommet de laquelle se dessinaient de vives silhouettes d'arbres, l'orient bleuissait vaguement. Dans ce bleu, au-dessus des arbres, au-dessous des nuages, Vénus rayonnait. — Vous savez comme j'aime Vénus. — Je la regardais sans pouvoir en détacher mes yeux, quand tout à coup, à un tournant de la route, une immense flèche noire découpée à jour se dressa au milieu de l'horizon. Nous étions à Freiburg.

Quelques instants après, la voiture s'arrêta dans une large rue neuve et blanche, et déposa son contenu pêle-mêle, paquets, valises et voyageurs, sous une grande porte cochère éclairée d'une chétive lanterne. Mon compagnon français me salua et me quitta. Je n'étais pas fâché d'arriver, j'étais assez fatigué. J'allais entrer bravement dans la maison, quand un homme me prit le bras et me barra le passage avec quelques vives paroles en allemand, parfaitement inintelligibles pour moi. Je me récriai en bon français, et je m'adressai aux personnes qui m'entouraient, mais il n'y avait plus là que des voyageurs prussiens, autrichiens, badois, emportant l'un sa malle, l'autre son porte-manteau, tous fort allemands et fort endormis. Mes réclamations les éveillèrent pourtant un peu, et ils me répondirent. Mais pas un mot de français chez eux, pas un mot d'allemand chez moi. Nous baragouinions de part et d'autre à qui mieux mieux. Je finis cependant par comprendre que cette porte cochère n'était pas un hôtel ; c'était la maison de la poste, et rien de plus. Comment faire ? où aller ? Ici on ne me comprenait plus. Je les aurais bien suivis ; mais la plupart étaient des fribourgeois qui rentraient chez eux, et ils s'en allaient tous de différents côtés. J'eus le déboire de les voir partir ainsi les uns après les autres jusqu'au dernier, et au bout de cinq minutes je restai seul sous la porte cochère. La voiture était repartie. Ici, je m'aperçus que mon sac de nuit, qui contenait non seulement mes hardes, mais encore mon argent, avait disparu. Cela commençait à devenir tragique. Je reconnus que c'était là un cas providentiel ;

et, me trouvant ainsi tout à coup sans habits, sans argent et sans gîte, perdu chez les sarmates, qui plus est, je pris à droite, et je me mis à marcher devant moi. J'étais assez rêveur. Cependant le soleil, qui m'abandonne personne, avait continué sa route. Il faisait petit jour; je regardais l'une après l'autre toutes les maisons, comme un homme qui aurait bonne envie d'entrer dans une; mais elles étaient toutes badigeonnées en jaune et en gris et parfaitement closes. Pour toute consolation, dans mon exploration fort perplexe, je rencontrai une exquise fontaine du quinzième siècle, qui jetait joyeusement son eau dans un large bassin de pierre par quatre robinets de cuivre luisant. Il y avait assez de jour pour que je pusse distinguer les trois étages de statuettes groupées autour de la colonne centrale, et je remarquai avec peine qu'on avait remplacé la figure en grès de Heilbron, qui devait couronner ce charmant petit édifice, par une méchante Renommée-girouette de fer-blanc peint. Après avoir tourné autour de la fontaine pour bien voir toutes les figurines, je me remis en marche.

A deux ou trois maisons au delà de la fontaine, une lanterne allumée brillait au-dessus d'une porte ouverte. Ma foi, j'entrai.

Personne sous la porte cochère.

J'appelle, on ne me répond pas.

Devant moi, un escalier; à ma gauche, une porte bâtarde.

Je pousse la porte au hasard; elle était tout contre, elle s'ouvre. J'entre, je me trouve dans une chambre absolument noire, avec une vague fenêtre à ma gauche.

J'appelle :

— Hé! quelqu'un!

Pas de réponse.

Je tâte le mur, je trouve une porte; je la pousse, elle s'ouvre.

Ici, une autre chambre sombre, avec une lueur au fond et une porte entre-bâillée.

Je vais à cette porte et je regarde.

Voici l'effrayant qui commence.

Dans une salle oblongue, soutenue à son milieu par deux piliers, et très vaste, autour d'une longue table faiblement éclairée par des chandelles posées de distance en distance, des formes singulières étaient assises.

C'étaient des êtres pâles, graves, assoupis.

Au haut bout de la table, le plus proche de moi, se tenait une grande femme blême, coiffée d'un béret surmonté d'un énorme panache noir. A côté d'elle, un jeune homme de dix-sept ans, livide et sérieux, enveloppé d'une immense robe de chambre à ramages, avec un bonnet de soie noire sur les yeux. A côté du jeune homme, un vieillard à visage vert dont la tête portait trois étages de coiffures; premier étage, un bonnet de coton; deuxième étage, un foulard; troisième étage, un chapeau.

Puis s'échelonnaient de chaise en chaise cinq ou six casse-noisettes de Nuremberg vivants, grotesquement accoutrés, et engloutis sous d'immenses feutres; faces bistrées avec des yeux d'émail.

Le reste de la longue table était désert, et la nappe, blanche et nue comme un linceul, se perdait dans l'ombre, au fond de la salle.

Chacun de ces singuliers convives avait devant lui une tasse blanche et quelques vases de forme inusitée sur un petit plateau.

Aucun d'eux ne disait mot.

De temps en temps, et dans le plus profond silence, ils portaient à leurs lèvres la tasse blanche, où fumait une liqueur noire qu'ils buvaient gravement.

Je compris que ces spectres prenaient du café.

Toute réflexion faite, et jugeant que le moment était venu de produire un effet quelconque, je poussai la porte entr'ouverte et j'entrai vaillamment dans la salle.

Point; aucun effet.

La grande femme, coiffée en héraut d'armes, tourne seule la tête, me regarde fixement, avec des yeux blancs, et se remet à boire son philtre.

Du reste pas une parole.

Les autres fantômes ne me regardaient même pas.

Un peu déconcerté, ma casquette à la main, je fais trois pas vers la table, et je dis, tout en craignant fort de manquer de respect à ce château d'Udolphe :

— Messieurs, n'est-ce pas ici une auberge?

Ici, le vieillard triplement coiffé produisit une espèce de grognement inarticulé qui tomba pesamment dans sa cravate. Les autres ne bougèrent pas.

Je vous avoue qu'alors je perdis patience, et me voilà criant à tue-tête : — Holà! hé! l'aubergiste! le tavernier! de par tous les diables! l'hôtelier! le garçon! quelqu'un! Kellner!

J'avais saisi au vol, dans mes allées et venues sur le Rhin, ce mot : Kellner, sans en savoir le sens, et je l'avais soigneusement serré dans un coin de ma mémoire avec une vague idée qu'il pourrait m'être bon.

En effet, à ce cri magique : Kellner! une porte s'ouvrit dans la partie ténébreuse de la caverne.

Sésame, ouvre-toi! n'aurait pas mieux réussi.

Cette porte se referma après avoir donné passage à une apparition qui vint droit à moi.

Une jeune fille, jolie, pâle, les yeux battus, vêtue de noir, portant sur la tête une coiffure étrange, qui avait l'air d'un énorme papillon noir posé à plat sur le front, les ailes ouvertes.

Elle avait, en outre, une large pièce de soie noire, roulée autour du cou, comme si ce gracieux spectre eût eu à cacher la ligne rouge et circulaire de Marie Stuart et de Marie-Antoinette.

— Kellner? me dit-elle.

Je répondis avec intrépidité : — Kellner!

Elle prit un flambeau et me fit signe de la suivre.

Nous rentrâmes dans les chambres par où j'étais venu, et, au beau milieu de la première, sur un banc de bois, elle me montra avec un sourire un homme dormant du sommeil profond des justes, la tête sur mon sac de nuit.

Fort surpris de ce dernier prodige, je secouai l'homme; il s'éveilla; la jeune fille et lui échangèrent quelques paroles à voix basse, et deux minutes après nous nous retrouvions, mon sac de nuit et moi, fort confortablement installés dans une chambre excellente, à rideaux blancs comme neige.

Or j'étais à l'*hôtel de la Cour de Zæhringen.*

Voici maintenant l'explication de ce conte d'Anne Radcliffe.

A la douane de Kehl, le conducteur de la malle badoise, m'ayant entendu parler latin (non sans barbarismes) avec un digne pasteur qui s'en retournait à Zurich, et espagnol avec un colonel Duarte, qui va par la Savoie rejoindre don Carlos, en avait conclu que je savais l'allemand, et ne s'était plus autrement inquiété de moi. A Freiburg, le kellner, c'est-à-dire le factotum de l'hôtel de Zæhringen, attendait la malle-poste à son arrivée, et le courrier, en débarquant, m'avait montré à lui à mon insu, en lui disant : *Voilà un voyageur pour vous,* puis lui avait remis mon sac de nuit pendant que je me démenais au milieu des allemands. Le kellner, me croyant averti, avait pris les devants avec mon sac, et était allé m'attendre à l'hôtel, où il dormait dans la salle basse. Vous devinez le reste.

Il y a pourtant dans l'aventure un hasard d'une grande beauté ; c'est qu'en sortant de la porte j'ai pris à droite, et non à gauche. Dieu est grand.

Les spectres impassibles qui buvaient du café étaient tout bonnement les voyageurs de la diligence de Francfort à Genève, qui mettaient à profit l'heure de répit que la voiture leur accorde au point du jour; braves gens un peu affublés à l'allemande, qui me paraissaient étranges et auxquels je devais paraître absurde. La jeune fille, c'était une jolie servante de l'hôtel de Zæhringen. Le grand papillon noir, c'est la coiffure du pays. Coiffure gracieuse. De larges rubans de soie noire ajustés en cocarde sur le front, cousus à une calotte également noire, quelquefois brodée d'or à son sommet, derrière laquelle les cheveux tombent sur le dos en deux longues nattes. Les deux bouts de l'épaisse cravate noire, qui est aussi une mode locale, tombent également derrière le dos.

Il était sept heures du soir, la veille, quand je quittais Strasbourg. La nuit tombait quand j'ai passé le Rhin, à Kehl, sur le pont de bateaux. En touchant l'autre rive, la malle s'est arrêtée, et les douaniers badois ont commencé leur travail. J'ai livré mes clefs et je suis allé regarder le Rhin au crépuscule. Cette contemplation m'a fait passer le temps de la douane et m'a épargné le déplaisir de voir ce que mon compagnon l'architecte m'a raconté ensuite d'une pauvre comédienne allant à Carlsruhe; assez jolie bohémienne que les douaniers se sont divertis à tourmenter, lui faisant payer dix-sept sous pour une *tournure* en calicot non ourlée, et lui tirant de sa valise tous ses clinquants et toutes ses perruques, à la grande confusion de la pauvre fille.

Le munster de Freiburg, à la hauteur près, vaut le munster de Strasbourg. C'est, avec un dessin différent, la même élégance, la même hardiesse, la même verve, la même masse de pierre rouillée et sombre, piquée çà et là de trous lumineux de toute forme et de toute grandeur. L'architecte du nouveau clocher de fer à Rouen a cru, dit-on, le clocher de Freiburg en vue. Hélas!

Il y a deux autres clochers à la cathédrale de Freiburg. Ceux-là sont romans, petits, bas, sévères, à pleins cintres et à dentelures byzantines, et posés, non comme d'ordinaire aux extrémités du transept, mais dans les angles que fait l'intersection de la petite nef avec la grande nef. Le munster est également, en quelque sorte, indépendant de l'église, quoiqu'il y adhère. Il est bâti à l'entrée de la grande nef, sur un porche roman, plein de statues peintes et dorées du plus grand intérêt. Sur la place de l'église, il y a une jolie fontaine du seizième siècle, et, en avant du porche, trois colonnes du même temps, qui portent la statue de la Vierge entre les deux figures de saint Pierre et de saint Paul. Au pied de ces colonnes le pavé dessine un labyrinthe.

A droite, l'ombre de l'église abrite, sur la même place, une maison du quinzième siècle, à toit immense en tuiles de couleur, à pignons en escaliers, flanquée de deux tourelles pointues, portée sur quatre arcades, percée de baies charmantes, chargée de blasons coloriés, avec balcon ouvragé au premier étage, et, entre les fenêtres-croisées de ce balcon, quatre statues peintes et dorées, qui sont Maximilien I$^{er}$, empereur; Philippe I$^{er}$, roi de Castille; Charles-Quint, empereur; Ferdinand I$^{er}$, empereur. Cet admirable édifice sert à je ne sais quel plat usage municipal et bourgeois, et on l'a badigeonné en rouge. De ce côté-ci du Rhin, on badigeonne en rouge. Ils arrangent leurs églises comme les sauvages de la mer du Sud arrangent leurs visages.

Le munster, par bonheur, n'est pas badigeonné. L'église est enduite d'une couche de gris, ce qui est presque tolérable quand on songe qu'elle aurait pu être accommodée en couleur de betterave. Les vitraux, à peu près tous conservés, sont d'une merveilleuse beauté. Comme la flèche occupe sur la façade la place de la grande rosace, les bas côtés aboutissent à deux moyennes rosaces inscrites dans les triangles de l'effet le plus mystérieux et le plus charmant. La chaire, gothique flamboyant, est superbe; la coiffe qu'on y a ajoutée est misérable. Ces sortes de chaires n'avaient pas de chef. Voilà ce que les marguilliers devraient savoir, avant de tripoter à leur fantaisie ces beaux édifices. Toute la partie basse de l'église est romane, ainsi que les deux portails latéraux, dont l'un, celui de droite, est masqué par un porche de la renaissance. Rien de plus curieux, selon moi, que ces rencontres du style roman et du style de la renaissance; l'archivolte byzantine, si austère, l'archivolte néo-romaine, si élégante, s'accostent et s'accouplent, et, comme elles sont toutes deux fantastiques, cette base commune les met en harmonie et fait qu'elles se touchent sans se heurter.

Un cordon d'arcades romanes engagées ourle des deux côtés le bas de la grande nef. Chacun des chapiteaux voudrait être dessiné à part. Le style roman est plus riche en chapiteaux que le style gothique.

Au pied de l'une de ces arcades gît un duc Bertholdus, mort en 1218, sans postérité, et enterré sous sa statue; *sub hac statua*, dit l'épitaphe. *Hæc statua* est un géant de pierre à long corsage, adossé au mur, debout sur le pavé, sculpté dans la manière sinistre du douzième siècle, qui regarde les passants d'un air formidable. Ce serait un effrayant commandeur. Je ne me soucierais pas de l'entendre monter un soir mon escalier.

Cette grande nef, assombrie par les vitraux, est toute pavée de pierres tumulaires verdies de mousse ; on use avec les talons les blasons ciselés et les faces sévères des chevaliers du Brisgaw, fiers gentilshommes qui jadis n'auraient pas enduré sur leurs visages la main d'un prince, et qui maintenant y souffrent le pied d'un bouvier.

Avant d'entrer au chœur il faut admirer deux portiques exquis de la renaissance, situés, l'un à droite, l'autre à gauche, dans les bras de la croisée ; puis, dans une chapelle grillée, au fond d'une petite caverne dorée, on entrevoit un affreux squelette vêtu de brocart d'or et de perles, qui est saint Alexandre, martyr ; puis deux lugubres chapelles, également grillées et qui se regardent, vous arrêtent ; l'une est pleine de statues, c'est la Cène, Jésus, tous les apôtres, le traître Judas ; l'autre ne contient qu'une figure, c'est le Christ au tombeau ; deux funèbres pages, dont l'une achève l'autre, le verso et le recto de ce merveilleux poëme qu'on appelle la Passion. Des soldats endormis sont sculptés sur le sarcophage du Christ.

Le sacristain s'est réservé le chœur et les chapelles de l'abside. On entre, mais on paye. Du reste, on ne regrette pas son argent. Cette abside, comme celles de Flandre, est un musée, et un musée varié. Il y a de l'orfévrerie byzantine, il y a de la menuiserie flamboyante, il y a des étoffes de Venise, il y a des tapisseries de Perse, il y a des tableaux qui sont de Holbein, il y a de la serrurerie-bijou qui pourrait être de Biscornette. Les tombeaux des ducs de Zælhringen, situés dans le chœur, sont de très belles lames noblement sculptées ; les deux portes romanes des petits clochers, dont l'une à dentelures, sont fort curieuses ; mais ce

que j'ai admiré surtout, c'est, dans une chapelle du fond, un Christ byzantin, d'environ cinq pieds de haut, rapporté de Palestine par un évêque de Freiburg. Le Christ et la croix sont en cuivre doré rehaussé de pierres brillantes. Le Christ, façonné d'un style barbare, mais puissant, est vêtu d'une tunique richement ouvragée. Un gros rubis non taillé figure la plaie du côté. La statue en pierre de l'évêque, adossée au mur voisin, le contemple avec adoration. L'évêque est debout ; il a une fière figure barbue, la mitre en tête, la crosse au poing, la cuirasse sur le ventre, l'épée au côté, l'écu au coude, les bottes de fer aux jambes et le pied posé sur un lion. C'est très beau.

Je ne suis pas monté au clocher. Freiburg est dominé par une grande colline, presque montagne, plus haute que le clocher. J'ai mieux aimé monter sur la colline. J'ai d'ailleurs été payé de ma peine par un ravissant paysage. Au centre, à mes pieds, la noire église avec son aiguille de deux cent cinquante pieds de haut ; tout autour, les pignons taillés de la ville, les toits à girouettes, sur lesquels les tuiles de couleur dessinent des arabesques ; çà et là, parmi les maisons, quelques vieilles tours carrées de l'ancienne enceinte ; au delà de la ville, une immense plaine de velours vert frangée de haies vives, sur laquelle le soleil fait reluire les vitres des chaumières comme des sequins d'or ; des arbres, des vignes, des routes qui s'enfuient ; à gauche, une hauteur boisée dont la forme rappelle la corne du duc de Venise ; pour horizon quinze lieues de montagnes. Il avait plu toute la journée : mais, quand j'ai été au haut de la colline, le ciel s'est éclairci, et une immense arche de nuages s'est arrondie au-dessus de la sombre flèche toute pénétrée des rayons du soleil.

Au moment où j'allais redescendre, j'ai aperçu un sentier qui s'enfonçait entre deux murailles de rochers à pic. J'ai suivi ce sentier, et, au bout de quelques pas, je me suis trouvé brusquement comme à la fenêtre sur une autre vallée toute différente de celle de Freiburg. On s'en croirait à cent lieues. C'est un vallon sombre, étroit, morose, avec quelques maisons à peine parmi les arbres, resserré de toutes parts entre de hautes collines. Un lourd plafond de nuées s'appuyait sur les croupes espacées des montagnes comme un toit sur des créneaux ; et, par les intervalles des collines, comme par les lucarnes d'une tour énorme, je voyais le ciel bleu.

A propos, à Freiburg, j'ai mangé des truites du Haut-Rhin, qui sont d'excellents petits poissons — et fort jolis ; bleus, tachés de rouge.

# LETTRE XXXII

## BALE

*Bâle, 7 septembre.*

Hier, cher ami, à cinq heures du matin, j'ai quitté Freiburg. A midi j'entrais dans Bâle. La route que je fais est chaque jour plus pittoresque. J'ai vu lever le soleil. Vers six heures il a puissamment troué les nuages, et ses rayons horizontaux sont allés au loin faire surgir à l'horizon les gibbosités monstrueuses du Jura. Ce sont déjà des bosses formidables. On sent que ce sont les dernières ondulations de ces énormes vagues de granit qu'on appelle les Alpes.

Le coupé de la diligence bâloise était pris. L'intérieur était ainsi composé : un bibliothécaire allemand, triste d'avoir oublié sa blouse dans une auberge du mont Rigi; un petit vieillard habillé comme sous Louis XV, se moquant d'un autre vieillard en costume d'incroyable qui me faisait l'effet d'Elleviou en voyage, et lui demandant *s'il avait vu le pays des grisons*; enfin un grand commis marchand, colporteur d'étoffes, et déclarant avec un gros rire que, comme il n'avait pu placer ses échantillons, il voyageait *en vins* (en vain): de plus ayant sur les joues des favoris comme les caniches tondus en ont ailleurs. — Voyant ceci, je suis monté sur l'impériale.

Il faisait assez froid; j'y étais seul.

Les jeunes filles de ce côté du Haut-Rhin ont un costume exquis; cette coiffure cocarde dont je vous ai parlé, un jupon brun à gros plis assez court et une veste d'homme en drap noir avec des morceaux de soie rouge imitant des crevés et des taillades cousus à la taille et aux manches. Quelques-unes, au lieu de cocarde, ont un mouchoir rouge noué en fichu sous le menton. Elles sont charmantes ainsi. Cela ne les empêche pas de se moucher avec leurs doigts.

Vers huit heures du matin, dans un endroit sauvage et propre à la rêverie, j'ai vu un monsieur d'âge vénérable, vêtu d'un gilet jaune, d'un pantalon gris et d'une redingote grise, et coiffé d'un vaste chapeau rond, ayant un parapluie sous le bras gauche et un livre à la main droite. Il lisait attentivement. Ce qui m'inquiétait, c'est qu'il avait un fouet à la main gauche. De plus j'entendais des grognements singuliers derrière une broussaille qui bordait la route. Tout à coup la broussaille s'est interrompue, et j'ai reconnu que ce philosophe conduisait un troupeau de cochons.

Le chemin de Freiburg à Bâle court le long d'une magnifique chaîne de collines déjà assez hautes pour faire obstacle aux nuages. De temps en temps on rencontre sur la route un chariot attelé de bœufs conduit par un paysan en grand chapeau, dont l'accoutrement rappelle la basse Bretagne; ou bien un roulier traîné par huit mulets; ou une longue poutre qui a été un sapin, et qu'on transporte à Bâle sur deux paires de roues qu'elle réunit comme un trait d'union; ou une vieille femme à genoux devant une vieille croix sculptée. Deux heures avant d'arriver à Bâle, la route traverse un coin de forêt; des halliers profonds, des pins, des sapins, des mélèzes; par moments une clairière, dans laquelle un grand chêne se dresse seul comme le chandelier à sept branches; puis des ravins où l'on entend murmurer des torrents. C'est la forêt Noire.

Je vous parlerai de Bâle en détail dans ma prochaine lettre. Je me suis logé à la *Cigogne*, et, de la fenêtre où je vous écris, je vois dans une petite place deux jolies fontaines côte à côte, l'une du quinzième siècle, l'autre du seizième. La plus grande, celle du quinzième siècle, se dégorge dans un bassin de pierre plein d'une belle eau verte, moirée, que les rayons du soleil semblent remplir, en s'y brisant, d'une foule d'anguilles d'or.

C'est une chose bien remarquable d'ailleurs que ces fontaines. J'en ai compté huit à Freiburg; à Bâle il y en a à tous les coins de rue. Elles abondent à Lucerne, à Zurich, à Berne, à Soleure. Cela est propre aux montagnes. Les montagnes engendrent les torrents, les torrents engendrent les ruisseaux, les ruisseaux produisent les fontaines; d'où il suit que toutes ces charmantes fontaines gothiques des villes suisses doivent être classées parmi les fleurs des Alpes.

J'ai vu de belles choses à la cathédrale, et j'en ai vu de curieuses; entre autres, le tombeau d'Érasme. C'est une simple lame de marbre, couleur café, posée debout, avec une longue épitaphe en latin. Au-dessus de l'épitaphe est une figure qui ressemble, jusqu'à un certain point, au portrait d'Érasme par Holbein, et au bas de laquelle est écrit ce mot mystérieux : *Terminus*. Il y a aussi le sarcophage de l'impératrice Anne, femme de Rodolphe de Habsbourg, avec son enfant endormi près d'elle; et, dans un bras de la croisée, une autre tombe du quatorzième siècle sur laquelle est couchée une sombre marquise de pierre, la dame de Hochburg. — Mais je ne veux pas empiéter; je vous conterai Bâle dans ma prochaine lettre.

Demain, à cinq heures du matin, je pars pour Zurich, où vient d'éclater une petite chose qu'on appelle ici une révolution. Que j'aie une tempête sur le lac, et le spectacle sera complet.

# LETTRE XXXIII

## BALE

*Frick, 8 septembre.*

Cher ami, j'ai une affreuse plume, et j'attends un canif pour la tailler. Cela ne m'empêche pas de vous écrire, comme vous voyez. L'endroit où je suis s'appelle Frick, et ne m'a rien offert de remarquable qu'un assez joli paysage et un excellent déjeuner que je viens de dévorer. J'avais grand'faim. — Ah! on m'apporte un canif et de l'encre. J'avais commencé cette lettre avec ma carafe pour écritoire. Puisque j'ai de bonne encre, je vais vous parler de Bâle, comme je vous l'ai promis.

Au premier abord, la cathédrale de Bâle choque et indigne. Premièrement, elle n'a plus de vitraux; deuxièmement, elle est badigeonnée en gros rouge, non seulement à l'intérieur, ce qui est de droit, mais à l'extérieur, ce qui est infâme; et cela, depuis le pavé de la place jusqu'à la pointe des clochers; si bien que les deux flèches, que l'architecte du quinzième siècle avait faites charmantes, ont l'air maintenant de deux carottes sculptées à jour. — Pourtant, la première colère passée, on regarde l'église, et l'on s'y plaît; elle a de beaux restes. Le toit, en tuiles de couleur, a son originalité et sa grâce; la charpente intérieure est de peu d'intérêt. Les flèches, flanquées d'escaliers-lanternes, sont jolies. Sur la façade principale il y a quatre curieuses statues de femmes; deux femmes saintes qui rêvent et qui lisent; deux femmes folles, à peine vêtues, montrant leurs belles épaules de suissesses fermes et grasses, se raillant et s'injuriant avec de grands éclats de rire des deux côtés du portail gothique. Cette façon de représenter le diable est neuve et spirituelle. Deux saints équestres, saint Georges et saint Martin, figurés à cheval et plus grands que nature, complètent l'ajustement de la façade. Saint Martin partage à un pauvre la moitié de son manteau, qui n'était peut-être qu'une méchante couverture de laine, et qui maintenant, transfiguré par l'aumône, est en marbre, en granit, en jaspe, en porphyre, en velours, en satin, en pourpre, en drap d'argent, en brocart d'or, brodé en diamants et en perles, ciselé par Benvenuto, sculpté par Jean Goujon, peint par Raphaël. — Saint Georges, sur la tête duquel deux anges posent un morion germanique, enfonce un grand coup de lance dans la gueule du dragon qui se tord sur une plinthe composée de végétaux hideux.

Le portail de gauche est un beau poëme roman. Sous l'archivolte, les quatre évangélistes; à droite et à gauche, toutes les œuvres de charité figurées dans de petites stalles superposées, encadrées de deux piliers et surmontées d'une architrave. Cela fait deux espèces de pilastres au sommet desquels un ange glorificateur embouche la trompette. Le poëme se termine par une ode.

Une rosace byzantine complète ce portail; et, par un beau soleil, c'est un tableau charmant dans une bordure superbe.

Le portail de droite est moins curieux, mais il communique avec un noble cloître du quinzième siècle, pavé, lambrissé et plafonné de pierres sépulcrales, qui a quelque analogie avec l'admirable cloître de Saint-Wandrille, si stupidement détruit par je ne sais quel manufacturier inepte. Les tombeaux pendent et se dressent de toutes parts sous les ogives à menceaux flamboyants; ce sont des lames ouvragées, celles-ci en pierre, d'autres en marbre, quelques-unes en cuivre; elles tombent en ruine; la mousse mange le granit, l'oxyde mange le bronze. C'est, du reste, une confusion de tous les styles depuis cinq cents ans, qui fait voir l'écroulement de l'architecture. Toutes les formes mortes de ce grand art sont là, pêle-mêle, se heurtant par les angles, démolies l'une par l'autre, comme ensevelies dans ces tombes; l'ogive et le plein cintre, l'arc surbaissé de Charles-Quint, le fronton échancré de Charles III, la colonne torse de Louis XIII, la chicorée de Louis XV. Toutes ces fantaisies successives de la pensée humaine, accrochées au mur comme des tableaux dans un salon, encadrent des épitaphes. Une idée unique est au centre de ces créations éblouissantes de l'art, — la mort. La végétation variée et vivante de l'architecture fleurit autour de cette idée.

Au centre du cloître, il y a une petite cour carrée pleine de cette belle herbe épaisse qui pousse sur les morts.

Dans l'intérieur de l'église, outre les tombes dont je vous ai parlé dans ma dernière lettre, j'ai trouvé des stalles en menuiserie du quinzième et du seizième siècle. Ces petits édifices en bois ciselé sont pour moi des livres très amusants à lire; chaque stalle est un chapitre. La grande boiserie d'Amiens est l'Iliade de ces épopées.

La chaire, qui est du quinzième siècle, sort du pavé comme une grosse tulipe de pierre, enchevêtrée sous un réseau d'inextricables nervures. Ils ont mis à cette belle fleur une coiffe absurde, comme à Freiburg. — En général, le calvinisme, sans mauvaise intention d'ailleurs, a malmené cette pauvre église; il l'a badigeonnée, il a blanchi les fenêtres, il a masqué d'une balustrade à mollets le bel ordre roman des hautes travées de la nef, et puis il a répandu sous cette belle voûte catholique je ne sais quelle atmosphère puritaine qui ennuie. La vieille cathédrale du prince-évêque de Bâle, lequel portait d'argent à la crosse de sable, n'est plus qu'une chambre protestante.

Pourtant le méthodisme a respecté les chapiteaux romans du chœur, qui sont des plus mystérieux et des plus remarquables; il a respecté la crypte placée sous l'autel, où il y a des piliers du douzième siècle et des peintures du treizième. Quelques monstres romans, d'une difformité chimérique, arrachés de je ne sais quelle église ancienne disparue, gisent là, sur le sombre pavé de cette crypte, comme des dogues endormis. Ils sont si effrayants qu'on marche auprès d'eux dans l'ombre avec quelque peur de les réveiller.

La vieille femme qui me conduisait m'a offert de me montrer les archives de la cathédrale; j'ai accepté. Voici ce que c'est que ces archives : un immense coffre en bois sculpté du quinzième siècle, magnifique, mais vide. — Quand on entre dans la chambre des archives, on entend un bâillement effroyable; c'est le grand coffre qui s'ouvre. — Je reprends. Une vaste armoire du même temps, à mille tiroirs. J'ai ouvert quelques-uns de ces tiroirs; ils sont vides. Dans un ou deux j'ai trouvé de petites gravures représentant Zurich, Berne, ou le mont Rigi; dans le plus grand il y a une image de quelques hommes accroupis autour d'un feu; en bas de cette image, qui est du goût le plus suisse, j'ai lu cette inscription : *Biroie des bohémiens*. Ajoutez à cela quelques vieilles bombes en fer posées sur l'appui d'une fenêtre, une masse d'armes, deux épieux de paysan suisse qui ont peut-être martelé Charles le Téméraire sous leurs quatre rangées de clous disposées en mâchoire de requin, de médiocres reproductions en cire de la *Danse macabre* de Jean Klauber, détruite en 1805 avec le cimetière des dominicains; une table chargée de fossiles de la forêt Noire; deux briques-faïences assez curieuses du seizième siècle; un almanach de Liège pour 1837, et vous aurez les archives de la cathédrale de Bâle. On arrive à ces archives par une belle grille noire, touffue, tordue et savamment brouillée, qui a quatre cents ans. Des oiseaux et des chimères sont perchés çà et là dans ce sombre feuillage de fer.

Du haut des clochers la vue est admirable. J'avais sous mes pieds, à une profondeur de trois cent cinquante pieds, le Rhin large et vert; autour de moi le grand Bâle, devant moi le petit Bâle; car le Rhin a fait de la ville deux morceaux; et, comme dans toutes les villes que coupe une rivière, un côté s'est développé aux dépens de l'autre. A Paris, c'est la rive droite; à Bâle, c'est la rive gauche. Les deux Bâle communiquent par un long pont de bois, souvent rudoyé par le Rhin, qui n'a plus de piles de pierre que d'un seul côté, et au centre duquel se découpe une jolie tourelle-guérite du quinzième siècle. Les deux villes font au Rhin des deux côtés une broderie ravissante de pignons taillés, de façades gothiques, de toits à girouettes, de tourelles et de tours. Cet ourlet d'anciennes maisons se répète sur le Rhin et s'y renverse. Le pont reflété prend l'aspect étrange d'une grande échelle couchée d'une rive à l'autre. Des bouquets d'arbres et une foule de jardins suspendus aux devantures des maisons se mêlent aux zigzags de toutes ces vieilles architectures. Les croupes des églises, les tours des enceintes fortifiées, font de gros nœuds sombres auxquels se rattachent, de temps en temps, les lignes capricieuses qui courent en tumulte des clochers aux pignons, des pignons aux lucarnes. Tout cela rit, chante, parle, jase, jaillit, rampe, coule, marche, danse, brille au milieu d'une haute clôture de montagnes qui ne s'ouvre à l'horizon que pour laisser passer le Rhin.

Je suis redescendu dans la ville, qui abonde en fantaisies exquises, en portes bien imaginées, en ferrures extravagantes, en constructions curieuses de toutes les époques. Il y a, entre autres, un grand logis qui sert aujourd'hui de hangar à un roulage, et qui a à toutes les baies, guichets, portes, fenêtres, des nœuds gordiens de nervures, souvent tranchés par l'architecte et les plus bizarres du monde. Je n'ai rien rencontré de pareil nulle part. La pierre est là tordue et tricotée comme de l'osier. Vous pouvez voir des anses de panier en Normandie; mais, pour voir le panier tout entier, il faut venir à Bâle. Près de ce roulage, j'ai visité l'ancienne maison des armuriers, bel édifice du seizième siècle, avec des peintures en plein air sur la devanture, dans lesquelles Vénus et la Vierge sont fort accortement mêlées.

L'hôtel de ville est du même temps. La façade, surmontée d'un homme d'armes empanaché qui porte l'écu de la ville, serait belle si elle n'était badigeonnée (en rouge toujours!), et, qui plus est, ornée d'affreux personnages peints accoudés à un balcon figuré qui est dans le style gothique de 1810. La cour intérieure a subi le même tatouage. Le grand escalier aboutit à deux statues; l'une, qui est en bas, est un fort beau guerrier de la renaissance qui a la prétention de représenter le consul romain Munatius Plancus; l'autre, qui est en haut, au coin de l'imposte d'une porte surbaissée, est un valet de ville qui tient une lettre à la main; il est peint, vêtu mi-parti de noir et de blanc, qui est le blason de la ville, et la lettre, bien pliée, a un cachet rouge. Ce valet de ville gothique a surnagé sur toutes les révolutions de l'Europe. Je l'avais rencontré le matin même près de l'hôtel des *Trois-Rois*, allant par la ville, bien portant et bien vivant, précédé d'un homme d'armes portant une épée, ce qui faisait beaucoup rire quelques commis marchands, lesquels lisaient le *Constitutionnel* à la porte d'un estaminet.

Une fraîche servante est sortie tout à coup de la porte surbaissée; elle m'a adressé quelques paroles en allemand, et, comme je ne la comprenais pas, je l'ai suivie. Bien m'en a pris. La bonne fille m'a introduit dans une chambre où il y a un escalier à vis des plus exquis, puis dans une salle tout en chêne poli, avec de beaux vitraux aux croisées et une superbe porte de la renaissance à la place où nous mettons d'ordinaire la cheminée; ici, comme en Alsace, comme en Allemagne, il y a des poêles. Voyant toutes ces merveilles, j'ai donné à la gracieuse fille une belle pièce d'argent de France qui l'a fait sourire.

Sur l'escalier de cet hôtel de ville il y a une curieuse fresque du *Jugement dernier*, qui est du seizième siècle.

Je n'aurais pas quitté Bâle sans visiter la bibliothèque. Je savais que Bâle est pour les Holbein ce que Francfort est pour les Albert Durer. A la bibliothèque, en effet, c'est un nid, un tas, un encombrement; de quelque côté qu'on se tourne, tout est Holbein. Il y a Luther, il y a Erasme, il y a Mélanchton, il y a Catherine de Bora, il y a Holbein lui-même, il y a la femme de Holbein, belle femme d'une quarantaine d'années, encore charmante, qui a pleuré et qui rêve entre ses deux enfants pensifs, qui vous regarde comme une femme qui a souffert, et qui pourtant vous donne envie de baiser son beau cou. Il y a aussi Thomas Morus avec toute sa famille, avec son père et ses enfants, avec son singe, car le grave chancelier aimait les singes. Et puis il y a deux *Passions*, l'une peinte, l'autre dessinée à la plume; deux *Christ mort*, admirables cadavres qui font tressaillir. Tout cela est de Holbein; tout cela est divin de réalité, de poésie et d'invention. J'ai toujours aimé Holbein; je trouve dans sa peinture les deux choses qui me touchent, la tristesse et la douceur.

Outre les tableaux, la bibliothèque a des meubles; force bronzes romains trouvés à Augst, un coffre chinois, une tapisserie-portière de Venise, une prodigieuse armoire du seizième siècle (dont on a déjà *offert douze mille francs*, me disait mon guide), et enfin la table de la Diète des treize cantons. C'est une magnifique table du seizième siècle, portée par des guivres, des lions et des satyres qui soutiennent le blason de Bâle, ciselée aux armes des cantons, incrustée d'étain, de nacre et d'ivoire; table autour de laquelle méditaient ces avoyers et ces landammanns redoutés des empereurs; table qui faisait lire à ces gouverneurs d'hommes cette solennelle inscription : *Supra naturam præsto est Deus.* — Elle est du reste, en mauvais état. La bibliothèque de Bâle est assez mal tenue; les objets y sont rangés comme des écailles d'huîtres. J'ai vu sur un bahut un petit tableau de Rubens qui est posé debout contre une pile de bouquins, et qui a déjà dû tomber bien des fois, car le cadre est tout brisé — Vous voyez qu'il y a un peu de tout dans cette bibliothèque, des tableaux, des meubles, des étoffes rares; il y a aussi quelques livres.

Mon ami, j'arrête ici cette lettre, griffonnée, comme vous le pouvez voir, sur je ne sais quel papyrus égyptien plus poreux et plus altéré qu'une éponge. Voici un supplice que j'enregistre parmi ceux que je ne souhaite pas à mes pires ennemis : écrire avec une plume qui crache sur du papier qui boit.

# LETTRE XXXIV

## ZURICH

*9 septembre.*

Je suis à Zurich. Quatre heures du matin viennent de sonner au beffroi de la ville, avec accompagnement de trompettes. J'ai cru entendre la diane, j'ai ouvert ma fenêtre. Il fait nuit noire et personne ne dort. La ville de Zurich bourdonne comme une ruche irritée. Les ponts de bois tremblent sous les pas mesurés des bataillons qui passent confusément dans l'ombre. On entend le tambour dans les collines. Des *Marseillaises* alpestres se chantent devant les tavernes allumées au coin des rues. Des bisets zurichois font l'exercice dans une petite place voisine de l'hôtel de l'Épée, que j'habite, et j'entends les commandements en français : *Portez arme ! Arme bras !* — De la chambre à côté de la mienne une jeune fille leur répond par un chant tendre, héroïque et monotone, dont l'air m'explique les paroles. Il y a une lucarne éclairée dans le beffroi et une autre dans les hautes flèches de la cathédrale. La lueur de ma chandelle illumine vaguement un grand drapeau de blanc étoilé de zones bleues, qui est accroché au quai. On entend des éclats de rire, des cris, des bruits de portes qui se ferment, des cliquetis bizarres. Des ombres passent et repassent partout. Une joyeuse rumeur de guerre tient ce petit peuple éveillé. Cependant, sous le reflet des étoiles, le lac vient majestueusement murmurer jusqu'auprès de ma fenêtre toutes ces paroles de tranquillité, d'indulgence et de paix que la nature dit à l'homme. Je regarde se décomposer et se recomposer sur les vagues les sombres moires de la nuit. Un coq chante, et, là-haut, là-haut, à ma gauche, au-dessus de la cathédrale, entre les deux clochers noirs, Vénus étincelle comme la pointe d'une lance entre deux créneaux.

C'est qu'il y a une révolution à Zurich. Les petites villes veulent faire comme les grandes. Tout marquis veut avoir un page. Zurich vient de tuer son bourgmestre et de changer son gouvernement.

Moi, puisqu'ils m'ont éveillé, je profite de cela pour vous écrire, mon ami. Voilà ce que vous gagnerez à cette révolution.

Le jour se levait hier matin quand j'ai quitté Bâle. La route qui mène à Zurich côtoie pendant un demi-quart de lieue les vieilles tours de la ville. Je ne vous ai pas parlé des tours de Bâle ; elles sont pourtant remarquables, toutes de forme et de hauteur différentes, séparées les unes des autres par une enceinte crénelée appuyée sur un fossé formidable où la ville de Bâle cultive avec succès les pommes de terre. Du temps des arcs et des flèches, cette enceinte était une forteresse redoutable ; maintenant ce n'est plus qu'une chemise.

Les entrées de la ville sont encore ornées de ces belles herses du quatorzième siècle dont les dents crochues garnissent le haut des portes, si bien qu'en sortant d'une tour on croit sortir de la gueule d'un monstre. A propos, avant-hier, au plus haut de la flèche de Bâle, il y avait une gargouille qui me regardait fixement ; je me suis penché, je lui ai mis résolument la main dans la gueule, il n'en a été que cela. Vous pouvez conter la chose aux gens qui s'émerveillent de Van Amburgh.

Presque toutes les entrées du grand Bâle sont des portes-forteresses d'un beau caractère, surtout celle qui mène au polygone, fier donjon à toit aigu, flanqué de tourelles, orné de statues comme la porte de Vincennes et l'ancienne porte du vieux Louvre. Il va sans dire qu'on l'a ratissé, raboté, mastiqué et badigeonné (en rouge). Deux archers sculptés dans les créneaux sont curieux. Ils appuient contre le mur leurs souliers à la poulaine et semblent soutenir avec d'énormes efforts les armes de la ville, tant elles sont lourdes à porter. En ce moment passait sous la porte un peloton d'environ deux cents hommes qui revenaient du polygone avec un canon. Je crois que c'est l'armée de Bâle.

Près de cette porte est une délicieuse fontaine de la renaissance qui est couverte de canons, de mortiers et de piles de boulets sculptés autour de son bassin, et qui jette son eau avec le gazouillement d'un oiseau. Cette pauvre fontaine est honteusement mutilée et dégradée ; la colonne centrale était chargée de figures exquises dont il ne reste plus que les torses, et par-ci, par-là, un bras ou une jambe. Pauvre chef-d'œuvre violé par tous les soudards de l'arsenal ! — Mais je reprends la route de Bâle à Zurich.

Pendant quatre heures, jusqu'à Rhinfelden, elle côtoie le Rhin dans une vallée ravissante où pleuvaient, du haut des nuages, toutes les lueurs humides du matin. On laisse à gauche Creuznach, dont la haute tour, tachée d'un cadran blanc, s'aperçoit des clochers de Bâle ; puis on traverse Augst. Augst, voilà un nom bien barbare. Eh bien, ce nom, c'est Augusta. Augst est une ville romaine, la capitale des rauraques, l'ancienne Raurica, l'ancienne Augusta rauracorum, fondée par le consul Munatius Plancus, auquel les bâlois ont érigé une statue dans leur hôtel de ville, avec épitaphe rédigée par un brave pédant qui s'appelait Beatus Rhenanus. Voilà une bien grosse gloire, disais-je, et une bien petite ville. En effet, l'Augusta rauracorum n'est plus maintenant qu'un adorable décor pour un vaudeville suisse. Un groupe de cabanes pittoresques, posé sur un rocher, rattaché par deux vieilles portes-forteresses ; deux ponts moisis, sous lesquels galope un joli torrent, l'Ergolz, qui descend de la montagne en écartant les branches des arbres; un bruit de roues de moulins, des balcons de bois égayés de vignes, un vieux cimetière où j'ai remarqué en passant une tombe étrange du quatrième siècle et qui a l'air de s'écrouler dans le Rhin auquel il est adossé, voilà Augst, voilà Raurica, voilà Augusta. Le sol est bouleversé par les fouilles. On en tire un tas de petites statuettes de bronze dont la bibliothèque de Bâle se fait un petit dunkerque.

Une demi-heure plus loin, sur l'autre rive du Rhin, ce joli ruban de vieilles maisons de bois, coupé par une cascade, c'est Warmbach. Et puis, après une demi-lieue d'arbres, de ravins et de prairies, le Rhin s'ouvre; au milieu de l'eau s'accroupit un gros rocher couvert de ruines et rattaché aux deux rives par un pont couvert, bâti en bois, d'un aspect singulier. Une petite ville gothique, hérissée de tours, de créneaux et de clochers, descend en désordre vers ce pont ; c'est Rhinfelden, une cité militaire et religieuse, une des quatre villes forestières, un lieu célèbre et charmant. Cette ruine au milieu du Rhin, c'est l'ancien château, qu'on appelle la Pierre de Rhinfelden. Sous ce pont de bois qui n'a qu'une arche, au delà du rocher, du côté opposé à la ville, le Rhin n'est plus un fleuve, c'est un gouffre. Force bateaux s'y perdent tous les jours.

— Je me suis arrêté un grand quart d'heure à Rhinfelden. Les enseignes des auberges pendent à d'énormes branches de fer touffues, les plus amusantes du monde. La grande rue est réjouie par une belle fontaine dont la colonne porte un noble homme d'armes qui porte lui-même les armes de la ville de son bras élevé fièrement au-dessus de sa tête.

Après Rhinfelden jusqu'à Bruck, le paysage reste charmant; mais l'antiquaire n'a rien à regarder, à moins qu'il ne soit comme moi plutôt curieux qu'archéologue, plutôt flâneur de grandes routes que voyageur. Je suis un grand regardeur de toutes choses, rien de plus, mais je crois avoir raison; toute chose contient une pensée; je tâche d'extraire la pensée de la chose. C'est une chimie comme une autre.

# LETTRE XXXV

## ZURICH

*Septembre.*

Quand on voyage en plaine, l'intérêt du voyage est au bord de la route; quand on parcourt un pays de montagnes, il est à l'horizon. Moi, — même avec cette admirable ligne du Jura sous les yeux, — je veux tout voir, et je regarde autant le bord du chemin que le bord du ciel. C'est que le bord de la route est admirable dans cette saison et dans ce pays. Les prés sont piqués de fleurs bleues, blanches, jaunes, violettes, comme au printemps; de magnifiques ronces égratignent au passage la caisse de la voiture; çà et là, des talus à pic imitent la forme des montagnes, et des filets d'eau gros comme le pouce parodient les torrents; partout les araignées d'automne ont tendu leurs hamacs sur les mille pointes des buissons; la rosée s'y roule en grosses perles.

Et puis, ce sont des scènes domestiques où se révèlent les originalités locales. Près de Rhinfelden, trois hommes ferraient une vache qui avait l'air très bête, empêchée et prise dans le travail. A Augst, un pauvre arbre difforme, appuyé sur une fourche, servait de cheval aux petits garçons du village, gamins qui ont Rome pour aïeule. Près de la porte de Bâle, un homme battait sa femme, ce que les paysans font comme les rois. Buckingham ne disait-il pas à M<sup>me</sup> de Chevreuse *qu'il avait aimé trois reines, et qu'il avait été obligé de les gourmer toutes les trois?* A cent pas de Frick, je voyais une ruche posée sur une planche au-dessus de la porte d'une cabane. Les laboureurs entraient et sortaient par la porte de la cabane, les abeilles entraient et sortaient par la porte de la ruche; hommes et mouches faisaient le travail du bon Dieu.

Tout cela m'amuse et me ravit. A Frieburg, j'ai oublié longtemps l'immense paysage que j'avais sous les yeux pour le carré de gazon dans lequel j'étais assis. C'était sur une petite bosse sauvage de la colline. Là aussi, il y avait un monde. Les scarabées marchaient lentement sous les fibres profondes de la végétation; des fleurs de ciguë en parasol imitaient les pins d'Italie; une longue feuille, pareille à une cosse de haricots entr'ouverte, laissait voir de belles gouttes de pluie comme un collier de diamants dans un écrin de satin vert; un pauvre bourdon mouillé en velours jaune et noir, remontait péniblement le long d'une branche épineuse; des nuées épaisses de moucherons lui cachaient le jour; une clochette bleue tremblait au vent, et toute une nation de pucerons s'était abritée sous cette énorme tente; près d'une flaque d'eau qui n'eût pas rempli une cuvette, je voyais sortir de la vase et se tordre vers le ciel, en aspirant l'air, un ver de terre semblable aux pythons antédiluviens, et qui a peut-être aussi, lui, dans l'univers microscopique, son Hercule pour le tuer et son Cuvier pour le décrire. En somme, cet univers-là est aussi grand que l'autre. Je me supposais Micromégas; mes scarabées étaient des *megatherium giganteum*, mon bourdon était un éléphant ailé, mes moucherons étaient des aigles, ma cuvette d'eau était un lac, et ces trois touffes d'herbes hautes étaient une forêt vierge. — Vous me reconnaissez là, n'est-ce pas, ami? — A Rhinfelden, les exubérantes enseignes d'auberge m'ont occupé comme des cathédrales; et j'ai l'esprit fait ainsi, qu'à de certains moments un étang de village, clair comme un miroir d'acier, entouré de chaumières et traversé par une flottille de canards, me régale autant que le lac de Genève.

A Rhinfelden on quitte le Rhin et on ne le revoit plus qu'un instant à Sekingen; laide église, pont de bois couvert, ville insignifiante au fond d'une délicieuse vallée. Puis la route court à travers de joyeux villages, sur un large et haut plateau autour duquel on voit bondir au loin le troupeau monstrueux des montagnes.

Tout à coup on rencontre un bouquet d'arbres près d'une auberge, on entend le bruit de la roue qui s'enraye, et la route plonge dans l'éblouissante vallée de l'Aar.

L'œil se jette d'abord au fond du ciel et y trouve, pour ligne extrême, des crêtes rudes, abruptes et rugueuses, que je crois être les Cimes-Grises; puis il va au bas de la vallée chercher Brugg, belle petite ville roulée et serrée dans une ligature pittoresque de murs et de créneaux, avec pont sur l'Aar; puis il remonte le long d'une sombre ampoule boisée et s'arrête à une haute ruine. Cette ruine, c'est le château de Habsburg, le berceau de la maison d'Autriche. J'ai regardé longtemps cette tour, d'où s'est envolée l'aigle à deux têtes.

L'Aar, obstrué de rochers, déchire en caps et en promontoires le fond de la vallée. Ce beau paysage est un des grands lieux de l'histoire. Rome s'y est battue, la fortune de Vitellius y a écrasé celle de Galba, l'Autriche y est née. De ce donjon croulant, bâti au onzième siècle par un simple gentilhomme d'Alsace appelé Radbot, découle sur toute l'histoire de l'Europe moderne le fleuve immense des archiducs et des empereurs.

Au nord, la vallée se perd dans une brume. Là est le confluent de l'Aar, de la Reuss et de la Limmat. La Limmat vient du lac de Zurich et apporte les fontes du mont Todi; l'Aar vient des lacs de Thun et de Brienz, et apporte les cascades du Grimsell; la Reuss vient du lac des Quatre-Cantons, et apporte les torrents du Rigi, du Windgalle et du Mont-Pilate. Le Rhin porte tout cela à l'Océan.

Tout ce que je viens de vous écrire, ces trois rivières, cette ruine et la forme magnifique des blocs que ronge l'Aar, emplissaient ma rêverie pendant que la voiture descendait au galop vers Brugg. Tout à coup j'ai été réveillé par la manière charmante dont se compose la ville quand on en approche. C'est un des plus ravissants tohu-bohu de toits, de tours et de clochers que j'aie encore vus. Je m'étais toujours promis, si jamais j'allais à Brugg, de faire grande attention à un très ancien bas-relief incrusté dans la muraille près du pont, qui, dit-on, représente une tête de hun. Comme c'était dimanche, le pont était couvert d'un tas de jolies filles curieuses, souriantes, dans leurs plus beaux atours, si bien que j'ai oublié la tête du hun.

Quand je m'en suis souvenu, la ville était à une lieue derrière moi.

Avec leur cocarde de rubans sur le front, moins exagérée qu'à Freiburg, leur cuirasse de velours noir traversée de chaînes d'argent et de rangées de boutons, leur cravate de velours à coins brodés d'or serrée au cou comme le gorgeret de fer des chevaliers, leur jupe brune à plis épais et leur mine éveillée, les femmes de Brugg paraissent toutes jolies; beaucoup le sont. Les hommes sont habillés comme nos maçons endimanchés, et sont affreux. Je comprends qu'il y ait des amoureux à Brugg; je ne conçois pas qu'il y ait des amoureuses.

La ville, propre, saine, heureuse d'aspect, faite de jolies maisons presque toutes ouvragées, n'est pas moins appétissante au dedans qu'au dehors. Une chose singulière, c'est que les deux sexes, dans leurs réunions du dimanche, y jouent le jeu d'Alphée et d'Aréthuse. Quand j'ai traversé la ville, j'ai vu toutes les femmes à la porte du Pont et tous les hommes à l'autre bout de la grande rue, à la porte de Zurich. Dans les champs, les sexes ne se mêlent pas davantage; on rencontre un groupe d'hommes, puis un groupe de femmes. Cet usage, que les enfants eux-mêmes subissent, est propre à tout le canton et va jusqu'à Zurich. C'est une chose étrange, et, comme beaucoup de choses étranges, c'est une chose sage. Dans ce pays de sève et de beauté, de nature exubérante et de costumes exquis, la nature tend à rendre l'homme entreprenant, le costume rend la femme coquette; la coutume intervient, sépare les sexes et pose une barrière.

Cette vallée, du reste, n'est pas seulement un confluent de rivières, c'est aussi un confluent de costumes. On passe la Reuss, la cuirasse de velours noir devient un corselet de damas à fleurs, au beau milieu duquel elles cousent un large galon d'or. On passe la Limmat, la jupe brune devient une jupe rouge avec un tablier de mousseline brodée. Toutes les coiffures se mêlent également; en dix minutes on rencontre de belles filles avec de grands peignes exorbitants comme à Lima, avec des chapeaux de paille noire à haute forme comme à Florence, avec une dentelle sur les yeux comme à Madrid. Toutes ont un bouquet de fleurs naturelles au côté. Raffinement.

La variété des coiffures est telle, que je m'attendais à tout. Après le pont de la Reuss, il y a une petite côte. Je la montais, à pied. Je vois venir à moi une vieille femme coiffée d'une espèce de vaste sombrero espagnol en cuir noir, dans l'ornement duquel entraient pour couronnement une paire de bottes et un parapluie. J'allais enregistrer cette coiffure bizarre, quand je me suis aperçu que cette bonne femme portait tout simplement la valise d'un voyageur. Le voyageur suivait à quelques pas; brave homme, qui se piquait probablement de parler français, et qui m'a accosté pour me raconter la révolution de Zurich. Tout ce que j'ai pu comprendre, à travers force baragouin, c'est qu'il y avait eu une proclamation du bourgmestre, et que cette proclamation commençait ainsi : *Braves iroquois!* — Je présume que le digne homme voulait dire : *Braves zuriquois*.

La vallée de l'Aar a deux bracelets charmants, Brugg qui l'ouvre, Baden qui la ferme. Baden est sur la Limmat. On suit depuis une demi-heure le bord de la Limmat, qui fait un tapage horrible au fond d'un charmant ravin dont tous les éboulements sont plantés de vignes. Tout à coup une porte-donjon à quatre tourelles barre la route; au-dessous de cette porte se précipitent pêle-mêle dans le ravin des maisons de bois dont les mansardes semblent se cahoter; au-dessus, parmi les arbres, se dresse un vieux château ruiné dont les créneaux font une crête de coq à la montagne. Tout au fond, sous un pont couvert, la Limmat passe en toute hâte sur un lit de rochers qui donne aux vagues une forme violente. Et puis on aperçoit un clocher à tuiles de couleur qui semble revêtu d'une peau de serpent. C'est Baden.

Il y a de tout à Baden, des ruines gothiques, des ruines romaines, des eaux thermales, une statue d'Isis, des fouilles où l'on trouve force dés à jouer, un hôtel de ville où le prince Eugène et le maréchal de Villars ont échangé des signatures, etc. Comme je voulais arriver à Zurich avant la nuit, je me suis contenté de regarder sur la place, pendant qu'on changeait de chevaux, une charmante fontaine de la renaissance, surmontée, comme celle de Rhinfelden, d'une hautaine et sévère figure de soldat. L'eau jaillit par la gueule d'une effrayante guivre de bronze qui roule sa queue dans les

ferrures de la fontaine. Deux pigeons familiers s'étaient perchés sur cette guivre, et l'un d'eux buvait en trempant son bec dans le filet d'eau arrondi qui tombait du robinet dans la vasque, fin comme un cheveu d'argent.

Les romains appelaient les eaux thermales de Baden les *eaux bavardes aquæ verbigenæ)*. — Quand je vous écris, mon ami, il me semble que j'ai bu de cette eau.

Le soleil baissait, les montagnes grandissaient, les chevaux galopaient sur une route excellente en sens inverse de la Limmat; nous traversions une région toute sauvage; sous nos pieds il y avait un couvent blanc à clocher rouge, semblable à un jouet d'enfant; devant nos yeux, une montagne à forme de colline, mais si haute, qu'une forêt y semblait une bruyère; dans le jardin sévère du couvent, un moine blanc se promenait, causant avec un moine noir; par-dessus la montagne, un vieille tour montrait à demi sa face rougie par le soleil horizontal. Qu'était cette masure? Je ne sais. Conrad de Tagerfelden, un des meurtriers de l'empereur Albert, avait son château dans cette solitude. — En était-ce la ruine? — Moi, je ne suis qu'un passant et j'ignore tout; j'ai laissé leur secret à ces lieux sinistres, mais je ne pouvais m'empêcher de songer vaguement au sombre attentat de 1308 et à la vengeance d'Agnès, pendant que cette tour sanglante, cachée peu à peu par les plis du terrain, rentrait lentement dans la montagne.

La route a tourné; une crevasse inattendue a laissé passer un immense rayon du couchant; les villages, les fumées, les troupeaux et les hommes ont reparu, et la belle vallée de la Limmat s'est remise à sourire. Les villages sont vraiment remarquables dans ce canton de Zurich. Ce sont de magnifiques chaumières composées de trois compartiments. A un bout, la maison des hommes, en bois et en maçonnerie, avec ses trois étages de fenêtres-croisées basses, à petits vitraux ronds; à l'autre bout, la maison des bêtes, étable et écurie, en planches; au centre, le logis des chariots et des ustensiles, fermé par une grande porte cochère. Dans le faîtage, qui est énorme, la grange et le grenier. Trois maisons sous un toit. Trois têtes sous un bonnet. Voilà la chaumière zuriquoise. Comme vous voyez, c'est un palais.

La nuit était tout à fait tombée, je m'étais tout platement endormi dans la voiture, quand un bruit de planches sous le piétinement des chevaux m'a réveillé. J'ai ouvert les yeux. J'étais dans une espèce de caverne en charpente de l'aspect le plus singulier. Au-dessus de moi, de grosses poutres courbées en cintres surbaissés et arc-boutées d'une manière inextricable portaient une voûte de ténèbres; à droite et à gauche, de basses arcades faites de solives trapues me laissaient entrevoir deux galeries obscures et étroites, percées çà et là de trous carrés par lesquels m'arrivaient la brise de la nuit et le bruit d'une rivière. Tout au fond, à l'extrémité de cette étrange crypte, je voyais briller vaguement des bayonnettes. La voiture roulait lentement sur un plancher des fentes duquel sortait une rumeur assourdissante. Une torche éloignée, qui tremblait au vent, jetait des clartés mêlées d'ombres sur ces massives arches de bois. J'étais dans le pont couvert de Zurich. Des patrouilles bivouaquaient alentour. Rien ne peut donner une idée de ce pont, vu ainsi et à cette heure. Figurez-vous la forêt d'une cathédrale posée en travers sur un fleuve et s'ébranlant sous les roues d'une diligence.

Pendant que je vous écris tout ce fatras, le jour a paru. Je suis un peu désappointé. Zurich perd au grand jour; je regrette les vagues profils de la nuit. Les clochers de la cathédrale sont d'ignobles poivrières. Presque toutes les façades sont ratissées et blanchies au lait de chaux. J'ai à ma gauche une espèce d'hôtel Guénégaud. Mais le lac est beau; mais, là-bas, la barrière des Alpes est admirable. Elle corrige ce que le lac, bordé de maisons blanches et de cultures vertes, a peut-être d'un peu trop riant pour moi. Les montagnes me font toujours l'effet de tombes immenses; les basses ont un noir suaire de mélèzes, les hautes ont un blanc linceul de neige.

Quatre heures après midi.

Je viens de faire une promenade sur le lac dans une façon de petite gondole à trente sous par heure, comme un fiacre. J'ai jeté généreusement trois francs dans le lac de Zurich; je les regrette un peu. C'est beau, mais c'est bien aimable. Ils ont un Neu-Munster qu'ils vous montrent avec orgueil et qui ressemble à l'église de Pantin. Les sénateurs zuriquois habitent des villas de plâtre, lesquelles ont un faux air des guinguettes de Vaugirard. Dieu me pardonne! j'ai vu passer un omnibus, comme à Passy. Je ne m'étonne plus si ces gaillards-là font des révolutions.

Heureusement l'eau bleue du lac est transparente. Je voyais, dans des profondeurs vitreuses, les montagnes au fond du lac et des forêts sur ces montagnes. Des rochers et des algues me figuraient assez bien la terre noyée par le déluge, et, en me penchant sur le bord de mon fiacre à deux rames, j'avais les émotions de Noé quand il se mettait à la fenêtre de l'arche. De temps en temps je voyais passer de gros poissons zébrés de rubans noirs comme des tigres. J'ai sauvé du bout de ma canne deux ou trois mouches qui se noyaient.

La ville doit beaucoup plaire aux personnes qui adorent la façade du séminaire de Saint-Sulpice. On y bâtit en ce moment des édifices superbes dont l'architecture rappelle la Madeleine et le corps de garde du boulevard du Temple. Quant à moi, en mettant à part le portail roman de la cathédrale, quelques vieilles maisons perdues et comme noyées dans les neuves, deux aiguilles d'église et trois ou quatre tours d'enceinte, dont une, qui est énorme, ressemble au ventre pantagruélique d'un bourgmestre, je ne suis pas digne d'admirer Zurich. J'ai vainement cherché la fameuse tour du Wellemberg, qui était au milieu de la Limmat, et qui avait servi de prison au comte de Habsburg et au conseiller Waldmann, décapité en 1488. L'aurait-on démolie ?

Pendant que je suis en train, pardieu, parlons de l'auberge ! A l'*hôtel de l'Épée*, le voyageur n'est pas écorché, il est savamment disséqué. L'hôtelier vous vend la vue de son lac à raison de huit francs par fenêtre et par jour. La chère que l'on fait à l'*hôtel de l'Épée* m'a rappelé un vers de Ronsard, qui, à ce qu'il paraît, dînait mal :

La vie est attelée<br>A deux mauvais chevaux, le boire et le manger.

Nulle part ces deux chevaux ne sont plus mauvais qu'à l'*hôtel de l'Épée*.

A propos, je ne vous ai pas dit que Zurich s'appelait autrefois *Turegum*. La Limmat le divise en deux villes, le grand Zurich et le petit Zurich, que réunissent trois beaux ponts, *sur lesquels les bourgeois se promènent souvent*, dit Georges Bruin de Cologne. La vigne est bien exposée au soleil. Il y a le vin de Zurich et le blé de Zurich.

Je vous embrasse, quoique je sois à treize cent vingt pieds au-dessus de vous.

## LETTRE XXXVI

### ZURICH

*Septembre.*

J'ai quitté l'*hôtel de l'Épée*. Je suis venu me loger dans la ville, n'importe où. Je n'ai plus la mauvaise auberge, mais je n'ai plus la vue du lac. Il y a des moments où je regrette en bloc le méchant dîner et le magnifique paysage.

Avant-hier, c'était un de ces moments-là. Il pleuvait. J'étais enfermé dans la chambre que j'habite; — une petite chambre triste et froide, ornée d'un lit peint en gris à rideaux blancs, de chaises à dossiers en lyre, et d'un papier bleuâtre bariolé de ces dessins sans goût et sans style qu'on retrouve indistinctement sur les robes des femmes mal mises et sur les murs des chambres mal meublées. J'ai ouvert la fenêtre, qui est une de ces hideuses fenêtres d'il y a cinquante ans qu'on appelait fenêtres guillotines, et je regardais mélancoliquement la pluie tomber. La rue était déserte; toutes les croisées de la maison d'en face étaient fermées; pas un profil aux vitres, pas un passant sur ce pavage de petits cailloux ronds et noirs que la pluie faisait reluire comme des châtaignes mûres. La seule chose qui animât le paysage, c'était la gouttière du toit voisin, espèce de gargouille en fer-blanc figurant une tête d'âne à bouche ouverte, d'où la pluie tombait à flots; une pluie jaune et sale qui venait de laver les tuiles et qui allait laver le pavé. Il est triste qu'une chose prenne la peine de tomber du ciel sans autre résultat que de changer la poussière en boue.

J'étais retenu au gîte; le gîte était médiocrement plaisant. Que faire? La Fontaine a fait le vers de la circonstance. Je songeais donc. Par malheur, j'étais dans une de ces situations d'âme que vous connaissez sans doute, où l'on n'a aucune raison d'être triste et aucun motif d'être gai; où l'on est également incapable de prendre le parti d'un éclat de rire ou d'un torrent de larmes; où la vie semble parfaitement logique, unie, plane, ennuyeuse et triste; où tout est gris et blafard au dedans comme au dehors. Il faisait en moi le même temps que dans la rue, et, si vous me permettez la métaphore, je dirais qu'il pleuvait dans mon esprit. Vous le savez, je suis un peu de la nature du lac; je réfléchis l'azur ou la nuée. La pensée que j'ai dans l'âme ressemble au ciel que j'ai sur la tête.

En retournant son œil, — passez-moi encore cette expression, — on voit un paysage en soi. Or, en ce moment-là, le paysage que je pouvais voir en moi ne valait guère mieux que celui que j'avais sous les yeux.

Il y avait deux ou trois armoires dans la chambre. Je les ouvris machinalement, comme si j'avais eu chance d'y trouver quelque trésor. Or, les armoires d'auberge sont toujours vides; une armoire pleine, c'est l'habitation permanente. N'a pas de nid qui passe. Je ne trouvai donc rien dans les armoires.

Pourtant, au moment où je refermais la dernière, j'aperçus sur la tablette d'en haut je ne sais quoi qui me parut quelque chose. J'y mis la main. C'était d'abord de la poussière, et puis c'était un livre. Un petit livre carré comme les almanachs de Liége, broché en papier gris, couvert de cendre, oublié là depuis des années. Quelle bonne fortune! Je secoue la poussière, j'ouvre au hasard. C'était en français. Je regarde le titre : — *Amours secrètes et Aventures honteuses de Napoléon Buonaparté*, avec gravures. — Je regarde les gravures : — un homme à gros ventre et à profil de polichinelle, avec redingote et petit chapeau, mêlé à toutes sortes de femmes nues. Je regarde la date : — 1814.

J'ai eu la curiosité de lire. O mon ami! que vous dire de cela? Comment vous donner une idée de ce livre imprimé à Paris par quelque libelliste et oublié à Zurich par quelque autrichien? — Napoléon Buonaparté était laid; — ses petits yeux enfoncés, son profil de loup et ses oreilles découvertes lui faisaient une figure atroce. — Il parlait mal; n'avait aucun esprit et aucune présence d'esprit; marchait gauchement, se tenait sans grâce et prenait leçon de Talma chaque fois qu'il fallait « trôner ». — Du reste, sa renommée militaire était fort exagérée; il prodiguait la vie des hommes; il ne remportait des victoires qu'à force de bataillons. (Reprocher les bataillons aux conquérants! ne croiriez-vous pas entendre ces gens qui reprochent les métaphores aux poëtes?) — Il a perdu plus de batailles qu'il n'en a gagné. — Ce n'est pas lui qui a gagné la bataille de Marengo, c'est Desaix; ce n'est pas lui qui a gagné la bataille d'Austerlitz, c'est Soult; ce n'est pas lui qui a gagné la bataille de la Moskowa, c'est Ney*. — Ce n'était qu'un capitaine du second

---

\* En 1814 on se servait contre *Buonaparté* des noms si justement renommés des lieutenants de Napoléon; aujourd'hui tout est à sa place; Desaix, Soult, Ney, sont de grandes et illustres figures; Napoléon est dans sa gloire ce qu'il était dans son armée, l'empereur.

ordre, fort inférieur aux généraux du grand siècle, à Turenne, à Condé, à Luxembourg, à Vendôme; et, même de nos jours, son « talent militaire » n'était rien, comparé au « génie guerrier » du duc de Wellington. De sa personne, il était poltron. Il avait peur au feu. Il se cachait pendant la canonnade à Brienne. (A Brienne!) — Il avait vices sur vices. — Il mentait comme un laquais. — Il était avare au point de ne donner que dix francs par jour à une femme qu'il en'retenait dans une petite rue solitaire du faubourg Saint-Marceau. (L'auteur dit : *J'ai vu* la rue, la maison et la femme.) Il était jaloux au point d'enfermer cette femme, qui ne sortait presque jamais et vivait séparée du monde entier, sans une créature humaine pour la servir, en proie au désespoir et à la terreur. Voilà ce que c'était que l'*amour* de Napoléon Buonaparté ! — Il avait en outre, — car ce jaloux féroce était un libertin effronté, Othello compliqué de don Juan, — il avait en outre, dans tous les quartiers de Paris, de petites chambres, des caves, des mansardes, des oubliettes louées sous des noms supposés, où il attirait sous divers prétextes des jeunes filles pauvres, etc., etc., etc. De là des troupeaux d'enfants, petites dynasties inédites, relégués aujourd'hui dans des greniers ou ramassant des loques et des haillons au coin des bornes sous une hotte de chiffonnier. Voilà ce que c'était que les *amours* de Napoléon Buonaparté ! — Qu'en dites-vous? La première histoire rappelle un peu Geneviève de Brabant au fond de son bois; la seconde est renouvelée du Minotaure. J'en ai entrevu bien d'autres et de pires, mais je n'ai pas eu le courage d'aller plus loin. Je n'ai jamais de bien longues rencontres avec ces livres que l'ennui ouvre et que le dégoût ferme.

Vous riez de cela? Je vous avoue que je n'en ris pas. Il y a toujours dans les calomnies dirigées contre les grands hommes, tant qu'ils sont vivants, quelque chose qui me serre le cœur. Je me dis : Voilà donc de quelle manière la reconnaissance contemporaine a traité ces génies que la postérité entoure de respect, les uns parce qu'ils ont fait leur nation plus grande, les autres parce qu'ils ont fait l'humanité meilleure! Soyez Molière, on vous accusera d'avoir épousé votre fille; soyez Napoléon, on vous accusera d'avoir aimé vos sœurs. — La haine et l'envie ne sont pas inventives, direz-vous; elles répètent toujours à peu près les mêmes niaiseries, lesquelles deviennent inoffensives à force d'être répétées. Qu'est-ce qu'une calomnie qui est un plagiat? — Sans doute, si le public le savait; mais est ce que le public sait ce que l'on dit aujourd'hui du grand homme d'aujourd'hui est précisément ce qu'on disait hier du grand homme d'hier ? L'envie et la haine n'inventent rien. D'accord. Mais la foule ignore tout. Les grands hommes ont dédaigné tout cela, direz-vous encore. Sans doute; mais qui vous dit qu'ils n'ont pas souffert autant qu'ils ont dédaigné? Qui sait tout ce qu'il y a de douleurs poignantes dans les profondeurs muettes du dédain? Qu'y a-t-il de plus révoltant que l'injustice, et quoi de plus amer que de recevoir une grande injure quand on mérite une grande couronne? Savez-vous si cet odieux petit livre dont vous riez aujourd'hui n'a pas été officieusement envoyé en 1815 au prisonnier de Sainte-Hélène, et n'a pas fait, tout stupide qu'il vous semble et qu'il est, passer une mauvaise nuit à l'homme qui dormait d'un si profond sommeil la veille de Marengo et d'Austerlitz? N'y a-t-il pas des moments où la haine, dans ses affirmations effrontées et furieuses, peut faire illusion, même au génie qui a la conscience de sa force et de son avenir? Apparaître caricature à la postérité, quand on a tout fait pour lui laisser une grande ombre! Non, mon ami, je ne puis rire de cet infâme libelle. Quand j'explore les bas-fonds du passé, et quand je visite les caves ruinées d'une prison d'autrefois, je prends tout au sérieux, les vieilles calomnies que je ramasse dans l'oubli et les hideux instruments de torture rouillés que je trouve dans la poussière.

Flétrissure et ignominie à ces misérables valets des basses-œuvres qui n'ont d'autre fonction que de tourmenter vivants ceux que la postérité adorera morts!

Si l'auteur sans nom de cet ignoble livre existe encore aujourd'hui dans quelque coin obscur de Paris, quel châtiment ce doit être pour cet immonde vieillard, dont les cheveux blancs ne sont qu'une couronne d'opprobre et de honte, de voir, chaque fois qu'il a le malheur de passer sur la place Vendôme, Napoléon, devenu homme de bronze, salué à toute heure par la foule, enveloppé de nuées et de rayons, debout sur son éternelle gloire et sur sa colonne éternelle!

Depuis que j'avais fermé ce volume, tout s'était assombri ; la pluie était devenue plus violente au dehors, et la tristesse plus profonde en moi. Ma fenêtre était restée ouverte, et mon regard s'attachait machinalement à la grotesque gouttière de fer-blanc qui dégorgeait avec furie un flot jaunâtre et fangeux. Cette vue m'a calmé. Je me suis dit que, la plupart du temps, ceux qui font le mal n'en ont pas pleine conscience, qu'il y a chez eux plus d'ignorance et d'ineptie encore que de méchanceté ; et je suis demeuré là immobile, silencieux, recueillant les enseignements mystérieux que les choses nous donnent par les harmonies qu'elles ont entre elles, le coude appuyé sur ce stupide pamphlet d'où s'était épanché tant de haine et de calomnie, et l'œil fixé sur cette bouche d'âne qui vomissait de l'eau sale.

# LETTRE XXXVII

## SCHAFFHAUSEN

*Septembre.*

Je suis à Schaffhouse depuis quelques heures. Écrivez *Schaffhausen*, et prononcez tout ce qu'il vous plaira. Figurez-vous un Anxur suisse, un Terracine allemand, une ville du quinzième siècle, dont les maisons tiennent le milieu entre les chalets d'Unterseen et les logis sculptés du vieux Rouen, perchée dans la montagne, coupée par le Rhin, qui se tord dans son lit de roches avec une grande clameur, dominée par des tours en ruine, pleine de rues à pic et en zigzag, livrée au vacarme assourdissant des nymphes ou des eaux, — *nymphis, lymphis*, transcrivez Horace comme vous voudrez, — et au tapage des laveuses. Après avoir passé la porte de la ville qui est une forteresse du treizième siècle, je me suis retourné, et j'ai vu au-dessus de l'ogive cette inscription : SALVS EXEVNTIBVS. J'en ai conclu qu'il y avait probablement de l'autre côté : PAX INTRANTIBVS. J'aime cette façon hospitalière.

Je vous ai dit d'écrire *Schaffhausen* et de prononcer comme il vous plairait. Vous pouvez écrire aussi tout ce qu'il vous plaira. Rien n'est comparable, pour l'entêtement et la diversité d'avis, au troupeau des antiquaires, si ce n'est le troupeau des grammairiens. Pline écrit *Schaphuse*, Strumphius écrit *Schapfuse*, Georges Bruin écrit *Stephania*, et Mconnis écrit *Probatopolis*. Tirez vous de là. Après le nom vient l'étymologie. Autre affaire. *Schaffhausen* signifie la *ville du mouton*, dit Glaréan. — Point du tout! s'exclame Strumphius, Schaffhausen veut dire *port des bateaux*, de *schafa*, barque, et de *hause*, maison. — Ville du mouton! répond Glaréan ; les armes de la ville sont d'or au bélier de sable. — Port des bateaux! reprend Strumphius ; c'est là que les bateaux s'arrêtent, dans l'impossibilité d'aller plus loin. — Ma foi! que l'étymologie devienne ce qu'elle pourra. Je laisse Strumphius et Glaréan se prendre aux coiffes.

Il faudrait batailler aussi à propos du vieux château Munoth, qui est près de Schaffhouse, sur l'Emmersberg, et qui a pour étymologie *Munitio*, disent les antiquaires, à cause d'une citadelle romaine qui était là. Aujourd'hui, il n'y a plus que quelques ruines, une grande tour et une immense voûte casematée qui peut couvrir plusieurs centaines d'hommes.

Il y a deux siècles, Schaffhouse était plus pittoresque encore. L'hôtel de ville, le couvent de la Toussaint, l'église Saint-Jean, étaient dans toute leur beauté; l'enceinte de tours était intacte et complète. Il y en avait treize, sans compter le château et sans compter les deux hautes tours sur lesquelles s'appuyait cet étrange et magnifique pont suspendu sur le Rhin que notre Oudinot fit sauter, le 13 avril 1799, avec cette ignorance et cette insouciance des chefs-d'œuvre qui n'est pardonnable qu'aux héros. Enfin, hors de la cité, au delà de la porte-donjon qui va vers la Forêt-Noire, dans la montagne, sur une éminence, à côté d'une chapelle, on distinguait au loin, dans la brume de l'horizon, un hideux petit édifice de charpente et de pierre, — le gibet. Au moyen âge, et même il n'y a pas plus de cent ans, dans toute commune souveraine, une potence convenablement garnie était une chose élégante et magistrale. La cité ornée de son gibet, le gibet orné de son pendu, cela signifiait *ville libre*.

J'avais grand'faim, il était tard ; j'ai commencé par dîner. On m'a apporté un dîner français, servi par un garçon français, avec une carte en français. Quelques originalités, sans doute involontaires, se mêlaient, non sans grâce, à l'orthographe de cette carte. Comme mes yeux erraient parmi ces riches fantaisies du rédacteur local, cherchant à compléter mon dîner, au-dessous de ces trois lignes :

*Haumelette au chantpinnions.*
*Biffeteque au craison,*
*Hépole d'agnot au laidgume,*

je suis tombé sur ceci :

*Calaische à la choute,* — 10 francs.

Pardieu! me suis-je dit, voilà un mets du pays ; *calaische à la choute*. Il faut que j'en goûte. Dix francs! cela doit être quelque raffinement propre à la cuisine de Schaffhouse. J'appelle le garçon.

— Monsieur, une calaische à la choute.

Ici le dialogue s'engage en français. Je vous ai dit que le garçon parlait français.

— Vort pien, monsir. Temain matin.

— Non, dis je, tout de suite.

— Mais, monsir, il est pien tard.

— Qu'est-ce que cela fait ?

— Mais il sera nuit tans cine hère.

— Eh bien?
— Mais monsir ne bourra bas foir.
— Voir! Voir quoi? Je ne demande pas à voir.
— Che gombrends bas monsir.
— Ah çà! c'est donc bien beau à regarder, votre calaïsche à la choute?
— Vort peau, monsir, atmiraple, manifigue!
— Eh bien, vous m'allumerez quatre chandelles tout autour.
— Guadre jantelles! Monsir choue. (Lisez : *Monsieur joue.*) Che ne gombrends pas.
— Pardieu! ai-je repris avec quelque impatience, je me comprends bien, moi; j'ai faim, je veux manger.
— Mancher gouoi?
— Manger votre calaïsche.
— Notre calaïsche?
— Votre choute.
— Notre choute! mancher notre choute! Monsir choue. Mancher la choute ti Rhin?

Ici je suis parti d'un éclat de rire. Le pauvre diable de garçon ne comprenait plus, et moi, je venais de comprendre. J'avais été le jouet d'une hallucination produite sur mon cerveau par l'orthographe éblouissante de l'aubergiste. *Calaïsche à la choute* signifiait *calèche à la chute*. En d'autres termes, après vous avoir offert à dîner, la carte vous offrait complaisamment une calèche pour aller voir la chute du Rhin à Laufen, moyennant dix francs.

Me voyant rire, le garçon m'a pris pour un fou, et s'en est allé en grommelant : — Mancher la choute! églairer la choute ti Rhin afec quatre jandelles! Ce monsir choue.

J'ai retenu pour demain matin une *calaïsche à la choute*.

# LETTRE XXXVIII

## LA CATARACTE DU RHIN

Laufen, septembre.

Mon ami, que vous dire? je viens de voir cette chose inouïe. Je n'en suis qu'à quelques pas. J'en entends le bruit. Je vous écris sans savoir ce qui tombe de ma pensée. Les idées et les images s'y entassent pêle-mêle, s'y précipitent, s'y heurtent, s'y brisent, et s'en vont en fumée, en écume, en rumeur, en nuée. J'ai en moi comme un bouillonnement immense. Il me semble que j'ai la chute du Rhin dans le cerveau.

J'écris au hasard, comme cela vient. Vous comprendrez si vous pouvez.

On arrive à Laufen. C'est un château du treizième siècle, d'une fort belle masse et d'un fort bon style. Il y a à la porte deux guivres dorées, la gueule ouverte. Elles aboient. On dirait que ce sont elles qui font le bruit mystérieux qu'on entend.

On entre.

On est dans la cour du château. Ce n'est plus un château, c'est une ferme. Poules, oies, dindons, fumier, charrette dans un coin; une cuve à chaux. Une porte s'ouvre. La cascade apparaît.

Spectacle merveilleux!

Effroyable tumulte! voilà le premier effet. Puis on regarde. La cataracte découpe des golfes qu'emplissent de larges squammes blanches. Comme dans les incendies, il y a de petits endroits paisibles au milieu de cette chose pleine d'épouvante; des bosquets mêlés à l'écume; de charmants ruisseaux dans les mousses; des fontaines pour les bergers arcadiens de Poussin, ombragées de petits rameaux doucement agités. — Et puis ces détails s'évanouissent, et l'impression de l'ensemble vous revient. Tempête éternelle. Neige vivante et furieuse.

Le flot est d'une transparence étrange. Des rochers noirs dessinent des visages sinistres sous l'eau. Ils paraissent toucher la surface et sont à dix pieds de profondeur. Au-dessous des deux principaux vomitoires de la chute, deux grandes gerbes d'écume s'épanouissent sur le fleuve et s'y dispersent en nuages verts. De l'autre côté du Rhin, j'apercevais un groupe de maisonnettes tranquilles, où les ménagères allaient et venaient.

Pendant que j'observais, mon guide me parlait. — Le lac de Constance a gelé dans l'hiver de 1829 à 1830. Il n'avait pas gelé depuis cent quatre ans. On y passait en voiture. De pauvres gens sont morts de froid à Schaffhouse.

Je suis descendu un peu plus bas, vers le gouffre. Le ciel était gris et voilé. La cascade fait un mugissement de tigre. Bruit effrayant, rapidité terrible. Poussière d'eau, tout à la fois fumée et pluie. A travers cette brume on voit la cataracte dans tout son développement. Cinq gros rochers la coupent en cinq nappes d'aspects divers et de grandeurs différentes. On croit voir les cinq piles rongées d'un pont de titans. L'hiver, les glaces font des arches bleues sur ces culées noires.

Le plus rapproché de ces rochers est d'une forme étrange; il semble voir sortir de l'eau pleine de rage la tête hideuse et impassible d'une idole hindoue, à trompe d'éléphant. Des arbres et des broussailles qui s'entre-mêlent à son sommet lui font des cheveux hérissés et horribles.

A l'endroit le plus épouvantable de la chute, un grand rocher disparaît et reparaît sous l'écume comme le crâne d'un géant englouti, battu depuis six mille ans de cette douche effroyable.

Le guide continue son monologue. — La chute du Rhin est à une lieue de Schaffhouse. La masse du fleuve tout entière tombe là d'une hauteur de « septante pieds ».

L'âpre sentier qui descend du château de Laufen à l'abîme traverse un jardin. Au moment où je passais assourdi par la formidable cataracte, un enfant, habitué à faire ménage avec cette merveille du monde, jouait parmi des fleurs et mettait en chantant ses petits doigts dans des gueules-de-loup roses.

Ce sentier a des stations variées, où l'on paie un peu de temps en temps. La pauvre cataracte ne saurait travailler pour rien. Voyez la peine qu'elle se donne. Il faut bien qu'avec toute cette écume qu'elle jette aux arbres, aux rochers, aux fleuves, aux nuages, elle jette aussi un peu quelques gros sous dans la poche de quelqu'un. C'est bien le moins.

Je suis parvenu par ce sentier jusqu'à une façon de balcon branlant pratiqué tout au fond, sur le gouffre et dans le gouffre.

Là, tout vous remue à la fois. On est ébloui, étourdi, bouleversé, terrifié, charmé. On s'appuie à une barrière de bois qui tremble. Des arbres jaunis, — c'est l'automne, — des sorbiers rouges entourent un petit pavillon dans le style du café Turc, d'où l'on observe l'horreur de la chose. Les femmes se couvrent d'un collet de toile cirée (un franc par personne). On est enveloppé d'une effroyable averse tonnante.

De jolis petits colimaçons jaunes se promènent voluptueusement sous cette rosée sur le bord du balcon. Le rocher qui surplombe au-dessus du balcon pleure goutte à goutte dans la cascade. Sur la roche qui est au milieu de la cataracte, se dresse un chevalier troubadour en bois peint appuyé sur un bouclier rouge à croix blanche. Un homme a dû risquer sa vie pour aller planter ce décor de l'Ambigu au milieu de la grande et éternelle poésie de Jéhovah.

Les deux géants qui redressent la tête, je veux dire les deux plus grands rochers, semblent se parler. Ce tonnerre est leur voix. Au-dessus d'une épouvantable croupe d'écume, on aperçoit une maisonnette paisible avec son petit verger. On dirait que cette affreuse hydre est condamnée à porter éternellement sur son dos cette douce et heureuse cabane.

Je suis allé jusqu'à l'extrémité du balcon; je me suis adossé au rocher.

L'aspect devient encore plus terrible. C'est un écroulement effrayant. Le gouffre hideux et splendide jette avec rage une pluie de perles au visage de ceux qui osent le regarder de si près. C'est admirable. Les quatre grands gonflements de la cataracte tombent, remontent et redescendent sans cesse. On croit voir tourner devant soi les quatre roues fulgurantes du char de la tempête.

Le pont de bois était inondé. Les planches glissaient. Des feuilles mortes frissonnaient sous mes pieds. Dans une anfractuosité du roc, j'ai remarqué une petite touffe d'herbe desséchée. Desséchée sous la cataracte de Schaffhouse! dans ce déluge, une goutte d'eau lui a manqué. Il y a des cœurs qui ressemblent à cette touffe d'herbe. Au milieu du tourbillon des prospérités humaines, ils se dessèchent. Hélas! c'est qu'il leur a manqué cette goutte d'eau qui ne sort pas de la terre mais qui tombe du ciel, l'amour!

Dans le pavillon turc, lequel a des vitraux de couleur, et quels vitraux! il y a un livre où les visiteurs sont priés d'inscrire leurs noms. Je l'ai feuilleté. J'y ai remarqué cette signature : *Henri*, avec ce paraphe : ⅄. Est-ce un V?

Combien de temps suis-je resté là, abîmé dans ce grand spectacle? Je ne saurais vous le dire. Pendant cette contemplation, les heures passeraient dans l'esprit comme les ondes dans le gouffre, sans laisser trace ni souvenir.

Cependant on est venu m'avertir que le jour baissait. Je suis remonté au château, et de là je suis descendu sur la grève d'où l'on passe le Rhin pour gagner la rive droite. Cette grève est au bas de la chute, et l'on traverse le fleuve à quelques brasses de la cataracte. On s'aventure pour ce trajet dans un petit batelet charmant, léger, exquis, ajusté comme une pirogue de sauvage, construit d'un bois souple comme de la peau de requin, solide, élastique, fibreux, touchant les rochers à chaque instant et s'y écorchant à peine, manœuvré comme tous les canots du Rhin et de la Meuse, avec un crochet et un aviron en forme de pelle. Rien n'est plus étrange que de sentir dans cette coquille les profondes et orageuses secousses de l'eau.

Pendant que la barque s'éloignait du bord, je regardais au-dessus de ma tête les créneaux couverts de tuiles et les pignons taillés du château qui dominent le précipice. Des filets de pêcheurs séchaient sur les cailloux au bord du fleuve. On pêche donc dans ce tourbillon? Oui, sans doute. Comme les poissons ne peuvent franchir la cataracte, on prend là beaucoup de saumons. D'ailleurs dans quel tourbillon l'homme ne pêche-t-il pas?

Maintenant je voudrais résumer toutes ces sensations si vives et presque poignantes. Première impression : on ne sait que dire, on est écrasé comme par tous les grands poëmes. Puis l'ensemble se débrouille. Les beautés se dégagent de la nuée. Somme toute, c'est grand, sombre, terrible, hideux, magnifique, inexprimable.

De l'autre côté du Rhin, cela fait tourner des moulins.

Sur une rive, le château; sur l'autre, le village, qui s'appelle Neuhausen.

Tout en nous laissant aller au balancement de la barque, j'admirais la superbe couleur de cette eau. On croit nager dans de la serpentine liquide.

Chose remarquable, chacun des deux grands fleuves des Alpes, en quittant les montagnes, a la couleur de la mer où il va. Le Rhône, en débouchant du lac de Genève, est bleu comme la Méditerranée; le Rhin, en sortant du lac de Constance, est vert comme l'Océan.

Malheureusement le ciel était couvert. Je ne puis donc pas dire que j'ai vu la chute de Laufen dans toute sa splendeur. Rien n'est riche et merveilleux comme cette pluie de perles dont je vous ai déjà parlé, et que la cataracte répand au loin; cela doit être pourtant plus admirable encore lorsque le soleil change ces perles en diamants et que l'arc-en-ciel plonge dans l'écume éblouissante son cou d'émeraude, comme un oiseau divin qui vient boire à l'abîme.

De l'autre bord du Rhin, d'où je vous écris en ce moment, la cataracte apparaît dans son entier, divisée en cinq parties bien distinctes qui ont chacune leur physionomie à part et forment une espèce de crescendo. La première, c'est un dégorgement de moulins; la seconde, presque symétriquement composée par le travail du flot et du temps, c'est une fontaine de Versailles; la troisième, c'est une cascade; la quatrième est une avalanche; la cinquième est le chaos.

Un dernier mot, et je ferme cette lettre. A quelques pas de la chute, on exploite la roche calcaire, qui est fort belle. Du milieu d'une des carrières qui sont là, un galérien, rayé de gris et de noir, la pioche à la main, la double chaîne au pied, regardait la cataracte. Le hasard semble se complaire parfois à confronter dans des antithèses, tantôt mélancoliques, tantôt effrayantes, l'œuvre de la nature et l'œuvre de la société.

# LETTRE XXXIX

### VÉVEY. — CHILLON. — LAUSANNE

Vévey, 21 septembre.

A M. LOUIS B.

Je vous écris cette lettre, cher Louis, à peu près au hasard, ne sachant pas où elle vous trouvera, ni même si elle vous trouvera. Où êtes-vous en ce moment? que faites-vous? Êtes-vous à Paris? êtes-vous en Normandie? Avez-vous l'œil fixé sur les toiles que votre pensée fait rayonner, ou visitez-vous, comme moi, la galerie de peinture du bon Dieu? Je ne sais ce que vous faites; mais je pense à vous, je vous écris, et je vous aime.

Je voyage en ce moment comme l'hirondelle. Je vais devant moi, cherchant le beau temps. Où je vois un coin de ciel bleu, j'accours. Les nuages, les pluies, la bise, l'hiver, viennent derrière moi comme des ennemis qui me poursuivent, et recouvrent les pauvres pays à mesure que je les quitte. Il pleut maintenant à verse sur Strasbourg, que je visitais il y a quinze jours; sur Zurich, où j'étais la semaine passée; sur Berne, où j'ai passé hier. Moi, je suis à Vévey, jolie petite ville, blanche, propre, anglaise, confortable, chauffée par les pentes méridionales du mont Chardonne, comme par des poêles, et abritée par les Alpes comme par un paravent. J'ai devant moi un ciel d'été, le soleil, des coteaux couverts de vignes mûres, et cette magnifique émeraude du Léman enchâssée dans des montagnes de neige comme dans une orfévrerie d'argent. — Je vous regrette.

Vévey n'a que trois choses, mais ces trois choses sont charmantes; sa propreté, son climat et son église. — Je devrais me borner à dire la tour de son église, car l'église elle-même n'a plus rien de remarquable.

Elle a subi cette espèce de dévastation soigneuse, méthodique et vernissée que le protestantisme inflige aux églises gothiques. Tout est ratissé, raboté, balayé, défiguré, blanchi, lustré et frotté. C'est un mélange stupide et prétentieux de barbarie et de nettoyage. Plus d'autel, plus de chapelles, plus de reliquaires, plus de figures peintes et sculptées; une table et des stalles de bois qui encombrent la nef, voilà l'église de Vévey.

Je m'y promenais assez maussadement, escorté de cette vieille femme, toujours la même, qui tient lieu de bedeau aux églises calvinistes, et me cognant les genoux aux bancs de M. le préfet, de M. le juge de paix, de MM. les pasteurs, etc., etc., quand, à côté d'une chapelle condamnée où m'avaient attiré quelques belles vieilles consoles du quatorzième siècle, oubliées là par l'architecte puritain, j'ai aperçu dans un enfoncement obscur une grande lame de marbre noir appliquée au mur. C'est la tombe d'Edmond Ludlow, un des juges de Charles I$^{er}$, mort réfugié à Vévey en 1698. Je croyais cette tombe à Lausanne. Comme je me baissais pour ramasser mon crayon tombé à terre, le mot *depositorium*, gravé sur la dalle, a frappé mes yeux. Je marchais sur une autre tombe, sur un autre régicide, sur un autre proscrit, Andrew Broughton. Andrew Broughton était l'ami de Ludlow. Comme lui il avait tué Charles I$^{er}$, comme lui il avait aimé Cromwell, comme lui il avait haï Cromwell, comme lui il dort dans la froide église de Vévey. — En 1816 David, en fuite comme Ludlow et Broughton, a passé à Vévey. A-t-il visité l'église? Je ne sais; mais les juges de Charles I$^{er}$ avaient bien des choses à dire au juge de Louis XVI. Ils avaient à lui dire que tout s'écroule, même les fortunes bâties sur un échafaud; que les révolutions ne sont que des vagues, où il ne faut être ni écume ni fange; que toute idée révolutionnaire est un outil qui a deux tranchants, l'un avec lequel on coupe, l'autre avec lequel on se coupe; que l'exilé qui a fait des exilés, que le proscrit qui a été proscripteur, traînent après eux une mauvaise ombre, une pitié mêlée de colère, le reflet des misères d'autrui flamboyant comme l'épée de l'ange sur leur propre malheur. Ils pouvaient dire aussi à ce grand peintre, — n'est-ce pas, Louis? — que pour le penseur, en un jour de contemplation, il sort de la sérénité du ciel et de l'azur profond du Léman plus d'idées nobles, plus d'idées bienveillantes, plus d'idées utiles à l'humanité, qu'il n'en sort en dix siècles de vingt révolutions comme celles qui ont égorgé Charles I$^{er}$ et Louis XVI; et qu'au-dessus des agitations politiques, éternellement au-dessus de ces tempêtes climatériques des nations, dont le flux bourbeux apporte aussi bien Marat que Mirabeau, il y a, pour les grandes âmes, l'art, qui contient l'intelligence de l'homme, et la nature, qui contient l'intelligence de Dieu!

Pendant que je me laissais aller à toutes ces rêvasseries, un rayon de soleil couchant, entré par je ne sais quelle lucarne, et comme dépaysé dans cette église nue et morne, est venu se poser sur les tombes comme la lumière d'un flambeau, et j'ai lu les épitaphes. Ce sont de longues et graves protestations où semble respirer l'âme des deux vieux régicides, hommes intègres, purs et grands d'ailleurs. Tous deux exposent les faits de leur vie et le fait de leur mort, sans colère, mais sans concession. Ce sont des phrases rigides et hautaines, dignes en effet d'être dites par le marbre. On sent que tous deux regrettent la patrie. La patrie est toujours belle, même Londres vue du Léman. Mais ce qui m'a frappé, c'est que chacun des deux vieillards a pris une posture différente dans le tombeau. Edmond Ludlow s'est envolé joyeux vers les demeures éternelles, *sedes æternas lætus advolavit*, dit l'épitaphe debout contre le mur. Andrew Broughton, fatigué des travaux de la vie, s'est endormi dans le Seigneur, *in Domino obdormivit*, dit l'épitaphe couchée à terre. Ainsi, l'un joyeux, l'autre las. L'un a trouvé des ailes dans le sépulcre, l'autre y a trouvé un oreiller. L'un avait tué un roi et voulait le paradis; l'autre avait fait la même chose et demandait le repos.

Ne vous semble-t-il pas, comme à moi, qu'il y a, dans ces deux petites phrases si courtes, la clef des deux hommes et la nuance des deux convictions? Ludlow était un penseur; il avait déjà oublié le roi mort, il ne voyait plus que le peuple émancipé. Broughton était un ouvrier; il ne songeait plus au peuple, et avait toujours présente à l'esprit cette rude besogne de jeter bas un roi. Ludlow n'avait jamais vu que le but, Broughton que le moyen. Ludlow regardait en avant, Broughton regardait en arrière. L'un est mort ébloui, l'autre harassé.

Comme je quittais ces deux tombes, une troisième épitaphe m'a attiré, longue et solennelle apostrophe au voyageur gravée en or sur marbre noir, comme celle de Ludlow. Mon pauvre Louis, à côté de toute grande chose il y a une parodie. Près des deux régicides il y a un apothicaire. C'est un respectable praticien appelé Laurent Matte, fort honnête et fort charitable homme d'ailleurs, qui, parce qu'il lui est arrivé de faire fortune à Libourne et de se retirer du commerce à Vévey, veut absolument que le passant s'arrête et réfléchisse sur l'inconstance des choses humaines: *Morare parumper, qui hac transis, et respice rerum humanarum inconstantiam et ludibrium*.

Si jamais tombe emphatique a été ridicule, c'est à coup sûr celle qui coudoie les deux pierres sévères sous lesquelles Ludlow et Broughton gisent avec leurs mains sanglantes.

Le soir, — c'était hier, — je me suis promené au bord du lac. J'ai bien pensé à vous, Louis, et à nos douces promenades de 1828, quand nous avions vingt-quatre ans, quand vous faisiez *Mazeppa*, quand je faisais les *Orientales*, quand nous nous contentions d'un rayon horizontal du couchant étalé sur Vaugirard. La lune était presque dans son plein. La haute crête de Meillerie, noire au sommet et vaguement modelée à mi-côte, emplissait l'horizon. Au fond, à ma gauche, au-dessous de la lune, les dents d'Oche mordaient un charmant nuage gris perle, et toutes sortes de montagnes fuyaient tumultueusement dans la vapeur. L'admirable clarté de la lune calmait tout ce côté violent du paysage. Je marchais au bord même du flot. C'était la nuit de l'équinoxe. Le lac avait cette agitation fébrile qui, à l'époque des grandes marées, saisit toutes les masses d'eau et les fait frissonner. De petites lames envahissaient par moments le sentier de cailloux où j'étais, et mouillaient la semelle de mes bottes. A l'ouest, vers Genève, le lac, perdu sous les brumes, avait l'aspect d'une énorme ardoise. Des bruits de voix m'arrivaient de la ville, et je voyais sortir du port de Vévey un bateau allant à la pêche. Ces bateaux pêcheurs du Léman ont une forme que le lac leur a donnée. Ils sont munis de deux voiles latines attachées en sens inverse à deux mâts différents, afin de saisir les deux grands vents qui s'engouffrent dans le Léman par ses deux bouts; l'un par Genève, qui vient des plaines, l'autre par Villeneuve, qui vient des montagnes. Au jour, au soleil, le lac est bleu, les voiles sont blanches, et elles donnent à la barque la figure d'une mouche qui courait sur l'eau, les ailes dressées. La nuit, l'eau est grise et la mouche est noire. Je regardais donc cette gigantesque mouche, qui marchait lentement vers Meillerie, découpant sur la clarté de la lune ses ailes membraneuses et transparentes. Le lac jasait à mes pieds. Il y avait une paix immense dans cette immense nature. C'était grand et c'était doux. Un quart d'heure après, la barque avait disparu, la fièvre du lac s'était calmée, la ville s'était endormie. J'étais seul, mais je sentais vivre et rêver toute la création autour de moi.

Je songeais à mes deux régicides, qui prennent, eux aussi, leur part de ce sommeil et de ce repos de toutes choses dans ce beau lieu. Je m'abîmais dans la contemplation de ce lac que Dieu a rempli de sa paix et que les hommes ont rempli de leurs guerres. C'est un triste privilége des lieux les plus charmants d'attirer les invasions et les avalanches. Les hommes sont comme la neige, ils fondent et se précipitent dans les vallées éclairées par le soleil. Toute cette ravissante côte basse du Léman a été, depuis trois mille ans, sans cesse dévastée par des passants armés qui venaient, chose étrange, du midi aussi bien que du nord. Les romains y ont trouvé la trace des grecs; les allemands y ont trouvé la trace des arabes. La tour de Glérolle a été bâtie par les romains contre les huns. Neuf cents ans plus tard la tour de Goure a été bâtie par les vaudois contre les hongrois. L'une garde Vévey; l'autre protége Lausanne. En feuilletant, l'autre jour, dans la bibliothèque de Bâle, un assez curieux exemplaire des *Commentaires* de César, je suis tombé sur un passage où César dit qu'on trouva dans le camp des helvétiens des tablettes écrites en caractères grecs, et j'en ai pris note : *Repertæ sunt tabulæ litteris græcis confectæ*. (*De Bell. Gall.* XL. I.)

Les romains ont laissé à ce délicieux pays deux ou trois tours de guerre, des tombeaux, entre autres la sombre et touchante épitaphe de Julia Alpinula, des armes, des bornes miliaires, la grande voie militaire qui balafre ces admirables vallées depuis le Valais jusqu'à Avenches, par Vévey et Attalins, et dont on découvre encore çà et là quelques arrachements. Les grecs lui ont laissé des processions-pantomimes qui rappellent les théories, et où il y a des jeunes filles couronnées de lierre qu'on traîne sur des chars. Ils lui ont laissé aussi les koraules de la Gruyère, ces danses que leur nom explique, χοῥός et αὐλή. Ainsi des forteresses, des sépulcres, une épitaphe qui est une élégie, une route stratégique, voilà l'empreinte de Rome; des processions qui semblent ordonnées par Thespis et *une danse au son de la flûte*, voilà la trace de la Grèce.

Ce matin je suis allé à Chillon par un admirable soleil. Le chemin court entre les vignes au bord du lac. Le vent faisait du Léman une immense moire bleue; les voiles blanches étincelaient. Au bas de la route les mouettes s'accostaient gracieusement sur des roches à fleur d'eau. Vers Genève l'horizon imitait l'Océan.

Chillon est un bloc de tours posé sur un bloc de rochers. Tout le château est du douzième et du treizième siècle, à l'exception de quelques boiseries, portes, tables, plafonds, etc., qui sont du seizième. Il sert aujourd'hui d'arsenal et de poudrière au canton de Vaud. La bouche des canons touche l'embrasure des catapultes.

C'est une femme française qui fait faire aux visiteurs la promenade du château avec beaucoup de grâce et d'intelligence.

La crypte, qui est au niveau des eaux du lac, se partage en trois souterrains principaux. Le premier, qui est ajusté comme une serrure à l'entrée des deux autres, était la salle des gardes. C'est une vaste nef formée de deux voûtes ogives juxtaposées dont les retombées s'appuient, au milieu de la salle, sur une rangée de piliers qui la traverse. Le second souterrain, plus petit, se divise en deux chambres fort sombres. La première était un cachot, la deuxième est un lieu sinistre. Dans la première, on entrevoit un grand lit de pierre creusé dans le roc vif; dans la seconde, entre deux énormes piliers carrés dont l'un est le mur même, on distingue confusément, après une station de quelques minutes dans cette cave, un madrier scellé transversalement par les deux bouts dans le granit brut, et dont l'arête supérieure présente des façons de dents de scie, comme si elle avait été usée et entaillée profondément et à différents endroits par une corde ou par une chaîne qu'on y aurait nouée. Au milieu de cette traverse il y a un trou qui laisse passer le jour, si l'on peut appeler jour la lueur blafarde et terreuse qui s'accroche çà et là aux angles de la voûte. Ce vague et horrible appareil est un gibet. Ces entailles ont été faites en effet par des chaînes patibulaires. Ce trou laissait passer la corde d'en-cas. Les deux échelles du patient et du bourreau, qui étaient appliquées aux deux piliers vis-à-vis l'une de l'autre, ont disparu. En face du gibet il y avait dans la muraille un pertuis par où l'on jetait le cadavre au lac. Ce pertuis a été muré et s'est changé en une niche basse pleine de ténèbres qui fait une tache noire au pied du mur. A deux pas de cette niche aboutit l'escalier à vis de la chambre de justice avec sa massive porte de chêne à peine équarrie.

La troisième salle ressemble à la première; seulement elle est beaucoup plus obscure. Les meurtrières ont été comblées et se sont transformées en soupiraux. Dans chaque entre-colonnement il y avait un cachot. On a jeté bas les cloisons, et les compartiments qu'avaient remplis tant de misères diverses pendant trois siècles se sont effacés. C'est le cinquième de ces compartiments que Bonnivard a rendu célèbre. Il ne reste plus de son cachot que le pilier, de la chaîne de ses pieds qu'un anneau scellé dans ce même pilier, de la chaîne de son cou qu'un trou dans la pierre. L'anneau de cette chaîne a été arraché. Je suis resté longtemps comme rivé moi-même à ce pilier, autour duquel ce libre penseur a tourné pendant six ans comme une bête fauve. Il ne pouvait se coucher — sur le roc — qu'à grand'peine et sans pouvoir allonger ses membres. Il n'avait en effet d'autres distractions que les distractions des bêtes fauves renfermées. Il usait le bas du pilier avec son talon. J'ai mis ma main dans le trou qu'il a fait ainsi. Et il marquait, en l'usant de même avec le pied, la saillie de granit où sa chaîne lui permettait d'atteindre. Pour tout horizon il avait la hideuse muraille de roc vif opposée au mur qui trempe dans le lac. — Voilà dans quelles cages on mettait la pensée en 1530.

Le premier des cinq compartiments ne m'a pas moins intéressé que le cinquième. Dans le cachot de Bonnivard il y a eu l'intelligence, dans celui-ci il y a eu le dévouement. Un jeune homme de Genève, nommé Michel Cotié, avait pour le prieur de Saint-Victor un attachement mêlé d'admiration. Quand il sut Bonnivard à Chillon, il voulut le sauver. Il connaissait le château de Chillon pour y avoir servi; il s'y introduisit de nouveau et s'y fit donner je ne sais quelle besogne domestique. Quelque imprudence le trahit; il fut pris essayant de communiquer avec Bonnivard. On le traita en espion et on le mit dans un cachot (le premier à droite en entrant). On l'aurait bien pendu, mais le duc de Savoie voulait des aveux qui compromissent Bonnivard. Cotié résista vaillamment à la torture. Une nuit, il tenta de s'échapper; il scia sa chaîne et perça son mur avec un clou, il grimpa jusqu'à un des soupiraux et arracha une barre de fer. Là il se crut sauvé. La nuit était très noire; il se jeta dans le lac; il n'avait séjourné au château que l'été, et il avait remarqué que l'eau du lac montait à quelques pieds au-dessous des soupiraux; mais c'était l'hiver; en hiver, il n'y a plus de fontes de neige, l'eau du lac baisse et laisse à découvert les rochers dans lesquels est enraciné Chillon; il ne les vit pas et s'y brisa. — Voilà l'histoire de Cotié.

Rien ne reste de lui que quelques dessins charbonnés sur le mur. Ce sont des figures demi-nature qui ne manquent pas d'un certain style; un *Christ* en croix presque effacé, une *Sainte à genoux* avec sa légende autour de sa tête en caractères gothiques, un *Saint Christophe* (que j'ai copié; vous savez ma manie), et un *Saint Joseph*. L'aventure de Cotié dément, à mon grand regret, la tradition *Christofori faciem*, etc. Son *Saint Christophe* ne l'a pas sauvé de mort violente.

Le soupirail par où Michel Cotié s'est précipité fait face au troisième pilier. C'est sur ce pilier que Byron a écrit son nom avec un vieux poinçon à manche d'ivoire, trouvé, en 1536, dans la chambre du duc de Savoie, par les bernois qui délivrèrent Bonnivard. Ce nom *Byron*, gravé sur la colonne de granit en grandes lettres un peu inclinées, jette un rayonnement étrange dans le cachot.

Il était midi, j'étais encore dans la crypte, je dessinais le saint Christophe; — je lève les yeux par hasard, la voûte était bleue. — Le phénomène de la grotte d'Azur s'accomplit dans le souterrain de Chillon, et le lac de Genève n'y réussit pas moins bien que la Méditerranée. Vous le voyez, Louis, la nature n'oublie personne; elle n'oubliait pas Bonnivard dans sa basse-fosse. A midi, elle changeait le souterrain en palais; elle tendait toute la voûte de cette splendide moire bleue dont je vous parlais tout à l'heure, et le Léman plafonnait le cachot.

Et puis elle envoyait au prisonnier des martins-pêcheurs qui venaient rire et jouer dans son soupirail. — Les ducs de Savoie ont disparu du château de Chillon, les martins-pêcheurs l'habitent toujours. L'affreuse crypte ne leur fait pas peur; on dirait qu'ils la croient bâtie pour eux; ils entrent hardiment par les meurtrières, et s'y abritent, tantôt du soleil, tantôt de l'orage.

Il y a sept colonnes dans la crypte, il y avait sept cachots. Les gens de Berne y trouvèrent six prisonniers, parmi lesquels Bonnivard, et les délivrèrent tous, excepté un meurtrier nommé Albrignan, qu'ils pendirent à la traverse de la chambre noire. C'est la dernière fois que ce gibet a servi.

Chaque tour de Chillon pourrait raconter de sombres aventures. Dans l'une, on m'a montré trois cachots superposés; on entre dans celui du haut par une porte, dans les deux autres par une dalle qu'on soulevait et qu'on laissait retomber sur le prisonnier. Le cachot d'en bas recevait un peu de lumière par une lucarne; le cachot intermédiaire n'avait ni air ni jour. Il y a quinze mois, on y est descendu avec des cordes, et l'on a trouvé sur le pavé un lit de paille fine où la place d'un corps était encore marquée, et çà et là des ossements humains. Le cachot supérieur est orné de ces lugubres peintures de prisonnier qui semblent faites avec du sang. Ce sont des arabesques, des fleurs, des blasons, un palais à fronton brisé dans le style de la renaissance. — Par la lucarne le prisonnier pouvait voir un peu de feuilles et d'herbe dans le fossé.

Dans une autre tour, après quelques pas sur un plancher vermoulu qui menace ruine et où il est défendu de marcher, j'ai aperçu par un trou carré un abîme creusé dans la masse même de la tour; ce sont les oubliettes. Elles ont quatrevingt-onze pieds de profondeur, et le fond en était hérissé de couteaux. On y a trouvé un squelette disloqué et une vieille couverture en poil de chèvre rayée de gris et de noir, qu'on a jetée dans un coin, et sur laquelle j'avais les pieds, tandis que je regardais dans le gouffre.

Dans une autre tour il y avait une cave comblée. Lord Byron, en 1816, demanda la permission d'y faire des fouilles. On la lui refusa sous je ne sais quels prétextes d'architecte. Depuis on a déblayé le caveau. J'y suis descendu. C'est là qu'était la sépulture du duc Pierre de Savoie, qui fut un des grands hommes de son temps, et qu'on avait surnommé le *petit Charlemagne* (deux mots mal accouplés, soit dit en passant). L'an 1268, le duc Pierre fut descendu en grande pompe dans ce caveau. Aujourd'hui le tombeau et le duc, tout a disparu. J'ai vu la vieille porte pourrie du caveau, sans gonds et sans serrure, appuyée au mur sous le hangar d'une cour voisine; et il ne reste plus rien du grand duc Pierre que l'empreinte carrée du chevet de son sarcophage, arraché de la muraille par les bernois.

Cette cour voisine était elle-même un cimetière où plusieurs grands seigneurs savoyards avaient des tombes. Il n'y a plus maintenant qu'un peu d'herbe et un vieux lierre mort autour d'une vieille poutre déchaussée.

Je n'ai pas pu visiter la chapelle, qui est pleine de gargousses. La chambre des ducs est au-dessus du caveau sépulcral. Les bernois en avaient mutilé les lambris, et en avaient fait un corps de garde. La fumée des pipes a noirci le plafond de bois à caissons fleurdelysés et à nervures semées de croix d'argent. L'ours de Berne est peint sur la cheminée. L'écusson de Savoie est gratté. On montre un trou dans le mur, où, dit-on, il y avait un trésor, et d'où les gens de Berne ont tiré avec de grands cris de joie les belles orfévreries de M. de Savoie. Le fait est que tous ces merveilleux vases de Benvenuto et de Colomb ont dû faire un admirable effet en roulant pêle-mêle dans un corps de garde. Vous voyez d'ici le tableau. Si vous le faisiez, Louis, il serait ravissant. — La chambre était ornée d'une belle chasse peinte à fresque dont on voit encore quelques jambes et quelques bras. La fenêtre est une croisée du quinzième siècle assez finement sculptée au dehors.

La porte de cette chambre ducale a été arrachée après l'assaut. On me l'a montrée dans une grande salle voisine, où il y a, par parenthèse, quelques tables curieuses et une belle cheminée. C'est une porte de chêne massif doublée avec des cuirasses aplaties sur l'enclume. Vers le bas de la porte est une ouverture ronde à biseau par laquelle passait le bec d'un fauconneau. Une balle bernoise a profondément troué l'armature de fer, et s'est arrêtée dans le chêne. En mettant le doigt dans le trou on sent la balle.

La salle de justice est voisine de la chambre ducale. Figurez-vous une magnifique nef, plafonnée à caissons, chauffée par une cheminée immense, égayée par dix ou douze fenêtres ogives trilobées du treizième siècle, et meublée aujourd'hui de canons, ce qui ne la dépare pas. Toutes les salles voisines sont pleines de boulets, de bombes, d'obusiers et de canons, dont quelques-uns ont encore la belle forme monstrueuse des derniers siècles. On entrevoit par les portes entre-bâillées ces formidables bouches de cuivre qui reluisent dans l'ombre.

Au bout de la salle de justice est la chambre de torture. A quelques pieds au-dessous du plafond, une grosse poutre la traverse de part en part. J'ai vu dans cette poutre les trois trous par où passait la corde de l'estrapade.

Cette solive s'appuie sur un pilier de bois couronné d'un charmant chapiteau du quatorzième siècle, qui a été peint et doré. Le bas du pilier, auquel on attachait le patient, est déchiré par des brûlures noires et profondes. Les instruments de torture, en se promenant sur l'homme, rencontraient le bois de temps en temps. De là ces hideuses cicatrices. La chambre est éclairée par une belle fenêtre ogive qu'emplit un paysage éblouissant.

Une chose remarquable, c'est que le château de Chillon, quoique entouré d'eau, est préservé de toute humidité à tel point, qu'on en laisse les fenêtres ouvertes hiver comme été. Au printemps, les petits oiseaux viennent faire leur nid dans la bouche des obusiers.

Après une visite de trois heures j'ai quitté Chillon, et, rentré à Vévey, je suis allé revoir Ludlow dans son église. C'est avec un grand sens, selon moi, que la providence a rapproché la tombe de Ludlow du cachot de Bonnivard. Un fil mystérieux, qui traverse les événements de deux siècles, lie ces deux hommes. Bonnivard et Ludlow avaient la même pensée, l'émancipation de l'esprit et du peuple. La réforme de Luther, à laquelle coopérait Bonnivard, est devenue en cent trente ans la révolution de Cromwell, dans laquelle trempait Ludlow. Ce que Bonnivard voulait pour Genève, Ludlow le voulait pour Londres. Seulement, Bonnivard, c'es l'idée persécutée ; Ludlow, c'est l'idée persécutrice ; ce que le duc de Savoie avait fait à Bonnivard, Ludlow l'a rendu avec usure à Charles I$^{er}$. L'histoire de la pensée humaine est pleine de ces retours surprenants. Donc, et c'est ici que se clôt le magnifique syllogisme de la providence, près de la prison de Bonnivard il fallait le sépulcre de Ludlow.

*Lausanne, 22 septembre, 10 heures du soir.*

C'est à Lausanne, cher Louis, que j'achève cette interminable lettre. Un vent glacial me vient par ma fenêtre ; mais je la laisse ouverte pour l'amour du lac, que je vois presque entier d'ici. Chose bizarre, Vévey est la ville la plus chaude de la Suisse, Lausanne en est la plus froide. Quatre lieues séparent Lausanne de Vévey ; la Provence touche la Sibérie.

L'année donne en moyenne, à Paris, cent cinquante et un jours de pluie ; à Vévey, cinquante-six. Prenez cela comme vous voudrez, et ouvrez votre parapluie.

Lausanne n'a pas un monument que le mauvais goût puritain n'ait gâté. Toutes les délicieuses fontaines du quinzième siècle ont été remplacées par d'affreux cippes de granit, bêtes et laids comme des cippes qu'ils sont. L'hôtel de ville a son beffroi, son toit et ses gargouilles de fer brodé, découpé et peint ; mais les fenêtres et les portes ont été fâcheusement retouchées. Le vieux château des baillis, cube de pierre rehaussé par des mâchicoulis en briques, avec quatre tourelles aux quatre angles, est d'une fort belle masse, mais toutes les baies ont été refaites ; les contrevents verts de Jean-Jacques se sont stupidement cramponnés aux vénérables croisées à croix de Guillaume de Challant. La cathédrale est un noble édifice du treizième et du quatorzième siècle ; mais presque toutes les figures ont été soigneusement amputées ; mais il n'y a plus un tableau ; mais il n'y a plus une verrière ; mais elle est badigeonnée en gris de papier à sucre ; mais ils ont pauvrement remis à neuf la flèche du clocher de la croisée, et ils ont posé sur le clocher du portail le bonnet pointu du magicien Rothomago. Cependant il y a encore de superbes statues sous le portail méridional, et, à quelques figurines près, on a laissé intacte la belle porte flamboyante de M. de Montfaucon, le dernier évêque qu'ait eu Lausanne. Dans l'intérieur, je me trompais, il reste un vitrail, celui de la rosace. Ils ont respecté aussi un charmant banc d'œuvre de la transition, mêlé de gothique fleuri et de renaissance, don de ce même M. de Montfaucon, un grand nombre de chapiteaux romans, d'une complication exquise, et quelques tombeaux admirables, entre autres celui du chevalier de Grauson, qui est couché sur sa tombe, les mains coupées, ayant été vaincu dans un duel. Au-dessous du chevalier, vêtu de sa chemise de fer, j'ai remarqué la pierre mortuaire de M. de Rebecque, aïeul de Benjamin Constant.

Quand je suis sorti de l'église, la nuit tombait, et j'ai encore pensé à vous, mon grand peintre. Lausanne est un bloc de maisons pittoresques, répandu sur deux ou trois collines, qui partent du même nœud central, et coiffé de la cathédrale comme d'une tiare. J'étais sur l'esplanade de l'église devant le portail, et pour ainsi dire sur la tête de la ville. Je voyais le lac au-dessus des toits, les montagnes au-dessus du lac, les nuages au-dessus des montagnes, et les étoiles au-dessus des nuages. C'était comme un escalier où ma pensée montait de marche en marche et s'agrandissait à chaque degré. Vous avez remarqué comme moi que, le soir, les nuées refroidies s'allongent, s'aplatissent et prennent des formes de crocodiles. Un de ces grands crocodiles noirs nageait lentement dans l'air, vers l'ouest ; sa queue obstruait un porche lumineux bâti par les nuages au couchant ; une pluie tombait de son ventre sur Genève ensevelie dans les brumes ; deux ou trois étoiles éblouissantes sortaient de sa gueule comme des étincelles. Au-dessous de lui, le lac, sombre et métallique, se répandait dans les terres comme une flaque de plomb fondu. Quelques fumées rampaient sur les toits de la ville. Au midi, l'horizon était horrible. On n'en apercevait que les larges bases des montagnes enfouies sous une monstrueuse excroissance de vapeurs. Il y aura une tempête cette nuit.

Je rentre et je vous écris. J'aimerais bien mieux vous serrer la main et vous parler. Je tâche que ma lettre soit une sorte de fenêtre par laquelle vous puissiez voir ce que je vois.

Adieu, Louis, à bientôt. Vous savez comme je suis à vous ; soyez à moi de votre côté.

Vous faites de belles choses, j'en suis sûr ; moi, j'en pense de bonnes, et elles sont pour vous ; car vous êtes au premier rang de ceux que j'aime. Vous le savez bien, n'est-ce pas ?

Je serai à Paris dans dix jours.

# CONCLUSION

I

Voici de quelle façon était constituée l'Europe dans la première moitié du dix-septième siècle, il y a un peu plus de deux cents ans.

Six puissances de premier ordre : le Saint-Siège, le Saint-Empire, la France, la Grande-Bretagne ; nous dirons tout à l'heure quelles étaient les deux autres.

Huit puissances de second ordre : Venise, les Cantons suisses, les Provinces-Unies, le Danemark, la Suède, la Hongrie, la Pologne, la Moscovie.

Cinq puissances de troisième ordre : Urbin, Mantoue, Modène, Lucques, Raguse, Genève.

En décomposant ce groupe de vingt-cinq états et en le reconstituant selon la forme politique de chacun, on trouvait : cinq monarchies électives, le Saint-Siège, le Saint-Empire, les royaumes de Danemark, de Hongrie et de Pologne ; douze monarchies héréditaires, l'empire turc, les royaumes de France, de Grande-Bretagne, d'Espagne et de Suède, les grands-duchés de Moscovie et de Toscane, les duchés de Lorraine, de Savoie, d'Urbin, de Mantoue et de Modène ; sept républiques, les Provinces-Unies, les treize cantons, Venise, Gênes, Lucques, Raguse et Genève ; enfin Malte, qui était une sorte de république à la fois ecclésiastique et militaire, ayant un chevalier pour évêque et pour prince, un couvent pour caserne, la mer pour champ, une île pour abri, une galère pour arme, la chrétienté pour patrie, le christianisme pour client, la guerre pour moyen, la civilisation pour but.

Dans cette énumération des républiques nous omettons les infiniment petits du monde politique ; nous ne citons ni Andorre, ni San-Marino. L'histoire n'est pas un microscope.

Comme on vient de le voir, les deux grands trônes électifs s'appelaient *saints*. Le Saint-Siège, le Saint-Empire.

La première des républiques, Venise, était un état de second ordre. Dans Venise, le doge était considéré comme personne privée et n'avait rang que de simple duc souverain ; hors de Venise le doge était considéré comme personne publique, il représentait la république même et prenait place parmi les têtes couronnées. Il est remarquable qu'il n'y avait pas de république parmi les puissances de premier ordre, mais qu'il y avait deux monarchies électives, Rome et l'Empire. Il est remarquable qu'il n'y avait point de monarchies électives parmi les états de troisième et de quatrième rang, mais qu'il y avait cinq républiques, Malte, Gênes, Lucques, Raguse, Genève.

Les cinq monarques électifs étaient tous limités, le pape par le sacré collège et les conciles, l'empereur par les électeurs et les diètes, le roi de Danemark par les cinq ordres du royaume, le roi de Hongrie par le palatin, qui jugeait le roi lorsque le peuple l'accusait, le roi de Pologne par les palatins, les grands châtelains et les nonces terrestres. En effet, qui dit élection dit condition.

Les douze monarchies héréditaires, les petites comme les grandes, étaient absolues, à l'exception du roi de la Grande-Bretagne, limité par les deux chambres du parlement, et du roi de Suède, dont le trône avait été électif jusqu'à Gustave Wasa, et qui était limité par ses douze conseillers, par les vicomtes des territoires et par la bourgeoisie presque souveraine de Stockholm. A ces deux princes on pourrait jusqu'à un certain point ajouter le roi de France, qui avait à compter, fort rarement, il est vrai, avec les états généraux, et un peu plus souvent avec les huit grands parlements du royaume. Les deux petits parlements de Metz et de Basse-Navarre ne se permettaient guère les remontrances ; d'ailleurs, le roi n'eût point fait état de ces jappements.

Des huit républiques, quatre étaient aristocratiques, Venise, Gênes, Raguse et Malte ; trois étaient bourgeoises, les Provinces-Unies, Genève et Lucques ; une seule était populaire, la Suisse. Encore y estimait-on fort la noblesse, et y avait-il certaines villes où nul ne pouvait être magistrat s'il ne prouvait quatre quartiers.

Malte était gouvernée par un grand maître nommé à vie, assisté de huit baillis conventuels qui avaient la grand'croix et soixante écus de gages, et conseillé par les grands prieurs des vingt provinces. Venise avait un doge, nommé à vie; toute la république surveillait le doge, le grand conseil surveillait la république, le sénat surveillait le grand conseil, le conseil des Dix surveillait le sénat, les trois inquisiteurs d'état surveillaient le conseil des Dix, la bouche de bronze dénonçait au besoin les inquisiteurs d'état. Tout magistrat vénitien avait la pâleur livide d'un espion espionné. Le doge de Gênes durait deux ans ; il avait à compter avec les vingt-huit familles ayant six maisons, avec le conseil des Quatre-Cents, le conseil des Cent, les huit gouverneurs, le podesta étranger, les syndics souverains, les consuls, la rote, l'office de Saint-Georges et l'office des 44*. Les deux ans finis, on le venait chercher au pied du palais ducal et on le conduisait chez lui en disant : *Vostra serenità ha finito suo tempo, vostra eccelenza sene vada a casa.* Raguse, microcosme vénitien, espèce d'excroissance maladive de la vieille Albanie poussée sur un rocher de l'Adriatique, aussi bien nid de pirates que cité de gentilshommes, avait pour prince un recteur nommé à la fois de trois façons, par le scrutin, par l'acclamation et par le sort. Ce doge nain régnait un mois, avait pour tuteurs et surveillants durant son autorité de trente jours le grand conseil, composé de tous les nobles, les soixante pregadi, les onze du petit conseil, les cinq pourvoyeurs, les six consuls, les cinq juges, les trois officiers de la laine, le collège des Trente, les deux camerlingues, les trois trésoriers, les six capitaines de nuit, les trois chanceliers et les comtes du dehors ; et, son règne fini, il recevait pour sa peine cinq ducats. Les sept Provinces-Unies s'administraient par un stathouder qui s'appelait Orange ou Nassau, quelquefois par deux, et par leurs états généraux, où siégeaient les nobles, les bonnes villes, les paysans des Ommelandes, et d'où la Hollande et la Frise excluaient le clergé ; Utrecht l'admettait. Lucques, que gouvernaient les dix-huit citoyens du conseil du colloque, les cent soixante du grand conseil, et le commandeur de la seigneurie assisté des trois tierciers de Saint-Sauveur, de Saint-Paulin et de Saint-Martin, avait pour chef culminant un gonfalonier élu par les assorteurs. Les vingt-cinq mille habitants formaient une sorte de garde nationale qui défendait et pacifiait la ville ; cent soldats étrangers gardaient la seigneurie. Vingt-cinq sénateurs, c'était tout le gouvernement de Genève. La diète générale assemblée à Berne, c'était l'autorité suprême où ressortissaient les treize cantons, régis chacun séparément par leur landamman ou leur avoyer.

---

* Prononcer *l'office des quatre quatre*. Ce conseil était ainsi nommé pour avoir été institué en 1444. Il était composé de huit hommes.

Ces républiques, on le voit, étaient diverses. Le peuple n'existait pas à Malte, ne comptait pas à Venise, se faisait jour à Gênes, parlait en Hollande et régnait en Suisse. Ces deux dernières républiques, la Suisse et la Hollande, étaient des fédérations.

Ainsi, dès le commencement du dix-septième siècle, dans les vingt-cinq états du groupe européen, la puissance sociale descendait déjà de nuance en nuance du sommet des nations à leur base, et avait pris et pratiqué toutes les formes que la théorie peut lui donner. Pleinement monarchique dans dix états, elle était monarchique, mais limitée, dans sept, aristocratique dans quatre, bourgeoise dans trois, pleinement populaire dans un.

Dans ce groupe construit par la providence, la transition des états monarchiques aux états populaires était visible. C'était la Pologne, sorte d'état mi-parti, qui tenait à la fois aux royaumes par la couronne de son chef et aux républiques par les prérogatives de ses citoyens.

Il est remarquable que dans cet arrangement de tout un monde, par je ne sais quelles lois d'équilibre mystérieux, les monarchies puissantes protégeaient les républiques faibles, et conservaient pour ainsi dire curieusement ces échantillons de la bourgeoisie d'alors, ébauches de la démocratie future, larves informes de la liberté. Partout la providence a soin des germes. Le grand-duc de Toscane, voisin de Gênes, eût bien voulu lui prendre la Corse ; et, comme Lucques était chez lui, il avait cette chétive république sous la main ; mais le roi d'Espagne lui défendait de toucher à Gênes, et l'empereur d'Allemagne lui défendait de toucher à Lucques. Raguse était située entre deux formidables voisins, Venise à l'occident, Constantinople à l'orient. Les ragusains, inquiets à droite et à gauche, eurent l'idée d'offrir au Grand-Seigneur quatorze mille sequins par an ; le Grand-Seigneur accepta, et, à dater de ce jour, il protégea les franchises des ragusains. Une ville achetant de la liberté au sultan, c'est déjà un fait étrange ; les résultats en étaient plus étranges encore. De temps en temps Venise rugissait vers Raguse, le sultan mettait le holà ; la grosse république voulait dévorer la petite, un despote l'en empêchait.

Spectacle singulier ! un louveteau menacé par une louve et défendu par un tigre.

Le Saint-Empire, cœur de l'Europe, se composait comme l'Europe, qui semblait se refléter en lui. A l'époque où nous nous sommes placés, quatrevingt-dix-huit états entraient dans cette vaste agglomération qu'on appelait l'empire d'Allemagne, et s'étageaient sous les pieds de l'empereur ; et dans ces quatrevingt-dix-huit états étaient représentés, sans exception, tous les modes d'établissements politiques qui se reproduisaient en Europe sur une plus grande échelle. Il y avait les souverainetés héréditaires, au sommet desquelles se posaient un archiduché, l'Autriche, et un royaume, la Bohême ; les souverainetés électives et viagères parmi lesquelles les trois électorats ecclésiastiques du Rhin occupaient le premier rang ; enfin il y avait les soixante-dix villes libres, c'est-à-dire les républiques.

L'empereur alors, comme empereur, n'avait que sept millions de rente. Il est vrai que l'extraordinaire était considérable, et que, comme archiduc d'Autriche et roi de Bohême, il était plus riche. Il tirait cinq millions de rente rien que de l'Alsace, de la Souabe et des Grisons, où la maison d'Autriche avait sous sa juridiction quatorze communautés. Pourtant, quoique le chef du corps germanique eût en apparence peu de revenu, l'empire d'Allemagne au dix-septième siècle était immense. Il atteignait la Baltique au nord, l'Océan au couchant, l'Adriatique au midi. Il touchait l'empire ottoman de Knin à Szolnock, la Hongrie à Boszormeny, la Pologne de Munkacz à Lauenbourg, le Danemark à Rendburg, la Hollande à Groningue, les Flandres à Aix-la-Chapelle, la Suisse à Constance, la Lombardie et Venise à Roveredo, et il entamait par l'Alsace la France d'aujourd'hui.

L'Italie n'était pas moins bien construite que le Saint-Empire. Quand on examine, siècle par siècle, ces grandes formations historiques de peuples et d'états, on y découvre à chaque instant mille soudures délicates, mille ciselures ingénieuses faites par la main d'en haut, si bien qu'on finit par admirer un continent comme une pièce d'orfévrerie.

Moins grande et moins puissante que l'Allemagne, l'Italie, grâce à son soleil, était plus alerte, plus remuante, et en apparence plus vivace. Le réseau des intérêts y était croisé de façon à ne jamais se rompre et à ne jamais se débrouiller. De là un balancement perpétuel et admirable, une continuelle intrigue de tous contre chacun et de chacun contre tous ; mouvement d'hommes et d'idées qui circulait comme la vie même dans toutes les veines de l'Italie.

Le duc de Savoie, situé dans la montagne, était fort. C'était un très grand seigneur ; il était marquis de Suze, de Clèves et de Saluces, comte de Nice et de Maurienne, et il avait un million d'or de revenu. Il était l'allié des suisses, qui désiraient un voisinage tranquille ; il était l'allié de la France, qui avait besoin de ce duc pour faire frontière aux princes d'Italie, et qui avait payé son amitié au prix du marquisat de Saluces, il était l'allié de la maison d'Autriche, à laquelle il pouvait donner ou refuser le passage dans le cas où elle aurait voulu faire marcher ses troupes du Milanais vers les Pays-Bas, *qui ne sont du tout paisibles et branlent toujours au manche*, comme disait Mazarin ; enfin, il était l'allié des princes d'Allemagne, à cause de la maison de Saxe, dont il descendait. Ainsi crénelé dans cette quadruple alliance, il semblait inexpugnable ; mais, comme il avait trois prétentions, l'une sur Genève, contre la république, l'autre sur Montferrat, contre le duc de Mantoue, la troisième sur l'Achaïe, contre la Sublime Porte, c'était par là que la politique le saisissait de temps en temps pour le secouer ou le retourner. Le grand-duc de Toscane avait un pays qu'on appelait l'*état de Fer*, une frontière de forteresses et une frontière de montagnes, quinze cent mille écus de revenu, dix millions d'or dans son trésor et deux millions de joyaux, cinq cents chevaux de cavalerie, trente-huit mille gens de pied, douze galères, cinq galéaces et deux galions, son arsenal à Pise, son port militaire à l'île d'Elbe, son four à biscuit à Livourne. Il était allié de la maison d'Autriche par mariage, et du duc de Mantoue par parenté ; mais la Corse le brouillait avec Gênes, la question des limites avec le duc d'Urbin, moindre que lui, la jalousie avec le duc de Savoie, plus grand que lui. Le défaut de ses montagnes, c'était d'être ouvertes du côté du pape ; le défaut de ses forteresses, c'était d'être des forteresses de guerre civile, plutôt faites contre le peuple que contre l'étranger ; le défaut de son autorité, c'était d'être assise sur trois anciennes républiques, Florence, Sienne et Pise, fondues et réduites en une monarchie. Le duc de Mantoue était Gonzague ; outre Mantoue, très forte cité bâtie avant Troie, et où l'on ne peut entrer que par des ponts, il avait soixante-cinq villes, cinq cent mille écus de revenu, et la meilleure cavalerie de l'Italie ; mais, comme marquis de Montferrat, il sentait le poids du duc de Savoie. Le duc de Modène était Este ; il avait Modène et Reggio ; mais, comme duc prétendant de Ferrare, il sentait le poids du pape. Le duc d'Urbin était Montefeltro ; il s'étendait sur soixante milles de longueur et sur trente-cinq de largeur, avait un peu d'Ombrie et un peu de Marche, sept villes, trois cents châteaux et douze cents soldats aguerris ; mais, comme voisin d'Ancône, il sentait le poids du pape et lui payait chaque année deux mille deux cent quarante écus. Au centre même de l'Italie, dans un état de forme bizarre qui coupait la presqu'île en deux comme une écharpe, résidait le pape, dont nous esquisserons peut-être plus loin en détail la puissance comme prince temporel. Le pape tenait dans sa main droite les clefs du paradis, ce qui ne l'empêchait pas d'avoir sous sa main gauche la clef de l'Italie inférieure, Gaëte. Indépendamment de l'état de l'Église, il était souverain et seigneur direct des royaumes de Naples et de Sicile, des duchés d'Urbin et de Parme, et, jusqu'à Henri VIII, il avait reçu l'hommage des rois bretons pour l'Angleterre et l'Irlande. Il était d'autant plus maître en Italie, que Naples et Milan étaient à un roi absent. Sa grandeur morale était immense. Respecté de près, vénéré de loin, conférant sans s'amoindrir des dignités égales aux royautés, couronnant ses cardinaux de cet hexamètre hautain : *Principibus præstant et regibus æquiparantur*, pouvant donner sans perte, récompenser sans dépense et châtier sans guerre, il gouvernait toutes les princesses de la chrétienté avec la rose d'or, qui lui revenait à deux cent trente écus, et tous les princes avec l'épée d'or, qui lui revenait à deux cent quarante ; et, pour faire humblement agenouiller les empereurs d'Allemagne, lesquels pouvaient mettre sur pied deux cent mille hommes, ce qui représente aujourd'hui un million de soldats, il suffisait qu'il leur montrât les bonnets et les panaches de sa garde suisse, qui lui coûtait deux cents écus par an.

Au nord de l'Europe végétaient dans la pénombre populaire deux monarchies, trop lointaines, en apparence, pour agiter le centre. Pourtant, au seizième siècle, à la demande de Henri II, Christiern II, roi de Danemark, avait pu envoyer en Écosse dix mille soldats sur cent navires. La Suède avait trente-deux enseignes de sept cents hommes de pied chacune, treize compagnies ordinaires de cavalerie, cinquante voiles en temps de paix, soixante-dix en temps de guerre, et versait par an sept tonnes d'or, environ cent mille thalers, au trésor royal. La Suède parut peu brillante jusqu'au jour où Charles XII résuma toute sa lumière en un éclair éblouissant.

A cette époque, la France militaire parlait haut en Europe; mais la France littéraire bégayait encore. L'Angleterre, pour les nations du continent, n'était qu'une île considérable occupée d'un commencement obscur de troubles intérieurs. La Suisse, c'est là sa tache aux yeux de l'historien, vendait des armées à qui en voulait. Celui qui écrit ces lignes visitait, il y a quelques années, l'arsenal de Lucerne. Tout en admirant les vitraux du seizième siècle que le sénat lucernois a failli, dit-on, laisser emporter par un financier étranger, moyennant mille francs par croisée, il arriva dans une salle où son guide lui montra deux choses : une grossière veste de montagnard auprès d'une pique, et une magnifique souquenille rouge galonnée d'or auprès d'une hallebarde. La grosse veste, c'était l'habit des paysans de Sempach; la souquenille galonnée, c'était l'uniforme de la garde suisse de l'empereur d'Allemagne. Le visiteur s'arrêta devant cette triste et saisissante antithèse. Ce haillon populaire, cette défroque impériale, ce sayon de pâtre, cette livrée de laquais, c'était toute la gloire et toute la honte d'un peuple pendues à deux clous.

Des voyageurs étrangers qui parcouraient aussi l'arsenal de Lucerne s'écrièrent, en passant près de l'auteur de ce livre : *Que fait cette hallebarde à côté de cette pique?* Il ne put s'empêcher de leur répondre : *Elle fait l'histoire de la Suisse*[*].

---

[*] Les blâmes généraux de l'histoire admettent toujours des restrictions individuelles. Il faut circonscrire la sévérité pour rester dans le juste et dans le vrai. Sans contredit, et nonobstant tous les motifs d'économie politique pris dans un excédant de population qui se fût plus honorablement écoulé en émigrations ou en colonies, sans contredit, ces ventes d'armées faites par un peuple libre à tous les despotismes qui avaient besoin de soldats sont une chose immorale et honteuse. C'était, redisons-le, transformer des citoyens en condottieri, un homme libre en lands-knecht, l'uniforme en livrée. Il est malheureusement vrai de dire qu'au dix-septième et même au dix-huitième siècle, l'habit militaire des suisses capitulés avait cet aspect. Il est triste également que le mot *suisse*, qui éveille dans l'esprit une idée d'indépendance, puisse y éveiller aussi une idée de domesticité. Nous avons encore le *suisse* des hôtels, le *suisse* des

L'esquisse qu'on peut faire en son esprit de l'Europe à cette époque ne serait pas complète si l'on ne se figurait au nord, dans le crépuscule d'un hiver éternel, une étrange figure assise, un peu en deçà du Don, sur la frontière de l'Asie. Ce fantôme, qui occupait les imaginations au dix-septième siècle, comme un génie, moitié dieu, moitié prince, des *Mille et une Nuits*, s'appelait le grand knez de Moscovie.

Ce personnage, plutôt asiatique qu'européen, plutôt fabuleux que réel, régnait sur un vaste pays périodiquement dépeuplé par les courses des tartares. Le roi de Pologne avait la Russie Noire, c'est-à-dire la terre ; lui, il avait la Russie Blanche, c'est-à-dire la neige. On faisait cent récits et cent contes de lui dans les salons de Paris, et, tout en s'extasiant sur les sixains de Benserade à Julie d'Angennes, on se demandait, pour varier la conversation, s'il était bien prouvé que le grand knez pût mettre en campagne trois cent mille chevaux. La chose paraissait chimérique, et ceux qui la déclaraient impossible rappelaient que le roi de Pologne Étienne était entré victorieusement en Moscovie et avait failli la conquérir avec soixante mille hommes et qu'en 1560 le roi de Mongul était venu à Moscou avec quatrevingt mille chevaux et l'avait brûlée. *Le knez est fort riche*, écrivait $M^{me}$ Pilou, *il est seigneur et maître absolu de toutes choses. Ses sujets chassent aux fourrures. Il prend pour lui les meilleures peaux et les plus chères et se fait sa portion à sa volonté.* Les princes d'Europe, par curiosité plus encore que par politique, envoyaient au knez des ambassades presque ironiques. Le roi de France hésitait à le traiter d'altesse. C'était le temps où l'empereur d'Allemagne ne donnait au roi de Pologne que de la sérénité, et où le marquis de Brandebourg tenait à insigne honneur d'être archichambellan de l'empire. Philippe Pernisten, que l'empereur avait envoyé à Moscou pour savoir ce que c'était, était revenu épouvanté de la couronne du knez, qui surpassait en valeur, disait-il, les quatre couronnes réunies du pape, du roi de France, du roi catholique et de l'empereur. Sa robe était *toute semée de diamants, rubis, émeraudes et autres pierres grosses comme des noisettes.* Pernisten avait rapporté en présent à l'empereur d'Allemagne *huit quarantaines de zoboles et de martres zibelines*, dont chacune fut estimée à Vienne

cathédrales. *Il m'avait fait venir d'Amiens pour être suisse.* Mais il serait inique d'étendre la réprobation que soulève un fait de nation, considéré dans son ensemble, à tous les individus, souvent honorables et purs, qui ont participé à ce fait ou l'ont subi. Hâtons-nous de le proclamer, sous cette livrée il y a eu des héros. Les suisses, même capitulés, ont été souvent sublimes. Après avoir vendu leur service, qui pouvait s'acheter, ils ont donné leur dévouement, qui ne pouvait se payer. Abstraction faite de l'origine fâcheuse des concordats militaires, à un certain point de vue historique que l'auteur de ce livre a été loin de répudier, les suisses, par exemple, ont été admirables aux Tuileries. Il est beau, peut-être, que la nation qui, la première en Europe, a donné son sang pour la liberté naissante, l'ait donné la dernière pour la royauté mourante; et sous ce rapport le 10 août 1792 n'est pas indigne du 17 novembre 1307.

*deux cents livres*. Il ajoutait, du reste, que les circassiens *des cinq montagnes étaient pour ce prince un grand embarras*. Il estimait l'infanterie moscovite à *vingt mille hommes*. Quoi qu'il en fût de ces narrations orientales, c'était une distraction pour l'Europe, occupée alors de tant de grosses guerres, d'écouter de temps en temps le petit cliquetis d'épées divertissant et lointain que faisait dans son coin le knez de Moscovie ferraillant avec le précop, prince des tartares.

On n'avait sur sa puissance et sa force que des idées très incertaines. Quant à lui, plus loin que le roi de Pologne, plus loin que le roi de Hongrie, majesté à tête rase et à moustaches longues, plus loin que le grand-duc de Lithuanie, prince déjà fort sauvage à voir, habillé d'une pelisse et coiffé d'un bonnet de fourrures, on l'apercevait assez nettement, immobile sur une sorte de chaire-trône, entre l'image de Jésus et l'image de la Vierge, crossé, mitré, les mains pleines de bagues, vêtu d'une longue robe blanche comme le pape, et entouré d'hommes couverts d'or de la tête aux pieds. Quand des ambassadeurs européens étaient chez lui, il changeait de mitre tous les jours pour les éblouir.

Au delà de la Moscovie et du grand knez, dans plus d'éloignement et dans moins de lumière, on pouvait distinguer un pays immense au centre duquel brillait dans l'ombre le lac de Caniclu plein de perles, et où fourmillaient, échangeant entre eux des monnaies d'écorce d'arbre et de coquilles de mer, des femmes fardées, habillées, comme la terre non cultivée, de noir en été et de blanc en hiver, et des hommes vêtus de peaux humaines écorchées sur leurs ennemis morts. Dans l'épaisseur de ce peuple, qui pratiquait farouchement une religion composée de Mahomet, de Jésus-Christ et de Jupiter, dans la ville monstrueuse de Cambalusa, habitée par cinq mille astrologues et gardée par une innombrable cavalerie, on entrevoyait, au milieu des foudres et des vents, assis, jambes croisées, sur un tapis circulaire de feutre noir, le grand khan de Tartarie, qui répétait par intervalles d'un air terrible ces paroles gravées sur son sceau : *Dieu au ciel, le grand khan sur terre*.

Les oisifs parisiens racontaient du khan, comme du knez, des choses merveilleuses. L'empire du khan des tartares avait été fondé, disait-on, par le maréchal Canguiste, que nous nommons aujourd'hui Gengis-khan. L'autorité de ce maréchal était telle, qu'il fut obéi un jour par sept princes auxquels il avait commandé de tuer leurs enfants. Ses successeurs n'étaient pas moindres que lui. Le nom du grand khan régnant était écrit au fronton de tous les temples en lettres d'or, et le dernier des titres de ce prince était *âme de Dieu*. Il partageait avec le grand knez la royauté des hordes. Un jour, apprenant par les astrologues que la ville de Cambalusa devait se révolter, Cublaï-Khan en fit faire une autre à côté, qu'il appela Taïdu. Voilà ce que c'était que le grand khan.

Au dix-septième siècle, n'oublions pas qu'il n'y a de cela que deux cents ans, il y avait hors d'Europe, au nord et à l'orient, une série fantastique de princes prodigieux et incroyables, échelonnés dans l'ombre ; mirage étrange, fascination des poëtes et des aventuriers, qui, au treizième siècle, avait fait rêver Dante et partir Marco-Polo. Quand on allait vers ces princes, ils semblaient reculer dans les ténèbres ; mais, en cherchant leur empire, on trouvait tantôt un monde, comme Colomb, tantôt une épopée, comme Camoëns. Vers la frontière septentrionale de l'Europe, la première de ces figures extraordinaires, la plus rapprochée et la mieux éclairée, c'était le grand-duc de Lithuanie ; la deuxième, distincte encore, c'était le grand knez de Moscovie ; la troisième, déjà confuse, c'était le grand khan de Tartarie ; et, au delà de ces trois visions, le grand shérif sur son trône d'argent, le grand sophi sur son trône d'or, le grand zamorin sur son trône d'airain, le grand mogol entouré d'éléphants et de canons de bronze, le sceptre étendu sur quarante-sept royaumes, le grand lama, le grand cathay, le grand daïr, de plus en plus vagues, de plus en plus étranges, de plus en plus énormes, allaient se perdant les uns derrière les autres dans les brumes profondes de l'Asie.

## II

Sauf quelques détails qui viendront en leur lieu et qui ne dérangeront en rien cet ensemble, telle était l'Europe au moment que nous avons indiqué. Comme on l'a pu reconnaître, le doigt divin, qui conduit les générations de progrès en progrès, était dès lors partout visible dans la disposition intérieure et extérieure des éléments qui la constituaient, et cette ruche de royaumes et de nations était admirablement construite pour que déjà les idées y pussent aller et venir à leur aise et faire dans l'ombre la civilisation.

A ne prendre que l'ensemble, et en admettant les restrictions qui sont dans toutes les mémoires, ce travail, qui est la véritable affaire du genre humain, se faisait au commencement du dix-septième siècle en Europe mieux que partout ailleurs. En ce temps où vivaient, respirant le même air, et par conséquent, fût-ce à leur insu, la même pensée, se fécondant par l'observation des mêmes événements, Galilée, Grotius, Descartes, Gassendi, Harvey, Lope de Vega, Guide, Poussin, Ribera, Van Dyck, Rubens, Guillaume d'Orange, Gustave-Adolphe, Walstein, le jeune Richelieu, le jeune Rembrandt, le jeune Salvator Rosa, le jeune Milton, le jeune Corneille et le vieux Shakespeare, chaque roi, chaque peuple, chaque homme, par la seule pente des choses, convergeaient au même but, qui est encore aujourd'hui la fin où tendent les générations, l'amélioration générale de tout par tous, c'est-à-dire la civilisation même. L'Europe, insistons sur ce point, était ce qu'elle est encore, un grand atelier où s'élaborait en commun cette grande œuvre.

Deux seuls intérêts, séparés dans un but égoïste de l'activité universelle, épiant sans cesse pour choisir leur moment le vaste atelier européen, l'un procédant par invasion, l'autre par empiètement; l'un bruyant et terrible dans son allure, brisant de temps à autre les barrières et faisant brèche à la muraille; l'autre, habile, adroit et politique, se glissant par toute porte entr' ouverte, tous deux gagnant continuellement du terrain, troublaient, pressaient entre eux et menaçaient alors l'Europe. Ces deux intérêts, ennemis d'ailleurs, se personnifiaient en deux empires; et ces deux empires étaient deux colosses.

Le premier de ces deux colosses, qui avait pris position sur un côté du continent au fond de la Méditerranée, représentait l'esprit de guerre, de violence et de conquête, la barbarie. Le second, situé de l'autre côté, au seuil de la même mer, représentait l'esprit de commerce, de ruse et d'envahissement, la corruption. Certes, voilà bien les deux ennemis naturels de la civilisation.

Le premier de ces deux colosses s'appuyait puissamment à l'Afrique et à l'Asie. En Afrique, il avait Alger, Tunis, Tripoli de Barbarie et l'Égypte entière d'Alexandrie à Syène, c'est-à-dire toute la côte depuis le Peñon de Velez jusqu'à l'isthme de Suez; de là il s'enfonçait dans l'Arabie Troglodyte, depuis Suez sur la mer Rouge jusqu'à Suakem.

Il possédait trois des cinq tables en lesquelles Ptolémée a divisé l'Asie, la première, la quatrième et la cinquième.

Posséder la première table, c'était avoir le Pont, la Bithynie, la Phrygie, la Lycie, la Paphlagonie, la Galatie, la Pamphylie, la Cappadoce, l'Arménie mineure, la Caramanie, c'est-à-dire tout le Trapezus de Ptolémée depuis Alexandrette jusqu'à Trébizonde.

Posséder la quatrième table, c'était avoir Chypre, la Syrie, la Palestine, tout le rivage depuis Firamide jusqu'à Alexandrie, l'Arabie Déserte et l'Arabie Pétrée, la Mésopotamie, et Babylone, qu'on appelait Bagadet.

Posséder la cinquième table, c'était avoir tout ce qui est compris entre deux lignes dont l'une monte de Trébizonde au nord jusqu'à l'Hermanassa de Ptolémée et jusqu'au Bosphore Cimmérien, que les Italiens appelaient Bouche-de-Saint-Jean, et dont l'autre, entamant l'Arabie Heureuse, va de Suez à l'embouchure du Tigre.

Outre ces trois immenses régions, il avait la Grande Arménie et tout ce que Ptolémée met dans la troisième table d'Asie jusqu'aux confins de la Perse et de la Tartarie.

Ainsi ses domaines d'Asie touchaient, au nord, l'Archipel, la mer de Marmara, la mer Noire, le Palus-Méotide et la Sarmatie asiatique; au levant, la mer Caspienne, le Tigre et le golfe Persique, qu'on nommait mer d'Elcalif; au couchant, le golfe Arabique, qui est la mer Rouge; au midi, l'océan des Indes.

En Europe, il avait l'Adriatique à partir de Koin au-dessus de Raguse, l'Archipel, la Propontide, la mer Noire jusqu'à Caffa en Crimée, qui est l'ancienne Théodosie; la Haute-Hongrie jusqu'à Bude; la Thrace, aujourd'hui la Roumélie; toute la Grèce, c'est-à-dire la Thessalie, la Macédoine, l'Épire, l'Achaïe et la Morée; presque toute l'Illyrie; la Dalmatie, la Bosnie, la Servie, la Dacie et la Bulgarie; la Moldavie, la Valachie et la Transylvanie, dont les trois vaïvodes étaient à lui; tout le cours du Danube depuis Watzen jusqu'à son embouchure.

Il possédait en rivages de mer onze mille deux cent quatrevingts milles d'Italie, et en surface de terre un million deux cent trois mille deux cent dix-neuf milles carrés.

Qu'on se figure ce géant de neuf cents lieues d'envergure et de onze cents lieues de longueur couché sur le ventre en travers du vieux monde, le talon gauche en Afrique, le genou droit sur l'Asie, un coude sur la Grèce, un coude sur la Thrace, l'ombre de sa tête sur l'Adriatique, l'Autriche, la Hongrie et la Podolie, avançant sa face monstrueuse tantôt sur Venise, tantôt sur la Pologne, tantôt sur l'Allemagne, et regardant l'Europe.

L'autre colosse avait pour chef-lieu, sous le plus beau ciel du monde, une presqu'île baignée au levant par la Méditerranée, au couchant par l'Océan, séparée de l'Afrique par un étroit bras de mer, et de l'Europe par une haute chaîne de montagnes. Cette presqu'île contenait dix-huit royaumes, auxquels il imprimait son unité.

Il tenait Serpa et Tanger, qui sont les verrous du détroit de Gibraltar, et, selon qu'il lui plaisait de l'ouvrir ou de le fermer, il faisait de la Méditerranée une mer ou un lac. De sa presqu'île il répandait ses flottes dans cette mer par vingt-huit grands ports métropolitains; il en avait trente-sept sur l'Océan.

Il possédait en Afrique le Peñon de Velez, Melilla, Oran, Marzalcabil, qui est le meilleur havre de la Méditerranée, Nazagan, et toute la côte depuis le cap d'Aguirra jusqu'au cap Gardafu; en Amérique, une grande partie de la presqu'île septentrionale, la côte de Floride, la Nouvelle-Espagne, le Yucatan, le Mexique et le cap de Californie, le Chili, le Pérou, le Brésil, le Paraguay, toute la presqu'île méridionale jusqu'aux patagons; en Asie, Ormuz, Diu, Goa, Malacca, qui sont les quatre plus fortes places de la côte, Daman, Bazin, Zanaa, Ciaul, le port de Colomban, les royaumes de Camanor, de Cochin et de Colan, avec leurs forteresses, et, Calicut excepté, tout le rivage de l'océan des Indes, de Daman à Melipour.

Il avait dans la mer, et dans toutes les mers, les trois îles Baléares, les douze îles Canaries, les Açores, Santo-Puerto, Madère, les sept îles du Cap-Vert, Saint-Thomas, l'Ile-Dieu, Mozambique, la grande île de Baaren, l'île de Manar, l'île de Ceylan; quarante des îles Philippines, dont la principale, Luzan, est longue de deux cents lieues; Porto-Rico, Cuba, Saint-Domingue, les quatre cents îles Lucayes et les îles de la mer du Nord, dont on ne savait pas le nombre.

C'était avoir à soi toute la mer, presque toute l'Amérique, et en Afrique et en Asie à peu près tout ce que l'autre colosse ne possédait pas.

En Europe, outre sa vaste presqu'île, centre de sa puissance et de son rayonnement, il avait la Sardaigne et la Sicile, qui sont trop des royaumes pour n'être comptées que comme des îles. Il tenait l'Italie par les deux extrémités, par le royaume de Naples et par le duché de Milan, qui tous deux étaient à lui. Quant à la France, il la saisissait peut-être plus étroitement encore, et les trois états qu'il avait sur ses frontières, traçant une sorte de demi-cercle, le Roussillon, la Franche-Comté et la Flandre, étaient comme son bras passé autour d'elle.

Le premier de ces deux colosses, c'était la Turquie; le second, c'était l'Espagne.

### III

Ces deux empires inspiraient à l'Europe, l'un une profonde terreur, l'autre une profonde défiance.

Par la Turquie, c'était l'esprit de l'Asie qui se répandait sur l'Europe; par l'Espagne, c'était l'esprit de l'Afrique.

L'islamisme, sous Mahomet II, avait enjambé formidablement l'antique passage du Bœuf, Bos-Poros, et avait insolemment planté sa queue de cheval attachée à une pique dans la ville qui a sept collines comme Rome, et qui avait eu des églises quand Rome n'avait encore que des temples.

Depuis cette fatale année 1453, la Turquie, comme nous l'avons dit plus haut, avait représenté en Europe la barbarie. En effet, tout ce qu'elle touchait perdait en peu d'années la forme de la civilisation. Avec les turcs, et en même temps qu'eux, l'incendie inextinguible et la peste perpétuelle s'étaient installés à Constantinople. Sur cette ville, qu'avait dominée si longtemps la croix lumineuse de Constantin, il y avait toujours maintenant un tourbillon de flamme ou un drapeau noir.

Un de ces hasards mystérieux où l'esprit croit voir lisiblement écrits les enseignements directs de la providence avait donné, comme proie à ce redoutable peuple, la métropole même de la sociabilité humaine, la patrie de la pensée, la terre de la poésie, la philosophie et de l'art, la Grèce. A l'instant même, au seul contact des turcs, la Grèce, fille de l'Égypte et mère de l'Italie, la Grèce était devenue barbare. Je ne sais quelle lèpre avait défiguré son peuple, son sol, ses monuments, jusqu'à son admirable idiome. Une foule de consonnes farouches et de syllabes hérissées avaient crû, comme la végétation d'épines et de broussailles qui obstrue les ruines, sur ses mots les plus doux, les plus sonores, les plus harmonieux, les mieux prononcés par les poëtes. Le grec, en passant par la bouche des turcs, en était retombé patois. Les vocables turcs, tourbe de tous les idiomes d'Asie, avaient troublé à jamais, en s'y précipitant pêle-mêle, cette langue si transparente, si pure et si splendide, langue de cristal d'où était sortie une poësie de diamant. Les noms des villes grecques s'étaient déformés et étaient devenus hideux. Les contrées voisines, sur lesquelles Hellé rayonnait jadis, avaient subi la même souillure; Argos s'était changée en Filoquia; Delos en Dili, Didymo-Tychos en Dimotuc, Tzorolus en Tchourli, Zephirium en Zafra, Sagalessus en Sadjaklu, Nyssa en Nous-Shehr, Moryssus en Moucious, Cybistra en Busterch, le fleuve Acheloüs en Aspro-Potamos, et le fleuve Poretus en Pruth. N'est-ce pas avec le sentiment douloureux qu'inspirent la dégradation et la parodie qu'on reconnaît, dans Stan-Ko, Cos, patrie d'Apelles et d'Hippocrate; dans Fionda, Phasélis, où Alexandre fut obligé de mettre un pied dans la mer, tant le passage Climax était étroit; dans Hesen-now, Novus, où était le trésor de Mithridate; dans Skipsilar, Scapta-Hyla, où Thucydide avait des mines d'or et écrivait son histoire; dans Temeswar, Tomi, où fut exilé Ovide; dans Kokso, Coutousos, où fut exilé saint Chrysostome; dans Giustendil, Justiniana, berceau de Justinien; dans Salenti, Trajanopolis, tombeau de Trajan! L'Olympe, l'Ossa, le Pélion et le Pinde s'appelaient le beylick de Janina; un pacha accroupi sur une peau de tigre fronçait le sourcil dans la même montagne que Jupiter. La dérision amère qui semblait sortir des mots sortait aussi des choses; l'Étolie, cette ancienne république si puissante et si fière, formait le Despotat. Quant à la vallée de Tempé, *frigida Tempe*, devenue sauvage et inaccessible sous le nom de Lycostomo, pleine désormais de laine, de ronces et d'obscurité, elle s'était métamorphosée en vallée des Loups.

L'idée terrible qu'éveille la barbarie faite nation, ayant des flottes et des armées, s'incarnait vivante et complète dans le sultan des turcs. C'est à peine si l'Europe osait regarder de loin ce prince effrayant. Les richesses du sultan, du Turc, comme on l'appelait, étaient fabuleuses; son revenu dépassait quinze millions d'or. La sultane, sœur de Sélim, avait deux mille cinq cents sequins d'or de rente par jour. Le Turc était le plus grand prince en cavalerie. Sans compter sa garde immédiate, les quatorze mille janissaires, qui étaient une infanterie, il entretenait constamment autour de lui, sur le pied de guerre, cinquante mille spahis et cent cinquante mille timariots, ce qui faisait deux cent mille chevaux. Ses galères étaient innombrables. L'année d'après Lépante, la flotte ottomane tenait encore tête à toutes les marines réunies de la chrétienté. Il avait de si grosse artillerie, que, s'il fallait en croire les bruits populaires, le vent de ses canons ébranlait les murailles.

On se souvenait avec frayeur qu'au siége de Constantinople, Mahomet II avait fait construire, en maçonnerie liée de cercles de fer, un mortier monstrueux qu'on manœuvrait sur rouleaux, que deux mille jougs de bœufs pouvaient à peine traîner, et qui, inclinant sa gueule sur la ville, y vomissait nuit et jour des torrents de bitume et des blocs de rochers. Les autres princes, avec leurs engins et leurs bombardes, semblaient peu de chose auprès de ces sauvages sultans qui versaient ainsi des volcans sur les villes. La puissance du Turc était tellement démesurée, et il savait si bien faire front de toutes parts, que, tout en guerroyant contre l'Europe, Soliman avait pris à la Perse le Diarbékir et Amurat la Médie ; Sélim avait conquis sur les mameluks l'Égypte et la Syrie, et Amurat III avait exterminé les géorgiens ligués avec le sophi. Le sultan ne mettait en communication avec les rois de la chrétienté que la porte de son palais. Il datait de son étrier impérial les lettres qu'il leur écrivait, ou plutôt les ordres qu'il leur donnait. Quand il avait un accès de colère, il faisait casser les dents à leurs ambassadeurs à coups de poing par le bourreau. Pour les turcs mêmes, l'apparition du sultan, c'était l'épouvante. Les noms qu'ils lui donnaient exprimaient surtout l'effroi ; ils l'appelaient le *fils de l'esclave*, et ils nommaient son palais d'été *la maison du meurtrier*. Ils l'annonçaient aux autres nations par des glorifications sinistres. *Où son cheval passe*, disaient-ils, *l'herbe ne croît plus*.

Le roi des Espagnes et des Indes, espèce de sultan catholique, était plus riche à lui tout seul que tous les princes de la chrétienté ensemble. A ne compter que son revenu ordinaire, il tirait chaque année d'Italie et de Sicile quatre millions d'or, deux millions d'or du Portugal, quatorze millions d'or de l'Espagne, trente millions d'or de l'Amérique. Les dix-sept provinces de l'état des Pays-Bas, qui comprenait alors l'Artois, le Cambrésis et les Ardennes, payaient annuellement au roi catholique un ordinaire de trois millions d'or. Milan était une riche proie, convoitée de toutes parts, et par conséquent malaisée à garder. Il fallait surveiller Venise, voisine jalouse ; couvrir de troupes la frontière de Savoie pour arrêter le duc, *se ruant à l'impourvu*, comme disait Sully ; bien armer le fort de Fuentes, pour tenir en respect les suisses et les grisons ; entretenir et réparer les bonnes citadelles du pays, surtout Novare, Pavie, Crémone, *qui a*, comme écrivait Montluc, *une tour forte tout ce qui se peut, qu'on met entre les merveilles de l'Europe*. Comme la ville était remuante, il fallait y nourrir une garnison espagnole de six cents hommes d'armes, de mille chevau-légers et de trois mille fantassins, et bien tenir en état le château de Milan, auquel on travaillait sans cesse. Milan, on le voit, coûtait fort cher ; pourtant, tous frais faits, le Milanez rapportait tous les ans à l'Espagne huit cent mille ducats. Les plus petites fractions de cette énorme monarchie donnaient leur denier ; les îles Baléares versaient par an cinquante mille écus. Tout ceci, nous le répétons, n'était que le revenu ordinaire. L'extraordinaire était incalculable. Le seul produit de la Cruzade valait le revenu d'un royaume ; rien qu'avec les subsides de l'église le roi entretenait continuellement cent bonnes galères. Ajoutez à cela la vente des commanderies, les caducités des états et des biens, les alcavales, les tiers, les confiscations, les dons gratuits des peuples et des feudataires. Tous les trois ans le royaume de Naples donnait douze cent mille écus d'or, et, en 1615, la Castille offrait au roi, qui daignait accepter, quatre millions d'or payables en quatre ans.

Cette richesse se résolvait en puissance. Ce que le sultan était par la cavalerie, le roi d'Espagne l'était par l'infanterie. On disait en Europe : *cavalerie turque, infanterie espagnole*. Être grave comme un gentilhomme, diligent comme un miquelet, solide aux chocs d'escadrons, imperturbable à la mousquetade, connaître son avantage et son désavantage à la guerre, conduire silencieusement sa furie, suivre le capitaine, rester dans le rang, ne point s'égarer, ne rien oublier, ne pas disputer, se servir de toute chose, endurer le froid, le chaud, la faim, la soif, le malaise, la peine et la fatigue, marcher comme les autres combattent, combattre comme les autres marchent, faire de la patience le fond de tout et du courage la saillie de la patience ; voilà quelles étaient les qualités du fantassin espagnol. C'était le fantassin castillan qui avait chassé les maures, abordé l'Afrique, dompté la côte, soumis l'Éthiopie et la Cafrerie, pris Malacca et les îles Moluques, conquis les vieilles Indes et le nouveau monde. Admirable infanterie qui ne se brisa que le jour où elle se heurta au grand Condé ! Après l'infanterie espagnole venait, par ordre d'excellence, l'infanterie wallonne ; l'infanterie wallonne était aussi au roi d'Espagne. Sa cavalerie, qui ne le cédait qu'à la turque, était la mieux montée qui fût en Europe ; elle avait les genêts d'Espagne, les coursiers de Régne, les chevaux de Bourgogne et de Flandre. Les arsenaux du roi catholique regorgeaient de munitions de guerre. Rien que dans les trois salles d'armes de Lisbonne, il y avait des corselets pour quinze mille hommes de pied, et des cuirasses pour dix mille cavaliers. Ses forteresses étaient sans nombre et partout, et dix d'entre elles, Collioure, Perpignan et Salses au midi, au nord Gravelines, Dunkerque, Hesdin, Arras, Valenciennes, Philippeville et Marienbourg, faisaient brèche à la France d'aujourd'hui.

La plus grande puissance de l'Espagne, si puissante par ses forteresses, sa cavalerie et son infanterie, ce n'était ni son infanterie, ni sa cavalerie, ni ses forteresses ; c'était sa flotte. Le roi catholique, qui avait les meilleurs hommes de guerre de l'Europe, avait aussi les meilleurs hommes de mer. Aucun peuple navigateur n'égalait à cette époque les catalans, les biscayens, les portugais et les génois. Séville, qui comptait alors parmi les principales villes maritimes de l'Europe, bien que située assez avant dans les terres, et où abordaient toutes les flottes du Mexique et du Pérou, était une pépinière de matelots.

Pour nous faire une idée complète du poids qu'avait l'Espagne autrefois comme puissance maritime, nous avons voulu savoir au juste ce que c'était que la grande armada de Philippe II, si fameuse et si peu connue, comme tant de choses fameuses. L'histoire en parle et s'en extasie; mais l'histoire qui hait le détail, et qui, selon nous, a tort de le haïr, ne dit pas les chiffres. Ces chiffres, nous les avons cherchés dans l'ombre où l'histoire les avait laissés tomber; nous les avons retrouvés à grand'peine; les voici. Rien, à notre sens, n'est plus instructif et plus curieux.

C'était en 1588. Le roi d'Espagne voulut en finir d'une seule fois avec les anglais, qui déjà le harcelaient et taquinaient le colosse. Il arma une flotte. Il y avait dans cette flotte vingt-cinq gros vaisseaux de Séville, vingt-cinq de Biscaye, cinquante petits vaisseaux de Catalogne et de Valence, cinquante barques de la côte d'Espagne, vingt chaloupes des quatre villages de la côte de Guipuscoa, cent gabares de Portugal, quatorze galères et quatre galéaces de Naples, douze galères de Sicile, vingt galères d'Espagne et trente ourques d'Allemagne; en tout trois cent cinquante voiles manœuvrées par neuf mille marins.

On n'apprécierait pas exactement cette escadre si l'on ne se rappelait ce que c'était alors qu'une galère. Une galère représentait une somme considérable. Toute la côte septentrionale d'Afrique, Alger et Tripoli exceptées, ne produisait pas au sultan de quoi faire et maintenir deux galères.

L'approvisionnement de bouche de l'armada était immense. En voici le chiffre très singulier et très exact: cent soixante-sept mille cinq cents quintaux de biscuit, fournis par Murcie, Burgos, Campos, la Sicile, Naples et les îles; onze mille quintaux de chair salée, fournis par l'Estramadure, la Galice et les Asturies; onze mille quintaux de lard, fournis par Séville, Ronda et la Biscaye; vingt-trois mille barils de poisson salé, fournis par Cadix et l'Algarve; vingt-huit mille quintaux de fromage, fournis par Mayorque, Senegallo et le Portugal; quatorze mille quintaux de riz, fournis par Gênes et Valence; vingt-trois mille pots d'huile et de vinaigre, fournis par l'Andalousie, le poids valait vingt-cinq livres; vingt-six mille fanègues de fèves, fournies par Carthagène et la Sicile; vingt-six mille poinçons de vin, fournis par Malaga, Maxovella, Ceresa et Séville. Les provisions en blé, fer et toiles venaient d'Andalousie, de Naples et de Biscaye. Le total s'en est perdu.

Cette flotte portait une armée: vingt-cinq mille espagnols, cinq mille tirés des régiments d'Italie, six mille des Canaries, des Indes et des garnisons de Portugal, le reste des recrues; douze mille italiens commandés par dix mestres de camp; vingt-cinq mille allemands; douze cents chevau-légers de Castille, deux cents de la côte et deux cents de la frontière, c'est-à-dire seize cents cavaliers; trois mille huit cents canonniers et quatre cents gastadours; ce qui, en y comprenant les neuf mille marins, faisait en tout soixante-seize mille huit cents hommes.

Ce monstrueux armement eût anéanti l'Angleterre. Un coup de vent l'emporta.

Ce coup de vent, qui souffla dans la nuit du 2 septembre 1588, a changé la forme du monde.

Outre ses forces visibles, l'Espagne avait ses forces occultes. Certes, sa surface était grande, mais sa profondeur était immense. Elle avait partout sous terre des galeries, des sapes, des mines et des contre-mines, des fils cachés, des ramifications inconnues, des racines inattendues. Plus tard, quand Richelieu commença à donner des coups de bêche dans le vieux sol européen, il était surpris à chaque instant de sentir rebrousser l'outil et de rencontrer l'Espagne. Ce qu'on voyait d'elle au grand jour allait loin; ce qu'on ne voyait pas pénétrait plus avant encore. On pourrait dire que, dans les affaires de l'univers à cette époque, il y avait encore plus d'Espagne en dessous qu'en dessus.

Elle tenait aux princes d'Italie par les mariages, *Austria, nube*; aux républiques marchandes, par le commerce; au pape, par la religion, par je ne sais quoi de plus catholique que Rome même; au monde entier, par l'or dont elle avait la clef. L'Amérique était le coffre-fort, l'Espagne était le caissier. Comme maison d'Autriche, elle dominait pompeusement l'Allemagne et la menait sourdement. L'Allemagne, dans les mille ans de son histoire moderne, a été possédée une fois par le génie de la France, sous Charlemagne, et une fois par le génie de l'Espagne, sous Charles-Quint. Seulement, Charles-Quint mort, l'Espagne n'avait pas lâché l'Allemagne.

Comme on voit, l'Espagne avait quelque chose de plus puissant encore que sa puissance, c'était sa politique. La puissance est le bras, la politique est la main.

L'Europe, on le conçoit, était mal à l'aise entre ces deux empires gigantesques, qui pesaient sur elle du poids de deux mondes. Comprimée par l'Espagne à l'occident et par la Turquie à l'orient, chaque jour elle semblait se rétrécir; et la frontière européenne, lentement repoussée, reculait vers le centre. La moitié de la Pologne et la moitié de la Hongrie étaient déjà envahies, et c'est à peine si Varsovie et Bude étaient en deçà de la barbarie. L'ordre méditerranéen de Saint-Jean-de-Jérusalem avait été refoulé sous Charles-Quint de Rhodes à Malte. Gênes, dont la domination atteignait jadis le Tanaïs, Gênes, qui autrefois possédait Chypre, Lesbos, Chio, Péra et un morceau de la Thrace, et à laquelle l'empereur d'Orient avait donné Mitylène, avait successivement lâché pied devant les turcs de position en position, et se voyait maintenant acculée à la Corse.

L'Europe résistait pourtant aux deux états envahisseurs. Elle bandait contre eux toutes ses forces, pour employer l'énergique langue de Sully et de Mathieu. La France, l'Angleterre et la Hollande se roidissaient contre

32

l'Espagne ; le Saint-Empire, aidé par la Pologne, la Hongrie, Venise, Rome et Malte, luttait contre les turcs.

Le roi de Pologne était pauvre, quoiqu'il fût plus riche que s'il eût été roi d'un des trois royaumes d'Écosse, de Sardaigne ou de Navarre, lesquels ne rapportaient pas cent mille écus de rente ; il avait six cent mille écus par an, et la Lithuanie le défrayait. Excepté quelques régiments suisses ou allemands il n'entretenait pas d'infanterie ; mais sa cavalerie, composée de cent mille combattants polonais et de soixante-dix mille lithuaniens, était excellente. Cette cavalerie, protégeant une vaste frontière, avait cela d'efficace pour défendre contre les hordes du sultan l'immense et tremblant troupeau des nations civilisées, qu'elle était organisée à la turque, et que, sauvage, farouche et violente dans son allure, elle ressemblait à la cavalerie ottomane comme le chien-loup ressemble au loup. L'empereur couvrait le reste de la frontière, de Knin, sur l'Adriatique, à Szolnock, près du Danube avec vingt mille lansquenets, dépense insuffisante en temps de guerre, qui fatiguait l'empire en temps de paix. Venise et Malte couvraient la mer.

Nous ne mentionnons plus Gênes qu'en passant. Gênes, trop de fois humiliée, surveillait sa rivière avec quatre galères, en laissait pourrir vingt-cinq dans son arsenal, se risquait peu au dehors et s'abritait sous le roi d'Espagne.

Malte avait trois cuirasses, ses forteresses, ses navires et la valeur de ses chevaliers. Ces braves gentilshommes, soumis dans Malte à des règles somptuaires tellement sévères, que le plus qualifié d'entre eux ne pouvait se faire faire un habit neuf sans la permission du bailli drapier, se vengeaient de ces contraintes claustrales par un déchaînement de bravoure inouï, et, brebis dans l'île, devenaient lions sur mer. Une galère de Malte, qui ne portait jamais plus de seize canons et de cinq cents combattants, attaquait sans hésiter trois galions turcs.

Venise, opulente et hardie, appuyée sur sept villes fortes qui étaient à elle en Lombardie et dans la Marche, maîtresse du Frioul et de l'Istrie, maîtresse de l'Adriatique, dont la garde lui coûtait cinq mille ducats par an, bloquant les uscoques avec cinq fustes toujours armées, fièrement installée à Corfou, à Zante, à Céphalonie, dans toutes les îles de la côte depuis Zara jusqu'à Cérigo, entretenant perpétuellement sur le pied de guerre vingt-cinq mille cernides, trente-cinq mille lansquenets, suisses et grisons, quinze cents lances, mille chevau-légers lombards et trois mille stradiots dalmates, Venise faisait résolument obstacle au sultan. Même lorsqu'elle eut perdu Andro et Paros, qu'elle avait dans l'Archipel, elle garda Candie ; et là, debout sur ce magnifique barrage naturel qui clôt la mer Égée, fermant aux turcs la sortie de l'Archipel et l'entrée de la Méditerranée, elle tint en échec la barbarie.

Le service de mer à Venise impliquait noblesse. Tous les capitaines et les surcomites des navires étaient nobles vénitiens. La république avait toujours en mer quarante galères, dont vingt grosses. Elle avait dans son admirable arsenal, unique au monde, deux cents galères, des ouvriers capables de mettre hors du port trente vaisseaux en dix jours, et un armement suffisant pour toutes les marines de la terre.

Le Saint-Siége était d'un grand secours. Rien n'est plus curieux que de rechercher aujourd'hui quel prince temporel, quelle puissance politique et militaire il y avait alors dans le pape, si haut situé comme prince spirituel. Rome, qui avait eu jadis cinquante milles d'enceinte, n'en avait plus que seize ; ses portes, divisées autrefois en quatorze régions, étaient réduites à treize ; elle avait subi sept grands pillages historiques ; mais, quoique violée, elle était restée sainte ; quoique démantelée, elle était restée forte. *Rome*, s'il nous est permis de rappeler ce que nous avons dit ailleurs, *sera toujours Rome*. Le pape tenait une des marches d'Italie, Ancône, et l'un des quatre duchés lombards, Spolette ; il avait Ancône, Comacchio et les bouches du Pô sur le golfe de Venise, Civita-Vecchia sur la mer Tyrrhène. L'état de l'Église comprenait la campagne de Rome et le patrimoine de saint Pierre, la Sabine, l'Ombrie, c'est-à-dire toute l'ombre de l'Apennin, la marche d'Ancône, la Romagne, le duché de Ferrare, le pays de Pérouse, le Bolonais et un peu de Toscane ; une ville du premier ordre, Rome ; une du second, Bologne ; huit du troisième, Ferrare, Pérouse, Ascoli, Ancône, Forli, Ravenne, Fermo et Viterbe ; quarante-cinq places de tout rang, parmi lesquelles Rimini, Cesena, Faënza et Spolette ; cinquante évêchés et un million et demi d'habitants. En outre, le saint-père possédait en France le comtat Venaissin, qui avait pour cœur le redoutable palais-forteresse d'Avignon. L'état romain, vu sur une carte, présentait la forme, qu'il a encore, d'une figure assise dans la grave posture des dieux d'Égypte, avec l'Abruzze pour chaise, Modène et la Lombardie sur sa tête, la Toscane sur sa poitrine, la terre de Labour sous ses pieds, adossée à l'Adriatique et ayant la Méditerranée jusqu'aux genoux. Le souverain pontife était riche. Il semait des indulgences et moissonnait des ducats. Il lui suffisait de donner une signature pour faire contribuer le monde. *Tant que j'aurai une plume*, disait Sixte-Quint, *j'aurai de l'argent*. Propos de pape ou de grand écrivain. En effet, Sixte-Quint, qui était un pape lettré, artiste et intelligent, n'hésitant devant aucune dépense royale, mit en cinq ans quatre millions d'or en réserve au château Saint-Ange. Avec les contributions de tous les fidèles de l'univers, le saint-père se donnait une bonne armée, vingt-cinq mille hommes dans la Marche et la Romagne, vingt-cinq mille hommes dans la Campagne et le Patrimoine, la moitié aux frontières, la moitié sous Rome. Au besoin il grossissait cet armement. Grégoire VII et Alexandre III tinrent tête à des princes qui disposaient des forces de l'empire, à son apogée dans leur temps, jointes aux troupes des deux Siciles.

Un jour, le duc de Ferrare se permit d'aller faire du sel à Comachio. « *Le saint-père,* nous citons ici deux lignes d'une lettre de Mazarin, *avec ses raisons et une armée qu'il leva, amena le duc au repentir,* et lui prit son état. » Voilà ce que c'était que les soldats du pape. Cette milice faisait admirablement respecter l'état romain. Ajoutez à cela l'Ombrie, grande forteresse naturelle où Annibal s'est rebroussé, et pour côtes, au nord comme au midi, les rivages les plus battus des vents de toute l'Italie. Aucune descente possible. Le pape, sur les deux mers, était gardé et défendu par la tempête.

Posé et assuré de cette façon, il coopérait au grand et perpétuel combat contre le turc. Aujourd'hui le saint-père envoie des camées au pacha d'Égypte, et se promène sur le bateau à vapeur *Mahmoudièh*. — Fait inouï et qui montre brusquement, quand on y réfléchit, le prodigieux changement des choses : le pape assis paisiblement dans cette invention des huguenots baptisée d'un nom turc! — Dans ce temps-là il remplissait vaillamment son office de pape, et envoyait ses galères mitrées d'une tiare à Lépante. Dès que les croissants et les turbans surgissaient, il n'avait plus rien à lui, ni un soldat, ni un écu : il contribuait à son tour. Ainsi, dans l'occasion, ce que les chrétiens avaient donné au pape, le pape le rendait à la chrétienté. Dans la ligue de 1542 contre les ottomans, Paul III envoya à Charles-Quint douze mille fantassins et cinq cents chevaux.

A la fin du seizième siècle, en 1588, un orage avait sauvé l'Angleterre de l'Espagne ; à la fin du dix-septième, en 1683, Sobieski sauva l'Allemagne de la Turquie. Sauver l'Angleterre, c'était sauver l'Angleterre ; sauver l'Allemagne, c'était sauver l'Europe. On pourrait dire qu'en cette mémorable conjoncture, la Pologne fit l'office de la France. Jusqu'alors c'était toujours la France que la barbarie avait rencontrée, c'était toujours devant la France qu'elle s'était dissoute. En 496, venant du nord, elle s'était brisée à Clovis ; en 732, venant du midi, elle s'était brisée à Charles Martel.

Cependant, ni l'invincible armada vaincue par Dieu, ni Kara-Mustapha battu par Sobieski, ne rassuraient pleinement l'Europe. L'Espagne et la Turquie étaient toujours debout, et le dix-septième siècle croyait les voir grandir indéfiniment, de plus en plus redoutables et de plus en plus menaçantes, dans un terrible et prochain avenir. La politique, cette science conjecturale comme la médecine, n'avait alors pas d'autre prévision. A peine se tranquillisait-on un peu par moments en songeant que les deux colosses se rencontraient sur la mer Rouge et se heurtaient en Asie.

Ce choc dans l'Arabie Heureuse, si lointain et si indistinct, ne diminuait pas, aux yeux des penseurs, les fatales chances qui s'amoncelaient sur la civilisation. A l'époque dont nous venons d'esquisser le tableau, l'anxiété était au comble. Un écrit intitulé *les Forces du roy d'Espagne,* imprimé à Paris en 1627, avec privilège du roi et gravure d'Isac Jaspar dit : « L'ambition de ce roy seroit de posséder toute chose. Ses flottes, qui vont et viennent, brident l'Angleterre, et empeschent les navires des austres estats de courir à leur fantaisie. » Dans un autre écrit, publié vers la même époque et qui a pour titre : *Discours sommaire de l'estat du Turc,* nous lisons : « Il (le Turc) donne avec beaucoup de sujet l'alarme de la chrestienté, vu qu'il a tant de moyens de faire une grosse armée en la levant sur les pays qu'il possède. Il faudroit manquer du tout de jugement pour estre sans appréhension d'un tel déluge. »

V

Aujourd'hui, par la force mystérieuse des choses, la Turquie est tombée, l'Espagne est tombée.

A l'heure où nous parlons, les assignats*, cette dernière vermine des vieilles sociétés pourries, dévorent l'empire turc.

Depuis longtemps déjà une autre nation a Gibraltar, comme le sauvage qui coud à son manteau l'ongle du lion mort.

Ainsi, en moins de deux cents ans, les deux colosses qui épouvantaient nos pères se sont évanouis.

L'Europe est-elle délivrée ? Non.

Comme au dix-septième siècle, un double péril la menace. Les hommes passent, mais l'homme reste ; les empires tombent, les égoïsmes se reforment. Or, à l'instant où nous sommes, de même qu'il y a deux cents ans, deux immenses égoïsmes pressent l'Europe et la convoitent. L'esprit de guerre, de violence et de conquête est encore debout à l'orient, l'esprit de commerce, de ruse et d'aventure est encore debout à l'occident. Les deux géants se sont un peu déplacés et sont remontés vers le nord, comme pour saisir le continent de plus haut.

A la Turquie a succédé la Russie ; à l'Espagne a succédé l'Angleterre.

Coupez par la pensée, sur le globe du monde, un segment, qui, tournant autour du pôle, se développe du cap Nord européen au cap Nord asiatique, de Tornéa au Kamtchatka, de Varsovie au golfe d'Anadyr, de la mer Noire à la mer d'Okhotsk, et qui, au couchant, entamant la Suède, bordant la Baltique, dévorant la Pologne, au midi, échancrant la Turquie, absorbant le Caucase et la mer Caspienne, envahissant la Perse, suivant la longue chaîne qui commence aux monts Ourals et finit au cap Oriental, côtoie le Turkestan et la Chine, heurte le Japon par le cap Lopatka, et, parti du milieu de l'Europe, aille au détroit de Behring toucher l'Amérique à travers l'Asie ; outre la Pologne, jetez pêle-mêle dans ce monstrueux segment la Crimée, la Géorgie, le Chirvan, l'Imiretée, l'Abascie, l'Arménie et la Sibérie ; groupez alentour les iles de la Nouvelle-

---

* En Turquie ils s'appellent *schim*.

Zemble, Spitzberg, Vaigaiz et Kalgouef, Aland, Dagho et Oesel, Clarke, Saint-Mathieu, Saint-Paul, Saint-Georges, les Aleutiennes, Kodiak, Sitka et l'archipel du Prince-de-Galles: dispersez dans cet espace immense soixante millions d'hommes, vous aurez la Russie.

La Russie a deux capitales; l'une coquette, élégante, encombrée des énormes colifichets du goût Pompadour qui s'y sont faits palais et cathédrales, pavée de marbre blanc, bâtie d'hier, habitée par la cour, épousée par l'empereur; l'autre chargée de coupoles de cuivre et de minarets d'étain, sombre, immémoriale et répudiée. La première, Saint-Pétersbourg, représente l'Europe; la seconde, Moscou, représente l'Asie. Comme l'aigle d'Allemagne, l'aigle de Russie a deux têtes.

La Russie peut mettre sur pied une armée de onze cent mille hommes.

Le débordement possible des russes fait réparer la muraille de Chine et bâtir la muraille de Paris.

Ce qui était le grand knez de Moscovie est à présent l'empereur de Russie. Comparez les deux figures, et mesurez les pas que Dieu fait faire à l'homme.

Le knez, s'est fait tzar, le tzar s'est fait czar, le czar s'est fait empereur. Ces transformations, disons-le, sont de véritables avatars. A chaque peau qu'il dépouille, le prince moscovite devient de plus en plus semblable à l'Europe, c'est-à dire à la civilisation.

Pourtant, que l'Europe ne l'oublie pas, ressembler, ce n'est pas s'identifier.

L'Angleterre a l'Écosse et l'Irlande, les Hébrides et les Orcades; avec le groupe des îles Shetland, elle sépare le Danemark des îles Féroé et de l'Islande, ferme la mer du Nord, et observe la Suède; avec Jersey et Guernesey, elle ferme la Manche et observe la France. Puis elle part, elle tourne autour de la péninsule, pose son influence sur le Portugal et son talon sur Gibraltar, et entre dans la Méditerranée après en avoir pris la clef. Elle enjambe les Baléares, la Corse, la Sardaigne, et la Sicile; là, elle s'arrête, trouve Malte, et s'y installe entre la Sicile et Tunis, entre l'Italie et l'Afrique; de Malte, elle gagne Corfou, d'où elle surveille la Turquie en fermant la mer Adriatique; Sainte-Maure, Céphalonie et Zante, d'où elle surveille la Morée en dominant la mer Ionienne; Cérigo, d'où elle surveille Candie en bloquant l'Archipel. Ici il faut rebrousser chemin, l'Égypte barre le passage, l'isthme de Suez n'est pas encore coupé; elle revient sur ses pas, et rentre dans l'Océan. Elle a tourné l'Espagne, cette petite presqu'île; elle va tourner l'Afrique, cette presqu'île énorme. Le trajet est malaisé sur cette plage où un océan de sable se mêle au grand océan des flots. Comme un homme qui traverse un gué avec précaution de pierre en pierre, elle a des repos marqués pour tous les pas qu'elle fait. Elle met d'abord le pied à Saint-James, à l'embouchure de la Gambie, d'où elle épie le Sénégal français. Son second pas s'imprime sur la côte, à Cachéo, le troisième à Sierra-Leone, le quatrième au cap Corse. Puis elle se risque dans l'océan Atlantique, et réunit sous son pavillon l'Ascension, Sainte-Hélène et Fernando-Po, triangle d'îles qui entre profondément dans le golfe de Guinée. Ainsi appuyée, elle atteint le Cap et s'empare de la pointe d'Afrique comme elle s'est emparée à Gibraltar de la pointe d'Europe. Du Cap, elle remonte, au nord, de l'autre côté de la presqu'île africaine, aborde les Mascarenhas, l'île de France et Port-Louis, d'où elle tient en respect Madagascar, et s'établit aux îles Seychelles, d'où elle commande toute la côte orientale du cap Delgado au cap Gardafu. Ici il n'y a plus que la mer Rouge qui la sépare de la Méditerranée et de l'Archipel; elle a fait le tour de l'Afrique; elle est presque revenue au point d'où elle était partie. Voici la mer des Indes, voilà l'Asie.

L'Angleterre entre en Asie; des Seychelles aux Laquedives il n'y a qu'un pas, elle prend les Laquedives; après quoi elle étend la main et saisit l'Hindoustan, tout l'Hindoustan, Calcutta, Madras et Bombay, ces trois provinces de la compagnie des Indes, grandes comme des empires; et sept royaumes, Népaul, Oude Barode, Nagpour, Nizam, Maïssour et Travancore. Là elle touche à la Russie; le Turkestan chinois seul l'en sépare. Maîtresse du golfe d'Oman, que borde l'immense côte qu'elle possède de Haydérabad à Trivanderam, elle atteint la Perse et la Turquie par le golfe Persique, qu'elle peut fermer, et l'Égypte par la mer Rouge, qu'elle peut bloquer également. L'Hindoustan lui donne Ceylan. De Ceylan elle se glisse entre les Nicobar et les îles Andamans, prend terre sur la longue côte des monts Mogs, dans l'Indo-Chine, et la voilà qui tient le golfe du Bengale. Tenir le golfe du Bengale, c'est faire la loi à l'empire des Birmans. Les monts Mogs lui ouvrent la presqu'île de Malacca; elle s'y étend et s'y consolide. De Malacca elle observe Sumatra, des îles Sincapour elle observe Bornéo. De cette façon, possédant le cap Romania et le cap Comorin, elle a les deux grandes pointes d'Asie comme elle a la pointe d'Europe, comme elle a la pointe d'Afrique.

A l'heure où nous sommes, elle attaque la Chine de vive force après avoir essayé de l'empoisonner, ou du moins de l'endormir.

Ce n'est pas tout; il reste deux mondes, la Nouvelle-Hollande et l'Amérique, elle les saisit. De Malacca, elle traverse le groupe inextricable des îles de la Sonde, cette conquête de la vieille navigation hollandaise, et s'empare de la Nouvelle-Hollande tout entière, terre vierge qu'elle féconde avec des forçats, et qu'elle garde jalousement, crénelée dans les îles Bathurst au nord et dans l'île de Diemen au sud, comme dans deux forteresses.

Puis elle suit un moment la route de Cook, laisse à sa gauche les six archipels de l'Océanie, louvoie devant la longue muraille des Cordillères et des Andes, double le cap Horn, remonte les côtes de la Patagonie et du

Brésil, et prend terre enfin sous l'équateur au sommet de l'Amérique méridionale, à Stabrock, où elle crée la Guyane anglaise. Un pas, et elle est maîtresse des îles du Vent, ce cromlech d'îles qui clôt la mer des Antilles ; un autre pas, et elle est maîtresse des îles Lucayes, longue barricade qui ferme le golfe du Mexique. Il y a vingt-quatre petites Antilles, elle en prend douze ; il y a quatre grandes Antilles, Cuba, Saint-Domingue, la Jamaïque et Porto-Rico, elle se contente d'une, la Jamaïque, d'où elle gêne les trois autres. Ensuite, au milieu même de l'isthme de Panama, à l'entrée du golfe d'Honduras, elle découpe en terre ferme un morceau du Yucatan, et y pose son établissement de Balise comme une vedette entre les deux Amériques. Là, pourtant, le Mexique la tient en échec, et, au delà du Mexique, les États-Unis, cette colonie dont la nationalité est un affront pour elle. Elle se rembarque, et des îles Lucayes, s'appuyant sur les Bermudes, où elle plante son pavillon, elle atteint Terre-Neuve, cette île qui, vue à vol d'oiseau, a la forme d'un chameau agenouillé sur l'océan et levant sa tête vers le pôle. Terre-Neuve, c'est la station de son dernier effort. Il est gigantesque. Elle allonge le bras et s'approprie d'un coup tout le nord de l'Amérique, de l'océan Atlantique au grand Océan, les îles de la Nouvelle-Écosse, le Canada et le Labrador, la baie d'Hudson et la mer de Baffin, le Nouveau-Norfolk, la Nouvelle-Calédonie et les archipels de Quadra et de Vancouver, les iroquois, les chipeouays, les eskimaux, les kristinaux, les koliougis, et, au moment de saisir les ougalacmioutis et les kitégues, elle s'arrête tout à coup ; la Russie est là. Où l'Angleterre est venue par mer, la Russie est venue par terre, car le détroit de Behring ne compte pas, et là, sous le cercle polaire, parmi les sauvages hideux et effarés, dans les glaces et les banquises, à la réverbération des neiges éternelles, à la lueur des aurores boréales, les deux colosses se rencontrent et se reconnaissent.

Récapitulons. L'Angleterre tient les six plus grands golfes du monde, qui sont les golfes de Guinée, d'Oman, de Bengale, du Mexique, de Baffin et d'Hudson ; elle ouvre ou ferme à son gré neuf mers, la mer du Nord, la Manche, la Méditerranée, l'Adriatique, la mer Ionienne, la mer de l'Archipel, le golfe Persique, la mer Rouge, la mer des Antilles. Elle possède en Amérique un empire, la Nouvelle-Bretagne, en Asie un empire, l'Hindoustan, et dans le grand Océan un monde, la Nouvelle-Hollande.

En outre, elle a d'innombrables îles, qui sont, sur toutes les mers et devant tous les continents, *comme des vaisseaux en station et à l'ancre*, et avec lesquelles, île et navire elle-même, embossée devant l'Europe, elle communique, pour ainsi dire sans solution de continuité, par ses innombrables vaisseaux, îles flottantes.

Le peuple d'Angleterre n'est pas par lui-même un peuple souverain, mais il est pour d'autres nations un peuple suzerain. Il gouverne féodalement deux millions trois cent soixante-dix mille écossais, huit millions deux cent quatre vingt mille irlandais, deux cent quarante-quatre mille africains, soixante mille australiens, un million six cent mille américains et cent vingt-quatre millions d'asiatiques ; c'est-à-dire que quatorze millions d'anglais possèdent sur la terre cent trente-sept millions d'hommes.

Tous les lieux que nous avons nommés dans les quelques pages qu'on vient de lire sont les points d'attache de l'immense filet où l'Angleterre a pris le monde.

V

Voici ce qui a perdu la Turquie :

Premièrement, l'immensité du territoire formé d'états juxtaposés et non cimentés. Le ciment des nations, c'est une pensée commune. Des peuples ne peuvent adhérer entre eux s'ils n'ont une même langue dont les mots circulent comme la monnaie de l'esprit de tous possédée tour à tour par chacun. Or, ce qui fait circuler la langue, ce qui imprime une effigie aux mots, ce qui crée la pensée commune, c'est, avant tout, l'art, la poésie, la littérature, *humaniores litteræ*. Point d'art ni de lettres en Turquie, donc point de langue circulant de peuple à peuple, point de pensée commune, point d'unité. Ici on parlait latin, là grec, ailleurs slave, plus loin arabe, persan ou hindou. Ce n'était pas un empire, c'était un bloc taillé par le sabre, un composé hybride de nations qui se touchaient, mais qui ne se pénétraient pas. Ajoutez à cela des déserts, faits tantôt par la conquête, tantôt par le climat, immenses solitudes que la sève sociale ne pouvait traverser.

Deuxièmement, le despotisme du prince. Le sultan était tout ensemble pontife et empereur, souverain temporel et souverain spirituel, chef politique, chef militaire et chef religieux. Ses sujets lui appartenaient, biens, corps et esprit, d'une façon absolue et terrible, comme sa chose et plus que sa chose. Il pouvait les condamner et les damner. Sultan, il avait leur vie ; commandeur des croyants, il avait leur âme. Or malheur à l'individu qui est en même temps ordinaire comme homme et extraordinaire comme prince ! Trop de pouvoir est mauvais à l'homme. Être prêtre, être roi, être dieu, c'est trop. Le bourdonnement confus de toutes les volontés éveillées qui demandent à être satisfaites à la fois assourdit le pauvre cerveau de celui qui peut tout, étourdit son intelligence, dérange la génération de sa pensée et le rend fou. On pourrait dire et démontrer, preuves en main, que la plupart des empereurs romains et des sultans ont été dans une situation cérébrale particulière. Sans doute il faut admettre, et l'histoire enregistre par intervalles l'admirable accident d'un despote illustre, intelligent et supérieur ; mais en général et presque toujours le sultan est vulgaire. De là des désordres sans nombre ; l'effroyable oscillation d'une volonté suprême qui heurte et brise tout dans l'état. Le despotisme, utile, expédient, inspirateur, parfois nécessaire pour les hommes de génie, effare et trouble l'homme médiocre. Le vin des forts est le poison des faibles.

Troisièmement, les révolutions de sérail, les conspirations de palais; le despote étranglant ses frères, les frères empoisonnant ou égorgeant le despote; la défiance du père au fils et du fils au père, le soupçon dans le foyer, la haine dans l'alcôve; des maladies inconnues. des fièvres suspectes, des morts obscures; l'éternel complot des grands, toujours placés entre une ascension sans terme et une chute sans fond; l'émeute et le bouillonnement des petits, toujours malheureux, toujours irrités; la terreur dans la famille impériale, le tremblement dans l'empire; faits graves, tristes et permanents qui découlent du despotisme.

Quatrièmement, un gouvernement mauvais, à la fois dur et mou, lequel sort en chancelant de ce despote qui ne pense jamais, et de ce palais qui tremble toujours; pouvoir sans cohésion superposé à un état sans unité. Les populations de cet empire à demi barbare sont dans l'ombre; d'elles-mêmes et d'autrui, de leurs intérêts, de leur avenir, elles distinguent et savent peu de choses; le gouvernement, qui devrait les guider et qui s'y hasarde en effet, ignore presque tout et méconnaît le reste. Or, pour les gouvernements comme pour les individus, méconnaître est pire qu'ignorer. Où ira cette nation forte, puissante, exubérante, redoutable, mais ignorante? Qui la mène et où la mène-t-on? Elle tâtonne et voit à peine devant elle; son gouvernement y voit moins encore. Étrange spectacle! un myope conduit par un aveugle.

Cinquièmement, la servitude posée comme un bât sur le peuple. Sous la domination turque, le laboureur ne s'appartenait pas; il était à un propriétaire. Il y avait un premier bétail, le troupeau, et un deuxième bétail, le paysan. Ainsi la dépopulation partout, point de vraie culture, un sillon détesté du laboureur. La propriété et la liberté font aimer la terre à l'homme; la servitude la lui fait haïr. Le cœur se serre en étudiant cet état; qu'on l'examine en haut ou qu'on le regarde en bas, les deux extrémités se ressemblent par la misère intellectuelle. Que peut devenir la société humaine entre un prince que le despotisme hébète et un paysan que l'esclavage abrutit?

Sixièmement, l'abus des colonies militaires. Les timariots étaient des colons soldats. C'est une erreur qu'avaient les turcs de croire qu'on refait de la population de cette manière. Le procédé manque le but. Un village qui est un régiment n'est plus un village. Un régiment est toujours coupé carrément; un village doit choisir son lieu, et y germer naturellement, et y croître au soleil. Un village est un arbre, un régiment est une poutre. Pour faire le soldat on tue le paysan. Or, pour la vie intérieure et profonde des empires, mieux vaut un paysan qu'un soldat.

Septièmement, l'oppression des pays conquis; une langue barbare imposée aux vaincus; une noble nation, illustre, historique, grande dans les souvenirs et les sympathies de l'Europe, jadis libre, jadis républicaine, décimée, extirpée, livrée au sabre et au fouet, écrasée, dans l'homme, dans la femme et jusque dans l'enfant, déracinée de son propre sol, transplantée au loin, jetée au vent, foulée aux pieds. Ces voies de fait du peuple vainqueur sur le peuple vaincu sont accompagnées de cris d'horreur, et finissent par révolter toute la terre. Quand l'heure a enfin sonné, les peuples opprimés se lèvent, et le monde se lève de leur côté.

Huitièmement, la religion sans l'intelligence, la foi sans la réflexion, c'est-à-dire l'idolâtrie; un peuple dévot sans perception directe du beau, du juste et du vrai, qui n'a plus dans la tête que les deux yeux louches et faux de sa croyance, le fatalisme, à travers lequel il voit l'homme, le fanatisme, à travers lequel il voit Dieu.

Ainsi, un grand territoire mal lié, un gouvernement inintelligent, les conspirations de palais, l'abus des colonies militaires, la servitude du paysan, l'oppression féroce des pays conquis, le despotisme dans le prince, le fanatisme dans le peuple, — voilà ce qui a perdu la Turquie. Que la Russie y songe!

Voici ce qui a perdu l'Espagne :

Premièrement, la manière dont le sol était possédé. En Espagne, tout ce qui n'appartenait pas au roi appartenait à l'église ou à l'aristocratie. Le clergé espagnol était, qu'on nous permette le mot sévèrement évangélique, scandaleusement riche. L'archevêque de Tolède, du temps de Philippe III, avait deux cent mille ducats de rente, ce qui représente aujourd'hui environ cinq millions de francs. L'abbesse de las Buelgas de Burgos était dame de vingt-quatre villes et de cinquante villages, et avait la collation de douze commanderies. Le clergé, sans compter les dîmes et les prébendes, possédait un tiers du sol: la grandesse possédait le reste. Les domaines des grands d'Espagne étaient presque de petits royaumes. Les rois de France exilaient un duc et pair dans ses terres; les rois d'Espagne exilaient un grand dans ses états, *en sus estados*. Les seigneurs espagnols étaient les plus grands propriétaires, les plus grands cultivateurs et les plus grands bergers du royaume. En 1617, le marquis de Gebraleon avait un troupeau de huit cent mille moutons. De là des provinces entières, la Vieille-Castille, par exemple, laissées en friche et abandonnées à la vaine pâture. Sans doute la petite propriété et la petite culture ont leurs inconvénients, mais elles ont d'admirables avantages. Elles lient le peuple au sol, individu par individu. Dans chaque sillon, pour ainsi dire, est scellé un anneau invisible qui attache le propriétaire à la société. L'homme aime la patrie à travers le champ. Qu'on possède un coin de terre ou la moitié d'une province, on possède, tout est dit; c'est là le grand fait. Or, quand l'église et l'aristocratie possèdent tout, le peuple ne possède rien;

quand le peuple ne possède rien, il ne tient à rien. A la première secousse, il laisse tomber l'état.

Deuxièmement, la profonde misère des classes inférieures. Quand tout est en haut, rien n'est en bas. Le champ était aux seigneurs, par conséquent le blé, par conséquent le pain. Ils vendaient le pain au peuple, et le lui vendaient cher. Faute affreuse, que font toujours toutes les aristocraties. De là des famines factices. Du temps même de Charles-Quint, dans les hivers rigoureux, les pauvres mouraient de froid et de faim dans les rues de Madrid. Or, profonde misère, profonde rancune. La faim fait un trou dans le cœur du peuple et y met la haine. Au jour venu, toutes les poitrines s'ouvrent, et une révolution en sort. En attendant que les révolutions éclatent, le vol s'organise. Les voleurs tenaient Madrid. Ailleurs ils forment une bande; à Madrid ils formaient une corporation. Tout voyageur prudent capitulait avec eux, les comptait d'avance dans les frais de sa route et leur faisait leur part. Nul ne sortait de chez soi sans emporter la bourse des voleurs. Pendant la minorité de Charles II, sous le ministère du second don Juan d'Autriche, le corrégidor de Madrid adressait requête à la régente pour la supplier d'éloigner de la ville le régiment d'Aytona, dont les soldats, la nuit venue, aidaient les bandits à détrousser les bourgeois.

Troisièmement, la manière dont étaient possédés et administrés les pays conquis et les domaines d'outre-mer. Il n'y avait pour tout le nouveau monde que deux gouverneurs, le vice-roi du Pérou et le vice-roi du Mexique; et ces deux gouverneurs étaient en général mauvais. Représentants de l'Espagne, ils la calomniaient par leurs exactions et la rendaient odieuse. Ils ne montraient à ces peuples lointains que deux faces, la cupidité et la cruauté, pillant le bien et opprimant l'homme. Ils détruisaient les princes naturels du pays et exterminaient les populations indigènes. Quant aux vice-royautés d'Europe, il y avait un proverbe italien. Le voici; il dit énergiquement ce que c'était que la domination espagnole : *L'officier de Sicile ronge, l'officier de Naples mange, l'officier de Milan dévore.*

Quatrièmement, l'intolérance religieuse. Nous reparlerons peut-être plus loin de l'inquisition. Disons seulement ici que les évêques avaient un poids immense en Espagne. Des classes entières de regnicoles, les hérétiques et les juifs, étaient hors la loi. Tout clergé pauvre est évangélique, tout clergé riche est mondain, sensuel, politique, et par conséquent intolérant. Sa position est convoitée, il a besoin de se défendre, il lui faut une arme, l'intolérance en est une. Avec cette arme il blesse la raison humaine et tue la loi divine.

Cinquièmement, l'énormité de la dette publique. Si riche que fût l'Espagne, ses charges l'obéraient. Les gaspillages de la cour, les gros gages des dignitaires, les bénéfices ecclésiastiques, l'ulcère sans cesse agrandi de la misère populaire, la guerre des Pays-Bas, les guerres d'Amérique et d'Asie, la cherté de la politique secrète, l'entretien des supports cachés qu'on avait partout, le travail souterrain de l'intrigue universelle, qu'il fallait payer et soutenir dans le monde entier, ces mille causes épuisaient l'Espagne. Les coffres étaient toujours vides. On attendait le galion, et, comme écrivait le maréchal de Tessé, *si quelque tempête le fait périr ou si quelque ennemi l'emporte, toute chose est au désespoir.* Sous Philippe III, le marquis de Spinola était obligé de payer de ses deniers l'armée des Pays-Bas. Il y a deux siècles, l'Europe, sous le rapport financier, ressemblait à une famille mal administrée; les monarchies étaient l'enfant prodigue, les républiques étaient l'usurier. C'est l'éternelle histoire du gentilhomme empruntant au marchand. Nous avons vu que la Suisse vendait ses armées; la Hollande, Venise et Gênes vendaient de l'argent. Ainsi un prince achetait aux treize cantons une armée toute faite, les cantons livraient l'armée à jour fixe, Venise la payait; puis, quand il fallait rembourser Venise, le prince donnait une province; quelquefois tout son état y passait. L'Espagne empruntait de tout côté et devait partout. En 1600, le roi catholique devait, à Gênes seulement, seize millions d'or.

Sixièmement, une nation voisine, une nation sœur, pour ainsi parler, ayant longtemps vécu à part, ayant eu ses princes et ses seigneurs particuliers, envahie un beau matin par surprise, presque par trahison, réunie violemment à la monarchie centrale, de royaume faite province et traitée en pays conquis.

Septièmement, la nature de l'armement en Espagne. L'armement de terre était peu de chose, comparé à l'armement de mer. La puissance espagnole reposait principalement sur sa flotte. C'était dépendre d'un coup de vent. L'aventure de l'armada, c'est l'histoire de l'Espagne. Un coup de vent, qu'on appelle trombe, comme en Europe, ou typhon, comme en Chine, est de tous les temps. Malheur à la puissance sur laquelle le vent souffle!

Huitièmement, l'éparpillement du territoire. Les vastes possessions de l'Espagne, disséminées sur toutes les mers et dans tous les coins de la terre, n'avaient aucune adhérence avec elle. Quelques-unes, les Indes, par exemple, étaient à quatre mille lieues d'elle, et, comme nous l'avons dit, ne se liaient à la métropole que par le sillage de ses vaisseaux. Or qu'est-ce que le sillage d'un vaisseau? Un fil. Et combien de temps croit-on qu'on puisse tenir un monde attaché par un fil?

L'an passé nous trouvâmes dans je ne sais plus quelle poussière un vieux livre que personne ne lit aujourd'hui et que personne n'a lu peut-être quand il a paru. C'est un in-quarto intitulé *Discours de la monarchie d'Espagne*, publié sans nom d'auteur, en 1617, à Paris, chez Pierre Chevalier, rue Saint-Jacques, à l'enseigne de Saint-Pierre, près les Mathurins. Nous ouvrîmes ce livre au hasard, et nous tombâmes, page 152, sur le passage que nous transcrivons textuellement :

« Quelques-uns tiennent que cette monarchie ne peut

estre de longue durée à cause que ses terres sont tellement séparées et esparses, et qu'il faut des despenses incroyables pour envoyer partout des vaisseaux et des hommes, et mesme que ceux qui sont natifs des païs esloignés peuvent enfin entrer en considération du petit nombre des espagnols, prendre courage, et se liguer contre eux, et les chasser. » C'est en 1617, à l'époque où l'Europe tremblait devant l'Espagne, à l'apogée de la monarchie castillane, qu'un inconnu osait écrire et imprimer cette folle prophétie. Cette folle prophétie, c'était l'avenir. Deux cents ans plus tard, elle s'accomplissait dans tous ses détails, et aujourd'hui chaque mot de l'anonyme de 1617 est devenu un fait ; les *terres éparses* ont amené les *dépenses incroyables,* la métropole s'est épuisée *en hommes et en vaisseaux, les natifs des pays éloignés* sont *entrés en considération du petit nombre des espagnols,* ont *pris courage,* se sont *ligués contre eux,* et les ont *chassés.* On pourrait dire que le messie Bolivar est ici prédit tout entier. — Il y a deux siècles, toute l'Amérique était un groupe de colonies ; aujourd'hui, réaction frappante, toute l'Amérique, au Brésil près, est un groupe de républiques.

Ainsi, une riche aristocratie possédant le sol et vendant le pain au peuple ; le clergé opulent, prépondérant et fanatique, mettant hors la loi des classes entières de regnicoles ; l'intolérance épiscopale ; la misère du peuple ; l'énormité de la dette ; la mauvaise administration des vice-rois lointains ; une nation sœur traitée en pays conquis ; la fragilité d'une puissance toute maritime assise sur la vague de l'océan ; la dissémination du territoire sur tous les points du globe ; le défaut d'adhérence des possessions avec la métropole ; la tendance des colonies à devenir nations, — voilà ce qui a perdu l'Espagne. Que l'Angleterre y songe !

Enfin, pour résumer ce qui est commun à l'empire ottoman et à la monarchie espagnole, l'égoïsme, un égoïsme implacable et profond, — chose étrange, de l'égoïsme et point d'unité ! — une politique immorale, violente ici, fourbe là, trahissant les alliances pour servir les intérêts ; être, l'un, l'esprit militaire sans les qualités chevaleresques qui font du soldat l'appui de la sociabilité ; être, l'autre, l'esprit mercantile sans l'intelligente probité qui fait du marchand le lien des états ; représenter, comme nous l'avons dit, le premier, la barbarie, le second, la corruption ; en un mot, être, l'un, la guerre, l'autre, le commerce, n'être ni l'un ni l'autre la civilisation — voilà ce qui a fait choir les deux colosses d'autrefois. Avis aux deux colosses d'aujourd'hui.

## VI

Avant d'aller plus loin, nous sentons le besoin de déclarer que ceci n'est qu'une froide et grave étude de l'histoire. Celui qui écrit ces lignes comprend les haines de peuple à peuple, les antipathies de races, les aveuglements des nationalités ; il les excuse, mais il ne les partage pas. Rien, dans ce qu'on vient de lire, rien dans ce qu'on va lire encore, ne contient une réprobation qui puisse retomber sur les peuples mêmes dont l'auteur parle. L'auteur blâme quelquefois les gouvernements, jamais les nations. En général, les nations sont ce qu'elles doivent être ; la racine du bien est en elles, Dieu la développe et lui fait porter fruit. Les quatre peuples mêmes dont on trace ici la peinture rendront à la civilisation de notables services le jour où ils accepteront comme leur but spécial le but commun de l'humanité. L'Espagne est illustre, l'Angleterre est grande ; la Russie et la Turquie elle-même renferment plusieurs des meilleurs germes de l'avenir.

Nous croyons encore devoir le déclarer dans la profonde indépendance de notre esprit, nous n'étendons pas jusqu'aux princes ce que nous disons des gouvernements. Rien n'est plus facile aujourd'hui que d'insulter les rois. L'insulte aux rois est une flatterie adressée ailleurs. Or flatter qui que ce soit de cette façon, en haut ou en bas, c'est une idée que celui qui parle ici n'a pas besoin d'éloigner de lui ; il se sent libre, et il est libre, parce qu'il se reconnaît la force de louer dans l'occasion quiconque lui semble louable, fût-ce un roi. Il le dit donc hautement et en pleine conviction, jamais, et ceci prouve l'excellence de notre siècle, jamais, en aucun temps, quelle que soit l'époque de l'histoire qu'on veuille confronter avec la nôtre, les princes et les peuples n'ont valu ce qu'ils valent maintenant.

Qu'on ne cherche donc dans l'examen historique auquel il se livre ici aucune application blessante ni pour l'honneur des royautés ni pour la dignité des nations ; il n'y en a pas. C'est avant tout un travail philosophique et spéculatif. Ce sont des faits généraux, rien de plus ; ce sont des idées générales, rien de plus. L'auteur n'a aucun fiel dans l'âme. Il attend candidement l'avenir serein de l'humanité. Il a espoir dans les princes ; il a foi dans les peuples.

## VII

Cela dit une fois pour toutes, continuons l'examen des ressemblances entre les deux empires qui ont alarmé le passé et les deux empires qui inquiètent le présent.

Première ressemblance. Il y a du tartare dans le turc, il y en a aussi dans le russe. Le génie des peuples garde toujours quelque chose de sa source.

Les turcs, fils des tartares, sont des hommes du nord, descendus à travers l'Asie, qui sont entrés en Europe par le midi.

Napoléon à Sainte-Hélène a dit: *Grattez le russe, vous trouverez le tartare.* Ce qu'il a dit du russe, on peut le dire du turc.

L'homme du nord proprement dit est toujours le même. A de certaines époques climatériques et fatales, il descend du pôle et se fait voir aux nations méridionales, puis il s'en va, et il revient deux mille ans après, et l'histoire le retrouve tel qu'elle l'avait laissé.

Voici une peinture historique que nous avons sous les yeux en ce moment :

« C'est là vraiment l'homme barbare. Ses membres trapus, son cou épais et court, je ne sais quoi de hideux qu'il a dans tout le corps, le font ressembler à un monstre à deux pieds ou à ces balustres taillés grossièrement en figures humaines qui soutiennent les rampes des escaliers. Il est tout à fait sauvage. Il se passe de feu quand il le faut, même pour préparer sa nourriture. Il mange des racines et des viandes cuites ou plutôt pourries sous la selle de son cheval. Il n'entre sous les tentes lorsqu'il ne peut faire autrement. Il a horreur des maisons, comme si c'étaient des tombeaux. Il va par vaux et par monts, il court devant lui, il sait depuis l'enfance supporter la faim, la soif et le froid, il porte un gros bonnet de poil sur la tête, un jupon de laine sur le ventre, deux peaux de boucs sur les cuisses, sur le dos un manteau de peaux de rats cousues ensemble. Il ne saurait combattre à pied. Ses jambes, alourdies par de grandes bottes, ne peuvent marcher et le clouent à sa selle, de sorte qu'il ne fait qu'un avec son cheval, lequel est agile et vigoureux, mais petit et laid. Il vit à cheval, il traite à cheval, il achète et vend à cheval, il boit et mange à cheval, il dort et rêve à cheval.

« Il ne laboure point la terre, il ne cultive pas les champs, il ne sait ce que c'est qu'une charrue. Il erre toujours, comme s'il cherchait une patrie et un foyer. Si vous lui demandez d'où il est, il ne saura que répondre. Il est ici aujourd'hui, mais hier il était là ; il a été élevé là-bas, mais il est né plus loin.

« Quand la bataille commence, il pousse un hurlement terrible, arrive, frappe, disparaît et revient comme l'éclair. En un instant, il emporte et pille le camp assailli. Il combat de près avec le sabre, et de loin avec une longue lance dont la pointe est artistement emmanchée. »

Ceci est l'homme du nord. Par qui a-t-il été esquissé, à quelle époque et d'après qui? Sans doute en 1814, par quelque rédacteur effrayé du *Moniteur*, d'après le cosaque, dans le temps où la France pliait? Non, ce tableau a été fait d'après le hun, en 375 par Ammien Marcellin et Jordanis * dans le temps où Rome tombait. Quinze cents ans se sont écoulés, la figure a reparu, le portrait ressemble encore.

Notons en passant que les huns de 375, comme les cosaques de 1814, venaient des frontières de la Chine.

* Voyez Jordanis, xxiv ; Ammien Marcellin, xii.

L'homme du midi change, se transforme et se développe, fleurit et fructifie, meurt et renaît comme la végétation ; l'homme du nord est éternel comme la neige.

Deuxième ressemblance. En Russie comme en Turquie rien n'est définitivement acquis à personne, rien n'est tout à fait possédé, rien n'est nécessairement héréditaire. Le russe, comme le turc, peut, d'après la volonté ou le caprice d'en haut, perdre son emploi, son grade, son rang, sa liberté, son bien, sa noblesse, jusqu'à son nom. Tout est au monarque, comme, dans de certaines théories plus folles encore que dangereuses qu'on essayera vainement d'inspirer à l'esprit français, tout serait à la communauté. Il importe de remarquer, et nous livrons ce fait à la méditation des démocrates absolus, que le propre du despotisme, c'est de niveler. Le despotisme fait l'égalité sous lui. Plus le despotisme est complet, plus l'égalité est complète. En Russie comme en Turquie, la rébellion exceptée, qui n'est pas un fait normal, il n'y a pas d'existence décidément et virtuellement résistante. Un prince russe se brise comme un pacha ; le prince comme le pacha peut devenir simple soldat et n'être plus dans l'armée qu'un zéro dont un caporal est le chiffre. Un prince russe se crée comme un pacha ; un porte-balle devient Méhémet-Ali, un garçon pâtissier devient Menzikoff. Cette égalité, que nous constatons ici sans la juger, monte même jusqu'au trône, et, toujours en Turquie, parfois en Russie, s'accouple à lui. Une esclave est sultane ; une servante a été czarine.

Le despotisme, comme la démagogie, hait les supériorités naturelles et les supériorités sociales. Dans la guerre qu'il leur fait, il ne recule pas plus qu'elle devant les attentats qui décapitent la société même. Il n'y a pas pour lui d'hommes de génie ; Thomas Morus ne pèse pas plus dans la balance de Henri Tudor que Bailly dans la balance de Marat. Il n'y a pas pour lui de têtes couronnées ; Marie Stuart ne pèse pas plus dans la balance d'Élisabeth que Louis XVI dans la balance de Robespierre.

La première chose qui frappe quand on compare la Russie à la Turquie, c'est une ressemblance ; la première chose qui frappe quand on compare l'Angleterre à l'Espagne, c'est une dissemblance. En Espagne, la royauté est absolue ; en Angleterre, elle est limitée.

En y réfléchissant, on arrive à ce résultat singulier : cette dissemblance engendre une ressemblance. L'excès du monarchisme produit, quant à l'autorité royale, et à ne le considérer que sous ce point de vue spécial, le même résultat que l'excès du constitutionnalisme. Dans l'un et l'autre cas le roi est annulé.

Le roi d'Angleterre, servi à genoux, est un roi nominal ; le roi d'Espagne, servi de même à genoux, est aussi un roi nominal. Tous sont impeccables. Chose remarquable, l'axiome fondamental de la monarchie la plus absolue est également l'axiome fondamental de la monarchie la plus constitutionnelle. *El rey no cae*, le roi ne tombe pas, dit la vieille loi espagnole. *The king can do no wrong*, le roi ne peut faillir, dit la vieille loi anglaise. Quoi de plus frappant, quand on creuse l'histoire, que de trouver, sous les faits en apparence les plus divers, le monarchisme pur et le constitutionnalisme rigoureux assis sur la même base et sortant de la même racine?

Le roi d'Espagne pouvait être, sans inconvénient, de même que le roi d'Angleterre, un enfant, un mineur, un ignorant, un idiot. Le parlement gouvernait pour l'un ; le *despacho universal* gouvernait pour l'autre. Le jour où la nouvelle de la prise de Mons parvint à Madrid, Philippe IV se réjouit très fort en plaignant tout haut *ce pauvre roi de France, ese pobrecito rey de Francia*. Personne n'osa lui dire que c'était à lui, roi d'Espagne, que Mons appartenait. Spinola, investissant Breda, que les hollandais défendaient admirablement, écrivit dans une longue lettre à Philippe III le détail des innombrables impossibilités du siège ; Philippe III lui renvoya sa lettre après avoir seulement écrit en marge de sa main : *Marquis, prends Breda*. Pour écrire un pareil mot, il n'y a que la stupidité où le génie, il faut tout ignorer ou tout vouloir, être Philippe III ou Bonaparte. Voilà à quelle nullité pouvait tomber le roi d'Espagne, isolé qu'il était de toute pensée et de toute action par la forme même de son autorité. La grande charte isole le roi d'Angleterre à peu près de la même façon. L'Espagne a lutté contre Louis XIV avec un roi imbécile ; l'Angleterre a lutté contre Napoléon avec un roi fou.

Ceci ne prouve-t-il point que dans les deux cas le roi est purement nominal ? — Est-ce un bien ? est-ce un mal ? C'est là encore un fait que nous constatons sans le juger.

Rien n'est moins libre qu'un roi d'Angleterre, si ce n'est un roi d'Espagne. A tous les deux on dit : *Vous pouvez tout, à la condition de ne rien vouloir*. Le parlement lie le premier, l'étiquette lie le second ; et, ce sont là les ironies de l'histoire, ces deux entraves si différentes produisent dans de certains cas les mêmes effets. Quelquefois le parlement se révolte et tue le roi d'Angleterre ; quelquefois l'étiquette se révolte et tue le roi d'Espagne. Parallélisme bizarre, mais incontestable, dans lequel l'échafaud de Charles I<sup>er</sup> a pour pendant le brasier de Philippe III.

Un des résultats les plus considérables de cette annulation de l'autorité royale par des causes pourtant presque opposées, c'est que la loi salique devient inutile. En Espagne comme en Angleterre, les femmes peuvent régner.

Entre les deux peuples il existe encore plus d'un rapport qu'enseigne une comparaison attentive. En Angleterre comme en Espagne, le fond du caractère national est fait d'orgueil et de patience. C'est là, à tout prendre, et sauf les restrictions que nous indiquerons ailleurs, un admirable tempérament et qui pousse les peuples aux grandes choses. L'orgueil est vertu pour une nation ; la patience est vertu pour l'individu. Avec l'orgueil on domine ; avec la patience on colonise. Or, que trouvez-vous au fond de l'histoire d'Espagne comme au fond de l'histoire de la Grande-Bretagne? Dominer et coloniser.

Tout à l'heure nous tracions, l'œil fixé sur l'histoire, le tableau de l'infanterie castillane. Qu'on le relise. C'est aussi le portrait de l'infanterie anglaise.

Tout à l'heure nous indiquions quelques traits du clergé espagnol. En Angleterre aussi il y a un archevêque de Tolède ; il s'appelle l'archevêque de Cantorbéry.

Si l'on descend jusqu'aux moindres particularités, on voit que, pour ces petits détails impérieux de vie intérieure et matérielle qui sont comme la seconde nature des populations, les deux peuples, chose singulière, sont de la même façon tributaires de l'océan. Le thé est pour l'Angleterre ce qu'était pour l'Espagne le cacao, l'habitude de la nation ; et par conséquent, selon la conjoncture, une occasion d'alliance ou un cas de guerre.

Passons à un autre ordre d'idées.

Il y a eu et il y a encore chez certains peuples un dogme affreux, contraire au sentiment intérieur de la conscience humaine, contraire à la raison publique qui fait la vie même des états. C'est cette fatale aberration religieuse, érigée en loi dans quelques pays, qui établit en principe et qui croit qu'en brûlant le corps on sauve l'âme, que les tortures de ce monde préservent une créature humaine des tortures de l'autre, que le ciel s'achète par la souffrance physique, et que Dieu n'est qu'un grand bourreau souriant, du haut de l'éternité de son enfer, à tous les hideux petits supplices que l'homme peut inventer. Si jamais dogme fut contraire au développement de la sociabilité humaine, c'est celui-là. C'est lui qui s'attelle à l'horrible chariot de Jaghernaut ; c'est lui qui présidait il y a un siècle aux exterminations annuelles de Dahomey. Quiconque sent et raisonne le repousse avec horreur. Les religions de l'orient l'ont vainement transmis aux religions de l'occident. Aucune philosophie ne l'a adopté. Depuis trois mille ans, sans attirer un seul penseur, la pâle clarté de ces doctrines sépulcrales rougit vaguement le bas du porche monstrueux des théogonies de l'Inde, sombre et gigantesque édifice qui se perd, à demi entrevu par l'humanité terrifiée, dans les ténèbres sans fond du mystère infini.

Cette doctrine a allumé en Europe au seizième siècle les bûchers des juifs et des hérétiques ; l'inquisition les dressait, l'Espagne les attisait. Cette doctrine allume encore de nos jours en Asie les bûchers des veuves ; l'Angleterre ne le dresse ni ne l'attise, mais elle le regarde brûler.

Nous ne voulons pas tirer de ces rapprochements plus qu'ils ne contiennent. Il nous est impossible pourtant de ne pas remarquer qu'un peuple qui serait pleinement dans la voie de la civilisation ne pourrait tolérer, même par politique, ces lugubres, atroces et infâmes sottises. La France, au seizième siècle, a rejeté l'inquisition. Au dix-neuvième siècle, si l'Inde était colonie française, la France eût depuis longtemps éteint le suttée.

Puisque, en notant çà et là les points de contact inaperçus, mais réels, de l'Espagne et de l'Angleterre, nous avons parlé de la France, observons qu'on en retrouve jusque dans les événements en apparence purement accidentels. L'Espagne avait eu la captivité de François I<sup>er</sup>; l'Angleterre a partagé cette gloire ou cette honte. Elle a eu la captivité de Napoléon.

Il est des choses caractéristiques et mémorables qui reviennent et se répètent, pour l'enseignement des esprits attentifs, dans les échos profonds de l'histoire. Le mot de Waterloo : *La garde meurt et ne se rend pas*, n'est que l'héroïque traduction du mot de Pavie : *Tout est perdu, fors l'honneur*. Enfin, outre les rapprochements indirects, l'histoire révèle, entre les quatre peuples qui font le sujet de ce paragraphe, je ne sais quels rapports étranges, et, pour ainsi parler, diagonaux, qui semblent les lier mystérieusement et qui indiquent au penseur une similitude secrète de conformation, et, par conséquent peut-être, de destination. Enregistrons-en ici deux seulement. Le premier va de l'Angleterre à la Turquie : Henri VIII tuait ses femmes, comme Mahomet II. Le deuxième va de la Russie à l'Espagne : Pierre I<sup>er</sup> a tué son fils, comme Philippe II.

## VIII

La Russie a dévoré la Turquie.
L'Angleterre a dévoré l'Espagne.

C'est, à notre sens, une dernière et définitive assimilation. Un état n'en dévore un autre qu'à la condition de le reproduire.

Il suffit de jeter les yeux sur deux cartes d'Europe dressées à cinquante ans d'intervalle, pour voir de quelle façon irrésistible, lente et fatale, la frontière moscovite envahit l'empire ottoman. C'est le sombre et formidable spectacle d'une immense marée qui monte. A chaque instant et de toutes parts le flot gagne, la plage disparaît. Le flot, c'est la Russie; la plage, c'est la Turquie. Quelquefois la lame recule, mais elle surgit de nouveau le moment d'après, et cette fois elle va plus loin. Une grande partie de la Turquie est déjà couverte, et on la distingue encore vaguement sous le débordement russe. Le 20 août 1828, une vague est allée jusqu'à Andrinople. Elle s'est retirée; mais, lorsqu'elle reviendra, elle atteindra Constantinople.

Quant à l'Espagne, les dislocations de l'empire romain et de l'empire carlovingien peuvent seules donner une idée de ce démembrement prodigieux. Sans compter le Milanez, que l'Autriche a pris, sans compter le Roussillon, la Franche-Comté, les Ardennes, le Cambrésis et l'Artois, qui ont fait retour à la France, des morceaux de l'antique monarchie espagnole il s'est formé en Europe, et encore laissons-nous en dehors le royaume d'Espagne proprement dit, quatre royaumes, le Portugal, la Sardaigne, les Deux Siciles, la Belgique; en Asie, une vice-royauté, l'Inde, égale à un empire; et, en Amérique, neuf républiques, le Mexique, le Guatemala, la Colombie, le Pérou, Bolivia, le Paraguay, l'Uruguay, la Plata et le Chili. Soit par influence, soit par souveraineté directe, la Grande-Bretagne possède aujourd'hui la plus grande partie de cet énorme héritage. Elle a à peu près toutes les îles qu'avait l'Espagne, et qui, presque littéralement, étaient innombrables. Comme nous le disions en commençant, elle a dévoré l'Espagne, de même que l'Espagne avait dévoré le Portugal. Aujourd'hui, en parcourant du regard les domaines britanniques, on ne voit que noms portugais et castillans, Gibraltar, Sierra-Leone, la Ascension, Fernando-Pô, las Mascarenhas, el Cabo Delgado, el Cabo Guardafu, Honduras, las Lucaias, las Bermudas, la Barbada, la Trinidad, Tabago, Santa Margarita, la Granada, San-Cristoforo, Antigoa. Partout l'Espagne est visible, partout l'Espagne reparaît. Même sous la pression de l'Angleterre, les fragments de l'empire de Charles-Quint n'ont pas encore perdu leur forme; et, qu'on nous passe cette comparaison qui rend notre pensée, on reconnaît toute la monarchie espagnole dans les possessions de la Grande-Bretagne comme on retrouve un jaguar à demi digéré dans le ventre d'un boa.

## IX

Ainsi que nous l'avons indiqué sommairement dans le paragraphe V, les deux empires du dix-septième siècle portaient dans leur constitution même les causes de leur décadence. Mais ils vivaient momentanément d'une vie fébrile si formidable, qu'avant de mourir ils eussent pu étouffer la civilisation. Il fallait qu'un fait extérieur considérable donnât aux causes de chute qui étaient en eux le temps de se développer. Ce fait, que nous avons également signalé, c'est la résistance de l'Europe.

Au dix-septième siècle, l'Europe, gardienne de la civilisation, menacée au levant et au couchant, a résisté à la Turquie et à l'Espagne. Au dix-neuvième, l'Europe, replacée par les combinaisons souveraines de la providence identiquement dans la même situation, doit résister à la Russie et à l'Angleterre.

Maintenant, comment résistera-t-elle? que reste-t-il, à ne l'envisager que sous ce point de vue spécial, de la vieille Europe qui a lutté, et où sont les points d'appui de l'Europe nouvelle?

La vieille Europe, cette citadelle que nous avons

tâché de reconstruire par la pensée dans les pages où nous avons placé notre point de départ, est aujourd'hui à moitié démolie et trouée de toutes parts de brèches profondes.

Presque tous les petits états, duchés, républiques ou villes libres, qui contribuaient à la défense générale, sont tombés.

La Hollande, trop de fois remaniée, s'est amoindrie.

La Hongrie, devenue le pays de Galles, les Asturies ou le Dauphiné de l'Autriche, s'est effacée.

La Pologne a disparu.

Venise a disparu.

Gênes a disparu.

Malte a disparu.

Le pape n'est plus que nominal. La foi catholique a perdu du terrain; perdre du terrain, c'est perdre des contribuables. Rome est appauvrie. Or ses états ne suffiraient pas pour lui donner une armée; elle n'a point d'argent pour en acheter une, et d'ailleurs nous ne sommes plus dans un siècle où l'on en vend. Comme prince temporel, le pape a disparu.

Que reste-t-il donc de tout ce vieux monde? Qui est-ce qui est encore debout en Europe? Deux nations seulement, la France et l'Allemagne.

Eh bien, cela pourrait suffire. La France et l'Allemagne sont essentiellement l'Europe. L'Allemagne est le cœur; la France est la tête.

L'Allemagne et la France sont essentiellement la civilisation. L'Allemagne sent; la France pense.

Le sentiment et la pensée, c'est tout l'homme civilisé.

Il y a entre les deux peuples connexion intime, consanguinéité incontestable. Ils sortent des mêmes sources; ils ont lutté ensemble contre les romains; ils sont frères dans le passé, frères dans le présent, frères dans l'avenir.

Leur mode de formation a été le même. Ils ne sont pas des insulaires, ils ne sont pas des conquérants; ils sont les vrais fils du sol européen.

Le caractère sacré et profond de fils du sol leur est tellement inhérent et se développe en eux si puissamment, qu'il a rendu longtemps impossible, même malgré l'effort des années et la prescription de l'antiquité, leur mélange avec tout peuple envahisseur, quel qu'il fût et de quelque part qu'il vînt. Sans compter les juifs nation émigrante et non conquérante, qui est d'ailleurs dans l'exception partout, on peut citer, par exemple, des races slaves qui habitent le sol allemand depuis six siècles, et qui n'étaient pas encore allemandes il y a cent cinquante ans. Rien de plus frappant, à ce sujet, que ce que raconte Tollius. En 1687, il était à la cour de Brandebourg; l'électeur lui dit un jour : « J'ai des vandales dans mes états. Ils habitent les côtes de la mer Baltique. Ils parlent esclavon, à cause de l'Esclavonie, d'où ils sont venus jadis. Ce sont des gens fourbes, infidèles, aimant le changement, séditieux; ils ont nombre de bourgs de cinq ou six cents pères de famille; ils ont en secret un roi de leur nation, lequel porte sceptre et couronne, et à qui ils payent chaque année un sesterce par tête. J'ai aperçu une fois ce roi, qui était un jeune homme bien dispos de corps et d'esprit; comme je le considérais attentivement, un vieillard s'en aperçut, entrevit ma pensée, et, pour m'en détourner, il tomba à coups de bâton sur ce roi, et le chassa comme un esclave. Ils ont l'esprit léger, et reculent, quand on les approche, dans des bois et des marais inaccessibles; c'est ce qui m'a empêché d'ouvrir chez eux des écoles; mais j'ai fait traduire dans leur langue la bible, les psaumes et le catéchisme. Ils ont des armes, mais secrètement. Une fois, ayant avec moi huit cents grenadiers, je me trouvai tout à coup environné de quatre ou cinq mille vandales; mes huit cents grenadiers eurent grand'peine à les dissiper. »

Après un moment de silence, l'électeur voyant Tollius rêveur, ajouta cette parole remarquable : *Tollius, vous êtes alchimiste. Il est possible que vous fassiez de l'or avec du cuivre; je vous défie de faire un prussien avec un vandale.*

La fusion était difficile en effet; pourtant, ce qu'aucun alchimiste n'eût pu faire, la nationalité allemande, aidée par la grande clarté du dix-neuvième siècle, finira par l'accomplir.

A l'heure qu'il est, les mêmes phénomènes constituants se manifestent en Allemagne et en France. Ce que l'établissement des départements a fait pour la France, l'union des douanes le fait pour l'Allemagne; elle lui donne l'unité.

Il faut, pour que l'univers soit en équilibre, qu'il y ait en Europe, comme la double clef de voûte du continent, deux grands états du Rhin, tous deux féconds et étroitement unis par ce fleuve régénérateur; l'un septentrional et oriental, l'Allemagne, s'appuyant à la Baltique, à l'Adriatique et à la mer Noire, avec la Suède le Danemark, la Grèce et les principautés du Danube, pour arcs-boutants; l'autre méridional et occidental, la France, s'appuyant à la Méditerranée et à l'Océan, avec l'Italie et l'Espagne pour contre-forts.

Depuis mille ans, la même question s'est déjà présentée plusieurs fois en d'autres termes, et ce plan a déjà été essayé par trois grands princes.

D'abord, par Charlemagne. Au huitième siècle, ce n'étaient pas les turcs et les espagnols, ce n'étaient pas les anglais et les russes, c'étaient les saxons et les normands. Charlemagne construisit son état contre eux. L'empire de Charlemagne est une première épreuve encore vague et confuse, mais pourtant reconnaissable, de l'Europe que nous venons d'esquisser, et qui sera un jour, sans nul doute, l'Europe définitive.

Plus tard, par Louis XIV. Louis XIV voulut bâtir l'état méridional du Rhin tel que nous l'avons indiqué. Il mit sa famille en Espagne, en Italie et en Sicile, et y appuya la France. L'idée était neuve, mais la dynastie était usée; l'idée était grande, mais la dynastie était petite. Cette disproportion empêcha le succès.

L'œuvre était bonne, l'ouvrier était bon, l'outil était mauvais.

Enfin, par Napoléon. Napoléon commença par rétablir, lui aussi, l'état méridional du Rhin. Il installa sa famille non seulement en Espagne, en Lombardie, en Étrurie et à Naples, mais encore dans le duché de Berg et en Hollande, afin d'avoir en bas toute la Méditerranée et en haut tout le cours du Rhin jusqu'à l'Océan. Puis, quand il eut refait ainsi ce qu'avait fait Louis XIV, il voulut refaire ce qu'avait fait Charlemagne. Il essaya de constituer l'Allemagne d'après la même pensée que la France. Il épousa l'Autriche, donna la Westphalie à son frère, la Suède à Bernadotte, et promit la Pologne à Poniatowski. C'est dans cette œuvre immense qu'il rencontra l'Angleterre, la Russie et la providence, et qu'il se brisa. Les temps n'étaient pas encore venus. S'il eût réussi, le groupe continental était formé.

Peut-être faut il que l'œuvre de Charlemagne et de Napoléon se refasse sans Napoléon et sans Charlemagne. Ces grands hommes ont peut-être l'inconvénient de trop personnifier l'idée et d'inquiéter par leur entité, plutôt française que germanique, la jalousie des nationalités. Il en peut résulter des méprises, et les peuples en viennent à s'imaginer qu'ils servent un homme et non une cause, l'ambition d'un seul et non la civilisation de tous. Alors ils se détachent. C'est ce qui est arrivé en 1813. Il ne faut pas que ce soit Charlemagne ou Bonaparte qui se défende contre les ennemis de l'orient ou les ennemis de l'occident ; il faut que ce soit l'Europe. Quand l'Europe centrale sera constituée, et elle le sera un jour, l'intérêt de tous sera évident ; la France, adossée à l'Allemagne, fera front à l'Angleterre, qui est, comme nous l'avons déjà dit, l'esprit de commerce, et la rejettera dans l'océan ; l'Allemagne, adossée à la France, fera front à la Russie, qui, nous l'avons dit de même, est l'esprit de conquête, et la rejettera dans l'Asie.

Le commerce est à sa place dans l'océan.

Quant à l'esprit de conquête, qui a la guerre pour instrument, il retrempe et ressuscite les civilisations mortes et tue les civilisations vivantes. La guerre est pour les unes la renaissance, pour les autres la fin. L'Asie en a besoin, l'Europe non.

La civilisation admet l'esprit militaire et l'esprit commercial, mais elle ne s'en compose pas uniquement. Elle les combine dans une juste proportion avec les autres éléments humains. Elle corrige l'esprit guerrier par la sociabilité, et l'esprit marchand par le désintéressement. S'enrichir n'est pas son objet exclusif ; s'agrandir n'est pas son ambition suprême. Éclairer pour améliorer, voilà son but ; et, à travers les passions, les préjugés, les illusions, les erreurs et les folies des peuples et des hommes, elle fait le jour par le rayonnement calme et majestueux de la pensée.

Résumons. L'union de l'Allemagne et de la France, ce serait le frein de l'Angleterre et de la Russie, le salut de l'Europe, la paix du monde.

X

C'est ce que la politique anglaise et la politique russe, maîtresses du congrès de Vienne, ont compris en 1815.

Il y avait alors rupture de fait entre la France et l'Allemagne.

Les causes de cette rupture valent la peine d'être rappelées en peu de mots.

Le czar, par enthousiasme pour Bonaparte, avait été un moment français ; mais, voyant Napoléon édifier le nord de l'Europe contre la Russie, il était redevenu russe. Et, quelle que pût être son amitié d'homme privé pour Alexandre, Napoléon, en fortifiant l'Europe contre les russes, ne méritait aucun blâme. Il est aussi impossible aux Charlemagne et aux Napoléon de ne pas construire leur Europe d'une certaine façon qu'au castor de ne pas bâtir sa hutte selon une certaine forme et contre un certain vent. Quand il s'agit de la conservation et de la propagation, ces deux grandes lois naturelles, le génie a son instinct aussi sûr, aussi fatal, aussi étranger à tout ce qui n'est pas le but, que l'instinct de la brute. Il le suit, laissez-le faire, et, dans l'empereur comme dans le castor, admirez Dieu.

L'Angleterre, elle, n'avait même pas eu le moment d'illusion d'Alexandre. La paix d'Amiens avait duré le temps d'un éclair ; Fox tout au plus avait été fasciné par Bonaparte. L'Europe de Napoléon était bâtie également et surtout contre elle. Aussi, pour s'allier à l'Angleterre, le czar n'eut qu'à prendre sa main qui était tendue vers lui depuis longtemps. On sait les événements de 1812. L'empereur Napoléon s'appuyait sur l'Allemagne comme sur la France ; mais, harcelé de toutes parts, haï et trahi par les rois de vieille souche, piqué par la nuée des pamphlets de Londres comme le taureau par un essaim de frelons, gêné dans ses moyens d'action, troublé dans son opération colossale et délicate, il avait fait deux grandes fautes, l'une au midi, l'autre au nord ; il avait froissé l'Espagne et blessé la Prusse. Il s'ensuivit une réaction, terrible et juste sous quelques rapports. Comme l'Espagne, la Prusse se souleva. L'Allemagne trembla sous les pieds de l'empereur. Cherchant du talon son point d'appui, il recula jusqu'en France, où il retrouva la terre ferme. Là, durant trois grands mois, il lutta comme un géant corps à corps avec l'Europe. Mais le duel était inégal ; ainsi que dans les combats d'Homère, l'Océan et l'Asie secouraient l'Europe. L'Océan vomissait les anglais ; l'Asie vomissait les cosaques. L'empereur tomba ; la France se voila la tête ; mais, avant de fermer les yeux, à l'avant-garde des hordes russes, elle reconnut l'Allemagne.

De là une rupture entre les deux peuples. L'Allemagne avait sa rancune ; la France eut sa colère.

Mais chez des nations généreuses, sœurs par le sang et par la pensée, les rancunes passent, les colères tombent ; le grand malentendu de 1813 devait finir par s'éclaircir. L'Allemagne, héroïque dans la guerre, redevient rêveuse à la paix. Tout ce qui est illustre, tout ce qui est sublime, même hors de sa frontière, plaît à son enthousiasme sérieux et désintéressé. Quand son ennemi est digne d'elle, elle le combat tant qu'il est debout ; elle l'honore dès qu'il est tombé. Napoléon était trop grand pour qu'elle n'en revînt pas à l'admirer, trop malheureux pour qu'elle n'en revînt pas à l'aimer. Et pour la France, à qui Sainte-Hélène a serré le cœur, quiconque admire et aime l'empereur est français. Les deux nations étaient donc invinciblement amenées, dans un temps donné, à s'entendre et à se réconcilier.

L'Angleterre et la Russie prévirent cet avenir inévitable ; et, pour l'empêcher, peu rassurées par la chute de l'empereur, motif momentané de rupture, elles créèrent entre l'Allemagne et la France un motif permanent de haine.

Elles prirent à la France et donnèrent à l'Allemagne la rive gauche du Rhin.

## XI

Ceci était d'une politique profonde.

C'était entamer le grand état méridional du Rhin, ébauché par Charlemagne, construit par Louis XIV, complété et restauré par Napoléon. C'était affaiblir l'Europe centrale, lui créer factieusement une sorte de maladie chronique, et la tuer peut-être, avec le temps, en lui mettant près du cœur un ulcère toujours douloureux, toujours gangrené. C'était faire brèche à la France à la vraie France qui est rhénane comme elle est méditerranéenne ; *Francia rhenana*, disent les vieilles chartes carlovingiennes. C'était poster une avant-garde étrangère à cinq journées de Paris. C'était surtout irriter à jamais la France contre l'Allemagne.

Cette politique profonde, qu'on reconnaît dans la conception d'une pareille pensée, se retrouve dans l'exécution.

Donner la rive gauche du Rhin à l'Allemagne, c'était une idée. L'avoir donnée à la Prusse, c'est un chef-d'œuvre.

Chef-d'œuvre de haine, de ruse, de discorde et de calamité ; mais chef-d'œuvre. La politique en a comme cela.

La Prusse est une nation jeune, vivace, énergique, spirituelle, chevaleresque, libérale, guerrière, puissante. Peuple d'hier qui a demain. La Prusse marche à de hautes destinées particulièrement sous son roi actuel, prince grave, noble, intelligent et loyal, qui est digne de donner à son peuple cette dernière grandeur, la liberté. Dans le sentiment vrai et juste de son accroissement inévitable, par un point d'honneur louable, quoique à notre avis mal entendu, la Prusse peut vouloir ne rien lâcher de ce qu'elle a une fois saisi.

La politique anglaise se garda bien de donner cette rive gauche à l'Autriche ; l'Autriche évidemment depuis deux siècles décroît et s'amoindrit.

Au dix-huitième siècle, époque où Pierre le Grand a fait la Russie, Frédéric le Grand a fait la Prusse ; et il l'a faite en grande partie avec des morceaux de l'Autriche.

L'Autriche, c'est le passé de l'Allemagne ; la Prusse, c'est l'avenir.

A cela près que la France, comme nous le montrerons tout à l'heure, est à la fois vieille et jeune, ancienne et neuve, la Prusse est en Allemagne ce que la France est en Europe.

Il devrait y avoir entre la France et la Prusse effort cordial vers le même but, chemin fait en commun, accord profond, sympathie. Le partage du Rhin crée une antipathie.

Il devrait y avoir amitié ; le partage du Rhin crée une haine.

Brouiller la France avec l'Allemagne, c'était quelque chose ; brouiller la France avec la Prusse, c'était tout.

Redisons-le, l'installation de la Prusse dans les provinces rhénanes a été le fait capital du congrès de Vienne. Ce fut la grande adresse de lord Castlereagh et la grande faute de M. de Talleyrand.

## XII

Du reste, dans le fatal remaniement de 1815, il n'y a pas eu d'autre idée que celle-là. Le surplus a été fait au hasard. Le congrès a songé à désorganiser la France, non à organiser l'Allemagne.

On a donné des peuples aux princes et des princes aux peuples, parfois sans regarder les voisinages, presque toujours sans consulter l'histoire, le passé, les nationalités, les amours-propres. Car les nations aussi ont leurs amours-propres, qu'elles écoutent souvent, disons-le à leur honneur, plus que leurs intérêts.

Un seul exemple, qui est éclatant, suffira pour indiquer de quelle manière s'est fait sous ce rapport le travail du congrès. Mayence est une ville illustre. Mayence, au neuvième siècle, était assez forte pour châtier son évêque Hatto ; Mayence, au douzième siècle, était assez puissante pour défendre contre l'empereur et l'empire son archevêque Adalbert. Mayence, en 1285, a été le centre de la hanse rhénane et le nœud des cent villes. Elle a été la métropole des minnesænger, c'est-à-dire de la poésie gothique; elle a été le berceau de l'imprimerie, c'est-à-dire de la pensée moderne. Elle garde et montre encore la maison qu'ont habitée, de 1443 à 1450, Gutenberg, Jean Fust et Pierre Schæffer, et qu'elle appelle par une magnifique et juste assimilation Dreykönigshof, la *maison des trois rois*. Pendant huit cents ans, Mayence a été la capitale du premier des électorats germaniques; pendant vingt ans, Mayence a été un des fronts de la France. Le congrès l'a donnée comme une bourgade, à un état de cinquième ordre, à la Hesse.

Mayence avait une nationalité distincte, tranchée, hautaine et jalouse. L'électorat de Mayence pesait en Europe. Aujourd'hui elle a garnison étrangère. Elle n'est plus qu'une sorte de corps de garde où l'Autriche et la Prusse font faction, l'œil fixé sur la France.

Mayence avait gravé en 1135 sur les portes de bronze que lui avait données Willigis les libertés que lui avait données Adalbert. Elle a encore les portes de bronze, mais elle n'a plus les libertés.

Dans le plus profond de son histoire, Mayence a des souvenirs romains; le tombeau de Drusus est chez elle. Elle a des souvenirs français; Pépin, le premier roi de France qui ait été sacré, a été sacré, en 750, par un archevêque de Mayence, saint Boniface. Elle n'a point de souvenirs hessois, à moins que ce ne soit celui-ci : au seizième siècle, son territoire fut ravagé par Jean le Batailleur, landgrave de Hesse.

Ceci montre comment le congrès de Vienne a procédé. Jamais opération chirurgicale ne s'est faite plus à l'aventure. On s'est hâté d'amputer la France, de mutiler les nationalités rhénanes, d'en extirper l'esprit français. On a violemment arraché des morceaux de l'empire de Napoléon; l'un a pris celui-ci, l'autre celui-là, sans regarder même si le lambeau par hasard ne souffrait pas, s'il n'était pas séparé de son centre, c'est-à-dire de son cœur, s'il pouvait reprendre sa vie autrement et se rattacher ailleurs. On n'a posé aucun appareil, on n'a fait aucune ligature. Ce qui saignait il y a vingt-cinq ans saigne encore.

Ainsi on a donné à la Bavière quelques anneaux de la chaîne des Vosges, vingt-six lieues de long sur vingt-une de large, cinq cent dix-sept mille quatrevingts âmes, trois morceaux de nos trois départements de la Sarre; du Bas-Rhin et du Mont-Tonnerre. Avec ces trois morceaux, la Bavière a fait quatre districts. Pourquoi ces chiffres et pas d'autres? Cherchez une raison; vous ne trouverez que le caprice.

On a donné à Hesse-Darmstadt le bout septentrional des Vosges, le nord du département du Mont-Tonnerre, et cent soixante-treize mille quatre cents âmes. Avec ces âmes et ces Vosges, la Hesse a fait onze cantons.

Si l'on promène son regard sur une carte d'Allemagne vers le confluent du Mein et du Rhin, on est agréablement surpris d'y voir s'épanouir une grande fleur à cinq pétales, découpée en 1815 par les ciseaux délicats du congrès. Francfort est le pistil de cette rose.

Ce pistil, où vivent en plein développement deux bourgmestres, quarante-deux sénateurs, soixante administrateurs et quatrevingt-cinq législateurs, contient quarante-six mille habitants, dont cinq mille juifs. Les cinq pétales, peints tous sur la carte de différentes couleurs, appartiennent à cinq états différents; le premier est à la Bavière, le deuxième est à Hesse-Cassel, le troisième à Hesse-Hombourg, le quatrième à Nassau, le cinquième à Hesse-Darmstadt.

Était-il nécessaire d'accommoder et d'envelopper de cette façon une noble ville où il semble, lorsqu'on y est, qu'on sente battre le cœur de l'Allemagne? Les empereurs y étaient élus et couronnés; la diète germanique y délibère; Gœthe y est né.

Lorsqu'il parcourt aujourd'hui les provinces rhénanes, sur lesquelles rayonnait il n'y a pas trente ans cette puissante homogénéité qui a pénétré si profondément en moins d'un siècle et demi l'antique landgraviat d'Alsace, le voyageur rencontre de temps à autre un poteau blanc et bleu, il est en Bavière; puis voici un poteau blanc et rouge, il est dans la Hesse; puis voilà un poteau blanc et noir, il est en Prusse. Pourquoi? Y a-t-il une raison à cela? A-t-on passé une rivière, une muraille, une montagne? A-t-on touché une frontière? Quelque chose s'est-il modifié dans le pays qu'on a traversé? Non. Rien n'a changé que la couleur des poteaux. Le fait est qu'on n'est ni en Prusse, ni dans la Hesse, ni en Bavière; on est sur la rive gauche du Rhin, c'est-à-dire en France, comme sur la rive droite on est en Allemagne.

Insistons donc sur ce point, l'arrangement de 1815 a été une répartition léonine. Les rois ne se sont dit qu'une chose : *Partageons*. — Voici la robe de Joseph, déchirons-la, et que chacun garde ce qui lui restera aux mains. — Ces pièces sont aujourd'hui cousues au bas de chaque état; on peut les voir; jamais loques plus bizarrement déchiquetées n'ont traîné sur une mappemonde, jamais haillons ajustés bout à bout par la politique humaine n'ont caché et travesti plus étrangement les éternels et divins compartiments des fleuves, des mers et des montagnes.

Et, tôt ou tard les nobles nations du Rhin y réfléchiront, c'est d'elles que le congrès s'est le moins préoccupé. On a pu entrevoir dans ces quelques lignes nécessairement sommaires avec quel dédain le congrès a traité l'histoire, le passé, les affinités géographiques et commerciales, tout ce qui constitue l'entité des nations. Chose remarquable, on distribuait des peuples et l'on ne songeait pas aux peuples. On s'agrandissait, on s'arrondissait, on s'étendait, voilà tout. Chacun payait ses dettes avec un peu de la France. On faisait des concessions viagères et des concessions à réméré. On s'accommodait entre soi. Tel prince demandait des arrhes; on lui donnait une ville. Tel autre réclamait un appoint; on lui jetait un village.

Mais sous cette légèreté apparente, nous l'avons indiqué, il y avait une pensée profonde, une pensée anglaise et russe qui s'exécutait, disons-le, aussi bien aux dépens de l'Allemagne qu'aux dépens de la France. Le Rhin est le fleuve qui doit les unir; on en a fait le fleuve qui les divise.

## XIII

Cette situation évidemment est factice, violente, contre nature, et par conséquent momentanée. Le temps ramène tout à l'équation; la France reviendra à sa forme normale et à ses proportions nécessaires. A notre avis, elle doit et elle peut y revenir pacifiquement, par la force des choses combinée avec la force des idées. A cela pourtant il y a deux obstacles :
Un obstacle matériel;
Un obstacle moral.

## XIV

L'obstacle matériel, c'est la Prusse.
Nous ne reviendrons pas sur ce que nous avons déjà dit à ce sujet. Il est impossible pourtant que dans un temps donné la Prusse ne reconnaisse pas trois choses :
La première, c'est que, le caractère personnel des princes toujours laissé hors de question, l'alliance russe n'est pas et ne peut pas être un fait simple et clair pour un état de l'Europe centrale. Ce sont là des rapprochements dont l'arrière-pensée est transparente. Entre royaumes et entre peuples on peut s'aimer de beaucoup de façons. La Russie aime l'Allemagne comme l'Angleterre aime le Portugal et l'Espagne, comme le loup aime le mouton.
La deuxième, c'est que, malgré tous les efforts de la Prusse depuis vingt-cinq ans, malgré force concessions de bien-être, comme l'abaissement des taxes sur le tabac, le houblon et le vin, si paternel qu'ait été son gouvernement, et nous le reconnaissons, la rive gauche du Rhin est restée française; tandis que la rive droite, naturellement et nécessairement allemande, est devenue tout de suite prussienne. Parcourez la rive droite, entrez dans les auberges, dans les tavernes, dans les boutiques; partout vous verrez le portrait du grand Frédéric et la bataille de Rosbach accrochés au mur. Parcourez la rive gauche, visitez les mêmes lieux, partout vous y trouverez Napoléon et Austerlitz, protestation muette. La liberté de la presse n'existe pas dans les possessions prussiennes, mais la liberté de la muraille y existe encore, et elle suffit, comme on voit, pour rendre publiques les pensées secrètes.
En troisième lieu, la Prusse remarquera que son état, tels que les congrès l'ont coupé, est mal fait. Qu'est-ce en effet que la Prusse aujourd'hui? Trois îles en terre ferme. Chose bizarre à dire, mais vraie. Le Rhin, et surtout le défaut de sympathie et d'unité, divisent en deux le grand-duché du Bas-Rhin, qui est lui-même séparé de la vieille Prusse par un détroit où passe un bras de la confédération germanique et où le Hanovre et la Hesse électorale font leur jonction. Entre les deux points les plus rapprochés de ce détroit, Liebenau et Wilzenhs, est précisément situé Cassel, comme pour interdire toute communication. Étrange sujétion presque absurde à exprimer, le roi de Prusse ne peut aller chez lui sans sortir de chez lui.

Il est évident que ceci encore n'est qu'une situation provisoire.

La Prusse, disons-le-lui à elle-même, tend à devenir et deviendra un grand royaume homogène, lié dans toutes ses parties, puissant sur terre et sur mer. A l'heure qu'il est, la Prusse n'a de ports que sur la Baltique, mer dont la profondeur n'atteint pas les huit cents pieds du lac de Constance, mer plus facile à fermer encore que la Méditerranée, et qui n'a pas, comme la Méditerranée, l'inappréciable avantage d'être le bassin même de la civilisation. Un peuple enfermé dans la Méditerranée a pu devenir Rome. Que deviendrait un peuple enfermé dans la Baltique? Il faut à la Prusse des ports sur l'Océan.

Nul n'a le secret de l'avenir, et Dieu seul, de son doigt inflexible, avance, recule ou efface souverainement les lignes vertes et rouges que les hommes tracent sur les mappemondes. Mais dès à présent, on peut le constater, car une partie en est déjà visible, le travail divin se fait. Dès à présent la providence remet en ordre, avec sa lenteur infaillible et majestueuse, ce qu'ont dérangé les congrès. En séparant, par l'avénement béni d'une jeune fille, la couronne du Hanovre de la couronne d'Angleterre, en isolant le petit royaume du grand, en frappant de diverses incapacités morales et physiques, on pourrait dire de tous les aveuglements à la fois, la branche de Brunswick restée allemande ou redevenue allemande, c'est-à-dire en la marquant pour une extinction prochaine, il semble qu'elle laisse déjà entrevoir son moyen et son but : le Hanovre à la Prusse et le Rhin à la France.

Quand nous disons le Rhin, nous entendons la rive gauche. Or la Prusse a plus de rive droite que de rive gauche, et elle gardera la rive droite.

Pour le Hanovre, l'incorporation à la Prusse, c'est un grand pas vers la liberté, la dignité et la grandeur. Pour la Prusse, la possession du Hanovre, c'est d'abord l'homogénéité du territoire, la suppression du détroit et de l'obstacle, la jonction du duché du Rhin à la vieille Prusse; ensuite, c'est l'absorption inévitable de Hambourg et d'Oldenbourg, c'est l'Océan ouvert, la navigation libre, la possibilité d'être aussi puissante par la marine que par l'armée.

Qu'est-ce que la rive gauche du Rhin à côté de tout cela?

Quant à l'Allemagne proprement dite, c'est dans les principautés du Danube que sont ses compensations futures. N'est-il pas évident que l'empire ottoman diminue et s'atrophie pour que l'Allemagne s'agrandisse?

## XV

L'obstacle moral, c'est l'inquiétude que la France éveille en Europe.

La France en effet, pour le monde entier, c'est la pensée, c'est l'intelligence, la publicité, le livre, la presse, la tribune, la parole; c'est la langue, la pire des choses, dit Ésope; — la meilleure aussi.

Pour apprécier quelle est l'influence de la France dans l'atmosphère continentale et quelle lumière et quelle chaleur elle y répand, il suffit de comparer à l'Europe d'il y a deux cents ans, dont nous avons crayonné le tableau en commençant, l'Europe d'aujourd'hui.

S'il est vrai que le progrès des sociétés soit, et nous le croyons fermement, de marcher par des transformations lentes, successives et pacifiques, du gouvernement d'un seul au gouvernement de plusieurs et du gouvernement de plusieurs au gouvernement de tous; si cela est vrai, au premier aspect il semble évident que l'Europe, loin d'avancer, comme les bons esprits le pensent, a rétrogradé.

En effet, sans même pour l'instant faire figurer dans ce calcul les monarchies secondaires de la confédération germanique, et en ne tenant compte que des états absolument indépendants, on se souvient qu'au dix-septième siècle il n'y avait en Europe que douze monarchies héréditaires; il y en a dix-sept maintenant.

Il y avait cinq monarchies électives; il n'y en a plus qu'une, le saint-siège.

Il y avait huit républiques; il n'y en a plus qu'une, la Suisse.

La Suisse, il faut d'ailleurs l'ajouter, n'a pas seulement survécu, elle s'est agrandie. De treize cantons elle est montée à vingt-deux. Disons-le en passant, — car, si nous insistons sur les causes morales, nous ne voulons pas omettre les causes physiques, — toutes les républiques qui ont disparu étaient dans la plaine ou sur la mer; la seule qui soit restée était dans la montagne. Les montagnes conservent les républiques. Depuis cinq siècles en dépit des assauts et des ligues, il y a trois républiques montagnardes dans l'ancien continent: une en Europe, la Suisse, qui tient les Alpes; une en Afrique, l'Abyssinie*, qui tient les montagnes de la Lune; une en Asie, la Circassie, qui tient le Caucase.

Si, après l'Europe, nous examinons la confédération germanique, ce microcosme de l'Europe, voici ce qui apparaît : à part la Prusse et l'Autriche, qui comptent

* Les abyssins repoussent comme injurieux le nom d'*abyssins*. Ils s'appellent *agassiens*, ce qui signifie libres.

parmi les grandes monarchies indépendantes, les six principaux états de la confédération germanique sont : la Bavière, le Wurtemberg, la Saxe, le Hanovre, la Hesse et Bade. De ces six états, les quatre premiers étaient des duchés, ce sont aujourd'hui des royaumes; les deux derniers étaient, la Hesse un landgraviat et Bade un margraviat, ce sont aujourd'hui des grands-duchés.

Quant aux états électifs et viagers du corps germanique, ils étaient nombreux et comprenaient une foule de principautés ecclésiastiques; tous ont cessé d'exister; à leur tête se sont éclipsés pour jamais les trois grands électorats archiépiscopaux du Rhin.

Si nous passons aux états populaires, nous trouvons ceci : il y avait en Allemagne soixante-dix villes libres; il n'y en a plus que quatre, Francfort-sur-le-Mein, Hambourg, Lubeck et Brême.

Et, qu'on le remarque bien, pour faire ce rapprochement nous ne nous sommes pas mis dans les conditions les plus favorables à ce que nous voulions démontrer; car, si au lieu de 1630 nous avions choisi 1650, par exemple, nous aurions pu retrancher aux états monarchiques et ajouter aux états démocratiques du dix-septième siècle la république anglaise qui a disparu aujourd'hui comme les autres.

Poursuivons.

Des cinq monarchies électives, deux étaient de premier rang, Rome et l'Empire. La seule qui reste maintenant, Rome, est tombée au troisième rang.

Des huit républiques, une, Venise, était une puissance de second rang. La seule qui subsiste de nos jours, la Suisse, est, comme Rome, un état de troisième ordre.

Les cinq grandes puissances actuellement dirigeantes, la France, la Prusse, l'Autriche, la Russie et l'Angleterre, sont toutes des monarchies héréditaires.

Ainsi, d'après cette confrontation surprenante, qui a gagné du terrain? la monarchie. Qui en a perdu? la démocratie.

Voilà les faits.

Eh bien, les faits se trompent. Les faits ne sont que des apparences. Le sentiment profond et unanime des nations dément les faits et dit que c'est le contraire qui est vrai.

La monarchie a reculé, la démocratie a avancé.

Pour que le côté libéral de la constitution de la vieille Europe non seulement n'ait rien perdu, mais encore ait prodigieusement gagné, malgré la multiplication et l'accroissement des royautés, malgré la chute de tous les états viagers, et, en quelque sorte, présidentiels de l'Allemagne, malgré la disparition de quatre grandes monarchies électives sur cinq, de sept républiques sur huit, et de soixante-six villes libres sur soixante-dix, il suffit d'un fait: la France a passé de l'état de monarchie pure à l'état de monarchie populaire.

Ce n'est qu'un pas, mais ce pas est fait par la

France : et, dans un temps donné, tous les pas que fait la France le monde les fera. Ceci est tellement vrai, que, lorsqu'elle se hâte, le monde se révolte contre elle, et la prend à partie, trouvant plus facile encore de la combattre que de la suivre. Aussi la politique de la France doit-elle être une politique conductrice et toujours se résumer en deux mots : ne jamais marcher assez lentement pour arrêter l'Europe, ne jamais marcher assez vite pour empêcher l'Europe de rejoindre.

Le tableau que nous venons de dresser dans les quelques pages qui précèdent prouve encore, et prouve souverainement, ceci : c'est que les mots ne sont rien, c'est que les idées sont tout. A quoi bon batailler en effet pour ou contre le mot *république*, par exemple, lorsqu'il est démontré que sept républiques, quatre états électifs et soixante-dix villes franches tiennent moins de place dans la civilisation européenne qu'une idée de liberté semée par la France à tous les vents ?

En effet, les états nuisent ou servent à la civilisation, non par le nom qu'ils portent, mais par l'exemple qu'ils donnent. Un exemple est une proclamation.

Or, quel est l'exemple que donnaient les républiques disparues, et quel est l'exemple que donne la France ?

Venise aimait passionnément l'égalité. Le doge n'avait que sa voix au sénat. La police entrait chez le doge comme chez le dernier citoyen, et, masquée, fouillait ses papiers en sa présence sans qu'il osât dire un mot. Les parents du doge étaient suspects à la république par cela seul qu'ils étaient parents du doge. Les cardinaux vénitiens lui étaient suspects comme princes étrangers. Catherine Cornaro, reine de Chypre, n'était à Venise qu'une dame de Venise. La république avait proscrit les titres héraldiques. Un jour un sénateur, nommé par l'empereur comte du saint-empire, fit sculpter en pierre sur le fronton de sa porte une couronne comtale au-dessus de son blason. Le lendemain matin la couronne avait disparu. Le conseil des Dix l'avait fait briser à coups de marteau. Le sénateur dévora l'affront et fit bien. Sous François Foscari, quand le roi de Dacie vint séjourner à Venise, la république lui donna rang de citoyen ; rien de plus. Jusqu'ici tout va d'accord, et l'égalité la plus jalouse n'a rien à reprendre. Mais au-dessus des citoyens, il y avait des citadins. Les citoyens, c'était la noblesse ; les citadins, c'était le peuple. Or les citadins, c'est-à-dire le peuple, n'avaient aucun droit. Leur magistrat suprême, qui s'appelait le chancelier des citadins et qui était une façon de doge plébéien, n'avait rang que fort loin après le dernier des nobles. Il y avait entre le bas et le haut de l'état une muraille infranchissable, et en aucun cas la citadinance ne menait à la seigneurie. Une fois seulement, au quatorzième siècle, trente bourgeois opulents se ruinèrent presque pour sauver la république et obtinrent en récompense, ou, pour mieux dire, en paiement, la noblesse ; mais cela fit presque une révolution ; et ces trente noms, aux yeux des patriciens purs, ont été jusqu'à nos jours les trente taches du livre d'or. La seigneurie déclarait ne devoir au peuple qu'une chose, le pain à bon marché. Joignez à cela le carnaval de cinq mois, et Juvénal pourra dire : *Panem et circenses*. Voilà comment Venise comprenait l'égalité. — Le droit public français a aboli tout privilège. Il a proclamé la libre accessibilité de toutes les aptitudes à tous les emplois, et cette parité du premier comme du dernier regnicole devant le droit politique est la seule vraie, la seule raisonnable, la seule absolue. Quel que soit le hasard de la naissance, elle extrait de l'ombre, constate et consacre les supériorités naturelles, et par l'égalité des conditions elle met en saillie l'inégalité des intelligences.

Dans Gênes comme dans Venise il y avait deux états, la grande république, régie par ce qu'on appelait le palais, c'est-à-dire par le doge et l'aristocratie, la petite république, régie par l'office de Saint-Georges. Seulement, au contraire de Venise, mainte fois la république d'en bas gênait, entravait, et même opprimait la république d'en haut. La communauté de Saint-Georges se composait de tous les créanciers de l'état, qu'on nommait les prêteurs. Elle était puissante et avare, et rançonnait fréquemment la seigneurie. Elle avait prise sur toutes les gabelles, part à tous les privilèges, et possédait exclusivement la Corse, qu'elle gouvernait rudement. Rien n'est plus dur qu'un gouvernement de nobles, si ce n'est un gouvernement de marchands. Prise absolument et en elle-même, Gênes était une nation de débiteurs menée par une nation de créanciers. A Venise, l'impôt pesait surtout sur la citadinance ; à Gênes, il écrasait souvent la noblesse. — La France qui a proclamé l'égalité de tous devant la loi, a aussi proclamé l'égalité de tous devant l'impôt. Elle ne souffre aucun compartiment dans la caisse de l'état. Chacun y verse et y puise. Et, ce qui prouve la bonté du principe, de même que son égalité politique respecte l'inégalité des intelligences, son égalité devant l'impôt respecte l'inégalité des fortunes.

A Venise, l'état vendait les offices, et, moyennant un droit qu'on appelait *dépôt de conseil*, les mineurs pouvaient entrer, siéger et voter avant l'âge dans les assemblées. — La France a aboli la vénalité des fonctions publiques.

A Venise le silence régnait. — En France la parole gouverne.

A Gênes, la justice était rendue par une rote toujours composée de cinq docteurs étrangers. A Lucques, la rote ne contenait que trois docteurs ; le premier était podesta, le second juge civil, le troisième juge criminel ; et non seulement ils devaient être étrangers, mais encore il fallait qu'ils fussent nés à plus de cinquante milles de Lucques. — La France a établi, en principe et en fait, que la seule justice est la justice du pays.

A Gênes, le doge était gardé par cinq cents allemands ; à Venise, la république était défendue en terre ferme par une armée étrangère, toujours commandée par un général étranger ; à Raguse, les lois étaient placées sous la protection de cent hongrois, menés par leur capitaine, lesquels servaient aux exécutions ; à Lucques la seigneurie était protégée dans son palais par cent soldats étrangers, qui, comme les juges, ne pouvaient être nés à moins de cinquante milles de la cité. — La France met le prince, le gouvernement et le droit public sous la protection des gardes nationales. Les anciennes républiques semblaient se défier d'elles-mêmes. La France se fie à la France.

A Lucques, il y avait une inquisition de la vie privée, qui s'intitulait *conseil des discoles*. Sur une dénonciation jetée dans la boîte du conseil, tout citoyen pouvait être déclaré discole, c'est-à-dire homme de mauvais exemple, et banni pour trois ans, sous peine de mort en cas de rupture de ban. De là, des abus sans nombre. — La France a aboli tout ostracisme. La France mure la vie privée.

En Hollande, l'exception régissait tout. Les états votaient par province, et non par tête. Chaque province avait ses lois spéciales, féodales en West-Frise, bourgeoises à Groningue, populaires dans les Ommelandes. Dans la province de Hollande, dix-huit villes seulement* avaient droit d'être consultées pour les affaires générales et ordinaires de la république ; sept autres** pouvaient être admises à donner leur avis, mais uniquement lorsqu'il s'agissait de la paix ou de la guerre, ou de la réception d'un nouveau prince. Ces vingt-cinq exceptées, aucune des autres villes n'était consultée, celles-là parce qu'elles appartenaient à des seigneurs particuliers, celles-ci parce qu'elles n'étaient pas villes fermées. Trois villes impériales battant monnaie, gouvernaient l'Over-Yssel, chacune avec une prérogative inégale ; Deventer était la première, Campen la seconde et Zwoll la troisième. Les villes et les villages du duché de Brabant obéissaient aux états-généraux sans avoir le droit d'y être représentés. — En France, la loi est une pour toutes les cités comme pour tous les citoyens.

Genève était protestante, mais Genève était intolérante. Le pétillement sinistre des bûchers accompagnait la voix querelleuse de ses docteurs. Le fagot de Calvin s'allumait aussi bien et flambait aussi clair à Genève que le fagot de Torquemada à Madrid. — La France professe, affirme et pratique la liberté de conscience.

Qui le croirait ? la Suisse, en apparence populaire et paysanne, était un pays de privilège, de hiérarchie et d'inégalité. La république était partagée en trois régions. La première région comprenait les treize cantons et avait la souveraineté. La deuxième région contenait

* Dordrecht, Harlem, Delft, Leyde, Amsterdam, Goude, Rotterdam, Gorcum, Schiedam, Schoonhewe, Briel, Alcmar, Hoorne, Inchuisem, Edam, Monickendam, Medemblyck et Purmeseynde.
** Woordem, Oudewater, Ghertruydenberg, Heusden, Naerden, Weesp et Muyden.

l'abbé et la ville de Saint-Gall, les Grisons, les Valaisans, Richterschwyl, Biel et Mulhausen. La troisième région englobait sous une sujétion passive les pays conquis, soumis ou achetés. Ces pays étaient gouvernés de la façon la plus inégale et la plus singulière. Ainsi Bade en Argovie, acquise en 1415, et la Turgovie, acquise en 1460, appartenaient aux huit premiers cantons. Les sept premiers cantons régissaient exclusivement les Libres Provinces prises en 1415 et Sargans vendu à la Suisse en 1483 par le comte Georges de Werdenberg. Les trois premiers cantons étaient suzerains de Bilitona et de Bellinzona. Ragatz, Lugano, Locarno, Mendrisio, le Val-Maggia, donnés à la Confédération en 1513 par François Sforce, duc de Milan, obéissaient à tous les cantons, Appenzell excepté. — La France n'admet pas de hiérarchie entre les parties du territoire. L'Alsace est égale à la Touraine, le Dauphiné est aussi libre que le Maine, la Franche-Comté est aussi souveraine que la Bretagne, et la Corse est aussi française que l'Ile-de-France.

On le voit, et il suffit pour cela d'examiner la comparaison que nous venons d'ébaucher, les anciennes républiques exprimaient des généralités locales ; la France exprime des idées générales.

Les anciennes républiques représentaient des intérêts. La France représente des droits.

Les anciennes républiques, venues au hasard, étaient le fruit tel quel de l'histoire, du passé et du sol. La France modifie et corrige l'arbre, et sur un passé qu'elle subit greffe un avenir qu'elle choisit.

L'inégalité entre les individus, entre les villes, entre les provinces, l'inquisition sur la conscience, l'inquisition sur la vie privée, l'exception dans l'impôt, la vénalité des charges, la division par castes, la pensée imposée à la pensée, la défiance faite loi de l'état, une justice étrangère dans la cité, une armée étrangère dans le pays, voilà ce qu'admettaient, selon le besoin de leur politique ou de leurs intérêts, les anciennes républiques.
— La nation une, le droit égal, la conscience inviolable, la pensée reine, le privilège aboli, l'impôt consenti, la justice nationale, l'armée nationale, voilà ce que proclame la France.

Les anciennes républiques résultaient toujours d'un cas donné, souvent unique, d'une coïncidence de phénomènes, d'un arrangement fortuit d'éléments disparates, d'un accident ; jamais d'un système. La France croit en même temps qu'elle est ; elle discute sa base et la critique, et l'éprouve assise par assise ; elle pose des dogmes et en conclut l'état ; elle a une foi, l'amélioration ; un culte, la liberté ; un évangile, le vrai en tout. Les républiques disparues vivaient petitement et sobrement dans leur chétif ménage politique ; elles songeaient à elles, et rien qu'à elles ; elles ne proclamaient rien, elles n'enseignaient rien ; elles ne gênaient ni n'enlaidissaient aucun despotisme par le voisinage de leur liberté ; elles n'avaient rien à elles qui pût aller aux autres nations. La France, elle, stipule pour le peuple et pour tous les peuples, pour l'homme et pour tous les hommes, pour la conscience et pour toutes les consciences. Elle a ce qui sauve les nations, l'unité; elle n'a pas ce qui les perd, l'égoïsme. Pour elle, conquérir des provinces, c'est bien; conquérir des esprits, c'est mieux. Les républiques du passé, crénelées dans leur coin, faisaient toutes quelque chose de limité et de spécial; leur forme, insistons sur ce point, était inapplicable à autrui; leur but ne sortait point d'elles-mêmes. Celle-ci construisait une seigneurie, celle-là une bourgeoisie, cette autre une commune, cette dernière une boutique. La France construit la société humaine.

Les anciennes républiques se sont éclipsées. Le monde s'en est à peine aperçu. Le jour où la France s'éteindrait, le crépuscule se ferait sur la terre.

Nous sommes loin de dire pourtant que les anciennes républiques furent inutiles au progrès de l'Europe; mais il est certain que la France est nécessaire.

Pour tout résumer en un mot, des anciennes républiques il ne sortait que des faits; de la France il sort des principes.

Là est le bienfait. Là aussi est le danger.

De la mission même que la France s'est donnée, c'est à-dire, selon nous, a reçue d'en haut, il résulte plus d'un péril, surtout plus d'une alarme.

L'extrême largeur des principes français fait que les autres peuples peuvent vouloir se les essayer. Être Venise, cela ne tenterait aucune nation; être la France cela se tenterait toutes. De là, des entreprises éventuelles que redoutent les couronnes.

La France parle haut, et toujours, et à tous. De là un grand bruit qui fait veiller les uns; de là un grand ébranlement qui fait trembler les autres.

Souvent ce qui est promesse aux peuples semble menace aux princes.

Souvent aussi qui proclame déclame.

La France propose beaucoup de problèmes à la méditation des penseurs. Mais ce qui fait méditer les penseurs fait aussi songer les insensés.

Parmi ces problèmes, il y en a quelques-uns que les esprits puissants et vrais résolvent par le bon sens; il y en a d'autres que les esprits faux résolvent par le sophisme; il y en a d'autres que les esprits farouches résolvent par l'émeute, le guet-apens ou l'assassinat.

Et puis, — et ceci d'ailleurs est l'inconvénient des théories, — on commence par nier le privilège, et l'on a raison tout à fait; puis on nie l'hérédité, et l'on n'a plus raison qu'à demi; puis on nie la propriété, et l'on n'a plus raison du tout; puis on nie la famille, et l'on a complètement tort; puis on nie le cœur humain, et l'on est monstrueux. Même, en niant le privilège, on a eu tort de ne point distinguer tout d'abord entre le privilège institué dans l'intérêt de l'individu, celui-là est mauvais, et le privilège institué dans l'intérêt de la société, celui-ci est bon. L'esprit de l'homme, mené par cette chose aveugle qu'on appelle la logique, va volontiers du général à l'absolu, et de l'absolu à l'abstrait.

Or, en politique, l'abstrait devient aisément féroce. D'abstraction en abstraction on devient Néron ou Marat. Dans le demi-siècle qui vient de s'écouler, la France, car nous ne voulons rien atténuer, a suivi cette pente; mais elle a fini par remonter vers le vrai.

En 89 elle a rêvé un paradis, en 93 elle a réalisé un enfer; en 1800 elle a fondé une dictature, en 1815 une restauration, en 1830 un état libre. Elle a composé cet état libre d'élection et d'hérédité. Elle a dévoré toutes les folies avant d'arriver à la sagesse; elle a subi toutes les révolutions avant d'arriver à la liberté. Or, à sa sagesse d'aujourd'hui on reproche ses folies d'hier; à sa liberté on reproche ses révolutions.

Qu'on nous permette ici une digression, qui d'ailleurs va indirectement à notre but. Tout ce qu'on reproche à la France, tout ce que la France a fait, l'Angleterre l'a fait avant elle. — Seulement, — est-ce pour ce motif qu'on ne reproche rien à celle-là? — les principes qui ont surgi de la révolution anglaise sont moins féconds que ceux qui se sont dégagés de la révolution française. L'une, égoïste comme toutes ces autres républiques qui sont mortes, n'a stipulé que pour le peuple anglais; l'autre, nous l'avons dit tout à l'heure, a stipulé pour l'humanité tout entière.

Du reste, le parallèle est favorable à la France. Les massacres du Connaught dépassent 93. La révolution anglaise a eu plus de puissance pour le mal que la nôtre, et moins de puissance pour le bien; elle a tué un plus grand roi et produit un moins grand homme. On admire Charles I$^{er}$; on ne peut que plaindre Louis XVI. Quant à Cromwell, l'enthousiasme hésite devant ce grand homme difforme. Ce qu'il a de Scarron gâte ce qu'il a de Richelieu; ce qu'il a de Robespierre gâte ce qu'il a de Napoléon.

On pourrait dire que la révolution britannique est circonscrite dans sa portée et dans son rayonnement par la mer, comme l'Angleterre elle-même. La mer isole les idées et les événements comme les peuples. Le protectorat de 1657 est à l'empire de 1811 dans la proportion d'une île à un continent.

Si frappantes que fussent, au milieu même du dix-septième siècle, ces aventures d'une puissante nation, les contemporains y croyaient à peine. Rien de précis ne se dessinait dans cet étrange tumulte. Les peuples de ce côté du détroit n'entrevoyaient les grandes et fatales figures de la révolution anglaise que derrière l'écume des falaises et les brumes de l'océan. La sombre et orageuse tragédie où étincelaient l'épée de Cromwell et la hache de Hewlet n'apparaissait aux rois du continent qu'à travers l'éternel rideau de tempêtes que la nature déploie entre l'Angleterre et l'Europe. A cette distance et dans ce brouillard ce n'étaient plus des hommes, c'étaient des ombres.

Chose bien digne de remarque et d'insistance, dans l'espace d'un demi-siècle, deux têtes royales ont pu tomber en Angleterre, l'une sous un couperet royal, l'autre sur un échafaud populaire, sans que les têtes royales d'Europe en fussent émues autrement que de pitié. Quand la tête de Louis XVI tomba à Paris, la chose parut toute nouvelle, et l'attentat sembla inouï. Le coup frappé par la main vile de Marat et de Couthon retentit plus avant dans la terreur des rois que les deux coups frappés par le bras souverain d'Élisabeth et par le bras formidable de Cromwell. Il serait presque exact de dire que, pour le monde, ce qui ne s'est pas fait en France ne s'est pas encore fait.

1587 et 1649, deux dates pourtant bien lugubres, sont comme si elles n'étaient pas et disparaissent sous le flamboiement hideux de ces quatre chiffres sinistres, 1793.

Il est certain, quant à l'Angleterre, que le *penitus toto divisos orbe britannos* a été longtemps vrai. Jusqu'à un certain point il l'est encore. L'Angleterre est moins près du continent qu'elle ne le croit elle-même. Le roi Canut le Grand, qui vivait au onzième siècle, semble à l'Europe aussi lointain que Charlemagne. Pour le regard, les chevaliers de la Table ronde reculent dans les brouillards du moyen âge presque au même plan que les paladins. La renommée de Shakespeare a mis cent quarante ans à traverser le détroit. De nos jours, quatre cents enfants de Paris, silencieusement annoncés comme les mouches d'octobre dans les angles noirs de la vieille porte Saint-Martin, et piétinant sur le pavé pendant trois soirées, troublent plus profondément l'Europe que tout le sauvage vacarme des élections anglaises.

Il y a donc, dans la peur que la France inspire aux princes européens, un effet d'optique et un effet d'acoustique, double grossissement dont il faudrait se défier. Les rois ne voient pas la France telle qu'elle est. L'Angleterre fait du mal; la France fait du bruit.

Les diverses objections qu'on oppose en Europe, depuis 1830 surtout, à l'esprit français, doivent, à notre avis, être toutes abordées de front, et, pour notre part, nous ne reculerons devant aucune. Au dix-neuvième siècle, nous le proclamons avec joie et avec orgueil, le but de la France, c'est le peuple, c'est l'élévation graduelle des intelligences, c'est l'adoucissement progressif du sort des classes nombreuses et affligées, c'est le présent amélioré par l'éducation des hommes, c'est l'avenir assuré par l'éducation des enfants. Voilà, certes, une sainte et illustre mission. Nous ne nous dissimulons pas pourtant qu'à cette heure une portion du peuple, à coup sûr la moins digne et peut-être la moins souffrante, semble agitée de mauvais instincts; l'envie et la jalousie s'y éveillent; le paresseux d'en bas regarde avec fureur l'oisif d'en haut, auquel il ressemble pourtant; et, placée entre ces deux extrêmes, qui se touchent plus qu'ils ne le croient, la vraie société, la grande société qui produit et qui pense, paraît menacée dans le conflit. Un travail souterrain de haine et de colère se fait dans l'ombre, de temps en temps de graves symptômes éclatent, et nous ne nions pas que les hommes sages, aujourd'hui si affectueusement inclinés sur les classes souffrantes, ne doivent mêler peut-être quelque défiance à leur sympathie. Selon nous, c'est le cas de surveiller, ce n'est point le cas de s'effrayer. Ici encore, qu'on y songe bien, dans tous ces faits dont l'Europe s'épouvante et qu'elle déclare inouïs, il n'y a rien de nouveau. L'Angleterre avait eu avant nous des révolutionnaires; l'Allemagne, qu'elle nous permette de le lui dire, avait eu avant nous des communistes. Avant la France, l'Angleterre avait décapité la royauté; avant la France, la Bohême avait nié la société. Les hussites, j'ignore si nos sectaires contemporains le savent, avaient pratiqué dès le quinzième siècle toutes leurs théories. Ils arboraient deux drapeaux; sur l'un ils avaient écrit: *Vengeance du petit contre le grand!* et ils attaquaient ainsi l'ordre social momentané; sur l'autre ils avaient écrit: *Réduire à cinq toutes les villes de la terre!* et ils attaquaient ainsi l'ordre social éternel. On voit que, par l'idée, ils étaient aussi « avancés » que ce qu'on appelle aujourd'hui les communistes; par l'action, voici où ils en étaient: — ils avaient chassé un roi, Sigismond, de sa capitale, Prague; ils étaient maîtres d'un royaume, la Bohême; ils avaient un général homme de génie, Ziska; ils avaient bravé un concile, celui de Bâle, en 1431, et huit diètes, celle de Brünn, celle de Vienne, celle de Presbourg, les deux de Francfort et les trois de Nuremberg; ils avaient tenu eux-mêmes une diète à Czaslau, déposé solennellement un roi et créé une régence; ils avaient affronté deux croisades suscitées contre eux par Martin V; ils épouvantaient l'Europe à tel point, qu'on avait établi contre eux un conseil de guerre permanent à Nuremberg, une milice perpétuelle commandée par l'électeur de Brandebourg, une paix générale qui permettait à l'Allemagne de réunir toutes ses forces pour leur extermination, et un impôt universel, le *denier commun*, que le prince souverain payait comme le paysan. La terreur de leur approche avait fait transporter la couronne de Charlemagne et les joyaux de l'empire de Carlstein à Bude, et de Bude à Nuremberg. Ils avaient effroyablement dévasté, en présence de l'Allemagne armée et effarée, huit provinces, la Misnie, la Franconie, la Bavière, la Lusace, la Saxe, l'Autriche, le Brandebourg et la Prusse; ils avaient battu les meilleurs capitaines de l'Europe, l'empereur Sigismond, le duc Coribut Jagellon, le cardinal Julien, l'électeur de Brandebourg et le légat du pape. Devant Prague, à Teutschbroda, à Saatz, à Aussig, à Riesenberg, devant Mies et devant Taus, ils avaient exterminé huit fois l'armée du saint-empire, et, dans ces huit armées, dont l'une avait cent mille hommes, commandée par l'empereur Sigismond, une de cent vingt mille hommes, commandée par le général Julien, et une de deux cent mille hommes commandée par les électeurs de Trèves, de Saxe et de Brandebourg. Cette dernière seulement, dans l'état des forces militaires du quinzième siècle, représenterait aujourd'hui un armement de douze cent mille soldats. Et combien de temps dura cette guerre faite par une secte à l'Europe et au genre humain? Seize ans. De 1420 à 1436. Sans nul doute, c'était là un sauvage et gigantesque ennemi. Eh bien, la civilisation du quinzième siècle, par cela même que c'était la barbarie et qu'elle était la civilisation, a été assez forte pour le saisir, l'étreindre et l'étouffer. Croit-on que la civilisation du dix-neuvième siècle doive trembler devant une douzaine de fainéants ivres qui épellent un libelle dans un cabaret?

Quelques malheureux, mêlés à quelques misérables, voilà les hussites du dix-neuvième siècle. Contre une pareille secte, contre un pareil danger, deux choses suffisent, la lumière dans les esprits, un caporal et quatre hommes dans la rue.

Rassurons-nous donc et rassurons le continent.

La Russie et l'Angleterre laissées dans l'exception, et nous avons assez dit pourquoi, on reconnaît en Europe, sans compter les petits états, deux sortes de monarchies, les anciennes et les nouvelles. Sauf les restrictions de détail, les anciennes déclinent, les nouvelles grandissent. Les anciennes sont: l'Espagne, le Portugal, la Suède, le Danemark, Rome, Naples et la Turquie. A la tête de ces vieilles monarchies est l'Autriche, grande puissance allemande. Les nouvelles sont: la Belgique, la Hollande, la Saxe, la Bavière, le Wurtemberg, la Sardaigne et la Grèce. A la tête de ces jeunes royaumes est la Prusse, autre grande puissance allemande. Une seule monarchie dans ce groupe d'état de tout âge jouit d'un magnifique privilége, elle est tout à la fois vieille et jeune, elle a autant de passé que l'Autriche et autant d'avenir que la Prusse; c'est la France.

Ceci n'indique-t-il pas clairement le rôle nécessaire de la France? La France est le point d'intersection de ce qui a été et de ce qui sera, le lien commun des vieilles royautés et des jeunes nations, le peuple qui se souvient et le peuple qui espère. Le fleuve des siècles peut couler, le passage de l'humanité est assuré; la France est le pont granitique qui portera les générations d'une rive à l'autre.

Qui donc pourrait songer à briser ce pont providentiel? qui donc pourrait songer à détruire ou à démembrer la France? Y échouer serait s'avouer fou. Y réussir serait se faire parricide.

Ce qui inquiète étrangement les couronnes, c'est que la France, par cette puissance de dilatation qui est propre à tous les principes généreux, tend à répandre au dehors sa liberté.

Ici il est besoin de s'entendre.

La liberté est nécessaire à l'homme. On pourrait dire que la liberté est l'air respirable de l'âme humaine. Sous quelque forme que ce soit, il la lui faut. Certes, tous les peuples européens ne sont point complètement libres; mais tous le sont par un côté. Ici c'est la cité qui est libre, là c'est l'individu; ici c'est la place publique, là c'est la vie privée; ici c'est la conscience, là c'est l'opinion. On pourrait dire qu'il y a des nations qui ne respirent que par une de leurs facultés, comme il y a des malades qui ne respirent que d'un poumon. Le jour où cette respiration leur serait interdite ou impossible, la nation et le malade mourraient. En attendant, ils vivent, jusqu'au jour où viendra la pleine santé, c'est-à-dire la pleine liberté. Quelquefois la liberté est dans le climat; c'est la nature qui la fait et qui la donne. Aller demi-nu, le bonnet rouge sur la tête, avec un haillon de toile pour caleçon et un haillon de laine pour manteau; se laisser caresser par l'air chaud, par le soleil rayonnant, par le ciel bleu, par la mer bleue; se coucher à la porte du palais à l'heure même où le roi s'y couche dans l'alcôve royale, et mieux dormir dehors que le roi dedans; faire ce qu'on veut; exister presque sans travail, travailler presque sans fatigue, chanter soir et matin, vivre comme l'oiseau; c'est la liberté du peuple à Naples. Quelquefois la liberté est dans le caractère même de la nation; c'est encore là un don du ciel. S'accouder tout le jour dans une taverne, aspirer le meilleur tabac, humer la meilleure bière, boire le meilleur vin, n'ôter sa pipe de sa bouche que pour y porter son verre, et cependant ouvrir toutes grandes les ailes de son âme, évoquer dans son cerveau les poètes et les philosophes, dégager de tout la vertu, construire des utopies, déranger le présent, arranger l'avenir, faire éveillé tous les beaux songes qui voilent la laideur des réalités, oublier et se souvenir à la fois, et vivre ainsi, noble, grave, sérieux, le corps dans la fumée, l'esprit dans les chimères; c'est la liberté de l'allemand. Le napolitain a la liberté matérielle, l'allemand a la liberté morale; la liberté du lazzarone a fait Rossini; la liberté de l'allemand a fait Hoffmann. Nous, français, nous avons la liberté morale comme l'allemand et la liberté politique comme l'anglais; mais nous n'avons pas la liberté matérielle. Nous sommes esclaves du travail; nous sommes esclaves du travail. Ce mot doux et charmant, *libre comme l'air*, on peut le dire du lazzarone, on ne peut le dire de nous. Ne nous plaignons pas, car la liberté matérielle est la seule qui puisse se passer de dignité; et en France, à ce point d'initiative civilisatrice où la nation est parvenue, il ne suffit pas que l'individu soit libre; il faut encore qu'il soit digne. Notre partage est aussi beau. La France est aussi noble que la noble Allemagne; et, de plus que l'Allemagne, elle a le droit d'appliquer directement la force fécondante de son esprit à l'amélioration des réalités. Les allemands ont la liberté de la rêverie, nous avons la liberté de la pensée.

Mais pour que la libre pensée soit contagieuse, il faut que les peuples aient subi de longues préparations, plus divines encore qu'humaines. Ils n'en sont pas là. Le jour où ils en seront là, la pensée française, mûrie par tout ce qu'elle aura vu et tout ce qu'elle aura fait, loin de perdre les rois, les sauvera.

C'est du moins notre conviction profonde.

A quoi bon donc gêner et amoindrir cette France, qui sera peut-être dans l'avenir le providence des nations?

A quoi bon lui refuser ce qui lui appartient ?

On se souvient que nous n'avons voulu chercher de ce problème que la solution pacifique ; mais, à la rigueur, n'y en aurait-il pas une autre ? Il y a déjà, dans le plateau de la balance où se pèsera un jour la question du Rhin, un grand poids, le bon droit de la France. Faudra-t-il donc y jeter aussi cet autre poids terrible, la colère de la France ?

Nous sommes de ceux qui pensent fermement et qui espèrent qu'on n'en viendra point là.

Qu'on songe à ce que c'est que la France.

Vienne, Berlin, Saint-Pétersbourg, Londres ne sont que des villes ? Paris est un cerveau.

Depuis vingt-cinq ans, la France mutilée n'a cessé de grandir de cette grandeur qu'on ne voit pas avec les yeux de la chair, mais qui est la plus réelle de toutes, la grandeur intellectuelle. Au moment où nous sommes, l'esprit français se substitue peu à peu à la vieille âme de chaque nation.

Les plus hautes intelligences qui, à l'heure qu'il est, représentent pour l'univers entier la politique, la littérature, la science et l'art, c'est la France qui les a et qui les donne à la civilisation.

La France aujourd'hui est puissante autrement, mais autant qu'autrefois.

Qu'on la satisfasse donc. Surtout qu'on réfléchisse à ceci :

L'Europe ne peut être tranquille tant que la France n'est pas contente.

Et après tout enfin, quel intérêt pourrait avoir l'Europe à ce que la France inquiète, comprimée, à l'étroit dans des frontières contre nature, obligée de chercher une issue à la sève qui bouillonne en elle, devînt forcément, à défaut d'autre rôle, une Rome de la civilisation future, affaiblie matériellement, mais moralement agrandie ; métropole de l'humanité, comme l'autre Rome l'est de la chrétienté, regagnant en influence plus qu'elle n'aurait perdu en territoire, retrouvant sous une forme la suprématie qui lui appartient et qu'on ne lui enlèvera pas, remplaçant sa vieille prépondérance militaire par un formidable pouvoir spirituel qui ferait palpiter le monde, vibrer les fibres de chaque homme et trembler les planches de chaque trône ; toujours inviolable par son épée, mais reine désormais par son clergé littéraire, par sa langue universelle au dix-neuvième siècle comme le latin l'était au douzième, par ses journaux, par ses livres, par son initiative centrale, par les sympathies, secrètes ou publiques, mais profondes, des nations, ayant ses grands écrivains pour papes, et quel pape qu'un Pascal ! ses grands sophistes pour antechrists, et quel antechrist qu'un Voltaire ! tantôt éclairant, tantôt éblouissant, tantôt embrasant le continent avec sa presse, comme le faisait Rome avec sa chaire, comprise parce qu'elle serait écoutée, obéie parce qu'elle serait crue, indestructible parce qu'elle aurait une racine dans le cœur de chacun, déposant des dynasties au nom de la liberté, excommuniant des rois de la grande communion humaine, dictant des chartes-évangiles, promulguant des brefs populaires, lançant des idées et fulminant des révolutions !

XVI

Récapitulons.

Il y a deux cents ans, deux états envahisseurs pressaient l'Europe.

En d'autres termes, deux égoïsmes menaçaient la civilisation.

Ces deux états, ces deux égoïsmes, étaient la Turquie et l'Espagne.

L'Europe s'est défendue.

Ces deux états sont tombés.

Aujourd'hui le phénomène alarmant se reproduit.

Deux autres états, assis sur les mêmes bases que les précédents, forts des mêmes forces et mus du même mobile, menacent l'Europe.

Ces deux états, ces deux égoïsmes, sont la Russie et l'Angleterre.

L'Europe doit se défendre.

L'ancienne Europe, qui était d'une construction compliquée, est démolie ; l'Europe actuelle est d'une forme plus simple. Elle se compose essentiellement de la France et de l'Allemagne, double centre auquel doit s'appuyer au nord comme au midi le groupe des nations.

L'alliance de la France et de l'Allemagne, c'est la constitution de l'Europe. L'Allemagne adossée à la France arrête la Russie ; la France amicalement adossée à l'Allemagne arrête l'Angleterre.

La désunion de la France et de l'Allemagne c'est la dislocation de l'Europe. L'Allemagne hostilement tournée vers la France laisse entrer la Russie ; la France hostilement tournée vers l'Allemagne laisse pénétrer l'Angleterre.

Donc, ce qu'il faut aux deux états envahisseurs, c'est la désunion de l'Allemagne et de la France.

Cette désunion a été préparée et combinée habilement en 1815 par la politique russe-anglaise.

Cette politique a créé un motif permanent d'animosité entre les deux nations centrales.

Ce motif d'animosité, c'est le don de la rive gauche du Rhin à l'Allemagne. Or cette rive gauche appartient naturellement à la France.

Pour que la proie fût bien gardée, on l'a donnée au plus jeune et au plus fort des peuples allemands, à la Prusse.

Le congrès de Vienne a posé des frontières sur les nations comme des harnais de hasard et de fantaisie, sans même les ajuster. Celui qu'on a mis alors à la France accablée, épuisée et vaincue est une chemise de gêne et de force ; il est trop étroit pour elle. Il la gêne et la fait saigner.

Grâce à la politique de Londres et de Saint-Pétersbourg, depuis vingt-cinq ans nous sentons l'ardillon de l'Allemagne dans la plaie de la France.

De là, en effet, entre les deux peuples, faits pour s'entendre et pour s'aimer, une antipathie qui pourrait devenir une haine.

Pendant que les deux nations centrales se craignent, s'observent et se menacent, la Russie se développe silencieusement, l'Angleterre s'étend dans l'ombre.

Le péril croît de jour en jour. Une sape profonde est creusée. Un grand incendie couve peut-être dans les ténèbres. L'an dernier, grâce à l'Angleterre, le feu a failli prendre à l'Europe.

Or qui pourrait dire ce que deviendrait l'Europe dans cet embrasement, pleine comme elle est d'esprits, de têtes et de nations combustibles?

La civilisation périrait.

Elle ne peut périr. Il faut donc que les nations centrales s'entendent.

Heureusement, ni la France ni l'Allemagne ne sont égoïstes. Ce sont deux peuples sincères, désintéressés et nobles, jadis nations de chevaliers, aujourd'hui nations de penseurs; jadis grands par l'épée, aujourd'hui grands par l'esprit. Leur présent ne démentira pas leur passé; l'esprit n'est pas moins généreux que l'épée.

Voici la solution : abolir tout motif de haine entre les deux peuples; fermer la plaie faite à notre flanc en 1815; effacer les traces d'une réaction violente; rendre à la France ce que Dieu lui a donné, la rive gauche du Rhin.

A cela deux obstacles.

Un obstacle matériel, la Prusse. Mais la Prusse comprendra tôt ou tard que, pour qu'un état soit fort il faut que toutes ses parties soient soudées entre elles; que l'homogénéité vivifie, et que le morcellement tue; qu'elle doit tendre à devenir le grand royaume septentrional de l'Allemagne; qu'il lui faut des ports libres, et que, si beau que soit le Rhin, l'Océan vaut mieux.

D'ailleurs, dans tous les cas, elle garderait la rive droite du Rhin.

Un obstacle moral, les défiances que la France inspire aux rois européens, par conséquent la nécessité apparente de l'amoindrir. Mais c'est là précisément qu'est le péril. On n'amoindrit pas la France, on ne fait que l'irriter. La France est dangereuse. Calme, elle procède par le progrès; courroucée, elle peut procéder par les révolutions.

Les deux obstacles s'évanouiront.

Comment? Dieu le sait. Mais il est certain qu'ils s'évanouiront.

Dans un temps donné, la France aura sa part du Rhin et ses frontières naturelles.

Cette solution constituera l'Europe, sauvera la sociabilité humaine et fondera la paix définitive.

Tous les peuples y gagneront. L'Espagne, par exemple qui est restée illustre, pourra redevenir puissante. L'Angleterre voudrait faire de l'Espagne le marché de ses produits, le point d'appui de sa navigation; la France voudrait faire de l'Espagne la sœur de son influence, de sa politique et de sa civilisation. Ce sera à l'Espagne de choisir : continuer de descendre, ou commencer à remonter; être une annexe à Gibraltar, ou être le contre-fort de la France.

L'Espagne choisira la grandeur.

Tel est, selon nous, pour le continent entier, l'inévitable avenir, déjà visible et distinct dans le crépuscule des choses futures.

Une fois le motif de haine disparu, aucun peuple n'est à craindre pour l'Europe. Que l'Allemagne hérisse sa crinière et pousse son rugissement vers l'orient : que la France ouvre ses ailes et secoue sa foudre vers l'occident. Devant le formidable accord du lion et de l'aigle, le monde obéira.

## XVII

Qu'on ne se méprenne pas sur notre pensée; nous estimons que l'Europe doit, à toute aventure, veiller aux révolutions et se fortifier contre les guerres, mais nous pensons en même temps que, si aucun incident hors des prévisions naturelles ne vient troubler la marche majestueuse du dix-neuvième siècle, la civilisation, déjà sauvée de tant d'orages et de tant d'écueils, ira s'éloignant de plus en plus chaque jour de cette Charybde qu'on appelle guerre et de cette Scylla qu'on appelle révolution.

Utopie, soit. Mais, qu'on ne l'oublie pas, quand elles vont au même but que l'humanité, c'est-à-dire vers le bon, le juste et le vrai, les utopies d'un siècle sont les faits du siècle suivant. Il y a des hommes qui disent : *Cela sera*; et il y a d'autres hommes qui disent : *Voici comment*. La paix perpétuelle a été un rêve jusqu'au jour où le rêve s'est fait chemin de fer et a couvert la terre d'un réseau solide, tenace et vivant. Watt est le complément de l'abbé de Saint-Pierre.

Autrefois, à toutes les paroles des philosophes, on s'écriait : *Songes et chimères qui s'en iront en fumée.* — Ne rions plus de la fumée; c'est elle qui mène le monde.

Pour que la paix perpétuelle fût possible et devînt de théorie réalité, il fallait deux choses : un véhicule pour le service rapide des intérêts, et un véhicule pour l'échange rapide des idées; en d'autres termes, un mode de transport uniforme, unitaire et souverain, et une langue générale. Ces deux véhicules, qui tendent à effacer les frontières des empires et des intelligences, l'univers les a aujourd'hui; le premier, c'est le chemin de fer; le second, c'est la langue française.

Tels sont au dix-neuvième siècle, pour tous les peuples en voie de progrès, les deux moyens de communication, c'est-à-dire de civilisation, c'est-à-dire de paix. On va en wagon et l'on parle français.

Le chemin de fer règne par la toute-puissance de sa

rapidité; la langue française par sa clarté, ce qui est la rapidité d'une langue, et par la suprématie sérieuse de sa littérature.

Détail remarquable, qui sera presque incroyable pour l'avenir, et qu'il est impossible de ne pas signaler en passant; de tous les peuples et de tous les gouvernements qui se servent aujourd'hui de ces deux admirables moyens de communication et d'échange, le gouvernement de la France est celui qui paraît s'être le moins rendu compte de leur efficacité. A l'heure où nous parlons, la France a à peine quelques lieues de chemin de fer. En 1837, on a donné un petit railway comme un joujou à ce grand enfant qui se nomme Paris; et pendant quatre ans on s'en est tenu là. Quant à la langue française, quant à la littérature française, elle brille et resplendit pour tous les gouvernements et pour toutes les nations, excepté pour le gouvernement français. La France a eu et la France a encore la première littérature du monde. Aujourd'hui même, nous ne nous lasserons pas de le répéter, notre littérature n'est pas seulement la première; elle est la seule. Toute pensée qui n'est pas la sienne s'est éteinte; elle est plus vivante et plus vivace que jamais. Le gouvernement actuel semble l'ignorer, et se conduit en conséquence; et c'est là, nous le lui disons avec une profonde bienveillance et une sincère sympathie, une des plus grandes fautes qu'il ait commises depuis onze ans. Il est temps qu'il ouvre les yeux; il est temps qu'il se préoccupe, et qu'il se préoccupe sérieusement, des nouvelles générations, qui sont littéraires aujourd'hui comme elles étaient militaires sous l'empire. Elles arrivent sans colère, parce qu'elles sont pleines de pensées, elles arrivent la lumière à la main; mais, qu'on y songe, nous l'avons dit tout à l'heure en d'autres termes, ce qui peut éclairer peut aussi incendier. Qu'on les accueille donc et qu'on leur donne leur place. L'art est un pouvoir; la littérature est une puissance. Or il faut respecter ce qui est pouvoir, et ménager ce qui est puissance.

Reprenons. Dans notre pensée donc, si l'avenir amène ce que nous attendons, les chances de guerre et de révolution iront diminuant de jour en jour. A notre sens, elles ne disparaîtront jamais tout à fait. La paix universelle est une hyperbole dont le genre humain suit l'asymptote.

Suivre cette radieuse asymptote, voilà la loi de l'humanité. Au dix-neuvième siècle toutes les nations y marchent ou y marcheront, même la Russie, même l'Angleterre.

Quant à nous, à la condition que l'Europe centrale fût constituée comme nous l'avons indiqué plus haut, nous sommes de ceux qui verraient sans jalousie et sans inquiétude la Russie, que le Caucase arrête en ce moment, faire le tour de la mer Noire, ces autres jadis les turcs, ces autres hommes du nord, arriver à Constantinople par l'Asie Mineure. Nous l'avons dit, la Russie est mauvaise à l'Europe et bonne à l'Asie. Pour nous elle est obscure, pour l'Asie elle est lumineuse; pour nous elle est barbare, pour l'Asie elle est chrétienne. Les peuples ne sont pas tous éclairés au même degré et de la même façon; il fait nuit en Asie, il fait jour en Europe. La Russie est une lampe.

Qu'elle se tourne donc vers l'Asie, qu'elle y répande ce qu'elle a de clarté, et, l'empire ottoman écroulé, grand fait providentiel qui sauvera la civilisation, qu'elle rentre en Europe par Constantinople. La France rétablie dans sa grandeur verra avec sympathie la croix grecque remplacer le croissant sur le vieux dôme byzantin de Sainte-Sophie. Après les turcs, les russes; c'est un pas.

Nous croyons que le noble et pieux empereur qui conduit, au moment où nous sommes, tant de millions d'habitants vers de si belles destinées, est digne de faire ce grand pas; et, quant à nous, nous le lui souhaitons sincèrement. Mais, qu'il y songe, le traitement cruel qu'a subi la Pologne peut être un obstacle à son peuple dans le présent et une objection à sa gloire devant la postérité. Le cri de la Grèce a soulevé l'Europe contre la Turquie. Ceci est pour l'empire. Le Palatinat a terni Turenne. Ceci est pour l'empereur.

Quand on approfondit le rôle que joue l'Angleterre dans les affaires universelles et en particulier sa guerre tantôt sourde, tantôt flagrante, mais perpétuelle, avec la France, il est impossible de ne pas songer à ce vieil esprit punique qui a si longtemps lutté contre l'antique civilisation latine. L'esprit punique, c'est l'esprit de marchandise, l'esprit d'aventure, l'esprit de navigation, l'esprit de lucre, l'esprit d'égoïsme, et puis c'est autre chose encore, c'est l'esprit punique. L'histoire le voit poindre au fond de la Méditerranée, en Phénicie, à Tyr et à Sidon. Il est antipathique à la Grèce, qui le chasse. Il part, longe la côte d'Afrique, y fonde Carthage, et de là cherche à entamer l'Italie. Scipion le combat, en triomphe, et croit l'avoir détruit. Erreur! le talon du consul n'a écrasé que des murailles; l'esprit punique a survécu. Carthage n'est pas morte. Depuis deux mille ans elle rampe autour de l'Europe. Elle s'est d'abord installée en Espagne, où elle semble avoir retrouvé dans sa mémoire le souvenir phénicien du *monde perdu*; elle a été chercher l'Amérique à travers les mers, s'en est emparée, et, nous avons vu comment, crénelée dans la péninsule espagnole, elle a saisi un moment l'univers entier. La providence lui a fait lâcher prise. Maintenant elle est en Angleterre; elle a de nouveau enveloppé le monde, elle le tient, et elle menace l'Europe. Mais, si Carthage s'est déplacée, Rome s'est déplacée aussi. Carthage l'a retrouvée vis-à-vis d'elle, comme jadis, sur la rive opposée. Autrefois Rome s'appelait *Urbs*, surveillait la Méditerranée et regardait l'Afrique; aujourd'hui Rome se nomme Paris, surveille l'Océan et regarde l'Angleterre.

Cet antagonisme de l'Angleterre et de la France est si frappant, que toutes les nations s'en rendent compte. Nous venons de le représenter par Carthage et Rome; d'autres l'ont exprimé différemment, mais toujours d'une manière frappante et en quelque sorte visible. *L'Angleterre est le chat*, disait le grand Frédéric, *la France est le chien. En droit*, dit le légiste Houard, *les anglais sont des juifs, les français des chrétiens.* Les sauvages mêmes semblent sentir vaguement cette profonde antithèse des deux grandes nations policées. *Le Christ*, disent les indiens de l'Amérique, *était un français que les anglais crucifièrent à Londres. Ponce-Pilate était un officier au service de l'Angleterre.*

Eh bien, notre foi à l'inévitable avenir est si religieuse, nous avons pour l'humanité de si hautes ambitions et de si fermes espérances, que, dans notre conviction, Dieu ne peut manquer un jour de détruire, en ce qu'il a de pernicieux du moins, cet antagonisme des deux peuples, si radical qu'il semble et qu'il soit.

Infailliblement, ou l'Angleterre périra sous la réaction formidable de l'univers, ou elle comprendra que le temps des Carthages n'est plus. Selon nous, elle comprendra. Ne fût-ce qu'au point de vue de la spéculation, la foi punique est une mauvaise enseigne; la perfidie est un fâcheux prospectus. Prendre constamment en traître l'humanité entière, c'est dangereux; n'avoir jamais qu'un vent dans sa voile, son intérêt propre, c'est triste; toujours venir en aide au fort contre le faible, c'est lâche; railler sans cesse ce qu'on appelle la *politique sentimentale*, et ne jamais rien donner à l'honneur, à la gloire, au dévouement, à la sympathie, à l'amélioration du sort d'autrui, c'est un petit rôle pour un grand peuple. L'Angleterre le sentira.

Les iles sont faites pour servir les continents, non pour les dominer; les navires sont faits pour servir les villes, qui sont le premier chef-d'œuvre de l'homme, le navire n'est que le second. La mer est un chemin, non une patrie. La navigation est un moyen, non un but; surtout elle n'est pas son propre but à elle-même. Si elle ne porte pas la civilisation, que l'océan l'engloutisse.

Que le réseau des innombrables sillages de toutes les marines se joigne et se soude bout à bout au réseau de tous les chemins de fer pour continuer sur l'océan l'immense circulation des intérêts, des perfectionnements et des idées; que par ces mille veines la sociabilité européenne se répande aux extrémités de la terre, que l'Angleterre même ait la première de ces marines pourvu que la France ait la seconde, rien de mieux. De cette façon l'Angleterre suivra sa loi tout en suivant la loi générale. De cette façon, le principe vivifiant du globe sera représenté par trois nations, l'Angleterre, qui aura l'activité commerciale, l'Allemagne, qui aura l'expansion morale, la France, qui aura le rayonnement intellectuel.

On le voit, notre pensée n'exclut personne. La providence ne maudit et ne déshérite aucun peuple. Selon nous, les nations qui perdent l'avenir le perdent par leur faute.

Désormais, éclairer les nations encore obscures, ce sera la fonction des nations éclairées. Faire l'éducation du genre humain, c'est la mission de l'Europe.

Chacun des peuples européens devra contribuer à cette sainte et grande œuvre dans la proportion de sa propre lumière. Chacun devra se mettre en rapport avec la portion de l'humanité sur laquelle il peut agir. Tous ne sont pas propres à tout.

La France, par exemple, saura mal coloniser et n'y réussira qu'avec peine. La civilisation complète, à la fois délicate et pensive, humaine en tout, et, pour ainsi parler, à l'excès, n'a absolument aucun point de contact avec l'état sauvage. Chose étrange à dire et bien vraie pourtant, ce qui manque à la France en Alger, c'est un peu de barbarie. Les turcs allaient plus vite, plus sûrement et plus loin; ils savaient mieux couper des têtes.

La première chose qui frappe le sauvage, ce n'est pas la raison, c'est la force.

Ce qui manque à la France, l'Angleterre l'a; la Russie également.

Elles conviennent pour le premier travail de la civilisation; la France pour le second. L'enseignement des peuples a deux degrés, la colonisation et la civilisation. L'Angleterre et la Russie coloniseront le monde barbare; la France civilisera le monde colonisé.


XVIII

Qu'on nous permette en terminant de déplacer un peu, pour donner passage à une réflexion dernière, le point de vue spécial d'où cet aperçu a été consciencieusement tracé. Si grandes et si nobles que soient les idées qui font les nationalités et qui groupent les continents, on sent pourtant, quand on les a parcourues, le besoin de s'élever encore plus haut et d'aborder quelqu'une de ces lois générales de l'humanité qui régissent aussi bien le monde moral que le monde matériel, et qui fécondent, en s'y superposant çà et là, les idées nationales et continentales.

Rien dans ce que nous allons dire ne dément et n'infirme, tout au contraire corrobore ce que nous venons de dire dans les pages qu'on a lues. Seulement nous embrassons cela et autre chose encore. C'est, avant de finir, un dernier conseil qui s'adresse aux esprits spéculatifs et métaphysiques aussi bien qu'aux hommes pratiques. En montant d'idée en idée nous sommes arrivé au sommet de notre pensée; c'est, avant de redescendre, un dernier coup d'œil sur cet horizon élargi. Rien de plus.

Autrefois, du temps où vivaient les antiques sociétés, le midi gouvernait le monde, et le nord le bouleversait; de même, dans un ordre de faits différent, mais parallèle, l'aristocratie, riche, éclairée et heureuse, menait l'état, et la démocratie, pauvre, sombre et misérable, le troublait. Si diverses que soient en apparence, au premier coup d'œil, l'histoire extérieure et l'histoire intérieure des nations depuis trois mille ans, au fond de ces deux histoires il n'y a qu'un seul fait, la lutte du malaise contre le bien-être. A de certains moments les peuples mal situés dérangent l'ordre européen, les classes mal partagées dérangent l'ordre social. Tantôt l'Europe, tantôt l'état, sont brusquement et violemment attaqués, l'Europe par ceux qui ont froid, l'état par ceux qui ont faim, c'est-à-dire l'une par le nord, l'autre par le peuple. Le nord procède par invasions, et le peuple par révolutions. De là vient qu'à de certaines époques la civilisation s'affaisse et disparait momentanément sous d'effrayantes irruptions de barbares, venant les unes du dehors, les autres du dedans ; les unes accourant vers le midi du fond du continent, les autres montant vers le pouvoir du bas de la société. Les intervalles qui séparent ces grandes, et disons-le, ces fécondes quoique douloureuses catastrophes, ne sont autre chose que la mesure de la patience humaine marquée par la providence dans l'histoire. Ce sont des chiffres posés là pour aider à la solution de ce sombre problème : Combien de temps une portion de l'humanité peut-elle supporter le froid ? Combien de temps une portion de la société peut-elle supporter la faim ?

Aujourd'hui pourtant il semble s'être révélé une loi nouvelle, qui date, pour le premier ordre de faits, de l'abaissement de la monarchie espagnole, et, pour le second, de la transformation de la monarchie française. On dirait que la providence, qui tend sans cesse vers l'équilibre et qui corrige par des amoindrissements continuels les oscillations trop violentes de l'humanité, veut peu à peu retirer aux régions extrêmes dans l'Europe et aux classes extrêmes dans l'état cet étrange droit de voie de fait qu'elles s'étaient arrogé jusqu'ici, les unes pour tyranniser et pour exclure, les autres pour agiter et pour détruire. Le gouvernement du monde semble appartenir désormais aux régions tempérées et aux classes moyennes. Charles-Quint a été le dernier grand représentant de la domination méridionale, comme Louis XIV le dernier grand représentant de la monarchie exclusive. Cependant, quoique le midi ne règne plus sur l'Europe, quoique l'aristocratie ne règne plus sur la société, ne l'oublions pas, les classes moyennes et les nations intermédiaires ne peuvent garder le pouvoir qu'à la condition d'ouvrir leurs rangs. Des masses profondes sommeillent et souffrent dans les régions extrêmes et attendent, pour ainsi dire, leur tour. Le nord et le peuple sont les réservoirs de l'humanité. Aidons-les à s'écouler tranquillement vers les lieux, vers les choses et vers les idées qu'ils doivent féconder. Ne les laissons pas déborder. Offrons, à la fois par prudence et par devoir, une issue large et pacifique aux nations mal situées vers les zones favorisées du soleil, et aux classes mal partagées vers les jouissances sociales. Supprimons le malaise partout ; ce sera supprimer les causes de guerres dans le continent et les causes de révolutions dans l'état. Pour la politique intérieure comme pour la politique extérieure, pour les nations entre elles comme pour les classes dans le pays, pour l'Europe comme pour la société, le secret de la paix est peut-être dans un seul mot : donner au nord sa part de midi, et au peuple sa part de pouvoir.

Paris, écrit en juillet 1841.

# TABLE

PRÉFACE . . . . . . . . . . . . . . . . .   5

## 1838

### LETTRE I

#### DE PARIS A LA FERTÉ-SOUS-JOUARRE

Départ de Paris. — Le coteau de S.-P. — Prouesses des démolisseurs. — Nanteuil-le-Haudouin. — Villers-Cotterets. — Les 1,600 curiosités de Dammartin. — Dieu offre la diligence à qui perd son cabriolet. — La Ferté-sous-Jouarre. — Un épicier héritier du duc de Saint-Simon. — Aspect de la campagne. — Le voyageur raconte ses goûts. — Le bossu et le gendarme. — Pourquoi un homme est un brave. — Pourquoi le même homme est un lâche. — La peau et l'habit. — 1814 et 1830. — Meaux. — Un fort bel escalier. — La cathédrale de Bossuet. — Meaux a eu un théâtre avant Paris. — Pourquoi les gens de Meaux ont pendu le diable. — Comment une reine s'y prend pour faire entrer un roi dans le paradis . . . . . . . . . . . . . . .   9

### LETTRE II

#### MONTMIRAIL. — MORMONT. — ÉPERNAY

Montmirail. — *Nos patriam fugimus, nos dulcia linquimus arva.* — Champ de bataille de Montmirail. — Soleil couché. — Napoléon disparu. — Le voyageur parle des ormes. — Le château de Montmort. — Comment le voyageur éblouit M<sup>lle</sup> Jeannette. — Route de nuit dans les bois. — Épernay. — Les trois églises; Thibaut I<sup>er</sup>, Pierre Strozzi, Poterlet-Galichet. — Odry apparaît à l'auteur dans l'église d'Épernay. — Comme quoi le voyageur aime mieux regarder des coquelicots et des papillons que quinze cent mille bouteilles de vin de Champagne. — Pilogène et Phyotrix. — De quoi on riait au seizième siècle . . . . . . . . . .  12

### LETTRE III

#### CHALONS. — SAINTE-MENEHOULD. — VARENNES

Le voyageur fait son entrée à Varennes. — Place où Louis XVI fut arrêté. — Ce qu'on raconte dans le pays. — Comment s'appelait l'homme qui avait en 1791 l'âme de Judas. — Rapprochements sinistres. — Les lieux ont parfois la figure des faits. — Varennes est près de Reims. — L'auberge du *Grand Monarque.* — Ce que dit l'enseigne. — Ce que dit l'hôte. — L'église de Varennes. — Ce qu'on trouve dans les paysages de Champagne. — Châlons. — La cathédrale. — Notre-Dame. — Le guetteur. — Le voyageur dit des choses très risquées à propos d'un petit garçon fort laid qui est dans un clocher. — Les autres églises de Châlons. — L'hôtel de ville. — Quels sont les animaux assis devant la façade. — Notre-Dame de l'Épine. — Le puits miraculeux. — Familiarité du télégraphe avec Notre-Dame. — Un orage. — Sainte-Menehould. — Beautés épiques de la cuisine de l'*hôtel de Metz*. — L'oiseau endormi. — Éloge des femmes à propos des auberges. — Paysages. — Hymne à la Champagne . . . . . . . . . . . . . . . . . . . . 14

## LETTRE IV

### DE VILLERS-COTTERETS A LA FRONTIÈRE.

Le dernier calembour de Louis XVIII. — Dangers qu'on peut courir dans un tire-bottes. — La plaine de Soissons vue le soir. — Le voyageur regarde les étoiles. — Celui qui passe contemple ce qui demeure. — I. C. — Soissons. — Phrase de César. — Mot de Napoléon. — Silhouette de Saint-Jean-des-Vignes. — Le voyageur voit une voyageuse. — Sombre rencontre. — Vénus. — Paysage crépusculaire. — Ce qu'on voit de Reims en malle-poste. — La Champagne parfaitement pouilleuse. — Rethel. — Où donc est la forêt des Ardennes? — De qui le déboisement est fils. — Mézières. — Ce qu'on y cherche. — Ce qu'on y trouve. — Le miracle de la bombe. — Comment un dieu devient un saint. — Sedan. — Le voyageur se recueille et cherche des choses dans son esprit. — Une médiocre statue au lieu d'un beau château. — Sedan y perd. — Turenne n'y gagne pas. — Aucune trace de sanglier des Ardennes. — Cinq lieues à pied. — Un peu de Meuse. — On court après un verre d'eau, on tombe sur un saucisson. — Un goîtreux. — Charleville. — La place ducale et la place royale. — Rocroy. — Les dialogues nocturnes qu'on entend en diligence. — Un carillon se mêle à la conversation, dans la bonne et évidente intention de désennuyer le voyageur. — Entrée à Givet . . . . . . . . . . . . 20

## LETTRE V

### GIVET

Les deux Givet. — Dissertation sur les architectes et les cruches à propos des clochers flamands. — Givet le soir. — Paysage. — La tour du petit Givet. — *Jose Gutierez*. — Ce qu'on peut voir sur l'impériale de la diligence Van Gend . . . . . . . . . . . . . . . . . . . . . . . . 26

## LETTRE VI

### LES BORDS DE LA MEUSE. — DINANT. — NAMUR

Paysage de la Meuse. — La Lesse. — La roche à Bayard. — Dinant. — Choses inconvenantes que fait une petite bonne femme en terre cuite. — Encore les clochers, les cruches et les architectes. — Châteaux ruinés. — Prière des morts aux vivants. — Idées que les belles filles perchées sur les arbres donnent aux voyageurs juchés sur les impériales. — Souvenirs poétiques à propos de Namur et du prince d'Orange. — Ce qu'enseignent les enseignes. . . . . . . . . . 28

## LETTRE VII

### LES BORDS DE LA MEUSE. — HUY. — LIÉGE

Les beaux arbres et les beaux rochers. — Louange à Dieu, blâme à l'homme. — Sanson. — Andennes. — Le voyageur donne un sage conseil à M. le curé de Selayen. — Huy. — Coin de terre curieux où l'on récolte du vin belge fait avec du raisin. — Aspect du pays. — Tableaux flamands. — Approches de Liége. — Figure extraordinaire et effrayante que prend le paysage à la nuit tombée. — Ce que l'auteur voit eût semblé à Virgile le Tartare et à Dante l'Enfer. — Liége. — Ville qui ne ressemble à aucune autre. — Il y a des gens qui y lisent le *Constitutionnel*. — Les églises. — Saint-Paul. Saint-Jean. Saint-Hubert. Saint-Denis. — Le palais des princes évêques. — Admirable cour. — Maison de justice, marché et prison. — Le bourgeois voltairien a trop d'esprit; le bourgeois utilitaire est trop bête. — Estampes en l'honneur des alliés de 1814. — Désastre de notre grammaire et massacre de notre orthographe. . . . . . . . 30

## LETTRE VIII

### LES BORDS DE LA VESDRE. — VERVIERS

Le voyageur apaise une querelle en se sacrifiant et en se satisfaisant. — Paysage de la Vesdre. — Églogues. — Les vers d'Ovide mis en scène par le bon Dieu. — Quartiers de rochers qui pleuvent. — Ne traversez pas une idylle dans laquelle on fait un chemin de fer. — Verviers. — Les trois quartiers de Verviers. — Le marmot et la pipe. — Malheureuse ville si les cheminées y fument comme les enfants. — Limbourg. — La douane, la guérite, la frontière. . . . 34

## LETTRE IX

### AIX-LA-CHAPELLE. — LE TOMBEAU DE CHARLEMAGNE

Tout ce qu'est Aix-la-Chapelle. — Charlemagne y est né et y est mort. — La Chapelle. — Architecture du portail, à laquelle l'auteur mêle une parenthèse. — Légende du diable qui est moins bête que les bourgeois et du moine qui a plus d'esprit que le diable. — La parenthèse se ferme et la Chapelle se rouvre. — Aspect de l'église. — Ensemble. — Détail. — Le tombeau de Charlemagne. — L'auteur invective le système décimal. — Tout ce qu'il y a dans l'armoire. Éblouissement et admiration. — Où sont les trois couronnes de Charlemagne. — Autres trésors. — La chaire. — Le chœur. — L'orgue. — L'aigle d'Othon III. — Le cœur de M. Antoine Berdolet. — Destinée des sarcophages. — Les empereurs ne gardent rien, pas même un tombeau. — Charlemagne prend son sarcophage à Auguste. — Barberousse prend sa chaise à Charlemagne. — Le Hochmunster. — Le fauteuil de marbre. — Comment était Charlemagne dans le sépulcre. — Proclamation de Barberousse. — Mort de Barberousse. — Bruits qui courent sur son compte depuis six cents ans. — Visite de l'empereur en 1804. — Napoléon devant le fauteuil de Charlemagne. — Visite des empereurs et des rois alliés en 1814. — Rapprochements. — De qui l'auteur tient tous ces détails. — Le sapeur du 36e régiment. — Les chats-moines. — Ne riez pas des noms populaires avant d'avoir examiné les noms aristocratiques. — L'hôtel de ville. — La tour de Granus. — Rêverie crépusculaire. . 35

## LETTRE X

### COLOGNE

Tout ce que l'auteur n'a pas vu à Cologne. — Droits régaliens des uniformes bleus avec collet orange sur les valises et sacs de nuit. — Qu'à Cologne il ne faut pas se loger à Cologne. — Le voyageur va au hasard. — Rencontre d'un poëte et d'une tour. — Le brin d'herbe ronge les cathédrales. — Apparition du Dôme de Cologne au crépuscule. — Un paysage rétrospectif. — Le voyageur regarde en arrière et ne pousse aucun cri d'admiration. — Effets de jupons courts. — Description d'un musicien. — Description d'un chasseur. — Les quatre dieux G. — Pourquoi on paye si cher à l'*hôtel de l'Empereur* d'Aix-la-Chapelle. — L'auteur se voit aux vitres d'un libraire et donne sa malédiction à toutes les caricatures qu'on vend comme étant ses portraits. — L'auteur dit un mal affreux des éditeurs qui publient ce livre. — Grandeur des serviettes en Allemagne. — Immensité des draps. — Quelques détails touchant les hôtelleries. — Grattez le français, vous trouvez l'allemand. — Seconde visite à la cathédrale. — Cruelle extrémité où sont réduits aujourd'hui les va-nu-pieds. — Intérieur de l'église. — Impression désagréable et singulière. — Mariage mal assorti du tapage et du recueillement. — Les verrières. — A quoi sert un rayon de soleil. — *Comes Emundus*. — L'auteur fait le pédant. — L'auteur se livre à sa manie et examine chaque pierre de l'église. — Ce qui empêche l'archevêque de Cologne de cacher son âge. — Importance et beauté du chœur. — Détail. — L'auteur ne laisse pas échapper l'occasion de se faire des ennemis de tous les bedeaux, custodes, marguilliers et sacristains de Cologne. — Le tombeau des trois mages. — Néant des choses à propos d'un clou dans un pavé. — Il ne reste de l'épitaphe et du blason de Marie de Médicis que de quoi déchirer la botte de l'auteur. — Le Logis d'Ibach, Sterngasse, no 10. — L'auteur saisit avec empressement l'occasion de se faire un ennemi irréconciliable de l'architecte actuel de la cathédrale de Cologne. — L'hôtel de ville. — Mode particulier de croissance et de végétation des hôtels de ville. — Comment est construite la maison de ville de Cologne. — Vérités. — L'auteur, pouvant se faire un ennemi mortel de l'architecte actuel de l'Hôtel de Ville de Paris, n'a garde d'en négliger l'occasion. — Qu'avait donc fait Corneille à ce monsieur qui a vécu, à ce qu'il paraît, dans ces derniers temps, et qu'on appelait M. Andrieux? — Le voyageur au haut du beffroi. — Cologne à vol d'oiseau. — Vingt-sept églises. — L'auteur considère un porche avec amour, comme il sied de considérer les porches. — Après un porche, un porc. — Un porc-épique. — La grande harangue du petit vieillard. — ... nous aime, j'ai presque dit nous attend. — L'auteur prend la liberté de refaire la vignette que M. Jean-Marie Farina colle sur ses boîtes d'eau admirable de Cologne. . . . . . 43

## LETTRE XI

### A PROPOS DE LA MAISON IBACH

Philosophie. — Comment les causes se comportent pour produire les effets. — Curiosités du hasard. — Leçons de la providence. — Chaos d'où se dégage un ordre profond et effrayant. — Rapprochements. — Éclairs inattendus et jaillissants. — Un reproche au roi Charles Ier. — Une question sur Marie de Médicis. — Louis XIV. — Grande figure dans une gloire . . . . . . . . . . . . . . . . . 52

## LETTRE XII

### A PROPOS DU MUSÉE WALLRAF

Biographie, monographie et épopée du pourboire. — L'estafier. — Le conducteur. — Le postillon. — Le grand drôle. — L'autre drôle. — Le brouetteur. — Celui qui a apporté les effets. — La vieille femme. — Le tableau, le rideau, le bedeau. — L'individu grave et triste. — Le custode. — Le suisse. — Le sacristain. — La face qui apparaît au judas. — Le sonneur. — L'être importun qui vous coudoie. — L'explicateur. — Le baragouin. — La fabrique. — Le jeune gaillard. — Encore le bedeau. — Encore l'estafier. — Le domestique. — Le garçon d'écurie. — Le facteur. — Le gouvernement. — « N'oubliez pas que tout pourboire doit être au moins une pièce d'argent. » . . . . . . . . . . . . . . 54

## LETTRE XIII

### ANDERNACH

Le voyageur se met à la fenêtre. — Il caractérise d'un mot profond la magnifique architecture de la barrière du Trône à Paris. — A quoi bon avoir été l'empereur Valentinien? — Quand on rencontre un bossu souriant, faut-il dire *quoique* ou *parce que*? — Un rêve trouvé en marchant la nuit dans les champs. — Paysages qui se déforment au crépuscule. — La pleine lune. — Qu'est-ce qu'on voit donc là-bas? — Le bloc mystérieux au haut de la colline. — Le voyageur y va. — Ce que c'était. — Le voyageur frappe à la porte. — S'il y a quelqu'un, il ne répond pas. — *L'armée de Sambre-et-Meuse à son général*. — Hoche, Marceau, Bonaparte. — Dans quelle chambre le voyageur entre. — Ce que lui montre le clair de lune. — Il regarde dans le trou où pend un bout de corde. — Ce qu'il croit entendre dire à une voix. — Il retourne à Andernach. — Le voyageur déclare que les touristes sont des niais. — Les beautés d'Andernach révélées. — L'église byzantine. — Attention que prêtaient à un verset de Job quatre enfants et un lapin. — L'église gothique. — Ce que les chevaux prussiens demandent à la sainte vierge. — La tour vedette. — L'auteur dit quelques paroles à une fée. . . . . . . . . . . . . . . . . . . . . . . . . 56

## LETTRE XIV

### LE RHIN

Diverses déclarations d'amour à des choses de la création. — L'auteur cite Boileau. — Groupe de tous les fleuves. — Histoire. — Les volcans. — Les celtes. — Les romains. — Les colonies romaines. — Quelles ruines il y avait sur le Rhin il y a douze cents ans. — Charlemagne. — Fin du Rhin historique. — Commencement du Rhin fabuleux. — Mythologie gothique. — Fourmillement des légendes. — Le hideux et le charmant mêlés sous mille formes dans une lueur fantastique. — Dénombrement des figures chimériques. — Les fables pâlissent; le jour se fait; l'histoire reparait. — Ce que font quatre hommes assis sur une pierre. — Rhens. — Triple naissance de trois grandes choses presque au même lieu et au même moment. — Le Rhin religieux et militaire. — Les princes ecclésiastiques composés des mêmes éléments que le pape. — Qui se développe empiète. — Les comtes palatins protestent par le moyen des comtesses palatines. — Établissement des ordres de chevalerie. — Naissance des villes marchandes. — Brigands gigantesques du Rhin. — Les Burgraves. — Ce que font pendant ce temps-là les choses invisibles. — Jean Huss. — Doucin. — Un fait naît à Nuremberg. — Un autre fait naît à Strasbourg. — La face du monde va changer. — Hymne au Rhin. — Ce que le Rhin était pour Homère, — pour Virgile, — pour Shakespeare. — Ce qu'il est pour nous. — A qui il est. — Souvenirs historiques. — Pépin le Bref. — L'empire de Charlemagne comparé à l'empire de Napoléon. — Explication de la façon dont s'est disloqué, de siècle en siècle et lambeau par lambeau, l'empire de Charlemagne. — Comment Napoléon disposa du Rhin dans la partie qu'il jouait. — Récapitulation. — Les quatre phases du Rhin. — Le Rhin symbolique. — A quel grand fait il ressemble.. 60

## LETTRE XV

### LA SOURIS

D'où viennent les nuées du ciel et les sourires des femmes. — Un tableau. — Velmich. — L'auteur recueille une foule de mauvais propos touchant une ruine qui fait beaucoup jaser sur son compte. — Une sombre aventure. — Maxime générale : ne demandez pas une cloche, quand elle est d'argent, à celui qui l'a volée, quand il est prince. — Ce que c'est que la montagne voisine. — A quoi songeait le congrès, en 1815, de donner aux borusses le pays des ubiens? — Le voyageur monte l'escalier qu'on ne monte plus. — Un paysage du Rhin à vol d'oiseau. — Le voyageur réclame et demande quelques spectres de bonne volonté. — Il ne réussit qu'à se faire siffler. — Intérieur de la ruine mal famée. — Description minutieuse. — Quatre pages d'un portefeuille. — *Phœdovius* et *Kutorga*. — *Die Mause*. — Que tous les chats ne mangent pas toutes les souris. — Le voyageur marche sur l'herbe épaisse, ce qui lui rappelle des choses passées. — Il rencontre le génie familier du lieu, lequel ne lui montre aucune méchante humeur . . . . . . . . . . . . . . . 67

## LETTRE XVI

### A TRAVERS CHAMPS

Il arrive au voyageur des choses effrayantes et surnaturelles. — Grimace que fait le géant. — Où l'on voit que les âmes ne dédaignent pas le bon vin. — Férocité des lois de Nassau. — Le voyageur ne sait plus où il est. — Il s'assied n'importe où, avec une montagne sur sa tête et un nuage sous ses pieds. — Il voit la grande chauve-souris invisible. — Quatre lignes que ne comprendront pas ceux qui ne connaissent point Albert Durer. — Un trou se fait sous ses pieds. — Ce qu'il y voit . . . . . . . . . . . . . . . . . 70

## LETTRE XVII

### SAINT GOAR

*Gasthaus zur Lilie.* — Où il faut se placer pour voir les soldats de M. de Nassau. — Hymne aux marmots teutons. — Il faut que M. de Nassau ait besoin de quatre florins. — *Die Katz.* — Böhdan Chmielnicki. — Trois pages sur le chat. — Un mot sur le chien. — L'auteur cherche à faire du tort à un écho. — Lurley. — Où le lecteur apprend ce que c'était qu'une galère de Malte. — Chose que les habitants dédaignent et que doivent rechercher les voyageurs. — La Vallée-Suisse. — Figures de Rome, de la Grèce et de l'Inde qui apparaissent à l'auteur dans ce pays des barbares. — Le Reichemberg. — Histoire de la petite fée grosse comme une sauterelle et du géant qui croit avoir sur son dos un nid de diables. — Pourquoi on est forcé d'apporter son rasoir à Bacharach. — Le Rheinfels. — Ici l'auteur explique pour qui les bombes et les boulets ont des façons polies et courtoises. — Considérations philosophiques sur le mille prussien, l'heure de marche turque et la *legua* d'Espagne. — Oberwesel. — Les sept filles changées en rochers. — Le voyageur rencontre et décrit en entomologiste profond la plus grande des araignées d'eau. — Souper allemand compliqué d'un hussard français . . 72

## LETTRE XVIII

### BACHARACH

Les harmonies des vieilles femmes et des rouets. — Bacharach. — Bric-à-brac. — Les girouettes et les tourelles. — Les goitreux et les jolies filles. — L'auteur plongé dans l'admiration. — Une des malices que Sibo de Lorch faisait aux gnomes. — A ville sévère paysage féroce. — L'auteur laisse entrevoir sa haine pour les façades blanches à contrevents verts. — Il appelle effroyable ce qu'il trouve admirable. — Où diable une marchande de modes va-t-elle se nicher? — L'auteur se souvient de ce que Thésée dit au lion dans le *Songe d'une nuit d'été.* — Le *Wildes Gefæhrt.* — Les grâces de Bacharach. — Quatre mots sur Frédéric II. — Effet que fait un voyageur aux gens de Bacharach. — L'Europe, la civilisation et le dix-neuvième siècle accrochés à un clou dans un cabinet. — Symptômes graves. — Ce que c'était que cette chose gaie, jolie et charmante que l'auteur avait sous sa croisée. — Saint-Werner. . . . . . . . . . . 78

# TABLE.

## LETTRE XIX

### FEUER! FEUER!

Comment on est réveillé à Bacharach. — Comment on est réveillé à Lorch. — L'Échelle du Diable. — Gilgen. — La fée Ave. — Le chevalier Heppius. — L'auteur va en Chine. — L'auteur recommande Lorch aux ivrognes. — Comment il se fait qu'une feuille de papier blanc devient rouge. — L'auteur ouvre sa croisée. — Effrayant spectacle qu'il voit. — *Feuer! feuer!* — Silhouettes de gens en chemise. — L'auteur monte dans le grenier. — Le spectacle reste effrayant et devient magnifique. — L'auteur assiste à la plus éternelle de toutes les luttes et au plus ancien de tous les combats. — Paysage vu à travers cela. — Grande chose pleine de petites, comme toutes les grandes choses. — Feux de veuve. — Croisées qui s'ouvrent et qui se ferment. — Les flammes bleues. — Les poutres qui se dandinent. — Le papier à fleurs. — Première bucolique, le Berger qui joue avec la Bergère. — Deuxième bucolique, l'Arbre qui joue avec le Feu. — Les anglaises. — Les marmots. — La catastrophe. — Ce qui reste de la chose à quatre heures du matin. — Propreté des servantes. — Probité des paysans. — Histoire de l'anglais qui soupe et qui se couche et qui ne se dérange pas. . . . . . . 82

## LETTRE XX

### DE LORCH A BINGEN

La langue légale et la langue française. — Loi : *Article unique :* Qui parlera français payera l'amende. — Théorie du voyage à pied. — Souvenirs. — Première aventure. — Note sur Claye. — Ce qui apparaît à l'auteur entre la quatrième et la cinquième ligne. — L'auteur voit des ours en plein midi. — Peinture gracieuse d'après nature. — L'auteur laisse entrevoir l'inexprimable plaisir que lui font les tragédies classiques. — Intéressant épisode de la mouche. — Incident. — Ce que signifie l'intervalle qui sépare les mots *entendre passer* des mots *les sérénades.* — Incident. — Incident. — Incident. — Incident. — Explication. — Cela n'empêche pas que l'auteur eût fort bien pu être accepté par ces saltimbanques à quatre pattes comme le dessert de leur déjeuner. — Deuxième aventure. — G. — Histoire naturelle chimérique d'Aristote et de Pline. — En quels lieux les hommes font volontiers leurs plus monstrueuses inepties. — Incident. — Un rébus d'Horace. — D'où venait le vacarme. — Portrait de deux hommes admirés. — Tableau de beaucoup d'hommes qui admirent. — L'homme chevelu parle. — G. tressaille. — L'auteur écrit ce que dit le charlatan. — Dialogue de celui qui est en haut avec celui qui est en bas. — L'auteur éclate de rire et indigne tous ceux qui l'entourent. — Puissance de ce qui est inintelligible sur ce qui est inintelligent. — Mot amer de G. sur la troisième classe de l'Institut. — Dans quelles circonstances l'auteur voyage à pied. — Fursteneck. — L'auteur grimpe assez haut pour constater une erreur des antiquaires. — Cadenet, Luynes, Brandes. — L'auteur subit sur la grande route son examen de bachelier. — Heimberg. — Sonneck. — Falkenburg. — L'auteur va devant lui. — Noms et fantômes évoqués. — Contemplation. — Un château en ruine. — L'auteur y entre. — Ce qu'il y trouve. — Tombeau mystérieux. — Apparition gracieuse. — L'auteur se met à parler anglais de la façon la plus grotesque. — Esquisse d'une théorie des femmes, des filles et des enfants. — Stella. — L'auteur, quoique découragé et humilié, s'aventure à faire quatre vers français. — Conjectures sur l'homme sans tête. — L'auteur cherche dans le Falkenburg les traces de Guntran et de Liba. — La langue de l'homme a de si singuliers caprices, que *Trajani Castrum* devient *Trecktlingshausen.* — L'auteur déjeune d'un gigot horriblement dur. — Sa grandeur d'âme à cette occasion. — Paysage. — Saint-Clément. — Le Reichenstein. — Le Rheinstein. — Le Vaugtsberg. — L'auteur raconte des choses de son enfance. — Légende du mauvais archevêque. — Au neuvième siècle on était mangé par les rats sur le Rhin comme on l'est aujourd'hui à l'Opéra. — Moralité des contes différente de la moralité de l'histoire. — *Mauth* et *Maüse.* — Comment une petite estampe encadrée de noir, accrochée au-dessus du lit d'un enfant, devient pour lui, quand il est homme, une grande et formidable vision. — Crépuscule. — L'auteur se risque encore à faire des vers français. — Effrayante apparition entre deux montagnes de l'estampe encadrée de noir. — La Maüsethurm. — Vertige. — L'auteur réveille un batelier qui se trouve là. — A quel trajet l'auteur se hasarde. — Le Bingerloch. — Réalités difformes et fantastiques vues au milieu de la nuit. — Ce que l'auteur trouve dans le lieu sinistre où il est allé. — Description minutieuse et détaillée de cette chose horrible et célèbre. — Salut au drapeau. — Arrivé à Bingen. — Visite au Klopp. — La Grande-Ourse . . . . . . . . . . . . . . . . . . . . 85

## LETTRE XXI

### LÉGENDE DU BEAU PÉCOPIN ET DE LA BELLE BAULDOUR

I. Légende.
II. L'oiseau Phénix et la planète Vénus.
III. Où est expliquée la différence qu'il y a entre l'oreille d'un jeune homme et l'oreille d'un vieillard.
IV. Où il est traité des diverses qualités propres aux diverses ambassades.
V. Bons effets d'une bonne pensée.
VI. Où l'on voit que le diable lui-même a tort d'être gourmand.
VII. Propositions amiables d'un vieux savant retiré dans une cabane de feuillage.
VIII. Le Chrétien-Errant.
IX. Où l'on voit à quoi peut s'amuser un nain dans une forêt.
X. *Equis canibusque.*
XI. A quoi l'on s'expose en montant un cheval que l'on ne connaît pas.
XII. Description d'un mauvais gîte.
XIII. Telle auberge, telle table d'hôte.
XIV. Nouvelle manière de tomber de cheval.
XV. Où l'on voit quelle est la figure de rhétorique dont le bon Dieu use le plus volontiers.
XVI. Où est traitée la question de savoir si l'on peut reconnaître quelqu'un qu'on ne connaît pas.
XVII. Les bagatelles de la porte.
XVIII. Où les esprits graves apprendront quelle est la plus impertinente des métaphores.
XIX. Belles et sages paroles de quatre philosophes à deux pieds ornés de plumes . . . . . . . . . . 101

## LETTRE XXII

### BINGEN

Un souvenir au peintre Poterlet. — Bingen. — Un peu d'histoire. — Comment les villes se font dans les confluents. — Paysage. — Le Johannisberg. — Le Niederwald. — L'Ehrenfels. — Le Ruppertsberg. — Les ruines de Disibodenberg. — Toutes sortes d'anthithèses que le bon Dieu se plait à faire. — L'auteur dénonce à l'indignation publique l'abominable *restauration* de l'abbaye de Saint-Denis. — Bingen à vol d'oiseau. — Le couplet de Barberousse. — Les poëtes sont des empereurs, il faut bien que de temps en temps les empereurs soient des poëtes. — Chant de Quasimodo chanté sur le Rhin. — Rudesheim. — Éloge senti et littéraire du vent du sud. — Comment on mange à Bingen. — Un gros major et un savant chétif. — Monographie de la table d'hôte. — M. Chose et M. Machin. — Le poëte et l'avocat. — Les sagres bleues. — L'auteur défie qui que ce soit de comprendre quoi que ce soit aux vingt dernières lignes de cette lettre.. . . . . . . . . . . . . . 135

## LETTRE XXIII

### MAYENCE

L'auteur définit le chemin de fer. — Particularités du chemin de fer de Mayence à Francfort. — Dévastations sauvages et progrès hideux du « bon goût ». — L'auteur compare entre elles Cologne, Francfort et Mayence. — La cathédrale de Mayence. — Édifice à double abside. — Plan géométral. — Les clochers. — Portes de bronze. — Fac-simile de l'inscription. — Voyage attentif et curieux de l'auteur à travers les tombeaux des archevêques-électeurs. — Dénombrement. — Détails. — Rapprochements. — Singulière histoire de l'astrologue Mabusius. — M. Louis Colmar, pendant de M. Antoine Berdolet. — Jean et Adolphe de Nassau, pendants de Adolphe et Antoine de Schauenbourg. — Il y a quarante-trois tombeaux. — Fastrada, femme de Charlemagne. — Son épitaphe. — Fac-simile. — 792. — Le bon vieux suisse qui raconte ces histoires. — Ameublements différents des deux absides. — Magnifique menuiserie rococo. — Salle capitulaire. — Cloître. — Le bas-relief énigmatique. — Frauenlob. — La fontaine de la place du marché. — Inscriptions. — Mayence du haut de la citadelle. — De quelle façon les femmes sont curieuses à Mayence. — Adlerstein. — Ce que c'est que le point noir qu'on voit là-bas. . · . . . . . . . . . . . . . . . . . . 141

## LETTRE XXIV

### FRANCFORT-SUR-LE-MEIN

Quel aspect présente une certaine rue de Francfort un certain jour de la semaine. — Ce qui abonde à Francfort. — Quel est le plus grand danger que Francfort puisse courir. — L'auteur va à la boucherie. — Il pousse beaucoup de cris d'enthousiasme. — Le massacre des Innocents. — L'auteur oublie tous ses devoirs au point de désobéir à une petite fille de quatre ans. — La place publique. — Les deux fontaines. — L'auteur dit des vérités à la justice. — Le Rœmer. — Utilité d'une servante qui prend une clef à un clou dans sa cuisine. — Salle des électeurs. — Détails. — Salle des empereurs. — Les quarante-cinq niches. — Ce qui se passait dans la place quand les électeurs avaient élu l'empereur. — Ce qui se passait à l'église après ce qui s'était passé dans la place. — L'église collégiale de Francfort. — Ce qui pend aux murailles. — L'horloge. — Les tableaux. — Sainte Cécile telle qu'on l'a trouvée dans son tombeau. — La couronne impériale. — Saint Barthélemy. — Gunther de Schwarzbourg. — L'auteur monte sur le clocher. — Francfort-sur-le-Mein à vol d'oiseau. — Les habitants du haut du clocher. — Philosophie . . . . . . . . . . . . . . . 148

## LETTRE XXV

### LE RHIN

D'où il sort. — La Suisse, le Rhin. — Aspects. — Qu'un fleuve est un arbre. — Le trajet de Mayence à Cologne. — Détails. — Où commence l'encaissement du fleuve. — Où il finit. — Tableaux. — Les vignes. — Les ruines. — Les hameaux. — Les villes. — Histoire et archéologie mêlées. — Bingen. — Oberwesel. — Saint-Goar. — Neuwied. — Andernach. — Linz. — Sinzig. — Boppart. — Braubach. — Coblenz. — Ce qui a effrayé l'auteur à Coblenz. — Musées. — Quels sont les peintres que possède chaque ville. — Curiosités et bric-à-brac. — Paysages du Rhin. — Ce qu'a été le Rhin. — Ce qu'il est. — Remontele. — Le bateau-flèche. — Le dampschiff. — La barque à voile. — Le grand radeau. — Curieux détails sur les anciennes grandes flottaisons du Rhin. — Vingt-cinq bateaux à vapeur en route chaque jour. — Parallèle de l'ancienne navigation et de la nouvelle. — Quarante-neuf îles. — Souvenirs. — Une jovialité de Schinderhannes rencontrant une bande de juifs. — Ce que firent en 1400, dans une église de village, les quatre électeurs du Rhin. — Détails secrets et inconnus de la déposition de Wenceslas. — L'auteur reconstruit le Kœnigsstühl, aujourd'hui disparu. — De quelle manière et dans quelle forme s'y faisait l'élection des empereurs. — Ce que c'était que les sept électeurs du saint-empire. — L'élection dans le Rœmer de Francfort comparée avec l'élection sur le Kœnigsstühl. — Côtés inédits et ignorés de l'histoire. — La bannière impériale. — Ce qu'elle était avant Lothaire. — Ce que Lothaire y changea. — Ce qu'elle a été depuis. — L'aigle à deux têtes. — Sa première apparition. — Ce que l'on pouvait conclure de la façon dont la bannière flottait. — Chute de la bannière. — Vue de Caub. — Etrange aspect du Pfalz. — Ce que c'est. — Les châteaux du Rhin. — Dénombrement. — Combien il y en a. — Quels sont leurs noms. — Leurs dates. — Leurs histoires. — Qui les a bâtis. — Qui les a ruinés. — Destinée de tous. — Détail de chacun. — Coup d'œil dans les vallées. — Sept burgs dans le Wisperthal. — Une abbaye et six forteresses dans les Sept-Monts. — Trois citadelles dans la plaine de Mayence. — Le Godesberg dans la plaine de Cologne. — Hymne aux châteaux du Rhin. 155

## LETTRE XXVI

### WORMS. — MANNHEIM

Nuit tombante. — Dissertation profonde et hautement philosophique sur les appellations sonores. — Le voyageur croit être un moment Micromégas se baissant et cherchant une ville à terre dans l'herbe. — A quoi bon avoir été une grande chose? — Les quatorze églises de Worms. — Le pauvre hère et le gros gaillard. — Dialogues. — Un monosyllabe accompagné de son commentaire. — Dans quel cas un aubergiste est majestueux. — O inégale nature ! — Le voyageur a peur des fées et des revenants. — Il prend le parti d'adresser de plates flatteries à la lune. — Un spectre. — A quel genre d'exercice se livrait ce spectre. — Autre monosyllabe accompagné d'un autre commentaire. — Où le lecteur apprend dans quels endroits se mettent les vieux numéros d'un vieux journal. — Le spectre devient de plus en plus aimable et caressant. — Entrée à Worms. — Par malheur, le voyageur connait si bien le Worms d'autrefois qu'il ne reconnaît plus le Worms d'à présent. — Ce qu'on s'expose à voir quand on regarde par le trou des serrures. — Saint Ruprecht. — Mélancolie à propos d'un garçon tonnelier. L'auberge du *Faisan* (qui est peut-être l'auberge du *Cygne*, à moins que ce ne soit l'auberge du *Paon*. Lecteur, défiez-vous de l'auteur sur ce point). — A quoi étaient occupés deux hommes dans la salle à manger, et ce que faisait un troisième. — Éloquence d'un sot. — Le voyageur continue de décrire le gîte. — La chambre à coucher. — Le tableau du chevet du lit. — Deux amants s'enfuyant à travers une épouvantable orthographe. — L'auteur se promène dans Worms. — Allocution aux parisiens. — L'agonie d'une ville. — Ce que Perse et Horace ont dit de la Petite-Provence qui est aux Tuileries. — Conseils indiscrets aux jeunes niais qui gâtent le costume des hommes en France à l'heure qu'il est. — La cathédrale de Worms. — Le dehors. — L'intérieur. — Le temple luthérien. — Mannheim. — L'unique mérite de Mannheim. — Par quelles gens Mannheim serait admiré. — Encore la figure de rhétorique que le bon Dieu prodigue. — Intéressante inscription recueillie à Mannheim. . . 167

## LETTRE XXVII

### SPIRE

Étymologie et histoire. — Le blé. — Le vin pied-d'oison. — La cathédrale. — Quelle pensée y saisit le voyageur. — — Détail des empereurs enterrés à Spire. — Lueurs qui traversent les ténèbres de l'histoire. — 1693. — 1793. — Souviens-toi de Conrad . . . . . . . . . . . . . 177

## LETTRE XXVIII

### HEIDELBERG

L'auteur se fait des ennemis de tous les habitants de Mannheim. — Heidelberg. — L'auteur donne beaucoup d'explication sur lui-même. — La maison du chevalier de Saint-Georges. — Un verset de la bible protége mieux une maison contre l'incendie que la plaque en fer-blanc M. A. C. L. — Détails peu connus sur le siège de Heidelberg par les troupes de Louis XIV. — L'auteur dans la forêt. — Rêverie. — Énigme sculptée dans la muraille d'une masure. — Le *chemin des philosophes*. — Soleil couchant. — Paysage. — Choses crépusculaires et mystérieuses qui commencent. — Nuit. — L'auteur au haut de la montagne. — Horrible fosse entrevue. — Aventure surnaturelle du buisson qui marche. — *Heidenloch !* — Traces des païens partout sur les bords du Rhin. — Quelques-unes des visions du soir dans ces vallées. — Neckarsteinach. — Les quatre châteaux. — Le Schwalbennest. — Légende de Bligger le Fléau. — L'auteur laisse éclater sa profonde admiration pour les contes de bonnes femmes. — Passage curieux de Buchanan sur Macbeth. — Ce que l'auteur écrit sur la porte du Schwalbennest. — Intérieur de la ruine. — Magnificences que l'auteur y trouve. — Le burg sans nom. — L'auteur y pénètre. — Le dedans d'une grosse tour. — Mystères. — Ce que l'auteur y voit et y entend d'effrayant à la nuit tombée. — Il se hâte de sortir du burg sans nom. — Le Neckar au crépuscule. — Le Petit-Geissberg. — Paysage qui raconte l'histoire. — Regard jeté sur les choses et sur les ombres. — Le château de Heidelberg. — Ce que c'était que le comte palatin. — Sens guelfe et factieux des inscriptions du palais d'Othon-Henri. — Les électeurs palatins avaient le goût des arts et des lettres. — Frédéric le Victorieux. — Le château de Heidelberg à vol d'oiseau. — Tous les genres de beauté y sont. — Traces des guerres. — Ce que faisait madame la palatine afin de devenir homme. — L'auteur regrette de n'avoir pas été là, en 1693, pour diriger un peu la dévastation. — La cour intérieure. — La façade de Frédéric IV. — La façade d'Othon-Henri. — La façade de Louis le Barbu. — Les colonnes de Charlemagne. — Comparaison de ces façades. — Tristesse. — Une remarque singulière. — Les rois et les dieux. — L'auteur se figure le château à la clarté du bombardement. — De quelle façon chaque statue de prince et d'empereur a été mutilée. — Statue de Frédéric V. — Statue de Louis V. — La tour de Frédéric le Victorieux. — Palais d'Othon-Henri. — L'intérieur. — Énumération de tous les édifices et de tous les palais que contenait le château de Heidelberg. — Les tours. — Le gros tonneau. — Détails inconnus et curieux. — Combien le gros tonneau tient de bouteilles de vin. — Ce que le vin y devient. — Les petits tonneaux. — Un des petits tonneaux a vaincu les grenadiers français. — Ce qu'on aperçoit dans l'obscurité. — Perkeo. — Moralité de toutes ces sombres histoires. — Les fantômes et les revenants de Heidelberg. — Jutha. — Les deux francs-juges. — Les musiciens bossus. — La dame blanche. — Irrévérence de la dame blanche pour la signature de M. de Cobentzel. — Les deux diables que l'auteur voit en plein midi. — Détail des petites dévastations. — Les architectes. — Les invalides. — Les anglais. — La grille du perron a eu ses barbares comme notre grille de la place Royale a eu ses vandales. — Sinistre aspect de la Tour-Fendue au clair de lune. — Visite nocturne à la ruine de Heidelberg. — Effets vertigineux des rayons lunaires. — Serrement de cœur dans les chambres désertes. — Incident. — A quel hideux fantôme l'auteur est contraint de songer. — L'incident se comporte d'une façon lugubre et inexplicable. — Colère des cariatides et des statues contre l'auteur. — Il s'enfuit dans la cour. — La lune sur les deux façades. — Retour à la ville. — Post-scriptum. — Imprécation contre les poêles. . . . . . . . . . . . . . . . . . . . . . 181

# 1839

## LETTRE XXIX

### STRASBOURG

Ce qu'on voit d'une fenêtre de la *Maison-Rouge*. — Parallèle entre le postillon badois et le postillon français, où l'auteur ne se montre pas aveuglé par l'amour-propre national. — Une nuit horrible. — Nouvelle manière d'être tiré à quatre chevaux. — Description complète et détaillée de la ville de Sézanne. — Peinture approfondie et minutieuse de Phalsbourg. — Vitry-sur-Marne. — Bar-le-Duc. — L'auteur fait des platitudes aux naïades. — Tout être a l'odeur de ce qu'il mange. — Théorie de l'architecture et du climat. — Haute statistique à propos des confitures de Bar. — L'auteur songe à une chose qui faisait la joie d'un enfant. — Paysages. — Ligny. — Toul. — La cathédrale. — L'auteur dit son fait à la cathédrale d'Orléans. — Nancy. — Croquis galant de la place de l'Hôtel-de-Ville. — Théorie et apologie du rococo. — Réveil en malle-poste au point du jour. — Vision magnifique. — La côte de Saverne. — Paragraphe qui commence dans le ciel et qui finit dans un plat à barbe. — Les paysans. — Les rouliers. — Wasselonne. — La route tourne. — Apparition du Munster. . . . . . . . . . . . . . . . 203

## LETTRE XXX

### STRASBOURG

La cathédrale. — La façade. — L'abside. — L'auteur s'exprime avec une extrême réserve sur le compte de son éminence monseigneur le cardinal de Rohan, évêque de Strasbourg. — Les vitraux. — La chaire. — Les fonts baptismaux. — Deux tombeaux. — Quelques âneries à propos d'un anglais. — Le bras gauche de la croix. — Le bras droit. — Le suisse malvenu et malmené. — Le Munster. — Qui l'auteur rencontre en y montant. — L'auteur sur le Munster. — Strasbourg à vol d'oiseau. — Panorama. — Statues des deux architectes du clocher de Strasbourg. — Saint-Thomas. — Le tombeau du maréchal de Saxe. — Autres tombeaux. — Au-dessus du prêtre, le curé; au-dessus du curé, l'évêque; au dessus de l'évêque, le cardinal; au-dessus du cardinal, le pape; au-dessus du pape, le sacristain. — Le gros bedeau joufflu offre à l'auteur de le conduire dans une cachette. — Un comte de Nassau et une comtesse de Nassau sous verre. — Quelle est la dernière humiliation réservée à l'homme . . . . 209

## LETTRE XXXI

### FREIBURG EN BRISGAW

Profil pittoresque d'une malle-poste badoise. — Quelle clarté les lanternes de cette malle jettent sur le pays de M. de Bade. — Encore un réveil au point du jour. — L'auteur est outré des insolences d'un petit nain gros comme une noix qui s'entend avec un écrou mal graissé pour se moquer de lui. — Ciel du matin. — Vénus. — Ce qui se dresse tout à coup sur le ciel. — Entrée à Freiburg. — Commencement d'une aventure étrange. — Le voyageur, n'ayant plus le sou et ne sachant que devenir, regarde une fontaine. — Suite de l'aventure étrange. — Mystères de la maison où il y avait une lanterne allumée. — Les spectres à table. — Le voyageur se livre à divers exorcismes. — Il a la bonne idée de prononcer un mot magique. — Effet de ce mot. — La fille pâle. — Dialogue effrayant et laconique du voyageur et de la fille pâle. — Dernier prodige. — Le voyageur, sauvé miraculeusement, rend témoignage à la grandeur de Dieu. — N'est-il pas évident que baragouiner le latin et estropier l'espagnol, c'est savoir l'allemand? — L'Hôtel de la cour de Zœhringen. — Ce que le voyageur avait fait la veille. — Histoire attendrissante de la jolie comédienne et des douaniers qui lui font payer dix-sept sous. — Le Munster de Strasbourg. — Un peu d'archéologie. — La maison qui est près l'église. — Parallèle sérieux et impartial, au point de vue du goût, de l'art et de la science, entre les membres des conseils municipaux de France et d'Allemagne et les sauvages de la mer du Sud. — Quel est le badigeonnage qui réussit et qui prospère sur les bords du Rhin. — L'église de Freiburg. — Les verrières. — La chaire. — L'auteur bâtonne les architectes sur l'échine des marguilliers. — Tombeau du duc Bertholdus. — Si jamais ce duc se présente chez l'auteur, le portier a ordre de ne point le laisser monter. — Sarcophages. — Le chœur. — Les chapelles de l'abside. — Tombeaux des ducs de Zœhringen. — L'auteur déroge à toutes ses habitudes et ne monte pas au clocher. — Pourquoi. — Il monte plus haut. — Freiburg à vol d'oiseau. — Grand aspect de la nature. — L'autre vallée. — Quatre lignes qui sont d'un gourmand . . . . . . . . . 211

## LETTRE XXXII

### BALE

Paysages. — Profil des compagnons de voyage de l'auteur. Joli costume des jeunes filles. — Ce qu'un philosophe peut conduire. — Ici le lecteur voit passer un peu de forêt Noire. — Bâle. — L'hôtel de la Cigogne. — Théorie des fontaines. — Tombeau d'Érasme. — Autres tombeaux. . . . . 215

## LETTRE XXXIII

### BALE

La Plume et le Canif, élégie. — Frick. — Bâle. — La cathédrale. — Indignation du voyageur. — Le badigeonnage. — Les flèches. — La façade. — Les deux seuls saints qui aient des chevaux. — Le portail de gauche. — La rosace. — Le portail de droite. — Le cloître. — Regret amer au cloître de Saint-Wandrille. — Luxe des tombeaux. — Intérieur de l'église. — Les stalles. — La chaire. — La crypte. — Peur qu'on y a. — Les archives. — Le haut des clochers. — Bâle à vol d'oiseau. — Promenade dans la ville. — Ce que l'architecture locale a de particulier. — La maison des armuriers. — L'hôtel de ville. — Munatius Plancus. — L'auteur rencontre avec plaisir le valet de trèfle à la porte d'une auberge. — L'archéologie serait perdue si les servantes ne venaient pas au secours des antiquaires. — La bibliothèque. — Holbein partout. — La table de la Diète. — Soins admirables et exemplaires des bibliothécaires de Bâle pour un tableau de Rubens. — Remarque importante et dernière sur la bibliothèque. — Fin de l'élégie de la Plume et du Canif. 217

## LETTRE XXXIV

### ZURICH

L'auteur entend un tapage nocturne, se penche et reconnaît que c'est une révolution. — Sérénité de la nuit. — Vénus. — Choses violentes mêlées aux petites choses. — Enceinte murale de Bâle. — Quel succès les bâlois obtiennent dans le redoutable fossé de leur ville. — Familiarités hardies de l'auteur avec une gargouille. — Les portes de Bâle. — L'armée de Bâle. — Une fontaine en mauvais lieu. — Route de Bâle à Zurich. — Creuznach. — Augst. — L'Ergolz. — Warmbach. — Rhinfelden. — Une fontaine en bon lieu. — L'auteur prend place parmi les chimistes. . . . . . . 220

## LETTRE XXXV

### ZURICH

Paysages. — Tableaux flamands en Suisse. — La vache. — Le cheval qui ne se cabre jamais. — Le rustre qui se comporte avec le beau sexe comme s'il était élève de Buckingham. — La ruche et la cabane. — Microcosme. — Le grand dans le petit. — Sekingen. — La vallée de l'Aar. — Quelle ruine fameuse la domine. — Brugg. — L'auteur, après une longue et patiente étude, donne une foule de détails scientifiques et importants touchant le *tête de hun* qui est sculptée dans la muraille de Brugg. — Costumes et coutumes. — Les femmes et les hommes à Brugg. — Chose qui se comprend partout, excepté à Brugg. — L'auteur décrit, dans l'intérêt de l'art, une coiffure qui est à toutes les coiffures connues ce que l'ordre composite est aux quatre ordres réguliers. — Danger de mal prononcer le premier mot d'une proclamation. — Baden. — La Limmat. — Fontaine qui ressemble à une arabesque dessinée par Raphaël. — *Aquæ verbigenæ*. — Soleil couchant. — Paysage. — Sombre vision et sombre souvenir. — Les villages. — Théorie de la chaumière zuriquoise. — Le voyageur s'endort dans sa voiture. — Où et comment il se réveille. — Une crypte comme il n'en a jamais vu. — Zurich au grand jour. — L'auteur dit beaucoup de mal de la ville et beaucoup de bien du lac. — La gondole fiacre. — L'auteur s'explique l'émeute de Zurich. — Le fond du lac. — A qui la ville de Zurich doit beaucoup plaire. — Qu'est devenue la tour de Wellemberg? — L'auteur cherche à nuire à l'*hôtel de l'Épée* par la raison qu'il y a

été fort mal. — Un vers de Ronsard dont l'hôtelier pourrait faire son enseigne. Étymologie, archéologie, topographie, érudition, citation et économie politique en huit lignes. — Où l'auteur prouve qu'il a les bras longs . . . . . . 222

## LETTRE XXXVI

### ZURICH

Il pleut. — Description d'une chambre. — Reflet du dehors dans l'intérieur. — Le voyageur prend le parti de fouiller dans les armoires. — Ce qu'il y trouve. — *Amours secrètes et Aventures honteuses de Napoléon Buonaparte*. — Le livre. — Les estampes. — 1814. — 1840. — Choses curieuses. — Choses sérieuses. — Il pleut. . . . . . . . . . 227

## LETTRE XXXVII

### SCHAFFHAUSEN

Vue de Schaffhouse. — Schaffhausen. — Schaffouse. — Schaphuse. — Schapfuse. — Shaphusia. — Probatopolis. — Effroyable combat et mêlée terrible des érudits et des antiquaires. — Deux des plus redoutables s'attaquent avec furie. — L'auteur a la lâcheté de s'enfuir du champ de bataille, les laissant aux prises. — Le château Munoth. — Ce qu'était Schaffhouse il y a deux cents ans. — Quel était le joyau d'une ville libre. — L'auteur dîne. — Une des innombrables aventures qui arrivent à ceux qui ont la hardiesse de voyager à travers les orthographes du pays. — Calaische à la choute. — L'auteur offre tranquillement de faire ce qui eût épouvanté Gargantua. . . . . . . 229

## LETTRE XXXVIII

### LA CATARACTE DU RHIN

Écrit sur place. — Arrivée. — Le château de Laufen. — La cataracte. — Aspect. — Détails. — Causerie du guide. — L'enfant. — Les stations. — D'où l'on voit le mieux. — L'auteur s'adosse au rocher. — Un décor. — Une signature et un paraphe. — Le jour baisse. — L'auteur passe le Rhin. — Le Rhin, le Rhône. — La cataracte en cinq parties. — Le forçat. . . . . . . . . . . . . . . . . 231

## LETTRE XXXIX

### VÉVEY. — CHILLON. — LAUSANNE

Ce que l'auteur cherche dans ses voyages. — Vévey. — L'église. — La vieille femme bedeau. — Deux tombeaux. — Edmond Ludlow. — Andrew Broughton. — David. — Les proscrits. — Comparaison des épitaphes. — Philosophie. — Un troisième tombeau. — L'apothicaire. — Néant des choses humaines proclamé par celui qui a passé sa vie à poursuivre M. de Pourceaugnac. — Le soir. — Souvenirs de jeunesse. Vaugirard et Meillerie. — Paysage. — Clair de lune. — Histoire. — Traces de tous les peuples en Suisse. — Les grecs. — Les romains. — Les huns. — Les hongrois. —

Chillon. — Le château. — Une femme française. — La crypte. — Les trois souterrains. — Détails sinistres. — Le gibet. — Les cachots. — Bonnivard.- La cage donne la même allure au penseur et à la bête fauve. — Touchante et lugubre histoire de Michel Coué. — Ses dessins sur la muraille. — Impuissance démontrée de saint Christophe. — Nom de lord Byron gravé par lui-même sur un pilier. — Détails. — La voûte devient bleue. — Magnificences secrètes et générosités cachées de la nature. — Les martins-pêcheurs. — Sept colonnes; sept cellules. — Trois cachots superposés. - Peintures faites par les prisonniers. — Les oubliettes. — Ce qu'on y a trouvé. — La cave comblée. — Permission refusée à lord Byron. — L'auteur descend dans le caveau où lord Byron n'a pas pu entrer. — Ce qu'il y voit. — Le duc Pierre de Savoie. — Encore la destinée des sarcophages. — Le cimetière. — La chapelle. — La chambre des ducs de Savoie. — Intérieur. — Ce qu'en ont fait les gens de Berne. — La fenêtre. — La porte. — Trace de l'assaut. — Quel oiseau passait son bec par le trou qui est au bas de la porte. — La salle de justice. — De quoi elle est meublée aujourd'hui. — La chambre de la torture. — La grosse poutre. — Les trois trous. — Affreux détails. — Une particularité du château de Chillon. — L'auteur démontre que les petits oiseaux n'ont pas la moindre idée de l'invention de l'artillerie. — Ludlow et Bonnivard confrontés. — Lausanne. — Ce que Paris a de plus que Vévey. — Le mauvais goût calviniste. — Lausanne enlaidie par les embellisseurs. — L'hôtel de ville. — Le château des baillis. — La cathédrale. — Vandalisme — Quelques tombeaux. — Le chevalier de Grauson. — Pourquoi les mains coupées. — M. de Rebecque. — Lausanne à vol d'oiseau. — Paysage. — Orage de nuit qui s'annonce. — Retour à Paris. . . . . . . . . . . . . . . 234

—

CONCLUSION . . . . . . . . . . . . . . . . 241

# TABLE

DES

# DESSINATEURS

|  | Pages |  | Pages |
|---|---|---|---|
| Victor Hugo. | 3 | Victor Hugo. | 93 |
| — | 5 | — | 94 |
| — | 8 | L. Mouchot | 101 |
| — | 9 | G. Gélibert | 103 |
| — | 19 | L. Mouchot | 105 |
| — | 25 | — | 106 |
| — | 26 | — | 107 |
| Jules Adeline. | 30 | F. Méaulle. | 108 |
| Victor Hugo. | 33 | L. Mouchot | 108 |
| Jules Adeline. | 35 | N. Fournier | 109 |
| — | 39 | H. Vogel. | 111 |
| Victor Hugo. | 39 | L. Mouchot | 112 |
| Jules Adeline. | 43 | — | 113 |
| — | 48 | F. Méaulle. | 114 |
| Victor Hugo. | 51 | L. Mouchot | 115 |
| — | 56 | A. Brun | 116 |
| — | 58 | — | 117 |
| — | 59 | H. Vogel. | 118 |
| — | 60 | G. Gélibert | 120 |
| — | 66 | Férat | 121 |
| — | 69 | — | 126 |
| — | 71 | F. Méaulle | 128 |
| — | 72 | — | 131 |
| — | 73 | H. Vogel. | 132 |
| — | 74 | L. Mouchot | 133 |
| — | 77 | Victor Hugo | 135 |
| — | 78 | — | 138 |
| — | 79 | — | 140 |
| — | 81 | F. Méaulle | 141 |
| — | 85 | Victor Hugo.. | 142 |

## TABLE DES DESSINATEURS.

| | Pages |
|---|---|
| Victor Hugo | 143 |
| — | 145 |
| — | 147 |
| Jules Adeline | 148 |
| Victor Hugo | 154 |
| — | 155 |
| — | 161 |
| — | 164 |
| — | 167 |
| — | 176 |
| — | 179 |
| — | 180 |
| — | 181 |
| — | 184 |
| — | 187 |

| | Page |
|---|---|
| Victor Hugo | 189 |
| — | 191 |
| F. Méaulle | 193 |
| Victor Hugo | 201 |
| — | 203 |
| Jules Adeline | 209 |
| Victor Hugo | 216 |
| — | 217 |
| — | 221 |
| — | 224 |
| — | 226 |
| — | 230 |
| — | 231 |
| — | 233 |
| Jules Adeline | 234 |

PARIS. — IMP. DE LA SOC. ANON. DE PUBL. PÉRIOD. — P. MOUILLOT. — 43445.

www.ingramcontent.com/pod-product-compliance
Lightning Source LLC
Chambersburg PA
CBHW050630170426

43200CB00008B/950